Budapest & Ungarn

Der Norden von Ungarn S. 262

Donauknie & westliches Transdanubien S. 175

Budapest S. 44

Die Große Tiefebene S. 233

Plattensee & südliches Transdanubien S. 201

Steve Fallon, Anna Kaminski

REISEPLANUNG

Willkommen in Budapest & Ungarn 4

Übersichtskarte 6

Budapests & Ungarns Top 15 8

Gut zu wissen 16

Budapest & Ungarn für Einsteiger 18

Wir wär's mit 20

Monat für Monat 23

Reiserouten 26

Reisen mit Kindern 29

Essen & trinken wie die Einheimischen ... 31

Thermalbäder & Spas .. 36

Budapest & Ungarn im Überblick 41

ZIELE IN BUDAPEST & UNGARN

BUDAPEST 44
Stadtviertel im Überblick 46
Highlights 48
Sehenswertes 62
Aktivitäten 101
Kurse 104
Geführte Touren 104
Feste & Events 106
Schlafen 110
Essen 122
Ausgehen & Nachtleben 145
Unterhaltung 159
Shoppen 163
Rund um Budapest 174
Gödöllő 174

DONAUKNIE & WESTLICHES TRANSDANUBIEN ..175
Das Donauknie 178
Szentendre 178
Visegrád 183
Esztergom 186
Westliches Transdanubien 192
Sopron 192
Nationalpark Őrség 200

EIN PARADIES FÜR ORNITHOLOGEN

Inhalt

PLATTENSEE & SÜDLICHES TRANSDANUBIEN . 201

Region Plattensee 204
Balatonfüred 204
Tihany 209
Keszthely 213
Südliches Transdanubien 221
Pécs 221
Mohács 231

DIE GROSSE TIEFEBENE 233
Debrecen 235
Nationalpark Hortobágy 241
Kecskemét 245
Nationalpark Kiskunság 251
Szeged 252

DER NORDEN VON UNGARN 262
Hollókő 264
Eger 266
Tokaj 275
Bereg-Region 279
Vásárosnamény 280
Tákos 281
Csaroda 281
Tarpa 282
Szatmárcseke 282

UNGARN VERSTEHEN

Budapest & Ungarn aktuell 284
Geschichte 286
Kunst & Kultur 301
Jugendstil-Architektur 306
Die Weine Ungarns 310
Die Menschen in Ungarn 316
Outdoor-Aktivitäten . . . 320

PRAKTISCHE INFORMATIONEN

Allgemeine Informationen 324
Verkehrsmittel & -wege 333
Sprache 341
Register 350
Kartenlegende 357

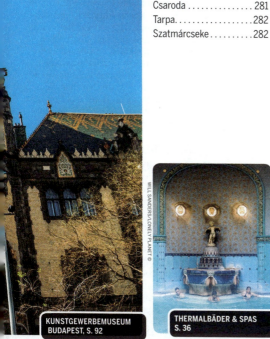

KUNSTGEWERBEMUSEUM BUDAPEST, S. 92

THERMALBÄDER & SPAS S. 36

SPECIALS
Essen & trinken wie die Einheimischen 31
Thermalbäder & Spas 36
Märkte in Budapest . . . 108
Budapester Kaffeehäuser 128

Willkommen in Budapest & Ungarn

Prächtige Architektur, eine lebendige Volkskunst, Thermalbäder und ein aufregendes Nachtleben – all dies findet man in Ungarn und vor allem in der Hauptstadt Budapest.

Schönheit der Städte

Die Schönheit von Ungarn und Budapest ist nicht vom Himmel gefallen; die Menschen haben das Bild so gestaltet, wie es sich heute zeigt. Architektonisch gesehen ist Ungarn ein Schatzkästchen. Hier finden sich römische Ruinen, mittelalterliche Bürgerhäuser, Barockkirchen, öffentliche Gebäude im Stil des Klassizismus sowie Bäder und Schulen in reinem Jugendstil. All dies entdeckt man nicht bloß in Budapest, sondern auch beim Stadtbummel durch Szeged oder Kecskemét, Debrecen oder Sopron.

Heißes Wasser

Schon zu den Zeiten, als die Toga noch in Mode war und das römische Budapest Aquincum hieß, haben die Menschen das Wasser der rund 300 Thermalquellen genutzt. Was sie heute immer noch tun, zu therapeutischen, medizinischen und Entspannungszwecken, auch wenn die Örtlichkeiten sich mittlerweile geändert haben. Heute reicht die Spannweite von Bädern aus osmanischer Zeit bis hin zu Jugendstilpalästen und klinikartigen Sanatorien wie aus dem *Zauberberg* von Thomas Mann. Zunehmend beliebter werden ultramoderne Wellnesszentren mit einem Angebot von unzähligen Anwendungen.

Essen, Trinken und Genießen

Ungarische Gerichte zählen zu den raffiniertesten in Osteuropa. Ungarn sind auch gar nicht zurückhaltend und sprechen von drei wichtigen Kochtraditionen der Welt: der französischen Küche, der chinesischen und ihrer eigenen. Das mag übertrieben klingen, doch die Küche in Ungarn – besonders in Budapest – findet inzwischen, nach dem Ende des Kommunismus, wieder Beachtung. Geschätzt werden auch die Weine, von den großen Roten aus Eger und Villány und dem weißen *olaszrizling* aus Badacsony bis zum honigsüßen Tokajer.

Volkskultur

Ungarn ist stolz auf eine der ältesten volkstümlichen Kulturtraditionen in Europa. Neben den Malereien in den Holzkirchen der Region Bereg sind vor allem die wunderbaren Stickereien erwähnenswert, mit denen die Frauen aus Hollókő Kittel, Röcke und Hausschuhe verzieren. Auch die traditionelle Musik mit ihren diatonischen Skalen und gespielt auf heute fast unbekannten Instrumenten ist im Lande häufig zu hören, vor allem in *táncházak* (Tanzsalons). Regelmäßig werden in Budapest und anderen Städten „Bauern-Raves" abgehalten, auf denen man ungarische Folk-Musik hört und die Tänze erlernen kann.

Warum ich Budapest & Ungarn liebe

Von Steve Fallon, Autor

Ich liebe Budapest und Ungarn aus so vielen Gründen, dass ich hier unmöglich alle aufzählen kann. Ist es die Jugendstilarchitektur der Hauptstadt, oder sind es die Bäder aus türkischer Zeit, ideale Heilmittel gegen die Auswirkungen von zu viel *pálinka* (Obstschnaps)? Ist es die anmutige Landschaft mit den sanften Hügeln des Nordens, oder sind es sehenswerte Städte wie Budapest, Szeged und Debrecen? Oder die Bohnensuppe? Ein Ehrenplatz jedenfalls gebührt nicht zuletzt den Ungarn selbst. Singe ich heute ein Lied über Ungarn, berührt mich auch die schöne Sprache, die ich einst für unzugänglich hielt – aber das hat sich geändert.

Mehr Informationen über die Autoren gibt es auf S. 359

Fischerbastei (S. 63), Budapest

Ungarn

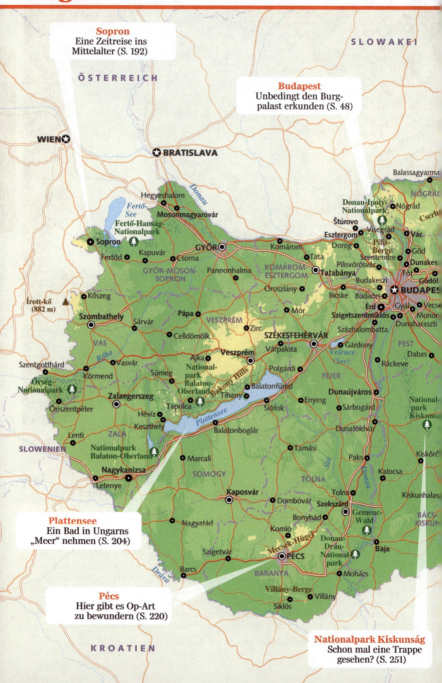

Hollókő
Die letzte Hochburg alter Traditionen (S. 264)

Eger
„Stierblut" trinken im Tal der schönen Frauen (S. 266)

Bereg-Region
Hier gibt es herrliche Ostereier! (S. 279)

Nationalpark Hortobágy
Die Puszta ist Ungarns Wilder Westen (S. 241)

Kecskemét
Hier gibt es feurigen *pálinka* (Aprikosenschnaps; S. 245)

Szeged
Die Stadt der Jugendstil-Architektur (S. 252)

HÖHEN
- 900 m
- 600 m
- 300 m
- 200 m
- 150 m
- 0

UKRAINE
SERBIEN
RUMÄNIEN

0 — 50 km

Aggtelek-Berge, Aggtelek-Nationalpark, Aggtelek, Encs, Zemplén-Berge, Sátoraljaújhely, Kazincbarcika, Edelény, Sárospatak, Ózd, BORSOD-ABAÚJ-ZEMPLÉN, Tisza, Kisvárda, SZABOLCS-SZATMÁR-BEREG, Szécsény, Salgótarján, Bükk-Berge, MISKOLC, Tokaj, Vásárosnamény, Hollókő-Berge, Bátonyterenye, Bükk-Nationalpark, Tiszavasvári, NYÍREGYHÁZA, Fehérgyarmat, Pásztó, Mátra-Berge, Kékestető (1014 m), Eger, Polgár, Nagykálló, Máriapócs, Mátészalka, Gyöngyös, HEVES, Mezőkövesd, Hajdúnánás, Újfehértó, Nyírbátor, Hatvan, Füzesabony, Hortobágy-Nationalpark, Hajdúböszörmény, Hajdúhadház, Heves, Tisza-tó, Tiszafüred, Balmazújváros, Hajdúsámson, Jászberény, Jászapáti, Hortobágy, DEBRECEN, Nagykáta, Nádudvar, Hajdúszoboszló, JÁSZ-NAGYKUN-SZOLNOK, HAJDÚ-BIHAR, Pilis, Albertirsa, Karcag, Püspökladány, Abony, Törökszentmiklós, Kisújszállás, Berettyóújfalu, Cegléd, Szolnok, Túrkeve, Körös-Maros-Nationalpark, Große Tiefebene, Mezőtúr, Szeghalom, Körös-Maros-Nationalpark, Lajosmizse, Nagykőrös, Tiszaföldvár, Gyomaendrőd, Vésztő, KECSKEMÉT, Tiszakécske, Körös, Mezőberény, Kunszentmárton, Szarvas, Körös-Maros-Nationalpark, Békés, Sarkad, Kiskunfélegyháza, BÉKÉS, Csongrád, Szentes, Békéscsaba, Gyula, CSONGRÁD, Orosháza, Kiskunmajsa, Körös-Maros-Nationalpark, Ópusztaszer, Hódmezővásárhely, Tótkomlós, Mezőhegyes, Körös-Maros-Nationalpark, SZEGED, Makó, Nagylak, Maros

Budapests & Ungarns
Top 15

Budapester Nachtleben

1 Was das Nachtleben anbelangt, steht Budapest von allen europäischen Hauptstädten an erster Stelle (S. 145). Neben der alten Kaffeehaus-Kultur und den berühmten Konzertsälen gibt es eine magische Mixtur aus einzigartigen Kneipen, vorzüglichen Weinsorten, einheimischem Schnaps und neuen Biersorten. Hinzu kommt der freundliche Empfang und der wunderbare Humor der Ungarn. Einzigartig sind die *romkocsmák* (Ruinenkneipen) und *kertek* (Gärten), die in den wärmeren Monaten überall in der Stadt geöffnet sind.

Unten links: Ruinenkneipe Szimpla Kert (S. 152)

Eger

2 Alle lieben Eger (S. 266), und es wird auch sofort klar, warum das so ist. Die wunderschönen Gebäude aus der Barockzeit verleihen der Stadt eine entspannte, beinahe mediterrane Atmosphäre. Eger ist von zwei der schönsten Berge Nordungarns (Bükk und Mátra) umgeben. Hier werden die besten Weinsorten Ungarns angebaut, darunter der berühmte Stierblut, der in den Weinkellern im Tal der schönen Frauen in unmittelbarer Nähe des Stadtzentrums verkostet werden kann.

Unten rechts: Minoritenkirche des heiligen Antonius von Padua (S. 267)

Thermalbäder

3 Ungarn verfügt über mehr als 300 öffentliche Thermalbäder (S. 36). Einige davon, wie z. B. die Rudas- und Király-Thermalbäder in Budapest und ein Teil des türkischen Bads in Eger, stammen aus dem 16. Jh. Immer größerer Beliebtheit erfreuen sich Wellness-Einrichtungen und Wasserparks, die ein breiteres Publikum anziehen. Zu den ausgefallensten Wellnesserlebnissen gehört ein Bad im Thermalsee von Hévíz. Oben: Rudas-Bad, Budapest (S. 103)

Szeged

4 Szeged (S. 252), die Kulturhauptstadt der Großen Ungarischen Tiefebene und Ungarns drittgrößte Stadt, ist voller spektakulärer Kunstwerke im Jugendstil, Straßencafés und Grünflächen, die sich am Ufer der Tisza entlangziehen. In der Stadt finden eine Vielzahl von Theater- und Opernaufführungen statt sowie alle möglichen klassischen und Pop-Konzerte. Höhepunkt ist das Szeged Open-Air Festival im Sommer. Szeged ist auch für seine leckeren Gerichte bekannt, wie z. B. die Fischsuppe mit einheimischem Paprika, und Pick, Ungarns beste Salami. Oben rechts: Gróf-Palast (S. 253)

Budapester Burgberg

5 Budapest verfügt über zahlreiche architektonische Schmuckstücke, aber das Kalkstein-Plateau des Burgbergs (S. 62), das sich über dem westlichen Donauufer erhebt, ist der spektakulärste Anblick der Hauptstadt. Innerhalb der mittelalterlichen Burgmauern wetteifern zahlreiche Attraktionen um Aufmerksamkeit, angefangen bei den Kunstwerken in der Ungarischen Nationalgalerie und im Burgmuseum bis hin zum Felsenkrankenhaus und dem atemberaubenden Ausblick von der Fischerbastei auf das Parlament auf der anderen Seite des Flusses in Pest.

REISEPLANUNG BUDAPESTS & UNGARNS TOP 15

Das nördliche Ufer des Plattensees

6 In den Sommermonaten strömen die Besucher an den Balaton, das ungarische „Meer"(und Kontinentaleuropas größter See). Der etwas ruhigere Teil des Balaton (S. 204) hat schöne Strände und bietet jede Menge Wassersportmöglichkeiten. Hier befinden sich auch die historischen Städte Keszthely und Balatonfüred. Die Stadt Tihany, die auf einer vier Kilometer in den See hinausragenden Halbinsel liegt, hat eine beeindruckende Klosterkirche. Oben: Tihany (S. 209)

Hollókő

7 Obwohl Hollókő (S. 264) nur aus zwei Straßen besteht, ist es das schönste Dorf Ungarns. Die 67 weiß getünchten Häuser stammen aus dem 17. und 18. Jh. und haben sich seitdem kaum verändert. Sie sind ein Beispiel für die traditionelle Volksarchitektur und gehören seit dem Jahr 1987 zum UNESCO-Weltkulturerbe. Hollókő ist vor allem eine Bastion traditioneller ungarischer Kultur, die die Volkskunst der ethnischen Volksgruppe der Palóc und ihre alten Sitten und Gebräuche bewahrt.

Pécs

8 Dieses Juwel von einer Stadt (S. 221) beherbergt jede Menge Raritäten, z. B. türkische Gebäude und frühchristliche sowie römische Grabmäler. Die Moschee ist das größte noch existierende Gebäude aus osmanischer Zeit. Auch die Hassan Jakovali Moschee hat die Jahrhunderte in ausgezeichnetem Zustand überdauert. Pécs verfügt über zahlreiche ausgezeichnete Kunstwerke und Museen. Ein weiterer Pluspunkt ist das milde, fast mediterrane Klima. Oben links: Moschee (S. 222)

Nationalpark Hortobágy

9 Die Ungarn betrachten die Puszta – die Große Tiefebene – in romantisch verklärtem Licht als eine Region voller robuster Schäfer, die im Winter gegen Wind und Schnee kämpfen und sich im Sommer der berüchtigten *délibábak* (Luftspiegelungen) über dem ausgetrockneten Boden zu erwehren suchen. Das Bild erscheint romantischer, als das raue Leben einst war. Die echte Steppe lässt sich im Nationalpark Hortobágy (S. 241) erleben. Hier kann man ungarische Cowboys bewundern, die beim Ritt auf fünf Pferden ihr Talent unter Beweis stellen.

Folkloristischer Nordosten

10 Ungarns Folkloretraditionen werden seit Generationen bewahrt und spiegeln sich in allerlei Alltagsgegenständen wider. Unterschiede lassen auf die jeweilige Region schließen. Im ganzen Land findet man exquisite Stickereien, Keramiken, handbemalte oder geschnitzte Holzarbeiten, gefärbte Ostereier und gemusterte Webstücke. Das Zentrum ist jedoch Bereg (S. 279). Die Kultur der winzigen Dörfer im äußersten Nordosten, zu der auch die unverwechselbaren Ostereier gehören, erinnert an die ukrainischen Nachbarn.

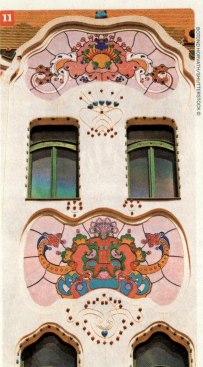

Kecskemét

11 Die Stadt (S. 245) in der südlichen Tiefebene hält für den Besucher so manche Überraschung bereit. Hinter Weingütern und Aprikosengärten verstecken sich edle Jugendstil-Bauten, z. B. der Ornament-Palast, das Otthon-Kino und das Rathaus. Wer genau hinschaut, entdeckt sogar eine Yellow Brick Road. Die Stadt hat die dichteste Museumslandschaft Ungarns, man findet alles Mögliche, von Musikinstrumenten und Spielzeug bis zu naiver Kunst. Oben links: Geschmücktes Haus in der Altstadt von Kecskemét

Wein & Pálinka

12 Ungarische Weinsorten (S. 310), die hier schon seit Jahrtausenden produziert werden, sind in der ganzen Welt berühmt. Die bekanntesten sind der honigsüße Tokajer und der pupurrote Stierblut aus Eger. Es gibt aber auch noch andere gute Weinsorten, die man sich keinesfalls entgehen lassen sollte. Etwas Hochprozentiger ist der *pálinka*, ein starker, mit Früchten (Aprikosen, Pflaumen und sogar Himbeeren) versetzter Brandy, der allerdings unheimlich reinhaut. Oben rechts: Pálinka-Flaschen

Sopron

13 Sopron (S. 192) hat das am besten erhaltene mittelalterliche Stadtzentrum von ganz Ungarn. In den kopfsteingepflasterten Straßen stehen reihenweise Gebäude mit gotischen und farbenfrohen Fassaden aus dem Frühbarock. Wenn man durch die Gassen wandert, hat man das Gefühl, in eine vergangene Zeit versetzt zu sein. Highlight der Stadt sind jedoch die römischen Ruinen. Abgesehen von den Gebäuden lockt die kleine Grenzstadt mit zahlreichen Weingärten und Weinkellern, in denen der einheimische Wein verkostet werden kann. Oben, unten rechts: Fő tér (S. 192)

Paprika

14 Die Paprika (S. 32), das absolute Nonplusultra der ungarischen Küche, entspricht nicht unbedingt den Erwartungen, denn sie ist ziemlich milde im Geschmack. Ein Taco mit Salsa oder Chicken Vindaloo ist sicherlich um einiges schärfer. Viele Gerichte wären nicht typisch ungarisch ohne die rote Paprika, die hauptsächlich in der Gegend um Szeged angebaut wird, und die es in unterschiedlichen Schärfegraden gibt. Auf jeden Fall gehört die Paprika zur ungarischen Küche unbedingt dazu.

Vogelbeobachtung

15 In Ungarn gibt es 250 einheimische und zum Teil seltene Vogelarten, von denen einige vom Aussterben bedroht sind (S. 320). Vögel gibt es fast überall. Im Herbst kann man im Nationalpark Hortobágy die Wanderung der Zugvögel und am Balaton die vielen Wasservögel beobachten. Im Kiskunság-Nationalpark bei Kecskemét gibt es immer mehr Trappen. In der Zeit von Mai bis Oktober kann man weißen Störchen in Ostungarn beim Nisten zuschauen. Unten: Große Trappe, Nationalpark Hortobágy (S. 241)

Gut zu wissen

Weitere Hinweise im Kapitel „Praktische Informationen" (S. 324)

Währung
Ungarische Forint (Ft; internationaler Währungscode: HUF)

Sprache
Ungarisch

Visa
Staatsangehörige aus europäischen Ländern sowie Australien, Kanada, Israel, Japan, Neuseeland und den USA benötigen für einen Aufenthalt von bis zu 90 Tagen kein Visum. Die Webseite des Außenministeriums (http://konzuliszolgalat.kormany.hu/) zeigt die Visumsbestimmungen.

Geld
Geldautomaten gibt es fast überall. Kreditkarten werden in den meisten Hotels und Restaurants akzeptiert.

Mobiltelefone
Urlauber aus Deutschland und Österreich können ihr Handy genau so nutzen wie daheim. Schweizer zahlen Roaming-Gebühren.

Zeit
Mitteleuropäische Zeit

Reisezeit

Donauknie REISEZEIT Mai, Juni & Okt.

Budapest REISEZEIT Mai–Juni, Sept.–Okt.

Der Norden von Ungarn REISEZEIT Juli–Aug., Sept.–Okt.

Plattensee REISEZEIT Juli–Aug.

Die Große Tiefebene REISEZEIT April–Mai, Sept.–Okt.

■ Warme bis heiße Sommer, kalte Winter

Hauptsaison (Juli–Aug.)

➜ Ungarn hat warme, sonnige und lange Sommer.

➜ Die Ferienorte am Balaton und in den nördlichen Bergen sind ausgebucht. Bei den Sehenswürdigkeiten gibt es lange Schlangen und die Preise sind hoch.

➜ Im August sind die Städte ausgestorben.

Zwischensaison (April–Juni, Sept.–Okt.)

➜ Die Gäste sind abgereist, die Preise nach unten gepurzelt. Der Frühling ist schön, im Mai/Anfang Juni kann es ziemlich nass sein.

➜ Der Herbst ist in den Bergen (Bükk und Mátra) besonders spektakulär; zu den Festivitäten gehört das *szüret* (Weinlesefest).

Nebensaison (Nov.–März)

➜ Der November ist regnerisch, der Winter kalt und oftmals trostlos.

➜ Viele Sehenswürdigkeiten reduzieren ihre Öffnungszeiten oder schließen ganz.

➜ Die Preise sind auf dem Tiefpunkt.

Nützliche Websites

Nationales ungarisches Fremdenverkehrsbüro (www.gotohungary.com) hat die beste Website über Ungarn.

Tourinform (www.tourinform.hu) Infobüro für Touristen.

Lonely Planet (www.lonelyplanet.com/Ungarn) Zielgebiets-Informationen, Hotelreservierungen, Reiseforum etc.

Hungary Museums (www.museum.hu) Hat eine Aufstellung mit sämtlichen Museen, die derzeit für Besucher geöffnet sind.

Budapest by Locals (www.budapestbylocals.com) Ausgezeichnete, extrem nützliche, von Expats betriebene Webseite mit klaren Informationen und Kleinigkeiten, die selbst uns Autoren beeindrucken.

Wichtige Telefonnummern

Landesvorwahl Ungarn	+36
Notarzt	104
Europaweite Notrufnummer	112
Feuerwehr	105
Polizei	107

Wechselkurse

Euro-Zone	1 €	308 Ft
Schweiz	1 Sfr	282 Ft
USA	1 US$	275 Ft

Aktuelle Wechselkurse siehe www.xe.com.

Tagesbudget

Preiswert: unter 12 000 Ft

➡ Mehrbettzimmer: 3000–6500 Ft

➡ Essen in einem preiswerten Restaurant oder Selbstbedienungsrestaurant: 1500–2500 Ft

➡ Eintrittskarte für das Nationalmuseum oder andere Sehenswürdigkeiten: 700 Ft

Mittelteuer: 12 000–35 000 Ft

➡ Einzel-/Doppelzimmer: ab 7500/10 000 Ft

➡ Zweigängiges Menü mit Getränk: 3500–7500 Ft

➡ Cocktail: ab 1500 Ft

Teuer: über 35 000 Ft

➡ Doppelzimmer in einem Luxushotel: ab 16 500 Ft

➡ Abendessen für zwei Personen mit Wein in einem guten Restaurant: ab 12 500 Ft

➡ All-inklusive Eintrittskarte für eine Wellnesseinrichtung/Wasserpark: Erw./Kind 3600/1600 Ft

Öffnungszeiten

Mit einigen Ausnahmen stehen die Öffnungszeiten (*nyitvatartás*) an den Türen der Geschäfte; *nyitva* bedeutet geöffnet, *zárva* geschlossen.

Banken Mo–Do 7.45–17 Uhr, Fr 7.45–16 Uhr

Bars So–Do 11–24 Uhr, Fr und Sa 11–2 Uhr

Geschäfte Mo–Fr 9–18 Uhr, Sa 9–13 Uhr

Clubs So–Do 16–2 Uhr, Fr und Sa 16–4 Uhr; einige Clubs sind nur am Wochenende geöffnet

Lebensmittelgeschäfte und Supermärkte Mo–Fr 7–19 Uhr, Sa 7–15 Uhr; einige haben auch sonntags von 7–12 Uhr geöffnet.

Restaurants 11–23 Uhr; Frühstückscafés öffnen um 8 Uhr

Geschäfte Mo–Fr 10–18 Uhr, Sa bis 13 Uhr

Ankunft in Ungarn

Ferenc Liszt International Airport (Budapest; S. 333**)**
Rund um die Uhr verkehren Busse vom Flughafen bis zur Metrostation Kőbánya-Kispest. Der Flughafen-Shuttle bringt die Gäste zu den Hotels (ca. 22 € bis ins Zentrum von Budapest); eine Taxifahrt kostet ca. 5650 Ft.

Keleti, Nyugati & Déli Bahnhöfe (Budapest) Alle drei Bahnhöfe befinden sich an den gleichnamigen U-Bahnlinien. Wenn die Metro geschlossen hat, verkehren Straßenbahnen und/oder Nachtbusse.

Népliget & Stadionok Busbahnhöfe (Budapest) Beide liegen an der M 3; hierher fahren die Straßenbahnlinien 1 und 1 A.

Unterwegs vor Ort

Ungarns Verkehrssystem ist effizient, flächendeckend und preiswert. Busse, Straßenbahnen und Obusse verkehren regelmäßig.

Die meisten ungarischen Städte lassen sich gut zu Fuß erkunden. Innerhalb Ungarns gibt es keine Flüge. In einem Tag kann man mit dem Zug oder Bus überall hinkommen.

EU-Bürger über 65 fahren in den öffentlichen Verkehrsmitteln kostenlos.

Menetred (www.menetrendek.hu) bietet Links für alle Fahrpläne: Busse, Züge, öffentliche Verkehrsmittel und Schiffe.

Züge sind ziemlich preiswert und fahren überallhin.

Autos sind gut, um die wilderen Gegenden des Landes zu erkunden.

Busse sind preisgünstiger und oftmals schneller als Züge. Sie sind auch gut geeignet, um in die entlegeneren Gegenden zu gelangen, in die keine Züge fahren.

Weitere Infos zu **Unterwegs vor Ort** siehe S. 335

Budapest & Ungarn für Einsteiger

Weitere Hinweise im Kapitel „Praktische Informationen" (S. 324)

Checkliste
- Gültigkeit des Reisepasses
- Notwendige Reservierungen vornehmen (für Sehenswürdigkeiten, Unterkünfte und/oder Reisen)
- Gepäckbeschränkungen der Fluglinie prüfen
- Kreditkartenunternehmen über die Reisepläne informieren, Reiseversicherung abschließen
- Prüfen, ob das Handy im Ausland funktioniert

Unbedingt mitnehmen
- Wörterbuch
- Geldgürtel
- Handyaufladegerät
- Reisestecker
- Hut/Mütze und Sonnencreme
- Schwimmzeug und Handtuch
- Badelatschen/Flipflops
- Regenschirm
- Vorhängeschloss
- Taschenlampe
- Taschenmesser
- Wäscheklammern
- Kleines Fernglas

Top-Tipps für die Reise
- Ordentliche Badebekleidung mitnehmen. Viele Bäder werden von Männern und Frauen besucht und setzen angemessene Bekleidung voraus.
- Obwohl die Züge in Ungarn oft teurer als Busse sind, sind sie schneller und bequemer.
- Die Hauptmahlzeit mittags einnehmen. Die Menüs in den Restaurants kosten nur einen Bruchteil dessen, was sie am Abend kosten.
- Wer oft mit den öffentlichen Verkehrsmitteln unterwegs ist (v. a. in Budapest), sollte sich einen Busausweis kaufen.
- Trinkgeld im Restaurant sollte man nicht einfach auf den Tisch legen. Sagen Sie dem Kellner, wie viel Trinkgeld Sie geben wollen.

Kleidung
Die Ungarn kleiden sich sportlich. Jüngere Leute besuchen klassische Konzerte und die Oper in Jeans. Die Männer brauchen keine Krawatte mitzubringen. Mitnehmen sollte man im Winter eine warme Mütze, einen Badeanzug und Plastiksandalen oder Flip-Flops, wenn man in ein Schwimmbad oder eine Therme gehen möchte. Sommerkleider und Strandbekleidung können ziemlich knapp ausfallen.

Schlafen
Ungarn hat eine große Auswahl an Unterkünften. Wer im Juli oder August nach Budapest, an den Balaton oder die Donau reist, sollte einige Monate im Voraus buchen.
- **Camping** Die Camping-Möglichkeiten reichen von privaten Plätzen mit wenigen Einrichtungen bis zu großen Campingplätzen.
- **Hostels** Preiswert, mit vielen Einrichtungen für Rucksacktouristen.
- **Hotels** gibt es viele, von hässlichen Bauten aus der Zeit des Sozialismus bin zu eleganten 5-Sterne-Palästen, skurrilen Boutiquehotels und umgebauten Schlössern.
- **Pensionen, Gasthöfe und B Bs** Viele sind gemütliche, familiengeführte Pensionen und haben ähnliche Einrichtungen wie kleine Hotels.
- **Private Unterkünfte und Apartments** Man kann ein Zimmer oder die Unterkunft bei englischsprachigen Gastgebern buchen.

Geld

Kredit- und Kundenkarten werden fast überall akzeptiert. Visa and MasterCard sind die beliebtesten, American Express wird nicht so häufig akzeptiert. Bei Kartenzahlung ist die Chip- und-PIN-Methode die Norm, einige Geschäfte akzeptieren auch Unterschriften, wenn die Karte keinen Chip hat. Bankautomaten gibt es überall. Die Mehrwertsteuer auf Waren und Dienstleistungen liegt zwischen 5 % und 27 %. Besucher sind nicht davon befreit, aber Nicht-EU-Bürger können sie sich zurückerstatten lassen (S. 325).

Handeln

Auf den Märkten kann man handeln; man kann nach einem Rabatt fragen, wenn man in einem Hotel der unteren oder mittleren Preisklasse verbringt. Ansonsten gelten die Festpreise.

Trinkgeld

➡ **Bars** Üblich sind 30–50 Ft pro Getränk an der Bar; wenn der Kellner die Getränke an den Tisch bringt, gibt man 10 %.

➡ **Friseur** Zehn Prozent.

➡ **Hotels** Für den Gepäckservice sollte man 500 Ft und für den Roomservice 200–300 Ft beiseite legen.

➡ **Tankstellen und Thermalbäder** Die Bediensteten dort rechnen mit etwas Kleingeld.

➡ **Restaurants** Für einen guten Service sollte man 10 % Trinkgeld zahlen und 10–15 % in gehobenen Restaurants. Oft ist der Bedienungszuschlag von 12,5 % schon in der Rechnung enthalten.

➡ **Taxis** Der Fahrpreis sollte aufgerundet werden.

Sprache

Die Ungarn sind stolz darauf, dass ihre Sprache zusammen mit Japanisch und Arabisch zu den weltweit schwierigsten Sprachen gehört. Eigentlich sind alle Sprachen eine Herausforderung für Nicht-Muttersprachler, aber es stimmt wirklich: Ungarisch ist sehr schwer zu lernen. Das sollte einen jedoch nicht davon abhalten, einige Worte oder Sätze zu lernen.

Die Dinge ändern sich jedoch und viele junge Leute sprechen Englisch, besonders in Budapest. Die Älteren sprechen meist nur Ungarisch (und evtl. auch Deutsch). Wer ein paar Worte auf Ungarisch (Magyar) sagen kann, kommt bei den Einheimischen gut an. Weitere Informationen siehe das Kapitel über Sprache auf S. 341.

Anstandsregeln

Die Ungarn gehen fast immer höflich miteinander um und die Sprache kann vornehm sein – selbst bei geschäftlichen Transaktionen mit dem Metzger oder beim Friseur.

➡ **Begrüßung** Wenn junge Leute Ältere begrüßen, sagen sie *Csókolom* („Ich küsse sie" – die Hand ist gemeint). Menschen sämtlicher Altersgruppen, sogar enge Freunde, geben sich die Hand.

➡ **Um Hilfe bitten** *legyen szíves* sagt man, um Aufmerksamkeit zu erlangen; *bocsánat*, um sich zu entschuldigen.

➡ **Essen und Trinken** Wenn man privat eingeladen wird, sollte man einen Blumenstrauß oder eine Flasche Wein mitbringen.

➡ **Namenstage** Neben ihrem Geburtstag feiern die Ungarn auch ihren Namenstag, den Gedenktag des Heiligen, dessen Namen die jeweilige Person trägt (die Namenstage sind in allen ungarischen Kalendern aufgeführt). Zu den üblichen Geschenken gehören Blumen, Süßigkeiten oder eine Flasche einheimischer Wein.

Essen

Ungarn verfügt über eine immer größer werdende Auswahl von Restaurants, besonders in Budapest. Meistens kann man am selben Tag Plätze reservieren oder braucht gar nicht zu reservieren. Wer in Budapest in einem gehobenen Restaurant speisen möchte, sollte eine oder zwei Wochen im Voraus buchen.

➡ **Restaurants** Es gibt sie in jeder Ausführung: von preiswerten ungarischen Gerichten bis zu edlem Sushi und feinen Michelin-Stern-Restaurants.

➡ **Vendéglő** Regionale Restaurants mit preiswerter gutbürgerlicher Küche.

➡ **Cafés** Sie sind tagsüber geöffnet und servieren Kaffee, Kuchen und leichte (und manchmal auch deftige) Gerichte.

➡ **Csárda** Die typisch ungarischen Wirtshäuser servieren große Portionen. Dazu wird manchmal Zigeunermusik gespielt.

Wie wär's mit ...

Architektur

Ungarns Architektur ist äußerst vielschichtig: von römischen Bauten in Budapest und Sopron, über frühchristliche Stätten in Pécs und Burgen im nördlichen Hochland bis hin zu herrlichen Barockkirchen im ganzen Land. Der klassizistische Stil lässt sich an einigen schönen Gebäuden in Debrecen erkennen. Im Vordergrund stehen jedoch die zahlreichen Jugendstilbauten in Budapest, Szeged und Kecskemét.

Budapest Wer einen Spaziergang durch die historische Altstadt von Budapest macht, ist überrascht von den vielen verschiedenen Baustilen (S. 44).

Pécs In Pécs befinden sich die bedeutendsten Baudenkmäler aus türkischer Herrschaft, eine frühchristliche Stätte des Weltkulturerbes sowie barocke Gebäude (S. 221).

Kecskemét Auf den grünen Plätzen der Stadt stehen zahlreiche spektakuläre Gebäude im Jugendstil (S. 245).

Synagogen Insbesondere in Szeged, Pécs, Eger und Esztergom sind beeindruckende jüdische Gotteshäuser zu entdecken (S. 253).

Schlösser Einige der schönsten Schlösser stehen in Hollókő und Eger in Nordungarn (S. 264).

Küche

Die ungarische Küche ist die beste in ganz Osteuropa. Obwohl sie sehr fleischreich ist, ist sie äußerst geschmackvoll. Unbedingt probieren sollte man das mit Paprika versetzte *Pörkölt* (so ähnlich wie Gulasch) oder *gulyás* (auch *gulyásleves*), eine dicke Rindfleischsuppe mit Zwiebeln und Kartoffeln. Zu den Spezialitäten gehören zudem *Libamaj* (auf unendlich viele Arten zubereitete Gänseleber) sowie *Halászlé*, eine reichhaltige Fischsuppe.

Budapest Man hat die Wahl zwischen Cafés im ungarischen Stil, trendigen Kellerrestaurants, Michelin-Stern-Restaurants und vielen anderen mehr (S. 122).

Fisch Unbedingt probieren sollte man den Fisch aus dem Balaton. Die beliebtesten Fischsorten sind Zander, Wels und Karpfen.

Sopron Die Stadt, die schon seit der Römerzeit für ihren Wein bekannt ist, produziert den einheimischen Rotwein *Kékfrankos* sowie den Weißwein *Tramini* (S. 192).

Szeged Die berühmte Fischsuppe der Stadt, *Halászlé*, mit Fischen aus der Tisza ist schon fast eine ganze Mahlzeit (S. 252).

Bereg Die dunkelvioletten *Szilva* (Pflaumen) aus dieser Region werden zur Herstellung der feinsten *Lekvár* (Marmelade) und des *pálinka* (Brandy) verwendet. (S. 279)

Konditoreien In jeder Stadt gibt es *cukrászdák* (Konditoreien) mit köstlichen süßen Kreationen. Das älteste Café ist das Gerbeaud in Budapest (S. 148).

Thermalbäder

Schon seit der Zeit der Römer im 2. Jahrhundert n. Chr. genießen die Ungarn die zahlreichen Thermalbäder. Die Auswahl ist enorm und sehr vielfältig, aber die Ungarn tendieren zu extragroßen Thermalbädern mit einem Wellnessbereich und zahlreichen Serviceleistungen für Erwachsene und einem riesigen Aquapark für die Kinder.

Hévíz Gyógy-tó, Europas größter Thermalsee, hat eine therapeutische Wirkung und ist voll mit Lotusblumen (S. 219).

Budapest In der Hauptstadt kann man sich so richtig verwöhnen lassen, von *Hammams* (türkische Bäder) und palastähnlichen Bädern bis hin zu Außenwhirlpools. Wer die Wahl hat, hat die Qual (S. 36).

Eger Nach der umfangreichen Renovierung eines türkischen Bades aus dem Jahr 1617 sind

sechs neue Pools, Saunen, eine Dampfsauna und ein Hammam entstanden (S. 266).

Szeged Die wunderschönen Anna-Bäder wurden 1896 gebaut und sind dem Fliesenbelag und dem Kuppelbau eines türkischen Bades nachempfunden (S. 252).

Kecskémet Das Bad von Kecskémet bietet Thermalbäder, ein Schwimmbad sowie Wellnesseinrichtungen mit allen möglichen wohltuenden Behandlungen (S. 245).

Folklore

Ungarn verfügt über eine der vielfältigsten Volkstraditionen in Europa. Folklore und bildende Kunst sind untrennbar miteinander verbunden. Die Musik von Béla Bartók und die keramischen Skulpturen von Margit Kovács aus Szentendre sind in der traditionellen Kultur tief verwurzelt.

Budapest Auf dem Volkskunstfestival, das Mitte August in Budapest stattfindet, stellen Kunsthandwerker aus ganz Ungarn ihre Arbeiten aus (S. 107).

Sopron Auf der Handwerksmesse im Rahmen der Soproner Festwochen von Mitte Juni bis Mitte Juli werden Volkskunst und Kunsthandwerk ausgestellt (S. 195).

Hollókő Dieses winzige Dorf ist eine Fundgrube ungarischer Volks- und Handwerkskunst. Zu Ostern im März/April (S. 264) lohnt es sich, dorthin zu fahren.

Bereg Region Dieses Gebiet ist die letzte Bastion folkloristischer Traditionen und berühmt für seine Handarbeiten, Holzkirchen mit naiven Wandmalereien und Gemälden (S. 279).

Szentendre Das Museum in dieser Stadt ist Margit Kovács gewidmet, einer Keramikerin,

Oben: Neue Synagoge, Szeged (S. 253)
Unten: Traditionelle ungarische Stickerei

Festivals

In Ungarn wird das ganze Jahr über viel geboten. Vorbei sind die Zeiten, als im August, der „Sauren-Gurken-Zeit", nichts los war. Man kann wählen zwischen themenbezogenen Festivals, die die jüdische Kultur und Volkskunst feiern, klassischer Musik oder Jazz sowie der neuen Trauben-, Kirsch- oder Apfelernte.

Sopron Während der Weinernte im September kann man die besten Weinsorten verkosten. Das Fest wird von Musik und Volkstänzen begleitet (S. 195).

Mohács Beim Busójárás-Karneval im Februar oder März gibt es maskierte Gestalten, farbenfrohe Umzüge, Volksmusik und Tanz (S. 231).

Budapest Auf dem achttägigen Jüdischen Kulturfest im September kann man ganz in die namhafte jüdische Tradition eintauchen (S. 107).

die ungarische Volkskunst und religiöse und moderne Motive miteinander verband (S. 178).

Szeged Das Open-Air Festival von Szeged im Juli und August ist das bedeutendste in ganz Ungarn und sein Programm bietet sämtliche Sparten darstellender Kunst (S. 252).

Hollókő In dem volkstümlichen Dorf ist das Osterfest etwas ganz Besonderes, denn dann ziehen Frauen in bunten Trachten durch die Straßen (S. 264).

Debrecen Der Blumenkarneval im August ist Ungarns farbenfrohstes Fest (S. 235).

Landschaft

Ungarns höchster Berg ist 1000 m hoch. Obwohl das Land nicht gerade in Meeresnähe liegt, hat es eine erstaunlich vielfältige Topografie. Es gibt die salzigen Graslandschaften der Großen Tiefebene, ein halbes Dutzend Gebirgszüge im Norden und Nordosten des Landes und zwei größere und landschaftlich reizvolle Flüsse: die Donau und die Tisza. Ungarn hat auch weit über 1000 Seen, von denen der größte und bekannteste der Balaton ist.

Őrség Vorbei an friedlichen Moorwiesen und Hügellandschaften geht es zum Őrség Nationalpark, wo der Besucher traditionelles Dorfleben erfahren kann (S. 200).

Pannonhalma Von der auf dem Hügel gelegenen Abteikirche bietet sich ein schöner Panoramablick auf das Umland (S. 198).

Tihany Die Halbinsel in 80 m Höhe hat viele Grünflächen mit Weingärten. Der Blick über den Balaton ist atemberaubend (S. 209).

Hortobágy Das echte Hortobágy in der Großen Ungarischen Tiefebene wird oft mit der auf Gemälden und in Gedichten erwähnten Stadt verwechselt; sie ist nach wie vor atemberaubend schön (S. 241).

Bereg Region Die Gegend bietet strohgedeckte Bauernhäuser, von Pferden gezogene Heuwagen sowie viele Obstbäume (S. 279).

Visegrád Der Ausblick von der mächtigen Festung, die im Jahr 1259 fertiggestellt wurde, lässt erkennen, dass die Donau wirklich eine Biegung macht (S. 183).

Monat für Monat

TOP-EVENTS

Budapester Frühlingsfest, Mitte April

Sziget-Festival, Mitte August

Busójárás, Ende Februar/Anfang März

Szeged Open-Air Festival, Juli & August

Osterfest in Hollókő, April

Januar

Nach den Weihnachtsferien herrscht in Ungarn immer noch eine weihnachtliche Atmosphäre. Es ist sehr kalt, aber der Himmel ist oft tief blau. Es ist gut möglich, dass auf den Kirchtürmen eine dünne Schneedecke liegt und in der Donau und der Tisza Eisschollen treiben (obwohl das immer seltener der Fall ist).

☆ Neujahrs-Galakonzert

Das alljährliche Galakonzert (www.hungariakon cert.hu), das normalerweise am 1. Januar im Budapester Pesti Vigadó stattfindet, läutet das neue Jahr ein und ist bei der Hauptstadt-Schickeria äußerst beliebt.

Februar

Anfang Februar haben die meisten Menschen so langsam genug vom Winter. Die kalten Tage werden kürzer und es wird zunehmend trüber. Die meisten Sehenswürdigkeiten sind noch bis Mitte März geschlossen (oder sind nur für einige Stunden geöffnet).

Busójárás

Der Karneval von Busójárás (www.mohacsibusojaras. hu) mit Teilnehmern, die Schafspelze tragen, findet am Wochenende vor Aschermittwoch in Mohács statt.

März

Dies ist der ideale Reisemonat für eine Reise nach Ungarn. Die Frauen haben nun ihre Pelze wieder in den Schrank gehängt. In vielen Städten beginnt die lange Zeit erwartete Konzert- und Theatersaison.

✲ Frühlingsfestival in Pécs

Das einmonatige Festival (www.pecsitavaszifesztival. hu) findet Ende März in ganz Pécs statt.

April

Im April finden zwei große Festivals statt.

✲ Budapester Frühlingsfest

Das größte und bedeutendste Kulturfestival der Hauptstadt (www.spring festival.hu) dauert zwei Wochen und findet an zahlreichen Veranstaltungsorten in Budapest statt.

✲ Osterfest in Hollókő

Traditionelle Kostüme und Volkstraditionen gibt es auf diesem Osterfest in Hollókö zu sehen, das zum Weltkulturerbe gehört (www. holloko.hu).

Mai

Im Winter ist nur eine beschränkte Auswahl an frischem Obst und Gemüse verfügbar. Der Frühling hingegen startet mit der Spargelsaison und Gemüse und Obst in Hülle und Fülle.

✕ Gulyás-Landeswettbewerb & Schäfertreffen

Beim Gulyás-Landeswettbewerb & Schäfertreffen

(www.hnp.hu) stellen die Viehhirten von Hortobágy ihre Fähigkeiten bei einem Kochwettbewerb auf die Probe.

Juni

Der späte Frühling ist eine wunderschöne Zeit, aber im Juni kann es auch ziemlich nass sein, besonders am Anfang des Monats. Es kommen nun immer mehr Besucher nach Ungarn.

👁 Nacht der Museen

In der Nacht der Museen (https://muzej.hu) feiern Hunderte Museen im ganzen Land die Sommersonnenwende Mitte Juni. Sie öffnen samstags um 18 Uhr ihre Pforten und schließen erst spät um 2 Uhr nachts.

Aprikosenschnaps- & Weinfestival Kecskemét

Auf den Plätzen von Kecskemét (www.hirosagora.hu) stellen Winzer und Schnapsbrenner aus dem ganzen Land Probierstände auf.

🎆 Festivalwochen Sopron

Ab Mitte Juni finden auf den Plätzen in Sopron Konzerte, Theateraufführungen sowie kunsthandwerkliche Ausstellungen statt (www.prokultura.hu).

Juli

Die Schulferien beginnen, was bedeutet, dass jetzt nicht nur ausländische Besucher, sondern auch viele Einheimische Urlaub machen. Für eine Reise zum Balaton oder in die Berge im Norden Ungarns sollte man sehr rechtzeitig buchen.

🎆 Open-Air Festival Szeged

Das berühmteste Open-Air-Festival Ungarns (www.szegediszabadteri.hu) findet im Juli und August statt und umfasst sowohl Opern- als auch Ballettaufführungen, klassische Musik und Volkstänze.

☆ Klangfestival Balaton

Das Klangfestival in Ergänzung zu Budapests beliebtem Sziget-Festival findet bei Zamárdi in der Nähe von Balatonfüred statt. An fünf Tagen im Juli bietet es eine ebenso beeindruckende Aufstellung von Musikgruppen (www.sziget.hu/balatonsound).

🍷 Bikavér-Festival Eger

Das viertägige Festival zelebriert Eger Stierblut, den bei Einheimischen und Besuchern sehr beliebten Wein der Region (www.eger.hu).

☆ Anna Ball

Wer am Anna-Ball (www.annabal.hu) am 26. Juli nicht teilnimmt, mischt sich am besten unter das Volk und schaut sich die elegant gekleideten Gäste in aller Ruhe an. Am Tag darauf fährt die Ballkönigin in einem aufwendigen Pferdewagen durch Balatonfüred. Es finden im ganzen Ort auch mehrere Konzerte statt.

August

Früher kam im August das Leben völlig zum Erliegen, aber das hat sich inzwischen geändert und der August ist jetzt der Festival-Monat.

☆ Formel 1 Der Große Preis von Ungarn

Die wichtigste Sportveranstaltung Ungarns (www.hungaroring.hu) findet Anfang August in Mogyoród, 24 km nordöstlich von Budapest, statt.

🎆 Blumenkarneval Debrecen

Das spektakuläre einwöchige Blumenfest (www.iranydebrecen.hu/info/flower-carnival) in Debrecen wird am Stefanstag (20. August) von blumengeschmückten Festwagen eröffnet.

🎆 Brückenmesse Hortobágy

Die jahrhundertealte Messe (www.hnp.hu) findet um den Stefanstag (20. August) in Hortobágy statt und bietet Tanz- und Straßentheater, Folkloredarbietungen sowie Pferde- und Ponyshows.

☆ Sziget-Festival

Das Sziget-Festival (http://szigetfestival.com) ist eines der größten und beliebtesten Musikfestivals in Europa. Eine halbe Million Besucher strömen auf die Hajógyár (Óbuda) Insel in Budapest, um zu feiern.

September

Der September eignet sich gut für eine Reise nach

Ungarn. Der Monat bietet noch eine ganze Menge, der Wein fließt in Hülle und Fülle und die Preise sind moderater.

🍷 Weinfeste

Festivals zur Feier der Traubenernte finden Ende September in den Weinanbaugebieten des Landes statt, darunter Tokaj, Eger und Sopron. Beim Internationalen Budapester Weinfestival (www.aborfesztival.hu) im Burgviertel stellen Ungarns Spitzenwinzer ihre Erzeugnisse der Öffentlichkeit vor.

🍷 Wochenende im Tal der schönen Frauen

An drei Tagen werden im Tal der schönen Frauen in Eger (www.eger.hu) Wein, Weib und Gesang gefeiert.

Oktober

Obwohl die Tage kürzer werden und die Menschen wieder ihrem alltäglichen Leben nachgehen, ist der Herbst eine wunderschöne Zeit, ganz besonders in den Budaer Bergen und den Bergen im Norden von Ungarn.

🏃 Budapest-Marathon

Osteuropas berühmtester Marathon (www.budapest marathon.com) findet Mitte Oktober statt und führt an der Donau entlang und über die Brücken.

November

Der Monat beginnt mit dem gesetzlichen Feiertag Allerheiligen am 1. November. Danach beginnt die Wintersaison und zahlreiche Museen und Sehenswürdigkeiten im ganzen Land reduzieren ihre Öffnungszeiten oder sind ganz geschlossen.

🎪 Budapester Weihnachtsmarkt & Winterfest

Mitte November beginnt in Budapest die festliche Jahreszeit: Auf dem Vörösmarty tér und vor der Szent-István-Basilika finden Weihnachtsmärkte statt (http://budapestchristmas.com).

Dezember

Weihnachten steht vor der Tür und die vielen geschmückten Weihnachtsbäume, großen und kleinen Dekorationen und farbigen Lichter sind ein willkommener Anblick.

⭐ Neujahrskonzert & Ball

Das meistbegehrte Event im jährlichen Kalender ist das Galakonzert und der Ball in der ungarischen Staatsoper (www.opera.hu) in Budapest am 31. Dezember.

Reiserouten

 Budapest in vier Tagen

Den größten Teil des ersten Tages verbringt man am besten auf dem Burgberg mit faszinierenden Ausblicken, einem Besuch im Museum und einem Mittagessen im **Cafe Miró**. Nachmittags geht es mit der **Sikló** (Standseilbahn) bergab zum **Clark Ádám tér** und zum **Gellért Thermalbad**. Abends kann man auf einen Drink zum Liszt Ferenc tér und weiter zum Abendessen ins **Klassz** fahren. Der zweite Tag beginnt mit einem Spaziergang auf der **Andrássy út** und einem Besuch des **Hauses des Terrors** und des **Művész Kávéház**. Weiter geht es zum **Széchenyi-Thermalbad** und zum Abendessen ins **Bagolyvár**. Am dritten Tag liegt der Fokus auf den beiden Symbolen ungarischen Volkstums und den Orten, die sie beherbergen: die Stephanskrone im **Parlamentsgebäude** und die sterblichen Überreste des Heiligen in der **St.-Stephans-Basilika**. Von dort aus geht es weiter ins Café **Gerbeaud** und später in die **Ungarische Staatsoper**. Am vierten Tag steht ein Besuch der **Großen Synagoge** und ein Mittagessen im **Kádár** auf dem Programm. Mit dem Boot geht es auf die **Margareteninsel**. Auf der anderen Seite der Margaretenbrücke auf einem Hügel befindet sich das Grabmal des Gül Baba, eine Pilgerstätte für Muslime. Den restlichen Nachmittag verbringt man am besten im Thermalbad **Veli Bej**, und zum Abendessen geht es ins nahe gelegene Bistro **Fióka**.

REISEPLANUNG REISEROUTEN

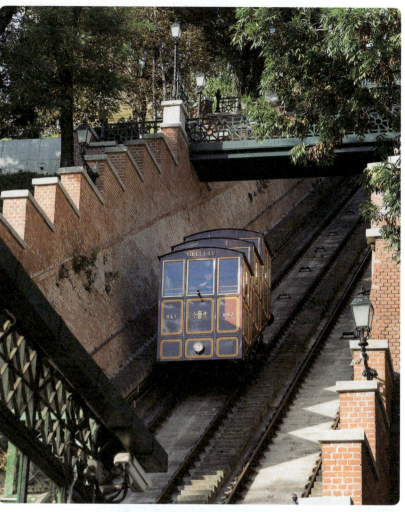

Oben: Standseilbahn (Sikló) auf den Burgberg von Budapest (S. 62)

Unten: Thermalsee Hévíz (S. 219)

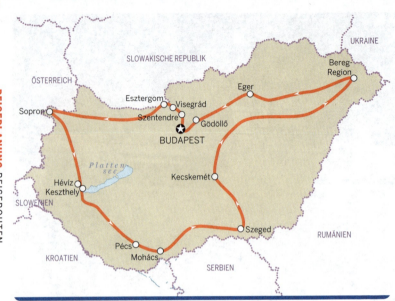

 Ungarns Highlights

Auf dieser Reiseroute lernt man die Highlights von Ungarn kennen und bekommt eine Kostprobe vom historischen Reichtum und der natürlichen Schönheit des Landes. Die Route umfasst alle vier Ecken Ungarns, von der Donauschleife und Sopron bis nach Pécs, Szeged und Eger, sowie die Bereg-Region, die letzte Bastion ungarischer Volkskultur.

Von **Budapest** geht es nach Norden in die an der Donauschleife gelegenen Städte: das malerische **Szentendre**, das königliche **Visegrád** und das ehrwürdige **Esztergom**. Die Straße führt in westliche Richtung an der Donau entlang, vorbei an atemberaubenden Landschaften, bis nach **Sopron**, Ungarns schönster mittelalterlicher Stadt mit zahlreichen Museen und Kirchen. Weiter südlich liegt der Balaton mit der herrlichen Stadt **Keszthely**. Das nahe gelegene **Hévíz** hat seinen eigenen Thermalsee, in dem man das ganze Jahr über baden kann. **Pécs**, Ungarns „mediterrane Stadt" weiter südlich ist eine Fundgrube frühchristlicher und türkischer Stätten.

Im weiter östlich gelegenen **Mohács** wurden die Ungarn im Jahre 1526 durch die Osmanen besiegt. Mit der Autofähre geht es ans rechte Donauufer und von dort in östliche Richtung nach **Szeged**, der ewig jungen Universitätsstadt. Wer im Juli oder August hierherkommt, sollte sich das Szeged Open-Air Festival keinesfalls entgehen lassen. Weiter nördlich liegt **Kecskemét**, die Stadt der Aprikosen und des Jugendstils.

Wer von der Großen Tiefebene und dem Flachland genug gesehen hat, fährt nach Nordosten in die **Bereg-Region**, wo es noch die meisten Volkstraditionen Ungarns gibt. Die im Südwesten gelegene Stadt **Eger** erfreut sich großer Beliebtheit und ist für ihre Weinsorte Stierblut bekannt sowie für die vielen Bauten aus der Barockzeit und die beeindruckende Burg (von wo aus die Bewohner von Eger die Türken in die Flucht schlugen, zumindest eine Zeit lang).

Auf dem Weg zurück nach Budapest in Richtung Westen lohnt sich ein Stopp in **Gödöllő**, der Sommerresidenz von Kaiser Franz Joseph und seiner geliebten Gemahlin Elisabeth, deren Privatgemächer renoviert wurden und jetzt für Besucher zugänglich sind.

Reiseplanung
Reisen mit Kindern

Ungarn ist ein gutes Land für Reisende mit Kindern. Kinder fahren in öffentlichen Verkehrsmitteln zu ermäßigten Preisen. Auch der Eintritt in Museen und in viele andere Sehenswürdigkeiten ist reduziert. Einige Museen haben sich sogar auf Kinder spezialisiert. Zahlreiche Thermalparks in Ungarn haben Rutschen, Wellenbecken und Kinderpools, und einige Restaurants verfügen über spezielle Kindermenüs.

Budapest & Ungarn für Kinder

Restaurants
Einige Restaurants – vornehmlich in Budapest – haben spezielle Kindermenüs oder bieten auf den Speisekarten halbe Portionen für Kinder an.

Unterhaltung
In Budapest wird für Kinder am meisten geboten, vom Marionettentheater ohne jegliche Sprachprobleme bis hin zu Volksmusik und Tanzabenden, bei denen Kinder mitmachen können.

Parks & Spielplätze
Ungarn hat jede Menge Grünflächen und Spielplätze sind in ungarischen Städten nicht unüblich. In Budapest gibt es die meisten Spielplätze. Das Stadtwäldchen (S. 100) wird bis zum Jahr 2019 in einen Vergnügungspark umgewandelt. Weitere ausgezeichnete Spielplätze gibt es auf der Margareteninsel, auf der Insel Óbuda (Hajógyári) und im Szent István Park (S. 88). Kleinere Spielplätze sind über die ganze Stadt verteilt.

Die besten Regionen für Kinder

Budapest
Die Stadt hat für Kinder jede Menge zu bieten, von Museen bis zu Thermalparks, aber die Kosten summieren sich.

Donauknie & westliches Transdanubien
Ein schöner Familienausflug ist eine Bootsfahrt auf der Donau.

Die Große Tiefebene
Bunte Trachten und viele Tiere auf den Bauernhöfen, das ist das, was kleine Kinder lieben.

Plattensee & südliches Transdanubien
Der flache Balaton und die vielen Fahrradwege sind für sportliche Familien geradezu ideal.

Nordungarn
Für Kinder, die gerne draußen sind, bieten sich Wanderungen im Bükk-Nationalpark sowie Wasserparks an.

Highlights für Kinder

Thermalbäder & Pools

Aquaworld, Budapest (S. 104) ist einer der größten Wasserparks Europas mit zwölf Rutschen und einem Wellenbad.

Abenteuer-Spa & Wasserrutschenpark, Kecskemét (S. 248) Riesiger Wasserpark mit Pools und Rutschen.

Széchenyi Bad, Budapest (S. 103) In einem der Außenbecken befindet sich ein Whirlpool.

Napfényfürdő Aquapolis, Szeged (S. 255) Riesiger Wasserpark mit zahlreichen Innen- und Außenpools.

Tiere

Gestüt von Máta, Hortobágy (S. 242) Mit einem Pferdewagen mal ruhig, mal rasant über die Prairie fahren und unterwegs Schafe und Graurinder entdecken.

Budapester Zoo (S. 100) Ungarns exotischste Sammlung von Tieren aller Art.

Puszta Tierpark, Hortobágy (S. 243) Der Ort, wo man die Tiere der Puszta (übersetzt heißt es „unbewohnt", eine andere Bezeichnung für die Große Tiefebene) sehen kann, z. B. Graurinder, Mangalica (Lockenschweine) und *Racka* (Zackelschafe).

Cowboy Show, Kiskunság Nationalpark (S. 252) Hier liefern sich die *Csikósok* (Cowboys) Rennen ohne Sattel, während ihre Pferde alle möglichen Kunststücke vollbringen.

Museen & Kunstgalerien

Museum der Bildenden Künste, Budapest (S. 61) Das Museum hat auch ein Programm für Kinder, bei dem sie ihre eigenen Kunstwerke kreieren können.

Aquincum Museum, Budapest (S. 55) Im Untergeschoss befinden sich interaktive Exponate, darunter virtuelle Gladiatorenkämpfe.

Modelleisenbahn-Museum, Keszthely (S. 217) Beeindruckende Modelleisenbahn-Sets mit österreichischen Bergen, Tunneln, verschneiten Wäldern und winzigen Bahnhöfen.

Spielzeugmuseum, Keszthely (S. 215) Sagenhafte Sammlung von Puppen, Zügen, Spielzeugautos, Teddybären und Spielsets aus allen Epochen.

Spielzeugmuseum & Werkstatt, Kecskemét (S. 246) Gruselige Puppen aus dem 19. und 20. Jahrhundert, Brettspiele und Züge aus Holz.

Spaß an Regentagen

Magischer Turm, Eger (S. 267) Astronomische Geräte aus dem 18. Jahrhundert, eine Camera obscura und ein Planetarium für Sternengucker.

Tropicarium, Budapest (S. 105) Riesiges Aquarium mit ungarischen Fischarten und einem nicht ungarischen Haifischtunnel.

Palast der Wunder, Budapest (S. 105) Intelligentes Spielzeug, Puzzles und zahlreiche interaktive Elemente, z. B. ein "Windtunnel".

Outdoor-Aktivitäten

Kindereisenbahn, Budapest (S. 102) In einem von Kindern betriebenen Zug geht es durch die Budaer Berge.

Bootsfahrt, Szeged (S. 256) Vom Fluss aus hat man einen Blick auf die Altstadt von Szeged.

Segel- und Surfschule, Tihany (S. 211) Stehpaddeln auf dem ruhigen Balaton.

River Ride, Budapest (S. 104) Auf dem Amphibienbus kann man Budapest per Straße und Fluss erkunden.

Schlösser & Höhlen

Budaer Burglabyrinth (S. 63) Im Trockeneisnebel dieser Unterwelt kann man schnell verloren gehen.

Minarett von Eger (S. 270) Nach dem Aufstieg bieten sich atemberaubende Ausblicke auf die Stadt.

Burg Eger (S. 266) Die Burg aus dem 13. Jahrhundert beherbergt Rüstungen, Uniformen und Modelle.

Pálvölgy Höhle, Budapest (S. 75) Spektakuläre Stalaktiten und Stalagmiten erwarten mutige Höhlenforscher.

Reisevorbereitung

Kinderbetreuung Immer mehr Hotels in Budapest bieten Kinderbetreuung an, man sollte den Service jedoch mindestens sechs Stunden vorher buchen.

Autovermietung Die meisten Autovermietungen verleihen Kindersitze zu einem geringen Preis. Frühzeitig buchen.

Hotels und Restaurants Hochstühle und Kinderbetten gehören zur Standardausstattung vieler Restaurants und Hotels, die Anzahl kann jedoch begrenzt sein. Bei Buchung mit anfordern.

Reiseplanung

Essen & trinken wie die Einheimischen

Es ist überhaupt nicht schwierig, sich in Ungarn zurechtzufinden. Die Einheimischen sind freundlich, das Essen ist großartig (niemals seltsam oder sonderbar) – und der Wein ist ausgezeichnet. Es gibt hier viele Dinge, die ein jeder gut findet: frische Produkte, süße Kuchen und Obstbrände, die es in sich haben.

Gaumenfreuden

In Ungarn gibt es eine riesige Auswahl an frischen Produkten und so viele interessante und ungewöhnliche Spezialitäten, dass ein kleiner Speiseratgeber sicherlich ganz nützlich wäre. Die folgenden Tipps und Anmerkungen sind eine Hilfe, um die kulinarischen Sinne zu schärfen:

Top-Restaurants

➡ **Ikon, Debrecen** (S. 239) Das wohl innovativste Restaurant in der ungarischen Provinz; unvergessliche Foie gras und Kaninchen mit *lecsó* (pikantes Paprikagemüse mit Tomaten und Zwiebeln).

➡ **Padlizsán, Esztergom** (S. 190) In spektakulärer Lage am Fuß einer Felswand gelegen. Abends begleiten sanfte Klänge die modern angehauchten, fantasievollen ungarischen Gerichte.

➡ **Macok Bistro & Wine Bar, Eger** (S. 273) Das preisgekrönte, sehr stilvolle Speiselokal unterhalb der Burg von Eger präsentiert eine erstklassige Speise- und Weinkarte.

➡ **Zeller Bistro, Budapest** (S. 141) Wunderbare traditionelle Gerichte aus Fleisch, Fisch und Produkten aus der Region am Plattensee, die in einem zauberhaften Keller bei Kerzenschein serviert werden.

Kulinarischer Jahresverlauf

Food-Festivals finden ganzjährig statt. Gefeiert wird alles: Spargel, Honig, Kürbis und Weintraube.

Winter (Dez.–Feb.)

Die Auswahl an frischem Gemüse und Obst ist nicht groß, dafür gibt es eine Jagdsaison, Pilze und Nüsse. Auf den Budapester Weihnachtsmärkten lässt es sich wunderbar naschen.

Frühling (März–Mai)

Zum Frühlingsbeginn gehören spätwinterliche Menüs der Vergangenheit an. Salate, *spárga* (Spargel) und Beerenobst stehen auf dem Speiseplan. Schinken ist auf vielen Events präsent, z. B. auf dem Osterfestival von Hollókő (S. 265).

Sommer (Juni–Aug.)

Fruchtig-frisch geht es weiter mit Erdbeeren, Himbeeren, Kirschen und Pflaumen. Überall im Land wird gegrillt und das *gulyás* (Gulaschsuppe) köchelt in einem *bogrács* (Kessel), u. a. auf dem Brückenmarkt von Hortobágy (S. 244).

Herbst (Sep.–Nov.)

Es gibt Dutzende Weinfeste, das bedeutendste ist das Internationale Weinfest in Budapest (S. 107).

➡ **Zsolnay Restaurant, Pécs** (S. 229) Tadelloser Service, ein preisgekröntes Menü kreativer ungarischer Speisen unter Verwendung heimischer Zutaten.

➡ **Baraka, Budapest** (S. 133) Vorzügliches Seafood mit asiatischen, französischen und ungarischen Einflüssen; herausragende Bar und Weinbar.

Günstige Leckereien

Einige *hentesáru boltok* (Metzgereien) bieten ein *büfé* (Büfett) an, bestehend aus gekochten und gebratenen Würsten, z. B. *kolbász* (Wurst), *virsli* (Wiener Würstchen), *hurka* (gebratene Schlachtwurst, z. B. Blut- oder Leberwurst), sowie Brathähnchen und eingelegtem Gemüse. Man zeigt ganz einfach auf das, was man haben möchte und man erhält das Gewünschte zusammen mit dem Kassenbon. Dann geht man damit zur *pénztár* (Kasse) und zahlt. Bezahlen muss man auch für Brot, Senf – und auch für Wasser.

PAPRIKA: DAS ROTE GOLD UNGARNS
....

Paprika, das „Rote Gold" *(piros arany)* ist aus der ungarischen Küche nicht weg zu denken; die bedeutendsten Anbaugebiete liegen vor allem in den Regionen rund um Szeged und Kalocsa in der Großen Tiefebene. Zwischen 8000 und 10 000 Tonnen an Paprikapulver werden alljährlich hergestellt; mehr als die Hälfte wird exportiert. Jeder Ungar konsumiert im Jahresdurchschnitt 500 Gramm davon – Paprika enthält mehr C-Vitamine als Zitrusfrüchte. Paprikagewürz wird nicht nur zum Kochen verwendet, auf Restauranttischen steht neben Salz- und Pfefferstreuern auch ein Behälter mit Paprikapulver.

Es gibt mehrere Sorten an frischem oder getrocknetem Paprika, die auf den Märkten und in den Läden Budapests erhältlich sind. Unterschiedlich sind die Geschmacksstufen und Schärfegrade – je intensiver die Rotfärbung des Pulvers, umso milder. Man sollte sich drei Grundbegriffe merken: *csípős* (scharf), *erős* (stark) und *édes* (süß/mild).

An Imbissständen werden die gleichen Dinge angeboten, ebenso Fisch, wenn diese aus Seen und Flüssen in der Nähe stammen. Ein sehr beliebter Snack ist *lángos*, eine Art Fladen – in Fett oder Öl ausgebackener Hefeteig –, der mit unterschiedlichem Belag angeboten wird (oft mit Käse, Speck, Zwiebeln, Sauerrahm); erhältlich an jedem Imbissstand in Ungarn. *Pogácsa* sind runde, salzige Gebäckstücke, die ursprünglich aus der Türkei stammen, und wunderbar zu Bier schmecken.

Einfach ausprobieren

Ungarn essen für ihr Leben gern *libamáj* (Gänseleber) und, in geringerem Maße, *kacsamáj* (Entenleber) in unterschiedlichen Zubereitungsarten: *zsírjában* (kalt, im eigenen Fett), *roston sült* (gegrillt), oder als *pástétom* (Pastete); andere Innereien sind weniger beliebt. Zu den ungewöhnlichsten ungarischen Gerichten gehören einige fleischlose Speisen. Kalte Früchtesuppen wie *meggyleves* (Sauerkirschsuppe) oder *fahéjas-almaleves* (Apfelsuppe mit Zimt) werden vor allem an warmen Sommerabenden gereicht. Gerichte wie *makós metélt* (süße Mohnnudeln) sehen vielleicht ein wenig ungewöhnlich aus, aber sie schmecken gut. Nach dem Verzehr ist allerdings Zähneputzen angesagt!

Spezialitäten der Region

Brot, Knödel & Nudeln

Die Ungarn essen für ihr Leben gern Brot, ein wesentlicher Bestandteil jeder Mahlzeit. Seit der Herrschaft von König Matthias Corvinus (Hunyadi Mátyás; 15. Jh.) wurde übrig gebliebenes *kenyér* (Brot) zum Verdicken in Suppen und Eintöpfe getan; *kifli* (Kipferl/Hörnchen) erlangten während der Türkenzeit große Beliebtheit. Typisch ungarisch sind *galuska* (Nockerl) und *tarhonya* (Eiergraupen), die als Sättigungsbeilage zu *pörkölt* (Gulasch) und *paprikás* (Paprikagerichte, z. B. Paprikahuhn) gereicht werden.

Suppen

Eine ungarische Mahlzeit beginnt immer mit einer *leves* (Suppe). Relativ leichte Suppen sind *gombaleves* (Pilzsuppe) oder *húsgombócleves* (Fleischklößchensuppe).

Gulyás (Rindfleischeintopf)

Etwas reichhaltigere Suppen sind *gulyás* (oder *gulyásleves*), ein reichhaltiger Eintopf mit Rindfleisch, und *bableves*, eine herzhafte Bohnensuppe, oft mit Fleisch. Sehr beliebt sind auch *halászlé* (Fischsuppe), ein schmackhafter Fischsud mit pochiertem Karpfen oder Wels, Tomaten, grünen Paprika und Paprikagewürz.

Fleisch- & Schmorgerichte

Ungarn verspeisen erstaunlich große Mengen an Fleisch. Schwein-, Rind-, Kalb- und Geflügelfleisch werden am häufigsten verzehrt – es wird paniert und gebraten, gebacken, geschmort, u. a. im *lecsó* (Paprikagemüse mit Tomaten und Zwiebeln) und mit Paprika gewürzt.

Die beliebtesten Gerichte werden mit Paprika zubereitet, so wie die wohl bekannteste ungarische Spezialität, das *gulyás* (oder *gulyásleves*); im Allgemeinen wird dieser Eintopf als Hauptgericht serviert. Das Gericht, welches außerhalb Ungarns Gulasch genannt wird, bezeichnen die Ungarn als *pörkölt* (geröstet); das *paprikás* besteht aus Hähnchen- oder Schweinefleisch und wird mit Sauerrahm, Paprikagewürz und Zwiebeln verfeinert.

Gänsekeulen und -leber sowie Putenbrust – aber auch andere Geflügel – stehen auf jeder Speisekarte. Lamm, Hammel und Kaninchen sind eher selten aufgeführt.

Fisch

Süßwasserfische wie *fogas* (Hecht), der kleinere, aber höher geschätzte *süllő* (Zander, beide im Plattensee heimisch), und der *ponty* (Karpfen) aus den heimischen Flüssen und Bächen, sind im Überfluss vorhanden (für westliche Verhältnisse oft zerkocht).

Vegetarische Gerichte

Frischen Salat (manchmal *vitamin saláta* genannt) gibt es überall, allerdings sind *savanyúság* weit üblicher, u. a. eingelegte Gurken, Tomatenpaprika und Sauerkraut. Diese Beilagen passen jedoch vorzüglich zu schweren Fleischgerichten.

Die tradionelle Art und Weise *zöldség* (Gemüse) zuzubereiten, heißt *főzelék,* ein aus mehreren Gemüsesorten weich gekochte, eingedickte Gemüsebeilage. Erbsen, Grüne Bohnen, Linsen, Kürbis oder Kraut werden gedünstet oder gekocht und meistens mit einer *rántás* (Mehlschwitze) oder einem Schuss saure Sahne verfeinert – dazu werden häufig Fleischstücke gereicht.

In Restaurants können sich Vegetarier in der Regel unterschiedliche Arten an *főzelék* bestellen, darunter *gombafejek rántva* (gebratene Pilze) sowie diverse köstliche Nudelgerichte, beispielsweise mit Schichtkäse wie *túróscsusza* und *sztrapacska*. Weitere fleischlose Speisen sind *gombaleves* (Pilzsuppe), *gyümölcsleves* (Obstsuppe) in der jeweiligen Jahreszeit, *rántott sajt* (gebratener Käse) und *sajtoskenyér* (Käsebrot). In mancher *bableves* (Bohnensuppe) ist auch Fleisch – allerdings nicht immer. *Palacsinta* (Palatschinken, Crêpe) gibt es in pikanter Ausführung, diese sind dann mit *sajt* (Käse) oder *gomba* (Pilze) gefüllt; allerdings sind die süßen Variationen mit *dió* (Nuss) oder *mák* (Mohn) üblicher.

Süßigkeiten & Nachtisch

Ungarn lieben Süßigkeiten. Der Nachtisch kommt am Ende einer Mahlzeit auf den Tisch, beispielsweise *Somlói galuska* (Biskuitkuchen mit Schokoladencreme und Schlagsahne) und *Gundel palacsinta* (Palatschinken mit einer Nuss-Rum-Rosinen-Füllung, die von einer Schokoladensoße übergossen wird). Aufwendigere Kuchen – wie die *Dobos torta* (eine Torte aus mehreren Schichten Biskuit und Schokoladencreme mit einer Karamellglasur) und einen wunderbaren *rétes* (Strudel), gefüllt mit Mohn, Kirschen oder *túró* (Schichtkäse) – genießt man meistens am Nachmittag in einer *cukrászda* (Konditorei).

Essenstipps
Mahlzeiten

Die meisten Ungarn essen nur wenig zum *reggeli* (Frühstück), meist bleibt es bei einer Tasse Kaffee oder Tee und einem Brötchen, das man am Küchentisch oder auf dem Weg zur Arbeit verzehrt.

Ebéd (Mittagessen), um 12 oder 13 Uhr eingenommen, ist auf dem Land traditionell die Hauptmahlzeit des Tages und besteht aus zwei oder drei Gängen; in den größeren Städten hat sich das für Berufstätige schon seit Längerem geändert. Aber auch dort sieht man noch Arbeitskollegen gemeinsam an einem Restauranttisch sitzen.

Vacsora (Abendessen) ist nicht so aufwendig wie das Mittagessen gestaltet und besteht aus Fleisch, Käse und eingelegtem Gemüse.

Wohin zum Essen

Ein *étterem* ist ein Restaurant mit einer großen Auswahl an Gerichten, manchmal auch mit internationalen Speisen. Ein *vendéglő* (oder *kisvendéglő*) ist ein Gasthaus, in dem die Auswahl, vor allem an regionalen Gerichten bzw. an Hausmannskost, etwas kleiner und preisgünstiger ist.

Ein *étkezde* oder *kifőzde* ist eine Mensa oder Kantine, kleiner und günstiger als ein *kisvendéglő* und ziemlich funktional

> **TRINKEN WIE EIN UNGAR**
>
> Die Ungarn lieben und achten ihre traditionsreiche Weinkultur. Im Sommer trinkt man gerne Schorle (Spritzer) oder gekühlten Wein – Weiß- und Rotweine werden mit Mineralwasser gestreckt und in großen Mengen konsumiert; es gibt unterschiedliche Varianten und verschiedene Mischungsverhältnisse, die zu kennen ausgesprochen hilfreich ist. Ein *kisfröccs* (kleine Schorle) besteht aus 10 cl (100 ml) Wein und der gleichen Menge an Mineralwasser; bei einem *nagyfröccs* (große Schorle) ist die Weinmenge doppelt so groß. Der *hosszúlépés* (langer Schritt) setzt sich aus 10 cl Wein und 20 cl (200 ml) Mineralwasser zusammen, während beim *házmester* (Hausmeister) die Weinmenge verdreifacht wird. Diese Variationen gibt es in fast allen Bars in den Städten, allerdings sollte man diese nicht unbedingt in einer *borozó* erwarten, einer traditionellen Weinstube – in der Regel eine Kneipe –, denn dort bekommt man oft lediglich Fusel serviert.
>
> An Spirituosen sind vor allem diverse Obstbrände, *pálinka* – z. B. *barack pálinka* (Aprikosenschnaps) – genannt, und Unicum, ein Magenbitter und Kräuterschnaps, zu erwähnen.

eingerichtet. Der Begriff *csárda* steht ursprünglich für Landgasthof mit einem rustikalem Ambiente, Zigeunermusik und deftiger Küche; heutzutage wird dieser gastronomische Begriff leider aus rein kommerziellen Gründen inflationär verwendet. Die meisten Restaurants bieten mittags ein äußerst preiswertes *menü* (Gedeck) aus zwei oder drei Gängen an; in besseren Restaurants sollte man einen Tisch reservieren.

Ein *bisztró* ist noch günstiger, mit Sitzgelegenheiten und häufig mit *önkiszolgáló* (Selbstbedienung). Ein *büfé* zeichnet sich durch ein stark eingeschränktes und noch preiswerteres Angebot aus. Imbissbuden bzw. Fressstände (*Lacikonyha*) oder *pecsenyesütő* (Bräter) sind auf Märkten, in Parks oder an Bahnhöfen zu finden.

In einem *kávéház* (Kaffeehaus, Café) bekommt man alkoholfreie heiße und kalte Getränke. Ein *eszpresszó* ist auch eine Art Café, aber hier erhält man auch alkoholische Getränke und leichte Snacks.

Andere nützliche Begriffe, um sich zurechtzufinden, lauten *élelmiszer* (Lebensmittel), *csemege* (Feinkost) und *piac* (Markt).

Was steht auf der Karte

Die Speisekarten in Restaurants gibt es oft auch in deutscher, englischer und manchmal in französischer Übersetzung. Zwei wichtige Begriffe sollte man sich für einen Restaurantbesuch unbedingt merken: *készételek* sind Fertiggerichte, die entweder warm gehalten oder schnell aufgewärmt werden (z. B. *gulyásleves* und *pörkölt*) und *frissensültek*, diese Speisen werden frisch zubereitet (wörtlich „frisch Gebratenes") und benötigen deshalb etwas länger.

Széchenyi-Bad (S. 103), Budapest

Reiseplanung
Thermalbäder & Spas

Budapest liegt auf der tektonischen Verwerfungslinie, die die Budaer Berge von der Großen Tiefebene trennt. Mehr als 30 000 Kubikmeter warmes bis kochendes Wasser (21–76 °C) strömen täglich aus den 123 Thermal- und über 400 Mineralquellen. Kein Wunder also, dass die Stadt ein bedeutendes Kurzentrum ist.

Die Geschichte der Spa-Stadt

Relikte von zwei Bädern, die in Aquincum gefunden wurden, lassen darauf schließen, dass schon die Römer vor rund 2000 Jahren die Vorzüge des Budapester Thermalwassers zu nutzen wussten.

Doch erst durch die türkische Belagerung im 16. und 17. Jh. wurde das Baden zu einem festen Bestandteil des Lebens in Budapest.

Ende des 18. Jhs. ordnete Kaiserin Maria Theresia an, das Wasser zu analysieren und auf Kosten der Staatskasse in einer Liste zu vermerken. In den 1930er-Jahren war Budapest bereits zum modischen Spa-Resort avanciert.

Heilwasser

Natürlich besucht nicht jeder ein Bad, um sich zu entspannen und zu amüsieren. Das warme, mineralhaltige Wasser soll auch gegen eine ganze Reihe von Beschwerden helfen – von Arthritis, Gelenk- und Muskelschmerzen bis hin zu schlechter Durchblutung und posttraumatischem Stress.

Und bei einem total leidigen Phänomen wirkt das Heilwasser – erwiesenermaßen – wirklich Wunder: dem allseits gefürchteten Kater!

Das Angebot

Die Budapester Bäder, egal ob neu oder historisch, sind allesamt nach etwa demselben Schema aufgebaut: Innen warten diverse Thermalbecken mit warmen bis heißen Temperaturen, Dampfkabinen, Saunas, eiskalte Tauchbecken und Massageräume.

Manche Bäder haben auch Außenbecken mit Brunnen, Wellenmaschinen und Whirlpools.

Die meisten Bäder bieten umfassende medizinische Behandlungen an, plus Leistungen wie Massagen (5500/7500 Ft für 20/30 Min.) und Pediküre (4500 Ft). Man sagt einfach beim Eintrittskartenkauf, was man gern haben möchte.

An manchen Tagen und zu bestimmten Zeiten bleiben diverse Bäder bisweilen Frauen oder Männern vorbehalten. Es gibt aber in der Regel Tage, an denen gemeinsam gebadet wird – was in manchen Bädern immer der Fall ist, z. B. im Széchenyi- (S. 103), Gellért- (S. 103) und Király-Bad (S. 103). An Männerbadetagen und an Gemeinschaftsbadetagen bekommen Männer meist ein Lendentuch und Frauen ein schürzenartiges Gewand, doch der Gebrauch von Badebekleidung ist selbst an reinen Damen- bzw. Männertagen im Vormarsch.

Gut zu wissen

Öffnungszeiten Die Öffnungszeiten – und ob Damen-, Herren- oder Gemischtbadetag ist –, hängen vom Wochentag ab. Viele Bäder haben am Wochenende abends geöffnet.

Preise Die Eintrittsgebühr beginnt ab 2400 Ft; theoretisch darf man wochentags zwei Stunden bleiben und 1½ Stunden am Wochenende, was aber selten streng gehandhabt wird.

Nützliche Website *Budapest Spas and Hot Springs* (www.spasbudapest.com) hat ausgezeichnete und aktuelle Informationen.

Eine Überlegung wert

➡ Immer weniger Bäder haben reine Damen- oder Männerbadetage; am besten packt man sich also Badebekleidung ein oder leiht sich notfalls welche aus (1350–2000 Ft).

➡ Manche Bäder machen einen etwas abgewirtschafteten Eindruck, aber sie sind sauber, und das Wasser wird regelmäßig gewechselt. Plastiksandalen oder Flipflops sind dennoch keine schlechte Idee.

➡ Flipflops sind auch in einigen Schwimmbädern (z. B. im Palatinus Strand) nützlich – der viele Beton heizt sich im Sommer glühend heiß auf.

➡ In manchen Bädern wird das Tragen einer Badekappe erwartet; entweder man nimmt seine eigene mit oder leiht sich eine aus (700 Ft).

➡ In manchen Bädern sind Badetücher auszuleihen (1000 Ft).

Gellért-Bad (S. 103), Budapest

THERMALBÄDER AUSSERHALB VON BUDAPEST

Budapest ist beileibe nicht der einzige Ort in Ungarn, wo es Thermalbäder gibt; landesweit sind es über 300 heiße Quellen. Einige wie das Türkische Bad (S. 270) in Eger und das Anna-Bad (S. 255) in Szeged existieren seit Jahrhunderten, während andere – das Thermalbad Aquaticum (S. 237) in Debrecen und das Kecskeméter Bad (S. 248) – neueren Datums sind. Das ungewöhnlichste Bad ist der Thermalsee (S. 219) in Hévíz. Das große Aufkommen an Erlebnis- und Freizeitbädern für Kinder und gigantischen Wellnesscentern für Erwachsene hat die Besucherzahlen in den vergangenen Jahren gewaltig ansteigen lassen.Die vom Ungarischen Tourismusamt veröffentliche Broschüre *Hungary: A Garden of Well-Being* gibt es auch online (http://gotohungary.com/spas-of-hungary).

Die Wahl des richtigen Bades

Für welches Bad der Einzelne sich entscheidet, ist natürlich Geschmackssache, doch vier Bäder garantieren wirklich ein tolles Badeerlebnis:

Rudas-Bad (S. 103) Das renovierte Bad aus dem Jahr 1566 wirkt von allen Bädern am orientalischsten – mit einem achteckigem Pool, einer Buntglaskuppel und acht wuchtigen Säulen. Während der Woche ist das Bad überwiegend Männern vorbehalten, am Wochenende, wenn hier abends gemischt gebadet wird, gibt es viel zu gucken.

Gellért-Bad (S. 103) Sich in diesem Jugendstilbad (mittlerweile immer gemischt) zu aalen wurde mit einem Bad in einer Kathedrale verglichen. Die Innenbecken gelten als die schönsten der Stadt.

Széchenyi-Bad (S. 103) Das gigantische Gebäude im Zuckerbäckerstil im Stadtwäldchen beherbergt das Széchenyi-Bad, das aus drei Gründen ungewöhnlich ist: wegen der Dimensionen (ein Dutzend Thermal- und drei Schwimmbecken im Freien), dem hellen, sauberen Ambiente und der hohen Wassertemperatur (bis zu 40 °C).

Thermalbäder & Spas

DANUBIUS HEALTH SPA MARGITSZIGET
Ideal für spezielle Anwendungen.

BÄDERKOMPLEX DAGÁLY
Große, kinderfreundliche Pool-Landschaft.

LUKÁCS-BAD
Für echte Wellness-Freunde.

PALATINUS-STRAND
Der größte Bäderkomplex der Stadt.

ALFRÉD-HAJÓS SPORT-BAD
Trainingsstätte für Olympia.

SZÉCHENYI-BAD
Sehr heißes Wasser und ein Gebäude im Zuckerbäckerstil.

CSÁSZÁR-KOMJÁDI-BAD
Vor allem für sehr ernsthafte Sportschwimmer.

VELI-BEJ-BAD
Das neueste alte Bad von Buda.

KIRÁLY-BAD
Altehrwürdig und osmanisch.

RUDAS-BAD
Das schönste unter den türkischen Bädern.

GELLÉRT-BAD
Hier schwimmt man wie in einer Kathedrale.

Veli-Bej-Bad (S. 103) Das altehrwürdige (1575) türkische Bad in Buda wurde nach jahrzehntelanger Vergessenheit zu neuem Leben erweckt.

Andere Bäder haben natürlich auch ihre Besonderheiten. Das Wasser des Lukács-Bads (S. 103) soll so ziemlich alles kurieren: von Rückgratverformungen und ausgerenkten Wirbeln bis zum Calziummangel.

Die vier eher kleinen türkischen Becken im Király-Bad (S. 103) schreien zwar nach gründlichen Restaurierungsmaßnahmen, sind aber ein echtes Kleinod aus dem Jahr 1570.

Die Einrichtungen im Danubius Health Spa Margitsziget (S. 104) auf der Margareteninsel sind seelenlos, aber topmodern, und die Auswahl an Anwendungen ist schlichtweg irre.

Budapest & Ungarn im Überblick

Budapest

Nachtleben
Wellness
Jüdisches Erbe

Ausgehen
Das Budapester Nachtleben ist einsame Spitze. Außer Bars, Kneipen, Tanzlokalen und Konzertsälen hat Budapest einzigartige *Romkocsmák* (Ruinenkneipen) sowie *Kertek* (Gärten), die in den wärmeren Monaten überall in der Stadt aus dem Boden schießen.

Eine Kur machen
Budapest verfügt über eine ganze Reihe von Thermalbädern. Hier ist für jeden etwas dabei. Einige Bäder stammen aus der Zeit der türkischen Besatzung, bei anderen hat man das Gefühl, in einer Kathedrale zu schwimmen. Wer sich in einem Außen-Whirlpool vergnügen will, hat reichlich Gelegenheit dazu.

Unter dem Davidstern
Budapest hat Europas größte Synagoge und erlebt gerade einen Aufschwung jüdischer Kultur, Musik und Gerichte. Der Leidensweg der Juden im Zweiten Weltkrieg ist im Holocaust-Gedenkzentrum dokumentiert.

S. 44

Donauknie & westliches Transdanubien

Wein
Kirchen
Donau

Rot- und Weißwein
Das Klima im westlichen Transdanubien ist für den Weinanbau geradezu ideal. Die uralte Kunst wird hier immer noch praktiziert, insbesondere in der Gegend um Sopron, wo man ausgezeichnete Rot- und Weißweine verkosten kann.

Kirchen
Wer eine Schwäche für Kirchenarchitektur hat, fährt in nördliche Richtung. Als Sitz der römisch-katholischen Kirche in Ungarn hat Esztergom die größte Kirche. In Szentendre befinden sich einige serbisch-orthodoxe Gotteshäuser.

Flussfahrt
An der Donauschleife hat man einen schönen Blick auf den Fluss. Je nach Jahreszeit kann man von Budapest aus mit dem Schiff oder dem Tragflächenboot nach Szentendre, Visegrád und sogar nach Esztergom fahren.

S. 175

Plattensee & südliches Transdanubien

Architektur
Aktivitäten
Wein

Von der Volkskunst zum Barock

Die Vielfalt architektonischer Formen ist hier deutlich sichtbar: vom barocken Benediktiner-Kloster in Tihany und Ungarns Moschee und Kirche in Pécs bis zu den Bauerndörfern mit Freilichtmuseen im Volksarchitektur-Stil.

Thermalquellen

Entspannend und therapeutisch wirksam ist ein Bad im Thermalsee bei Hévíz. Auf Ungarns 600 m² großem „Meer" kann man paddeln oder windsurfen. Oder man erkundet auf Wanderwegen die Halbinsel Tihany.

Wein

Die an den Balaton angrenzende Region Badacsony produziert den *Olaszrizling*, einen ausgezeichneten trockenen Weißwein, während weiter südlich in Villány tanninhaltige Rotweinsorten angebaut werden. Zahlreiche Weinkeller bieten Verkostungen an, z. B. die Weinsorten Cabernet Franc oder Merlot.

S. 201

Die Große Tiefebene

Aktivitäten
Architektur
Museen

Cowboys

Im Hortobágy-Nationalpark kann man ungarische Reiterkünste bewundern: Beim Ritt auf fünf Pferden zeigen die Reiter, was sie alles drauf haben.

Architektur

Ungarns prachtvolle, farbenfrohe Jugendstilbauten sollte man sich keineswegs entgehen lassen, besonders die in Szeged und Kecskemét, die aus dem späten 19. und frühen 20. Jahrhundert stammen.

Museen

Das Gebiet verfügt über eine Vielzahl von großartigen Museen, die eine Menge zu bieten haben, von bildender Kunst bis zu einfachem Bauernhandwerk. Einige wie das Ferenc Móra Museum in Szeged gibt es schon sehr lange, andere sind neueren Datums, wie z. B. das Kunstzentrum für moderne und zeitgenössische Kunst in Debrecen, oder wurden nach umfangreichen Renovierungsarbeiten neu eröffnet (Bozsó Sammlung in Kecskemet).

S. 233

Der Norden von Ungarn

Volkskunst
Wein
Burgen

Das folkloristische Erbe im Nordosten

Die Region Bereg im Nordosten ist Ungarns folkloristische „Ecke". Interessant sind die vielen traditionellen Häuser, besonders die winzigen Holzkirchen, die mit legendären religiösen Wandmalereien verziert sind, sowie die wunderschönen Stickereien und anderen Nadelarbeiten.

Wein in Hülle und Fülle

In dieser Gegend wird der honigsüße Tokajer angebaut. Berühmt ist auch der rote Stierblut-Wein aus Eger sowie der neue Weißweinverschnitt Egri Csillag (Stern von Eger).

Schlösser

In den nördlichen Bergen um Eger und Hollókő befinden sich einige der malerischsten Burgen und Schlösser Ungarns.

S. 262

Reiseziele in Budapest & Ungarn

Der Norden von Ungarn
S. 262

Donauknie & westliches Transdanubien
S. 175

Budapest
S. 44

Die Große Tiefebene
S. 233

Plattensee & südliches Transdanubien
S. 201

Budapest

1 / 1,7 MIO. EW

➜ Inhalt

Sehenswertes	48
Aktivitäten	101
Schlafen	110
Essen	122
Ausgehen & Nachtleben	145
Unterhaltung	159
Shoppen	163
Rund um Budapest	174
Gödöllő	174

Gut essen

- Borkonyha (S. 135)
- Baraka (S. 133)
- Mandragóra (S. 123)
- Múzeum (S. 144)
- Klassz (S. 141)
- Rosenstein (S. 143)

Schön übernachten

- Four Seasons Gresham Palace Hotel (S. 117)
- Pest-Buda Bistro & Hotel (S. 110)
- Gerlóczy (S. 114)
- Continental Hotel Budapest (S. 120)
- Brody House (S. 120)
- Bohem Art Hotel (S. 113)

Auf nach Budapest!

Budapest ist das Zentrum von Ungarn, denn alles Wichtige beginnt oder endet hier. Aber es ist die Schönheit der Stadt, die Budapest so einzigartig macht. An einer Biegung der Donau gelegen, wird die Stadt von den Budaer Bergen im Westen und den Ausläufern der Großen Tiefebene im Osten flankiert. Architektonisch ist Budapest ein Juwel. Die vielseitige Mischung aus Barock, Neoklassizismus sowie Jugendstil dürfte jeden Besucher zufriedenstellen.

Schon der ansprechende Mix aus Museen und Einkaufsstraßen hält Besucher auf Trab. In den warmen Monaten kommen noch Biergärten hinzu, die vor Ort *kertek* heißen (wörtlich „Gärten"), sowie „Ruinenkneipen", die zahllose Partygänger anlocken. Und wer sich richtig verwöhnen lassen möchte, sucht eines der vielen Thermalbäder auf.

Wie jede andere Stadt verfügt auch Budapest über eine rauere Seite. Aber sobald das Frühjahr kommt, muss man die Donaubrücken überqueren, um zu verstehen, warum man einen Besuch in Budapest keinesfalls versäumen darf.

Reisezeit
Budapest

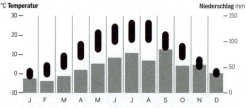

April–Juni Manchmal regnet es, doch das Frühjahr ist im Allgemeinen wunderbar.

Juli–Aug. Der Sommer ist warm, sonnig und voller Festivals, die aber oft ziemlich teuer sind.

Sept.–Okt. Der Herbst ist schön, besonders in den Budaer Bergen. Es ist dann auch viel günstiger.

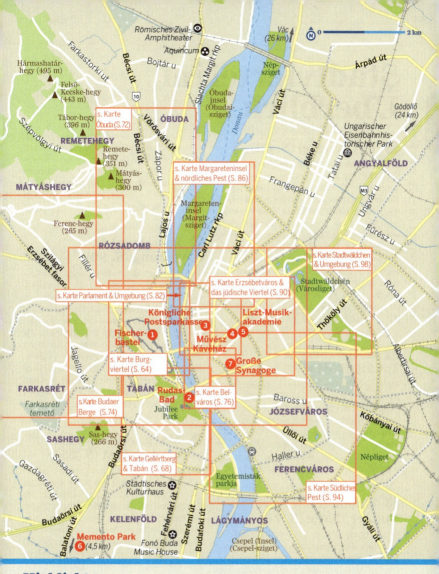

Highlights

❶ Fischerbastei (S. 63) Den Blick auf die Donau und die Stadt genießen.

❷ Rudas-Bad (S. 103) Den Nachmittag entspannt im heißen Wasser eines Thermalbads aus der osmanischen Zeit verbringen.

❸ Königliche Postsparkasse (S. 79) Die Kurven und Formen der einzigartigen Budapester Jugendstilarchitektur bewundern.

❹ Művész Kávéház (S. 156) Ein leckeres Stückchen Kuchen in einem traditionellen Pester Café wie diesem bestellen.

❺ Liszt-Musikakademie (S. 88) Eine musikalische Darbietung in diesem großartigen Konzertsaal genießen.

❻ Memento Park (S. 54) Sich in dem gut gepflegten Szoborpark mit der Geschichte und den monumentalen sozialistischen Fehlern beschäftigen.

❼ Große Synagoge (S. 59) Die jüdische Kultur von Budapest bei einem Besuch eines der wichtigsten jüdischen Gotteshäuser erkunden.

Stadtviertel im Überblick

① Burgviertel (S. 62)

Das Burgviertel umfasst sowohl den Burgberg (Várhegy) – historisches Zentrum Budapests und Standort vieler wichtiger Museen und Attraktionen – sowie am Donauufer die Wasserstadt (Víziváros). Was in letzterem Viertel an Sehenswürdigkeiten fehlt, wird durch exzellente Restaurants wieder wettgemacht. Viele davon liegen rund um den Széll Kálmán tér, einen Verkehrsknotenpunkt von Buda. Momentan kündigen sich viele Änderungen an, weil die Regierung den Burgberg als Regierungssitz ausbauen möchte und die Ungarische Nationalgalerie 2019 ins Stadtwäldchen umziehen soll.

② Gellértberg & Tabán (S. 67)

Auf dem Gellértberg verkündet die Freiheitsstatue, als sichtbarstes Denkmal der Stadt, Freiheit für Budapest. Die Statue schaut auf das Stadtviertel Tabán herab. Die Hauptverkehrsader Bartók Béla út entwickelt sich derzeit zum angesagten Szenetreffpunkt für das südliche Buda. Hier finden sich Cafés, eine Weinbar und sogar ein veganes Lokal.

③ Óbuda & Budaer Berge (S. 71)

Óbuda ist der älteste Teil von Buda und hat in Teilen die Stimmung eines ehemaligen Dorfes bewahren können. In den engen Gassen finden sich Museen und legendäre Restaurants, während die Reste der Römerstadt Aquincum ein Stückchen weiter nördlich liegen. Die Budaer Berge sind ein Paradies für Wanderer und Spaziergänger. Auch der Blick auf die Stadt ist großartig.

④ Pester Innenstadt (Belváros) (S. 79)

Die „Innenstadt" (Belváros) ist genau das, nämlich das Zentrum von Pest. Entlang der Váci utca finden sich Luxusläden, Restaurants und Bars sowie der Vörösmarty tér mit der berühmtesten *cukrászda*, einem Konditoreicafé, und einem von drei Restaurants mit Michelin-Sternen. Ein zentraler Platz ist der Deák Ferenc tér, wo drei Metrolinien aufeinandertreffen.

⑤ Parlament & Umgebung (S. 80)

Nördlich der Innenstadt liegt die Leopoldstadt (Lipótváros) mit dem imposanten Parlament am Donauufer sowie der St.-Stephans-Basilika. Diese Gegend ist wie geschaffen für Touristen, denn es gibt hervorragende Museen und Jugendstilgebäude sowie schöne Plätze. In diesem Abschnitt wird auch ein Teil der Theresienstadt (Terézváros) beschrieben, die zu Ehren der Habsburger-Monarchin Maria Theresia benannt wurde und nach Einbruch der Dunkelheit erst richtig zum Leben erwacht.

⑥ Margareteninsel & nördliches Pest (S. 85)

Die grüne Margareteninsel gehört weder zu Buda noch zu Pest. Doch die schattigen Spazierwege, die großen Badekomplexe, das Thermalbad sowie die Parkanlagen bieten den Bewohnern beider Stadtteile Erholung pur. Als nördliches Pest ist in diesem Abschnitt die Neue Leopoldstadt (Újlipótváros) zu verstehen. Die Straßenzüge sind von Bäumen, Boutiquen und Cafés gesäumt.

⑦ Elisabethstadt & jüdisches Viertel (S. 88)

Besucher verbringen oft einen Großteil ihrer Zeit in diesem Viertel, das sowohl die Elisabethstadt (Erzsébetváros) wie auch einen Großteil der Theresienstadt (Terézváros) umfasst, darunter die noble Andrássy út. Der schicke Boulevard durchschneidet die gesamte Terézváros. In diesem Viertel be-

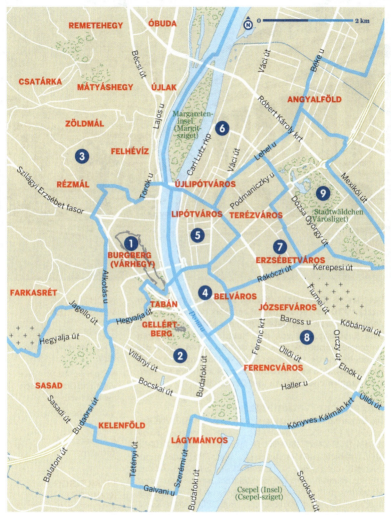

findet sich auch ein Großteil der hauptstädtischen Unterkünfte, Restaurants und der heißesten Nightlife-Adressen.

Geschäften. Beide Viertel befinden sich in einem ständigen Wandlungsprozess, sodass häufig neue Läden und Lokale auftauchen.

❽ Südliches Pest (S. 89)

Die Viertel Josephstadt (Józsefváros) und Franzensstadt (Ferencváros) sind traditionelle Arbeiter- und Studentenviertel. Ein unterhaltsamer Bummel durch die Nebengassen offenbart Blicke in die Hinterhöfe und führt zu kleinen, oft traditionsreichen

❾ Stadtwäldchen & Umgebung (S. 97)

Das Stadtwäldchen ist der größte Park Budapests. Am wichtigsten Zugang befindet sich der Heldenplatz, gesäumt von Museen und Denkmälern. In den Straßen rund um den Park ragen Jugendstilhäuser empor.

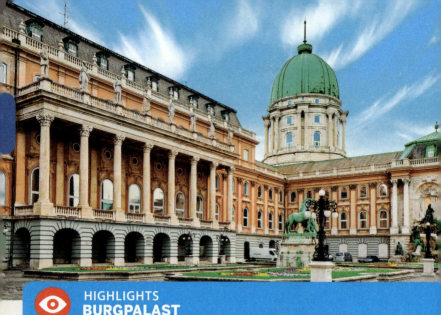

HIGHLIGHTS
BURGPALAST

Der riesige Burgpalast (Királyi Palota) wurde in den letzten 700 Jahren sechsmal zerstört und wieder aufgebaut. Béla IV. gründete hier in der Mitte des 13. Jhs. eine Residenz, die von den nachfolgenden Königen weiter ausgebaut wurde. Bei den Kämpfen gegen die Osmanen wurde der Palast 1686 vollkommen zerstört. Heute befinden sich im Schloss zwei wichtige Museen sowie zahlreiche Statuen und Denkmäler.

Ungarische Nationalgalerie

Die **Ungarische Nationalgalerie** (Magyar Nemzeti Galéria; Karte S. 64; 1-201 9082; www.mng.hu; I., Szent György tér 2, Schlossflügel A–D; Erw./erm. 1800/900 Ft, Audioguide 1000 Ft; Di–So 10–18 Uhr) bietet auf vier Etagen eine überwältigende Sammlung mit ungarischer Kunst vom 11. Jh. bis heute. Zu den größten Sammlungen zählen Steinmetzarbeiten aus dem Mittelalter und der Renaissance, gotische Holzskulpturen und Tafelmalereien, spätgotische Flügelaltäre sowie Kunst aus der Spätrenaissance und dem Barock. Das Museum präsentiert auch eine bedeutende Auswahl an ungarischen Gemälden und Skulpturen aus dem 19. und 20. Jh.

Das Museum entstand 1957 aus einer Sammlung, die in der Mitte des 19. Jhs. ihren Anfang nahm und zuvor im Museum der Bildenden Künste sowie im Ungarischen Nationalmuseum ausgestellt war. 1975 erfolgte der Umzug in die jetzigen Räumlichkeiten. Die Dauerausstellung ist größtenteils in den Flügeln B–D untergebracht, während Flügel A und der dritte Stock im Allgemeinen für Wechselausstellungen reserviert sind. Bei Redaktionsschluss waren Teile der Nationalgalerie wegen Renovierungsarbeiten geschlossen, 2019 soll die Sammlung in ein neues eigens dafür geplantes Museum im Stadtwäldchen umziehen.

NICHT VERSÄUMEN

➡ Spätgotische Altäre

➡ Die Werke von Csontváry

➡ Rippl-Rónais Gemälde *Vater und Onkel Piacsek beim Rotwein*

➡ Gotische Statuen und Köpfe

➡ Renaissance-Türrahmen

PRAKTISCH & KONKRET

➡ Királyi Palota

➡ Karte S. 64

➡ I., Szent György tér

➡ 16, 16A, 116

Gotische Werke

Die Flügelaltäre im sogenannten Großen Thronsaal im ersten Stock von Flügel D datieren aus dem 15. und frühen 16. Jh. Sie stellen weltweit eine der wichtigsten Sammlungen spätgotischer Malerei dar. Die fast modern anmutende *Heimsuchung* (1506) von Meister M. S. wirkt lyrisch und intim zugleich. Achten sollte man auch auf das monumentale Altargemälde *Verkündigung* (1510–1520) sowie auf das ausdrucksstarke, beinahe schon renaissancehafte Gesicht von Johannes dem Täufer in einer Serie von vier Gemälden (1490) mit Szenen aus seinem Leben.

Werke aus Renaissance & Barock

Die hervorragendsten Barockmaler Ungarns im 18. Jh. waren Deutsche und Österreicher, beispielsweise Franz Anton Maulbertsch (1724–1796; *Tod des hl. Joseph*) und sein Zeitgenosse Stephan Dorfmeister (1725–1797; *Christus am Kreuz*). Weitere Größen dieser Epoche eher magyarischer Herkunft waren der Hofmaler von Fürst Ferenc Rákóczi II., Ádám Mányoki (1673–1757), sowie Jakob Bogdány (1660–1724), dessen *Zwei Papageien, ein Kakadu und ein Eichelhäher mit Früchten* der reinste Garten Eden ist. Ihre Werke hängen im ersten Stock.

Werke aus dem 19. Jh.

Im Flügel C gibt es einige Beispiele der zuckersüßen Nationalen Schule für Romantik zu sehen, genauer gesagt heroische Gemälde der beiden bekanntesten Vertreter dieser Stilrichtung: Bertalan Székely (1835–1910; *Die Frauen von Eger*) und Gyula Benczúr (1844–1920; *Die Rückeroberung der Budaer Burg, Die Taufe des Vajk*). Diese Stilrichtung wurde dann vom Realismus eines Mihály Munkácsy (1844–1900) abgelöst, des „Malers der Großen Tiefebene" *(Sturm in der Puszta)* und religiöser Sujets (*Golgatha, Christus vor Pilatus*). Seine intensiven Werke sind in Flügel B zu bewundern. Dort finden sich auch Werke von Pál Szinyei Merse (1845–1920), dem wohl bedeutendsten ungarischen Impressionisten *(Picknick im Mai, Die Feldlerche)*.

Werke aus dem 20. Jh.

Als die größten ungarischen Maler des ausgehenden 19. und beginnenden 20. Jhs. gelten Tivadar Kosztka Csontváry (S. 51, 1853–1919), der mit van Gogh verglichen wurde, sowie József Rippl-Rónai (1861–1927), der Hauptvertreter des Jugendstilmalerei in Ungarn. Zu seinen wichtigsten Werken zählen im zweiten Stock von Flügel C *Vater und Onkel Piacsek beim Rotwein* sowie *Frau mit Vogelbauer*. Keineswegs übersehen sollte man die verstörenden Darstellungen von Krieg und Enteignung im Ersten Weltkrieg von László Mednyánszky (1852–1919; *In Serbien, Sol-*

PALASTZUGÄNGE

Es gibt drei Zugänge zum Burgpalast: Der erste führt durch ein Prunktor von 1903 und dann über die Habsburger Treppe. Der zweite Weg führt durch das Corvinus-Tor mit seinem großen schwarzen Raben, dem Wappentier von König Matthias Corvinus. Beide Tore führen direkt zu den Museen. Alternativ kann man aber auch vom Donauufer über die Rolltreppe und die Treppen des Burggartenbasars zum Palast emporlaufen.

Im großen Hof des Burgpalastes steht der **Matthias-Brunnen** (Mátyás kút; Karte S. 64) im Stil der Romantik. Er zeigt Matthias Corvinus im Jagdgewand. Rechts unterhalb von ihm sitzt *Szép Ilona*, die Schöne Ilona. Der mittlere der drei Hunde des Königs wurde im Krieg zerstört. Doch man ließ schnell eine Kopie anfertigen.

ILONA

Ilona heißt das Mädchen am Brunnen. Sie ist die Heldin einer Ballade von Mihály Vörösmarty: Die „Schöne Ilona" verliebte sich in einen „Jäger". Doch starb sie an gebrochenem Herzen, nachdem sie erfuhr, dass es sich um König Matthias handelte. Sie fühlte sich seiner unwürdig.

UNGARISCHE NATIONALGALERIE

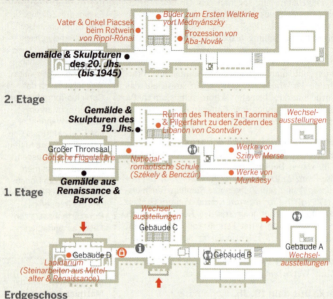

daten bei der Rast) sowie die bunten, lebendigen Gemälde mit Faschings- und Feierszenen von Vilmos Aba-Novák (1894–1941; *Prozession, Der Jahrmarkt von Csikszereda*). Im dritten Stock von Flügel C wartet eine beeindruckend neugestaltete Dauerausstellung mit ungarischer Kunst ab 1945.

Burgmuseum

Das **Burgmuseum** (Vármúzeum; Karte S. 64; 1-487 8800; www.btm.hu; I., Szent György tér 2, Schlossflügel E; Erw./erm. 2000/1000 Ft; März–Okt. Di–So 10–18 Uhr, Nov.–Feb. 10–16 Uhr) gehört zum Budapester Historischen Museum und dokumentiert auf drei Etagen die 2000-jährige Geschichte der Stadt. Die restaurierten Schlosssäle aus dem 15. Jh. verteilen sich auf das Kellergeschoss, wo sich drei Räume mit Gewölbedecken befinden. Einer davon ist mit einem wunderbaren Renaissance-Türrahmen aus rotem Marmor mit dem Siegel von Königin Beatrix ausgestattet. Auf den Fliesen ist ein Rabe mit Ring abgebildet, dem Siegel ihres Mannes König Matthias Corvinus. Weiter geht es in den Gotischen und den Renaissance-Saal, zum Königlichen Keller sowie zur Turmkapelle (1320), die dem hl. Stephan geweiht war.

Im Erdgeschoss wird Budapest im Mittelalter anhand von Dutzenden erstklassiger gotischer Statuen, Köpfe und Fragmente, die Höflinge, Gutsherren und Heilige waren, dargestellt. Sie waren 1974 bei Ausgrabungen entdeckt worden. Es gibt auch mittelalterliche Fundstücke, die 1999 in einem Brunnen entdeckt wurden, allen voran ein Wandteppich aus dem 14. Jh. mit dem ungarischen Wappen und der Lilie von König Karl Robert aus dem Hause Anjou.

Die ansprechende Ausstellung im ersten Stock mit dem Namen „1000 Jahre Hauptstadt" spürt der Geschichte Budapests in zehn multimedial begleiteten Abschnitten von der Ankunft der Magyaren über die osmanische Besatzung bis zur heutigen Zeit nach. Der exzellente Audioguide kostet 1200 Ft.

Turul-Statue

Széchényi-Nationalbibliothek

Die **Széchényi-Nationalbibliothek** (Országos Széchényi Könyvtár; Karte S. 64; ✆ 1-224 3700; www.oszk.hu; l., Szent György tér 4–6, Schlossflügel F; ⊙ Di–Sa 9–20 Uhr, Magazin 9–19 Uhr) beherbergt Kodices und Manuskripte, eine umfangreiche Sammlung an ausländischen Zeitungen sowie eine Ausgabe von allem, was je in Ungarn oder auf Ungarisch publiziert wurde. Die Bibliothek wurde 1802 von Graf Ferenc Széchényi gegründet, dem Vater des berühmten István. Zur Gründung stiftete der Graf etwa 15 000 Bücher und 2000 Manuskripte. Die Bibliothek samt Magazinen steht Mitgliedern (Erw./Stud. jährl. 6500/3500 Ft, für 6 Mon. 3500/2000 Ft, für 1 Tag pro Pers. 1200 Ft) zu Forschungszwecken offen.

Statuen im Burgpalast

Östlich vom Burgeingang an der Habsburger Treppe steht eine Bronzeskulptur von 1905. Sie stellt **Turul** (Karte S. 64) dar, einen adlerartigen Totemvogel, der angeblich Emese schwängerte, die Großmutter von Fürst Árpád. Dieser führte die Magyaren um 895 ins Karpatenbecken. Richtung Südosten steht direkt vor Schlossflügel C die Statue des Habsburger Prinzen **Eugen von Savoyen** (Karte S. 64), der in der Schlacht bei Zenta 1697 die Osmanen schlug. Die Statue wurde 200 Jahre später von József Róna entworfen. Auf der anderen Gebäudeseite gibt es eine Statue von György Vastagh zu sehen: Sie zeigt einen **Pferdehirten aus der Hortobágy** (Karte S. 64) in voller Tracht, wie er gerade ein wildes Bábolna-Ross bändigt.

TIVADAR KOSZTKA CSONTVÁRY

Viele Kritiker halten Tivadar Kosztka Csontváry für Ungarns größten Maler. Der Vertreter des Symbolismus wird manchmal sogar mit van Gogh verglichen. Csontváry schuf seine wichtigsten Werke in nur wenigen Jahren, genauer gesagt ab 1903, als er schon 50 war. Bei seiner ersten Ausstellung in Paris 1907 wurde ihm viel Lob zuteil, doch nur ein Jahr später verrissen die Kritiker seine Werke bei einer Ausstellung in Budapest. Csontváry starb völlig mittellos nach dem Ersten Weltkrieg. Seine Gemälde, u. a. *Die Ruinen des griechischen Theaters von Taormina* (1905) und *Pilgerfahrt zu den Zedern des Libanon* (1907), sind im ersten Stock von Flügel C in der Ungarischen Nationalgalerie zu bewundern.

Die gotischen Statuen, die im äußeren Hof des Burgpalastes entdeckt wurden, sind für Sozialhistoriker von unschätzbarem Wert. Es handelt sich um fast 80 Figuren, die sowohl Leute aus dem Volk als auch Adlige beiden Geschlechts zeigen. Sie leisten wertvolle Dienste bei der Erforschung mittelalterlicher Kleidung, Frisuren und persönlicher Gegenstände.

HIGHLIGHTS
PARLAMENT

Ungarns Parlament ist mit 268 m Länge das größte Gebäude des Landes. Es erstreckt sich zwischen dem Pester Donauufer und dem Kossuth Lajos tér. Die Lage war nicht ohne Bedacht gewählt, denn das Parlament sollte schon optisch ein Gegenstück zum königlichen Palast auf dem Burgberg darstellen. Die Botschaft Ende des 19. Jhs. lautete, dass die Zukunft in der parlamentarischen Demokratie und nicht im königlichen Absolutismus liege.

Architektur

Das Parlament wurde im Jahr 1885 von Imre Steindl entworfen, aber erst wenige Wochen nach seinem Tod 1902 fertiggestellt. Dieses imposante Bauwerk soll vom 1860 eröffneten Westminsterpalast in London inspiriert worden sein. Zu bewundern ist eine Vielzahl an architektonischen Stilen, darunter neogotische, neoromanische und neobarocke Elemente. Skulpturen an der westlichen Fassade stellen zum Fluss hin die großen Persönlichkeiten der ungarischen Geschichte dar: Könige, Prinzen und andere historische Figuren. Der Haupteingang, das Löwentor, befindet sich am renovierten Kossuth Lajos tér.

Leider wurde die Außenfassade aus porösem Kalkstein erschaffen, der sich als sehr anfällig für die Luftverschmutzung sowie Wind und Wetter erwies. Weil das Gebäude derart verschachtelt und verziert ist, befindet sich das Parlament in einem fortwährenden Renovierungsprozess. Allerdings scheinen die modernen Technologien das Problem ein wenig gemildert zu haben. Bei Dunkelheit wird das gesamte Gebäude dramatisch beleuchtet.

NICHT VERSÄUMEN

➝ Stephanskrone
➝ Kuppelsaal
➝ Prunktreppe
➝ Kongresssaal
➝ In Memoriam: Gedenkstätte für den Aufstand von 1956

PRAKTISCH & KONKRET

➝ Országház
➝ Karte S. 82
➝ ☎ 1-441 4904
➝ www.hungarian parliament.com
➝ V., Kossuth Lajos tér 1–3
➝ Erw./Stud. EU-Bürger 2200/1200 Ft, Nicht-EU-Bürger 5400/2800 Ft
➝ ⊙ Mo–Fr 8–18, Sa 8–16, So 8–14 Uhr
➝ Ⓜ M2 Kossuth Lajos tér, 🚋 2

PH FERDINANDO SCAVONE/GETTY IMAGES ©

Innenräume

Im Inneren des Parlaments befinden sich knapp 700 Räume, von denen man auf den Führungen nur eine Handvoll im Nordflügel zu sehen bekommt. Vom **Besucherzentrum des Parlaments** (Karte S. 82; ♪1-441 4415; http://hungarianparliament.com/visitor-centre-in-the-hungarian-parliament; ☉ April–Okt. Mo–Fr 8–18, Sa–So 8–16 Uhr, Nov.–März tgl. 8–16 Uhr) an der Nordseite des Gebäudes geht es die 132 Stufen der prachtvollen Prunktreppe hinauf. Der Korridor ist mit Deckenfresken und Statuen verziert, die sich auf diverse Gewerbe beziehen, vom Bergbau bis zum Weinanbau. Dann gelangt man in das Herzstück des Gebäudes: den 16-eckigen und 66 m hohen Kuppelsaal, wo die Stephanskrone aufbewahrt wird. Sie gilt als wichtigstes Nationalsymbol. Auch das zeremonielle Schwert, der Reichsapfel (1301) sowie das älteste Objekt der Krönungsinsignien ist hier zu sehen: das im 10. Jh. in Persien gefertigte Zepter mit einem großen Kristallkopf, der einen Löwen zeigt. Die elegante Prunktreppe mit ihren 96 Stufen wird durch Fresken von Károly Lotz und Buntglasfenster von Miksa Róth wirkungsvoll in Szene gesetzt. Sie führt hinab zum Löwentor. Doch die Führung geht weiter zu einer gewölbten Lobby, wo die Politiker miteinander diskutieren konnten. Der Kongresssaal ist für 400 Personen ausgelegt. Bis 1944 tagte hier das Oberhaus, als es noch zwei Parlamentskammern gab. Der Sitzungssaal sieht fast genauso aus wie der Nationale Versammlungssaal im Südflügel, wo das Ein-Kammer-Parlament heute tagt.

Stephanskrone

Der Legende nach war es Asztrik, der erste Abt der Benediktinerabtei von Pannonhalma in Westungarn, der dem neuen König Stephan um 1000 eine Krone als Krönungsgeschenk von Papst Silvester II. überreichte. So wurde die Herrschaft des neuen Monarchen legitimiert und zugleich seine Loyalität gegenüber Rom gesichert. Die Rivalen in Konstantinopel hatten das Nachsehen. Die Geschichte ist zwar nett, hat aber nichts mit der Krone im Kuppelsaal zu tun. Die zweiteilige Krone mit dem schiefen Kreuz sowie Anhängern und Miniaturen der Apostel stammt aus dem späten 12. Jh. Trotzdem wurde sie zum Symbol der ungarischen Nation. Im Laufe der Jahrhunderte ist die Krone mehrfach verschwunden. Im 17. Jh. wurde sie in einem Tragebehältnis beschädigt und erhielt so ihr jetziges Aussehen. 1945 flüchteten ungarische Faschisten mit der Krone vor der Roten Armee nach Österreich. Dort fiel sie in die Hände der US-Armee, die sie nach Kentucky ins Fort Knox brachte. Im Januar 1978 wurde sie den Ungarn in einer feierlichen Zeremonie wieder zurückgegeben.

➜ Die 45-minütigen Parlamentsführungen werden in acht Sprachen angeboten: Die deutschsprachigen um 10, 13 und 14 Uhr. Am besten bucht man online über Jegymester (www.jegymester.hu).

➜ Wenn das Parlament tagt, finden keine Führungen statt.

➜ Die Ehrenwachen im Kuppelsaal sind rund um die Uhr im Einsatz. Die Wachen an der großen Fahne vor dem Parlament werden zwischen 8 und 19 Uhr (im Winter früher) stündlich abgewechselt.

DAS PARLAMENT IN ZAHLEN

➜ Räume: 691 (darunter 200 Büros und 20 Werkstätten)
➜ Dachfläche: 1,8 ha
➜ Tore: 27
➜ Innenhöfe: 10
➜ Treppen: 29
➜ Lifte: 13
➜ Lampen: 8730
➜ Uhren: 108
➜ Statuen: 242 (90 draußen, 152 drinnen)
➜ Ziergold: 40 kg
➜ Bedienstete: 700

HIGHLIGHTS
MEMENTO PARK

Der Memento Park, 10 km südwestlich des Stadtzentrums, ist eine Art sozialistisches Disneyland mit mehr als 40 Statuen, Büsten und Plaketten von Lenin, Marx und Engels sowie heimischen Helden wie Béla Kun.

Die Denkmäler
Man beäuge also den sozialistischen Realismus und versuche sich vorzustellen, dass mindestens vier dieser Relikte noch Ende der 1980er-Jahre aufgestellt wurden, also kurz vor dem Ende des kommunistischen Regimes. Einige der Denkmäler, wie z. B. das Denkmal von Béla Kun standen selbst einige Jahre später noch an ihrem alten Platz.

Ausstellung in alter Kaserne
Ein Ausstellungszentrum in einer alten Kaserne präsentiert Exponate zum Aufstand von 1956 und zu den Veränderungen seit 1989. Ungarn galt als „lustigste Kaserne im Ostblock". Die „Kommunistische Hotline" ermöglicht Besuchern, Lenin, Stalin und sogar Che Guevara zuzuhören.

Stalins Stiefel
Selfie-Fans lieben ein Foto mit den nachgebauten Resten von Stalins Stiefeln. Diese waren übrig geblieben, als beim Aufstand 1956 eine Menschenmenge Stalin von seinem Sockel stürzte. Auch ein originaler Trabant 601 ist zu sehen.

Der Laden
Im Museumsladen findet sich eine Unmenge an kitschigen kommunistischen Souvenirs: Anstecknadeln, CDs mit Revolutionssongs, Bücher und Poster.

NICHT VERSÄUMEN
➧ Statue der übermenschlichen sozialistischen Arbeiter
➧ Kommunistische Hotline
➧ Fotogelegenheit in einem Trabant 601

PRAKTISCH & KONKRET
➧ 1-424 7500
➧ www.mementopark.hu
➧ XXII., Balatoni út & Szabadkai utca
➧ Erw./Stud. 1500/ 1000 Ft
➧ 10 Uhr bis Sonnenuntergang
➧ 101, 150

HIGHLIGHTS
AQUINCUM

Aquincum ist die am vollständigsten erhaltene römische Zivilstadt in Ungarn. Die gegen Ende des 1. Jhs. n.Chr. ausgebaute Stadt verfügte über gepflasterte Straßen und prächtige eingeschossige Häuser, komplett mit Innenhöfen, Brunnen und Mosaikböden. Auch das Abwasser- und Heizungssystem war sehr fortschrittlich. Bei einem Bummel durch die Ruinen im Archäologischen Freilichtpark ist dies heute nur noch bedingt zu erahnen, aber das Museum veranschaulicht das einstige Leben in Aquincum.

NICHT VERSÄUMEN

→ Aquincums Hauptstraße

→ Malerhaus

→ Hydra (tragbare Orgel)

→ *Tabula Peutingeriana* (Römische Straßenkarte)

Aquincum-Museum

Das Museum befindet sich am Eingang zur alten Römerstadt und zeigt eine beeindruckende Sammlung an Haushaltswaren: Töpferwaren, Waffen, Objekte zur Körperpflege, ein Entlassungszeugnis aus dem Militärdienst und vieles mehr. Im Keller werden virtuelle Spiele für Kinder angeboten, beispielsweise ein Kampf mit einem Gladiator. Bemerkenswert ist die nachgebaute tragbare Wasserorgel, auch Hydra genannt. Auch ein römisches Bad wurde imitiert und es ist eine Straßenkarte des Römischen Reichs *(Tabula Peutingeriana)* zu sehen.

Malerhaus & Mithras-Heiligtum

Unweit des Museums ist das wunderschöne Malerhaus ein nachgebautes römisches Wohnhaus aus dem 3. Jh. n.Chr. Dahinter befindet sich das Mithras-Heiligtum. Der Gott Mithras war einst die zentrale Figur einer Religion, die in großer Konkurrenz zum Christentum stand.

Hauptstraße

Unmittelbar nördlich des Museums führt die Hauptstraße schnurgerade an den Ruinen des großen öffentlichen Bades vorbei zum *macellum* (Markt) und zur *basilica*, dem einstigen Gerichtsgebäude. Die meisten Steinskulpturen und Sarkophage sind im alten Museum im östlichen Parkbereich ausgestellt.

PRAKTISCH & KONKRET

→ 1-250 1650

→ www.aquincum.hu

→ III., Szentendrei út 133–135

→ Erw./erm. Museum & Park 1600/800 Ft, nur Archäologischer Park 1000/500 Ft

→ Museum April–Okt. Di–So 10–18 Uhr, Nov.–März 10–16 Uhr; Park April–Okt. Di–So 9–18 Uhr

→ 34, 106, HÉV bis Aquincum

Römisches Zivil-Amphitheater

Auf der anderen Straßenseite der Szentendrei út liegt etwas nordwestlich an der HÉV-Haltestelle das **Römische Zivil-Amphitheater** (Római polgári amfiteátrum; Zsófia utca & Szentendrei ut) GRATIS. Es ist mit rund 3000 Sitzen nur halb so groß wie das Militär-Amphitheater im südlichen Óbuda. In kleinen Zellen wurden einst sogar Löwen gehalten. Die bezwungenen Gladiatoren wurden durch das „Tor des Todes" im Westen hinausgetragen.

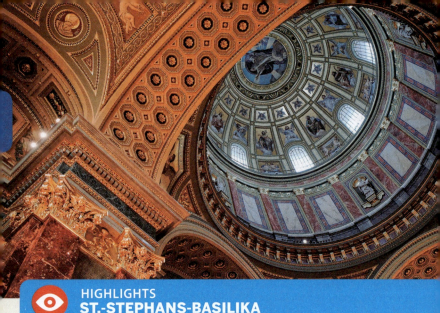

HIGHLIGHTS
ST.-STEPHANS-BASILIKA

Die St.-Stephans-Basilika ist die wichtigste Kirche Ungarns. Hier wird die am meisten verehrte Reliquie der ungarischen Katholiken aufbewahrt: die mumifizierte rechte Hand des Kirchenpatrons König Stephan. Die Basilika ist zugleich für Budapest das religiöse Zentrum der Erzdiözese Esztergom-Budapest.

Geschichte

Die neoklassizistische Kathedrale ist die größte Ungarns. Sie wurde in Form eines griechischen Kreuzes erschaffen und kann rund 8000 Gläubige aufnehmen. Ursprünglich wurde sie von József Hild entworfen. Doch obwohl die Arbeiten bereits im Jahr 1851 begannen, wurde die Basilika erst 1905 vollendet. Die lange Bauzeit erklärt sich vor allem durch ein Unglück 1868, als die Kuppel während eines Sturmes einstürzte. Das bisherige Gebäude musste daraufhin abgerissen und von Hilds Nachfolger Miklós Ybl quasi von vorne begonnen werden.

Die Kuppel

Die Fassade der Basilika wird von zwei großen Glockentürmen dominiert. In einem befindet sich eine 9,25 Tonnen schwere Glocke als Ersatz für eine, die im Zweiten Weltkrieg von der Wehrmacht entwendet worden war.

Hinter den Türmen ragt die 96 m hohe **Kuppel** auf (Panoráma kilátó; Karte S. 82; ☎1-269 1849; Erw./Kind 500/400 Ft; ⓧ Okt.–Juni 10–16.30 Uhr, Juli–Sept. 10–18.30 Uhr), die von Statuen der vier Evangelisten in den vier Nischen geziert wird. Die Kuppel kann über einen Fahrstuhl und dann 42 Stu-

NICHT VERSÄUMEN

➡ Kapelle der hl. Rechten

➡ Ausblick von der Kuppel

➡ Schatzkammer

➡ Kuppelmosaiken

➡ Orgelkonzert

PRAKTISCH & KONKRET

➡ Szent István Bazilika

➡ Karte S. 82

➡ ☎1-311 0839, 06 30 703 6599

➡ www.basilica.hu

➡ V., Szent István tér

➡ empfohlene Spende 200 Ft

➡ ⓧ Mo–Sa 9–19, So 7.45–19 Uhr

➡ Ⓜ M3 Arany János utca

fen – oder aber 302 Stufen ohne Lift – erklommen werden. Von dort oben bietet sich einer der besten Ausblicke auf die Stadt.

Der Innenraum

Der Innenraum der Basilika ist vergleichsweise düster, ungeachtet der goldenen Kuppelmosaiken von Károly Lotz. Beachtenswert sind u. a. Alajos Stróbls Statue des heiligen Königs auf dem Hauptaltar sowie Gyula Benczúrs Stephans-Gemälde rechts vom Hauptaltar. Dort macht der König die Jungfrau Maria und das Jesuskind zu Patronen des Landes.

Hinter dem Altar befindet sich zur Linken die Hauptattraktion der Basilika: die **Kapelle der hl. Rechten** (Szent Jobb kápolna; Karte S. 82; ⊙ April–Sept. Mo-Sa 9–17, So 13–17 Uhr, Okt.–März Mo-Sa 10–16, So 13–16 Uhr). Die sehr verehrte hl. Rechte soll in mumifizierter Form die rechte Hand von König Stephan sein. Sie wurde den Ungarn 1771 von der Habsburger-Monarchin Maria Theresia zurückgegeben, nachdem sie in einem Kloster in Bosnien entdeckt worden war. Genau wie die Stephanskrone gelangte sie nach dem Zweiten Weltkrieg ins Ausland, war aber schon bald wieder zurück in Ungarn.

Rechts vom Eingang bringt ein kleiner Lift die Besucher hinauf in den zweiten Stock zur **Schatzkammer** (Szent István Bazilika kincstár; Karte S. 82; www.bazilika.biz/kincstar/kincstar; Erw./Kind 400/300 Ft; ⊙ Mitte März–Juni 10–17.30 Uhr, Juli–Sept. 10–18.30 Uhr, Okt.–Mitte März 10–16.30 Uhr). Hier sind kirchliche Objekte wie Weihrauchgefäße, Kelche, Ziborien und liturgische Gewänder zu sehen. Ein Highlight ist die Art-déco-Doppelmonstranz (1938). Darüber hinaus ist die Schatzkammer eine Art Heiligenschrein für Kardinal Mindszenty, denn hier sind seine Kleidung, Devotionalien und seine Totenmaske ausgestellt.

Führungen

Englischsprachige Führungen der Basilika (2000/1500 Ft mit/ohne Besuch der Kuppel) starten wochentags normalerweise um 9.30, 11, 14 und 15.30 Uhr sowie um 9.30 und 11 Uhr an Samstagen. Für die aktuellen Zeiten sollte man vorab anrufen oder die Webseite checken.

KONZERTE

Orgelkonzerte finden in der Regel dienstags, donnerstags und freitags ab 20 Uhr statt (im Sommer mehr Termine, Karten Erw./erm. ab 4500/4200 Ft).

HEILIGE RECHTE

Wer die hl. Rechte, also die mumifizierte rechte Hand von König Stephan, aus der Nähe in Augenschein nehmen möchte, wirft 200 Ft in einen Schlitz, um die Hand zu beleuchten. Von rechts sieht man sogar die Fingerknochen.

HIGHLIGHTS
VÁCI UTCA & VÖRÖSMARTY TÉR

Die Váci utca ist die wichtigste Einkaufsstraße der Hauptstadt, mit internationalen Modeketten, Touristenrestaurants sowie kleineren Fachgeschäften und sehenswerten Gebäuden. Die Straße war einst die Nord-Süd-Achse des mittelalterlichen Pest.

NICHT VERSÄUMEN

➡ Pariser Hof
➡ Philanthia
➡ Gerbeaud
➡ Bank-Palais

Die Váci utca erkunden

Ein guter Ausgangspunkt für einen Bummel ist der 1909 erbaute Pariser Hof (Párisi Udvar) am Ferenciek tere, ein Luxushotel. Die Váci utca liegt unmittelbar westlich.

Erstes Ziel an der Váci utca ist der Laden **Philanthia** (Karte S. 76; V., Váci utca 9; ⏱ Mo–Do 10–19, Fr–Sa 10–20, So 11–18 Uhr; Ⓜ M1/2/3 Deák Ferenc tér, 🚊 2) mit seinem originalen und sehr seltenen Jugendstilinterieur von 1906. Das **Thonet-Haus** (Karte S. 76; V., Váci utca 11/a; Ⓜ M1/2/3 Deák Ferenc tér, 🚊 2) ist ein Meisterwerk von Ödön Lechner (1890). Westlich davon ist in der Régi Posta utca 13 ein Relief einer alten Postkutsche zu sehen, das von der Keramikkünstlerin Margit Kovács stammt.

PRAKTISCH & KONKRET

➡ Karte S. 76

➡ 🚊 7, Ⓜ M1 Vörösmarty tér, Ferenciek tere, 🚊 2

Am nördlichen Ende der Váci utca steht auf dem Kristóf tér der kleine **Fischermädchen-Brunnen** (Karte S. 76; V., Kristóf tér) aus dem 19. Jh. Das Schiffsruder ist sogar drehbar. Wenige Schritte weiter nördlich schließt sich das luxuriöse **Bank-Palais** (Bank Palota; Karte S. 76; V., Deák Ferenc utca 3–5; Ⓜ M1 Vörösmarty tér) von 1915 an. Einst residierte hier die Budapester Börse. Heute ist das Gebäude ein Einkaufszentrum **Váci 1** (Karte S. 76; ☎ 1-424 4398; www.vaci1.hu; ⏱ 10–19 Uhr; Ⓜ M1 Vörösmarty tér) .

Die Váci utca endet am **Vörösmarty tér** (Karte S. 76; Ⓜ M1 Vörösmarty tér), einem großen Platz mit schicken Läden, Galerien, Cafés und Straßenkünstlern. In der Mitte steht eine **Statue von Mihály Vörösmarty** (Karte S. 76), einem Dichter aus dem 19. Jh. Auf der Nordseite des Platzes lädt das Gerbeaud (S. 148) zu einer Pause ein. Es ist Budapests berühmtestes Café. Der schönste Weg zurück zum Ferenciek tere führt über die Donaupromenade Duna korzó (S. 80), die sich zwischen der Kettenbrücke und der Elisabethbrücke erstreckt.

HIGHLIGHTS
GROSSE SYNAGOGE

Budapests 1859 erbaute Große Synagoge beeindruckt mit ihrer Fassade aus rot und gelb gebrannten Ziegeln und Zinnen sowie den zwei wuchtigen Zwiebeltürmen im maurischen Stil. Mit etwa 3000 Plätzen ist sie nach der Synagoge in New York das zweitgrößte jüdische Gebetshaus der Welt. Die konservative (jedoch nicht orthodoxe) Synagoge verbindet romantische, maurische und vermeintlich orientalische Stilelemente. Sie ist auch als Dohány-Straßen-Synagoge (Dohány utcai Zsinagóga) bekannt.

Rosettenfenster
Da einige Elemente an christliche Kirchen erinnern – beispielsweise das zentrale Rosettenfenster mit einer Inschrift aus dem Zweiten Buch Moses – wird die Synagoge häufig als „jüdische Kathedrale" bezeichnet. Sie wurde in den 1990er-Jahren mit Hilfe von Privatspenden restauriert; rund 5 Mio. US$ kamen von der Modezarin Estée Lauder, die in New York als Tochter jüdischer Einwanderer aus Ungarn geboren wurde.

Innenraum
Sehr sehenswert sind die dekorativen Schnitzereien am Thoraschrein von Frigyes Feszl, dem Architekten der ungarischen Romantik. Feszl malte alle Wand- und Deckenfresken in vielfarbigen, goldenen geometrischen Formen. Sowohl Franz Liszt wie auch Camille Saint-Saëns spielten schon auf dieser Orgel. Der Nachbau aus dem Jahr 1902 verfügt über insgesamt 5000 Pfeifen. In den Sommermonaten werden Konzerte veranstaltet.

Ungarisches Jüdisches Museum & Archiv
Das **Ungarische Jüdische Museum & Archiv** (Magyar Zsidó Múzeum és Levéltár; Karte S. 90; 1-343 6756; www.milev.hu; VII., Dohány utca 2; inkl. Synagoge Erw./erm. 3000/2000 Ft; März–Okt. So–Do 10–18, Fr 10–16 Uhr, Nov.–Feb. So–Do 10–16, Fr 10–14 Uhr; M2 Astoria, 47, 49) ist in einem Anbau der Synagoge untergebracht. Es präsentiert Alltags- und Kultobjekte. Interessant sind die jüdischen Grabsteine (3. Jh.) aus dem römischen Pannonien, die 1792 in Nagykanizsa in Südwestungarn entdeckt wurden sowie die unzähligen liturgischen Gegenstände aus Silber. Unter den Manuskripten befindet sich auch ein handgeschriebenes Buch der örtlichen Beerdigungsgesellschaft aus dem späten 18. Jh.

Holocaust-Mahnmal „Baum des Lebens"
Im Raoul-Wallenberg-Gedächtnispark auf der Rückseite der Synagoge – gegenüber der Wesselényi utca 6 – steht das **Holocaust-Mahnmal „Baum des Lebens"** (Karte S. 90; Raoul-Wallenberg-Gedächtnispark, gegenüber VII., Wesselényi utca 6; M2 Astoria, 47, 49) von Imre Varga (1991) auf den Massengräbern von Juden, die in den Jahren 1944/45 ermordet wurden. Auf den Blättern des metallenen „Baums des Lebens" sind die Familiennamen von Hunderttausenden Opfern verewigt. Ganz in der Nähe erinnert ein neues Buntglas-Mahnmal an Nicholas Winton (1909–2015). Der „britische Schindler" rettete noch unmittelbar vor dem Zweiten Weltkrieg 700 jüdische Kinder.

NICHT VERSÄUMEN
→ Thoraschrein
→ Rosettenfenster
→ Ungarisches Jüdisches Museum & Archiv
→ Holocaust-Mahnmal „Baum des Lebens"

PRAKTISCH & KONKRET
→ Nagy Zsinagóga
→ Karte S. 90
→ 1-462-0477
→ www.dohany-zsinagoga.hu, www.greatsynagogue.hu
→ VII., Dohány utca 2
→ Erw./erm. inkl. Museum 3000/2000 Ft
→ März–Okt. So–Do 10–18, Fr 10–16 Uhr, Nov.–Feb. So–Do 10–16, Fr 10–14 Uhr
→ M2 Astoria, 47, 49

HIGHLIGHTS
UNGARISCHES NATIONALMUSEUM

Das Ungarische Nationalmuseum präsentiert die umfangreichste Sammlung zur Geschichte des Karpatenbeckens. Nachgezeichnet wird die Besiedlung seit der Steinzeit. Im Fokus steht natürlich die Geschichte der Ungarn von der magyarischen Landnahme Ende des 9. Jhs. bis zum Ende des Kommunismus. Gegründet wurde das Museum 1802 von Graf Ferenc Széchényi, der seine private Sammlung dem Staat vermachte.

Freitreppe
Seit 1847 ist das Museum in einem neoklassizistischen Gebäude von Mihály Pollack untergebracht. Am 15. März 1848 versammelte sich an der Freitreppe vor dem Eingang eine Menschenmenge, um dem Dichter Sándor Petőfi zu lauschen. Er trug sein „Nemzeti Dal" (Nationallied) auf der Treppe vor und startete damit die Revolution von 1848/49.

Archäologische Ausstellung
Eine Ausstellung im ersten Stock verfolgt die Siedlungsgeschichte des Karpatenbeckens von der Urzeit bis zur Awarenzeit (9. Jh.). Bemerkenswert ist der Goldene Hirsch: Die eisenzeitliche Figur aus dem 6. Jh. v. Chr. war einst Teil eines Schildes eines skythischen Prinzen. Im Untergeschoss ist ein römisches Bodenmosaik (2. Jh.) aus Balácapuszta.

Krönungsmantel
In einem eigenen Saal auf der linken Seite des ersten Stocks befindet sich der purpurne Krönungsmantel (1031). Er wurde im 13. Jh. umgestaltet. Auf dem ausgebleichten Mantel sind noch die feinen Goldfäden und Perlen zu erkennen.

NICHT VERSÄUMEN
➜ Krönungsmantel
➜ Keltischer Gold- und Silberschmuck
➜ Sozialistische Exponate
➜ Römisches Mosaik
➜ Broadwood-Piano, auf dem schon Beethoven und Liszt spielten

PRAKTISCH & KONKRET
➜ Magyar Nemzeti Múzeum
➜ Karte S. 94
➜ 1-338 2122
➜ www.hnm.hu
➜ VIII., Múzeum körút 14–16
➜ Erw./erm. 1600/800 Ft
➜ Di–So 10–18 Uhr
➜ 47, 49, M M3/4 Kálvin tér

HIGHLIGHTS
MUSEUM DER BILDENDEN KÜNSTE

Das Museum der Bildenden Künste ist ein neoklassizistischer Bau an der Nordseite des Heldenplatzes. Es beherbergt Budapests bedeutendste Sammlung an ausländischen Werken, von der Antike bis ins 21. Jh. Den Kern des Museumsbestands bildete die Privatsammlung des Grafen Miklós Esterházy, die 1870 vom ungarischen Staat angekauft worden war. Bei Redaktionsschluss war das Museum geschlossen und sollte nach einer umfassenden Renovierung im Frühjahr 2018 wiedereröffnet werden.

Die Alten Meister
Die Sammlung der Alten Meister deckt mit 3000 Werken niederländischer, flämischer, spanischer, italienischer, deutscher, französischer und britischer Künstler vom 13. bis 18. Jh. alle Kunstrichtungen sehr gut ab. Es sind sogar sieben Gemälde von El Greco zu sehen. Zu den berühmtesten Gemälden zählt die Esterházy-Madonna von Raffael, dem Meister der Hochrenaissance. Das um das Jahr 1508 datierte Bild blieb unvollendet, dennoch zeigt es Raffaels typische Formensprache: eine von der klassischen Antike inspirierte Schönheit und Harmonie. Das Bild zählt zu den mehr als 700 Werken der einstigen Esterházy-Sammlung.

Ägyptische & Antike Kunst
Ein Highlight ist die Ägyptische Sammlung, gerade auch für Kinder. Im Rahmen eines speziellen Programms dürfen sie einige der Originalexponate sogar anfassen. Zu sehen sind reich verzierte Sarkophage und Mumienporträts. Im Erdgeschoss lassen sich griechische, etruskische und römische Kunstwerke der Antike bewundern. Die Sammlung an griechischen Vasen und Urnen zählt zu den schönsten und vollständigsten in Europa.

Weitere Sammlungen
Weitere Ausstellungsbereiche präsentieren Gemälde, Grafiken und Skulpturen aus dem 19. Jh., darunter einige wichtige Werke des Impressionismus. Werke aus der zweiten Hälfte des 19. Jhs. sollen in das neue Gebäude für die Ungarische Nationalgalerie und das Ludwig-Museum in der Mitte des Stadtwäldchens umziehen, sobald es zur Verfügung steht. Mit rund 10 000 Stichen und etwa zehnmal so vielen Zeichnungen besitzt das Museum zudem eine der europaweit größten Sammlungen dieser Art. Unter den europäischen Skulpturen im obersten Stockwerk befinden sich einige wunderschöne Werke, beispielsweise von Franz Xaver Messerschmidt.

NICHT VERSÄUMEN

- Mumiensarg von Dihoriaut
- *Esterházy-Madonna* von Raffael
- *Die büßende Maria Magdalena* von El Greco
- *Die Wasserträgerin* von Goya
- Skulpturen von F. X. Messerschmidt

PRAKTISCH & KONKRET

- Szépművészeti Múzeum
- Karte S. 98
- 1-469 7100
- www.mfab.hu
- XIV., Dózsa György út 41
- M1 Hősök tere

Geschichte

Genau genommen beginnt die Geschichte der Hauptstadt erst im Jahr 1873, als das hügelige Buda und das historische Óbuda am westlichen Ufer der Donau mit dem industriell geprägten Pest auf der flachen östlichen Donauseite zu einer Stadt vereint wurden, die zunächst Pest-Buda hieß.

Bevor die Hunnen die Römer Mitte des 5. Jhs. in die Flucht schlugen, existierte hier die bedeutende römische Provinzstadt Aquincum. Die Magyaren tauchten erst rund 500 Jahre später auf, doch Buda und Pest blieben bis ins 12. Jh. nichts anderes als kleine Siedlungen. Danach siedelten hier ausländische Kaufleute und Händler. König Béla IV. befestigte Mitte des 13. Jhs. Buda, aber erst König Karl Robert (Károly Róbert) verlegte 50 Jahre später den Hof von Visegrád nach Buda.

Die Mongolen zerstörten im Jahr 1241 Buda und Pest bis auf die Grundmauern. So begann ein Zyklus von Zerstörung und Wiederaufbau, der sich bis in die Mitte des 20. Jhs. fortsetzen sollte. Unter den Osmanen verloren beide Städte beinahe ihre gesamte Bevölkerung.

Nach der Niederlage der Osmanen gegen die Habsburger Ende des 17. Jhs. lag auch der Budaer Palast in Trümmern. Die Revolution von 1848/49, der Zweite Weltkrieg sowie der Aufstand von 1956 hinterließen jeweils ihre tiefen Spuren im Stadtbild, aber gegen Ende des 20. Jhs. erwachte Budapest nach dem Ende der kommunistischen Herrschaft erneut als lebendige und kosmopolitische Hauptstadt.

Sehenswertes

Budapests wichtigste Museen befinden sich auf dem Burgberg, im Stadtwäldchen sowie entlang der Andrássy út und im südlichen Pest. Sehenswert sind auch die Gegend rund um das großartige Parlamentsgebäude sowie die beeindruckendste Kirche der Stadt, die St.-Stephans-Basilika. Sowohl das Parlament wie auch die Innenstadt (Belváros) sind für wunderbare Jugendstilzeugnisse bekannt. Die Margareteninsel und das Stadtwäldchen sind die schönsten Grünanlagen der Hauptstadt, während die Budaer Berge Wanderern, Höhlenfans und Radlern reichlich Auslauf bieten.

In Óbuda finden sich zahlreiche römische Ruinen, während der Gellértberg einen der schönsten Panoramablicke der ungarischen Metropole gewährt.

Burgviertel

Kein anderer Ort in Budapest kann sich mit dem Burgberg messen, weil sich hier zahlreiche Top-Attraktionen auf engstem Raum tummeln. Dazu zählen das beste historische Museum der Stadt, das beste Museum für ungarische Kunst und eine der schönsten Kirchen Budapests. Und es gibt eine Reihe weiterer interessanter Museen. Auch in der Wasserstadt (Víziváros) befinden sich einige sehenswerte Museen. 2019 soll die Ungarische Nationalgalerie in ein neues Gebäude im Stadtwäldchen umziehen.

★ Burgpalast PALAST
Siehe S. 48.

★ Burgberg HÜGEL
(Várhegy; Karte S. 64; 16, 16A, 116, M2 Batthyany tér, Széll Kálmán tér;, 19, 41;) Der Burgberg ist ein rund einen Kilometer langes Kalksteinplateau rund 60 m oberhalb der Donau, das zum Unesco-Weltkulturerbe zählt. Hier befinden sich einige der wichtigsten Museen und mittelalterlichen Denkmäler der Hauptstadt. Unter dem Berg erstreckt sich ein etwa 28 km langes Netzwerk aus Höhlen, die durch die Einwirkung von Thermalwasser geformt wurden.

Das einst von einer Mauer umgebene Burgviertel besteht aus zwei deutlich unterscheidbaren Teilen: In der Bürgerstadt lebte einst das normale Volk, während im Burgpalast der Adel das Sagen hatte. Ursprünglich hatte sich hier im 13. Jh. die erste Festung von Béla IV. befunden.

Der einfachste Weg, um von Pest aus auf den Burgberg zu gelangen, führt mit der Buslinie 16 vom Deák Ferenc zum Dísz tér, der ziemlich genau den Übergang zwischen der Bürgerstadt und dem Palastbezirk markiert. Wesentlich schöner ist jedoch ein Spaziergang über die Széchenyi-Kettenbrücke und dann die Auffahrt mit dem Sikló. Diese Standseilbahn wurde 1870 in Betrieb genommen und führt steil vom Clark Ádám tér zum Szent György tér neben dem Burgschloss empor.

Alternativ lohnt sich vom Clark Ádám tér auch ein netter Spaziergang über die Königstreppe (Király lépcső) in nordwestlicher Richtung bergan.

Eine weitere Option ist die Fahrt mit der Metro M2 zum Széll Kálmán tér. Von dort geht es über eine Treppe hinauf zur Várfok utca und von dort zu Fuß zum Wiener Tor. Dieser mittelalterliche Zugang zur Altstadt wurde im Jahr 1936 wieder aufgebaut, um den 250. Jahrestag der Rückeroberung Budas von den Osmanen feierlich zu begehen. Der Bus 16/16A fährt dieselbe Route von der Várfok utca bergan.

★ Fischerbastei DENKMAL
(Halászbástya; Karte S. 64; l., Szentháromság tér; Erw./erm. 800/400 Ft; ⊙ März–Mitte Okt. 9–20 Uhr; 🚌16, 16A, 116) Die Fischerbastei ist eine neogotische Fantasieproduktion in mittelalterlichem Gewand. Sie wurde im Jahr 1905 von Frigyes Schulek, dem Architekten hinter dem Umbau der Matthiaskirche, als Aussichtsplattform errichtet und bietet einen der atemberaubendsten Panoramablicke über die Stadt. Der Name leitet sich von der mittelalterlichen Fischergilde ab, die diesen Abschnitt der Stadtmauer verteidigen musste. Die sieben blendend weißen Türmchen repräsentieren jene Magyarenstämme, die einst das Karpatenbecken im späten 9. Jh. eroberten.

★ Matthiaskirche KIRCHE
(Mátyás templom; Karte S. 64; ☎1-355 5657; www.matyas-templom.hu; l., Szentháromság tér 2; Erw./erm. 1500/1000 Ft; ⊙ Mo–Sa 9–17, So 13–17 Uhr; 🚌16, 16A, 116) Teile der Matthiaskirche sind schon 500 Jahre alt, vor allem die Steinmetzarbeiten am Südeingang. Aber im Prinzip ist die Kirche ein neogotischer Umbau, den der Architekt Frigyes Schulek bis 1896 realisierte. Der Name erinnert an König Matthias Corvinus, der hier im Jahr 1474 Beatrix geheiratet hatte.

Musikhistorisches Museum MUSEUM
(Zenetörténeti Múzeum; Karte S. 64; ☎1-214 6770; www.zti.hu/museum; l., Táncsics Mihály utca 7; Erw./6–26 Jahre 600/300 Ft; ⊙ Di–So 10–16 Uhr; 🚌16, 16A, 116) Dieses wunderbare kleine Museum ist in einem Palais aus dem 18. Jh. mit einem malerischen Innenhof untergebracht. Es zeichnet in einem halben Dutzend Ausstellungsräumen die Geschichte der Musik in Ungarn vom 18. Jh. bis zur Gegenwart nach. Es gibt Räume, die der Arbeit von Béla Bartók, Franz Liszt und Joseph Haydn gewidmet sind. Zu besichtigen sind zahlreiche Instrumente sowie originale Notenblätter und Manuskripte.

Budaer Burglabyrinth HÖHLE
(Budavári Labirintus; Karte S. 64; ☎1-212 0207; www.labirintusbudapest.hu; l., Úri utca 9 & Lovas út 4/a; Erw./unter 12 Jahren/Senioren & Stud. 2000/600/1500 Ft; ⊙10–19 Uhr; 🚌16, 16A, 116) Das 1200 m lange Höhlensystem befindet sich rund 16 m unter der Oberfläche und präsentiert in zehn Sälen, die durch Gänge miteinander verbunden sind, eine bunte Mischung aus Exponaten. Dabei geht es um die Geschichte von Dracula sowie um Trockeneisnebel und um Figuren aus diversen Opern. Die Musik hallt hier unten fast schon unheimlich in den Ohren. All das wird locker dargeboten und bietet an heißen Sommertagen eine willkommene, unterhaltsame Abwechslung von der Tageshitze. In den Gängen ist es immer rund 20 °C warm. Wagemutige können die Tunnel auch bei kompletter Dunkelheit erkunden.

Felsenkrankenhaus MUSEUM
(Sziklakórház; Karte S. 64; ☎06 70 701 0101; www.sziklakorhaz.eu; l., Lovas út 4/c; Erw./erm. 4000/2000 Ft; ⊙10–20 Uhr; 🚌16, 16A, 116) Als Teil des großen Höhlensystems, das sich unter dem Burgberg befindet, wurde das unterirdische Hospital während der Belagerung von Budapest am Ende des Zweiten Weltkriegs sowie während des Aufstands 1956 intensiv genutzt. Zu besichtigen sind medizinisches Originalmaterial sowie rund 200 Wachsfiguren. Der Besuch erfolgt im Rahmen von einstündigen Führungen, die auch einen Atombunker aus der Zeit des Kalten Krieges aufsuchen. Zu Beginn gibt es ein achtminütiges Einführungsvideo.

Militärhistorisches Museum MUSEUM
(Hadtörténeti Múzeum; Karte S. 64; ☎1-325 1600; www.militaria.hu; l., Tóth Árpád sétány 40; Erw./6–26 Jahre 1500/750 Ft; ⊙ Di–So 10–18 Uhr; 🚌16, 16A, 116) Das Museum macht einen guten Job mit Uniformen, Medaillen, Flaggen und Schlachtgemälden. Das Waffenarsenal stammt z. T. schon aus der Zeit vor der osmanischen Eroberung, nur die Texterklärungen sind etwas verstaubt. Der Fokus der Ausstellungen liegt auf dem Unabhängigkeitskrieg von 1848/49 sowie auf der Königlich Ungarischen Armee unter dem Kommando von Admiral Miklós Horthy (1918–1943). Draußen im Hinterhof gibt es einen Nachbau des Elektrozauns, der einst Ungarn von Österreich trennte.

Mittelalterliches Jüdisches Gebetshaus JÜDISCHE KULTSTÄTTE
(Középkori Zsidó Imaház; Karte S. 64; www.btm.hu; l., Táncsics Mihály utca 26; Erw./Kind 800/400 Ft; ⊙ Di–So 10–18 Uhr; 🚌16, 16A, 116) Einige Bereiche des winzigen mittelalterlichen Gebetshauses stammen aus dem späten 14. Jh. Zu sehen sind Dokumente und Gegenstände, die mit der jüdischen Gemeinde in Buda

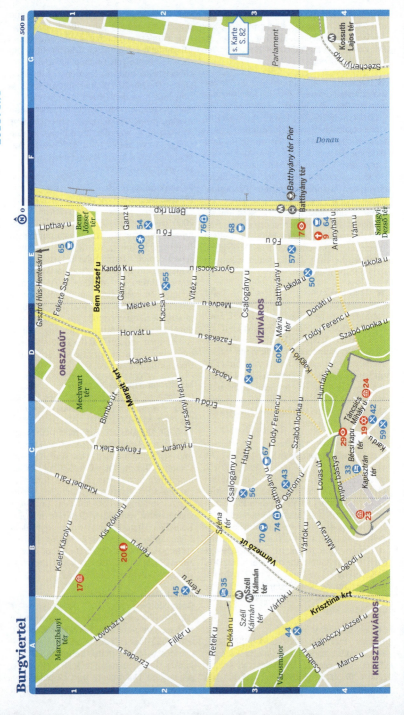

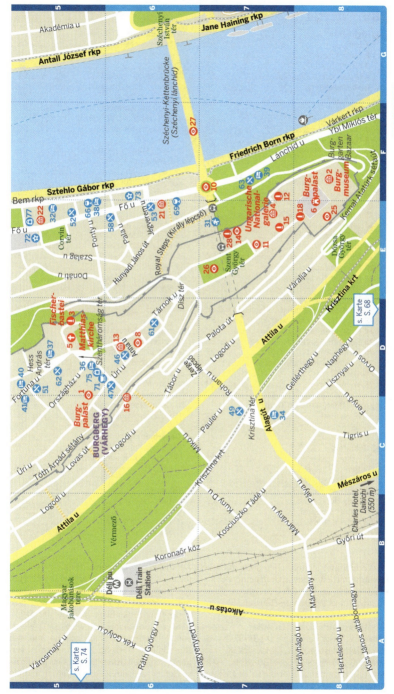

Burgviertel

⦿ Highlights
1. Burgberg D5
2. Burgmuseum F8
3. Fischerbastei D5
4. Ungarische Nationalgalerie E7
5. Matthiaskirche D5
6. Burgpalast E8

⦿ Sehenswertes
7. Batthyány tér E4
8. Budaer Burglabyrinth D6
9. Kapuzinerkirche E4
10. Clark Ádám tér F7
11. Corvinustor E7
12. Eugen-von-Savoyen-Statue F7
13. Apotheke Zum Goldenen Adler D6
14. Habsburger Treppe E7
15. Hortobágyi-Csikós-Statue.................... E7
16. Felsenkrankenhaus C6
17. Unsichtbare Ausstellung B1
18. Matthias-Brunnen E8
19. Mittelalterl. Jüdisches Gebetshaus C4
20. Millenniumpark B2
21. Museum für Ungarische Volkskunst E6
22. Museum für Angewandte Ungarische Volkskunst, Wechselausstellung E5
23. Militärhistorisches Museum................. B4
24. Musikhistorisches Museum D4
25. Széchenyi-Nationalbibliothek E8
26. Sándor-Palast E7
27. Széchenyi-Kettenbrücke...................... F6
28. Turul-Statue E7
29. Wiener Tor C4

⦿ Aktivitäten, Kurse & Touren
30. Király-Bad E2
31. Sikló E7

⦿ Schlafen
32. Art'otel Budapest E5
33. Baltazár C4
34. Bed & Beers Inn C7
35. BiBi Panzió B3
36. Burg Hotel D5
37. Hilton Budapest D5
38. Hotel Victoria E5
39. Lánchíd 19 .... F7
40. Pest-Buda Bistro & Hotel D5
41. St George Residence C5

⦿ Essen
42. 21 Magyar Vendéglő C4
43. Arany Kaviár Étterem C3
44. Artigiana Gelati A3
45. Auguszt Cukrászda B2
    Baltazár Grill & Wine Bar .... (s. 33)
46. Budavári Rétesvár D6
47. Cafe Miró D6
48. Csalogány 26 .... D3
49. Déryné C7
50. Édeni Vegán E4
51. Fortuna Önkiszolgáló D5
52. Horgásztanya Vendéglő E5
53. Ildikó Konyhája E6
54. Kacsa E2
55. Mandragóra E2
56. Nagyi Palacsintázója C3
57. Nagyi Palacsintázója E3
58. Pavillon de Paris E6
59. Pierrot C4
60. Toldi Konyhája D3
61. Vár Cafe D6
62. Vár: a Speiz D5
63. Zóna F7

⦿ Ausgehen & Nachtleben
64. Angelika Kávéház E4
65. Bambi Eszpresszó E1
66. Belga Söröző E5
67. Bereg Cafe & Bar C3
68. Kávé Műhely E5
69. Lánchíd Söröző E6
70. Oscar American Bar B3
71. Ruszwurm Cukrászda D5

⦿ Unterhaltung
72. Budaer Konzerthalle E5
73. Budavár-Kulturzentrum F6
    Jenő-Hubay-Konzerthalle .... (s. 38)

⦿ Shoppen
74. Bortársaság B3
75. Herend D5
76. Herend Village Pottery E2
77. Mester Porta E5

---

in Verbindung stehen, aber auch gotische Steinmetzarbeiten sowie Grabsteine. Bei Redaktionsschluss war das Gebetshaus wegen Renovierungsarbeiten geschlossen.

Apotheke Zum Goldenen Adler MUSEUM
(Arany Sas Patika; Karte S. 64; ⏺1-375 9772; www.semmelweis.museum.hu; I., Tárnok utca 18; Erw./erm. 500/250 Ft; ⏺Di–So 10.30–18 Uhr; ⏺16, 16A, 116) Unmittelbar nördlich des Dísz tér befand sich schon im Jahr 1681 die erste Apotheke von Budapest. Heute beherbergt dieses kleine und unterhaltsame Museum die Nachbildung eines Alchemistenlabors mit getrockneten Fledermäusen und ausgestopften Krokodilen, die von der Decke hängen. Ein kleines „Gewürzregal" wurde von Reisenden im 17. Jh. genutzt, um sich ihre tägliche Dosis an Heilkräutern zu verabreichen. Außerdem finden sich mysteriöse Gefäße, seltsam geformte Gläser und ein schwarzer Mumienkopf.

Széchenyi-Kettenbrücke BRÜCKE
(Széchenyi lánchíd; Karte S. 64; 🚌16, 🚊19, 41) Die Széchenyi-Kettenbrücke ist eine der schönsten Brücken der Stadt und wirkt im Schein der Abendbeleuchtung märchenhaft.

Clark Ádám tér PLATZ
(Adam-Clark-Platz; Karte S. 64; 🚊19, 41) Die Wasserstadt (Víziváros) beginnt an diesem Platz. Er ist nach dem schottischen Ingenieur benannt, der Mitte des 19. Jhs. den Bau der angrenzenden Széchenyi-Kettenbrücke geleitet hatte. Clark entwarf auch den wichtigen Tunnel *(alagút)* unter dem Burgberg, der 1853 in nur acht Monaten durch den Kalkstein getrieben wurde.

Batthyány tér PLATZ
(Karte S. 64; Ⓜ M2 Batthyány tér, 🚊19, 41) Der Batthyány tér ist das Herzstück der Wasserstadt und der beste Ort für Schnappschüsse vom fotogenen Parlamentsgebäude auf der anderen Donauseite. Auf dem Platz befindet sich sowohl der Eingang zur Metro M2 sowie zur Vorortbahn HÉV nach Szentendre. An der südlichen Platzseite ragt die im Barockstil des 18. Jhs. erbaute **St.-Anna-Kirche** (Szent Ana templom; Karte S. 64; 📞1-201 6364; http://archivum.piar.hu/melte; I., Batthyány tér 7; ⊙ Messe Mo–Fr 17, So 11 Uhr) empor. Der barocke Innenraum gehört zu den prächtigsten in ganz Budapest. Insbesondere die Kanzel aus dem 18. Jh. sowie die Orgel sind beeindruckend.

Museum für Ungarische Volkskunst MUSEUM
(Karte S. 64; 📞1-201 8734; www.heritagehouse.hu; Il., Fő utca 6; Erw./erm. 600/300 Ft; ⊙ Di–Sa 10–18 Uhr; 🚊19, 41) Dieses gut gestaltete Museum präsentiert Beispiele für Volkskunst aus dem ganzen Land. Es gibt großartig verarbeitete Textilien, Stickereien, Holz- und Knochenschnitzereien, Leder- und Metallarbeiten, Töpferwaren sowie Puppen in traditionellen Kostümen. Eine Besonderheit sind die wunderbaren Teufelsmasken, die beim Busójárás-Festival in Mohács in Südungarn getragen werden. Wechselausstellungen werden in einem separaten Gebäude drei Straßen weiter am **Szilágyi Dezső tér 6** (Karte S. 64; 📞1-201 8734; www.heritagehouse.hu; Il., Szilágyi Dezső tér 6; Erw./erm. 600/300 Ft; ⊙ Mo–Do 9–16, Fr 9–13 Uhr; 🚊19, 41) gezeigt.

Millenniumpark PARK
(Millenáris Park; Karte S. 64; 📞1-336 4000; www.millenaris.hu; Il., Kis Rókus utca 16–20; ⊙6–1 Uhr; Ⓜ M2 Széll Kálmán tér, 🚊4, 6) Der Millennium Park ist ein attraktiv umgestalteter ehemaliger Industriekomplex mit Teichen, Brunnen, kleinen Brücken, einem Theater, einem Spielplatz und einer Veranstaltungshalle mit der sogenannten **Unsichtbaren Ausstellung** (Lathatatlan Kiállítás; Karte S. 64; 📞06 20 771 4236; www.lathatatlan.hu; Il., Kis Rókus utca 16–20, Millenáris B-Gebäude; Erw./Stud. wochentags 1700/1400 Ft, Wochenende 1900/1700 Ft; ⊙ Sa–Do 10–20, Fr 10–23 Uhr).

🔴 Gellértberg & Tabán

Diese beiden Viertel sind nicht unbedingt mit Sehenswürdigkeiten gesegnet. Aber vom Gipfel des Gellértbergs gibt es den besten Panoramablick auf Buda, Pest und die Donau. Schön ist auch die grüne Uferpromenade im Tabán-Viertel.

★ Memento Park PARK
Siehe S. 54.

★ Freiheitsstatue DENKMAL
(Szabadság-szobor; Karte S. 68; 🚌27) Die 14 m hohe Freiheitsstatue ist eine schöne Frau mit einem Palmwedel in der Hand. Sie verkündet vor der Zitadelle Freiheit für die Stadt und wurde 1947 zu Ehren der sowjetischen Soldaten errichtet, die bei der Befreiung von Budapest 1945 ihr Leben gelassen hatten. Die Namen der Opfer in kyrillischen Buchstaben auf dem Sockel sowie die Soldatenskulpturen wurden 1992 entfernt und in den Memento Park gebracht. Die jetzige Inschrift lautet übersetzt: „Jenen, die ihr Leben für die Unabhängigkeit, die Freiheit und den Wohlstand Ungarns gaben."

★ Zitadelle FESTUNG
(Citadel; Karte S. 68; 🚌27) Die Zitadelle ist eine Festung, die niemals für ihren ursprünglichen Zweck genutzt wurde. Sie wurde von den Habsburgern nach dem ungarischen Unabhängigkeitskrieg 1848/49 erbaut, um sich gegen weitere Aufstände zu wappnen. Doch schon bei der Fertigstellung im Jahr 1851 war sie aufgrund der veränderten politischen Lage eigentlich obsolet. Heute schauen einige Kanonen durch die Geschützlöcher, aber das Innere ist derzeit für die Öffentlichkeit geschlossen, weil es Streit um die zukünftige Nutzung gibt.

Burggartenbasar HISTORISCHE STÄTTE
(Várkert Bazár; Karte S. 68; 📞1-225 0554; www.varkertbazar.hu; I., Ybl Miklós tér 6; 🚌86, 🚊19, 41) Die Wiedereröffnung des renovierten Vergnügungsparks von 1893 hat das Tabán-Viertel

Gellértberg & Tabán

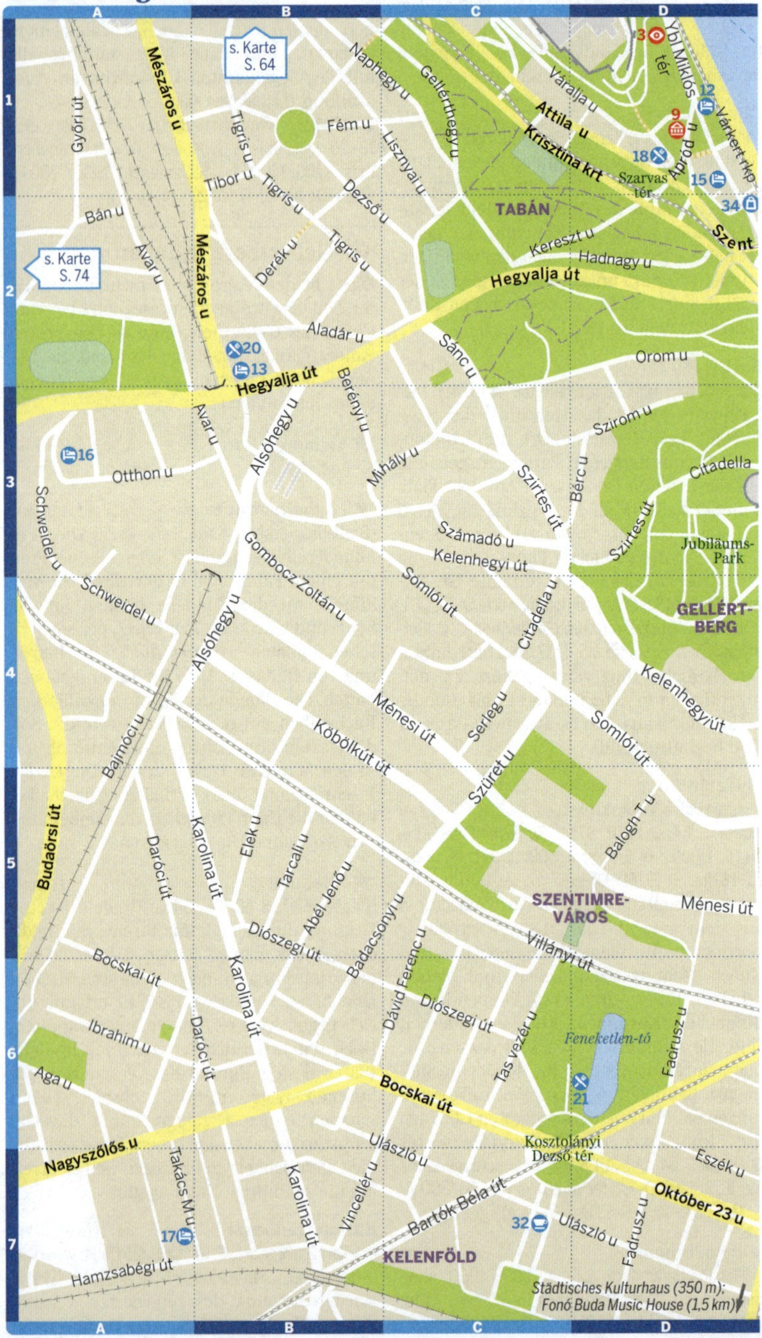

Gellértberg & Tabán

◎ Highlights
1. Zitadelle E3
2. Freiheitsstatue E3

◎ Sehenswertes
3. Burggartenbasar D1
4. Felsenkapelle F4
5. Elisabeth-Brücke E2
6. Ehemal. Schwedische Botschaft E4
7. Freiheitsbrücke F4
8. Königin-Elisabeth-Statue E2
9. Semmelweis-Museum für Medizingeschichte D1

✪ Aktivitäten, Kurse & Touren
10. Gellért-Bad F4
11. Rudas-Bad E2
    Rudas-Bad Schwimmbecken ..... (s. 11)

🛏 Schlafen
12. Art Hostel Gallery D1
13. Charles Hotel B2
14. Danubius Hotel Gellért F4
15. Hotel Orion Várkert D1
16. Kisgellért Vendégház A3
17. Shantee House A7

✕ Essen
18. Aranyszarvas D1
19. Cserpes Tejivó E7
20. Daikichi B2
21. Hemingway D6
22. Leroy Cafe E7
23. Marcello F6
24. Rudas Restaurant & Bar E2
25. Vegan Love F4

✪ Ausgehen & Nachtleben
26. B8 Craft Beer & Pálinka Bar F6
27. Café Ponyvaregény F6
    Hadik Kávéház .... (s. 31)
28. Kelet Cafe & Gallery F5
29. Palack Borbár F4
30. Platán Eszpresszo E2
31. Szatyor Bár és Galéria F5
32. Tranzit Art Café C7

✪ Unterhaltung
33. Mu Színház E7

✪ Shoppen
34. Prezent D2

völlig verwandelt. Der weitläufige Komplex besteht aus einem Dutzend Gebäuden, die im Stile der Neogotik und Neorenaissance gehalten sind. Untergebracht sind u. a. ein Theater und ein Konferenzzentrum, während im **Südlichen Palais** eine große Galerie mit anspruchsvollen Ausstellungen

Stadtspaziergang
Burgberg

START II SZÉLL KÁLMÁN TÉR
ZIEL I CLARK ÁDÁM TÉR
LÄNGE/DAUER 1,2 KM; 2 STUNDEN

Vom Széll Kálmán tér geht es die Várfok utca hinauf zum ❶ **Wiener Tor**, dem mittelalterlichen Zugang zur Altstadt. Das Gebäude auf der Westseite mit dem Majolika-Dach beherbergt das ❷ **Ungarische Staatsarchiv** (Országos Levéltár; 1920). Auf der Westseite des Bécsi kapu tér, (Wiener-Tor-Platz) befinden sich attraktive ❸ **Bürgerhäuser**.

Die schmale ❹ **Táncsics Mihály utca** strotzt nur so vor kleinen, bunten Häusern, die von Statuen geziert sind. In vielen Hofeingängen sind *Sediliien* (Steinnischen aus dem 13. Jh., die vermutlich als Marktstände dienten) zu sehen. Ein Stück weiter die Straße hinauf befindet sich in der Táncsics Mihály utca 9 das ❺ **ehemalige Gefängnis**. Dort saß u. a. Lajos Kossuth von 1837–1840 ein. 1849/49 war er der Anführer des Unabhängigkeitskampfes.

Ins ❻ **Hilton Budapest** (S. 111) wurden Teile einer mittelalterlichen Dominikanerkirche und eines barocken Jesuitenkollegs integriert. In der Mitte des ❼ **Szentháromság tér** steht die Kopie einer Dreifaltigkeitsstatue (Szentháromság szobor). Die „Pestsäule" wurde im frühen 18. Jh. von dankbaren (gesunden) Budaer Bürgern errichtet.

Die Úri utca endet Richtung Süden am Dísz tér, wo man auf das im Zweiten Weltkrieg ausgebombte ❽ **ehemalige Verteidigungsministerium** trifft. Angeblich war dies das Budapester Ziel für atomare Schläge der NATO während des Kalten Krieges. Das Gebäude wird endlich saniert.

Weiter südlich beeindruckt das restaurierte ❾ **Sándor-Palais**, das heute die Amtsräume des Staatspräsidenten beherbergt. Eine recht schlichte Wachablösung findet vor dem Palais stündlich von 9 bis 18 Uhr statt.

Gleich südlich von der Bergstation der Standseilbahn ❿ **Sikló**, die zum Clark Ádám tér hinabgleitet, befindet sich die reich verzierte ⓫ **Habsburger Treppe** (1903), die zum Burgpalast führt.

aufwartet. Ein Aufgang und ein Aufzug führen von der Lánchíd utca hinauf zum **Neo-Renaissance-Garten**. Von dort gelangt man über weitere Treppen, Aufzüge und eine Rolltreppe auf den Burgberg hinauf. Im riesigen **Gießereihof** befindet sich ein Restaurant mit Terrasse und einer großen Eventfläche.

Freiheitsbrücke BRÜCKE
(Szabadság-híd; Karte S. 68; M M4 Szent Gellért tér, 47, 49) Die im Jahr 1896 anlässlich der Millenniumsausstellung eröffnete Freiheitsbrücke ist eine Auslegerbrücke im Fin-de-siècle-Stil. Ursprünglich war das Bauwerk nach dem Habsburger-Kaiser Franz Joseph benannt. Jedes Türmchen ziert oben ein *turul*, ein mythologischer falkenähnlicher Totemvogel der alten Magyaren, der gerade zum Flug ansetzt. In Ungarn ist dieser Vogel ein nationales Symbol. Die Brücke wurde unmittelbar nach dem Zweiten Weltkrieg wieder aufgebaut.

Felsenkapelle KIRCHE
(Sziklatemplom; Karte S. 68; 06 20 775 2472; www.sziklatemplom.hu; XI., Szent Gellért rakpart 1/a; Erw./Kind 600/500 Ft; Mo–Sa 9.30-19.30 Uhr; M M4 Szent Gellért tér, 47, 49, 18, 19) Die Felsenkapelle liegt auf einem kleinen Felsvorsprung gegenüber vom berühmten Danubius Hotel Gellért. Sie wurde im Jahr 1926 in eine Höhle hineingebaut und war bis 1951 Sitz des ungarischen Paulinerordens. Dann wurden die Priester von den Kommunisten ins Gefängnis gesteckt und die Höhle versiegelt. Im Jahr 1992 wurde sie wieder geöffnet und erneut geweiht. Hinter der Kapelle befindet sich ein Kloster mit neogotischen Türmchen, die von der Freiheitsbrücke gut sichtbar sind.

Königin-Elisabeth-Statue STATUE
(Erzsébet királyné-szobor; Karte S. 68; I., Döbrentei tér; 19, 41) Nordwestlich der Elisabethbrücke steht die Statue für Elisabeth, Habsburger-Kaiserin und Königin von Ungarn. Die Gattin von Kaiser Franz Joseph wurde als „Sisi" von den Magyaren verehrt, weil sie unter anderem sogar Ungarisch lernte. Die Monarchin wurde 1898 in Genf von einem italienischen Anarchisten mit einer spitzen Feile brutal ermordet.

Elisabethbrücke BRÜCKE
(Erzsébet-híd; Karte S. 68; 7, 86, 19) Die weiß leuchtende Hängebrücke nimmt im Herzen vieler Budapester einen besonderen Platz ein, denn sie war 1964 die erste nach dem Zweiten Weltkrieg neu entworfene Donaubrücke. Die ursprüngliche Brücke stammte aus dem Jahr 1903, war aber im Krieg für einen Wiederaufbau zu stark zerstört worden. Von der Brücke bietet sich mit der Donau, dem Burgberg und dem Gellértberg ein dramatisches Panorama.

Semmelweis-Museum für Medizingeschichte MUSEUM
(Semmelweis Orvostörténeti Múzeum; Karte S. 68; 1-375 3533, 1-201 1577; www.semmelweis.museum.hu; I., Apród utca 1–3; Erw./Kind 700/350 Ft; März–Okt. Di–So 10–18 Uhr, Nov.–Feb. Di–Fr 10–16, Sa–So 10–18 Uhr; 86, 19, 41) Das kuriose (und manchmal auch gruselige) Museum spürt der Geschichte der Medizin mit Hilfe von medizinischen Instrumenten und Fotos nach, angefangen in griechisch-römischen Zeiten. Wie in Ungarn üblich ist auch eine alte Apothekeneinrichtung zu sehen.
Präsentiert werden das Leben und Werk des Arztes Ignaz Philipp Semmelweis (1818–1865), des „Retters der Mütter" – er entdeckte die Ursache des Kindbettfiebers (u. a. mangelnde Hygiene). Semmelweis wurde in diesem Haus geboren.

Óbuda & Budaer Berge

Die Attraktionen und Sehenswürdigkeiten von Óbuda und der Budaer Berge sind von äußerst unterschiedlicher Art: Die grüne Hügellandschaft der Budaer Berge lässt sich am besten zu Fuß oder mit einem Mountainbike erkunden. Daneben locken mehrere Höhlen, die größte römische Ausgrabungsstätte der Stadt sowie eine Reihe von ungewöhnlichen Museen und Galerien.

★Aquincum ARCHÄOLOGISCHE STÄTTE
Siehe S. 55.

★Vasarely-Museum MUSEUM
(Karte S. 72; 1-388 7551; www.vasarely.hu; III., Szentlélek tér 6; Erw./6–26 Jahre 800/400 Ft; Di–So 10–17.30 Uhr; 29, 109, Szentlélek tér) Das Museum im imposanten Zichy-Schloss (Zichy kastély, 1757) präsentiert die Werke von Victor Vasarely (1906–1997), dem „Vater der Op-Art". Bis zu seiner Emigration nach Paris 1930 hieß er Győző Vásárhelyi. Seine Werke, allen voran *Keek* und *Ibadan-Pos*, sind hervorragend. Sie bereiten Betrachtern viel Vergnügen, denn sie scheinen auf der Leinwand gleichsam anzuwachsen und sich zu bewegen. Bei Redaktionsschluss war das Museum wegen Renovierungsarbeiten geschlossen.

Óbuda

Aquincum, Nagyi Palacsintázója (1.5km);
Römisches Zivil-Amphitheater (2 km);
Római Camping (2,5 km)

0 — 500 m

REMETEHEGY
ÓBUDA
MÁTYÁSHEGY
ÚJLAK
ZÖLDMÁL
FELHÉVÍZ
RÓZSADOMB

Remete-hegy (351 m)
Mátyás-hegy (300 m)

Pálvölgy-Höhle

Kiscell-Museum
Ungarisches Museum für Handel & Tourismus
Vasarely-Museum

Fő tér
Szentlélek tér
Flórián tér
Dévai Bíró M. tér
Kolosy tér
Vérhalom tér
Zsigmond tér
Türbe tér
Elvis Presley tér
Margit tér
Marczibányi tér

Margareteninsel (Margit-sziget)
Margit híd
Margaretenbrücke (Margit híd)
Donau

s. Karte S. 74
s. Karte S. 64
s. Karte S. 86

Bécsi út · Vörösvári út · Szentendrei út · Pacsirtamező u · Lajos u · Szépvölgyi út · Árpád fejedelem út · Margit krt · Carl Lutz rkp · Haijós Alfréd sétány · Slachta Margit rkp · Frankel Leó út · Török u

Óbuda

Highlights
1. Ungarisches Museum für Handel & Tourismus D3
2. Kiscell-Museum B3
3. Pálvölgy-Höhle A4
4. Vasarely-Museum D2

Sehenswertes
5. Goldberger-Textil-Museum D3
6. Gül-Baba-Grabmal C7
7. Imre-Varga-Sammlung D2
8. Mátyáshegy-Höhle A4
9. Óbudaer Synagoge D3
10. Römisches Militär-Amphitheater C4
11. Szemlőhegy-Höhle B5

Aktivitäten, Kurse & Touren
12. Chefparade C5
13. Császár-Komjádi-Bad C6
14. Lukács-Bad C7
15. Veli-Bej-Bad C7

Schlafen
16. Aquincum Hotel D3
17. Hotel Császár C6
18. Hotel Papillon B7
19. Zen House C5

Essen
20. Földes Józsi Konyhája C7
21. Gasztró Hús-Hentesáru C7
22. Kéhli Vendéglő D3
23. Maharaja C4
24. Okuyama no Sushi C5
25. Pastrami C5
26. Pata Negra C6
27. Rozmaring D4
28. Sushi Sei C4
   Symbol .... (s. 32)
29. Új Sípos Halászkert D2

Ausgehen & Nachtleben
30. Barako Kávéház C7
31. Calgary Antik Bár C7
32. Puskás Pancho Sports Pub C4

Unterhaltung
33. Marczibányi tér Kulturzentrum A7
34. Óbuda Gesellschaftskreis D3

★ Kiscell-Museum MUSEUM
(Kiscelli Múzeum; Karte S. 72; ☎ 1-250 0304; www.kiscellimuzeum.hu; III., Kiscelli utca 108; Erw./erm. 1600/800 Ft; ◐ April-Okt. Di-So 10-18 Uhr, Nov.-März Di-So 10-16 Uhr; ☐ 29, 109, ☐ 17, 19, 41) Das Museum ist in einem ehemaligen Kloster aus dem 18. Jh. untergebracht und beherbergt drei hervorragende Abteilungen. Im Erdgeschoss ist eine komplette Einrichtung einer Apotheke aus dem 19. Jh. zu sehen, die sich einst am Kálvin tér befand. Außerdem sind wunderschöne alte Werbeschilder für Läden und Gewerbebetriebe zu sehen sowie Räume, die im Empire-, Biedermeier- und Jugendstilmöbeln eingerichtet sind.

Eine beeindruckende Gemäldesammlung mit Werken von József Rippl-Rónai, Lajos Tihanyi, István Csók und Béla Czóbel befindet sich im Obergeschoss. Der scharfe Kontrast zwischen der baulichen Hülle der gotischen Kirche und den zeitgenössischen Multimedia- und Kunstausstellungen ist fürs Auge sehr faszinierend.

★ Ungarisches Museum für Handel & Tourismus MUSEUM
(Magyar Kereskedelmi és Vendéglátó-ipari Múzeum; Karte S. 72; ☎ 1-375 6249; www.mkvm.hu; III., Korona tér 1; Erw./Stud. 1000/500 Ft; ◐ Di-So 10-18 Uhr; ☐ 29, 109, ☐ Tímár utca) Das exzellente kleine Museum verfolgt den Wandel im Gastronomie- und Hotelgewerbe der Hauptstadt durch die Jahrhunderte bis hin zu den dramatischen Veränderungen nach dem Zweiten Weltkrieg. Zu sehen sind Restaurantmobiliar, Tischdecken, Werbeposter, Verpackungen sowie originale Ladenschilder. Oben erhalten Besucher einen guten Einblick in das Leben der Gewerbetreibenden – von Bäckern über Kneipenbesitzer bis zu Wäschern. Das einladende Café wird von historischen Lampen beleuchtet.

Imre-Varga-Sammlung GALERIE
(Varga Imre Gyűjtemény; Karte S. 72; ☎ 1-250 0274; www.budapestgaleria.hu; III., Laktanya utca 7; Erw./Stud. & Senioren 800/400 Ft; ◐ April-Okt. Di-So 10-18 Uhr, Nov.-März Di-So 10-16 Uhr; ☐ 29, 109, ☐ Szentlélek tér) Die Sammlung zeigt Skulpturen, Statuen, Medaillen und Zeichnungen von Imre Varga (geb. 1923), einem der größten Bildhauer Ungarns. Wie schon andere vor ihm – vor allem Zsigmond Kisfaludi Strobl – vollführte Varga politisch jahrzehntelang einen Spagat: Er schuf mit gleichem Eifer Skulpturen von Béla Kun und Lenin wie vom hl. Stephan, von Béla Bartók und sogar Imre Nagy. Seine Werke wirken jedoch immer erfrischend originell und sind niemals Kopien anderer Künstler. Gleich am Eingang befindet sich z. B. eine Büste von Winston Churchill (2003).

Budaer Berge

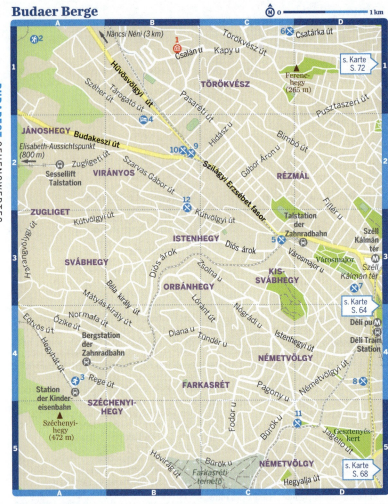

Budaer Berge

Sehenswertes
1 Béla-Bartók-Gedenkhaus B1

Aktivitäten, Kurse & Touren
2 Budaer Berge A1
3 Kindereisenbahn A4

Schlafen
4 Beatrix Panzió Hotel B2

Essen
5 Fióka....................................C3
6 Fuji Japán............................C1
7 Mezzo Music Restaurant........D3
8 Mongolian Barbecue...............D4
9 Remíz...................................B2
10 Szép Ilona...........................B2
11 Tanti..................................D5
12 Vendéglő a KisBíróhoz..........B2

Nur wenige Meter südwestlich des Museums ist mitten auf der Straße eine Skulpturengruppe von Varga zu bewundern. Zu erkennen sind vier ziemlich besorgt dreinblickende Frauen mit aufgespannten Regenschirmen.

Gül-Baba-Grabmal   ISLAMISCHES GRABMAL
(Gül Baba türbéje; Karte S. 72; ✆ 1-237 4400; www.museum.hu/budapest/gulbabaturbe; II., Türbe tér 1; ⏱ 10–18 Uhr; 🚌 4, 6, 17) GRATIS Das rekonstruierte Grabmal birgt die sterblichen Überreste von Gül Baba, einem osmanischen Derwisch, der bei der Einnahme Budas 1541 mitwirkte und in Ungarn unter dem Namen „Vater der Rosen" bekannt ist. Das Grabmal und die Moschee sind eine Pilgerstätte für Muslime, vor allem aus der Türkei. Vor dem Betreten muss man seine Schuhe ausziehen. Von der Török utca geht es die steile Gül Baba utca bergauf bis zu der Treppe gleich hinter Hausnummer 16. Vor Kurzem ist die Anlage renoviert worden.

Óbudaer Synagoge   SYNAGOGE
(Óbudai zsinagóga; Karte S. 72; ✆ 1-268 0183; www.zsido.com; III., Lajos utca 163; 🚌 29, 109, 🚊 Szentlélek tér) Neben dem sofort ins Auge fallenden Aquincum Hotel befindet sich die Óbudaer Synagoge, die im Jahr 1821 errichtet wurde. Viele Jahre waren hier Tonstudios des ungarischen Fernsehsenders MTV untergebracht, weil sich die wesentlich kleinere jüdische Nachkriegsgemeinde den Unterhalt nicht mehr leisten konnte. Doch das Gebäude wurde am 5. September 2010 erneut als Synagoge oder *sul* (Jüdisches Gebetshaus) geweiht. Die Synagoge wurde bei Redaktionsschluss renoviert.

Goldberger-Textil-Museum   MUSEUM
(Goldberger Textilipari Gyűjtemény; Karte S. 72; ✆ 1-250 1020; www.textilmuzeum.hu; III., Lajos utca 136–138; Erw./erm. 1400/700 Ft; ⏱ Di–So 10–18 Uhr; ♿; 🚌 29, 109, 🚊 Tímár utca) Im ehemaligen Haus der Goldberger-Familie erzählt das hervorragende Museum die Geschichte der ungarischen Textilindustrie sowie der Textilfabrik, die der jüdische Geschäftsmann Ferenc Goldberger im Jahr 1784 gegründet hatte. Bis ins späte 20. Jh. hinein sollte dieses Unternehmen die ungarische Bekleidungsindustrie dominieren. Während der Blütezeit wurden die feinen Stoffe sogar an die Habsburger geliefert. In der interaktiven Ausstellung lernt man mehr über das Blaufärben und den Siebdruck. Die Maschinen waren zu ihrer Zeit revolutionär und die Stoffe sind einfach großartig.

Römisches Militär-Amphitheater   ARCHÄOLOGISCHE STÄTTE
(Római Katonai Amfiteátrum; Karte S. 72; III., Pacsirtamező utca; 🚌 9, 109, 🚊 Tímár utca) GRATIS Das im 2. Jh. für die römische Garnison erbaute Amphitheater befindet sich rund 800 m südlich des Flórián tér. Einst fasste es etwa 6000 Zuschauer. Das Militärlager erstreckte sich nach Norden bis zum Flórián tér. Wer sich für Archäologie und alte Geschichte interessiert, nimmt einfach den Bus 9 zum Flórián tér und steigt an der Nagyszombat utca aus.

Elisabeth-Aussichtsturm   AUSSICHTSPUNKT
(Erzsébet kilátó; Erzsébet kilátó utca; ⏱ 8–20 Uhr; 🚂 Kindereisenbahn) Auf dem Gipfel von Budas höchstem Berg, dem 527 m hohen János-hegy führen 134 Stufen zur Turmspitze. Von oben bietet sich ein atemberaubender Blick über die Hauptstadt und das umliegende Hügelland. An klaren Tagen kann man bis zum Tatra-Gebirge in der Slowakei schauen. Zur Anfahrt bietet sich die Kindereisenbahn bis zum (vierten) Haltepunkt János-hegy an. Eine gute Alternative ist der nahe gelegene **Sessellift** (Libegő; www.bkv.hu; einfach/hin & zurück Erw. 1000/1400 Ft, 6–26 Jahre 600/800 Ft; ⏱ Mai–Aug. 10–19 Uhr; 🚌 291).

Béla-Bartók-Gedenkhaus   MUSEUM
(Bartók Béla Emlékház; Karte S. 74; ✆ 1-394 2100; www.bartokmuseum.hu; II., Csalán út 29; 1500 Ft; ⏱ Di–So 10–17 Uhr; 🚌 5, 29, 🚊 61) Nördlich des Szilágyi Erzsébet fasor lebte der große Komponist von 1932 bis zu seiner Emigration in die USA 1940 in diesem 1924 erbauten Haus. Der Besuch erfolgt im Rahmen einer Führung. Gezeigt wird u. a. der alte Edison-Rekorder (komplett mit Wachszylindern), den Bartók verwendete, um in Siebenbürgen ungarische Volksmusik aufzunehmen. Weitere Exponate sind seine geliebten, handgeschnitzten Esszimmermöbel sowie eine Zigarette, die er nur zur Hälfte geraucht hatte! Das ganze Jahr über finden hier Kammermusikkonzerte statt, das aktuelle Programm findet sich auf der Webseite.

★ Pálvölgy-Höhle   HÖHLE
(Pálvölgyi-barlang; Karte S. 72; ✆ 1-325 9505; www.palvolgyi.atw.hu; II., Szépvölgyi út 162/a; Erw./erm. 1400/1100 Ft, Kombiticket mit Szemlőhegy-Höhle 2000/1600 Ft; ⏱ Di–So 10–17 Uhr; 🚌 65) Das mit 29 km größte Höhlensystem Ungarns wurde 1904 entdeckt und ist für seine spektakulären Stalaktiten und Gesteinsformationen bekannt. Die Führungen dauern 45 Minuten und starten ab 10.15 Uhr (letzte Führung um 16.15 Uhr) auf der untersten Ebene. Dann geht es durch feuchte und Klaustrophobie erzeugende schmale Passagen über 100 Stufen hinauf. Zu den Highlights zählen Johanns Aussichtspunkt

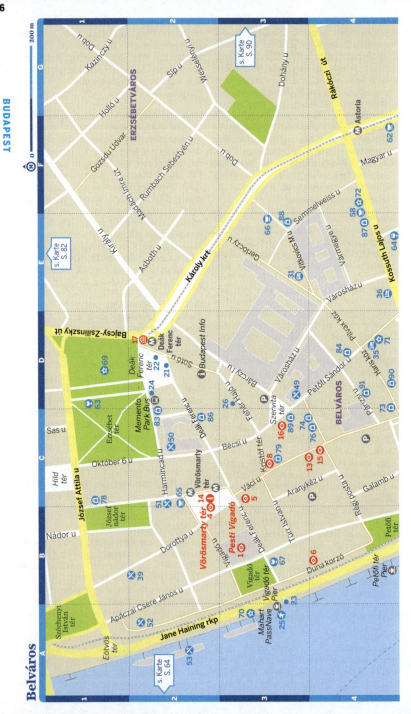

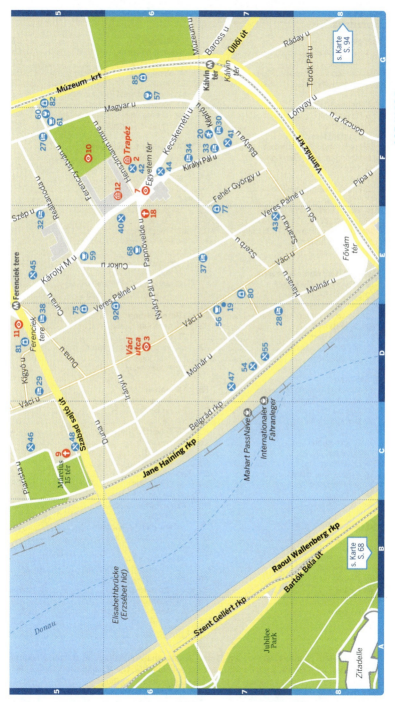

Belváros

◉ Highlights
1 Pesti Vigadó B3
2 Trapéz F6
3 Váci utca D6
4 Vörösmarty tér B2

◉ Sehenswertes
5 Bankpalast C3
6 Duna korzó B4
7 Egyetem tér F6
8 Fischermädchen-Brunnen C3
9 Innerstädtische Pfarrkirche C5
10 Károly-Garten F5
11 Párisi Udvar D5
12 Petőfi-Literaturmuseum F6
13 Philanthia C4
14 Mihály Vörösmarty-Statue C2
15 Thonet-Haus C4
16 Török-Bank-Haus C3
17 U-Bahn-Museum D2
18 Universitätskirche E6

◉ Aktivitäten, Kurse & Touren
19 Debreceni Nyári Egyetem D7
20 Dynamo Bike & Bake F7
21 Free Budapest Tours D2
22 Jüdisches Kulturerbe-Touren .D2
23 Legenda B3
24 Program Centrum D2
25 Silverline Cruises A3
26 Tuk Tuk Taxi D3

◉ Schlafen
27 11th Hour Cinema Hostel F5
28 Bohem Art Hotel D7
29 Buddha Bar Hotel D5
30 Butterfly Home F7
31 Gerlóczy E3
32 Gingko Hostel E5
33 Hotel Art F7
34 Hotel Rum F6
35 Katona Apartments D4
36 Leo Panzió E4
37 Loft Hostel E7
38 Maverick Hostel D5

◉ Essen
39 Baraka B2
40 Belvárosi Disznótoros E6
41 Borssó Bistro F7
   Buddha Bar ....(s. 29)
42 Csendes M F6
43 Halkakas E7
44 Hummus Bar F6
45 Kárpátia E5
46 Kiosk C5

47 Magyar QTR D7
48 Monk's Bistrot C5
49 Nagyi Palacsintázója D3
50 Nobu C2
51 Onyx C2
52 Paris Budapest Restaurant ...A2
53 Spoon A2
54 Taverna Dionysos D7
55 Trattoria Toscana D7

◉ Ausgehen & Nachtleben
56 1000 Tea D7
57 Action Bar G6
58 Auguszt Cukrászda F4
59 Centrál Kávéház E5
60 Csendes F5
61 Csendes Társ F5
62 Fekete F4
63 Fröccsterasz D1
64 Funny Carrot E4
65 Gerbeaud C2
   Habroló ....(s. 64)
66 Kontakt E3
67 Marionett Craft Beer House ..B3
68 Táskarádió Eszpresszó E6

◉ Unterhaltung
69 Akvárium Klub D1
70 Columbus Club A3
71 József-Katona-Theater D4
   Pesti Vigadó ....(s. 1)
72 Puskin Art Mozi F4

◉ Shoppen
73 Balogh Kesztyű Üzlet D4
74 Bomo Art C3
75 Cadeau D5
76 Folkart Kézművésház C4
77 Hecserli E7
78 Herend C1
79 Inmedio C3
80 Intuita E7
81 Je Suis Belle D5
82 Központi Antikvárium G5
83 Le Parfum Croisette C2
84 Magma D4
85 Múzeum Antikvárium G6
86 Nanushka C2
87 Paloma E4
88 Rododendron E3
   Rózsavölgyi Csokoládé ....(s. 34)
89 Rózsavölgyi és Társa C3
90 Rozsnyai Shoes D4
91 Szamos Marcipán D4
   Váci 1 ....(s. 5)
92 Wonderlab D6

in der größten Kammer sowie der Radiumsaal, der an Dantes *Inferno* erinnert. Die Temperaturen liegen konstant bei 11 °C, sodass man unbedingt an warme Kleidung denken sollte. Die Bushaltestelle heißt „Pálvölgyi-cseppkőbarlang".

Mátyáshegy-Höhle HÖHLE
(Mátyáshegyi-barlang; Karte S. 72; ☏ 06 20 928 4969; www.barlangaszat.hu; II., Szépvölgyi út; Erw./8–14 Jahre 7000/6000 Ft; ⊗ Führungen Mo, Mi, Fr 16.30, Di, Do 10, Sa 14 Uhr; 🚌 65) Von den gut 200 Höhlen in Budapest sind nur einige im Rahmen von geführten Touren für die Öffentlichkeit zugänglich. Die Mátyáshegy-Höhle liegt in unmittelbarer Nachbarschaft der Pálvölgy-Höhle und ist mit dieser unterirdisch verbunden. Sie wurde in ihrem natürlichen Zustand belassen und stellt für angehende Höhlenforscher eine echte Herausforderung dar. Man muss durch enge Passagen kriechen und Höhlenwände hinaufklettern. Die Ausrüstung wird gestellt, allerdings muss man sich per E-Mail anmelden. Der Eintrittspreis richtet sich nach der Gruppengröße. Die Bushaltestelle heißt „Pálvölgyi-cseppkőbarlang".

Eine Reihe von Hostels in Budapest bietet ebenfalls 2½- bis dreistündige abenteuerliche Touren durch die Höhle an.

Szemlőhegy-Höhle HÖHLE
(Szemlőhegyi-barlang; Karte S. 72; ☏ 1-325 6001; www.dunaipoly.hu/hu/helyek/bemutatohelyek/szemlo-hegyi-barlang; II., Pusztaszeri út 35; Erw./erm. 1300/1000 Ft, Kombiticket mit der Pálvölgy-Höhle 2000/1600 Ft; ⊗ Mi–Mo 10–16 Uhr; 🚌 29, 111) Unter den drei hier empfohlenen Höhlen ist diese die am besten zugängliche. Sie liegt rund 1 km südöstlich der Pálvölgy- und Mátyáshegy-Höhle. Die Temperaturen im Inneren liegen konstant bei 12 °C. Zwar gibt es hier keine Stalaktiten oder Stalagmiten zu sehen, dafür aber ungewöhnliche traubenähnliche Formationen. Die Führungen dauern 35–45 Minuten. Der untere Teil der Höhle wird zur Behandlung von Atemwegserkrankungen genutzt, weil die Luft außergewöhnlich rein ist.

⊙ Pester Innenstadt (Belváros)

Die zentrale Váci utca ist die wichtigste Einkaufsstraße von Budapest. Das Viertel lädt vor allem zum Bummeln an der Donaupromenade ein sowie zur Bewunderung der schönen Architektur rund um den wichtigsten Platz, den Vörösmarty tér. Es gibt auch verschiedene kleine Spezialmuseen sowie private Kunstgalerien.

★ Váci utca STRASSE

Siehe S. 58.

★ Vörösmarty tér PLATZ
Siehe S. 58.

NICHT VERSÄUMEN

ARCHITEKTONISCHE JUGENDSTIL-PERLEN

Rund um den Szabadság tér befinden sich zwei der schönsten Gebäude von Pest. Die ehemalige **Königliche Postsparkasse** ist ein wunderbares Jugendstilgebäude mit bunten Ziegeln und Folkloremotiven. Erbaut wurde die Postsparkasse 1901 von Ödön Lechner. Mittlerweile gehört das Gebäude zur **Ungarischen Nationalbank** (Magyar Nemzeti Bank; Karte S. 82; V., Szabadság tér 9; 🚌 15, 115) nebenan. Ihre Terrakotta-Reliefs illustrieren die historische Entwicklung von Handel und Wirtschaft. Zu sehen sind arabische Kaufleute mit Kamelen, afrikanische Teppichhändler sowie chinesische Teeverkäufer – und natürlich der unabdingbare Anwalt, der die Verträge beglaubigt.

★ Pesti Vigadó ARCHITEKTUR
(Karte S. 76; www.pestivigado.hu; V., Vigadó tér 1; Erw./erm. 2500/2000 Ft; ⊗ 10–19.30 Uhr; Ⓜ M1 Vörösmarty tér, 🚋 2) Der im Jahr 1864 im romantischen Stil erbaute Konzertsaal wurde im Zweiten Weltkrieg schwer beschädigt. Er liegt zum Flussufer westlich des Vörösmarty tér und wurde im Jahr 2014 nach einer umfangreichen Renovierung in seinem alten Glanz wiederhergestellt. Auf Ebene 5 und 6 ist nun Platz für Wechselausstellungen und es gibt eine fantastische Terrasse mit tollem Blick über die Donau. Klassische Konzerte in diesem glamourösen Ambiente sind ein wahrer Genuss. Es gibt auch englischsprachige Führungen (2900 Ft), die Details finden sich auf der Webseite.

★ Trapéz GALERIE
(Karte S. 76; ☏ 06 30 210 3120; www.trpz.hu; V., Henszlmann Imre utca 3; ⊗ Di–Fr 12–18 Uhr; Ⓜ M3 Ferenciek tere, M3/4 Kálvin tér) Die spannende neue zeitgenössische Kunstgalerie zeigt Installationen, Skulpturen, Fotografien und andere Medien von aufstrebenden internationalen Künstlern.

Károly-Garten PARK
(Károlyi kert; Karte S. 76; V., Ferenczy István utca; Ⓜ M3/4 Kálvin tér, 🚌 47, 48, 49) Der mit Blumenbeeten verzierte Károlyi kert ist ein angenehmer Ort zum Relaxen. Ursprünglich gehörte er zum angrenzenden Károly-Palais, in dem nun das **Petőfi-Literaturmuseum**

(Petőfi Irodalmi Múzeum; Karte S. 76; ☎ 1-317 3611; www.pim.hu; V., Károlyi utca 16; Erw./6–26 Jahre 600/300 Ft, Sonderausstellungen 800/400 Ft; ⊙ Di–So 10–18 Uhr) beheimatet ist. Der kleine Park wird von Einheimischen gerne besucht, aufgrund des schönen Spielplatzes kommen auch viele Familien mit Kindern hierher. Im Sommer blüht im Park alles und es gibt viele Bänke im Schatten. **Csendes Társ** (Karte S. 76; ☎ 1-727 2100; www.facebook.com/csendestars; V., Magyar utca 18; ⊙ 11–23 Uhr; Ⓜ M2 Astoria, 🚋 4, 6) ist ein stimmungsvolles Café für einen abendlichen Absacker oder einen kleinen Snack, denn es gibt am gusseisernen Tor mehrere Tische im Freien.

Egyetem tér   PLATZ
(Universitätsplatz; Karte S. 76; Ⓜ M3/4 Kálvin tér) Der Universitätsplatz verfügt über neue Sitzbänke, Wasseranlagen, abstrakte Skulpturen und schattenspendende Segelplanen. Der Name bezieht sich auf das repräsentative Gebäude der renommierten Eötvös-Loránd-Wissenschaftsuniversität. Direkt an das Hauptgebäude der Uni schließt sich die sehenswerte barocke **Universitätskirche** (Egyetemi templom; Karte S. 76; ☎ 1-318 0555; V., Papnövelde utca 5–7; ⊙ 7–19 Uhr) von 1742 an. Über dem Altar befindet sich eine Kopie der in Polen sehr verehrten Schwarzen Madonna von Tschenstochau.

U-Bahn-Museum   MUSEUM
(Földalatti Vasúti Múzeum; Karte S. 76; www.bkv.hu; Metrostation Deák Ferenc tér; Erw./erm. 350/280 Ft; ⊙ Di–So 10–17 Uhr; Ⓜ M1/2/3 Deák Ferenc tér) Im Fußgängertunnel unterhalb des Deák Ferenc tér befindet sich neben dem Haupt-Fahrkartenschalter das kleine U-Bahn-Museum in einem ehemaligen Tunnelabschnitt. Es zeichnet die Entwicklung der U-Bahn in Budapest nach.

Im Mittelpunkt steht die kleine gelbe Metro M1, die im Jahr 1896 für die Millenniumsfeiern gebaut wurde und damit die erste U-Bahn auf dem europäischen Kontinent war. Zu sehen sind liebevoll restaurierte historische Waggons.

Duna korzó   PROMENADE
(Karte S. 76; Ⓜ M1 Vörösmarty tér, 🚋 2) Eine einfache Methode, um sich an einem warmen Nachmittag etwas Abkühlung zu verschaffen und dabei den Blick auf den Burgberg zu genießen, ist ein Spaziergang über den Donaukorso. Diese Uferpromenade erstreckt sich zwischen der Széchenyi-Kettenbrücke und der Elisabethbrücke. Die Cafés, Straßenmusiker und Kunsthandwerkerstände sorgen für reichlich Abwechslung. Am südlichen Ende liegt der **Petőfi tér**, der nach dem Revolutionsdichter des Unabhängigkeitskriegs von 1848/49 benannt ist. Noch ein Stück weiter südlich erstreckt sich der **Március 15. tér**, der an den Tag des Revolutionsbeginns von 1848 erinnert.

Innerstädtische Pfarrkirche   KIRCHE
(Belvárosi plébániatemplom; Karte S. 76; www.belvarosiplebania.hu; V., Március 15. tér 2; ⊙ 9–19 Uhr; 🚋 2) Auf der östlichen Seite des Március 15. tér wurde im 12. Jh. über den Resten eines römischen Camps zunächst eine romanische Kirche erbaut. Die heutige Kirche stammt hauptsächlich aus dem 14. Jh. und wurde im 18. Jh. umgebaut. Die unterschiedlichen Elemente der Gotik, Renaissance und des Barocks lassen sich leicht unterscheiden. Eine Besonderheit ist die osmanische Gebetsnische (Mihrab), die sich in der östlichen Wand befindet.

⊙ Parlament & Umgebung

Dieses Viertel ist im Übermaß mit wichtigen Museen und Kulturpalästen gesegnet, wie dem Ethnografischen Museum und der Ungarischen Staatsoper. Hier befinden sich aber auch die beiden mächtigsten Gebäude der Hauptstadt: das Parlament an der Donau sowie die St.-Stephans-Basilika. Beide Gebäude können besichtigt werden.

★ Parlament   HISTORISCHES GEBÄUDE
Siehe S. 52.

★ St.-Stephans-Basilika   KIRCHE
Siehe S. 56.

★ Ungarische Staatsoper   BEDEUTENDES GEBÄUDE
(Magyar Állami Operaház; Karte S. 82; ☎ 1-332 8197; www.operavisit.hu; VI., Andrássy út 22; Führungen Erw./erm. 2990/1990 Ft; ⊙ Führungen auf Englisch 14, 15, 16 Uhr; Ⓜ M1 Opera) Die Ungarische Staatsoper wurde 1884 von Miklós Ybl im Neorenaissance-Stil entworfen und zählt zu den schönsten Gebäuden von Budapest. Die Fassade ist mit Statuen von Musen und Operngrößen wie Puccini, Mozart, Liszt und Verdi verziert. Innen beeindrucken Marmorsäulen, vergoldete Decken, Kronleuchter sowie eine fast perfekte Akustik. Wer keine Karte für eine Aufführung ergattern kann, sollte sich einer der täglichen Führungen anschließen. Die Eintrittskarten dafür gibt es im Souvenirshop im Foyer. Es gibt täglich zwei deutschsprachige Touren.

Szabadság tér   PLATZ

(Freiheitsplatz; Karte S. 82; 🚌15, Ⓜ M2 Kossuth Lajos tér) Der Freiheitsplatz ist einer der größten in Budapest und liegt nur wenige Gehminuten nordöstlich vom Széchenyi István tér. Am südlichen Ende befindet sich ein netter Brunnen, der sich mit Hilfe von optischen Sensoren bei Annäherung und Weggehen ein- bzw. ausschaltet. Augenfällig ist auch das kontroverse Antifaschistische Mahnmal aus dem Jahr 2014. Am nördlichen Ende steht ein **Denkmal der sowjetischen Armee** (Karte S. 82; V., Szabadság tér; Ⓜ M2 Kossuth Lajos tér), das zugleich das letzte seiner Art in der Stadt ist.

Die östliche Seite wird von der festungsähnlichen US-Botschaft dominiert, die mit hohen Stahlzäunen und Betonblöcken vom Platz abgetrennt wurde. Hier fand der Kardinal József Mindszenty nach dem Aufstand von 1956 für 15 Jahre Zuflucht, bis er 1971 nach Wien ausreisen durfte. Die Rückseite der Botschaft führt zur Hold utca (Mondstraße), die bis 1990 Rosenberg házaspár utca (Ehepaar-Rosenberg-Straße) hieß. Das US-Ehepaar Julius und Ethel Rosenberg wurde im Jahr 1953 in den USA als sowjetische Spione hingerichtet. Heute steht im nördlichen Bereich des Platzes eine Statue des US-Präsidenten Ronald Reagan.

Eine kontroverse **Statue** (Horthy Miklós-szobor; Karte S. 82; V., Szabadság tér 2; 🚌15, 115) des ungarischen Staatschefs zwischen den Weltkriegen, Miklós Horthy, befindet sich vor der reformierten Heimkehr-Kirche an der südwestlichen Ecke des Platzes. Horthy wird in rechten Kreisen immer noch verehrt, vielen anderen gilt er jedoch als faschistischer Diktator.

Antifaschistisches Mahnmal   DENKMAL

(Antifasiszta emlékmű; Karte S. 82; V., Szabadság tér; 🚌15, 115, Ⓜ M2 Kossuth Lajos tér) Dieses Denkmal ist den „Opfern der deutschen Besatzung" gewidmet; es wurde im Juli 2014 am Südende des Szabadság tér aufgestellt. Bis heute ist es höchst umstritten und harrt immer noch der offiziellen Einweihung. Ein Streitpunkt ist die offene Unterstützung der Nationalsozialisten durch die Marionettenregierung der sogenannten Pfeilkreuzler, die 1944 unter ihrem Anführer Ferenc Szálasi an die Macht kamen. Auch aus der einfachen Bevölkerung gab es Unterstützung für die Deutschen. Aus Protest wurde von den Kritikern ein alternatives und ergreifendes Mahnmal aus Kerzen, Briefen und persönlichen Andenken geschaffen.

Kossuth Lajos tér   PLATZ

(Karte S. 82; Ⓜ M2 Kossuth Lajos tér) Nordwestlich des Szabadság tér wird dieser Platz vom Parlament, dem am meisten fotografierten Gebäude von Budapest, dominiert. Im ebenfalls angrenzenden Ethnografischen Museum ist die landesweit beste Sammlung an Volkskunst und Kunsthandwerk untergebracht. Der Platz wurde im Jahr 2014 nach Vorkriegsplänen umgebaut. Er ist jetzt verkehrsfrei mit einem Park, Skulpturen von ungarischen Größen, einem unterirdischen **Lapidarium** (Kőtár; Karte S. 82; V., Kossuth Lajos tér; ⊙10–17 Uhr; Ⓜ M2 Kossuth Lajos tér) GRATIS und einer **Gedenkstätte** (V., Kossuth Lajos tér; Karte S. 82; ⊙10–17 Uhr) GRATIS für die Opfer des Massakers vom 25. Oktober 1956 auf dem Kossuth Lajos tér. Die Stätte erinnert damit an den verzweifelten ungarischen Volksaufstand von 1956 gegen die Herrschaft der Kommunistischen Partei und die sowjetische Besatzungsmacht.

Ethnografisches Museum   MUSEUM

(Néprajzi Múzeum; Karte S. 82; 📞1-473 2400; www.neprajz.hu; V., Kossuth Lajos tér 12; Erw./erm. 1000/500 Ft, mit Wechselausstellungen 1400/700 Ft; ⊙Di–So 10–18 Uhr; Ⓜ M2 Kossuth Lajos tér) Die Besucher werden in diesem weitläufigen Museum gegenüber vom Parlament sehr anschaulich in das traditionelle ungarische Leben eingeführt. Im ersten Stock sind in einem Dutzend Räumen mehrere Tausend Exponate ausgestellt. Die nachgebauten Bauernhäuser aus der Őrség und dem Sárköz im Westen und Südwesten des Landes sind gut gelungen. Es gibt auch einige sehr kostbare Gegenstände, die aus dem Blickwinkel der Institutionen, der religiösen Überzeugungen und der verschiedenen Lebensphasen betrachtet werden.

Im Erdgeschoss fokussieren die exzellenten Wechselausstellungen Themen aus anderen Ländern Europas und der Welt. Das Gebäude selbst wurde 1893 von Alajos Hauszmann entworfen, um das Oberste Gericht aufzunehmen. Bemerkenswert ist das Deckenfresko von Károly Lotz im Foyer der Gerechtigkeit. Bei Redaktionsschluss sollte das Museum zu einem bislang unbekannten Datum ins Stadtwäldchen umziehen.

Imre-Nagy-Statue   STATUE

(Karte S. 82; V., Vértanúk tere; Ⓜ M2 Kossuth Lajos tér) Südöstlich des Kossuth Lajos tér steht die ungewöhnliche Imre-Nagy-Statue auf dem höchsten Punkt einer kleiner Fußgängerbrücke. Imre Nagy war der reformorien-

Parlament & Umgebung

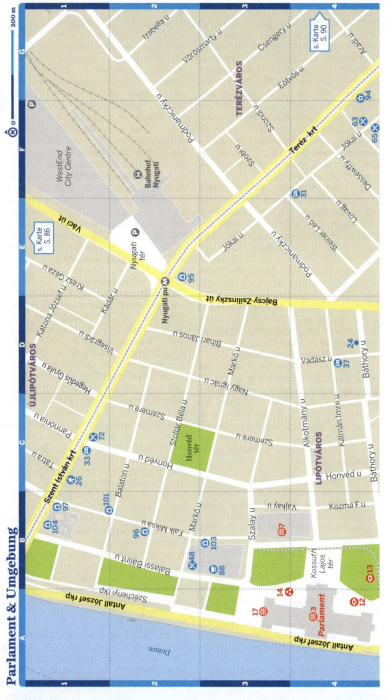

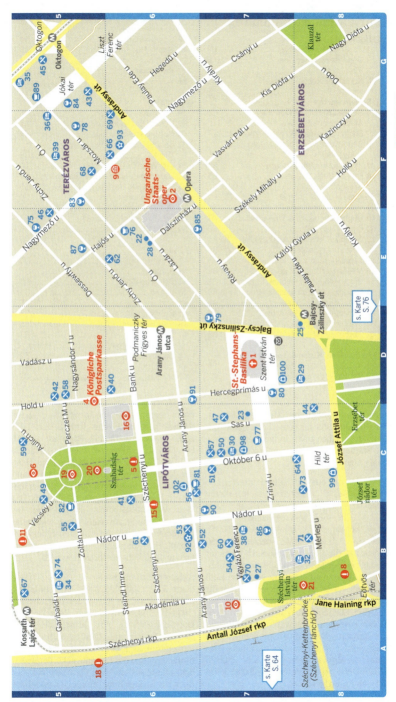

Parlament & Umgebung

⦿ Highlights
1. St.-Stephans-Basilika D7
2. Ungarische Staatsoper F6
3. Parlament A4
4. Königliche Postsparkasse D5

⦿ Sehenswertes
5. Antifaschistisches Mahnmal C6
   St.-Stephans-Basilika ....(s. 1)
   Stephans-Basilika, Schatzkammer.....(s. 1)
6. Bedő-Haus (Haus des Ungarischen
   Jugendstils) C5
7. Ethnografisches Museum B3
8. Ferenc-Deák-Statue B8
   Gresham-Palast .... (s. 32)
   Kapelle der hl. Rechten ....(s. 1)
9. Haus der Ungarischen Fotografie F6
10. Ungarische Akad. d. Wissenschaften .. A7
11. Imre-Nagy-Statue............................. B5
12. Gedenkstätte: Revolution 1956........... A4
13. Kossuth Lajos tér.............................. B4
14. Lapidarium....................................... A3
15. Miklós-Horthy-Statue........................ B6
16. Ungarische Nationalbank C6
17. Besucherzentrum des Parlament A3
18. Schuhe an der Donau A5
19. Denkmal der sowjet. Armee C5
20. Szabadság tér.................................. C5
21. Széchenyi István tér B8

⊕ Aktivitäten, Kurse & Touren
22. Absolute Walking Tours E6
23. Budapest Underguide C7
24. Cityrama Gray Line D4
25. Giraffe Hop On Hop Off City Tour D8
26. Mystique Room C1
27. River Ride...B7
28. Yellow Zebra Bikes..............................E6

⦿ Schlafen
29. Aria Hotel D8
30. Central Backpack King Hostel C7
31. Cotton House Budapest F4
32. Four Seasons Gresham Palace
    Hotel...B8
33. Full Moon Design Hostel C1
34. Garibaldi Guesthouse & Apartments ...B5
35. Home-Made Hostel.............................G5
36. Hotel Medosz.................................... F5
37. Hotel Parlament.................................D4
38. Prestige Hotel Budapest B7
39. Retox Party Hostel F5

⦿ Essen
40. Artizán D6
41. Baotiful..C6
42. Belvárosi Piac...................................D5
43. bigfish...G5
44. Borkonyha C8
45. Butterfly..G5
46. Café Bouchon E5
47. Café Kör C7
    Costes Downtown ....(s.38)
48. Culinaris B2
49. Da Mario..C5
50. Duran C7

---

tierte kommunistische Ministerpräsident, der im Jahr 1958 für seine Rolle beim Aufstand zwei Jahre zuvor hingerichtet wurde. Die Statue wurde mit einem großen Festakt 1996 eingeweiht.

Bedő-Haus (Haus des Ungarischen Jugendstils)   BEDEUTENDES GEBÄUDE, MUSEUM
(Bedő-ház Magyar Szecesszió Háza); Karte S. 82; ⌕1-269 4622; www.magyarszecessziohaza.hu; V., Honvéd utca 3; Erw./erm. 2000/1500 Ft; ⊙Mo–Sa 10–17 Uhr; Ⓜ︎M2 Kossuth Lajos tér) Gleich um die Ecke vom Kossuth Lajos tér ist das beeindruckende Bedő-ház ein Wohnhaus im Jugendstil. Es wurde 1903 von Emil Vidor entworfen. Jetzt ist es ein Schrein für ungarisches Jugendstil-Interieur, denn auf den drei Ebenen finden sich dicht an dicht Möbel, Porzellan, Eisenwaren, Gemälde und Kunstobjekte. Den Eintrittspreis entrichten aber wohl nur wahre Jugendstilfans. Das schmucke **Egoist Cafe** (Karte S. 82; ⌕06 70 643 2331; http://egoistcafe.hu; ⊙9–19 Uhr) befindet sich im Erdgeschoss.

Haus der Ungarischen Fotografie   GALERIE
(Magyar Fotográfusok Háza; Karte S. 82; ⌕1-473 2666; www.maimano.hu; VI., Nagymező utca 20; Erw./Kind 1500/700 Ft; ⊙Mo–Fr 14–19, Sa–So 11–19 Uhr; ☐O-Bus 70, 78, Ⓜ︎M1 Opera) Das Haus der Ungarischen Fotografie im Mai Manó Ház ist eine außergewöhnliche Kunstgalerie mit erstklassigen Fotoausstellungen. Das Haus wurde 1894 bereits als Fotoatelier mit einem bemerkenswerten Tageslichtstudio (Napfényműterem) im obersten Stockwerk erbaut. Hier konnten Studiofotos mit natürlichem Tageslicht geschossen werden.

Széchenyi István tér   PLATZ
(Karte S. 82; ☐16, 105, ☐2) Jahrzehntelang hieß der Platz zu Ehren des langjährigen (1933–1945) US-Präsidenten Roosevelt tér. Doch dann wurde er zu Gunsten des ungarischen Staatsmannes Graf István Széchenyi umbenannt. Der Graf war u. a. der Motor hinter dem Bau der Kettenbrücke, deren östliches Ende sich auf dem Platz befindet. Der Blick zur Budaer Burg hinauf ist wunderbar.

51 Első Pesti Réteshàz	C7
52 Gastronomia Pomo d'Oro	B7
53 Gelateria Pomo d'Oro	B6
54 Govinda	B7
55 Iguana	B5
56 Kashmir	C6
57 Kisharang	C7
58 Kispiac	D5
59 Liberté	C5
60 Mák	B7
61 Momotaro Metélt	B6
62 Most Kortárs Bistro	E6
63 Napos Oldal	F4
64 Padthai Wokbar	C8
65 Parázs Presszó	F4
66 Pesti Disznó	F6
67 Pick Ház	B5
68 Pizzica	F5
69 Ring Cafe	F6
70 Roosevelt Étterem	B7
71 Salaam Bombay	B8
72 Szeráj	C1
73 Tigris	C8
74 Veggie Nyers Vegan Bisztró	B5

Ausgehen & Nachtleben
75 Alterego	E5
Bad Girlz	(s. 70)
76 Ballett Cipő	E6
77 Café Montmartre	C7
78 Caledonia	F5
79 Captain Cook Pub	D7
80 DiVino Borbár	D7
Ëgoist Cafe	(s. 6)
81 Espresso Embassy	C6
82 Farger Kávé	B5
High Note Roof Bar	(s. 29)
Impostor	(s. 41)
83 Instant	F5
84 Kiadó Kocsma	G5
Morrison's 2	(s. 33)
85 Morrison's Pub	E6
86 Ötkert	B7
87 Suttogó Piano Bar	E5
88 Szalai Cukrászda	B3
89 Teaház a Vörös Oroszlánhoz	G5
90 Terv Presszó	B7
91 Tütü Bar	D6

Unterhaltung
92 Aranytíz-Kulturzentrum	B6
93 Budapester Operettenthater	F6
Ungarische Staatsoper	(s. 2)
94 Művész Art Mozi	G4

Shoppen
95 Alexandra	E2
96 Anna Antikvitás	B2
97 BÁV	B1
98 Bestsellers	C7
99 Malatinszky Wine Store	C8
100 Memories of Hungary	D7
101 Moró Antik	B1
102 Originart Galéria	C6
103 Pintér Galéria	B3
104 Szőnyi Antikváriuma	B1

Die **Ungarische Akademie der Wissenschaften** (Magyar Tudományos Akadémia; Karte S. 82; V., Széchenyi István tér 9; 15, 115, 2) wurde im Jahr 1825 ebenfalls von Széchenyi ins Leben gerufen. Sie schließt den Platz nach Norden ab.

Das Jugendstilgebäude mit den goldenen Ziegeln auf der östlichen Seite des Platzes ist der **Gresham-Palast** (Karte S. 82), der 1907 für eine englische Versicherung entstand. Heute befindet sich hier ein Luxushotel.

Am südlichen Ende des Széchenyi István tér steht eine **Statue von Ferenc Deák** (Karte S. 82). Der ungarische Minister war federführend bei der Aushandlung des politischen Kompromisses von 1867 (sog. Ausgleich), der die österreichisch-ungarische Doppelmonarchie begründete.

Schuhe an der Donau MAHNMAL
(Cipők a Dunapartján; Karte S. 82; V., Antall József rakpart; 2) Am Flussufer zwischen dem Széchenyi István tér und dem Parlament erinnert dieses Mahnmal an die ungarischen Juden, die von Anhängern der faschistischen Pfeilkreuzler-Partei in den Jahren 1944/45 hier erschossen und in die Donau geworfen wurden. *Schuhe an der Donau* des Bildhauers Gyula Pauer und des Filmregisseurs Can Togay besteht aus einer schlichten, aber sehr ergreifenden Reihe von 60 Schuhen und Stiefeln aus Gusseisen, die durcheinander am Flussufer liegen.

Margareteninsel & nördliches Pest

Die Margareteninsel und das nördliche Pest bieten eine bunte Sammlung an Sehenswürdigkeiten aus der zweiten Reihe.

Margaretenbrücke BRÜCKE
(Margit híd; Karte S. 86; 2, 4, 6) Die Margaretenbrücke verbindet nach einer dreijährigen Restaurierung wieder den Großen Ring mit Buda. Sie ist einmalig, weil sie in der Mitte am südlichen Ende der Margareteninsel einen Knick aufweist, damit die Pfeiler quer

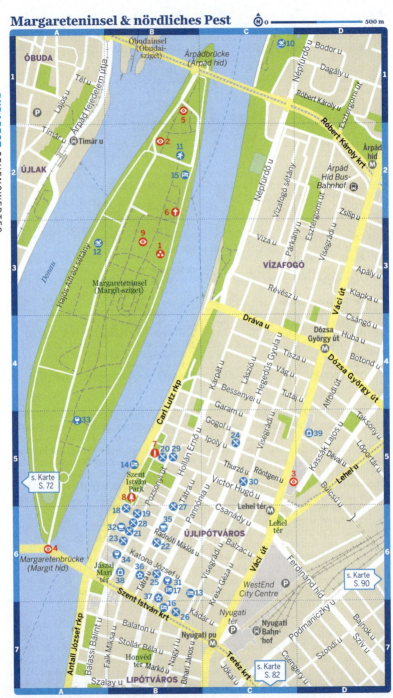

Margareteninsel & nördliches Pest

◉ Sehenswertes
1 Dominikanerkonvent B3
2 Japanischer Garten B2
3 Lehel-Markt C5
4 Margaretenbrücke A6
5 Musikbrunnen B1
6 Prämonstratenserkirche B2
7 Raoul-Wallenberg-Statue B5
8 Szent István Park B5
9 Wasserturm & Freilichtbühne B3

⊕ Aktivitäten, Kurse & Touren
10 Dagály-Schwimmbad C1
11 Danubius Health Spa Margitsziget B2
12 Palatinus Strand A3

🛏 Schlafen
13 Aventura Boutique Hostel B6
14 Boat Hotel Fortuna B5
15 Danubius Grand Hotel Margitsziget B2
16 Groove B7
17 NH Budapest B6

✖ Essen
18 Café Panini B6
19 Donut Library B6
20 Dunapark B5

21 Édesmindegy B6
22 Firkász B6
23 Kiskakukk B6
24 Laci! Konyha! C5
25 Mosselen B6
26 Okay Italia B7
27 Oriental Soup House B6
28 Pozsonyi Kisvendéglő B6
29 Sarki Fűszeres B5
30 Trófea Grill C5

◉ Ausgehen & Nachtleben
31 Blue Tomato B6
32 Briós B6
    Double Shot .... (s.21)
33 Holdudvar A5
34 L.A. Bodegita B6
35 Raj Ráchel Tortaszalon B6

◉ Unterhaltung
36 Budapest Jazz Club B6
37 Lustspieltheater B6

◉ Shoppen
38 Mézes Kuckó B6
39 Mountex D5

---

zur Flussrichtung stehen. Die Brücke wurde 1876 von dem französischen Ingenieur Ernest Gouin erbaut. Der Abzweig zur Insel wurde im Jahr 1901 ergänzt.

Wasserturm & Freilichtbühne ARCHITEKTUR
(Víztorony és Szabadtéri Színpad; Karte S. 86; ✆06 20 383 6352; Aussichtsgalerie Erw./Kind 600/300 Ft; ⊙ Aussichtsgalerie Mai–Okt. 11.30–19 Uhr; 📮26) Der achteckige Wasserturm wurde 1911 im zentralen Bereich der Margareteninsel errichtet. Er erhebt sich 66 m über der **Freilichtbühne** *(szabadtéri színpad),* die im Sommer für Konzerte und Theateraufführungen genutzt wird. Im Turm gibt es oben eine **Aussichtsgalerie** (Kilátó Galéria). Wer die 153 Stufen hinaufsteigt, wird mit einem wunderbaren Rundblick über die baumreiche Insel belohnt. Beim Aufstieg passiert man eine neue Ausstellung mit Budapester Ansichten, die auf die nackten Wände projiziert werden.

Dominikanerkonvent RUINE
(Domonkos kolostor; Karte S. 86; 📮26) Nur eine Ruine blieb von dem unter Béla IV. im 13. Jh. erbauten Konvent erhalten. Hier lebte seine Tochter Margarete (1242–1271). Der Legende nach hatte der König versprochen, dass er seine Tochter der Kirche als Nonne anvertrauen werde, wenn die Tataren erfolgreich aus dem Land vertrieben würden. So geschah es und Margarete kam mit neun Jahren ins Kloster. Ein Grabstein aus rotem Marmor markiert ihre ursprüngliche Grabstätte. Es gibt zudem einen Aussichtspunkt für die Betrachtung der Ruinen.

1943 wurde Margarete heiliggesprochen und sie ist eine Art Kultfigur in Ungarn. Etwas weiter südöstlich von dem Grabstein befindet sich ein viel besuchter Schrein aus Backstein, wo Leute ihr für diverse Gefälligkeiten und Heilungen danken.

Prämonstratenserkirche KIRCHE
(Premontre templom; Karte S. 86; 📮26) Die rekonstruierte romanische Prämonstratenserkirche ist dem hl. Michael vom Orden der Weißen Kanoniker geweiht. Sie geht auf das 12. Jh. zurück. Die Glocke aus dem 15. Jh. tauchte 1914 unter mysteriösen Umständen urplötzlich unter den Wurzeln eines Walnussbaumes auf, der von einem Sturm umgeknickt worden war. Wahrscheinlich war die Glocke von Mönchen während der osmanischen Invasion vergraben worden.

Japanischer Garten GARTEN
(Japánkert; Karte S. 86; 📮26) Diese attraktive Gartenanlage am nordwestlichen Insel-

ende verfügt über Teiche mit Koikarpfen und Seerosen. Auch finden sich hier lichte Bambushaine, japanische Ahornbäume und Sumpfzypressen sowie eine Holzbrücke und ein Wasserfall.

Musikbrunnen   BRUNNEN
(Zenélőkút; Karte S. 86) Unmittelbar nördlich des Japanischen Gartens befindet sich auf einem Podest der restaurierte Musikbrunnen. Es handelt sich um die Kopie eines Brunnens in Siebenbürgen. Gespielt werden im Sommer täglich um 11 und 16 Uhr Kinderlieder sowie abends zwischen 21 und 22 Uhr Songs wie „Pretty Woman" von Roy Orbison und „Time to Say Goodbye" von Andrea Bocelli.

Szent-István-Park   PARK
(Szent István körút; Karte S. 86; XIII., Újpesti rakpart; 8–20 Uhr; 15, O-Bus 75, 76) Im St.-Stephanspark ehrt seit 1999 eine **Statue Raoul Wallenberg** (Karte S. 86). Sie zeigt Wallenberg, wie er gerade mit einer Schlange, dem Bösen, kämpft und so heißt das Kunstwerk auch passend *Kígyóölő* (Schlangentöter). Es handelt sich um eine Kopie eines Denkmals von Pál Pátzay, das vom kommunistischen Regime 1949 entfernt wurde. Parallel zum Donauufer befinden sich Wohnhäuser im Bauhausstil, die bei ihrem Bau Ende der 1920er-Jahre die Modernisten in Verzückung versetzten.

Lehel-Markt   MARKT
(Lehel Csarnok; Karte S. 86; XIII., Lehel tér; Mo-Fr 6–18, Sa 6–14, So 6–13 Uhr; M3 Lehel tér) Der großartige traditionelle Markt ist in einer unansehnlichen bootsähnlichen Halle untergebracht, die von László Rajk entworfen wurde. Rajk ist der Sohn des kommunistischen Innenministers, der 1949 für „titoistische Umtriebe" hingerichtet wurde. Es heißt, dieses Gebäude sei Rajks Rache dafür.

Ungarischer Eisenbahn-
historischer Park   MUSEUM
(Magyar Vasúttörténeti Park; 1-450 1497; www.vasuttortenetipark.hu; XIV., Tatai utca 95; Erw./4–18 Jahre 1600/700 Ft; April–Okt. Di–So 10–18 Uhr; 30, 30A, 14) Es handelt sich hier primär um ein Freilichtmuseum mit mehr als 50 Lokomotiven, von denen rund ein Dutzend noch fahrtüchtig ist. Zudem gibt es eine Ausstellung zur Geschichte der Eisenbahn in Ungarn. Viele Dinge sind zum Anfassen und Kinder können selbst das Steuer übernehmen. Die Fahrt mit der Miniaturlok ist ein echtes Bonbon.

◉ Elisabethstadt & jüdisches Viertel

In der Elisabethstadt (Erzsébetváros) und im jüdischen Viertel gibt es eine sehr große Auswahl an empfehlenswerten Sehenswürdigkeiten. Dazu gehören Museen, Galerien und so bedeutende Gotteshäuser wie die Große Synagoge. An beinahe jeder Ecke treffen Besucher auf wunderschöne Jugendstilarchitektur. Dieses Viertel lassen sich am besten zu Fuß erkunden.

★ Große Synagoge   SYNAGOGE
Siehe S. 59.

★ Haus des Terrors   MUSEUM
(Terror Háza; Karte S. 90; 1-374 2600; www.terrorhaza.hu; VI., Andrássy út 60; Erw/Kind 2000/1000 Ft, Audioguide 1500 Ft; Di–So 10–18 Uhr; M1 Oktogon) Das frühere Hauptquartier der berüchtigten Geheimpolizei beherbergt nun das aufrüttelnde Haus des Terrors. Die Dauerausstellung konzentriert sich unter der Überschrift „Die doppelte Besetzung" auf die Verbrechen der faschistischen und stalinistischen Diktaturen in Ungarn. Doch die Jahre zwischen dem Zweiten Weltkrieg und dem Aufstand von 1956 nehmen den Löwenanteil der auf über drei Dutzend Räume auf drei Ebenen verteilten Ausstellung ein. Die rekonstruierten Gefängniszellen im Keller und die Galerie der Peiniger gehen an die Nieren. Zu sehen sind Fotos der Überläufer, Spione und Folterer.

Der Panzer im zentralen Innenhof dient eher als poppiger Hingucker, während die Wände außen durch die metallischen Fotografien der zahlreichen Opfer Bände sprechen. Das Gebäude hat eine schlimme Geschichte, denn hier wurden Aktivisten jeder Couleur vor und nach dem Zweiten Weltkrieg zum Verhör und zur Folter hingekarrt. Die Wände waren angeblich doppelt so dick gehalten, damit die Schreie der Opfer nicht nach außen dringen konnten.

Liszt-Musikakademie   SEHENSWERTES GEBÄUDE
(Liszt Zeneakadémia; Karte S. 90; 1-462 4600; www.zeneakademia.hu; VI., Liszt Ferenc tér 8; Führung auf Englisch Erw./erm. 3500/1750 Ft; Führung tgl. 13.30 Uhr; M1 Oktogon, 4, 6) Die Liszt-Musikakademie wurde im Jahr 1907 im Jugendstil erbaut. Sie lockt Studenten aus der ganzen Welt an und ist zugleich eine hervorragende Konzertlocation mit insgesamt fünf Bühnen (S. 161). Das renovierte Interieur ist reich geschmückt mit Zsol-

nay-Porzellan und Fresken, sodass sich eine Führung unbedingt lohnt, falls gerade kein Konzert stattfindet.

Ungarisches Elektrotechnisches Museum   MUSEUM
(Magyar Elektrotechnikai Múzeum; Karte S. 90; ☎ 1-322 0472; http://elektromuzeum.hu/hu; VII., Kazinczy utca 21; Erw./Stud. 800/400 Ft; ☺ Di–Fr 10–17, Sa 10–16 Uhr; 🚌 O-Bus 74, Ⓜ M2 Astoria) Dieses Museum ist vielleicht nicht für jedermann interessant, aber die seltenen und schrulligen Exponate lohnen doch einen Besuch. Die Mitarbeiter zeigen, wie das Alarmsystem des Stacheldrahtzauns zwischen Ungarn und Österreich einst funktioniert hat. Es gibt auch ein Modell von Nistplätzen, welche die Stromversorger freundlicherweise im ganzen Land für Störche anbringen, damit sie sich nicht in den Kabeln verheddern und sich selbst dadurch töten.

Zu sehen sind auch eine Unmenge an alten Haushaltsgeräten, von denen viele noch funktionstüchtig sind. Draußen im Hof sind bunte Neon-Ladenschilder aus der kommunistischen Zeit angebracht. Am ungewöhnlichsten ist die Sammlung an Stromzählern, die zu den größten der Welt zählt. Ein Stromzähler war in der Wohnung von „Rákosi Mátyás elvtárs" (Genosse Mátyás Rákosi), dem mächtigen Generalsekretär der Kommunistischen Partei, aus Anlass seines 60. Geburtstags im Jahr 1952 installiert worden. Ein Weiterer Zähler erinnert an Stalins 70. Geburtstag 1948.

Franz-Liszt-Gedenkmuseum   MUSEUM
(Liszt Ferenc Emlékmúzeum; Karte S. 90; ☎ 1-322 9804; www.lisztmuseum.hu; VI., Vörösmarty utca 35; Erw./Kind 1500/750 Ft; ☺ Mo–Fr 10–18, Sa 9–17 Uhr; Ⓜ M1 Vörösmarty utca) Das wunderbare kleine Museum ist in der Alten Musikakademie untergebracht, wo der große Komponist die letzten fünf Jahre vor seinem Tod 1886 in einer Wohnung im ersten Stock lebte. Die drei Zimmer sind vollgestopft mit seinen Klavieren, darunter ein winziges aus Glas, sowie Porträts und persönlichen Gegenständen. Konzerte (Erw./Kind 1500/750 Ft oder 2200/1000 Ft inkl. Museumsbesuch) finden normalerweise samstags um 11 Uhr im Kammersaal statt.

Orthodoxe Synagoge   SYNAGOGE
(Ortodox zsinagóga; Karte S. 90; ☎ 1-351 0524; www.kazinczyutcaizsinagoga.hu; VII., Kazinczy utca 29–31; 1000 Ft; ☺ April–Okt. So–Do 10–18, Fr 10–16 Uhr, Nov.–März So–Do 10–16, Fr 10–14 Uhr; Ⓜ M2 Astoria, 🚋 47, 49) Einstmals gab es ein halbes Dutzend Synagogen und Gebetshäuser im jüdischen Viertel. Die Orthodoxe Synagoge entstand im Jahr 1913 in einem für damalige Zeiten sehr modernen Design. Zu erkennen sind letzte Ausläufer des Jugendstils, während innen helle Farben dominieren. Die Buntglasfenster in der Decke wurden von Miksa Róth (1865–1944) entworfen, auch wenn heute nur noch Rekonstruktionen zu sehen sind, weil die Originale leider im Zweiten Weltkrieg durch die Bombardierungen zerstört wurden.

Rumbach-Sebestyén-Straße-Synagoge   SYNAGOGE
(Rumbach Sebestyén utcai zsinagóga; Karte S. 90; ☎ 1-343 0420; http://enmilev.weebly.com; VII., Rumbach Sebestyén utca 11–13; Erw./Kind 500/300 Ft; ☺ März–Okt. So–Do 10–18, Fr 10–16 Uhr, Nov.–Feb. So–Do 10–16, Fr 10–14 Uhr; Ⓜ M2 Astoria, 🚋 4, 6) Die Synagoge in der Rumbach Sebestyén utca wurde im Jahr 1872 vom späteren österreichischen Sezessionsarchitekten Otto Wagner im maurischen Stil errichtet. Hier siedelte sich die sogenannte Status-Quo-Ante-Gemeinde an, die moderat konservativ war. Das Innendesign ist großartig, allerdings ist das Gebäude dringend renovierungsbedürftig.

Robert-Capa-Zentrum für Zeitgenössische Fotografie   GALERIE
(Robert Capa Kortárs Fotográfiai Központ; Karte S. 90; ☎ 1-413 1310; www.capacenter.hu; VI., Nagymező utca 8; Erw./Kind 1500/800 Ft; ☺ Mo–Fr 14–19, Sa–So 11–19 Uhr; 🚌 O-Bus 70, 78, Ⓜ M1 Opera) Das Zentrum wurde nach dem in Ungarn als Endre Friedmann geborenen Fotografen Robert Capa (1913–1954) benannt, der die Agentur Magnum Photos mitbegründete. Die Wechselausstellungen sind in einem renovierten mehr als 100 Jahre alten Kulturzentrum untergebracht. Sie zeigen erstklassige zeitgenössische visuelle Kunst.

◉ Südliches Pest

Im südlichen Pest finden sich sehr viele Top-Attraktionen, darunter ein halbes Dutzend bedeutender Museen, das Holocaust-Gedenkzentrum und ein Friedhof, auf dem das Who's who der ungarischen Elite begraben liegt. Geschichtsfreunde wird interessieren, dass in diesen Vierteln im Herbst 1956 beim Ungarnaufstand ein Großteil der Kämpfe stattfand.

★Ungarisches Nationalmuseum   MUSEUM
Siehe S. 60.

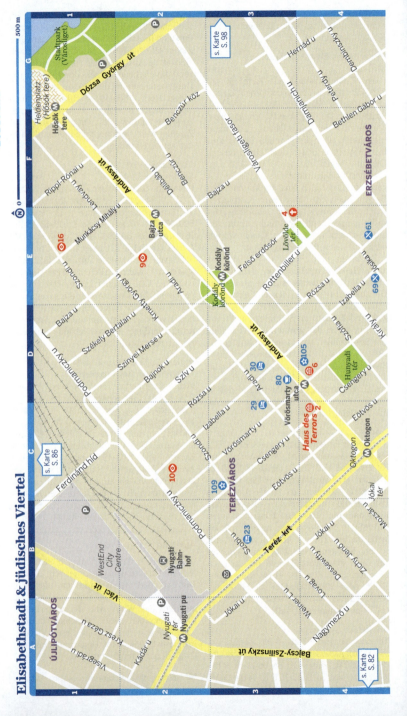

Elisabethstadt & jüdisches Viertel

Highlights
1. Große Synagoge B8
2. Haus des Terrors C4

Sehenswertes
3. Andrássy út B5
4. Calvin. Kirche im Stadtwäldchen E3
5. Dob-utca-Grundschule E5
6. Franz-Liszt-Gedenkmuseum D4
7. Holocaust-Mahnmal Baum des Lebens B7
8. Ungarisches Elektrotechnisches Museum C7
   Ungarisches Jüdisches Museum & Archiv .... (s. 1)
9. Léderer-Villa E2
10. Lindenbaum Apartmenthaus C2
11. Liszt-Musikakademie C5
12. NeuesTheater B6
13. Orthodoxe Synagoge C7
14. Robert-Capa-Zentrum für Zeitgenössische Fotografie C5
15. Rumbach-Sebestyén-Straße-Synagoge B7
16. Sonnenberg-Villa E1

Aktivitäten, Kurse & Touren
17. Claustrophilia E7
18. MindQuest D7

Schlafen
19. Avail Hostel C8
20. Baross City Hotel G6
21. Bazaar Hostel C8
22. Big Fish Hostel D6
23. Carpe Noctem Original B3
24. Casati Budapest Hotel B6
25. Connection Guest House C6
26. Continental Hotel Budapest D7
27. Corinthia Hotel Budapest D5
28. Hive Hostel B7
29. Kapital Inn C3
30. Mamaison Residence Izabella D3
31. Marco Polo Top Hostel D7
32. Maverick City Lodge C7
33. Soho Hotel D7
34. Unity Hostel C5
35. Wombat's B6

Essen
36. Abszolút Pho B6
37. Bangla Büfé C6
38. Barack & Szilva D7
39. Bock Bisztró D5
40. Bollywood C6
41. Bors Gasztro Bár C7
42. Cirkusz B7
43. Desszert Neked A6
44. Erdélyi-Magyar Étkezde C7
45. Fausto's B8
46. Frici Papa Kifőzdéje C5
47. Fröhlich Cukrászda B7
    Hanna .... (s. 13)
48. Hokedli B5
49. Igen B7
50. Kádár C6
51. Kis Parázs C7
52. Klassz C5
53. Kőleves B6
54. Konyha B7
55. La Bodeguita del Medio D6
56. M Restaurant C5
57. Macesz Bistro B7
58. Mazel Tov D6
59. Menza C5

★ **Kunstgewerbemuseum** MUSEUM
(Iparművészeti Múzeum; Karte S. 94; ☎ 1-456 5107; www.imm.hu; IX., Üllői út 33–37; Erw./Stud. 2000/1000 Ft, inkl. Sonderausstellungen 3500/1750 Ft; ⊙ Di–So 10–18 Uhr; M M3 Corvin-negyed, ⏏ 4, 6) Das Kunstgewerbemuseum ist in einem großartigen Bau nach Entwürfen von Ödön Lechner (1896) beheimatet. Verziert ist es mit Keramikfliesen von Zsolnay und es verfügt über zwei Dauerausstellungen. In einer sind ungarische und europäische Möbel aus dem 18. und 19. Jh. zu sehen sowie diverse Jugendstilexponate und Gegenstände aus dem handwerklichen Bereich (Glasherstellung, Buchbinderei, Goldschmiedekunst). Die andere Ausstellung zeigt islamische Kunst und Kunstgewerbe vom 9. bis 19. Jh.

In der Ausstellung „Sammler und Schätze" sticht das kostbare Porzellan von Herend und Zsolnay hervor. Die ungarische Geigerin Magda Bácsi hat zudem kürzlich dem Museum 300 wertvolle Gegenstände aus fünf Jahrtausenden gespendet. Für den atemberaubend schönen zentralen Lichthof aus weißem Marmor soll die Alhambra in Spanien als Vorbild gedient haben.

★ **Kerepesi-Friedhof** FRIEDHOF
(Kerepesi temető; Karte S. 94; ☎ 06 30 331 8822; www.nemzetisirkert.hu; VIII., Fiumei út 16; ⊙ Mai–Juli 7–20 Uhr, April/Aug. 7–19 Uhr, Sept. 7–18 Uhr, Mai/Okt. 7–17 Uhr, Nov.–Feb. 7.30–17 Uhr; M M2/4 Keleti pályaudvar, ⏏ 24) GRATIS Budapests Gegenstück zu Londons Highgate und dem Pariser Père Lachaise wurde 1847 eröffnet. Auf dem 56 ha großen Friedhof befinden sich rund 3000 Grabsteine und Mausoleen. Insbesondere ins Auge fallen die Mausoleen der Staatsmänner und Nationalhelden Lajos Kossuth, Ferenc Deák und Lajos Batthyány.

60	Montenegrói Gurman	E7		
61	Napfényes	E4		
62	Naspolya Nassolda	B6		
63	Spinoza Café	B7		
64	Szimpla Farmers' Cafe	C7		
65	Tábla	D7		
66	Tel Aviv Cafe	C7		
67	Vak Varjú	A6		
68	Vintage Garden	B7		
69	Zeller Bistro	E4		
	Zing Burger	(s. 34)		

Ausgehen & Nachtleben

	360 Bar	(s. 92)
70	400 Bar	B6
71	Anker Klub	A7
72	Anker't	B6
73	Blue Bird Cafe	B7
74	Bordó Bisztró	C5
75	Boutiq' Bar	A6
76	Café Zsivágó	C5
77	CoXx Men's Bar	D7
78	Csak a Jó Sör	C6
79	Doblo	B7
80	Ecocafe	D3
81	Ellátó Kert	B7
82	Fat Fairy	A7
83	Fekete Kutya	C7
84	Fogas	C6
	Füge Udvar	(s. 18)
85	Gozsdu Manó Klub	B7
86	Grandio	C7
87	Hopaholic	D6
88	Kadarka	B6
89	Kisüzem	C6
90	Kőleves Kert	B6
	Központ	(s. 49)
	Lärm	(s. 84)
91	Léhűtő	B7
92	Lotz Terem Book Cafe	B5
93	Mika Tivadar Mulató	B6
94	Mozaik	A7
95	Művész Kávéház	B5
96	My Little Melbourne & Brew Bar	A7
97	New York Café	E7
98	Rumpus Tiki Bar	B6
99	Spíler	B7
100	Szimpla Kert	C7
101	Telep	B7
	Tuk Tuk Bar	(s. 24)
102	Vicky Barcelona	B7
103	Vittula	D7
104	Yellow Zebra Pub	C7

Unterhaltung

105	Budapester Puppentheater	D4
106	Giero Brasserie	C5
107	Gödör	A7
108	Ladó Café	D7
	Liszt-Musikakademie	(s. 11)
109	Pótkulcs	C3

Shoppen

	Alexandra	(s. 92)
110	Garden Studio	B6
111	Gouba	B7
112	Hollóháza Porzellanladen	B8
113	Írók Boltja	C5
114	Ludovika	B7
115	Massolit Budapest	C7
116	Printa	B7
117	Retrock	A7
	Szimpla-Bauernmarkt	(s. 100)
118	Szputnyik Shop	C8

Am Eingang gibt es kostenlose Übersichtskarten, die den Weg zu beachtenswerten Gräbern weisen. Auf Parzelle 21 liegen viele Menschen begraben, die beim Aufstand von 1956 ihr Leben verloren.

Ervin-Szabó-Zentralbibliothek BIBLIOTHEK

(Fővárosi Szabó Ervin Könyvtár; Karte S. 94; ☎ 1-411 5000; www.fszek.hu; VIII., Reviczky utca 1; ⏰ Mo–Fr 10–20, Sa 10–16 Uhr; Ⓜ M3/4 Kálvin tér) GRATIS Südöstlich des Ungarischen Nationalmuseums befindet sich die Zentrale der öffentlichen Stadtbücherei. Hier gibt es Zugang zu 2,4 Mio. Büchern und gebundenen Zeitschriften sowie zu mehr als 250 000 audiovisuellen und digitalen Medien. Das Gebäude entstand 1889 und wurde hervorragend renoviert. Der Lesesaal beeindruckt durch Gipsornamente, goldene Verzierungen sowie riesige Kronleuchter. Die Registrierung (mit Foto-Ausweis) geht schnell und lohnt sich auch für Besucher. Aber auch schon im Café im Erdgeschoss erhält man einen ersten Eindruck vom Gebäude.

Zwack-Museum & -Besucherzentrum MUSEUM

(Zwack Múzeum és Látogatóközpont; Karte S. 94; ☎ 1-476 2383; www.zwack.hu; IX., Dandár utca 1; Erw./unter 18 Jahre 2000/1000 Ft; ⏰ Mo–Fr 10–17 Uhr; 🚋 2, 24) Unicum heißt der dickflüssige Aperitif, der aus 40 Kräutern und Gewürzen hergestellt wird. Der Magenbitter ist eines der beliebtesten Getränke Ungarns und das kleine Museum erzählt seine Geschichte. Zu Anfang gibt es ein etwas kitschiges Video. Danach ist eine enorme Sammlung von 17 000 Miniaturfläschchen aus allen Ecken der Welt zu sehen. Zum Abschluss gibt es eine Kostprobe. Flaschen

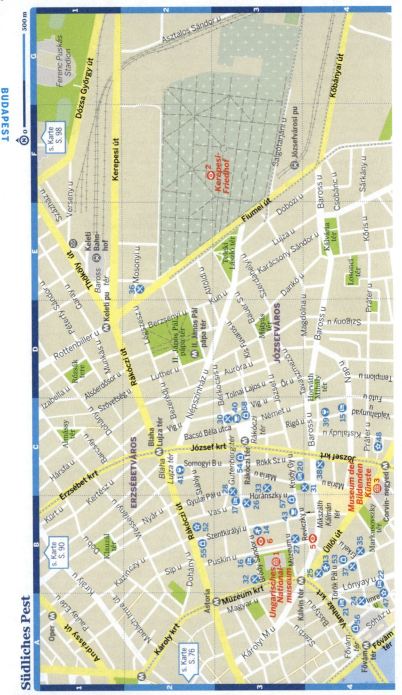

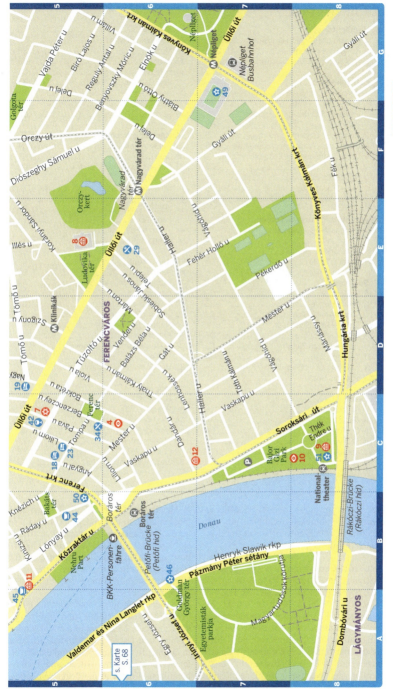

Südliches Pest

Highlights
1. Ungarisches Nationalmuseum B3
2. Kerepesi-Friedhof F2
3. Museum der Bildenden Künste C4

Sehenswertes
4. Berzenczey-utca-Apartmenthaus C6
5. Ervin-Szabó-Zentralbibliothek B4
6. Früherer Sitz des Ungarischen Radios B3
7. Holocaust-Gedenkzentrum C5
8. Ungarisches Naturhistorisches Museum ..E5
9. Ludwig-Museum für Zeitgenössische Kunst C8
10. Nationaltheater C8
11. Neue Budapester Galerie B5
12. Zwack-Museum & Besucherzentrum .. C6

Aktivitäten, Kurse & Touren
13. Ungarischer Reitsportverband B4
    Parapark .... (s. 39)
14. Tasting Table B3

Schlafen
15. Bo18 Hotel C4
16. Brody House B3
17. Casa de la Musica B3
18. Corvin Hotel Budapest C5
19. Fraser Residence D5
20. Hotel Palazzo Zichy C3
21. Kálvin House A4
22. KM Saga Guest Residence B4
23. Thomas Hotel C5

Essen
African Buffet .... (s. 30)
24. Borbíróság A4
25. Costes B4
26. Curry House B3
27. Építész Pince B3
28. Fülemüle C3
29. Hanoi Xua E6
30. Macska C3
31. Matrjoska Bisztró C4
32. Múzeum B3
33. Padrón C3
34. Petrus C5
35. Pink Cadillac B4
36. Rosenstein E2
37. Soul Café B4
38. Stex Ház C4

Ausgehen & Nachtleben
39. Bujdosó Kert C4
40. Café Csiga C3
41. Corvin Club & Roof Terrace C2
42. Élesztő C5
    Jelen Bisztró .... (s. 41)
43. Lumen B3
44. Nándor Cukrászda B5
    Paris Texas .... (s. 35)
45. Tamp & Pull A5
    Zappa Caffe .... (s. 43)

Unterhaltung
46. A38 .... B6
47. Budapester Musikzentrum A4
48. Corvin-Kino C4
49. Groupama Arena G7
50. Jedermann Cafe B5
    Nationaltheater .... (s. 10)
51. Palast der Künste C8
    Trafó - Haus für zeitgenössische Kunst .... (s. 42)
52. Uránia Nationales Filmtheater B2

Shoppen
53. Babaház B4
    Bálna .... (s. 11)
54. Liszt Ferenc Zeneműbolt C3
55. Magyar Pálinka Háza B2
56. Nagycsarnok A4
57. Portéka B3
58. Markthalle Rákóczi.tér C3

lassen sich im angrenzenden Shop erwerben. Ein Kombiticket zusammen mit dem Holocaust-Gedenkzentrum kostet für Erw./erm. 2800/1000 Ft.

Holocaust-Gedenkzentrum JÜDISCHES MUSEUM (Holokauszt Emlékközpont; Karte S. 94; ☎1-455 3333; www.hdke.hu; IX., Páva utca 39; Erw./erm. 1400/700 Ft; ⊙Di–So 10–18 Uhr; MM3 Corvin-negyed, 4, 6) Das beeindruckende moderne Gebäude des Holocaust-Gedenkzentrums wurde im Jahr 2004 zum 60. Jahrestag des Beginns des Holocausts in Ungarn eingeweiht. Die Dauerausstellung dokumentiert den wachsenden Antisemitismus in Ungarn im frühen 20. Jh. bis hin zum Massenmord an den Juden und Roma. Die liebevoll restaurierte Synagoge im zentralen Hof wurde im Jahr 1924 von Leopold Baumhorn entworfen und dient heute auch für Wechselausstellungen. An der 8 m hohen Hofmauer sind die Namen der ungarischen Holocaustopfer verewigt.

In der Ausstellung sind Karten, Fotos, persönliche Gegenstände und diverse Videos zu sehen. Zu Beginn ist die Musik noch fröhlich und festlich. Sie wandelt sich aber in dumpfe Herzschläge, während die Betroffenen zunächst ihrer Würde und Freiheit beraubt und dann in die deutschen Todeslager verschleppt werden. Die Videos der Konzentrationslager wurden von den Befreiern aufgenommen und sind besonders erschreckend. Sie zeigen Leichenberge und ausgehungerte Überlebende.

Ein Kombiticket zusammen mit dem Zwack-Museum und -Besucherzentrum (S. 93) kostet für Erw./erm. 2800/1000 Ft.

Nationaltheater THEATER
(Nemzeti Színház; Karte S. 94; 1-476 6800; www.nemzetiszinhaz.hu; IX., Bajor Gizi Park 1; 2, 24, HÉV 7 Közvágóhíd) Unmittelbar am Donauufer in der südwestlichen Ferencváros bleibt das im Jahr 2002 eröffnete Nationaltheater aufgrund seiner Architektur ziemlich umstritten. Der Entwurf von Mária Siklós ist angeblich „modern eklektisch" und soll andere große Gebäude Budapests, wie das Parlament und das Opernhaus, nachahmen. Durch die Anleihen bei klassischen und folkloristischen Motiven und durch die vielen Balkone und Säulen wirkt das Gebäude jedoch wie ein zusammengewürfeltes Machwerk. Manche Betrachter vergleichen das Haus mit einer Schreibmaschine. Das schneckenförmige Gebäude nebenan ermöglicht einen schönen Donaublick.

**Früherer Sitz des
Ungarischen Radios** ARCHITEKTUR
(Magyar Rádió; Karte S. 94; VIII., Bródy Sándor utca 5–7; M3 Kálvin tér, 47, 49) Der renovierte ehemalige Sitz des Ungarischen Radios war jener Ort, wo am 23. Oktober 1956 die ersten Schüsse fielen. Eine Gedenktafel erinnert an die damaligen Ereignisse.

**Ungarisches Naturhistorisches
Museum** MUSEUM
(Magyar Természettudományi Múzeum; Karte S. 94; 1-210 1085; www.nhmus.hu; VIII., Ludovika tér 2–6; Erw./Kind 1600/800 Ft, mit Wechselausstellungen 2200/1200 Ft; Mi–Mo 10–18 Uhr; M3 Klinikák) Gleich im Eingangsbereich des Ungarischen Naturhistorischen Museums werden die Besucher vom Skelett eines Finnwals begrüßt. Auf drei Ebenen gibt es eine Unmenge an interaktiven Exponaten. Die interessanten Ausstellungen konzentrieren sich auf Korallenriffe, Insekten, Mineralien sowie die natürlichen Ressourcen des Karpatenbeckens.

Noahs Arche ist Teil der unterhaltsamen Ausstellung *Vielfalt des Lebens* im dritten Stockwerk. Aber die riesigen Plastikdinosaurier in der Ausstellung *Verlorene Welt* (Erw./Kind 400/300 Ft) im Garten sind ein Witz; gute Wechselausstellungen.

**Ludwig-Museum für
Zeitgenössische Kunst** MUSEUM
(Ludwig Kortárs Művészeti Múzeum; Karte S. 94; 1-555 3444; www.ludwigmuseum.hu; IX., Komor Marcell utca 1; Erw./Stud. & Kind 1600/1000 Ft, mit Wechselausstellungen 2400/1200 Ft; Di–So 10–20 Uhr; 2, 24, HÉV 7 Közvágóhíd) Das Ludwig-Museum ist im architektonisch umstrittenen Palast der Künste nördlich der Rákóczi-Brücke untergebracht und zeigt die bedeutendste ungarische Sammlung an internationaler zeitgenössischer Kunst. Die Arbeiten der ungarischen, amerikanischen, russischen, deutschen und französischen Künstler umfassen die letzten rund 50 Jahre, während die Werke der zentral-, ostmittel- und osteuropäischen Künstler zumeist aus den 1990er-Jahren stammen. Das Museum veranstaltet regelmäßig hochkarätige Sonderausstellungen.

Neuer Kommunalfriedhof FRIEDHOF
(Új Köztemető; 1-433 7300; X., Kozma utca 8–10; Aug.–April 8–17 Uhr, Mai–Juli 8–20 Uhr; 28, 37) GRATIS Der mit 207 ha sehr weitläufige Friedhof lässt sich mit der Straßenbahn bequem vom Blaha Lujza tér erreichen. Der Ministerpräsident während des Aufstands 1956, Imre Nagy, wurde hier in einem Massengrab verscharrt. Wie ihm erging es auch rund 2000 anderen in den 1940er- und 1950er-Jahren Hingerichteten, die auf den Parzellen 298–301 begraben liegen. Das Gelände wurde nach 1989 in eine bewegende Nationale Gedenkstätte umgewandelt. Vom Eingang muss man gut 30 Minuten zu Fuß laufen und folgt dabei den Wegweisern „298, 300, 301 *parcela*".

◉ Stadtwäldchen & Umgebung

Das Stadtwäldchen ist aufgrund seiner vielen Top-Attraktionen ein Muss für Besucher. Neben einem international sehr renommierten Kunstmuseum und einem kleineren für zeitgenössische Kunst befindet sich hier auch der beeindruckendste Platz der Hauptstadt. Auch der Zoo und die verspielte Burg aus dem 19. Jh. sind empfehlenswert. Ab 2019 soll das Stadtwäldchen durch neue Highlights erheblich aufgewertet werden. Geplant sind ein Biodom, ein neuer Vergnügungspark, eine neue Heimstätte für die Ungarische Nationalgalerie sowie ein renoviertes Verkehrsmuseum.

★**Museum der Bildenden Künste**
Siehe S. 61.

Stadtwäldchen & Umgebung

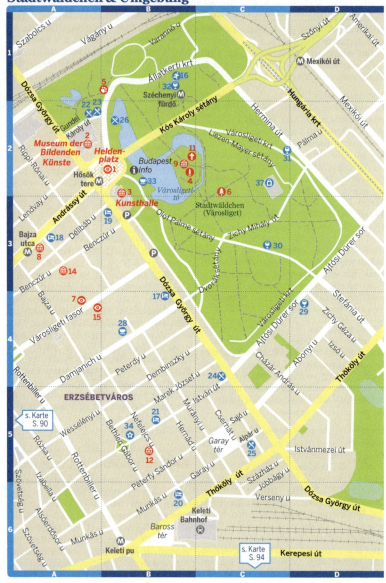

★ Heldenplatz PLATZ

(Hősök tere; Karte s. oben; ☐ 105, Ⓜ M1 Hősök tere) Der Heldenplatz ist der größte und symbolträchtigste Platz in Budapest. Das Millenniumsdenkmal (Ezeréves emlékmű) ist eine etwa 36 m hohe Säule, die von einem goldenen Erzengel Gabriel bekrönt wird. Der Legende nach soll er Stephan I. in einem Traum die ungarische Krone angeboten haben. Am Fuße der Säule stehen die Reiter-

Stadtwäldchen & Umgebung

⦿ Highlights
1. Heldenplatz B2
2. Museum der Bildenden Künste A2
3. Kunsthalle B2

⦿ Sehenswertes
4. Apostelturm B2
5. Budapester Zoo B1
6. Stadtwäldchen C2
7. Egger Villa A4
8. Ferenc-Hopp-Museum für fernöstliche Kunst A3
9. Ungarisches Landwirtschaftsmuseum B2
10. Institut für Geologie......................E5
11. Jáker Kapelle B2
12. Miksa-Róth-Gedenkhaus B5
13. Staatliche Blindenschule E3
14. Postmuseum A3
    Vajdahunyad-Burg .... (s. 9)
15. Vidor-Villa...................................A4

⊕ Aktivitäten, Kurse & Touren
16. Széchenyi-Bad B1

🛏 Schlafen
17. Baroque Hostel............................B4
18. Mamaison Hotel Andrassy Budapest....................................A3
19. Mirage Medic Hotel B3
20. Royal Park Boutique Hotel............B6
21. Star City Hotel B5

🍴 Essen
22. Bagolyvár A2
23. Gundel A2
24. Kilenc Sárkány C4
25. Olimpia C5
26. Robinson B2
27. Wang Mester...............................E4

🍷 Ausgehen & Nachtleben
28. Cat Cafe.....................................B4
29. Dürer Kert D4
30. Kertem.......................................C3
31. Pántlika......................................C2
32. Sparty B1
33. Varosliget Café B2

✪ Unterhaltung
34. Theater am Bethlen-Platz B5
35. Ferenc-Puskás-Stadion E5
36. László Papp Budapest Sportaréna F6

🛒 Shoppen
37. PECSA Bolhapiac C2

statuen von Fürst Árpád und anderen Stammesfürsten. Die Kolonnaden zur Rechten und Linken hinter der Säule repräsentieren mehrere ungarische Herrscher und Staatsmänner. Geschaffen wurde das Denkmal im Jahr 1896, um den 1000. Jahrestag der Landnahme des Karpatenbeckens durch die Magyaren zu feiern.

★ Kunsthalle
MUSEUM

(Műcsarnok; Karte S. 98; www.mucsarnok.hu; XIV., Dózsa György út 37; Erw./Kind 1800/900 Ft; ⊗ Di, Mi, Fr-So 10–18, Do 12–20 Uhr; 🚍 20, 30, Ⓜ M1 Hősök tere) Die Kunsthalle erinnert an einen griechischen Tempel und besitzt eine der größten Ausstellungsflächen der Stadt. Der Fokus liegt auf zeitgenössischer visueller Kunst und jährlich werden drei bis vier hervorragende Ausstellungen organisiert. In den letzten Jahren standen dabei avantgardistische Fotos, Skulpturen und Installationen von heimischen wie internationalen Künstlern im Vordergrund. Auch der Museumsshop ist exzellent und gelegentlich finden hier auch Konzerte statt.

Stadtwäldchen
PARK

(Városliget; Karte S. 98; 🚍 20E, 30, Ⓜ M1 Hősök tere, Széchenyi fürdő) Das rund 1 km² große Stadtwäldchen ist eine offene Parkfläche und damit zugleich die grüne Lunge von Pest. Im Jahr 1896 fanden hier die meisten Feierlichkeiten zum 1000. Jahrestag der ungarischen Landnahme statt. Grob gesagt liegen die Museen südlich der Straße Kós Károly sétány, während die weniger hochgeistigen Unterhaltungsangebote, wie z. B. der **Städtische Großzirkus** und das Széchenyi-Bad (S. 103) eher nördlich der Straße liegen. Bei Redaktionsschluss gab es breiten öffentlichen Protest gegen unpopuläre Regierungspläne, Bäume für den Bau von kontroversen neuen Museums- und Kulturpalästen zu fällen.

Budapester Zoo
ZOO

(Budapesti Állatkert; Karte S. 98; ☎ 1-273 4900; www.zoobudapest.com; XIV., Állatkerti körút 6–12; Erw./2–14 Jahre/Familie 2500/1800/7300 Ft; ⊗ Mo-Do 9–18, Fr-So 9–19 Uhr, je nach Jahreszeit aber variierend; 👶; 🚍 O-Bus 72, Ⓜ M1 Széchenyi fürdő) Der Zoo, der 1866 mit 500 Tieren eröffnete, verfügt heute über einen ausgezeichneten Tierbestand. Herausragend sind die Großkatzen, Flusspferde, Bären und Giraffen. Auch einige der Themenhäuser – wie z. B. das Madagaskar-Haus, die Gebäude mit Tieren aus Feuchtgebieten sowie mit nachtaktiven Tieren aus Australien – sind sehr ansprechend, auch wenn das Wasser in den Teichen etwas frischer sein könnte. Faszinierend sind die Tierhäuser im Jugendstil des frühen 20. Jhs. Schöne Beispiele sind das **Elefantenhaus** mit seinen Zsolnay-Fliesen sowie das **Palmenhaus** mit einem Aquarium, das von Gustave Eiffels Firma aus Paris erbaut wurde.

Der Varázshegy (Zauberberg) ist eine interaktive Ausstellung im „Großen Felsen". Das Programm umfasst 3D-Filme zur Entwicklung des Lebens auf der Erde, Darbietungen mit lebenden Tieren sowie verschiedene Spiele und alle möglichen einfachen Hilfsmittel, um Wissenswertes unterhaltsam zu vermitteln.

Ungarisches Landwirtschaftsmuseum
MUSEUM

(Magyar Mezőgazdasági Múzeum; Karte S. 98; ☎ 1-422 0765; www.mezogazdasagimuzeum.hu; Vajdahunyad-Burg, XIV., Vajdahunyadvár; Erw./Kind 1200/600 Ft, Kombiticket mit Apostelturm 1700/1100 Ft; ⊗ April–Okt. Di-So 10–17 Uhr, Nov.–März Di–Fr 10–16, Sa–So 10–17 Uhr; Ⓜ M1 Hősök tere) Das ziemlich esoterische Museum ist im atemberaubenden Barockflügel der **Vajdahunyad-Burg** (Karte S. 98; Ⓜ M1 Széchenyi fürdő) auf einer Insel beheimatet. Über mehrere großartige Säle verteilt wird die europaweit größte Sammlung an landwirtschaftlichen Exponaten gezeigt. Zu sehen sind z. B. jahrhundertealte Butterfässer, Erläuterungen zur Viehzucht im 15. Jh. sowie zu den außerordentlichen Getreideerträgen im 19. Jh., aber auch Ausrüstung für die Landwirtschaft, die Jagd und das Angeln. Nicht verpassen sollte man den 275 Jahre alten Unterstand, der aus einem einzigen Baumstamm gefertigt wurde.

Apostelturm
TURM

(Apostolok Tornya; Karte S. 98; www.mezogazdasagimuzeum.hu; Vajdahunyadvár; 600 Ft; ⊗ Di–So 10–17 Uhr; Ⓜ M1 Széchenyi fürdő) Der Zugang für den 30 m hohen Apostelturm erfolgt stündlich durch das Ungarische Landwirtschaftsmuseum im Rahmen einer Führung. Allerdings erklärt der Begleiter nur etwas auf Nachfrage. Von oben schaut man hinab auf die schöne Jáker Kapelle sowie hinüber zum Széchenyi-Bad.

Jáker Kapelle
KIRCHE

(Jáki kápolna; Karte S. 98; ☎ 1-251 1359; XIV., Vajdahunyadvár; 100 Ft; ⊗ Mo, Mi, Fr 10–13, 16–18 Uhr; Ⓜ M1 Hősök tere) Die kleine Kirche mit dem ein wenig zugewachsenen Kreuzgang gegenüber der Vajdahunyad-Burg ist als Jáker-Kapelle bekannt. Denn das kunstvoll verzierte Eingangsportal ist der Abteikirche von Ják (Westungarn) aus dem 13. Jh. nachgeahmt. Der Innenraum ist weniger beeindruckend.

Miksa-Róth-Gedenkhaus
MUSEUM

(Róth Miksa Emlékház; Karte S. 98; ☎ 1-341 6789; www.facebook.com/rothmiksaemlekhaz; VII., Nefelejcs utca 26; Erw./Kind 750/375 Ft; Di–So 14–18 Uhr; M2/4 Keleti pályaudvar) Dieses großartige Museum zeigt auf zwei Ebenen die einzigartigen Jugendstil-Buntglasfenster von Miksá Róth (1865–1944). Auch das Atelier, wo er von 1911 bis zu seinem Tod lebte und arbeitete, ist zu sehen. Róths dunkelbrauner Wohnbereich steht in scharfem Kontrast zu seinen lebendigen, vielfarbigen Kreationen, die sein Studio verließen. Seine atemberaubenden Mosaiken sind weniger bekannt als seine Buntglasfenster.

Postmuseum MUSEUM
(Postamúzeum; Karte S. 98; 1-269 6838; www.postamuzeum.hu; VI., Benczúr utca 27, Benczúr Ház; Erw./Stud. 500/250 Ft; Di–So 10–18 Uhr; M1 Bajza utca) Die Ausstellung im Postmuseum richtet sich eher an Spezialisten und präsentiert originale Postschalter aus dem 19. Jh., alte Uniformen und Postkutschen sowie einige große Posthörner. Doch das Museum ist im ehemaligen Egyed-Palais (jetzt Benczúr-Haus) untergebracht, das gegen Ende des 19. Jhs. erbaut wurde und hervorragend renoviert wurde. Selbst das Treppenhaus und der Flur sind reich mit fantastischen Wandgemälden verziert.

Ferenc-Hopp-Museum für fernöstliche Kunst MUSEUM
(Hopp Ferenc Kelet-Ázsiai Művészeti Múzeum; Karte S. 98; 1-322 8476; http://hoppmuseum.hu; VI., Andrássy út 103; Erw./Kind 1000/500 Ft; Di–So 10–18 Uhr; M1 Bajza utca) In der ehemaligen Villa des Sammlers und Namensgebers ist das 1919 gegründete Ferenc-Hopp-Museum für fernöstliche Kunst untergebracht. Zu sehen sind erstklassige Sonderausstellungen mit Exponaten aus der eigenen Sammlung, darunter chinesische und japanische Keramiken, Porzellan, Textilien, Skulpturen, indonesische Wayang-Puppen, indische Statuen sowie lamaistische Skulpturen und Rollbilder aus Tibet.

 ## Aktivitäten

Budapest ist eine Stadt, in der sich jede Menge Aktivitäten anbieten. Neben den vielen Thermalbädern, in denen man sich stilvoll im Wasser aalen kann, gibt es auch zahlreiche Schwimmhallen. Und mit dem Fahrrad lassen sich einige Stadtteile besonders schön erkunden. Wem der Sinn nach etwas Ausgefallenerem steht, wird in den Budaer Bergen fündig. Sie sind von einem Geflecht von Höhlen durchzogen, von denen drei öffentlich zugänglich sind. Und eine davon stellt für Leute, die sich ernsthaft für Höhlentrekking interessieren, wirklich eine Herausforderung dar. Wer sich nur mal kurz in Budapest aufhält, wird vielleicht nicht unbedingt mit dem Kanu oder Kajak auf der Donau herumfahren wollen, begeisterte Anhänger dieser Sportarten können sich vor Ort jedoch ein Kanu oder Kajak ausleihen.

Escape Rooms
Budapest ist zweifellos führend in Europa, wenn es um Live-Escape-Spiele geht. Zwei Mannschaften mit zwei bis sechs Personen lassen sich in einen Raum einsperren, dem sie innerhalb von 60 Minuten zahlreiche Rätsel lösen müssen, die ihnen schließlich die Tür zur Freiheit öffnen.

Wie die Ruinenkneipen der Stadt, so befinden sich auch die Escape Rooms häufig in leeren oder ungenutzten Wohnblocks, und zwar überwiegend im modrigen, gruseligen Keller. Jedes Spiel hat ein besonderes Thema oder Motto – vom alten Ägypten bis hin zum Mittelalter, dem Kalten Krieg und Science-Fiction – und beinhaltet nicht nur das Lösen von Rätseln, sondern – und da wird es erst richtig spannend – zuerst einmal das Aufspüren der Rätsel.

Das von Escape-the-Room-Videospielen inspirierte Live-Escape-Spiel soll angeblich in Budapest erfunden worden sein, wobei in Japan 2007 allerdings eine ähnliche Idee entwickelt wurde. Das mental anspruchsvolle Spiel (es werden immer wieder Teams „eingesperrt") mit enormem Suchtpotenzial ist bei Touristen und Einheimischen gleichermaßen beliebt; in Budapest gibt es mittlerweile mehr als 100 solche Escape Rooms.

Parapark ESCAPE-SPIEL
(Karte S. 94; 06 20 626 2471; http://parapark.hu; VIII., Vajdahunyad utca 4; pro Team zu 2/6 Pers. 7000/10 000 Ft; 13–23 Uhr; 4, 6) Das allererste Escape-Spiel der Stadt mit drei verschiedenen Themen befindet sich im Keller der Ruinenkneipe Bujdosó Kert (S. 158). Mannschaften mit zwei bis sechs Spielern können ihre Kombinationsgabe in Szenarien unter Beweis stellen, in denen man in einem Aufzug fährt, Geister anruft oder den Schauplatz eines Verbrechens auswertet, um sich den Weg in die Freiheit zu erraten.

Mystique Room ESCAPE-SPIEL
(Karte S. 82; 06 30 799 5679; www.mystiqueroom.hu; V., Szent István körút 9; pro Team zu 2/3/4 Pers. 11 990/14 970/19 960 Ft; 9–22.30 Uhr; 4, 6) Die absoluten Spitzen-Escape-Spiele

mit vier Räumen haben die Shogun-Zeit in Japan, den Bau einer gewaltigen Kathedrale, die ägyptische Grabkammer und ein Virtual-Reality-Spiel namens Kosmos zum Thema, das sich um die Schwerelosigkeit dreht.

Claustrophilia ESCAPE-SPIEL
(Karte S. 90; http://claustrophilia.hu; VII., Erzsébet körút 8; pro Team zu 2/4/5 Pers. 8000/10,000/12 000 Ft; 10–22 Uhr; M2 Blaha Lujza tér, 4, 6) Ein kunstvoll konzipiertes Escape-Spiel, das bereits in dem Augenblick beginnt, wenn man seinen Fuß über die Schwelle dieser kniffeligen Räume mit den Rätseln setzt. Die Spieler durchforsten die Schätze, die Lord Wicklewood von seinen Reisen mitgebracht hat, um die Rätsel zu lösen, damit sich dann die Tür am Ende öffnen lässt. Eine zweite Location bietet die Möglichkeit, eine Voodoo-Priesterin zu retten – und auch noch die Welt vor einem bösen Zauberer.

MindQuest ESCAPE-SPIEL
(Karte S. 90; 06 20 354 8778; http://mindquest.hu; VII., Klauzál utca 19; pro Team zu 2-3/5 Pers. 6000/10 000 Ft; 13p–24 Uhr; M2 Blaha Lujza tér, 4, 6) Das MindQuest über der Ruinenkneipe Füge Udvar (S. 153) bietet vier Escape-Räume: Es gilt eine Bombe aus dem Kalten Krieg zu entschärfen, einen Diamanten zu stehlen, eine Matrix auszutricksen und einen südamerikanischen Tiergott namens Noo'zaca zu vernichten. Man kann einfach vorbeikommen, aber am Wochenende ist hier meistens alles ausgebucht.

Höhlentrekking
Wer den Höhlen im wahrsten Sinn des Wortes auf den Grund gehen will, sollte einen Abstecher in die Budaer Berge machen und dort eine der unterirdischen Höhlen besuchen. Zur Auswahl stehen die Mátyáshegy-Höhle, die Pálvölgy-Höhle oder auch die Szemlőhegy-Höhle (S. 79).

Kanufahren & Kajakfahren
Die beste Location, um auf der Donau Kanu und Kajak zu fahren, ist die Budaer Seite bei Rómaifürdő. Und so kommt man hin: Man fährt mit der HÉV-Vorstadtbahn bis zur Haltestelle Rómaifürdő und geht dann in Richtung Osten zum Fluss hinunter. Ein Kajak oder Kanu kann man in den Ruderclubs etwa 5 km nördlich der Árpád-Brücke mieten.

Radfahren
Dass in Budapest das Fahrradfahren immer beliebter wird, erkennt man schon an den zahlreichen ausgewiesenen Radwegen – und das Netz wird ständig erweitert. Außerdem gibt es Unmengen Fahrradverleihs. Die fahrradfreundlichsten Stadtviertel sind das Stadtwäldchen und die Margareteninsel; die Wege in den Budaer Bergen eignen sich eher für Mountainbiker.

Thermalbäder & Schwimmen
Weitere Details siehe auch Thermalbäder & Spas (S. 36).

★ Gellért-Thermalbad THERMALBAD
(Gellért gyógyfürdő; Karte S. 68; 1-466 6166; www.gellertbath.hu; XI., Kelenhegyi út 4, Danubius Hotel Gellért; mit Schließfach/Kabine Mo–Fr 5100/5500 Ft, Sa & So 5300/5700 Ft; 6–20 Uhr; 7, 86, M4 Szent Gellért tér, 18, 19, 47, 49) Sich in diesem Jugendstil-Bad zu aalen, das Männern und Frauen in gemischten Abteilungen offensteht (Badeanzug mitbringen), wurde mit einem Bad in einer Kathedrale verglichen. Die acht Thermalbecken – eines davon befindet sich im Freien – weisen eine Wassertemperatur von 19 bis 38°C auf; das Wasser soll besonders gut gegen Gelenkschmerzen und Arthritis sein und sich günstig auf den Blutdruck auswirken.

★ Rudas-Thermalbad THERMALBAD
(Rudas Gyógyfürdő; Karte S. 68; 1-356 1322; www.rudasfurdo.hu; I., Döbrentei tér 9; mit Kabine Mo–Fr/Sa & So 3200/3500 Ft, Morgen-/Abendticket 2500/4600 Ft; Männer Mo & Mi–Fr 6–20 Uhr, Frauen Di 6–20 Uhr, gemischt Fr 10–16, Sa 6–20 & 22–4, So 6–20 Uhr; 7, 86, 18, 19) Das renovierte Thermalbad aus dem Jahr 1566 wirkt von allen Bädern in Budapest am Orientalischsten – dank eines achteckigen Pools, einer Buntglaskuppel und der wuchtigen Säulen. Am Wochenende, wenn abends gemischt gebadet wird – und Badebekleidung ein Muss ist (Leihgebühr 1300 Ft) – bietet sich ein sehenswertes Spektakel. Wer lieber schwimmen möchte, als sich im Thermalwasser zu aalen, kann aber auch nur das schöne, separate **Schwimmbad** (Karte S. 68; 1-356 1322; www.rudasfurdo.hu; mit Schließfach Mo–Fr/Sa & So 2900/3200 Ft, mit Thermalbad 3800/4200 Ft; tgl. 6–20, plus Fr & Sa 22–4 Uhr; 7, 86, 18, 19) besuchen.

★ Veli Bej-Thermalbad THERMALBAD
(Veli Bej Fürdője; Karte S. 72; 1-438 8500; www.irgalmas.hu/veli-bej-furdo; II., Árpád fejedelem útja 7 & Frankel Leó út 54; 6–12 Uhr 2240 Ft, 15–19 Uhr 2800 Ft, nach 19 Uhr 2000 Ft; 6–12 & 15–21 Uhr; 9, 109, 4, 6, 17, 19) Dieses Bad zählt zu den altehrwürdigsten (1575) und schönsten

aus der Epoche der Osmanen in Budapest. Es bietet fünf Thermalbecken mit unterschiedlich warmem Wasser – das zentrale Becken liegt unter einer herrlichen Kuppel. Das Wasser ist reich an Natrium, Kalium und Kalzium und somit gut bei Gelenkproblemen, chronischer Arthritis und Kalziummangel. Außerdem gibt es noch einen Schwung Saunas und Dampfkabinen, auch massieren kann man sich hier lassen.

★ Széchenyi-Thermalbad THERMALBAD
(Széchenyi Gyógyfürdő; Karte S. 98; 1-363 3210; www.szechenyibath.hu; XIV., Állatkerti körút 9-11; Eintritt inkl. Schließfach/Kabine Mo–Fr 4700/5200 Ft, Sa & So 4900/5400 Ft; 6–22 Uhr; M1 Széchenyi fürdő) Dieses Thermalbad ist besonders bei Touristen beliebt und hat dementsprechend hilfsbereites Personal, das Englisch und oft auch Deutsch spricht. Geboten sind insgesamt zwölf Becken (für Frauen und Männer) im Freien und in der Halle mit einer Wassertemperatur von bis zu 40 °C, ein Schwimmbecken und ein Activity-Becken mit Whirlpool. Das Bad hat ganzjährig geöffnet. Es ist ein verblüffender Anblick, wenn man sieht, wie Männer und Frauen auf Schachbrettern im Wasser Schach spielen, während es schneit.

Király-Thermalbad THERMALBAD
(Király Gyógyfürdő; Karte S. 64; 1-202 3688; www.kiralyfurdo.hu; II., Fő utca 84; Tageskarte inkl. Schließfach/Kabin 2400/2700 Ft; 9–21 Uhr; 109, 4, 6, 19, 41) Die vier Becken, in denen man sich hier bei Wassertemperatur von 26 bis 40 °C aalen kann, sind original osmanische Bäder aus dem Jahr 1570. Über dem größten Becken prunkt eine zentrale Kuppel mit Oberlichten (allerdings schreit die ganze Anlage nur so nach Renovierungsmaßnahmen); die anderen drei Becken sind klein. Es gibt hier auch einen Dampfraum und eine Sauna. Das Király-Thermalbad hat täglich für Frauen und Männer geöffnet.

Lukács-Thermalbad THERMALBAD
(Lukács Gyógyfürdő; Karte S. 72; 1-326 1695; www.spasbudapest.com; II., Frankel Leó út 25-29; mit Schließfach/Kabine Mo–Fr 3300/3700 Ft, Sa & So 3400/3800 Ft; 6–21 Uhr; 9, 109, 4, 6, 17, 19) Die Becken in einem weitläufigen Komplex aus dem 19. Jh. stehen bei Patienten hoch im Kurs. Das Bad besteht aus diversen Thermalbecken mit Temperaturen von 24 bis 40 °C sowie drei Schwimmbecken, wovon eines gar nicht beheizt ist. Gebadet wird immer gemischt, deshalb ist Badebekleidung erforderlich. Ein bisschen sauberer könnte das Bad allerdings sein.

Danubius Health Spa Margitsziget SPA
(Karte S. 86; 1-889 4737; www.danubiushotels.com; Mo–Fr 5300 Ft, Sa & So 6400 Ft; 6.30–21 Uhr; 26) Zu den modernsten aller Budapester Bäder zählt dieser Thermalspa mit entsprechend wenig Flair im Danubius Grand Hotel Margitsziget (S. 118). Die Becken stehen Frauen und Männern wochentags in getrennten Abteilungen zur Verfügung, am Wochenende wird gemeinsam gebadet. Im Preis für das Tagesticket sind der Eintritt in die Schwimmbäder, die Sauna und die Dampfkabine sowie die Nutzung der Fitnessgeräte inbegriffen.

★ Palatinus-Strand SCHWIMMEN
(Karte S. 86; 1-340 4505; www.palatinusstrand.hu; XIII., Margit-sziget; Erw./Kind Mo–Fr 2800/2100 Ft, Sa & So 3200/2300 Ft; Mai–Sept. 9–19 Uhr; 26) Dieser Badekomplex, ein Freibad, verfügt mit gut einem Dutzend Becken (zwei mit Thermalwasser) über die größten und besten Becken in Budapest, außerdem verlocken Wellenmaschinen, Wasserrutschen und Kinderbecken.

Dagály-Schwimmbadkomplex SCHWIMMEN
(Karte S. 86; 1-452 4500; www.dagalyfurdo.hu; XIII., Népfürdő utca 36; Erw. Mo–Fr 2000 Ft, Sa & So 2400 Ft, ermäßigt 1700 Ft; Freibecken Mai–Sept. 6–19 Uhr, Hallenbecken 6–20 Uhr; M3 Árpád hid, 1) Dieser riesige Komplex aus der Nachkriegszeit bietet insgesamt zehn Schwimmbecken, darunter zwei mit Thermalwasser (ganzjährig geöffnet), einen Whirlpool und ein Kinderbecken. An Spa-Angeboten warten Massagen und ein Solarium. Die Anlage könnte sauberer sein.

Aquaworld VERGNÜGUNGSPARK
(1-231 3760; www.aqua-world.hu; IV., Íves út 16; 2 Std./Tag Erw. 2990/5890 Ft, 3–14 Jahre 1490/2990 Ft, Stud. & Senioren 2390/4690 Ft; 6–22 Uhr; 30) Das Aquaworld, einer der größten Wasserparks Europas, liegt im nördlichen Pest; mit dazu gehören ein Abenteuerzentrum, das von einer 72 m großen Kuppel überspannt wird, Becken mit Whirlpools und ein Dutzend Wasserrutschen sowie allerlei Saunen, in denen sich die ganze Familie bestens amüsieren kann. Ein kostenloser Shuttlebus fährt vor dem Kunstpalast am Heldenplatz (M1 Hősök tere) um 9.30, 13.30, 17.30 und 19.30 Uhr dorthin.

Wandern

Budaer Berge
WANDERN

(Karte S. 74) Die Budaer Berge mit „Gipfeln", die es auf 500 m Höhe bringen, einem weitläufigen Netz von Wanderwegen und der üblichen Infrastruktur zur Fortbewegung sind der Spielplatz der Stadt und ein willkommenes Refugium vor der Sommerhitze in Pest. Wer plant, hier einige anspruchsvollere Wanderungen zu unternehmen, sollte sich von Cartographia die Wanderkarte Nr. 6, *A Budai-hegység* (1:25 000), besorgen. Die Destination steht auch bei den Budapester Mountainbikern hoch im Kurs.

Dank einer Fülle von ungewöhnlichen Transportmöglichkeiten ist der Hin- und Rückweg schon das halbe Vergnügen. Von der Metro-Haltestelle der Linie M2 am Széll Kálmán tér in Buda geht man zehn Minuten auf der Szilágyi Erzsébet fasor gen Westen (oder nimmt für die zwei Haltestellen die Tram 59 oder 61) zum runden Hotel Budapest in der Szilágyi Erzsébet fasor 47. Direkt gegenüber befindet sich die Endhaltestelle der **Zahnradbahn** (Fogaskerekű vasút; www.bkv.hu; XII., Szilágyi Erzsébet fasor 14-16; Eintritt 1 BKV-Ticket oder 350 Ft; ☉ 5–23 Uhr), die 1874 gebaut wurde; die Bahn fährt zwei- bis viermal stündlich in 14 Minuten die 3,7 km zum Széchenyi-hegy (427 m) hinauf, einer der schönsten Wohngegenden Budas. Auf dem Széchenyi-hegy kann man im hübschen Park südlich der alten Bahnstation ein Picknick machen oder in die Kindereisenbahn einsteigen, eine Schmalspurbahn, die sich zwei Gehminuten weiter südlich in der Hegyhát út befindet. Die Bahn wurde 1951 von Pionieren – der sozialistischen Jugendorganisation – gebaut und wird heute ausschließlich von Schulkindern im Alter zwischen zehn und 14 Jahren betrieben – vom Lokführer einmal abgesehen. Der kleine Zug rattert 11 km - mit acht Haltestellen - zur Endhaltestelle Hűvösvölgy. Die Abfahrtszeiten sind unterschiedlich je nach Tag, Woche und Saison; am besten wirft man deshalb einen Blick auf die Website.

An sämtlichen Haltestellen der Kindereisenbahn führen etliche Wanderwege in alle Himmelsrichtungen. Man kann aber auch mit der Tram 61 von Hűvösvölgy zum Széll Kálmán tér zurückfahren. Mehr Spaß macht es allerdings, am János-hegy auszusteigen, der vierten Haltestelle der Kindereisenbahn und dem höchsten Punkt (527 m) der Budaer Berge. Etwa 700 m östlich befindet sich ein Sessellift (S. 75), mit dem man wieder hinunter zur Zugligeti út gelangt.

Kurse

Chefparade
KOCHEN

(Karte S. 72; ☎ 1-210 6042; www.chefparade.hu; II., Bécsi út 27; ☉ Mo–Do 8–18 Fr bis 16 Uhr; 🚌 17, 19, 41) In dieser Zweigstelle einer beliebten Kochschule können Interessierte lernen, wie man ungarische Gerichte zubereitet.

Debreceni Nyári Egyetem
SPRACHE

(Karte S. 76; ☎ 1-320 5751; www.nyariegyetem.hu/bp; V., Váci utca 63, 2. St.; Ⓜ M2 Kossuth Lajos tér) Die Budapester Niederlassung der renommiertesten Sprachenschule Ungarns bietet Intensivkurse von drei Wochen Dauer (60 Std.) zu 95 000 Ft an, außerdem finden regelmäßig Abendkurse mit 60/84 Stunden zu 72 000/95 500 Ft statt.

Geführte Touren

Wer keine Lust hat, Budapest auf eigene Faust zu erkunden, oder nicht die Zeit dazu hat, kann im Rahmen einer geführten Exkursion bestens die Lage sondieren.

Bustouren

Program Centrum
BUS

(Karte S. 76; ☎ 1-317 7767; www.programcentrum.hu; V., Erzsébet tér 9-11, Le Meridien Hotel; Erw./0–8 Jahre 22 €/frei; Ⓜ M1/2/3 Deák Ferenc tér; 🚌 47, 49) Das Unternehmen veranstaltet Sightseeingtouren. Die Fahrkarten, mit einer Gültigkeit von 48 Stunden, beinhalten zwei Buslinien (eine mit Erklärungen vom Band in 25 Sprachen, die andere mit Live-Kommentaren auf Deutsch und Englisch), eine einstündige Schifffahrt auf der Donau und einen Stadtspaziergang.

Cityrama Gray Line
BUS

(Karte S. 82; ☎ 1-302 4382; www.cityrama.hu; V., Báthory utca 22; Erw./ermäßigt 8500/4250 Ft; 🚌 15, 115, Ⓜ M3 Arany János utca) Wer sich gern einfach in einen Bus setzt, ohne groß ein- und auszusteigen, sollte an der dreistündigen Stadtrundfahrt mit diversen Fotostopps und Live-Erklärungen in fünf Sprachen dieses Veranstalters teilnehmen.

Tuk Tuk Taxi
TOUREN

(Karte S. 76; ☎ 06 20 465 5600; www.tuktuktaxi.hu; V., Fehér köz utca 8-10; 2 Pers. 50 €; Ⓜ M1/2/3 Deák Ferenc tér) Die beliebte Exkursion von zwei Stunden Dauer findet im einzigen Tuk-Tuk-Taxi statt, das Ungarn zu bieten hat. Von diesem offenen Vehikel aus kann man den Burgberg, den Heldenplatz, den Gellértberg und zahlreiche andere Sehenswürdigkeiten bestaunen.

ABSTECHER

SEHENSWERTES IN SÜDBUDA

Schlossmuseum Nagytétény (Nagytétényi Kastélymúzeum; 1-207 0005; www.nagytetenyi.hu; XXII., Kastélypark utca 9–11; Erw./Kind 1500/800 Ft; Di–So 10–18 Uhr; 33 ab Móricz Zsigmond körtér in Südbuda) Die Filiale des Kunstgewerbemuseums ist in dem riesigen Barockanwesen der Száraz-Rudnyánszkys untergebracht. Es verfolgt die Entwicklung der europäischen Möbelstile von der Gotik (1450) bis zum Biedermeier (1850). Auf zwei Etagen sind in mehr als zwei Dutzend Räumen rund 300 Exponate ausgestellt. Auf keinen Fall sollte man die Uhren aus dem 17. bis 19. Jh. verpassen – jedes Stück ist original und voll funktionstüchtig.

Palast der Wunder (Csodák Palotája; 06 30 210 5569, 1-814 8050; www.csopa.hu; II., Nagytétényi út 37-43, 1. OG, Campona-Einkaufszentrum; Erw./Stud. & Kind 2500/1900 Ft; Mo–Fr 9–19, Sa–So 10–20 Uhr; 33 ab Móricz Zsigmond körtér in Südbuda) Im Untertitel wird die Attraktion in einem Einkaufszentrum in Südbuda als „Zentrum für wissenschaftliche Wunder" bezeichnet. Jedenfalls handelt es sich um einen tollen Spielplatz für Kinder jeden Alters. Geboten werden „smarte" Spielsachen und Puzzles, meistens mit naturwissenschaftlichem Einschlag, sowie Unmengen interaktiver Exponate wie ein „Windtunnel", eine „Samtharfe" und ein „Fakirbett" zum Probeliegen. Besucher sollten rund drei Stunden einplanen; in Óbuda gibt es eine Filiale.

Tropicarium (1-424 3053; www.tropicarium.hu; XXII., Nagytétényi út 37–45, Erdgeschoss, Campona-Einkaufszentrum; Erw./Kind 2500/1800 Ft; 10–20 Uhr; 33 ab Móricz Zsigmond körtér in Südbuda) Der riesige Aquariumskomplex ist angeblich der größte in Mitteleuropa. Hier ist man stolz auf seine einheimischen Spezies, aber es gibt auch ein 11 m langes Becken als „Hai-Zoo" (*cápás állatkert*), in dem sich allerlei Ungetüme tummeln. Interessant ist die öffentliche Fütterung am Donnerstag von 15 bis 16 Uhr.

Fahrradtouren

Die meisten Fahrradverleihs bieten Ausflüge für 5000 bis 5500 Ft pro Person an, wobei die Route allerdings oft von den Vorlieben des jeweiligen Guides abhängt. Siehe S. 172.

Schiffsausflüge

River Ride SCHIFFSAUSFLUG
(Karte S. 82; 1-332 2555; www.riverride.com; V., Széchenyi István tér 7-8; Erw./Kind 8500/6000 Ft; 2) Diese ausgefallene und überaus amüsante 1½-stündige Tour in einem knallgelben Amphibienbus führt zuerst über Land, dann geht es auf der Donau weiter. Ganzjährig finden täglich drei oder vier solcher Exkursionen statt; am besten schaut man einfach auf der Website den genauen Fahrplan nach. Die Erklärungen auf Deutsch und Englisch werden live gesprochen, sieben weitere Sprachen kommen vom Band. Los geht es am Széchenyi István tér 7-8.

Legenda SCHIFFSAUSFLUG
(Karte S. 76; 1-266 4190; www.legenda.hu; V., Vigadó tér, Pier 7; Erw./Stud./Kind bei Tag 3900/3500/2400 Ft, bei Nacht 5500/4400/2750 Ft; 2) Dieser alteingesessene Veranstalter bietet Schiffsausflüge auf der Donau bei Tag und bei Nacht an; Erklärungen vom Band gibt es in 30 Sprachen. Wenn im Licht der beleuchteten Stadt der Burgpalast in Buda, das Parlament, der Gellértberg und die Zitadelle erstrahlen, ist die Exkursion wesentlich beeindruckender als am Nachmittag. Den genauen Fahrplan verrät die Website des Unternehmens.

Silverline Cruises SCHIFFFAHRT
(Karte S. 76; 06 20 332 5364; www.silver-line.hu; V., Jane Haining rakpart, Pier 11; pro Pers. 52 €) Während der überaus empfehlenswerten, dreistündigen Dinner-Kreuzfahrten an Bord eines Luxuskatamarans werden zur Unterhaltung Volkstänze vorgeführt und Lieder aus Operetten vorgetragen. Von April bis Oktober fahren die Schiffe um 19 Uhr ab. Silverline veranstaltet jedoch von Mai bis September auch noch Ausflüge zum Städtchen Szentendre, die um 9 Uhr sowie um 12.40 Uhr beginnen.

Stadtspaziergänge

Free Budapest Tours STADTSPAZIERGANG
(Karte S. 76; 06 70 424 0569; www.freebudapesttours.eu; V., Deák Ferenc tér; 10.30 & 14.30 Uhr) GRATIS Hier stehen innovative Stadtspaziergänge auf dem Programm, die ein Unternehmen organisiert, dessen Name

so vielsagend ist, wie er nun eben mal ist. Die Guides arbeiten auf Trinkgeldbasis – und deshalb sollte man auch anständig was springen lassen. Der 2½-stündige Stadtspaziergang durch Pest beginnt am V., Deák Ferenc tér, und zwar täglich um 10.30 Uhr; die 2½-stündige Tour durch Buda fängt täglich um 14.30 Uhr vor dem Café Gerbeaud (S. 148) am V., Vörösmarty tér an.

Absolute Walking Tours STADTSPAZIERGÄNGE
(Karte S. 82; 1-269 3843; www.absolutetours.com; VI., Lázár utca 16, Absolute Tours Centre; Erw./Stud./Kind 34/32/17 €; ganzjährig 10 Uhr, plus April–Okt. Mo, Mi, Fr & Sa 14.30 Uhr; M1 Opera) Der 3½-stündige Stadtspaziergang mit einem Guide führt durch das Stadtwäldchen, das zentrale Pest und zum Burgberg und wird von den Leuten veranstaltet, die auch Yellow Zebra Bikes managen. Die Touren beginnen täglich am Absolute Tours Centre hinter der Oper.

Auf dem Programm stehen jedoch auch noch Touren zu besonderen Themen wie beispielsweise die berühmte 3½-stündige Hammer-&-Sichel-Tour (Erw./Stud./Kind 54/50/27 €) durch die kommunistische Vergangenheit Budapests.

Geführte Touren mit Themenschwerpunkt

Tasting Table WINE
(Karte S. 94; 06 30 551 9932; www.tastingtablebudapest.com; VIII., Bródy Sándor utca 9; 12–20 Uhr; M3 Kálvin tér, 47, 49) Wer auf der Suche ist nach einem Crash-Kurs in Sachen ungarischer Wein ohne großen Aufwand, sollte unbedingt diesem attraktiven Weinkeller mit zwei Verkostungsräumen einen Besuch abstatten. Man bestellt ein Tablett mit drei Weinen (in 100-ml-Gläschen) zu 3900 Ft oder aber ein Tablett mit fünf Weinen samt einer üppigen Käse-Wurst-Platte zu 9900 Ft. Die Weine werden unter der Anleitung eines kundigen Sommeliers verkostet, der auch jede Menge wissenswerte Erklärungen abgibt.

Es steht aber auch ein extra Weinkurs hier auf dem Programm, und jeden zweiten Donnerstag findet abends ein Drei-Gänge-Menü mit sechs Weinen (9900 Ft) und einem besonderen Gast statt. Der dazugehörige Laden verkauft die größte Auswahl an Tokajer-Weinen in ganz Budapest. Außerdem kann man sich nach den Spaziergängen mit Themenschwerpunkt erkundigen, beispielsweise der kulinarischen Tour von vier Stunden durch Budapest (85 € pro Pers.).

Jüdisches Kulturerbe-Touren KULTUR
(Karte S. 76; 1-317 1377; www.ticket.info.hu; V., Deák Ferenc tér; M1/2/3 Deák Ferenc tér, 47, 49) Die empfehlenswerten Exkursionen tauchen in die Kultur und Geschichte der jüdischen Gemeinde Budapests ein. Auf der Basistour (Erw./Stud. 6900/6500 Ft, 2½ Std.) lernen die Teilnehmer die beiden wichtigsten Synagogen der Stadt sowie das Jüdische Viertel kennen; die Große Tour (Erw./Stud. 11 400/10 400 Ft, 3½–4 Std.) umfasst alle Stopps der Basistour, aber auch noch den Gedenkpark, die Godzsu-Passage sowie eine dritte Synagoge.

Budapest Underguide KULTUR
(Karte S. 82; 06 30 908 1597; www.underguide.com; V., Sas utca 15; pro Pers. ab 9250 Ft; M1 Bajcsy-Zsilinszky út) Dieses Unternehmen bekommt von Teilnehmern immer begeisterte Kritiken für seine vierstündigen Privattouren mit thematischem Schwerpunkt. Zu den Themen zählen Mode und Design, Jugendstil, Kommunismus, die besten Bars in Budapest, zeitgenössische Kunst und der Burgpalast für Kinder.

Hungária Koncert KULTUR
(1-317 1377; www.ticket.info.hu) Konzerte, Touren zum Thema jüdisches Kulturerbe, Kreuzfahrten auf der Donau und Panoramarundflüge mit dem Hubschrauber lassen sich hier buchen.

Feste & Events

Januar

Neujahrsgalakonzert MUSIK
(www.hungariakoncert.hu; 1. Jan.) Der alljährliche Event findet in der Regel im Pester Konzertsaal Vigadó statt und läutet das neue Jahr ein.

Februar

Budapester Tanzfestival TANZ
Das alljährlich abgehaltene zehntägige Festival (www.budapesttancfesztival.hu) findet ab Ende Februar an fünf verschiedenen Veranstaltungsorten in der ganzen Stadt statt. Das abwechslungsreiche Programm umfasst Ballett bis zeitgenössischen Volkstanz.

März

VinCE Budapest WEIN
Der Schwerpunkt dieses dreitägigen Events (http://vincebudapest.hu/en), der in der Regel im Corinthia Hotel Budapest stattfindet, liegt auf dem Wein *(vin)* in Mitteleuropa (CE); mehr als 100 Weingüter aus Ungarn

und seinen Nachbarländern bieten Meisterkurse, Workshops und natürlich jede Menge Verkostungen an.

April

Budapester Frühlingsfestival — DARSTELLENDE KÜNSTE
(www.springfestival.hu; ⊙ Mitte April) Das größte und bedeutendste Kulturfestival der Hauptstadt mit 200 Events findet Mitte April zwei Wochen lang an 60 Veranstaltungsorten in ganz Budapest statt.

Ungarisches Tanzhaus-Festival — DARSTELLENDE KÜNSTE
(www.tanchaztalalkozo.hu/eng; ⊙ Ende April) Ungarns größtes *táncház* (Abend mit Volksmusik und Volkstanz) mit Auftritten von Volksmusikern und Tanzorchestern plus ditionellen Handwerkskünsten findet Ende April zwei Tage lang im Budaer Konzertsaal und an anderen Veranstaltungsorten statt.

Mai

Jüdische Kunsttage — KUNST
(http://zsidomuveszetinapok.hu; ⊙ Ende Mai–Mitte Juni) Das neue Festival feiert das Beste, was die jüdische Kultur zu bieten hat – von der Gastronomie bis zu Musik, Theater und Film anhand von Events, die an vielerlei Veranstaltungsorten stattfinden, beispielsweise in der Franz-Liszt-Musikakademie, im Millenáris-Theater, im Ungarischen Filmtheater Urania, im Filmtheater Átrium, auf dem A38-Schiff auf der Donau sowie im Budapester Musikzentrum (BMC).

Juni

Internationaler Donaukarneval – Festival der Kulturen Budapest — DARSTELLENDE KÜNSTE
(http://dunakarneval.hu/en/; ⊙ Juni) Der zehntägige Karneval des Volkstanzes, der Weltmusik und des modernen Tanzes mit Teilnehmern aus dem In- und Ausland wird ab Mitte Juni auf dem Vörösmarty tér und auf der Margareteninsel abgehalten.

Craft-Bier-Festival — BIER
(Főzdefeszt; http://visitbudapest.travel/budapest-events/craft-beer-festival/; ⊙ Mitte Juni) Mitte Juni findet im Stadtwäldchen an einem Wochenende das Craft-Bier-Festival statt. Dann stellen 60 Mikrobrauereien aus Ungarn, aber auch Gastbrauereien aus Deutschland und Tschechien ihre Produkte vor.

Budapest Pride — PARADE
(www.budapestpride.com; ⊙ Ende Juni) Das eine Woche dauernde Schwulenfestival in Budapest findet Ende Juni mit zahlreichen Veranstaltungen und natürlich einer Pride-Parade statt.

Juli

Formel-1 – Großer Preis von Ungarn — SPORT
(www.hungaroring.hu; ⊙ Ende Juli) Der Große Preis von Ungarn der Formel 1 findet Ende Juni auf dem Hungaroring statt. Das Qualifying ist am Samstag, das eigentliche Rennen beginnt am Sonntag um 14 Uhr. Die besten Plätze – Super Gold – kosten 360 € für beide Tage. Billiger weg kommt man mit Plätzen der Kategorie Gold (235–275 €), Silber (140–155 €) oder auch mit Stehplätzen (75 € fürs Wochenende, 65 € für So).

August

★ Sziget-Festival — MUSIK
(http://szigetfestival.com; ⊙ Mitte Aug.) Eines der größten und beliebtesten Musikfestivals in Europa, das Mitte August auf der Budapester Hajógyár-Insel (auch Óbuda-Insel genannt) mit rund 500 000 Feierwütigen (2016) und einer Fülle von Bands aus dem In- und Ausland stattfindet.

Budapester Festival des Kunsthandwerks — KULTUR
(Budapester Kunsthandwerkstage; http://hungarianfolk.com/hungarian-folk-festival; ⊙ Mitte Aug.) Die Arbeiten von Handwerkskünstlern aus ganz Ungarn kann man bei den Budapester Kunsthandwerkstagen bewundern, einem Festival, das immer Mitte August im Burgschloss und dessen Umgebung abgehalten wird.

September

Festival der jüdischen Kulktur — KULTUR
(Zsidó Kulturális Fesztivál; www.zsidokulturalisfesztival.hu/en; ⊙ Sept.) Während dieses achttägigen Kultur- und Musikspektakels kann man in das typisch jüdische Erbe Budapests eintauchen.

★ Internationales Weinfestival Budapest — WEIN
(www.aborfesztival.hu; ⊙ Mitte Sept.) Ungarns renommierteste Winzer stellen ihre Weine bei diesem total beliebten Event im Burgviertel vor. Zu den edlen Tropfen wird in der Schmankerlgasse allerlei Essbares gereicht.

Oktober

Budapester Internationaler Marathon — SPORT
(www.budapestmarathon.com; ⊙ Mitte Okt.) Die Strecke des wohl bekanntesten Laufwettbe-

1. Bauernmarkt Szimpla (S. 166) 2. Nagycsarnok (S. 167) 3. Gouba (S. 167) 4. Alte Militärjacken auf einem Flohmarkt in Budapest

Märkte in Budapest

Die Märkte von Budapest bieten die beste Gelegenheit, einen Einblick ins Leben der Einheimischen zu bekommen und dabei auch tolle Andenken zu erstehen. Es verlocken Markthallen mit Obst und Gemüse, Räucherwürsten, die an der Decke baumeln, sowie Marmelade und Honig vom Bauernhof, aber auch Flohmärkte sowie topaktuelle Designmärkte.

Lebensmittelmärkte

Die beste Location, um einen Budapester Lebensmittelmarkt auf sich wirken zu lassen, ihn zu riechen und zu hören ist die Nagycsarnok (S. 167), die älteste Markthalle der Stadt. Hier kann man sich mit Gänseleber und Paprika eindecken oder ins Obergeschoss hinaufgehen, wo Souvenirs erhältlich sind. An etwas bescheideneren Lebensmittelmärkten empfehlen sich der Rákóczi tér (S. 168) oder der Szimpla-Bauernmarkt (S. 166). Auch das Belvárosi Piac (S. 134) ist großartig.

Flohmärkte

Auf dem Ecseri Piac (S. 164), einem der größten Flohmärkte Europas, tummeln sich die Einheimischen in Scharen – eine tolle Möglichkeit, den Samstagvormittag zu verbringen. Am besten lässt man sich einfach zwischen den Unmengen Grammophonen, Schaukelpferden, Uniformen, Geigen und sogar Rüstungen treiben. Wer es hierher nicht schafft, findet auf dem kleineren PECSA Bolhapiac (S. 168) nostalgischem Krimskrams.

Designmärkte

Ein regelmäßig abgehaltener Markt, der etwa einmal pro Monat stattfindet, ist WAMP (an verschiedenen Orten); präsentiert werden aktuelle ungarische Designer. Kleidung, Taschen und Schmuck finden sich neben Kunstwerken, Drucken und Fotos; Kaffee und Kuchen versüßen das Einkaufserlebnis. Hier kann man einzigartige Andenken erstehen, wie man sie in den Geschäften nicht unbedingt findet. Auf dem Gouba-Markt (S. 167) ist eine kleinere Auswahl an Kunst und Kunsthandwerk erhältlich.

werbs Ostmitteleuropas führt entlang der Donau und auch über deren sieben Brücken sowie über die drei Hügel der Stadt.

★ CAFE Budapest DARSTELLENDE KÜNSTE
(Zeitgenössisches Kunstfestival; www.budapestbylocals.com/event/budapest-autumn-festival; ⊙ Okt.) Zeitgenössische Kunst präsentiert sich in vielerlei Gestalt während dieses zweiwöchigen Festivals: Poetry Slams, aktuelles Modedesign, modernes Theater, ein Jazz-Marathon und die „Nacht der zeitgenössischen Galerien", um nur einige zu nennen. Mit zu diesem Event gehören die Designwoche, der Kunstmarkt Budapest sowie das Minifestival der zeitgenössischen Musik im Várkert-Basar.

November

Wein- und Käsefestival ESSEN & TRINKEN
(http://visitbudapest.travel/budapest-events/new-wine-and-cheese-festival/; Vajdahunyad-Burg, Stadtwäldchen; ⊙ Ende Nov.) Bei diesem verhältnismäßig neuen Festival am letzten Wochenende im November stellen Winzer aus ganz Ungarn ihre edlen Tropfen sowie selbst gemachten Käse vor. Im Tagespass zu 2000 Ft ist der Eintritt ins Landwirtschaftsmuseum enthalten.

Dezember

Silvestergala & Ball MUSIK
(www.opera.hu; ⊙ 31. Dez.) Die meistbegehrten Eintrittskarten des Veranstaltungskalenders sind für das Galakonzert mit Ball, das in der ungarischen Staatsoper stattfindet.

🛏 Schlafen

In Budapest steht das ganze Spektrum an Unterkünften zur Verfügung – von Hostels in umfunktionierten Wohnungen und Privatzimmern in entlegenen Wohnsiedlungen bis hin zu Luxusresidenzen in den Budaer Bergen und 5-Sterne-Herbergen, die ab 350 € die Nacht verlangen. Generell sind die Unterkünfte in den Stadtvierteln von Buda nicht so zahlreich wie auf der anderen Seite der Donau in Pest.

🛏 Burgviertel

Bed & Beers Inn PENSION €
(Karte S. 64; ☏ 06 30 964 9155; www.bedandbeers.hu; I., Gellérthegy utca 1; Zi. am 39 €, Apt. 190 €; 🛜; 🚋 56, 56A) Der Name sagt eigentlich schon alles: Die Rede ist von einem Quartier oberhalb einer Kellerbar. Es handelt sich, genauer gesagt, um ein farbenfrohes Drei-Zimmer-Apartment mit einem kompakten Doppelzimmer und zwei großen weiteren Zimmern mit Stockbetten und ausziehbaren Sofas; die Zimmer können separat gebucht werden. Das Bier ist hier ebenso billig wie das Kneipenfutter, das es bis zum Morgengrauen gibt. Jedenfalls ist die Pension eine prima Adresse für Gruppen. Der Inhaber ist hilfsbereit.

BiBi Panzió PENSION €€
(Karte S. 64; ☏ 1-786 0955; www.bibipanzio.hu; II., Dékán utca 3; Zi./3BZ ab 65/67 €; 🅿 ❄ 🛜; Ⓜ M2 Széll Kálmán tér) Die Pension mit neuem Management, nur einen Block von der Nordseite des Széll Kálmán tér entfernt, schaut von außen eigentlich ziemlich durchschnittlich aus, bietet jedoch zehn gemütliche, allerdings etwas kleine Zimmer. Das Dekor ist einfach und aus der Retorte. Eine nette Idee ist die Landkarte an der Wand, auf der mit Reißzwecken vermerkt wird, wo all die Gäste herkommen.

Charles Hotel APARTMENT €€
(Karte S. 64; ☏ 1-212 9169; www.charleshotel.hu; I., Hegyalja út 23; Studio 45–80 €, Apt. 75–155 €; 🅿 🛜; 🚌 8, 112, 178) Das Charles auf der Budaer Seite mit 70 „Studios" (die größer ausfallen als ein durchschnittliches Zimmer) mit Küche sowie anständig großen Zwei-Zimmer-Apartments befindet sich direkt an einer Bahnlinie. Ein Leihrad kostet hier 2000 Ft pro Tag.

★ Pest-Buda Bistro & Hotel BOUTIQUEHOTEL €€€
(Karte S. 64; ☏ 1-225 0377; www.pest-buda.com; I., Fortuna utca 3; Zi./Suite ab 120/194 €; 🛜) In diesem fantastischen Zehn-Zimmer-Boutiquehotel, das genau an jener Stelle eröffnet hat, wo sich früher das älteste Hotel Ungarns befand, gibt es vieles, was den Gast erfreut. Jedes Zimmer weist einen Eichenboden auf ein individuelles Design auf, die Betten sind hervorragend, und ein paar extravagante Ideen sind auch zu vermelden: rote Kühlschränke, Designerlampen und moderne Werke von bekannten Grafikern aus Ungarn. In den Atelier-Suiten sind die frei stehenden Badewannen der Hit. Das Restaurant und der Service sind sagenhaft gut.

★ Baltazár BOUTIQUEHOTEL €€€
(Karte S. 64; ☏ 1-300 7051; http://baltazarbudapest.com/; I., Országház utca 31; Zi./Suite ab 135/214 €; ❄ 🛜; 🚌 16, 16A, 116) Das Boutiquehotel – ein Familienbetrieb – am Nordrand des Burgviertels bietet elf individuell gestal-

tete Zimmer mit nostalgischem Mobiliar und auffälligen Tapeten. An moderneren Errungenschaften sind beispielsweise die Straßenkunst an den Wänden und die Regenduschen in den Bädern erwähnenswert. Eines der Zimmer verfügt über einen hübschen kleinen Balkon mit Blick auf das Burgschloss. Super Preis-Leistungs-Verhältnis.

★ Lánchíd 19   BOUTIQUEHOTEL €€€
(Karte S. 64; 1-419 1900; www.lanchid19hotel.hu; I., Lánchíd utca 19; Zi. 110–325 €; ❄ 🕿; 🚋 19, 41) Bei diesem prämierten Boutiquehotel an der Donau ist das Wow-Erlebnis garantiert: Jedes der 45 Zimmer und der drei Panoramasuiten ist mit unverwechselbaren Kunstwerken und Stühlen, die von Kunststudenten entworfen wurden, individuell gestaltet. Die Aussicht ist dank der Fenster vom Boden bis zur Decke immer der Hit: Nach vorne hinaus sieht man die Donau, nach hinten das Burgschloss; ab der fünften Etage ist der Blick am besten.

St. George Residence   BOUTIQUEHOTEL €€€
(Karte S. 64; 1-393 5700; www.stgeorgehotel.hu; I., Fortuna utca 4; Suite ab 129 €; 🕿; 🚌 16, 16A, 116) Das St. George Residence befindet sich in einem ehrwürdigen, etwa 700 Jahre alten Gebäude im Herzen des Burgviertels. Das etwas überspannte Boutiquehotel ist ein Ausbund an alter Pracht. Seine Suiten (vier Kategorien) lassen beispielsweise Deko-Elemente aus grünen Marmor sehen, es beeindrucken aus Italien importierte Möbel und Whirlpools – ein willkommener, herrlicher Anachronismus.

Hilton Budapest   HOTEL €€€
(Karte S. 64; 1-889 6600; www.budapest.hilton.com; I., Hess András tér 1-3; Zi./Suite ab 210/260 €; P ❄ 🕿; 🚌 16, 16A, 116) Das Hilton thront oberhalb der Donau auf dem Burgberg. Es wurde mit viel Fingerspitzengefühl in und um eine Kirche aus dem 14. Jh. und ein barockes Priesterkolleg errichtet. Die Zimmer wirken zwar ein wenig düster, aber in den Zimmern mit Aussicht auf die Donau ist das Ambiente unschlagbar. Besonders schön ist die Barocksuite auf zwei Ebenen mit schmiedeeisernen Geländern. An Annehmlichkeiten verlocken qualitativ hochwertige Betten, für Allergiker geeignete Kissen sowie Regenduschen.

Hotel Victoria   HOTEL €€€
(Karte S. 64; 1-457 8080; www.victoria.hu; I., Bem rakpart 11; Zi. ab 124 €; P ❄ 🕿; 🚋 19, 41) Das recht elegante Hotel mit 27 komfortablen, geräumigen Zimmern kann mit einer spektakulären Aussicht auf die Donau aufwarten. Das Hotel ist nicht groß, doch verdienen sein freundlicher Service und die modernen Annehmlichkeiten wie TV mit Plasmabildschirm in allen Zimmer der besonderen Erwähnung. Dem Hotel angeschlossen ist der **Jenő Hubay-Musiksalon** (Karte S. 64; 1-457 8080; www.hubaymusichall.com), der auch als kleiner Konzertsaal und Theater dient.

Art'otel Budapest   HOTEL €€€
(Karte S. 64; 1-487 9487; www.artotels.com/budapest; I., Bem rakpart 16-19; Zi./Suite ab 109/169 €; P ❄ 🕿; 🚋 19, 41) Das Art'otel ist ein minimalistisches Hotel, das auch in London oder New York nicht deplatziert wirken würde. Was das Hotel mit seinen 165 Zimmern zu etwas so Besonderem macht, ist die Kombination aus einem modernen, siebenstöckigen Gebäude und einem Barockbau aus dem 18. Jh., die durch einen begrünten Atriumhof miteinander verbunden sind. Schön sind verspielte Elemente wie geschwungene, verschnörkelte Linien an den Wänden und auf dem Boden im ganzen Hotel. Die Zimmer mit Aussicht auf die Donau sind teurer.

Burg Hotel   HOTEL €€€
(Karte S. 64; 1-212 0269; www.burghotelbudapest.com; I., Szentháromság tér 7-8; EZ/DZ/Suite ab 105/115/134 €; P ❄ 🕿; 🚌 16, 16A, 116) Dieses kleine Hotel mit modernem Komfort bietet 26 geräumige Zimmer mit bequemen Betten und geblümten Überdecken – mehr gibt es eigentlich nicht zu erwähnen. Doch die „Lage ist alles", so wird es behauptet – nämlich direkt gegenüber der Matthiaskirche. Die Angestellten sind sehr hilfsbereit.

🛏 Gellértberg & Tabán

★ Shantee House   HOSTEL €
(Karte S. 68; 1-385 8946; www.backpackbudapest.hu; XI., Takács Menyhért utca 33; B in Jurte 10–13 €, B in kleinem/großen Schlafsaal ab 12/16 €, DZ 38–52 €; P @ 🕿; 🚌 7, 7A, 🚋 19, 49) Das erste Hostel in Budapest – es hieß ursprünglich Back-Pack Guesthouse – hat auf seine bunt gestrichene „Vorstadtvilla" in Südbuda zwei Stockwerke draufgesetzt. Alles prima – und der Spaß spielt sich sogar noch draußen im schönen Landschaftsgarten ab mit Hängematten, einer Jurte und einem Pavillon – dort schlafen einige Gäste in der Hochsaison. Zwei der fünf Doppelzimmer verfügen über ein eigenes Bad.

Die optimistische Einstellung des weitgereisten, netten Inhabers und Managers Attila und seiner Mitarbeiter prägt das ganze Hostel, die Gäste können immer mit einem herzlichen Empfang rechnen. Es finden beispielsweise auch Ausflüge ins Pilis-Gebirge und andere Aktivitäten statt – einfach mal nachfragen. Das vegane Frühstück kostet 1500 Ft; ein Fahrrad kann man sich für 3000 Ft pro Tag mieten.

Art Hostel Gallery   HOSTEL €
(Karte S. 68; 06 30 911 2986; http://arthostelgallery.hu; I., Döbrentei út 2-4; DZ 6000 Ft; @ ; 5, 178, 18, 19, 41) Geboten sind hier einfache Hostel-Quartiere (mit wackeligen Stockbetten aus Metall) in drei sauberen, bunten und hellen Zimmern am Fluss samt einer kleinen, aber komplett eingerichteten Küche. Das Burgviertel und den Burggartenbasar erreicht man schnell zu Fuß.

Kisgellért Vendégház   GÄSTEHAUS €
(Karte S. 68; 06 30 933 2236, 1-279 0346; www.kisgellert.hu; XI., Otthon utca 14; EZ/DZ/3BZ 7000/9000/12 500 Ft; P ; 8, 112, 61) Das reizende kleine Gästehaus mit elf Zimmern ist nach dem Kleinen Gellertberg im Westen seines größeren Bruders benannt und liegt traumhaft in der „Zuhause-Straße". Abseits vom Schuss ist es schon, aber dafür ist es hier ruhig und grün, außerdem kommt man problemlos mit dem Bus hin.

Hotel Orion Várkert   HOTEL €€
(Karte S. 68; 1-356 8583; www.hotelorion.hu; I., Döbrentei utca 13; EZ 40–90 €, DZ 50–100; ❉ @; 18, 19, 41) Das Orion liegt ein wenig versteckt im Distrikt Tabán. Das gemütliche Hotel mit entspannter Atmosphäre befindet sich in Laufweite vom Burggartenbasar und dem Burgviertel. Die 30 Zimmer sind hell und weisen auch eine anständige Größe auf, den Hausgästen steht außerdem eine kleine Sauna zur Verfügung.

Danubius Hotel Gellért   HOTEL €€€
(Karte S. 68; 1-889 5500; www.danubiushotels.com/our-hotels-budapest/danubius-hotel-gellert; XI., Szent Gellért tér 1; EZ/DZ/Suite ab 84/170/268 €; P ❉ @ ; M M4 Szent Gellért tér, 18, 19, 47, 49) Budas *grande dame* ist ein 4-Sterne-Hotel mit 234 Zimmern und viel Flair. Das 1918 fertiggestellte Hotel lässt Elemente aus dem späten Jugendstil sehen, insbesondere die Eingangshalle zum Spa und die Brunnen mit Zsolnay-Keramik. Die Preise definieren sich durch die Aussicht, die sich vom jeweiligen Zimmer bietet, und durch den Standard des jeweiligen Badezimmers. Das Thermalbad steht den Hotelgästen kostenlos zur Verfügung.

Óbuda & Budaer Berge

Zen House   HOSTEL €
(Karte S. 72; 06 30 688 7599; www.zenhousebudapest.com; III., Repkény utca 11; Zi./3BZ 27/32 €; ; 29, 17, 19, 41, Szépvölgyi út) Das beschauliche Hostel – ein Familienbetrieb – in einer ruhigen Gegend, allerdings nur einen Katzensprung vom wenig spannenden Nachtleben Óbudas entfernt, heißt seine Gäste mit einem Schwung geräumiger, schicker Zimmer mit Gemeinschaftsbad willkommen. Überall stehen Buddhastatuen und Pflanzen herum, außerdem gibt es noch einen Bereich zum Entspannen und einen Garten. Zen eben!

Római Camping   CAMPINGPLATZ €
(1-388 7167; www.romaicamping.hu; III., Szentendrei út 189; Stellplatz für 1/2/Wohnmobile/Caravans 4720/6000/5665/7220 Ft, Bungalows für 2/4 Pers. 6000/12.000 Ft; ganzjährig; P ; Rómaifürdő) Der Campingplatz in einem Park nördlich der City liegt gegenüber vom beliebten Schwimmbadkomplex Rómaifürdő und ist der größte, den Budapest zu bieten hat. Dementsprechend voll ist es hier im Sommer. Die Haltestelle Rómaifürdő befindet sich fast gegenüber.

Hotel Császár   HOTEL €
(Karte S. 72; 1-336 2640; www.csaszarhotel.hu; II., Frankel Leó út 35; EZ/DZ/4BZ 39/49/69 €; ❉ ; 9, 109, 17, 19, 41) Das riesige gelbe Gebäude, in dem sich das „Kaiser" befindet, wurde in den 1850er-Jahren als Nonnenkloster erbaut, was wohl die Größe der 45 zellenartigen Zimmer erklärt. Man sollte um ein Superior-Zimmer bitten, denn sie fallen durchaus geräumiger aus und gehen auf den Swimmingpool mit Olympiamaßen im Park des riesigen **Császár-Komjádi-Schwimmbadkomplexes** (Karte S. 72; 1-212 2750; http://mnsk.hu; II Árpád fejedelem útja 8; Erw./ermäßigt 1800/1100 Ft; 6–19 Uhr; 9, 109, 17, 19, 41) hinaus. Eine ruhige Nacht garantieren die Zimmer 001 bis 010.

★ Hotel Papillon   HOTEL €€
(Karte S. 72; 1-212 4750; www.hotelpapillon.hu; II., Rózsahegy utca 3/b; EZ/DZ/3BZ 44/54/69 €, Apt. 39–99 €; P ❉ ; 4, 6) Das gemütliche Hotel in Rózsadomb (Rosenhügel) verfügt über einen reizenden Garten hinter dem Haus mit einem kleinen Pool; einige

der 20 Zimmer haben Balkon. Im gleichen Gebäude befinden sich auch vier Apartments, von denen eines eine hübsche Dachterrasse hat. Weitere Apartments (Studio oder mit bis zu drei Schlafzimmern) warten nebenan. Die Mitarbeiter sind immer am Ball und stets hilfsbereit.

Aquincum Hotel SPA-HOTEL €€
(Karte S. 72; 1-436 4100; www.aquincumhotel.com; II., Árpád fejedelem útja 94; EZ/DZ/Suite ab €99/108/250; ❄🌐🏊; 26, 106, Árpád híd) Das große Spa-Hotel mit tollen Einrichtungen zum Entspannen liegt günstig, um die alten Straßen von Óbuda zu erkunden. Die Gäste haben Zugang zu zwei Thermalbecken, einer finnischen und einer Infrarot-Sauna, Dampfkabinen und einem Whirlpool. Im dazugehörigen Restaurant werden anständige ungarische Gerichte serviert. Der einzige Minuspunkt ist, dass sehr viele Zimmer einen ziemlich alten Eindruck machen und dementsprechend zeitgemäß aufgepeppt gehören.

Beatrix Panzió Hotel PENSION €€
(Karte S. 74; 1-275 0550; www.beatrixhotel.hu; II., Széher út 3; EZ/DZ 55/60 €, Apt. 65–80 €; P🌐; 5, 61) Die attraktive, prämierte Pension mit 15 Zimmern und vier Apartments liegt auf dem Weg in die Budaer Berge hinauf, lässt sich aber problemlos mit den häufig verkehrenden, öffentlichen Verkehrsmitteln erreichen. Das Beatrix Panzió befindet sich mitten in einem hübschen Garten im Schatten von Kiefern mit Sonnenterrassen und einem Grill; mit etwas Glück findet sogar ein Grillabend statt.

🛏 Belváros

⭐ Loft Hostel HOSTEL €
(Karte S. 76; 1-328 0916; www.lofthostel.hu; V., Veres Pálné utca 19; B/DZ 5600/7000 Ft; @🌐; 5, 7, M3/4 Kálvin tér) Diesem Hostel, das mit vielen guten Ideen punktet, kann es durchaus gelingen, zum heißesten Backpacker-Magneten Budapests aufzusteigen. Jedenfalls verweilen die Gäste länger als gedacht – in diesem Hostel hat man sozusagen das Gefühl, bei Freunden zu Hause zu sein. Die in Eigenregie gefertigte Deko setzt hübsche Akzente, die Mitarbeiter sind ausgesprochen hilfsbereit.

Maverick Hostel HOSTEL €
(Karte S. 76; 1-267 3166; www.mavericklodges.com; V., Ferenciek tere 2; B/DZ ab 17/52 €; @🌐; M3 Ferenciek tere) Das saubere, gut geführte Hostel mit 19 Zimmern auf drei Etagen befindet sich in einem wunderschönen alten Gebäude. Das Maverick verfügt in jedem Stockwerk über eine Küche, einen gemütlichen Aufenthaltsraum, Doppelzimmer sowie Schlafsäle, die mit vier bis zehn Betten (keine Stockbetten) bestückt sind. Zwei Schlafsäle und ein Doppelzimmer haben ein Gemeinschaftsbad. Das Hostel lockt alle möglichen Gäste an, auch Familien. Es veranstaltet legere Veranstaltungen am Abend, beispielsweise Weinverkostungen.

11th Hour Cinema Hostel HOSTEL €
(Karte S. 76; 06 70 620 4479; www.11thhourcinemahostel.com; V., Magyar utca 11; B 25–30 €, Apt. 75–100 €; @🌐; M2 Astoria) Die zahlreichen dekorativen Filmplakate hier werden vor allem Cineasten gefallen. Das hervorragende Hostel befindet sich in seinem ureigensten Stadthaus mit zwei Obergeschossen. In den Schlafsälen mit eigenem Bad können vier bis zehn Personen übernachten, aber es gibt auch Apartments. Im Projektionsraum stehen rund 500 Filme zur Verfügung, und in den Gemeinschaftsbereichen geht es zwanglos zu. Tischfußball sorgt für sportlich-lebhafte Abwechslung.

Gingko Hostel HOSTEL €
(Karte S. 76; 1-266 6107; www.gingko.hu; V., Szép utca 5; B/DZ/3BZ 15/44/60 €; @🌐; M2 Astoria) Das anheimelnde Hostel mit Hippieflair in einem alten Wohnblock verfügt über sechs Zimmer, genauer gesagt zwei Doppelzimmer sowie Schlafsäle mit sieben Betten, die alle ein Gemeinschaftsbad haben. Hier herrscht eine zwanglose, gesellige Atmosphäre – man hat das Gefühl, sich in einer großen Wohngemeinschaft aufzuhalten, ohne jedoch in einer bierseligen Partyherberge gelandet zu sein.

⭐ Bohem Art Hotel BOUTIQUEHOTEL €€
(Karte S. 76; 1-327 9020; www.bohemarthotel.hu; V., Molnár utca 35; Zi./Suite inkl. Frühstück ab 95/118 €; P❄🌐; M4 Fővám tér, M3/4 Kálvin tér, 47, 48, 49) Die Zimmer dieses reizenden kleinen Hotels sind vielleicht ein bisschen beengt, aber jedes besitzt ein anderes Design mit riesigen Drucken, kühnen Farbakzenten und monochromem Dekor sowie durchgängig hypermodernen Möbeln; die Suiten wurden sogar von einem einheimischen Künstlern gestaltet – besonders gut gelungen ist das Zimmer 302. Das leckere Frühstücksbüfett fällt ziemlich üppig aus.

★ Katona Apartments　　　　APARTMENT €€
(Karte S. 76; ☏ 06 70 221 1797; www.katonaapartments.hu; V., Petőfi Sándor utca 6; Studio für 2/4 54/74 €, 2-Zi.-Apt. für 2/4/6 84/104/124 €; ❄☎; ⓂM3 Ferenciek tere) Die einfach möblierten, aber geschickt gestalteten Apartments in einem ruhigen alten Block befinden sich mitten im Herzen von Belváros. Da sich unter jedem Doppelbett zwei weitere ausziehbare Betten befinden, sind die Apartments für Familien ideal. Jedes ist mit einer Küche, TV, Ventilator oder Klimaanlage, einer Waschmaschine, Föhn und einem Bügeleisen ausgestattet. Die Inhaber sind außergewöhnlich hilfsbereit und wissen alles über Budapest, sogar die neuesten Nachrichten.

Butterfly Home　　　　HOTEL €€
(Karte S. 76; ☏ 06 30 964 7287; www.butterflyhome.hu; V., Képíró utca 3; EZ/DZ/Suite inkl. Frühstück 58/75/112 €; ❄☎; ⓂM3/4 Kálvin tér) Das kleine und einladende Hotel liegt in einer ruhigen schmalen Seitenstraße in der Nähe vom Kálvin tér und verfügt über eine große Wendeltreppe, über die es zu den geräumigen Zimmern mit schlichtem Dekor hinaufgeht. Das Butterfly Home wird professionell geführt, und der fröhliche Inhaber hat jede Menge gute Tipps auf Lager.

Gerlóczy　　　　BOUTIQUEHOTEL €€
(Karte S. 76; ☏ 1-501 4000; www.gerloczy.hu; V., Gerlóczy utca 1; Zi. 69–94 €; ❄☎; ⓂM2 Astoria) Das Gerlóczy trifft mit seiner super Mischung aus einem guten Preis-Leistungs-Verhältnis, ansprechendem Dekor und netter Atmosphäre voll ins Schwarze. Es nimmt vier Etagen in einem Gebäude aus den 1890er-Jahren ein, das an einem attraktiven Platz steht. Die individuell gestalteten, wohlproportionierten Zimmer sind alle mit riesigen Doppelbetten ausgestattet. Die schmiedeeiserne Wendeltreppe und das Oberlicht in Form einer Buntglaskuppel setzen hübsche Akzente. Die Mitarbeiter im Café unten sowie der Hotelservice lassen allerdings manchmal zu wünschen übrig. Das WLAN hat manchmal Aussetzer. Von den 19 Zimmern haben zwei Balkon mit Blick auf den Platz; vier Räume mit rustikalen Holzbalken befinden sich im Dachgeschoss.

Hotel Art　　　　HOTEL €€
(Karte S. 76; ☏ 1-266 2166; www.threecorners.com; V., Király Pál utca 12; EZ/DZ ab 73/80 €; ❄☎; ⓂM3/4 Kálvin tér) Das ordentliche Hotel an der Ecke gehört zu einer kleinen belgischen Hotelkette. Art-déco-Elemente (wozu auch die rosa Fassade zählt) setzen in den Gemeinschaftsbereichen Akzente; es gibt einen kleinen Fitnessraum und eine Sauna sowie 36 saubere und gepflegte Zimmer, darunter auch vier Apartments mit getrenntem Schlaf- und Wohnbereich.

Leo Panzió　　　　PENSION €€
(Karte S. 76; ☏ 1-266 9041; www.leopanzio.hu; V., Kossuth Lajos utca 2/a; EZ/DZ/3DZ 69/75/86 €; ❄☎; ⓂM3 Ferenciek tere) In dieser sehr zentral gelegenen Pension geht ein Dutzend der 14 tadellosen Zimmer auf die betriebsame Kossuth Lajos utca hinaus, aber durch die Schallschutzfenster ist ein ruhiger Nachtschlaf garantiert. Zwei Zimmer liegen an einem Innenhof. Die Pension ist gut geführt, gepflegt und traditionell möbliert.

★ Buddha Bar Hotel　　　　BOUTIQUEHOTEL €€€
(Karte S. 76; ☏ 1-799 7300; www.buddhabarhotelbudapest.com; V., Váci utca 34; DZ 150–300 €; ❄☎; ⓂM3/4 Kálvin tér, 🚋 2, 47, 48, 49) Das glamouröse 5-Sterne-Hotel residiert im beeindruckenden neobarocken Klothildenpalast. Einige Originalelemente wie das Treppenhaus sind zwar erhalten geblieben, dennoch präsentiert sich das Hotel von oben bis unten in einem modernen, asiatischen Stil. Die Gäste haben die Qual der Wahl zwischen prächtigen, purpurroten Doppelzimmern und Themensuiten; alle verfügen über eine Regendusche und jeglichen technischen Schnickschnack. Mit dazu gehören eine exquisite Cocktailbar, ein Spa und ein asiatisches Restaurant (S. 132) im Basement.

★ Hotel Rum　　　　DESIGNHOTEL €€€
(Karte S. 76; ☏ 1-424 9060; www.hotelrumbudapest.com; V., Királyi Pál utca 4; EZ/DZ ab 109/115 €; ❄☎; ⓂM3/4 Kálvin tér, 🚋 47, 48, 49) Die von Budapester Designer konzipierten 38 Zimmer dieses extravaganten Design-Hotels, in vier Kategorien eingeteilt, wovon jede nach einem anderen Rum benannt ist. Am geräumigsten fallen die „Black Rums" aus. Das Hotel weist jede Menge helles Holz auf und ist durchgängig in Beige- und Grautönen gehalten; Espressomaschinen mit Kaffeekapseln stehen bereit. Einen Pluspunkt verdienen das zugehörige Urban Tiger Restaurant mit asiatischer Küche sowie die Dachbar, die zum Relaxen einlädt.

🏨 Parlament & Umgebung

Home-Made Hostel　　　　HOSTEL €
(Karte S. 82; ☏ 06 30 200 4546, 1-302 2103; www.homemadehostel.com; VI., Teréz körút 22; B

Stadtspaziergang
Elisabethstadt & jüdisches Viertel

START VI LISZT FERENC TÉR
ZIEL VII DOHÁNY UTCA
LÄNGE/DAUER 1 KM; 1–2 STUNDEN

Der Spaziergang beginnt an dem mit Restaurants und Cafés gespickten Liszt Ferenc tér im VI. Bezirk, wo man einen Blick in die ❶ **Liszt-Musikakademie** (S. 88) werfen sollte. Gen Südwesten bummelt man entlang der Király utca an der ❷ **Theresienkirche** (1811) vorbei. Ihr wuchtiger klassizistischer Altar wurde 1822 von Mihály Pollack entworfen. In der Király utca 47 steht direkt gegenüber ein ❸ **neogotisches Haus** von 1847 mit einem schönen Erkerfenster.

Nun führt der Spaziergang durch die Csányi utca zur Dob utca und dem Herzstück des alten jüdischen Viertels, dem ❹ **Klauzál tér**. Der Platz vermittelt noch immer ein Gefühl vom Budapest der Vorkriegszeit, in den umliegenden Straßen herrscht noch jüdisches Leben. Beispiele sind koschere Restaurants, das Konditorei-Café Fröhlich Cukrászda in der Dob utca sowie ein Metzger direkt neben der ❺ **Orthodoxen Synagoge** (S. 89).

Von der Dob utca geht es rechts in die Holló utca und dann links. Falls das Eingangstor zum Haus Király utca 15 offensteht, kann man in den Innenhof gehen, wo 2010 ein 30 m langes Teilstück der einstigen ❻ **Ghettomauer** nachgebaut wurde. Votivlampen und Steine stehen davor, zum Gedenken an die Opfer des Holocausts. Am nächsten Abzweig geht es links in die Passage mit dem Namen ❼ **Gozsdu udvar** (1901). Der Gozsdu-Hof wird von Bars, Cafés und Restaurants gesäumt.

In der Dob utca 12 steht das antifaschistische ❽ **Carl-Lutz-Denkmal**: Es ehrt den Schweizer Konsul, der wie Raoul Wallenberg 1944 viele Juden rettete. Dargestellt ist er als Engel, der einem Opfer einen Ballen Stoff niederschickt. Gleich um die Ecke fallen neben einem Parkplatz zwei ❾ **Wandgemälde** ins Auge. Das Linke erinnert an den berühmten 6:3-Sieg der ungarischen „Goldmannschaft" 1953 über England. Rechts ist ein „Zauberwürfel" abgebildet, der 1974 vom Ungarn Ernő Rubik erfunden wurde.

In der anderen Richtung liegt am Ende der Straße die **Große Synagoge** (S. 59).

10–18 €, DZ 48–52 €; @🕿; Ⓜ M1 Oktogon, 🚋 4, 6) Dieses anheimelnde, überaus einladende Hostel mit 20 Betten in vier Zimmern kann mit recycelten Tischen aufwarten und alten Schiffskoffern unter den Betten, die als Schließfach dienen. Die Idee war es, altem und ausrangiertem Krempel aus Budapester Haushalten wieder eine neue Heimat zu geben. Die altmodische Küche hat schon Museumsqualität. In den Schlafsälen stehen vier bis acht Betten.

Central Backpack King Hostel HOSTEL €
(Karte S. 82; 🕿 06 30 200 7184; www.central backpackking.hostel.com; V., Október 6 utca 15; B 12–18 €, DZ 30–70 €; @🕿; 🚋 15, 115, Ⓜ M3 Arany János utca) Das witzige Hostel im Herzen von Lipótváros bietet Schlafsäle mit sieben oder acht Betten auf der einen Etage sowie Doppel-, Drei- und Vierbettzimmer auf der anderen Etage. Eine kleine, jedoch blitzblanke Küche und ein großer Aufenthaltsraum sind auch noch vorhanden.

Retox Party Hostel HOSTEL €
(Karte S. 82; 🕿 06 20 455 6220; http://budapestpartyhostels.com/hostels/retox-party-hostel; VI., Ó utca 41; B 7–10 €, DZ 35 €; 🕿; Ⓜ M1 Oktogon) Das Hostel mit einem Dutzend Zimmern in einem ehemaligen Pflegeheim macht kein Geheimnis aus der Tatsache, dass es von den vier Partyhostels in Budapest das fetzigste ist. Es gruppiert sich um einen Hof mit einer oft sehr gut frequentierten Bar in der Mitte und ist von oben bis unten mit ausgeflippter und durchaus gewagter Straßenkunst verschönert.

Full Moon Design Hostel HOSTEL €€
(Karte S. 82; 🕿 1-792 9045, 06 30 326 6888; www.fullmoonhostel.com; V., Szent István tér 11; B/DZ 12/60 €; P✳🕿; 🚋 4, 6) In der Lobby hängen überdimensionale Porträts von Janis Joplin und Jimmy Hendrix, es herrscht eine fröhliche Partystimmung – wie man sie eben in einem Hostel im 21. Jh. kennt. Geboten sind aber auch eine wunderbare Küche, in der man – beinahe – vom Boden essen kann, ein riesiges Frühstücksbistro und eine großzügig bemessene Waschküche. In den Schlafsälen stehen sechs bis acht Betten.

Hotel Medosz HOTEL €€
(Karte S. 82; 🕿 1-374 3000; www.medoszhotel.hu; VI., Jókai tér 9; EZ/DZ/Suite 69/79/119 €; P🕿; Ⓜ M1 Oktogon) Das Medosz, eines der billigeren und am zentralsten gelegenen Hotels in Pest, befindet sich direkt gegenüber von den Restaurants und Bars am Liszt Ferenc tér. Alle 74 Zimmer wurden aufpepeppt und haben nun Parkettboden, Schallschutzfenster und kleine, aber topmoderne Bäder. Empfehlenswert sind die Zimmer mit Balkon oder Terrasse (z. B. Nr. 903, 1001 & 1003).

Garibaldi Guesthouse & Apartments PENSION, APARTMENT €€
(Karte S. 82; 🕿 06 30 951 8763, 1-302 3457; www.garibaldiguesthouse.hu; V., Garibaldi utca 5; EZ 28–36 €, DZ 44–68 €, 2-/4-Pers.-Apt. 54/116 €; 🕿; Ⓜ M2 Kossuth Lajos tér, 🚋 2) Die einladende Pension bietet vier Zimmer mit Gemeinschaftsbad und zwei Küchen in einer Wohnung gleich um die Ecke vom Parlament. In demselben Gebäude gibt es noch ein halbes Dutzend Apartments auf vier Stockwerken; eines ist recht groß, verfügt über einen Balkon und geht auf die Garibaldi utca hinaus. Zentral gelegen und komfortabel.

Hotel Parlament HOTEL €€
(Karte S. 82; 🕿 1-374 6000; www.parlament-hotel.hu; V., Kálmán Imre utca 19; Zi. 95–170 €; P✳@🕿; 🚋 15, 115, Ⓜ M2 Kossuth Lajos tér) Dieses reizende minimalistische Hotel in Lipótváros kann mit 65 Zimmern in wunderschönem Design aufwarten. Pluspunkte verdienen die allergikerfreundlichen weißen Kiefernböden, die Bar bei der Lobby mit Selbstbedienung, das Bügelzimmer, das tolle Wellnesscenter mit Umkleide, Sauna und Whirlpool sowie die Kannen mit kostenlosem Kaffee und Tee, die täglich um 17 Uhr bereitstehen.

Cotton House Budapest HISTORISCHES HOTEL €€
(Karte S. 82; 🕿 06 30 184 1128; http://cottonhousebudapest.hu; VI., Jókai utca 26; Zi. 65–110 €; ✳@🕿; 🚋 4, 6) Das Hotel mit 23 Zimmern lässt Jazz- und Kneipenmotive sehen, die man nach einigen Tagen vielleicht über hat, aber das nostalgische Telefon funktioniert wirklich. Die Zimmerpreise variieren stark und sind saisonal bestimmt oder ob zum Zimmer eine Dusche, ein Bad oder ein Whirlpool gehört. Der Eingang befindet sich in der Weiner Leó utca 19.

★ Aria Hotel HOTEL €€€
(Karte S. 82; 🕿 1-445 4055; www.ariahotelbudapest.com; V., Hercegprímás utca 5; Zi. 200–320 €; P✳🕿; 🚋 15,115, Ⓜ M1 Bajcsy-Zsilinszky út) Im Aria, dem empfehlenswertesten neuen Hotel in Budapest, dreht sich alles um die Musik. An ein altes Stadthaus wurden vier Flügel angebaut – sie heißen Jazz, Oper, Klassik und Pop. Alle 49 Zimmer haben Balkon und sind nach einem Musiker oder Komponisten

benannt, von dem dann auch die entsprechenden Porträts, Bücher und CDs im Zimmer zu finden sind. Im Basement verlockt ein sagenhaftes Wellnesscenter.

In der wunderschönen Lobby, in der ein Pianist auf dem Klavier spielt – und in der es von 17 bis 19 Uhr kostenlosen Wein und Käse für die Gäste gibt – folgt man den schwarz-weißen Klaviertasten auf dem Lobbyboden zum Lift, der die Gäste in die sagenhafte High Note Roof Bar (S. 150) hinaufbefördert. Weitere tolle Extras sind die reich bestückte Multimediabibliothek und das kleine Kino mit Filmen und noch mehr Musik gleich bei der Lobby.

★ Four Seasons Gresham Palace Hotel   HOTEL €€€
(Karte S. 82; 1-268 6000; www.fourseasons.com/budapest; V., Széchenyi István tér 5-6; Zi./Suite ab 295/815 €; P✻❄🌐✼; 16, 105, 2) Das einzigartige Hotel mit 179 Zimmern entstand aus dem verfallenen Gresham-Palast im Jugendstil (1907) – sowie viel Blut, Schweiß und Tränen. Keine Kosten wurden gescheut, um die Zsolnay-Fliesen und Mosaiken des Palasts wieder zusammenzusetzen und die berühmten schmiedeeisernen Pfauen-Tore zu restaurieren, die von der Lobby nach Norden, Westen und Süden führen. Und somit macht das Hotel seinem Namen wirklich alle Ehre.

Das Spa im vierten Stockwerk mit einem eher kleinen Infinity-Sportschwimmbecken und griffbereiten eisgekühlten Handtüchern gehört zu den schönsten der Stadt. Einige Zimmer – beispielsweise das DZ 325 – bieten einen so sagenhaften Blick auf die Donau und das Burgschloss, dass einem dabei beinahe der Atem stockt.

Prestige Hotel Budapest   HOTEL €€€
(Karte S. 82; 1-920 1000; www.prestigehotelbudapest.com; V., Vigyázó Ferenc utca 5; EZ/DZ 180/280 €; P✻🌐; 15, 115, 2) Das Hotel mit gewaltigen Lüstern, weiß-goldenen Wolkenmosaiken und rostroten Samtsofas fällt schon fast in die Kategorie Kitsch – aber eben nur fast. Aber das Licht und das einfallsreiche Design reißen es dann doch heraus. Die 85 Zimmer verteilen sich auf die sechs Etagen eines reizenden neoklassizistischen Gebäudes. Die Standardzimmer liegen am Atriumhof, die Superior-Zimmer gehen auf die Straße hinaus. Und noch ein dickes Plus: Das Hotelrestaurant, das Costes Downtown (S. 137), wurde mit einem Michelin-Stern ausgezeichnet.

Margareteninsel & nördliches Pest

★ Groove   HOSTEL €
(Karte S. 86; 1-786 8038; www.groovehostel.hu; XIII., Szent István krt 1; B 17–21 €; 🌐; 4, 6) Das nette Hostel in einem wunderschönen Jugendstilgebäude zeichnet sich durch eine richtig gute Kameradschaft unter den Backpackern aus. Die Schlafsäle sind riesig und individuell gestaltet. An Annehmlichkeiten gibt es große Schließschränke, orthopädische Matratzen und eine Leselampe an jedem Bett. Die Mitarbeiter organisieren auch Exkursionen. Man sollte sich also Madonnas Rat zu Herzen nehmen: *Get into the Groove*. Nichts wie hinein also!

Aventura Boutique Hostel   HOSTEL €
(Karte S. 86; 1-239 0782; www.aventurahostel.com; XIII., Visegrádi utca 12; B/DZ/Apt. ab 15/40/57 €; @🌐; M3 Nyugati pályaudvar, 4, 6) Dieses Hostel ist wohl das coolste in ganz Budapest. Das Aventura, ein Betrieb in Familienhand, bietet vier Zimmer mit jeweils eigenem Motto (Indien, Afrika, Japan und – einfach wunderbar! – Weltall.) Die Farben und Stoffe sind schön, auch die Massagen, die vor Ort angeboten werden, sind empfehlenswert; in den Schlafsälen mit Loft können vier bis acht Personen übernachten. Zur Auswahl stehen auch ein Doppelzimmer und drei Apartments gleich in der Nähe.

NH Budapest   HOTEL €€
(Karte S. 86; 1-814 0000; www.nh-hotels.com; XIII., Vígszínház utca 3; Zi. ab 96 €; P✻🌐; 4, 6) In diesem Hotel verteilen sich die 160 Zimmer auf sieben Stockwerke; zwei oder drei Zimmer pro Etage haben Balkon. Die Lage des NH hinter dem Theater, die minimalistische, aber einladende und freundliche Atriumlobby und das hypermoderne Fitnesscenter in der siebten Etage sind wirklich etwas Besonderes.

Da das Hotel ein gutes Stück von der Hauptstraße entfernt liegt, ist es hier auch nicht sonderlich laut.

Boat Hotel Fortuna   HOTEL €€
(Karte S. 86; 1-288 8100; www.fortunahajo.hu; XIII., Szent István Park, Carl Lutz rakpart; EZ/DZ mit Bad ab 65/75 €, mit Waschbecken ab 38/48 €; ✻🌐; trolleybus 76) Es ist wirklich ein Erlebnis, auf einer ehemaligen Flussfähre zu übernachten, die in der Donau vor Anker liegt. Dieses Boothotel bietet 42 Einzel- und Doppelzimmer mit Dusche und Toilette auf

Höhe der Wasseroberfläche. Unter Deck befinden sich weitere 14 Zimmer mit einem, zwei oder drei Betten und Waschbecken, die einem altmodischen Hostelquartier nicht unähnlich sind. Die Klimaanlage hat in den Sommermonaten schwer zu kämpfen, und der Service ist zwar freundlich, aber manchmal auch launisch.

Danubius Grand Hotel Margitsziget HOTEL €€€
(Karte S. 86; ☏ 1-889 4700; www.danubiushotels.com; XIII., Margit-sziget; EZ/DZ/Suite ab 100/110/190 €; P✱☀; ☐26) Dieses komfortable und ruhige, aber keineswegs prächtige Hotel wurde Ende des 19. Jhs. erbaut. Die insgesamt 64 Zimmer weisen sämtliche moderne Annehmlichkeiten auf. Das Hotel ist mit dem Danubius Health Spa Margitsziget (S. 104) über einen beheizten Tunnel verbunden; der Eintrittspreis ins Thermalbad ist im Hoteltarif enthalten.

🛏 Erzsébetváros & das jüdische Viertel

Bazar Hostel HOSTEL €
(Karte S. 90; ☏ 1-787 6420; http://bazarhostel.com; VII., Dohány utca 22-24; B 8-14 €, DZ 39-59 €; ✱@☎; M M2 Astoria, ☐47, 49) Das eigens errichtete, sehr zentrale, farbenfrohe Hostel in Gelb, Orange und Burgunderrot bietet fünf luxuriöse Doppelzimmer, von denen drei ein eigenes Bad haben, und sechs Schlafsäle mit sechs Betten; einer davon bleibt Frauen vorbehalten. Der Aufenthaltsraum und die große offene Küche sind modern und sauber, und außerdem befindet sich das Hostel - wie praktisch! - über einer Wäscherei, die rund um die Uhr in Betrieb ist. Die Mitarbeiter sind nett und hilfsbereit.

Wombat's HOSTEL €
(Karte S. 90; ☏ 1-883 5065; www.wombats-hostels.com/budapest; VI., Király utca 20; B 13-21 €, DZ 50-65 €; ☎; M M1/2/3 Deák Ferenc tér) Direkt gegenüber vom Eingang des Hostels in der Király utca liegt der quirlige Gozsdu udvar, ein Hof mit zahlreichen Lokalen. Das schicke und gut ausgestattete Hostel kann in seinen 120 Zimmern die stattliche Anzahl von bis zu 465 Gästen beherbergen. Zur Auswahl stehen Schlafsäle mit vier bis acht Betten und Doppelzimmer - alle mit eigenen Badezimmern. Das Design ist von oben bis unten klar und cool. Im farbenfrohen Atrium mit Buntglaskuppel befindet sich ein großer Aufenthaltsraum.

Maverick City Lodge HOSTEL €
(Karte S. 90; ☏ 1-793 1605; www.mavericklodges.com; VII., Kazinczy utca 24-26; B ab 10-22 €, DZ 40-70 €; @☎; M M2 Astoria) Die Schwester des Maverick Hostels (S. 113), die komfortablere Maverick City Lodge, bietet Schlafsäle auf drei Stockwerken sowie Doppelzimmer, die im Stil eines modernen Lagerhauses mit weißem Holz, kühnen Farben und Bohnensäcken gestaltet sind. Zu jedem Bett gehören ein Schließschrank, ein Vorhang und eine Leselampe; die Doppelzimmer mit Galerie sind für Familien praktisch. Die Gemeinschaftsbereiche, so auch die Küche, sind gut durchdacht und bestens ausgestattet.

Big Fish Hostel HOTEL €
(Karte S. 90; ☏ 06 70 302 2432; www.bigfishhostel.com/budapest; VII., Erzsébet körút 33; B 14-20 €, DZ 40-50 €; @☎; M M2 Blaha Lujza tér, ☐4, 6) Musikliebhaber werden vermutlich gern in diesem gar nicht so kleinen „Fischteich" übernachten, in dem bevorzugt Bands logieren, die in Budapest ein Gastspiel geben, und der Toningenieur und Inhaber ein wandelndes Lexikon in Sachen Nachtleben ist. Geboten sind fünf Zimmer - Schlafsäle (einer davon ein Loft) mit vier bis acht Betten sowie ein Doppelzimmer; in den Sommermonaten steht auch noch ein separates Apartment zur Verfügung. Die Küche ist toll, und die TVs sind riesengroß.

Avail Hostel APARTMENT €
(Karte S. 90; ☏ 06 30 299 0870; huqwerty@yahoo.com; VII., Kazinczy utca 5; EZ/DZ ab 29/44 €; ☎; M M2 Astoria, ☐47, 49) Das ehemalige Blue Danube Hostel kann mit einem Schwung Zimmer in Apartments für Selbstversorger aufwarten, die sich in zwei benachbarten Gebäuden in der zentralen Kazinczy utca im VII. Bezirk befinden. Manche Zimmer haben Gemeinschaftsbad, manche auch ein eigenes. Der kompetente Wirt Sándor sorgt dafür, dass seine Gäste sich zu Hause fühlen und stattet sie mit Stadtplänen und guten Ratschlägen aus - und zu unchristlichen Zeiten holt er sie auch noch ab.

Unity Hostel HOSTEL €
(Karte S. 90; ☏ 06 20 801 4822, 1-413 7377; www.unityhostel.com; VI., Király utca 60, 3. St.; B 10-12 €, DZ 47-56 €; ✱@☎; M M1 Oktogon, ☐4, 6) Die Lage des Hostels im Herzen der Partyzone wäre allein schon toll, aber hier verlocken auch noch eine Dachterrasse mit atemberaubender Aussicht auf die Liszt-Musikakademie und eine nette, entspannte At-

mosphäre – und schon ist das Hostel der Renner. Es können hier bis zu 54 Gäste übernachten, und zwar auf zwei Etagen in Schlafsälen mit sechs bis acht Betten sowie in Doppelzimmern.

Marco Polo Top Hostel
HOSTEL €

(Karte S. 90; ☎ 1-413 2555; www.marcopolohostel.com; VII., Nyár utca 6; B/2BZ 10–25 €, DZ 45–69 €; @ ☎; M M2 Blaha Lujza tér, 🚋 4, 6) Das sehr zentral gelegene Vorzeigehostel der Mellow-Mood-Gruppe mit einem schönen Hof existiert schon seit ewigen Zeiten. Die in Pastelltönen gestrichenen 47 Zimmer haben alle TV (außer in den Schlafsälen). Sogar in den vier hübschen Zwölfbettzimmern haben die Gäste noch Privatsphäre, denn die Betten sind durch Schließschränke und Vorhänge voneinander abgetrennt. In dem effizient geführten Hostel kann man prima Leute kennenlernen.

Carpe Noctem Original
HOSTEL €

(Karte S. 90; ☎ 06 70 670 0384; http://budapestpartyhostels.com; VI., Szobi utca 5; B 5400–6500 Ft; @ ☎; M M3 Nyugati pályaudvar, 🚋 4, 6) Das entspannte Carpe Noctem ist das zurückhaltendste der Budapester Partyhostels. Es ist kleiner und ruhiger als seine Mitstreiter und liegt auch etwas abseits der Touristenrouten. Geboten sind hier gerade einmal drei Schlafsäle mit sechs bis acht Betten, was für eine persönliche, unkomplizierte Atmosphäre bürgt. Das Hostel befindet sich ganz oben in einem Wohnblock – man muss also jede Menge Treppen steigen.

★ Hive Hostel
HOSTEL €€

(Karte S. 90; ☎ 06 30 826 6197; www.thehive.hu; VII., Dob utca 19; B 15–25 €, DZ 60–100 €; @ ☎; M M1/2/3 Deák Ferenc tér) Dieses riesige, sehr zentral gelegene Hostel mit mehr als 50 Zimmern in allen Größen und Formen auf zig Etagen ist die richtige Adresse für Backpacker mit nicht ganz so schmalem Geldbeutel. Es verlocken ein großer Aufenthaltsbereich und eine Küche sowie eine sagenhafte Dachbar mit Aussicht auf einen Hof mit zwei riesigen Kastanienbäumen und einen beliebten Ruinengarten. Ein tolles Hostel mit ebenso tollem Personal.

★ Kapital Inn
B&B €€

(Karte S. 90; ☎ 06 30 915 2029; www.kapitalinn.com; VI., Aradi utca 30, 4. St.; Zi. 89–129 €, Suite 199 €; ❄ @ ☎; M M1 Vörösmarty utca) Das schick gestaltete, gut geführte Gästehaus mit fünf luxuriösen Zimmern und einer Suite mit zwei Betten befindet sich im dritten Stock eines Gebäudes aus dem Jahr 1893. In der gepflegten, unlängst renovierten, großen Küche steht ein Kühlschrank mit allerlei Köstlichkeiten, der jederzeit geplündert werden darf; die 56 m² große Terrasse ist der Hit, um das Frühstück einzunehmen oder einfach in der Sonne zu faulenzen. Die Gäste können mit ihrem eigenen Notebook auch das angrenzende Büro benutzen. Die weniger teuren Zimmer haben ein Gemeinschaftsbad. Es ist kein Lift vorhanden.

Casati Budapest Hotel
HOTEL €€

(Karte S. 90; ☎ 1-343 1198; www.casatibudapesthotel.com; VI., Paulay Ede utca 31; Zi. 90–140 €; P ❄ ☎; M M1 Opera) 🌿 Die mit Kunstwerken verschönte Rezeption stimmt schon auf das stilvolle Hotel in einem renovierten Gebäude aus dem 18. Jh. ein, das allerlei Originalelemente geschmackvoll integriert hat. Die 25 Zimmer sind in einem coolen, modernen Stil abwechslungsreich gestaltet; das Frühstück wird in einem wunderbar überdachten Hof serviert. Den Hausgästen stehen ein kleiner Fitnessraum und eine Sauna im Keller zur Verfügung.

Connection Guest House
PENSION €€

(Karte S. 90; ☎ 1-267 7104; www.connectionguesthouse.com; VII., Király utca 41; EZ 30 €, DZ 50–90 €; @ ☎; M M1 Opera, 🚋 4, 6) Die sehr zentrale, schwulenfreundliche Pension oberhalb von einem begrünten Hof bietet neun Zimmer mit eigenem Bad. Hier fühlen sich Gäste aller Altersgruppen wohl, die Inhaber sind ausgesprochen hilfsbereit. In den größeren Zimmern mit Galerie steht ein Sofa. Auf Wunsch gibt es auch Frühstück.

Baross City Hotel
HOTEL €€

(Karte S. 90; ☎ 1-461 3010; www.barosshotel.hu; VII., Baross tér 15; EZ/DZ/3BZ/5BZ/Apt. 60/70/90/110/160 €; ❄ @ ☎; M M2/4 Keleti pályaudvar) Dieses Hotel, das zur Mellow-Mood-Gruppe gehört, ist eine außergewöhnlich komfortable Karawanserei, die praktisch direkt gegenüber vom Bahnhof Keleti liegt. Die 52 Zimmer sind alle gleich und einfach möbliert, und die Rezeption im vierten Stockwerk ist hell und sauber. Das große Zwei-Zimmer-Apartment, in dem bis zu sechs Personen übernachten können, ist ausgezeichnet für Familien oder Gruppen geeignet. Ein Lift ist vorhanden.

★ Mamaison Residence Izabella
APARTMENT €€€

(Karte S. 90; ☎ 1-475 5900; www.residence-izabella.com; VI., Izabella utca 61; 1-Bett-Apt. 110–150 €,

2-Bett-Apt. 240–280 €, 3-Bett-Apt. 350–380 €; P❋@🛜; M1 Vörösmarty utca) Dieses sagenhafte, in ein Apartmenthotel umfunktionierte, eklektizistische Gebäude aus dem 19. Jh. kann mit insgesamt 38 Apartments aufwarten, die eine Größe von 45 bis 97 m² aufweisen. Es befindet sich gleich bei der feudalen Andrássy út. Die Apartments mit Dekor in Terrakottatönen gruppieren sich rund um einen reizenden, sehr beschaulichen Innenhof in der Mitte. Die Lobby/Rezeption gibt sich einladend und freundlich mit gemütlichen Sofas und kühnen Kunstwerken – allesamt Originale.

Continental Hotel Budapest — HOTEL €€€

(Karte S. 90; ☎ 1-815 1000; www.continentalhotelbudapest.com; VII., Dohány utca 42–44; Zi./Suite ab 130/200 €; P❋@🛜🏊; M2 Blaha Lujza tér, 🚋 4, 6) Das Continental – das einfühlsam restaurierte, prachtvolle Hungária Fürdő (Ungarn-Bad) – kann mit viel Flair und Stil aufwarten. Geboten sind 272 große, wunderschön möblierte Zimmer und eine riesige Atriumlobby, in der einige Originalelemente des Gebäudes aus dem 19. Jh. bewahrt werden konnten. Die Hauptattraktion sind jedoch das Wellnesscenter in der obersten Etage und der Panoramagarten mit Pool.

Corinthia Hotel Budapest — HOTEL €€€

(Karte S. 90; ☎ 1-479 4000; www.corinthia.com/en/hotels/budapest; VII., Erzsébet körút 43–49; Zi./Suite ab 150/390 €; P❋@🛜🏊; M1 Oktogon, 🚋 4, 6) Das ehemalige Royal Hotel ist heute das überaus prachtvolle 5-Sterne-Hotel Corinthia mit 440 Betten. Seine Lobby – ein Doppelatrium mit wuchtiger Marmortreppe – zählt zu den beeindruckendsten in ganz Budapest. Der restaurierte Royal Spa aus dem Jahr 1886, der in das neue Hotel integriert wurde, präsentiert sich nun ebenso hypermodern mit einem 15 m langen Pool sowie einem Dutzend Behandlungsräumen.

Soho Hotel — BOUTIQUEHOTEL €€€

(Karte S. 90; ☎ 1-872 8292; www.sohohotel.hu; VII., Dohány utca 64; EZ/DZ/Suite 109/119/159 €; P❋@🛜; M2 Blaha Lujza tér, 🚋 4, 6) Das reizende, schicke Boutiquehotel mit 68 Zimmern und acht Suiten liegt nicht weit vom New York Palace entfernt – welches mehr Big-Apple-Flair hat, erübrigt sich zu erwähnen. Jedenfalls ist die Lobby aus Glas und Kacheln wirklich sagenhaft. Die für Allergiker geeigneten Zimmer haben Bambustapeten an den Wänden und Parkettboden; das ganze Hotel ist mit bekannten Film- und Musikmotiven gestaltet.

🛏 Südliches Pest

★ KM Saga Guest Residence — PENSION €

(Karte S. 94; ☎ 1-217 1934; www.km-saga.hu; IX., Lónyay utca 17, 3. St.; Zi. ab 35 €; ❋🛜; M4 Fővám tér) Diese einzigartige Pension mit fünf Themenzimmern bietet eine kunterbunte Mischung aus Möbeln aus dem 19. Jh. Der ungarisch-amerikanische Inhaber Sándor ist sehr gastfreundlich und spricht gleich mehrere Sprachen. Eigentlich ist das Gästehaus für Schwule gedacht, aber hier ist jedermann willkommen. Zwei Zimmer teilen sich jeweils ein Bad.

Casa de la Musica — HOSTEL €

(Karte S. 94; ☎ 06 70 373 7330; www.casadelamusicahostel.com; VIII., Vas utca 16; B 9–26 €, DZ 28–32 €; @🛜🏊; M4 Rákóczi tér, 🚋 4, 6) Dieses bunte Hostel verfügt über 100 Betten, darunter mehrere Schlafsäle mit vier bis zwölf Betten, wovon zwei nur für Frauen sind, außerdem gibt es Zweibett- und Doppelzimmer. Toll sind die große Küche und der Aufenthaltsraum, aber auch die Terrasse mit Bar, eine Sommerküche sowie ein Swimmingpool mit eigenem kleinen „Strand" für Gäste, die gern herumplantschen.

★ Brody House — BOUTIQUEHOTEL €€

(Karte S. 94; ☎ 1-266 1211; http://brodyhouse.com; VIII., Bródy Sándor utca 10; Zi. 75–140 €; ❋@🛜; M3 Kálvin tér, 🚋 47, 49) Die ehemalige Residenz des Premierministers aus der Zeit, als das Parlament noch im Haus mit der Nr. 8 zusammenfand (heute das italienische Kulturzentrum), wurde renoviert, jedoch nicht grundlegend verändert. Und so präsentiert sich das superhippe Gästehaus im Retroschick mit antiken Möbeln, aber auch mit modernen Kunstwerken, die sich nahtlos in die acht einzigartigen Zimmer einfügen, die Künstlern aus dem In- und Ausland gewidmet sind. Einen kleinen Minuspunkt gibt es für den fehlenden Fahrstuhl.

Fraser Residence — APARTMENT €€

(Karte S. 94; ☎ 1-872 5900; http://budapest.frasershospitality.com/en; VIII., Nagy Templom utca 31; Studios 70–80 €, 1-Bett-Apt. 95–120 €, 2-Bett-Apt. 140–160 €; ❋@🛜; M3 Corvin-negyed) Die Fraser Residence, die zu einer internationalen Hotelkette gehört, lockt mit ihren 51 Apartments sowohl Gäste an, die einen Kurzaufenthalt planen, als auch Leute, die für einen Langzeitaufenthalt eine Bleibe brauchen. Einige der riesigen, sauberen Wohnungen haben Balkon, alle verfügen über eine Küche, große Betten und erfreuen mit Toilettenartikeln von L'Occitane. Bis auf die Studios sind alle mit einer Waschmaschine samt Trockner ausgestattet. Hübsch ist die kleine Sonnenterrasse mit Garten.

Bo18 Hotel   HOTEL €€
(Karte S. 94; 1-468 3526; www.bo18hotelbuda pest.com; XVIII., Vajdahunyad utca 18; DZ inkl. Frühstück 60–100 €; P ; M3 Corvin-negyed, 4, 6) Das Hotel, das zu keiner Kette gehört, liegt in einer ruhigen Straße. Das Bo18 bietet 50 einfache, aber dennoch schicke Zimmer in vielerlei Farben, eine kleine Sauna und einen Fitnessraum, supersaubere geflieste Bäder sowie einen winzigen Garten. Das Frühstücksbüfett ist üppig.

Kálvin House   HOTEL €€
(Karte S. 94; 1-216 4365; www.kalvinhouse.hu; IX., Gönczy Pál utca 6; EZ/DZ/Suite ab 68/89/109 €; @ ; M3/4 Kálvin tér, 47, 49) Die 36 Zimmer in diesem alten Wohnblock mit viel Flair verteilen sich auf vier Stockwerke. Sie haben originale Holzböden, enorm hohe Decken (vor allem das Zimmer 109) und sind mit nostalgischen Möbeln aus dem frühen 20. Jh. eingerichtet und mit Pflanzen ausgestattet. Einige der Zimmer verfügen über Balkon und Badewanne. Die Räume, die auf den Innenhof hinausgehen, sind in den Sommermonaten kühler. Und zum Glück gibt es hier auch einen Lift.

Thomas Hotel   HOTEL €€
(Karte S. 94; 1-218 5505; www.hotelthomas.eu; IX., Liliom utca 44; EZ/DZ 48/56 €; P @ ; M3 Corvin-negyed) Das bunt gestrichene Thomas Hotel bietet 37 Zimmer, die in Anbetracht der zentralen Lage die reinsten Schnäppchen sind. Einige Räume haben Balkon mit Blick in den Innenhof. Das Kindergesicht im Logo ist übrigens der Inhaber in seiner Jugendzeit, wie er meint. Ein Restaurant gehört mit dazu.

Corvin Hotel Budapest   HOTEL €€
(Karte S. 94; 1-218 6566; http://corvinhotel budapest.hu; IX., Angyal utca 31; EZ 74–90 €, DZ 79–100 €, Apt. 110 €; P @ ; M3 Corvin-negyed, 4, 6) Zwei früher separate Hotels haben sich zusammengetan und diese überaus komfortable Herberge mit 91 Zimmern in einer ruhigen Straße in Ferencváros geschaffen. Der Corvin-Flügel mit vier Sternen bietet 42 schicke, minimalistische und renovierte Zimmer. Der Sissy-Flügel mit seinen 44 Zimmern steht ihm jedoch an Komfort in nichts nach. Außerdem gibt es noch fünf Apartments mit einer kleinen Küche und Balkon in einem separaten Gebäude, das in der selben Straße liegt.

★Hotel Palazzo Zichy   HISTORISCHES HOTEL €€€
(Karte S. 94; 1-235 4000; www.hotel-palazzo zichy.hu; VII., Lőrinc pap tér 2; Zi./Suite ab 125/150 €; P @ ; M3 Corvin-negyed, M3/4 Kálvin tér, 4, 6) Die prächtige Residenz der Adelsfamilie Zichy aus dem 19. Jh. wurde in ein attraktives Hotel umfunktioniert, das noch so hübsche Originaldetails sehen lässt wie schmiedeeiserne Geländer, die sich jedoch nahtlos ins hypermoderne Dekor einfügen. In den 80 Zimmern in Grau- und Cremetönen setzen rote Schreibtische mit Glasplatte lebhafte Akzente, die Duschen sind sagenhaft. Im Kellergewölbe warten eine Sauna und ein Fitnessraum.

Stadtwäldchen & Umgebung

Baroque Hostel   HOSTEL €
(Karte S. 98; 1-788 3718; www.baroquehostel.hu; VII., Dózsa György út 80/a; B/EZ/DZ ab 11/24/34 €; ; 30) Gleich gegenüber vom Stadtwäldchen und nur fünf Minuten zu Fuß vom Heldenplatz entfernt wird dieses Hostel für Backpacker von Backpackern geführt. Die Schlafsäle und Zimmer sind tipptopp sauber, außerdem warten vielerlei nette Extras: Leselampen, ein Wäscheservice, es werden für die Gäste Ausflüge organisiert, und es gibt einen Aufenthaltsraum mit Spielkonsole zum Herumhängen. In den Schlafsälen mit Fenstern zum Korridor wird es in den Sommermonaten heiß.

Royal Park Boutique Hotel   BOUTIQUEHOTEL €€
(Karte S. 98; 1-872 8805; www.royalparkboutique hotel.hu; XIV., Nefelejcs utca 6; EZ/DZ ab 69/81 €; 5, 7, 110, M2 Keleti pályaudvar) Das schicke Backsteingebäude, in dem sich ebenso schicke Zimmer mit karmesinroten Farbakzenten und moderner Kunst befinden, liegt praktisch, um den Bahnhof Keleti zu erreichen. Pluspunkte? In jedem Zimmer gibt es Regenduschen, eine Espressomaschine mit Kaffeekapseln und gute Betten; die Mitarbeiter sind aufmerksam. Minuspunkte? Manche Zimmer sind recht laut, da in der Nähe eine Hauptverkehrsstraße liegt.

Mirage Medic Hotel   HOTEL €€
(Karte S. 98; 1-462 7070; www.miragehotelbuda pest.com; VI., Dózsa György út 88; EZ/DZ ab 95 €; ; 30, M1 Hősök tere) Die Lage könnte feudaler nicht sein – nur ein paar Schritte vom Heldenplatz und vom Stadtwäldchen

entfernt. Das Hotel bietet 37 gut ausgestattete Zimmer auf drei Etagen plus eine Suite. Das Gebäude datiert aus den 1820er-Jahren; vier Zimmer weisen einen imposanten Steinbalkon mit Blick auf den Platz auf. Das nachgemachte Burberry-Dekor verleiht dem Hotel ein klassisches Flair. Laut kann es hier allerdings schon werden.

Star City Hotel HOTEL €€
(Karte S. 98; ⏏1-479 0420; www.starhotel.hu; VII., István utca 14; EZ/DZ ab 60/75 €; ✱@☎; ⎕trolleybus 74, 79, MM2 Keleti pályaudvar) Zur Mellow-Mood-Gruppe gehört auch dieses bunt gestrichene Mittelklassehotel, das ein paar Minuten zu Fuß nördlich vom Bahnhof Keleti liegt. Die meisten der 48 Zimmer sind Doppelzimmer, die sich auf vier Etagen verteilen, aber es gibt auch Apartments für bis zu vier Personen. Die Lobby im Erdgeschoss ist ziemlich geräumig; eine Liftgondel aus Glas führt zu den höher gelegenen Stockwerken und Zimmern.

★ Mamaison Hotel Andrassy Budapest BOUTIQUEHOTEL €€€
(Karte S. 98; ⏏1-462 2100; www.mamaisonandrassy.com; VI., Andrássy út 111; EZ/DZ/Suite 330/355/508 €; ✱☎; MM1 Hősök tere) Dieses schicke Boutiquehotel bietet moderne, gut ausgestattete Zimmer in warmen Farbtönen. TVs mit Plasmabildschirm sind in allen Zimmern Standard; die sieben Suiten verfügen über einen Whirlpool. Die Mitarbeiter sind freundlich und professionell. An weiteren Annehmlichkeiten verlocken ein umfangreiches Frühstück und eine exquisite Küche (französisch und ungarisch) – und das alles liegt nur ein paar Minuten zu Fuß vom Heldenplatz entfernt.

✘ Essen

Die Budapester Restaurantszene hat sich in den letzten Jahren stark gewandelt. Das ungarische Essen wurde „leichter" (was nicht unumstritten ist): Zwar schmeckt es noch einigermaßen deftig und pikant, hat aber weniger Kalorien. Außerdem ist die Anzahl der vegetarischen (oder fleischlosen) Restaurants gestiegen. Und es gibt inzwischen mehr Lokale mit ausländischer Küche.

✘ Burgviertel

★ Budavári Rétesvár UNGARISCH €
(Strudelburg; Karte S. 64; ⏏06 70 408 8696; www.budavariretesvar.hu; I., Balta köz 4; Strudel 310 Ft; ⏱8–19 Uhr; ⎕16, 16A, 116) Bei diesem Straßenverkauf in einer kleinen Gasse des Burgviertels gibt es Strudel in allen vorstellbaren Varianten – von Mohn mit Sauerkirschen bis zu Dill mit Käse und Kraut.

Artigiana Gelati EISDIELE €
(Karte S. 64; ⏏1-212 2439; www.etterem.hu/8581; XII., Csaba utca 8; Kugeln 380 Ft; ⏱Di–So 11–20 Uhr; MM2 Széll Kálmán tér) Diese Gelateria verkauft einige der besten hausgemachten Eis- und Sorbetsorten in Buda: Zu den 27 ziemlich ungewöhnlichen Geschmacksrichtungen gehören Feige, Granatapfel, Sachertorte und Gorgonzola-Walnuss. Wer laktoseintolerant ist, kann sich auf das Soja- und Reismilcheis freuen.

Ildikó Konyhája UNGARISCH €
(Ildikós Küche; Karte S. 64; ⏏1-201 4772; www.ildikokonyhaja.hu; I., Fő utca 8; Gerichte 510–1850 Ft; ⏱11.30–22 Uhr; ⎕19, 41) Diese proppere étkezde (Kantine mit einfachen Gerichten) mit karierten Tischdecken liegt unterhalb des Burgviertels und serviert ungarische Traditionsgerichte (gulyas, Eintopf usw.) zu spottbilligen Preisen.

Vár Cafe UNGARISCH €
(Karte S. 64; ⏏06 30 237 0039; I., Dísz tér 8; Hauptgerichte 1700–2900 Ft; ⏱8–21 Uhr; ⎕16, 16A, 116) Das oberhalb von Burgpalast und Altstadt gelegene Selbstbedienungsrestaurant ist ganz ok, wenn es günstig und schnell sein soll. Gourmets werden hier nicht glücklich. Für Touristen gibt es ein spezielles Menü für 1500 Ft.

Auguszt Cukrászda CAFÉ €
(Karte S. 64; ⏏1-316 3817; www.auguszt1870.hu; II., Fény utca 8; Kuchen 340–750 Ft; ⏱Di–Fr 10–18, Sa 9–18 Uhr; ✍; MM2 Széll Kálmán tér, ⎕4, 6) Versteckt hinter dem Fény-utca-Markt und dem Mammut-Shoppingcenter liegt das ursprüngliche und zugleich kleinste der Auguszts (in Pest existieren zwei jüngere Filialen), wo hausgemachte Kuchen, Gebäck und Kekse angeboten werden.

Nagyi Palacsintázója UNGARISCH €
(Karte S. 64; www.nagyipali.hu; I., Batthyány tér 5; Pfannkuchen 190–680 Ft; ⏱24 Std.; ✍; MM2 Batthyány tér, ⎕19, 41) Die am Fluss gelegene Filiale der beliebten und rund um die Uhr geöffneten Minikette serviert Pfannkuchen mit süßer und pikanter Füllung. Auch Ofenkartoffeln gibt es zu kaufen.

Édeni Végán VEGETARISCH €
(Karte S. 64; ⏏06 20 337 7575; www.facebook.com/edeni.vegan; I., Iskola utca 31; Hauptgerichte

1100–1690 Ft; ⊙ Mo–Do 8–21, Fr bis 19, So 11–19 Uhr; ⌘; Ⓜ M2 Batthyány tér, 🚊 19, 41) Dieses Selbstbedienungsrestaurant ist in einem Stadthaus aus dem frühen 19. Jh. direkt unterhalb des Burgbergs untergebracht. Auf den Tisch kommen langweilige vegetarische und vegane Gerichte – Salate, Pasta und Ragouts ohne alles (ohne Fett, Konservierungsmittel, weißen Zucker etc.). In der warmen Jahreszeit sitzt es sich hübsch im Atrium oder auf der Terrasse

Fortuna Önkiszolgáló UNGARISCH €
(Fortuna Selbstbedienungsrestaurant; Karte S. 64; ☎ 1-375 2401; I., Fortuna utca 4; Hauptgerichte 2200–4400 Ft; ⊙ Mo–Fr 11.30–14.30 Uhr; 🚌 16, 16A, 116) An einem Ort, an dem man das am allerwenigsten erwartet, nämlich auf dem Burgberg, bekommt man unter der Woche ein günstiges und schnelles Mittagessen. Das Selbstbedienungsrestaurant ist schlicht, aber sauber und heiter eingerichtet. Links über die Treppen in der Fortuna-Passage gelangt man nach oben.

Toldi Konyhája UNGARISCH €
(Karte S. 64; ☎ 1-214 3867; I., Batthyány utca 14; Hauptgerichte 1200–1490 Ft; ⊙ Mo–Fr 11–16 Uhr; ⌘; 🚌 11, 111, Ⓜ M2 Batthyány tér) Dieses kleine Lokal westlich der Fő utca ist genau das Richtige, wenn man mittags unter der Woche ungarische Hausmannskost probieren möchte. In „Toldis Küche" steht ein halbes Dutzend *echte* vegetarische Gerichte auf der Karte, was ziemlich ungewöhnlich ist.

Gasztró Hús-Hentesáru UNGARISCH €
(Karte S. 72; ☎ 1-212 4159; II., Margit körút 2; Gerichte ab 350 Ft; ⊙ Mo 7–18, Di–Fr 6–19, Sa 6–13 Uhr; 🚊 4, 6) Dieser traditionelle Metzger gegenüber der ersten Haltestelle der Trams 4 und 6 auf der Buda-Seite (westlich) der Margaretenbrücke verkauft u. a. warme Würste und Brathähnchen – natürlich auch zum Mitnehmen.

Nagyi Palacsintázója UNGARISCH €
(Omas Pfannkuchenlokal; Karte S. 64; www.nagyipali.hu; I., Hattyú utca 16; Pfannkuchen 190–680 Ft; ⊙ 24 Std.; ⌘; Ⓜ M2 Széll Kálmán tér, 🚊 4, 6) Das kleine Lokal serviert rund um die Uhr süße und salzige ungarische Pfannkuchen, weshalb es hier oft sehr voll ist. Hungrige Nachteulen sollten sich auch die Ofenkartoffeln näher ansehen (650–750 Ft).

★ Baltazár Grill & Wine Bar STEAK €€
(Karte S. 64; ☎ 1-300 7050; www.baltazarbudapest.com; I., Országház utca 3; Hauptgerichte 2760–8960 Ft; ⊙ 12–23 Uhr; 🚌 16, 16A, 116) Hähnchen aus Freilandhaltung, Enten, Steirer Schweinefleisch und saftige Rib-Eye-Steaks sowie Wagyu-Steaks und *onglets* (französische Bezeichnung für Nierenzapfen, ein Fleischteil beim Rind oder Kalb) brutzeln in diesem hervorragenden Restaurant auf dem Holzkohlengrill. Auch ungarische Klassiker sind vertreten sowie einige vegetarische Gerichte. Wer keinen Hunger hat, sucht die Weinbar auf, wo man in angenehmer Atmosphäre edle Tropfen aus dem Karpatenbecken verkosten kann.

★ Mandragóra UNGARISCH €€
(Karte S. 64; ☎ 1-202 2165; www.mandragorakavehaz.hu; II., Kacsa utca 22; Hauptgerichte 2000–4200 Ft; ⊙ Mo & Di 11–23, Mi–Sa bis 24 Uhr; 🚌 11, 111, 🚊 19, 41) Mit seinem magisch angehauchten Namen und der gemütlichen Lage im Keller eines Wohnblocks hat dieses Restaurant in Familienhand treue Fans aus der Nachbarschaft. Die ungarischen Klassiker werden hier auf exzellente Weise zubereitet: Langsam gegarte Ente mit Rotkohl, Wurst vom ungarischen Steppenrind oder Perlgraupenrisotto. Besonders günstig sind die wöchentlichen Angebote.

★ Csalogány 26 INTERNATIONAL €€
(Karte S. 64; ☎ 1-201 7892; www.csalogany26.hu; I., Csalogány utca 26; Hauptgerichte 3800–5300 Ft; ⊙ Di–Sa 12–15 & 19–22 Uhr; 🚌 11, 111) Definitiv ist die „Nachtigall" eines der besseren Restaurants der Stadt: Dieses überschaubare Lokal mit spartanischer Einrichtung zeigt seine Kreativität lieber beim hervorragenden Essen, wie beispielsweise beim Spanferkel *mangalica* mit Wirsing (4900 Ft) oder anderen fleischbetonten Gerichten aus regionalen Zutaten. Ein 3-Gänge-Menü kostet lediglich 2900 Ft.

Zóna INTERNATIONAL €€
(Karte S. 64; ☎ 06 30 422 5981; www.zonabudapest.com; I., Lánchíd utca 7-9; Hauptgerichte 3400–6800 Ft; ⊙ Mo–Sa 12–24 Uhr; 🚊 19, 41) Als Treffpunkt der (Reichen und) Schönen ist das Zóna sowohl architektonischer Triumph als auch Magnet für Foodies. Die Speisekarte ist knapp und gut durchdacht: Besonders interessant sind die Wildente mit Vanille-Kartoffelknödeln und die Auswahl an ungarischem Käse mit Birneneis. Für ganz Eilige gibt es auch Burger.

Déryné BISTRO €€
(Karte S. 64; ☎ 1-225 1407; www.bistroderyne.com; I., Krisztina tér 3; Hauptgerichte 2980–3980 Ft;

WIE DIE EINHEIMISCHEN

Es ist nicht schwer, in Budapest so zu leben wie die freundlichen Einheimischen. Das Essen ist exzellent und gar nicht exotisch. Noch besser ist nur der Wein. Und es gibt zahlreiche Dinge, die man auch andernorts gerne genießt: heiße Thermalbäder, süße Kuchen und kuriose Flohmärkte.

Essen

In Budapest und Ungarn ist Fleisch die Hauptspeise – „mit Fleisch gefülltes Fleisch" heißt sogar ein Gericht. Wer Steaks etc. mag, wird sich im **Belvárosi Disznótoros** (S. 131) wohlfühlen. Der Metzger und Caterer stillt täglich den Hunger der Kunden. Noch immer beliebt sind auch die *étkezdék*, Restaurant-ähnliche Lokale mit Retrofeeling, die traditionelle ungarische Hausmannskost servieren. Ein Beispiel ist *főzelék*: ein aus verschiedenen Gemüsesorten weich gekochte, eingedickte Gemüsebeilage. Die typischsten Vertreter ihrer Gattung sind das **Kádár** (S. 140) in der Erzsébetváros, das **Kisharang** (S. 134) unweit des Parlaments in Pest sowie das **Toldi Konyhája** (S. 123) in der Budaer Wasserstadt. Die besten Gaststätten für eine traditionelle Fischsuppe sind das **Horgásztanya Vendéglő** (S. 125) in der Wasserstadt sowie das **Új Sípos Halászkert** (S. 130) in Óbuda.

Ausgehen

Das Angebot reicht von urigen Kneipen und stimmungsvollen Bars bis zu wesentlich gehobeneren Wein- und Cocktailbars. Heimisches Bier (im Allgemeinen Dreher, Kőbányai und Arany Ászok) wird in einem *söröző*, einer „Bierstube", vom Fass (*csapolt sör*) als *pohár* (0,3 l) oder *korsó* (0,4 oder 0,5 l) gezapft. Viele Kneipen und Bars schenken inzwischen auch Craft-Biere diverser Mikrobrauereien aus.

Unterhaltung

Kein Budapester, der etwas auf sich hält, würde je in den warmen Sommermonaten einen stickigen Club besuchen – wofür gibt es schließlich *kertek* (Biergärten) sowie urige *romkocsmák* (Ruinenkneipen)? Unterhaltung auf höchstem Niveau bieten die **Liszt-Musikakademie** (S. 161) und der **Palast der Künste** (S. 161) mit einzigartiger Akustik und erstklassigen Musikern. Doch zahlreiche Budapester ziehen kleinere Veranstaltungsorte vor wie den **Óbudaer Gesellschaftskreis** (S. 159) oder Orgelkonzerte in einer der vielen schönen Kirchen.

Wer Budapest beim Kicken miterleben möchte, besucht ein Spiel des Fußballclubs Ferencváros in der neuen 40 Mio. Euro teuren **Groupama Arena** (S. 162).

Shoppen

Die **Nagycsarnok**, die Große Markthalle (S. 167), ist ein Paradies zum Shoppen. Frauen vom Lande, die hier im Frühjahr Schneeglöckchen und im Sommer selbst gemachten Tomatensaft verkaufen, wird man jedoch nicht antreffen. Dazu geht man besser zur **Rákóczi-tér-Markthalle** (S. 168) oder besser zur **Lehel-Markthalle** (S. 88) in der Újlipótváros. Sehenswert ist auch die frisch renovierte Markthalle **Belvárosi Piac** (S. 134) in einer Parallelstraße zum Szabadság tér. Einheimische besuchen wochentags praktisch nie den **Ecseri Piac** (S. 164), den größten Flohmarkt Mitteleuropas, sondern kommen samstags möglichst früh, um zu sehen, welche Schätze hier vom Land herangeschafft oder von Amateuren verscherbelt werden.

☉ Mo–Do 7.30–0, Fr –1, Sa 9–1, So –24 Uhr; 🚌16, 105, 🚌56, 56A) Was einstmals ein traditionelles Café nahe dem Eingang zum Alagút (dem Tunnel unter dem Burgberg) und im Jahr 1914 eröffnet worden war, ist heute ein wunderschönes Bistro mit köstlichem Frühstück und kräftigeren Speisen, wie beispielsweise Risotto oder geschmorten Rinderbäckchen. Hinzu kommen eine große, hufeisenförmige Bar, Musik, eine hübsche Terrasse, eine offene Küche und ein herzliches Willkommen.

Cafe Miró
INTERNATIONAL €€
(Karte S. 64; ☎ 1-201 2375; www.cafemiro.hu; I., Úri utca 30; Hauptgerichte 2990–4990 Ft; ⊗ 9–24 Uhr; 🛜📶; 🚌 16, 16A, 116) Die Einrichtung dieses Cafés erinnert an die Kunst von Joan Miró. Im Sommer kommen die Gäste wegen der enormen Obst-Smoothies und an kälteren Tagen wegen der fabelhaften Auswahl an Tees, Kaffees und Suppen, aber auch um so fantasievollen Gerichte wie Honig-Chili-Ente mit Nudeln und Baby-Mozzarella-Salat mit hausgemachtem Pesto zu probieren. Die Bedienung versteht ihr Geschäft.

21 Magyar Vendéglő
UNGARISCH €€
(Karte S. 64; ☎ 1-202 2113; www.21restaurant.hu; I., Fortuna utca 21; Hauptgerichte 2760–5760 Ft; ⊗ 11–24 Uhr; 🚌 16, 16A, 116) Dieses Lokal mit dem wenig inspirierenden Namen serviert einige wunderbar einfallsreiche Varianten traditionell ungarischer Gerichte wie Kalbfleischeintopf und Hähnchen-*paprikás* (ein Eintopf aus Sahne-Paprika-Soße und Hänchenfleisch). Die Einrichtung ist eine spannende Mischung aus Alt und Neu, der Service stets freundlich. Wer will, kann den selbst abgefüllten Hauswein probieren.

Pavillon de Paris
FRANZÖSISCH €€
(Karte S. 64; ☎ 1-225 0174; www.pavillondeparis.hu; II., Fő utca 20-22; Hauptgerichte 3500–6900 Ft; ⊗ Di-Sa 12–24 Uhr; 🚌 19, 41) Hier treibt sich öfter das Personal des Institut Français herum, das gleich gegenüber liegt (und wer sollte die französische Küche besser beurteilen können). Der Pavillon befindet sich in einem wundervollen alten Stadthaus, das an eine Burgmauer angrenzt. Der von Lampions erleuchtete Garten hinter dem Haus ist in den Sommermonaten ein Traum. Das französische Essen wirkt höchst einfallsreich (Kohlenfisch mit Roter Bete, Foie gras mit gedünsteter Birne). Exzellenter Service.

Daikichi
JAPANISCH €€
(Karte S. 68; ☎ 1-225 3965; http://daikichihu.wixsite.com/daikichi; I., Mészáros utca 64; Hauptgerichte 2200–4800 Ft; ⊗ Di–Sa 12–15 & 17–22, So 12–21 Uhr; 🚌 27, 110, 112) Dieses heimelige japanische Lokal in einer unscheinbaren Gegend auf der Budaer Seite serviert authentische japanische Küche, darunter ordentliche Soba-Nudeln (heiß und kalt), Sushi, gegrilltes Fleisch mit Teriyaki-Sauce sowie Fisch und Meeresfrüchte und Schweinefleischgerichte.

Kacsa
UNGARISCH €€
(Karte S. 64; ☎ 1-201 9992; www.kacsavendeglo.hu; II., Fő utca 75; 3-Gänge-Menüs Mittag-/Abendessen 3500/6000Ft; ⊗ 12–24 Uhr; 🚌 19, 41) Hier kann man sich ordentlich die „Ente" geben, obwohl man sich nicht auf Gerichte mit Schnabel-Tieren beschränken muss (knusprige Ente nach Art des Hauses mit Blaukraut, Ente im Teigmantel mit Dillsauce). Auch einige Speisen mit ungarischem Steppenrind stehen auf der Karte.

In dem eleganten Lokal mit über hundertjähriger Tradition wird jeden Abend feurige Zigeunermusik gespielt.

Horgásztanya Vendéglő
FISCH & MEERESFRÜCHTE €€
(Fischzüchter-Restaurant; Karte S. 64; ☎ 1-212 3780; www.horgasztanyavendeglo.hu; II., Fő utca 20; Hauptgerichte 1490–3450 Ft; ⊗ 12–24 Uhr; 🚌 19, 41) Ein klassisches Fischrestaurant an der Donau, wo die Suppen in Schüsseln, Töpfen oder Kesseln serviert werden. Fische wie Karpfen, Wels oder Forelle werden in Baja-, Tisza- oder der pikanteren Szegediner Variante zubereitet.

★ Arany Kaviár Étterem
RUSSISCH €€€
(Karte S. 64; ☎ 1-201 6737; www.aranykaviar.hu; I., Ostrom utca 19; Hauptgerichte 4900–18 900 Ft; ⊗ Di–So 12–15 & 18–24 Uhr; 🛜; 🚌 16, 16A, 116) Russische Küche, wie man sie noch nie gesehen hat, dazu herausragender Service und wundervolle Präsentation der Speisen. Köstliche Aromen – hausgeräucherter Fisch, Wildschwein-*pelmeni* (Teigtaschen) und eine große Auswahl an Kaviar – und eine hervorragende Weinkarte. Das mittägliche 3-Gänge-Menü (5000 Ft) ist jeden Forint wert, doch wer sich wirklich etwas Besonderes gönnen möchte, sollte das vielgängige Abendessen (14 900 Ft) probieren.

★ Pierrot
INTERNATIONAL €€€
(Karte S. 64; ☎ 1-375 6971; www.pierrot.hu; I., Fortuna utca 14; Hauptgerichte 3840–7640 Ft; ⊗ 11–24 Uhr; 🚌 16, 16A, 116) Dieses stilvolle und traditionsreiche Restaurant ist in einem Haus untergebracht, das ehedem im Mittelalter eine Bäckerei beherbergte. Es hat sich auf die Gerichte Österreich-Ungarns spezialisiert, angepasst an den Gaumen des 21. Jhs. Die Gäste erwarten Genüsse wie Lammtartar, mit Foie gras und Pilzen gefüllte Wachtel sowie Entenbrust mit karamellisiertem Apfel. Die Speisen sind perfekt angerichtet. Gegessen wird im Gewölbespeisesaal oder im Garten.

Vár: a Speiz
INTERNATIONAL €€€
(Burg: Die Speisekammer; Karte S. 64; ☎ 1-488 7416; www.varaspeiz.hu; I., Hess András tér 6;

Hauptgerichte 3900–9200 Ft; ⊙12–24 Uhr; 🚌16, 16A, 116) Auch wenn Michelin seinen „Bib" wieder einkassiert hat, bleibt dieses romantische Bistro empfehlenswert. Das Vár: a Speiz nimmt Essen ernst und die meisten Gerichte (darunter Hirsch mit Thymian-Blaubeer-Polenta oder Entenkeule mit Wirsing) schmecken wunderbar und bleiben in Erinnerung. Der Service dagegen ist etwas unzuverlässig.

🍴 Gellértberg & Tabán

Vegan Love VEGAN €
(Karte S. 68; www.veganlove.hu; Bartók Béla út 9; Hauptgerichte 1490–1590 Ft; ⊙ Mo-Sa 11–20, So 12–20 Uhr; 🌱; Ⓜ️M4 Móricz Zsigmond körtér, 🚌18, 19, 47, 49) Besser als bei diesem Fast, äh, Street Food kann veganes Essen kaum schmecken. Der Verkaufsstand liegt in der angesagten Bartók Béla út. Hier kann man Süßkartoffeln oder Linsencurry-Burger probieren oder vegane Chili-Tofu-Hotdogs verkosten. Eine kleine/große Portion an der Salatbar kostet 590/1120 Ft.

Marcello ITALIENISCH €
(Karte S. 68; 📞06 30 243 5229, 1-466 6231; www.marcelloetterem.hu; XI., Bartók Béla út 40; Hauptgerichte 1500–4000 Ft; ⊙So-Mi 12–22, Do-Sa bis 23 Uhr; 🚌6) Dieser kulinarische Familienbetrieb nahe dem Szent Gellért tér bietet vernünftiges italienisches Essen zu akzeptablen Preisen – weshalb seit der Eröffnung vor über 25 Jahren rund ums Jahr Studenten der nahe gelegenen Universität hierher pilgern. Die Pizzas (1280–1900 Ft) und die Salatbar sind ihr Geld wert, ebenso die mittlerweile legendäre Lasagne (1600 Ft).

Cserpes Tejivó CAFÉ €
(Karte S. 68; www.cserpestejivo.hu; Kőrösy József utca, Allee Shopping Center; Sandwiches & Salate 230–760 Ft, Menüs 760–1190 Ft; ⊙Mo-Fr 7.30–22, Sa 9–20, So 9–18 Uhr; Ⓜ️M4 Móricz Zsigmond körtér, 🚌6, 47) Diese moderne Version der traditionellen ungarischen *tejivó* (Milchbar) wird vom führenden Milchproduktproduzenten des Landes gesponsert, kann also aus diesem Grund gar nicht schlecht sein. Es gibt vier Filialen: Diese hier befindet sich im schicken Allee Shopping Center nahe der XI Móricz Zsigmond körtér, praktisch an der M4 Metro gelegen.

⭐ **Rudas Restaurant & Bar** INTERNATIONAL €€
(Karte S. 68; 📞06 20 921 4877; www.rudasrestaurant.hu; Döbrentei tér 9, Rudas Baths; Hauptgerichte 2450–4350 Ft; ⊙11–22 Uhr; 🚌7, 86, 🚌18, 19) Dieses Restaurant mit seinem türkisfarbenen Interieur und dem atemberaubenden Blick auf die Donau mit ihren Brücken muss man einfach lieben. Es liegt oberhalb des Rudas Baths Wellness Centre (nach Pauschalangeboten erkundigen), eignet sich also perfekt zur Abrundung nach einer entspannenden Massage oder einer anderen Behandlung. Die eher kleine Terrasse ist in den Sommermonaten eine wahre Oase (obwohl es laut werden kann).

Leroy Cafe INTERNATIONAL €€
(Karte S. 68; 📞06 70 333 2035; http://leroyujbuda.hu; Kőrösy József utca 7-9, Allee Shopping Center; Hauptgerichte 2590–5590 Ft; ⊙ Mo-Sa 11–22, So bis 19.30 Uhr; Ⓜ️M4 Móricz Zsigmond körtér, 🚌6, 47) Dieses nette Café-Restaurant serviert internationale Küche, die nicht besonders einfallsreich ist, aber ein gewisses Niveau aufweist – und es wartet im Allee Shopping Center, wenn man in der Gegend vielleicht ein Craft-Bier zu viel probiert hat. Sandwiches und Wraps (3000 Ft) gibt es hier auch noch. Bei schönem Wetter ist die große Terrasse sehr schnell voll (was dann auch für eine lange Zeit so bleibt).

Hemingway INTERNATIONAL €€
(Karte S. 68; 📞1-381 0522, 06 30 488 6000; http://hemingway-etterem.hu; XI., Kosztolányi Dezső tér 2; Hauptgerichte 3400–4200 Ft; ⊙Mo-Sa 12–0, So bis 16 Uhr; 🚌19, 47, 49) Dieses äußerst stilvolle Lokal in fantastischer Lage – einem kleinen Park mit Blick auf den Feneketlen-tó (Grundloser See) in Süd-Buda – besticht durch seine vielseitige und häufig wechselnde Karte und die wunderbar geräumige Terrasse. Es gibt zahlreiche vegetarische Speisen (1490–2750 Ft) für alle, die leichte, schlichte Gerichte bevorzugen. Sehr beliebt ist der Sonntagsbrunch (4600 Ft; mit Getränken nach Wunsch 5950 Ft).

Aranyszarvas UNGARISCH €€
(Karte S. 68; 📞1-375 6451; www.aranyszarvas.hu; I., Szarvas tér 1; Hauptgerichte 2750–3600 Ft; ⊙ Di-Sa 12–23 Uhr; 🚌86, 🚌18) Das in einem Gasthaus aus dem 18. Jh. untergebrachte Lokal befindet sich am Ende der Treppe, die vom Südende des Burgbergs herabführt (Aussicht!). Der „Goldene Hirsch" serviert einige sehr fleischreiche und ungewöhnliche Speisen, wie z. B. Hirsch in fruchtiger Wildsoße, Wildschweinrücken mit getrockneten Tomaten oder Entenbrust mit Wirsing. Im Sommer sitzt man sehr hübsch auf der überdachten Terrasse.

✖ Óbuda & Budaer Berge

Pastrami INTERNATIONAL €
(Karte S. 72; ☎ 1-430 1731; www.pastrami.hu; III., Lajos utca 93-99; Hauptgerichte 1900–3900 Ft; ⊙ 8–23 Uhr; 🚋 17, 19, 41, 🚈 Tímár utca) In Óbudas Viertel Újlak findet sich dieses helle und freundliche Bistro, das an ein New Yorker Deli erinnert.

Die namensgebende Spezialität wird tatsächlich in zahllosen Varianten serviert, darunter auch das berühmte Reuben-Sandwich (2900 Ft). Doch auch zum Frühstück oder Abendessen lohnt sich der Besuch: Dann kommen kompliziertere Gerichte wie Kürbisrisotto oder Enten-Confit mit Meerrettichkartoffeln auf den Tisch.

Nagyi Palacsintázója UNGARISCH €
(http://nagyipali.hu; III Szentendrei út 13; Pfannkuchen 190–680 Ft; ⊙ 24 Std.; 📶; 🚈 HÉV Aquincum) Eines der vier Pfannkuchenlokale der Stadt, die rund um die Uhr geöffnet haben und Unmengen an Köstlichkeiten aus Teig mit süßer und pikanter Füllung (von Marzipan bis Hähncheneintopf) anbieten.

★ Sushi Sei JAPANISCH €€
(Karte S. 72; ☎ 1-240 4065; www.sushisei.hu; III., Bécsi út 58; Hauptgerichte 2000–6300 Ft; ⊙ So-Do 12–22, Fr & Sa bis 23 Uhr; 🚋 17, 19, 41) Dieses stilvolle Restaurant ist eines der besten Lokale in Budapest, wenn man eine große Auswahl an authentisch japanischer Küche sucht. Neben wunderbar zubereitetem Nigiri, Sushi und Tempura kann man hier kalte Soba-Nudeln, Yakitori, Tonkatsu und gegrillten Fisch probieren. Die Bento-Boxen (1900–2200 Ft) sind ihr Geld wert.

Okuyama no Sushi JAPANISCH €€
(Karte S. 72; ☎ 1-250 8256; http://okuyamano sushi.uw.hu/; III., Kolosy tér 5-6, Kellergeschoss; Sushi 1400–5000 Ft, Hauptgerichte 1400–7000 Ft; ⊙ Di–So 13–22 Uhr; 🚋 9, 109, 🚋 17, 19, 41) Dieser winzige Straßenverkauf im Hof eines Minieinkaufszentrums in Óbuda serviert zum Teil das beste japanische Essen der Stadt, darunter saisonales Sashimi. Es gibt ein Tagesmenü aus fünf Gerichten für 4500 Ft.

Fióka UNGARISCH €€
(Karte S. 74; ☎ 1-426 5555; www.facebook.com/fiokavarosmajor; XII., Városmajor utca 75; Hauptgerichte 2460–5900 Ft; ⊙ Mi–So 11–24 Uhr; 🚋 56, 59, 61) Dieses freundliche Bistro mit Weinbar überzeugt durch eine einfallsreiche Speisekarte mit Köstlichkeiten wie Carpaccio mit geräucherter Gans und Knochenmark auf Toastbrot. Die große Weinauswahl umfasst nicht nur ungarische Tropfen, sondern Weine aus dem gesamten Karpatenbecken. Zur Unterstützung dient eine Reihe von *pálinkas* (Obstbrände).

Pata Negra SPANISCH €€
(Karte S. 72; ☎ 1-438 3227; www.patanegra.hu; III., Frankel Leó út 51; Tapas 380–1850 Ft, Gerichte 840–2200 Ft; ⊙ 11–24 Uhr; 🚋 17, 19, 41) Der „Schwarze Fuß" (ein spanischer Räucherschinken) ist eine hübsche spanische Tapas-Bar mit Restaurant, die typische Gerichte wie *calamares a la romana* (gebratene Calamari) und *pimiento de padrón* (Bratpaprika mit Meersalz), aber auch gehobenere Speisen serviert. Die Bodenfliesen und die Deckenventilatoren sorgen für eine Atmosphäre *à la Valenciana*. Die meisten der 30 Weine sind glasweise erhältlich.

Szép Ilona UNGARISCH €€
(Karte S. 74; ☎ 1-275 1392; www.szepilonavendeglo. hu; II., Budakeszi út 1-3; Hauptgerichte 1800–4500 Ft; ⊙ 12–23 Uhr; 🚋 56, 59, 61) Dieses kultivierte Lokal in den Budaer Bergen serviert herzhafte einheimische Kost wie Entenkeule in Orangensoße zu günstigen Preisen. Der Name bezieht sich auf die „Schöne Helene" aus der Ballade des Dichters Mihály Vörösmarty: Sie verliebt sich in einen feschen „Jäger", der sich als junger König Matthias Corvinus entpuppt. Herrje …

Symbol ITALIENISCH €€
(Karte S. 72; ☎ 1-333 5656; www.symbolbudapest. hu; III., Bécsi út 56; Hauptgerichte 1880–4890 Ft; ⊙ 11.30–24 Uhr; 📶; 🚋 17, 19, 41) Dieses große Restaurant gehört zu einem Gebäudekomplex namens Symbol, Óbudas ehrgeiziger Ansammlung aus Bars und Restaurants, die in und um ein Stadthaus aus dem 18. Jh. errichtet wurden. Auf den Tisch kommen „italienische Fusionsküche" (also magyarisierte Pasta) sowie schlichte Gerichte, beispielsweise Holzofenpizza (1680–2980 Ft) zu vernünftigen Preisen. Es wird Livemusik gespielt und auch die Kinderkarte ist nicht übel. Die Gäste können sich auf ein entspanntes Essen freuen.

Földes Józsi Konyhája UNGARISCH €€
(Karte S. 72; ☎ 1-438 3710; www.foldesjozsikonyha ja.hu; II., Frankel Leó út 30-34; Hauptgerichte 1350–3800 Ft; ⊙ Mo 11.30–15.30, Di–Sa bis 22, So 12–15.30 Uhr; 🚋 4, 6, 17) Dieses rustikale kleine Lokal gegenüber den Lukács-Bädern wurde vor einigen Jahren vom ehemaligen Hotelkoch „Sepp Erdig" eröffnet – so heißt er nun

Budapester Kaffeehäuser

„Mein Kaffeehaus ist meine Burg"

Die Budapester Kaffeehäuser haben eine lange und faszinierende Geschichte. Die Türken brachten das Getränk im 16. Jh. mit, das von den Ungarn den Spitznamen *fekete leves* (schwarze Suppe) erhielt. Das Kaffeehaus gehörte in Budapest lange vor Wien oder Paris bereits fest zum sozialen Leben. In den letzten Jahrzehnten der habsburgischen Doppelmonarchie gab es in Budapest rund 600 Kaffeehäuser.

Im 19. Jh. waren sie weit mehr als nur ein Ort zum Kaffeetrinken. Sie verkörperten die fortschrittliche Idee, dass sich Menschen aller Klassen unter einem Dach versammeln konnten. Hier wurden für die ungarische Kultur und Politik wichtige Impulse gesetzt. Kaffeehäuser waren Orte zum Entspannen, Spielen, Arbeiten, Ideen austauschen sowie für Geschäftsabschlüsse und Debatten. Der Schriftsteller Dezs Kosztolányi schrieb in seinem Essay *Budapest, Stadt der Cafés: Az én kávéházam, az én váram* – „mein Kaffeehaus ist meine Burg".

Unterschiedliche Kaffeehäuser bedienten eine unterschiedliche Klientel: Schauspieler bevorzugten das Pannónia, Künstler das Japán und Geschäftsleute das Orczy. Karikaturisten bevölkerten das Lánchíd und Börsenhändler das Lloyd. Die zwei wichtigsten Cafés für das Kulturleben der Stadt waren das New York und das Centrál. Beide existieren bis auf den heutigen Tag.

Das Literatencafé New York (1891; S. 153) begrüßte früher oder später jeden wichtigen ungarischen Schriftsteller. Der Autor Ferenc Molnár warf einer

1. Centrál Kávéház (S. 149)
2. New York Café (S. 153)
3. *Rétes* (Strudel)

berühmten Anekdote zufolge den Schlüssel des Cafés am Eröffnungsabend in die Donau, damit das Café niemals schließe. Tatsächlich blieb es Jahrzehnte jeden Tag rund um die Uhr geöffnet. Das Centrál Kávéház (S. 149) lockte dieselbe Literatenszene an. Zwei einflussreiche Literaturzeitschriften – *Nyugat* (Westen) und *A Hét* (Die Woche) – wurden hier redigiert.

Aber die Weltwirtschaftskrise, der Zweite Weltkrieg und der Kommunismus waren zu viel für die großartigen alten Cafés. Sie wurden durch günstige und selten einladende Cafés unter der Bezeichnung *eszpresszó* abgelöst. 1989 existierten nur noch ein Dutzend traditionelle Kaffeehäuser.

Heutzutage treffen sich junge Budapester lieber auf ein Bier oder Wein in einem der trendigen modernen Café, wo auch Smoothies auf der Karte stehen.

WAS BEKOMMT MAN WO?

Die Ungarn konsumieren sehr viel Kaffee (*kávé*), im Allgemeinen einfach und schwarz (*fekete*) oder als doppelten (*dupla*) oder mit Milch (*tejes kávé*). Die meisten Cafés servieren heute auch Cappuccino und Latte. Entkoffeinierter Kaffee heißt *koffeinmentes kávé*.

Gebäck und Kuchen sind sehr beliebt. Himmlisch sind die *Dobos torta* (eine mehrschichtige Schokoladen- und Sahnetorte mit einem karamellisierten Überzug aus braunem Zucker) sowie der leckere *rétes* (Strudel), der mit Mohn, Nuss oder *túró* (Quark) gefüllt ist. Normalerweise isst man Kuchen nicht zum Nachtisch, sondern nachmittags in einem der zahlreichen *kávézók* (Cafés) oder *cukrászdák* (Konditoreien). Dazu zählen u. a. die die Auguszt Cukrászda (S. 122) in Buda sowie das Szalai Cukrászda (S. 151) und das Gerbeaud (S. 148).

mal, wenn man seinen Namen übersetzt! Noch immer serviert er hervorragendes ungarisches Essen nach Hausmannsart, darunter Kalbseintopf mit Knödeln und eine ordentliche Auswahl an *főzelék* (gekochtes Gemüse in einer Mehlschwitze).

Mezzo Music Restaurant INTERNATIONAL €€
(Karte S. 74; ☎ 1-356 3565; www.mezzorestaurant. hu; XII., Maros utca 28; Hauptgerichte 2900–4800 Ft; ⊗ Mo–Fr 8–0, Sa 12–0, So 12–22 Uhr; ☐ 128, Ⓜ M2 Széll Kálmán tér) Ein glamouröses Bistro zwischen Széll Kálmán tér und dem Déli-Bahnhof. Das Mezzo hat gehobene internationale und ungarische Gerichte auf seiner Karte stehen – und von Montag bis Samstag wird ab 19.30 Uhr Jazz gespielt. Rindertatar und Gänsebrust schmecken besonders gut. Der Service könnte durchaus ein wenig freundlicher sein.

Vendéglő a KisBíróhoz BISTRO €€
(Karte S. 74; ☎ 1-376 6044; http://vendeglo akisbirohoz.hu; XII., Szarvas Gábor út 8; Hauptgerichte 3400–5400 Ft; ⊗ Di–So 12–23 Uhr; ☐ 61) Dieses beinahe luxuriöse Bistro in den Budaer Bergen ist das Gegenstück zum Bock Bisztro. Es richtet sich an die finanzstarken Bewohner des Distrikt XII. Die Tapas (ab 1400 Ft) werden aus regionalen Produkten hergestellt. Besonders lecker sind die Ochsenbäckchen im Retrostil und das bizarre Eis mit Wurstgeschmack.

Náncsi Néni UNGARISCH €€
(Auntie Nancy; ☎ 1-397 2742; www.nancsineni.hu; II., Ördögárok út 80; Hauptgerichte 850–3450 Ft; ⊗ Mo–Fr 12–23, Sa & So 9–23 Uhr; ☐ 63, 157) „Tante Náncsi" (die ungarische Bezeichnung für verrückte ältere Damen) ist bei den Einheimischen und Expats gleichermaßen beliebt und hat sicher alle Tassen im Schrank. Das Lokal liegt oben in Hűvösvölgy. Im Herbst und Winter gibt es vor allem Wildgerichte und Speisen mit Gänseleber. In den Sommermonaten, wenn die Plätze im Garten viele Gäste anlocken, werden leichtere Gerichte bevorzugt – oftmals mit Trauben oder Schattenmorellen.

Kéhli Vendéglő UNGARISCH €€
(Karte S. 72; ☎ 1-368 0613; www.kehli.hu; III., Mókus utca 22; Hauptgerichte 1490–6990 Ft; ⊗ 12–24 Uhr; ☐ 29, 109, ☐ Szentlélek tér, Tímár utca) Das Kéhli, das sich betont rustikal gibt, serviert das vielleicht beste traditionell ungarische Essen der Stadt. Der Romancier Gyula Krúdy (1878–1933), einer von Ungarns beliebtesten Schriftstellern, wohnte am nahe gelegenen Dugovics Titusz tér. Er betätigte sich auch als Restaurantkritiker; Kéhlis *forró velőscsont fokhagymás pirítóssal* (Knochenmark auf Toast; 980 Ft) schmeckte ihm dermaßen gut, dass er es in einem seiner Romane verewigte.

Remíz UNGARISCH €€
(Karte S. 74; ☎ 06 30 999 5131; www.remiz.hu; II., Budakeszi út 5; Hauptgerichte 1480–4380 Ft; ⊗ 12–23 Uhr; ☐ 56, 59, 61) Diese neben einem Tramdepot *(remíz)* in den Budaer Bergen gelegene, ehrwürdige Institution ist berühmt für das stets gute Essen (z. B. das auf heißen Lavasteinen gegrillte Fleisch, besonders die Rippchen, ab 3380 Ft) sowie für die üppig grüne Gartenterrasse. Sehr köstlich schmeckt der Welseintopf mit Pfifferlingen und Quarknudeln. Die Portionen sind riesig, der Service ist tadellos.

Új Sípos Halászkert UNGARISCH €€
(Neuer Fischergarten; Karte S. 72; ☎ 1-388 8745; www.ujsipos.hu; III., Fő tér 6; Hauptgerichte 1590–3890 Ft; ⊗ So–Do 12–23, Fr bis 23, Sa bis 24 Uhr; ☐; ☐ 29, 109, ☐ Szentlélek tér) Dieses Lokal im alten Stil liegt am Rande von Óbudas schönstem historischem Platz: Bei schönem Wetter sitzt man sogar draußen mittendrauf. Empfehlenswert ist die typische *halászlé* (Fischsuppe; 1190 Ft) in mehreren Varianten. Das Motto des Restaurants lautet: *Halászlében verhetetlen* (Fischsuppe ist unschlagbar). Dazu gibt es einige vegetarische Gerichte und eine Kinderkarte.

Rozmaring UNGARISCH €€
(Karte S. 72; ☎ 1-367 1301; www.rozmaringkertven deglo.hu; III., Árpád fejedelem útja 125; Hauptgerichte 1100–4900 Ft; ⊗ Mo–Do 12–23, Fr & Sa –0, So bis 21 Uhr; ☐ Tímár utca) Nur wegen des Essens (durchschnittlich ungarisch) sollte man den Weg hinauf in diesen Teil Óbudas nicht auf sich nehmen. Doch von der blumenreichen, überdachten Terrasse dieses Gartenrestaurants geht der Blick hinunter auf die Donau und die Westseite der Margareteninsel. Der Wasserturm ist gerade noch über den Baumwipfeln sichtbar. Für die wundervolle Aussicht lohnt es sich allemal, bei schönem Wetter den Berg hinaufzustapfen.

Mongolian Barbecue ASIATISCH €€
(Karte S. 74; ☎ 1-356 6363; www.mongolianbbq. hu/hu/; XII., Márvány utca 19/a; Büffet vor 17 Uhr/ nach 17 Uhr/Wochenende 3890/4990/5490 Ft; ⊗ 12–17 & 18–23 Uhr; ☐ 105, ☐ 61) Dies ist eines dieser durchschnittlichen All-you-can-eat-Restaurants in asiatischer Manier, wo man

die rohen Zutaten auswählt, die von einer Legion von Köchen pfannengerührt werden. Der Unterschied zu anderen derartigen Lokalen: Hier darf der Gast außerdem so viel Bier, Hauswein oder Sangria trinken, wie in ihn hineinpasst.

Maharaja
INDISCH €€

(Karte S. 72; ☎ 1-250 7544; www.maharaja.hu; III., Bécsi út 89-91; Hauptgerichte 2190–3990 Ft; ⊙ 12–23 Uhr; ⌘; 🚌 17, 19, 41) Diese Óbuda-Institution war das erste indische Restaurant, das in Budapest eröffnet wurde. Seine Spezialität sind nordindische Gerichte, besonders Tandooris. Doch das Original ist nicht immer das Beste. Zumindest gibt es annehmbare Samosas und Butterhuhn.

★ Fuji Japán
JAPANISCH €€€

(Karte S. 74; ☎ 1-325 7111; www.fujirestaurant.hu; II., Csatárka út 54; Hauptgerichte 2800–11 900 Ft; ⊙ 12–23 Uhr; 🚌 29) Für die authentischsten japanischen Gerichte der Stadt lohnt sich eine Fahrt in die Hügel des schicken Distrikt II. Neben superfrischen Sashimis und fantasievollen Sushis kommen die Stammgäste wegen der Hotpots, Yakitori und anderen Köstlichkeiten. Wer etwas Besonderes erleben möchte, bucht einen Platz auf den Tatami-Matten und gibt seine gesamte Reisekasse für ein zehngängiges *kaiseki-M*enu (18 500 Ft) aus. Mittagsmenüs kosten unter der Woche lediglich 2290 Ft.

★ Tanti
FUSION €€€

(Karte S. 74; ☎ 06 20 243 1565; www.tanti.hu; XII., Apor Vilmos tér 11–12; 3-Gänge-Mittag-/Abendessen 4700/12 000Ft; ⊙ Mo–Sa 12–15 & 18–23, So 12–16 Uhr; ☏; 🚌 59, 59A, 59B) Wer in einem Lokal namens „Tante" solide Hausmannskost erwartet, wird enttäuscht sein. Stattdessen freuen sich die Gäste hier auf einen atriumartigen Speiseraum, der von Dutzenden von Hängelampen erhellt wird, sowie auf wundervoll angerichtete, innovative Gerichte, inspiriert von ungarischer und französischer Küche. Budapest jüngstes Sternerestaurant wirkt schön entspannt und ist zur Mittagszeit sogar bezahlbar.

🍴 Belváros

Csendes M
VEGAN €

(Karte S. 76; ☎ 06 30 948 1488; www.csend.es; V., Henszlmann Imre utca 1; 2-/3-Gänge-Menüs 1290/1690 Ft; ⊙ Mi–Sa 10–20.30 Uhr; ⌘; Ⓜ M2 Astoria, M3/4 Kálvin tér) Ein ungewöhnlicher Außenposten in einem Land der Fleischesser: Das Csendes M weiß, dass vegetarisches und veganes Essen mehr ist als weichgekochtes Gemüse. Deshalb gibt es kreative und abwechslungsreiche Tagesgerichte, wie beispielsweise Salate aus Nahost mit Linsenbrot, gebackenen Kürbis mit Schokoglasur und Chili sin carne.

Nagyi Palacsintázója
UNGARISCH €

(Karte S. 76; www.nagyipali.hu; V., Petőfi Sándor utca 17–19; Pfannkuchen 160–680 Ft; ⊙ 24 Std.; Ⓜ M3 Ferenciek tere) Die am zentralsten gelegene Filiale von „Omas Palatschinkenbude", Budapests beliebter Minirestaurantkette, wo süße und pikante Pfannkuchen ungarischer Machart an Nachteulen und Schlaflose verkauft werden.

Hummus Bar
NAHOST €

(Karte S. 76; ☎ 06 70 932 8284; www.hummusbar.hu; V., Kecskeméti utca 1; Hauptgerichte 1190–1990 Ft; ⊙ Mo–Fr 11–22, Sa & So 12–22 Uhr; ☏ ⌘; Ⓜ M3/4 Kálvin tér) Ein praktisch gelegener Ableger der Kette nahöstlicher Imbisse, die Budapest im Sturm erobert haben. Hier bekommt man auch als Fleischesser gute vegetarische Gerichte wie *shakshuka* (Spiegelei in Tomatensauce gebraten), Couscous mit gebratenem Gemüse, Falafel, *labneh* (pikanter Joghurtdip) und mit *sabich* (gebratene Aubergine) gefülltes Pittabrot. Die Preise sind günstig, das Lokal wirkt fröhlich und ist eine nette Alternative zu den allgegenwärtigen ungarischen Gerichten.

Belvárosi Disznótoros
UNGARISCH €

(Karte S. 76; ☎ 06 70 602 2775; V., Károlyi utca 17; Gerichte 500–1600 Ft; ⊙ Mo–Fr 7–20, Sa –15 Uhr; Ⓜ M3/4 Kálvin tér, 🚌 47, 48, 49) Wer bereits einen Mordshunger entwickelt hat, sollte bei diesem Metzger mit Speisenverkauf vorbeischauen (ein *disznótor* ist eine Schweineschlachtung), der jedes erdenkliche ungarische Fleischgericht zubereitet und dessen Geschäft den Namen „Innenstadtschlemmerei" trägt. Man kann das Essen mitnehmen oder drinnen an der Theke oder draußen im Freien verspeisen.

★ Paris Budapest Restaurant
INTERNATIONAL €€

(Karte S. 76; ☎ 1-235 1230; www.parisbudapest.hu; V., Széchenyi István tér 2; Hauptgerichte 3600–12 500 Ft; ⊙ 11–23 Uhr; ☏; Ⓜ M1 Vörösmarty tér, 🚌 2) Eines der hübschesten Restaurants von Budapest versteckt sich im Sofitel Hotel. Die Einrichtung ist minimalistisch, der Service zählt zu den besten in ganz Budapest. Und die Gerichte sind einfallsreich, ohne protzig zu wirken (getrüffelte Hähnchenbrust, Wildpilzrisotto, scharf angebratener Butterfisch). Wenn der Gast dann noch einen Blick auf die exzellente Weinkarte wirft, weiß er, dass ihm ein perfekter Abend bevorsteht.

★ Monk's Bistrot　　　UNGARISCH €€
(Karte S. 76; ✆ 06 30 789 4718; www.monks.hu; V., Piarista köz 1; Hauptgerichte 3980–5780 Ft, 3-Gang-Mittagessen 2980 Ft; ⊙ 11–24 Uhr; 🛜; 🍽2) Ein wenig Industriecharme, eine offene Küche und junges Personal: Dieses ambitionierte neue Restaurant hat sich auf gewagte Kombinationen spezialisiert, deren Zutaten dennoch harmonieren. Auf der Karte stehen auch moderne Interpretationen ungarischer Gerichte. Der Pfirsich-Gazpacho mit Makrele sticht wirklich hervor, ebenso die Rinderbäckchen mit Dijon-Senf. Unter der Woche werden günstige Mittagsgerichte angeboten.

★ Magyar QTR　　　UNGARISCH €€
(Karte S. 76; ✆ 06 70 329 7815; www.magyarqtr.com; V., Belgrád rakpart 18; Hauptgerichte 2750–4750 Ft; ⊙ 12–24 Uhr; Ⓜ M3 Ferenciek tere, 🍽2) Es fällt wirklich schwer, dieses Bistro nicht zu mögen – und zwar aus drei Gründen: der exzellente ungarische Wein (über 100 Sorten), das Essen und der fabelhafte Blick auf den Fluss. Die kleine Speisekarte umfasst einfallsreiche Variationen ungarischer Klassiker wie Ente mit Markragout und Pfifferlingen oder *Mangalica*-Schweinefleisch mit Trüffel und Brombeeren. Die wöchentlichen Spezialgerichte werden mit jahreszeitlichen Zutaten zubereitet.

★ Kárpátia　　　UNGARISCH €€
(Karte S. 76; ✆ 1-317 3596; www.karpatia.hu; V., Ferenciek tere 7-8; Hauptgerichte 4100–7700 Ft; ⊙ Mo–Sa 11–23, So 17–23 Uhr; 🛜🍴; Ⓜ M3 Ferenciek tere) Das Kárpátia residiert in einem Palast aus dem Jahr 1877. Im hinteren Teil befindet sich das Restaurant mit Palastatmosphäre, weiter vorne die günstigere *söröző* (Brasserie). Beide servieren fast-moderne ungarische und transsilvanische Spezialitäten. Die recht fleischlastigen Gerichte sind gekonnt zubereitet. Die Weinkarte mit ungarischen Tropfen wirkt solide. Außerdem bekommen die Gäste hier von 18–23 Uhr authentischen *csárdás* zu hören.

Kiosk　　　INTERNATIONAL €€
(Karte S. 76; ✆ 06 70 311 1969; www.kiosk-budapest.hu; V., Március 15 tér 4; Hauptgerichte 2950–4950 Ft; ⊙ 12–24 Uhr; Ⓜ M3 Ferenciek tere, 🍽2) Das Kiosk zeigt sich in unterschiedlichen Gewändern, ob auf der großen Terrasse oder im höhlenartigen Innenraum. Hier kann man entspannt ein oder zwei der fantasievollen Mittagsgerichte probieren. Die hervorragende Bar zieht abends mit ihren 25 ganz speziellen Cocktails vor allem trendiges Jungvolk an. Am Wochenende wird Livemusik gespielt. Das Kiosk ist auch als Konditorei bekannt, die ungarische Süßwarenklassiker im Angebot hat.

Halkakas　　　FISCH & MEERESFRÜCHTE €€
(Karte S. 76; ✆ 06 30 226 0638; www.halkakas.hu; V., Veres Pálné utca 33; Hauptgerichte 2150–5850 Ft; ⊙ Mo–Sa 12–22, So bis 17 Uhr; Ⓜ M4 Fővám tér) Ein charmantes Eckrestaurant in einer ruhigen Straße nahe der Váci utca, das an sonnigen Tagen seine Glastüren weit öffnet, sodass die Gäste auch draußen speisen können. Die frischen, simplen und günstigen Fischgerichte (Stör mit Couscous, gegrillter Karpfen mit Dijon-Senf) werden auf bunten Tellern angerichtet und direkt aus der Küche hinter der Servicetheke serviert.

Borssó Bistro　　　UNGARISCH €€
(Karte S. 76; ✆ 1-789 0975; www.borsso.hu; V., Királyi pál utca 14; Hauptgerichte 2900–7500 Ft; ⊙ Mi–So 12–23, Di 18–23 Uhr; Ⓜ M3/4 Kálvin tér) Ein gemütliches, stilvolles und einladendes Eckrestaurant, das sich über zwei Stockwerke erstreckt. Die Einrichtung ist aus dunklem Holz; abends ist das Lokal in romantisches Kerzenlicht getaucht. Die französisch angehauchte ungarische Küche legt Wert auf Details (Entenconfit mit Cassoulet, Pasta mit Wildpilzen) und überzeugt auch mit hausgemachtem Brot oder äußerst zuvorkommendem Service.

Taverna Dionysos　　　GRIECHISCH €€
(Karte S. 76; ✆ 1-328 0958; www.taverna-dionysos.hu; V., Belgrád rakpart 16; Hauptgerichte 3500–6990 Ft; ⊙ 12–24 Uhr; 🍽2) Mit reichlich griechischem Säulendekor und allgegenwärtigem Blauweißmuster geschmückt. In der Taverne am Fluss finden die Gäste auf drei Etagen Platz. Zu essen gibt es die üblichen griechischen Verdächtigen – von Tsatsiki über Souvlaki bis zu frischem Grillfisch –, aber auch andere Gericht: Besonders empfehlenswert ist der Burger mit Fetakäse.

Buddha Bar　　　ASIATISCH €€
(Karte S. 76; ✆ 1-799 7300; www.buddhabarhotel.hu; V., Váci utca 34; Hauptgerichte 3400–11 900 Ft; ⊙ So–Mi 19–23, Do–Sa bis 24 Uhr; Ⓜ M3 Ferenciek tere) Ob es sich hier um ein asiatisches Restaurant oder um einen Tempel handelt, ist schwer zu sagen. Im gedämpften Licht zieht ein riesiger goldener Buddha alle Blicke auf

sich. Die üppige Einrichtung erinnert an Kolonialzeiten, die Musik geht in Richtung Ambient Lounge und die Speisekarte bietet querbeet alles von Gyoza bis zu Sushi und von Tempura bis zu Thai-Curry. Teuer, aber mit toller Atmosphäre.

Trattoria Toscana ITALIENISCH €€
(Karte S. 76; 1-327 0045; www.toscana.hu; V., Belgrád rakpart 13; Hauptgerichte 1990–4990 Ft; 12–24 Uhr; 15, 115, 2, 47, 48, 49) Diese Trattoria direkt an der Donau serviert rustikale und sehr authentische italienische (besonders toskanische) Kost, darunter *pappardelle al ragù alla Toscana* (breite Bandnudeln mit herzhafter toskanischer Fleischsoße) und eine wunderbare toskanische Bauernplatte. Die Pizzas und Pastagerichte schmecken hervorragend.

★ Baraka FUSION €€€
(Karte S. 76; 1-200 0817; www.barakarestaurant.hu; V., Dorottya utca 6; Hauptgerichte 7200–17 500 Ft, 3-Gänge-Mittagessen 6900 Ft, 7-Gänge-Degustationsmenü 27 000Ft; Mo–Sa 11–15 & 18–23.30 Uhr; ; M1 Vörösmarty tér) Wer während seines Budapestaufenthalts nur in einem einzigen Edelrestaurant speisen will, sollte das Baraka wählen. Der Gast wird in den einfarbig gestalteten Speiseraum geleitet, wo der Koch Norbert Bíró in der halboffenen Küche seine Gerichte zaubert. Viel Fisch und Meeresfrüchte mit französischen, asiatischen und ungarischen Elementen. Alles wird wunderschön angerichtet. Die Bar ist mit ihrer riesigen Auswahl an japanischen Whiskys und panasiatischen Häppchen eine Offenbarung.

Onyx UNGARISCH €€€
(Karte S. 76; 06 30 508 0622; www.onyxrestaurant.hu; V., Vörösmarty tér 7-8; 4-/6-Gänge-Mittagessen 19 900/24 900, Degustationsmenü ab 29 900 Ft; Di–Fr 12–14.30, Di–Sa 18.30–23 Uhr; ; M1 Vörösmarty tér) Dieses mit einem Michelin-Stern prämierte Lokal liegt direkt neben dem Gerbeaud (S. 148), zu dem es auch gehört. Es hat sich nichts Geringeres als die Modernisierung der ungarischen Küche vorgenommen. Das 6-gängige Degustationsmenü „Ungarische Evolution" (29 900 Ft) lässt vermuten, dass es damit erfolgreich ist. Herausragender Service und dezentes Klavierspiel im Hintergrund. Genau das Richtige für romantische Abende.

Nobu JAPANISCH €€€
(Karte S. 76; 1-429 4242; www.noburestaurants.com/budapest; V., Erzsébet tér 7-8, Kempinski Hotel Corvinus; Sashimi pro Stück 900–3800 Ft, Gerichte 1300–12 900 Ft; 12–15.30 & 18–23.45 Uhr; ; M1 Vörösmarty tér) Als ein Ableger des Lieblingslokals der Londoner Elite hier aufmachte, wussten die Budapester, dass sie es ganz nach oben geschafft hatten. So wie andernorts auch ist das Nobu minimalistisch eingerichtet. Es besticht durch effizienten Service, kann aber auch enttäuschen: Nicht alle der exquisit angerichteten Sushi, Sashimi und Tatarhäppchen schmecken wirklich überragend. Wenn die Reisekasse es erlaubt, sollte man sich mit dem 7-Gänge-Menü verwöhnen (25 000 Ft).

Spoon INTERNATIONAL €€€
(Karte S. 76; 1-411 0933; www.spoonrestaurants.hu; off V., Vigadó tér 3; Hauptgerichte 3990–8500 Ft; 12–24 Uhr; ; 2) Wer gerne auf einem zweistöckigen Schiff dinieren und dennoch in Ufernähe bleiben möchte, kann das im Spoon tun. Die Auswahl an Tischen ist enorm, ob im Café, in der Lounge, im Wintergarten oder auf der luftigen Terrasse. Die Gerichte? Kreative internationale Küche (Kalbfleisch mit Marksoße, Jakobsmuscheln mit Black-Pudding-Ravioli). Der Blick auf die Burg und die Kettenbrücke ist einfach unschlagbar.

✗ Parlament & Umgebung

Baotiful ASIATISCH €
(Karte S. 82; 06 30 505 3632; www.facebook.com/baotiful; V., Szabadság tér 17; Bao 690–890 Ft, Teigtaschen 990–2790Ft; Mo–Fr 12–22, Sa bis 0, So bis 20 Uhr; 15, 115, M2 Kossuth Lajos tér) Wen es nach asiatischen Teigtaschen oder *bao* (gedämpfte und gefüllte Brötchen aus Reismehl) verlangt, sollte diesen schlichten Imbiss aufsuchen, der in der ehemaligen Zentrale des Magyar Televízió (Ungarisches Fernsehen) residiert. Die mit Schweinefleisch und koreanisch gewürztem Grillfleisch gefüllten Teigtaschen schmecken hervorragend. Das *gua bao* mit geräuchertem Schweinebauch und Fünf-Gewürze-Pulver ist einfach überirdisch. Das Mittagsmenü kostet lediglich 1590 Ft.

Pizzica PIZZA €
(Karte S. 82; 06 30 993 5481; www.facebook.com/pizzicapizza; VI., Nagymező utca 21; Pizzastück 290–490 Ft, Pizza für 2 1690 Ft; Mo–Do 11–0, Fr & Sa bis 15 Uhr; M1 Oktogon) Höchst unwahrscheinlich, dass es in Budapest eine noch bessere Pizza gibt. Ein Italiener namens Paolo ist der Wirt des winzigen Lokals.

Im Pizzica tischt er echte Spezialitäten wie Pizza mit Kartoffel, Salbei und Mortadella auf. In der Kunstgalerie im Obergeschoss verstecken sich noch ein paar Plätze.

Kisharang
UNGARISCH €

(Karte S. 82; 1-269 3861; www.kisharang.hu; V., Október 6 utca 17; Hauptgerichte 1000–2350 Ft; 11.30–22 Uhr; 15, 115) Das zentral gelegene „Kleine Glöckchen" ist ein *étkezde* (Lokal mit einfachen ungarischen Gerichten), das bei Studenten und Angestellten der Central European University sehr beliebt ist. Auf die Tagesgerichte kann man sich wirklich freuen. Auch der Retrolook ist hübsch anzusehen. Das *főzelék* (370–490 Ft), traditionell ungarisch zubereitetes Gemüse, zum Teil mit Fleisch, schmeckt stets gut.

Butterfly
EIS €

(Karte S. 7828; 1-311 3648; http://butterfly cukraszda.hu; VI., Teréz körút 20; pro Eiskugel 220 Ft; 10–22 Uhr; M1 Oktogon) Wer Pests bestes Eis probieren möchte, muss hierherkommen – und nicht zur Bäckerei nebenan. Denn nur vor dem Butterfly wartet eine Menschenschlange. Im Winter kann man auf Kuchen umsteigen (465–525 Ft).

Belvárosi Piac
MARKT €

(Markt im Zentrum; Karte S. 82; 1-353 1110; www. facebook.com/belvarosipiac; V., Hold utca 13; Mo 6.30–17, Di–Fr bis 18, Sa bis 16 Uhr; M3 Arany János utca) Der ehemals Hold utca genannte Markt wurde generalüberholt. Nach wie vor ein echtes Fleisch- und Wurstparadies. Doch es lohnt sich wegen der gut ein Dutzend Imbisse im Obergeschoss herzukommen, die alles von *főzelék* (Gemüse/Fleisch nach ungarischer Art) über vietnamesische *pho* (Nudelsuppe) bis zu Paella und Hummer anbieten.

Artizán
CAFÉ €

(Karte S. 82; 06 30 856 5122; www.artizan.hu; Hold utca 3; Salate & Sandwiches 690–1390 Ft; Mo–Fr 7–19, Sa 8–16 Uhr; M3 Arany János utca) Ein modernes Café mit Galeriegeschoss: Das Artizán serviert vollwertiges Essen ohne Zusatzstoffe und backt Sauerteigbrot an Ort und Stelle. Die Suppe-Sandwich-Menüs (1150–1500 Ft) sind äußerst günstig und schmecken auch.

Gelateria Pomo d'Oro
EIS €

(Karte S. 82; 06 70 390 7885; www.viaitalia. hu; V., Arany János utca 12; 2/3/4 Kugeln 790/1190/1500 Ft; 11.30–21 Uhr; 15, 115, 2) Dieser kleine Laden verkauft echtes Gelato. Er befindet sich in einer Straße, die inzwischen als „Via Italia" bezeichnet wird, da sich hier italienische Restaurants und Geschäfte aneinanderreihen.

Padthai Wokbar
THAI €

(Karte S. 82; 1-784 5079; http://padthaiwokbar. com; Október 6 utca 4; Gerichte 1380–1880 Ft; 11–22.30 Uhr; 15, 115, 2) Dieses Thai-Restaurant bietet auf zwei Stockwerken Gerichte auf Reis- oder Nudelbasis (1090 Ft) an, ergänzt durch diverse Toppings (290–790 Ft) und kostenlose Soßen. Sehr beliebt bei den Studenten der Central European University, denen die Gemeinschaftsholztische und die oberschlauen Aphorismen gefallen, die in die Glaswände geätzt sind.

Culinaris
INTERNATIONAL €

(Karte S. 82; 1-373 0028; www.culinaris.hu; XIII., Balassi Bálint utca 7; Hauptgerichte 1990–2490 Ft; Mo–Sa 8–15 Uhr; 2) Ist es ein Restaurant? Ein Café? Ein Food Shop für Gourmets? Offenbar eine Mischung aus allem. Freundliche Farben, chaotische Auswahl (Schweinefleisch Vindaloo, mexikanisches Rinderchili, marokkanische Lammpita etc.) – einfach liebenswert, wenn man von den Öffnungszeiten absieht. Glücklicherweise hat der Lebensmittelladen bis 20 Uhr geöffnet (sonntags bis 18 Uhr), sodass man sich immer noch selbstversorgen kann.

Roosevelt Étterem
UNGARISCH €

(Karte S. 82; 06 30 460 8706; www.facebook. com/rooseveltetterem; V., Széchenyi István tér 7-8; Hauptgerichte 1200 Ft; Mo–Fr 8–16 Uhr; 15, 115, 2) Dieses farbenfrohe Café befand sich früher an der Roosevelt tér und ist die moderne Version eines ungarischen *önkiszolgáló* (Selbstbedienungsrestaurant). Leichte Mahlzeiten sind den ganzen Tag über erhältlich. Hauptgerichte werden nach Gewicht berechnet (430 Ft pro 100 g).

Duran
SANDWICHES €

(Karte S. 82; 1-332 9348; www.duran.hu; V Október 6 utca 15; Sandwiches 230–390 Ft; Mo–Fr 8–17, Sa 9–13 Uhr; 15) Dieser Ableger der beliebten Sandwich-Bar befindet sich bei der Central European University und ist immer vollgepackt mit sparsamen Studenten. Inzwischen führt das Lokal auch Minipizzas in der Speisekarte.

Ring Cafe
BURGER €

(Karte S. 82; 1-331 5790; www.ringcafe.hu; VI., Andrássy út 38; Burger 1990–3390 Ft; Mo–Do 10–0, Fr & Sa bis 1, So bis 22 Uhr; ; M1 Oktogon) Hervorragende Burger in vielen verschiedenen Varianten. Dieser kleine, moderne Imbiss serviert aber auch Snacks, Salate und Frühstück bis 1 Uhr morgens.

Gastronomia Pomo d'Oro ITALIENISCH €
(Karte S. 82; 1-374 0288; www.pomodorobudapest.com; V., Arany János utca 9; Gerichte 1700–2490 Ft; Mo-Sa 9–22 Uhr; 15, 115, 2) Dieses italienische Delikatessengeschäft liegt neben einer etwas extravaganteren Trattoria gleichen Namens, und zwar in einer Straße, die von den Einheimischen „Via Italia" genannt wird. Im ersten Stock ist ein kleiner Speiseraum, wo man aus einer überschaubaren Anzahl von Gerichten wählen oder sich Käse und Wurst/Schinken 100-g-weise zusammenstellen kann (550–1800 Ft). Sandwiches kosten 1590–1990 Ft.

Salaam Bombay INDISCH €
(Karte S. 82; 1-411 1252; V., Mérleg utca 6; Hauptgerichte 1490–3100 Ft; 12–15 & 18–23 Uhr; ; 15, 115, 2) Wen es nach authentischem indischem Curry oder Tandoori in farbenfroher, trendiger Umgebung gelüstet, für den ist dieses hübsche Lokal gleich östlich der Széchenyi István tér genau das Richtige. Eine riesige Auswahl an Broten und Reis ergänzt das Chicken Tikka (2590 Ft). Dazu kann man aus einem Dutzend vegetarischer Gerichte (1200–1990 Ft) wählen.

Pick Ház UNGARISCH €
(Karte S. 82; 1-331 7783; www.pick.hu; V., Kossuth Lajos tér 9; Hauptgerichte 425–820 Ft; Mo-Fr 8–15 Uhr; M2 Kossuth Lajos tér) Neben der Metrostation Kossuth Lajos tér liegt dieses Selbstbedienungsrestaurant, und zwar über dem Hauptgeschäftsraum der berühmten Salamifabrik (Mo-Do 6–19, Fr bis 18 Uhr). Praktisch, wenn man nach dem Besuch des Parlaments (gleich gegenüber) oder anderer Sehenswürdigkeiten hier einkehren will. Menüs gibt es für 990 Ft.

Momotaro Metélt NUDELN €
(Karte S. 82; 06 30 670 5184, 1-269 3802; www.momotaroramen.com; V., Széchenyi utca 16; Hauptgerichte 2000–4900 Ft; Di-So 11–22.30 Uhr; ; 15, 115, 2) Ein beliebtes Nudellokal – besonders mit Suppe – und Knödel (1000–2350 Ft), wenn in der Nacht zuvor der *pálinka* (Obstbrand), Unicum und andere Getränke reichlich geflossen sind. Auch gut für Dim Sum und herzhaftere Gerichte.

Veggie Nyers Vegan Bisztró VEGETARISCH €
(Veggie Raw Vegan Bistro; Karte S. 82; 06 30 625 5665; http://veggiebisztro.hu; V., Garibaldi utca 5; Hauptgerichte 1200–1900 Ft; Mo-Sa 11.30–20, So bis 15.30 Uhr; ; M2 Kossuth Lajos tér, 2) Der zweite Teil des Namens sagt schon alles: roh, vegan und ein Bistro. Die täglich angebotenen acht oder neun Hauptgerichte sind alle gluten-, laktose- und sogar zuckerfrei. Es gibt auch Kuchen (400–500 Ft).

Napos Oldal VEGETARISCH €
(Karte S. 82; 1-354 0048; VI., Jókai utca 7; Gerichte 690–990 Ft, Menü 1050–1490 Ft; Mo-Fr 9–20, Sa 11–18 Uhr; ; M1 Oktogon, 4, 6) Dieses winzige Café-Restaurant in einem Laden für gesunde Kost serviert frische Salate, Gebäck und Suppen.

Szeráj KEBAB €
(Karte S. 82; 1-311 6690; XIII., Szent István körút 13; Hauptgerichte 700–1700 Ft; Mo-Sa 9–16, So –24 Uhr; 4, 6) Ein sehr günstiger türkischer Imbiss, wo es leckeren *lahmacun* (türkische Pizza; 650 Ft), Falafel (700 Ft) und Kebabs (ab 1300 Ft) in zahlreichen Variationen gibt. Nach Mitternacht ist es rappelvoll.

Govinda VEGETARISCH €
(Karte S. 82; 1-473 1310; www.govinda.hu; V., Vigyázó Ferenc utca 4; Gerichte 250–1200 Ft; Mo-Fr 11.30–21, Sa 12–21 Uhr; ; 15, 115, 2) Dieses Kellerrestaurant nordöstlich der Kettenbrücke serviert gesunde Salate, Suppen und Desserts sowie Tagesmenüs (1/2/3 Gänge für 1200/2000/3800 Ft).

★ Borkonyha UNGARISCH €€
(Weinküche; Karte S. 82; 1-266 0835; www.borkonyha.hu; V., Sas utca 3; Hauptgerichte 3150–7950 Ft; Mo-Sa 12–16 & 18–24 Uhr; 15, 115, M1 Bajcsy-Zsilinszky út) Der Koch Ákos Sárközi bereitet in seinem Sternerestaurant moderne ungarische Küche zu. Die Speisekarte wechselt alle ein bis zwei Wochen. Unbedingt seine berühmte Vorspeise Foie gras in Strudelteig mit einem Glas süßem Tokajerwein probieren. Steht *mangalica* (eine besondere ungarische Schweinerasse) auf der Karte, trinkt man dazu ein Glas trockenen *furmint* (Weißwein).

★ Pesti Disznó UNGARISCH €€
(Karte S. 82; 1-951 4061; www.pestidiszno.hu; VI., Nagymező utca 19; Hauptgerichte 2690–4490 Ft; So-Mi 11–0, Do-Sa bis 1 Uhr; ; M1 Oktogon) Die Vermutung, im „Pester Schwein" drehe sich alles um Schweinefleisch, sei dem gewöhnlichen Gast verziehen. Denn eigentlich wird die Hälfte der zehn Hauptgerichte aus Geflügel, Fisch oder Gemüse zubereitet. Die Räume sind wunderbar luftig, ja beina-

he loftig. Hohe Tische und charmantes, gut geschultes Personal. Die Weinkarte ist sehr, sehr gut – die meisten Weine werden auch glasweise ausgeschenkt.

★ Kispiac   UNGARISCH €€
(Karte S. 82; ☎ 1-269 4231; www.kispiac.eu; V., Hold utca 13; Hauptgerichte 2300–3950 Ft; ⊙ Mo-Sa 12–22 Uhr; Ⓜ M3 Arany János utca) Dieser Straßenverkauf im Retrostil neben dem Belvárosi Piac an der Hold utca serviert *authentische* ungarische Gerichte, wie beispielsweise gefüllte *csülök* (Schweinsfuß – viel besser als es sich anhört), gebratenes *malac* (Ferkel) und eine Riesenauswahl an *savanyúság* (eingelegtes Gemüse). Gäste werden herzlich willkommen geheißen. Nach dem Besuch braucht man erst einmal eine Woche nichts mehr zu essen.

Liberté   UNGARISCH €€
(Karte S. 82; ☎ 06 30 715 4635; www.libertebuda pest.com; V., Aulich utca 8; Hauptgerichte 2890–4950 Ft; ⊙ 8–23 Uhr; Ⓜ M2 Kossuth Lajos tér) Das 1902 (an anderer Stelle) eröffnete Liberté wirkt eher wie ein Café mit Bar und nicht wie ein Restaurant. Doch es serviert einige wunderbar zubereitete Speisen: Schon allein die Tagesgerichte – *sólet* (jüdisches Eintopfgericht), ungarische Fischsuppe, Lammhaxe – sind einen Besuch wert.

bigfish   FISCH & MEERESFRÜCHTE €€
(Karte S. 82; ☎ 1-269 0693; www.thebigfish.hu; VI., Andrássy út 44; Fisch zu Marktpreisen, Beilagen 670–1100 Ft, andere Hauptgerichte 980–5900 Ft; ⊙ 12–22 Uhr; Ⓜ M1 Oktogon) Der Gast wählt Fisch oder Meeresfrüchte am eisgefüllten Tablett, entscheidet sich für eine Garmethode und ein oder zwei Beilagen und lässt sich dann nieder, um auf sein superfrisches Gericht zu warten. Das schlicht eingerichtete Restaurant hat viele Tische im Innenraum und auf der Terrasse entlang der belebten Andrássy út. Wer gern kleckert, bekommt ein Lätzchen. Pasta und Reisgerichte für Ichthyophobe gibt es auch.

Da Mario   ITALIENISCH €€
(Karte S. 82; ☎ 1-301 0967; www.damario.hu; V., Vécsey utca 3; Hauptgerichte 2000–6000 Ft; ⊙ 11–24 Uhr; 🚋 15, 115, Ⓜ M2 Kossuth Lajos tér) Bei Da Mario, fest in süditalienischer Hand, kann man einfach nichts falsch machen. Während die kalten Platten, Suppen und Hauptgerichte (ob Fisch, ob Fleisch) alle köstlich aussehen, stürzen sich viele Gäste meist auf die hausgemachte Pasta (2000–3500 Ft) und Pizza (2000–4200 Ft) aus dem Holzofen.

Mák   INTERNATIONAL €€
(Karte S. 82; ☎ 06 30 723 9383; www.mak.hu; V., Vigyázó Ferenc utca 4; Hauptgerichte 3400–6800 Ft; ⊙ Di-Sa 12–15 & 18–24 Uhr; 🚋 15, 115, 🚋 2) Das preisgekrönte „Mohn" serviert erfindungsreiche internationale Gerichte mit ungarischer Note, die täglich wechseln. Lässige Umgebung und überaus freundlicher Service mit guter Weinberatung. Zum Mittagessen gibt es günstige 2-/3-Gänge-Menüs für 3200/3800 Ft.

Parázs Presszó   THAI €€
(Karte S. 82; ☎ 06 30 371 5035, 1-950 3770; www. parazspresszo.com; VI., Jókai utca 8; Hauptgerichte 2150–3950 Ft; ⊙ 12–23 Uhr; Ⓜ M1 Oktogon, 🚋 4, 6) Dieser Ableger einer kleinen Kette serviert Thai Food ganz in der Nähe der Großen Ringstraße. Auf der Karte stehen die Klassiker: von *tom yum gung* (1400 Ft) und *pad thai* (ab 2150 Ft) bis zur ganzen Bandbreite der grünen, roten, Penang- und Massaman-Currys. Viele Stammgäste.

Café Bouchon   FRANZÖSISCH €€
(Karte S. 82; ☎ 1-353 4094; www.cafebouchon. hu; VI., Zichy Jenő utca 33; Hauptgerichte 2590–4980 Ft; ⊙ Mo-Sa 11–23 Uhr; 🚋 Oberleitungsbus 70, 78, Ⓜ M3 Arany János utca) Ein bisschen teuer, aber *oh la la, c'est si bon!* – ein familiengeführtes *bouchon* (kleines Restaurant) mit herzlichem Willkommen und einer Einrichtung im Jugendstil. Auf den Tisch kommt französische Landküche mit einem Hauch ungarischer Würze und hin und wieder auch ein italienisches Gericht. Das 4-Gänge-Degustationsmenü kostet ohne/mit Wein 6690/8990 Ft.

Kashmir   INDISCH €€
(Karte S. 82; ☎ 1-354 1806; www.kashmiretterem.hu; V., Arany János utca 13; Hauptgerichte 1390–2990 Ft; ⊙ Di-Sa 18–22, So 12–18 Uhr; ✏; Ⓜ M3 Arany János utca) Eines der besten subkontinentalen Restaurants in Pest. Aufgekocht wird, wie der Name schon sagt, mit Gerichten aus dem Kaschmir, die immer ein wenig süßer als die restliche indische Küche sind. Außerdem gibt es eine Auswahl an Tandooris und viele vegetarische Gerichte. Das Sonntagsbüfett kostet 1390 Ft.

Első Pesti Réteshaz   UNGARISCH €€
(Karte S. 82; ☎ 1-428 0134; www.reteshaz.com; V., Október 6 utca 22; Hauptgerichte 3390–6990 Ft; ⊙ 9–23 Uhr; 🚋 15, 115) Vielleicht hat man es hier ein wenig übertrieben mit der Antik-Deko: alte Theken, bunte Teller an der Wand und alte Briefe und Kuriositäten hin-

ter Plexiglas. Doch das „Erste Strudelhaus von Pest" ist genau der richtige Ort, um dieses ungarische dehnbare und gefüllte Gebäck (ab 350 Ft) mit oder ohne vorhergehendes Hauptgericht zu probieren. Gefüllt sind die Strudel mit Apfel, Käse, Mohn oder Sauerkirschen. Frühstück (ab 890 Ft) gibt es bis 12 Uhr. Mittagsgerichte kosten unter der Woche lediglich 1550 Ft.

Café Kör INTERNATIONAL €€
(Karte S. 82; 1-311 0053; www.cafekor.net; V., Sas utca 17; Hauptgerichte 2490–4790 Ft; Mo-Sa 10–22 Uhr; 15, 115, M3 Arany János utca) Nahe des St.-Stephans-Basilika befindet sich das „Kreiscafé", seit langem beliebt zum Mittag- und Abendessen, aber noch besser zu jeder Zeit für eine leichte Mahlzeit oder zum Frühstück (190–880 Ft), das es bis 12 Uhr gibt. Das Personal ist freundlich und hilfsbereit. Umfangreiche Tageskarte.

Most Kortárs Bistro INTERNATIONAL €€
(Jetzt zeitgenössisches Bistro; Karte S. 82; 06 70 248 3322; http://mostbisztro.hu; VI., Zichy Jenő utca 17; Hauptgerichte 2290–4590 Ft; So-Mi 12–0, Do bis 1, Fr & Sa bis 2 Uhr; M3 Arany János utca) Dieses Restaurant-Bistro-Café-Bar will es allen recht machen, was ihm auch beinahe gelingt. Eine kleine Bar, eine Bühne und eine Dachterrasse, ein geräumiger Speiseraum und ein großer Garten hintenraus. Das Essen auf der „Zeitungskarte" ist gemischt (Burger, Tandoori und/oder pfannengerührte Gerichte). Empfehlenswert ist das Brunch-Menü (1890 Ft) von 10–16 Uhr samstags und sonntags. Montag von 20–22 Uhr und Samstag von 12–16 Uhr spielt eine Band (Jazz und Blues).

Iguana MEXIKANISCH €€
(Karte S. 82; 1-331 4352; www.iguana.hu; V., Zoltán utca 16; Hauptgerichte 1860–4890 Ft; So-Do 11.30–23, Fr & Sa bis 24 Uhr; 15, 115, M2 Kossuth Lajos tér) Iguana serviert ordentliches mexikanisches Essen wie Enchilada, Burritoteller und Fajitas. Es gibt ein 2-Gänge-Mittagessen für nur 1490 Ft und Brunch am Wochenende. An der Bar ist viel los.

Costes Downtown INTERNATIONAL €€€
(Karte S. 82; 1-920 1015; www.costesdowntown.hu; V., Vigyázó Ferenc utca 5; Hauptgerichte 7300–9300 Ft; 6.30–24 Uhr; 15, 115, 2) Das fünfte Restaurant in Budapest, das einen Michelinstern erhielt, und das zweite Costes. Costes Downtown bezeichnet sich als Bistro mit gehobener Küche und hat die Budapester Restaurantszene um eine neue Dimension erweitert. Die Gäste können den beiden Köchen in der offenen Küche zusehen, während sie Köstlichkeiten wie Schwertfisch-Ceviche und scharf angebratene Ente mit Grapefruit und Fenchel bestellen.

Unter dem Backsteingewölbe und umringt von Weinflaschen fühlt man sich hier wie im Keller. Doch die deckenhohen Fenster und die begrünte Wand lassen den Eindruck, unter der Erde zu sitzen, schnell wieder verblassen. Ein Business Lunch unter der Woche kostet 6900 Ft. Für Degustationsmenüs mit 4/5/6 Gängen zahlt man 22 000/25 000/30 000 Ft oder mit Wein 32 000/37 500/45 000 Ft.

Tigris UNGARISCH €€€
(Karte S. 82; 1-317 3715; www.tigrisrestaurant.hu; V., Mérleg utca 10; Hauptgerichte 4300–7900 Ft; Mo-Sa 12–24 Uhr; 15, 115, 2) Dieses trendige und moderne ungarische Restaurant mit weißen Leinentischdecken und antiken Vitrinen hat ausgezeichnete Verbindungen zum berühmten Weingut Gere. Makelloser Service, ein Sommelier, der einen auf eine Reise durch Ungarns Hauptweinanbaugebiete mitnimmt, und unvorstellbar viele Gänseleberevarianten.

Margareteninsel & nördliches Pest

★**Oriental Soup House** VIETNAMESISCH €
(Karte S. 86; 06 70 677 3535; www.facebook.com/orientalsouphouse; XIII., Hollán Ernő utca 3; Hauptgerichte 750–1990 Ft; So-Do 11.30–22, Fr & Sa bis 23 Uhr; ; Oberleitungsbus 75, 76) Dieses vietnamesische Lokal ist zwar weit vom Stadtzentrum entfernt, aber stets gut besucht. Die Gäste quetschen sich unter Papierlampions um die Gemeinschaftstische und lassen sich verschiedene Arten von *pho* (Reisnudelsuppe) sowie *mien ga* (Nudelsuppe mit Hühnchen) und *bun cha* (gegrilltes Schweinefleisch mit Nudeln) schmecken.

★**Édesmindegy** CAFÉ €
(Karte S. 86; 06 30 502 9358; www.facebook.com/Edesmindegy; XIII., Pozsonyi út 16; Kuchen 1090 Ft; 9–21 Uhr; 4, 6) Hier gibt es die besten und fantasievollsten Kuchen von ganz Budapest. Zu den Versuchungen zählen Mohnkäsekuchen mit Mandeln und Sanddorn, Erdbeerkäsekuchen mit Szechuan-Pfeffer, Schokoladentarte mit gesalzenem Karamell und wahrscheinlich die besten *pasteis de nata* (Puddingtörtchen) außerhalb von Portugal.

Sarki Fűszeres
CAFÉ €

(Grocery Store on Corner; Karte S. 86; ☎ 1-238 0600; www.facebook.com/sarkifuszeres; XIII., Pozsonyi út 53-55; Frühstück & Sandwiches 790–2300 Ft; ⊙ Mo–Fr 8–20, Sa bis 15 Uhr; ☐ Oberleitungsbus 75, 76) Dieses hübsche Café im Retrostil an der baumgesäumten Pozsonyi út ist der perfekte Ort für ein Brunch, ein spätes Frühstück, eine Kaffeespezialität oder einfach ein schnelles Sandwich. Es ist gleichzeitig auch ein Deli und Weingeschäft.

Donut Library
FRÜHSTÜCK €

(Karte S. 86; www.thedonutlibrary.com; XIII., Pozsonyi út 22; Doughnuts 320 Ft; ⊙ 10–20 Uhr; ☐ Oberleitungsbus 75, 76, ☐ 2, 4, 6) Budapests erster echter Doughnutladen verkauft Dutzende von Sorten – glasiert und gefüllt. Genau richtig für einen Zuckerrausch mit Koffeinkick. Wer in den Büchern schmökern will, macht es sich in den Sesseln und an den Fensterplätzen bequem.

Dunapark
CAFÉ €

(Karte S. 86; ☎ 1-786 1009; www.dunaparkkavehaz.com; XIII., Pozsonyi út 38; Kuchen 450–800 Ft; ⊙ Mo–Fr 8–23, Sa 10–23, So 10–22 Uhr; ☐ Oberleitungsbus 75, 76) Das im Jahr 1938 als Kino errichtete Art-déco-Restaurant beherbergt eine wunderschöne Galerie zum Sitzen (Obergeschoss) und eine Terrasse. Sehenswert ist der Ausblick auf den Szent István Park. Viele Besucher kennen das Dunapark als *cukrászda* (Konditorei): Die Kuchen und Torten zählen zu den besten diesseits der Donau.

Café Panini
SANDWICHES €

(Karte S. 86; ☎ 06 70 946 8072; www.cafepanini.hu; XIII., Radnóti Miklós utca 45; Sandwiches & Salate 930–1600 Ft; ⊙ Mo 11–22, Di–Fr 8–22, Sa & So 9–22 Uhr; ☐ Oberleitungsbus 75, 76) Dieses schicke und lässige Lokal ist wegen seiner beneidenswerten Lage mit herrlichem Blick auf die Donau einen Besuch wert – allein schon um die Aussicht auf die Margareteninsel zu genießen. Aber auch die tollen Panini, belegten Bagels, Wraps, Salate und Frühstücksvarianten (1290–2390 Ft) sind absolut verlockend.

Pozsonyi Kisvendéglő
UNGARISCH €

(Karte S. 86; ☎ 1-787 4877; XIII., Radnóti Miklós utca 38; Hauptgerichte 1200–2800 Ft; ⊙ 9–24 Uhr; ☐ Oberleitungsbus 75, 76, ☐ 2, 4, 6) Dieses typische Restaurant an der Ecke der Pozsonyi út lohnt einen Besuch: Das ultimative Budapest-Feeling stellt sich nach dem Verzehr der gigantischen Portionen ungarischer Klassiker ein (man darf jedoch keine Gourmetküche erwarten). Dazu supergünstige Preise und typisch ungarische Gäste aus der Nachbarschaft. Im Sommer stehen Tische auf dem Gehsteig. Ein Tagesgericht kostet unter der Woche nur 900 Ft.

★ Laci! Konyha!
UNGARISCH €€

(Karte S. 86; ☎ 06 70 370 7475; www.lacikonyha.com; XIII., Hegedűs Gyula utca 56; Hauptgerichte 3400–4500 Ft; ⊙ Mo–Fr 12–15 & 18–23 Uhr; ☐ 15, 115, Ⓜ M3 Lehel tér) Dieses „Boutique-Restaurant" ist eines der ambitioniertesten Lokale in Budapest. Etwas abgelegen befindet es sich im nördlichen Bereich von Pest. Der Koch Gábor Mogyorósi bereitet altbewährte Klassiker mit einer eklektischen Note zu, beispielsweise Pak Choi mit Perlhuhn und japanische Pilze mit Ochsenschwanz. Das Mittagsgericht mit zwei Gängen ist ein echtes Schnäppchen (2500 Ft).

★ Firkász
UNGARISCH €€

(Karte S. 86; ☎ 1-450 1118; www.firkasz.hu; XIII., Tátra utca 18; Hauptgerichte 2390–7990 Ft; ⊙ 12–24 Uhr; ☐ 15, 115, ☐ 4, 6) Das von ehemaligen Journalisten gegründete „Schmierfink" im Retrostil ist seit Jahren beliebt als ungarisches Lokal mit nostalgischer Note. Das liegt an den wunderbaren Erinnerungsstücken an den Wänden, an der köstlichen Hausmannskost (Gänsekeule in Rotwein oder Zander nach Karpatenart), an der guten Weinkarte und der nächtlichen Klaviermusik.

Kiskakukk
UNGARISCH €€

(Karte S. 86; ☎ 1-450 0829; www.kiskakukk.hu; XIII., Pozsonyi út 12; Hauptgerichte 1750–4990 Ft; ⊙ 12–24 Uhr; ☐ 75, 76, ☐ 2, 4, 6) Dieses recht traditionelle ungarische Lokal mit Retroschild am Eingang bringt seit mehr als 100 Jahren Klassiker wie *gulyásleves* (herzhafte Gulaschsuppe; 990 Ft), Kalbsfleischeintopf mit Spätzle (3750 Ft) und Gänselebermedaillons (4450 Ft) auf den Teller. Bewährt und für gut befunden.

Okay Italia
ITALIENISCH €€

(Karte S. 86; ☎ 1-349 2991; www.okayitalia.hu; XIII., Szent István körút 20; Hauptgerichte 1050–5490 Ft; ⊙ Mo–Fr 11–0, Sa & So 12–24 Uhr; ☐ 4, 6) Ein rund ums Jahr beliebtes Lokal, das vor über 20 Jahren von Italienern eröffnet wurde. Das Okay Italia bietet eine reiche Auswahl, doch die meisten Leute kommen wegen der originellen Pasta und Pizza, die wesentlich besser als „okay" sind. Die Terrasse an der Großen Ringstraße ist in den Sommermonaten ein beliebter Treffpunkt.

Mosselen
BELGISCH €€

(Karte S. 86; ☎ 1-452 0535; www.mosselen.hu; XIII., Pannónia utca 14; Hauptgerichte 3190–6290 Ft; ⏰ 12–24 Uhr; 🚇 15, 115, Ⓜ M4 Nyugati pu) Dieses nette „Belgisches-Bier-Café" in Újlipótváros serviert belgische (und ungarische) Spezialitäten, darunter auch das, was der Restaurantname verspricht: Miesmuscheln in sämtlichen Varianten. Die Auswahl an belgischen Bieren ist riesengroß, darunter auch zwei Dutzend mit Fruchtaroma.

Trófea Grill
BÜFFET €€

(Karte S. 86; ☎ 06 20 949 4206; www.trofeagrill. net; XIII., Visegrádi utca 50/a; Mittagessen unter der Woche/Wochenende 4399/5999 Ft, Abendessen Mo–Do 5999 Ft, Abendessen Fr–So 6599 Ft; ⏰ Mo–Fr 12–0, Sa 11.30–0, So 11.30–20.30 Uhr; 🍴; 🚇 15, 115, Ⓜ M3 Lehel tér) Der richtige Anlaufpunkt, wenn man einen Bärenhunger hat. Das Trófea Grill wartet mit einem enormen Büfett auf, das über 100 kalte und warme Speisen zählt, das die erfreuten Gäste wie Bienen umschwärmen. Kinder unter 12 Jahren dürfen am Wochenende kostenlos essen.

✕ Erzsébetváros & Jüdisches Viertel

★ Igen
PIZZA €

(Karte S. 90; ☎ 06 20 348 0132; www.facebook. com/igenitalia; VII., Madách Imre út 5; Stück 380–580 Ft, ganze Pizza 1520–2320 Ft; ⏰ Di–Do 12–0, Fr & Sa bis 2, So bis 22 Uhr; Ⓜ M1/2/3 Deák Ferenc tér) Zu dieser winzigen Pizzeria nahe dem Gozsdu udvar kann man gern immer wieder „Ja" sagen – denn genau das bedeutet *igen* auf Ungarisch. Hier gibt es vier Standardpizzas (Margherita, Marinara, Kartoffel und Trüffel) und vier wechselnde Angebote. Da das Lokal fest in italienischer Hand ist, sind die Pizzas fast authentisch wie in Napoli.

★ Bors Gasztro Bár
SANDWICHES €

(Karte S. 90; www.facebook.com/BorsGasztroBar; VII., Kazinczy utca 10; Suppen 600 Ft, Baguettes 670–890 Ft; ⏰ 11.30–24 Uhr; 🍴; Ⓜ M2 Astoria) Diese winzige Bar ist wirklich liebenswert: Nicht nur wegen ihrer herzhaften, fantasievollen Suppen (wie wär es mit Süßkartoffel und Kokosnuss oder Tiramisu?), sondern auch wegen der ebenso leckeren überbackenen Baguettes, wie dem „Bors Hund" (pikante Wurst mit Käse) oder „Hirntot" (Schweinehirn ist hier die Hauptzutat). Nichts zum gemütlichen Niederlassen; die meisten Leute verspeisen ihr Essen gleich draußen auf dem Gehsteig.

Fröhlich Cukrászda
CAFÉ, JÜDISCH €

(Karte S. 90; ☎ 06 20 913 2595, 1-266 1733; www. frohlich.hu; VII., Dob utca 22; Gebäck 330–780 Ft; ⏰ Mo–Do 9–18, Fr bis 2, So 10–18 Uhr; Ⓜ M1/2/3 Deák Ferenc tér) Diese koschere Konditorei mit Café, die im ehemaligen Getto liegt, wurde im Jahr 1953 eröffnet. Hier werden jüdische Spezialitäten wie *flódni* (ein dreischichtiger Kuchen mit Apfel, Walnuss und Mohnfüllung; 480 Ft) und *mákos kifli* (halbmondförmige, mit Mohn gefüllte Hörnchen; 330 Ft) gebacken und verkauft.

Naspolya Nassolda
VEGAN €

(Karte S. 90; ☎ 06 70 380 8407; http://naspolya. hu; VI., Káldy Gyula utca 7; Gerichte & Snacks 780–940 Ft; ⏰ Mo–Sa 10–20 Uhr; 🍴; Ⓜ M1 Bajcsy-Zsilinszkyutca) Dieses Café serviert süße und pikante Snacks – roh, vegan, gluten- und milchfrei. Unbedingt den Schokoladenkuchen mit Tonkabohnenschaum, einen Granolariegel mit Zitrusfrüchten oder eine der gesunden Frühstücksoptionen probieren. Der Name bezieht sich auf die Mispel, eine Frucht, die heutzutage beinahe schon in Vergessenheit geraten ist.

Desszert Neked
DESSERTS €

(Dessert for You; Karte S. 90; ☎ 06 20 253 1519; www.desszertneked.hu; VI., Paulay Ede utca 17; Kuchen 300–980 Ft, Eiskugel 300 Ft; ⏰ Mo–Fr 11–21, Sa & So 10–21 Uhr; Ⓜ M1 Bajcsy-Zsilinszky utca) Dieses süße Café ist ganz in Pastellfarben gehalten (sogar die Macarons). Außerdem werden noch Eis und Kuchen angeboten, zum Gleichessen oder Mitnehmen.

Abszolút Pho
VIETNAMESISCH €

(Karte S. 90; ☎ 06 70 551 7630; www.facebook. com/AbszolutPho; VII., Kazinczy utca 52/c; Hauptgerichte 1390–2500 Ft; ⏰ 11.30–22 Uhr; Ⓜ M1/2/3 Deák Ferenc tér) Da ist absolut nichts verkehrt mit oder unecht an diesem kleinen Straßenverkauf eines vietnamesischen Restaurants oberhalb der Kazinczy utca. Doch wie der Name schon sagt: Man sollte hier nicht mehr erwarten als die stark duftende Nudelsuppe mit Kräutern und Rind- oder Hähnchenfleisch und ein paar Teigtäschchen. Dazu gibt es echte Sriracha-Sauce.

Zing Burger
BURGER €

(Karte S. 90; ☎ 06 20 424 9099; www.zingburger. hu/en; VI., Király utca 60; Burger 1150–1790 Ft; ⏰ So–Mi 11–23, Do–Sa bis 1 Uhr; Ⓜ M1 Oktogon, 🚇 4, 6) Das Zing gilt allerorts als der wohl beste Burgerladen in Budapest. Hier gibt es die volle Auswahl – von schlicht bis schick (mit Unmengen von Gemüse und Ziegenkäse). Nicht-Fleischesser können sich an den gegrillten Käsesandwiches mit Paprika oder Pilzen, Zwiebelringen und an den Jalapeños mit Chilisauce delektieren.

Hokedli
VEGETARISCH €
(Karte S. 90; ☏ 06 70 604 1869; www.facebook.com/hokedli; Nagymező utca 10; Suppen & Gerichte 480–890 Ft; ⏲ 11.30–19 Uhr; ⌘; Ⓜ M1 Opera) Dieses charmante kleine Lokal mit Namen „Hocker" ist überwiegend auf Takeaways ausgerichtet. Es bietet einige vegetarische, vegane und glutenfreie Suppen und Eintöpfe. Auch die hausgemachten Kuchen schmecken hervorragend.

Szimpla Farmers' Cafe
CAFÉ €
(Karte S. 90; ☏ 06 20 511 7414; http://szimpla.hu/szimpla-farm-shop/; VII., Kazinczy utca 7; Sandwiches 500–690 Ft; ⏲ 8–22 Uhr; ⌘; Ⓜ M2 Astoria) Dieses nette und rustikale Café bereitet seine Speisen mit Zutaten zu, die der Koch von den Bauern auf dem Szimpla-Bauernmarkt (S. 166) gleich gegenüber bezieht. Auf der Tageskarte stehen saisonale Gerichte für nur 1590 Ft (Suppe und Hauptgericht), Sandwiches, Gebäck, frische Fruchtsäfte und Has-Bean-Kaffee.

Bangla Büfé
BANGLADESCHISCH €
(Karte S. 90; ☏ 1-266 3674; www.banglabufe.com; VII., Akácfa utca 40; Hauptgerichte 1090–1790 Ft; ⏲ Sa–Do 12–23, Fr 14.30–23 Uhr; ⌘; 🚋 4, 6) Dieses von einem Bangladescher betriebene Lokal serviert authentische Samosas (550 Ft), vegetarisches Biryani und welches mit Hähnchen- und Lammfleisch (ab 1090 Ft) sowie Dhal. Schlicht, aber lecker.

Kádár
UNGARISCH €
(Karte S. 90; ☏ 1-321 3622; X., Klauzál tér 9; Hauptgerichte 1000–2500 Ft; ⏲ Di–Sa 11.30–15.30 Uhr; 🚋 4, 6) Das Kádár im Herzen des jüdischen Viertels ist eines der beliebtesten und authentischsten *étkezdék* in Budapest. Mit seiner abwechslungsreichen Karte zieht es viele hungrige Gäste an, die dann hier für alles einzeln zahlen dürfen: eine Brotscheibe, ein Glas Mineralwasser aus der Flasche auf dem Tisch etc.

Bollywood
VEGETARISCH €
(Karte S. 90; ☏ 06 70 541 3812; www.bollywoodbudapest.com; VII., Akácfa utca 50; Hauptgerichte 990–1995 Ft; ⏲ Mo–Mi 12–23, Do–Sa bis 0, So bis 22 Uhr; ⌘; 🚋 4, 6) In diesem kleinen indischen Lokal nahe der Großen Ringstraße treiben sich zwar nicht allzu viele indische Filmstars herum. Dafür ist es aber genau der richtige Ort, um sich sehr günstig mit südindischen vegetarischen und veganen Gerichten zu versorgen.

Montenegrói Gurman
BALKANKÜCHE €
(Karte S. 90; ☏ 06 70 673 0585; www.mnggurman.com; VII., Rákóczi út 54; Gerichte 1590–4990 Ft; ⏲ 24 Std.; 🚋 7, Ⓜ M2 Blaha Lujza tér) Wer nach der Geisterstunde noch hungrig, aber fast pleite ist, den zieht es in dieses südslawische Lokal, wo sich zahllose Taxifahrer Grillgerichte wie *csevapcsicsa* (pikante Fleischbällchen), *pljeskavica* (würzige Frikadellen) oder *razsnyics* (Schisch Kebab) schmecken lassen. Frühstück kostet 1390 Ft.

Erdélyi-Magyar Étkezde
UNGARISCH €
(Karte S. 90; ☏ 06 20 938 6352; www.erdelyimagyar.lapunk.hu; VII., Nagy Diófa 3; Tagesgericht 690–1250 Ft; ⏲ Mo–Fr 11–16 Uhr; Ⓜ M2 Astoria, 🚋 4, 6) Diese kleine *étkezde* serviert Spezialitäten aus Ungarn und dem Erdély (dem ungarischen Teil Siebenbürgens), doch leider nur zu „Banköffnungszeiten". Wer für dieses Geld etwas Günstigeres findet, sollte bitte Bescheid geben. Die Tische sind auf zwei Stockwerke verteilt.

Kis Parázs
THAI €
(Karte S. 90; ☏ 06 30 733 7760; www.parazspresszo.com; VII., Kazinczy utca 7; Suppe 950–1450 Ft, Wok-Gerichte 1680–2080 Ft; ⏲ So–Di 12–23, Mi–Sa bis 3 Uhr; Ⓜ M2 Astoria) Dieser kleine Thai an der belebten Kazinczy utca ist mit seinen einfachen Gerichten schon seit Längerem ein Treffpunkt für Hungrige vor oder nach dem Clubbesuch geworden.

Napfényes
VEGAN €
(Karte S. 90; ☏ 06 20 313 5555; www.napfenyesetterem.hu; VII., Rózsa utca 39; Hauptgerichte 1800–2200 Ft; ⏲ 12–22.30 Uhr; ⌘; Ⓜ M1 Kodály körönd) Das „Sonnig" liegt ein wenig ab vom Schuss (außer man wohnt an oder nahe der Andrássy út), doch der nette Empfang, die schnuckligen Kellerräume und das vegane Essen sind die Reise wert. Zum Lokal gehört ein Bioladen, wo man sich mit Fertiggerichten, Gebäck und hervorragenden Kuchen versorgen kann. Auch Liveunterhaltung wird geboten, wie z. B. Jazzkonzerte.

Frici Papa Kifőzdéje
UNGARISCH €
(Karte S. 90; ☏ 1-351 0197; www.fricipapa.hu; VI., Király utca 55; Hauptgerichte 790–900 Ft; ⏲ Mo–Sa 11–23 Uhr; Ⓜ M1 Oktogon, 🚋 4, 6) „Papa Fritzens Kantine" ist größer und moderner als die meisten anderen *étkezdék* in Budapest. Hervorragende *főzelék* (traditionelles

Gemüsegericht) und Suppen um die 600 Ft. Sehr nett anzusehen sind die lustigen Wandgemälde, die Pest in alten Zeiten zeigen.

★ Zeller Bistro UNGARISCH €€
(Karte S. 90; ☎ 1-321 7879, 06 30 651 0880; VII., Izabella utca 38; Hauptgerichte 2900–5400 Ft; ⊙ Di-Sa 12–15 & 18–23 Uhr; M M1 Vörösmarty utca, ☒ 4, 6) In diesem hübschen, kerzenbeleuchteten Keller werden Gäste herzlich empfangen. Das aufmerksame Personal serviert Gerichte, deren Zutaten überwiegend von den am Plattensee gelegenen Höfen der Besitzer und deren Freunden stammen. Zur ungarischen Küche zählen erstklassige Speisen wie Fleisch vom Steppenrind, Entenkeule, Ochsenschwanz und Lammhaxe. Auch die Desserts sind höchst delikat. Beliebt bei Einheimischen und Zugereisten – deshalb unbedingt reservieren.

★ Barack & Szilva UNGARISCH €€
(Karte S. 90; ☎ 1-798 8285; www.barackesszilva.hu; VII., Klauzál utca 13; Hauptgerichte 3200–5500 Ft; ⊙ Mo-Sa 18–24 Uhr; M M2 Blaha Lujza tér) Dies ist ein perfektes Restaurant, das wohl jeder gern in seinem Viertel hätte. Das bistroartige „Pfirsich & Pflaume" wird von einem Ehepaar geleitet, das sehr gute ungarische Küche von hoher Qualität zubereitet. Empfehlenswert sind die Entenpâté mit Trockenpflaumen und das Rotwein-Rinds-*pörkölt*. Im Sommer sitzt man nett auf der Terrasse.

★ Kőleves JÜDISCH €€
(Karte S. 90; ☎ 06 20 213 5999; www.koleves vendeglo.hu; VII., Kazinczy utca 37-41; Hauptgerichte 2120–4920 Ft; ⊙ Mo-Fr 8–1, Sa & So 9–1 Uhr; ⓦ ✍; M M1/2/3 Deák Ferenc tér) Hier geht es immer lustig zu und voll ist es auch. Die „Steinsuppe" zieht viel Jungvolk an, dem die jüdisch angehauchte (aber nicht koschere) Küche, die fröhliche Einrichtung, der tolle Service und die passablen Preise gefallen. Gute vegetarische Gerichte. Frühstück (890–1250 Ft) gibt es von 8–11.30 Uhr. Das Mittagsgericht kostet nur 1250 Ft bzw. 1100 Ft für die vegetarische Variante.

★ M Restaurant UNGARISCH €€
(Karte S. 90; ☎ 06 70 633 3460, 1-322 3108; www.metterem.hu; VII., Kertész utca 48; Hauptgerichte 2200–3200 Ft; ⊙ 18–24 Uhr; ⓦ; M M1 Oktogon, ☒ 4, 6) Ein kleines, romantisches Lokal mit entspannter Atmosphäre und einer knappen, aber durchdachten Speisekarte: ungarische Gerichte mit französischer Raffinesse. Sehr zu empfehlen.

★ Klassz INTERNATIONAL €€
(Karte S. 90; www.klasszetterem.hu; VI., Andrássy út 41; Hauptgerichte 2990–4990 Ft; ⊙ 11.30–23 Uhr; M M1 Oktogon) Immer auf der Karte steht Foie gras in sämtlichen Variationen und das einheimische *Mangalica*-Schweinefleisch. Seltener vertreten sind Gerichte wie Lamm- und Gemüseragout oder Ente mit Orangenglasur. Das Essen ist von hoher Qualität. Reservieren kann man leider nicht; einfach vorbeischauen und warten. Da das Klassz von einer ungarischen Weinfirma geleitet wird, dreht sich hier auch alles um den Rebensaft, genauer gesagt um den ungarischen Wein.

Den Wein können die Gäste hier in herrlicher entspannter Bistroatmosphäre in kleinen Gläsern (100 ml) bestellen. Auf der häufig wechselnden Karte stehen bis zu vier Dutzend Weine.

Konyha UNGARISCH €€
(Karte S. 90; ☎ 1-322 5274; www.facebook.com/konyhabudapest; VII., Madách Imre út 8; Hauptgerichte 2700–4500 Ft; ⊙ Mo-Fr 9–23, Sa 10–24 Uhr; M M1/2/3 Deák Ferenc tér) Die „Küche" ist eine neue Art von ungarischem Restaurant: Das Hauptaugenmerk liegt auf den Gerichten, die hier gekocht und serviert werden. Die kurze Speisekarte umfasst vier Vorspeisen und ein halbes Dutzend Hauptgerichte. Die meisten Gerichte werden sous-vide zubereitet. Empfehlenswert sind die gegrillten Schweinerippchen oder die *Lecsó*-Eier in appetitlicher Tomaten-Paprika-Soße.

Mazel Tov ISRAELISCH €€
(Karte S. 90; ☎ 06 70 626 4280; http://mazeltov.hu/en; VII., Akácfa utca 47; Hauptgerichte 1990–4190 Ft; ⊙ Mo-Fr 18–2, Sa 12–2, So 12–24 Uhr; ✍; ☒ 4, 6) Ein israelisches Restaurant mit einem großzügigen Innenhof, der in den wärmeren Monaten ausgiebig genutzt wird. Das Mazel Tov serviert zahlreiche Grillspeisen wie *Merguez*-Würstchen und Hähnchen-*shawarma*, die sich auch auf einer Speisekarte in Tel Aviv gut machen würden. Ebenso wie dort stehen auch hier viele vegetarische Gerichte auf der Speisekarte. Das Lokal ist immer gut besucht, deshalb sollte man besser auch unter der Woche reservieren.

Tábla UNGARISCH €€
(Karte S. 90; ☎ 06 20 360 0394; www.facebook.com/tablabudapest; VII., Dohány utca 29; ⊙ Mo-Fr 11.30–22, Sa & So bis 2.30 Uhr; M M2 Blaha Lujza tér, ☒ 4, 6) Die etwas bescheidenere Schwester des teuren Esca nebenan. Die

„Tafel" bietet täglich wechselnde, wohlschmeckende Gerichte. Räucherforelle und pikante Thai-Hühnersuppe stehen einträchtig nebeneinander. Ein Schwerpunkt liegt auf Geflügelgerichten (besonders Ente und Gans) mit viel Gemüse und Obst. Hier fühlt man sich stets herzlich empfangen, der Service ist sehr freundlich.

Tel Aviv Cafe
JÜDISCH €€

(Karte S. 90; ☎06 30 438 7884; www.facebook.com/Cafe.Tel.Aviv.Budapest; VII., Kazinczy utca 28; Hauptgerichte 1490–3400 Ft; ⊙So–Do 8–20.30, Fr bis 15 Uhr; ■4, 6) Dieses süße, blitzblanke Café im Herzen des jüdischen Viertels serviert koschere Küche nach israelischer Art, von Couscous und *shakshuka* bis zu Hummus und Pastagerichten (1390–2500 Ft). Besonders geeignet zum Frühstücken und Mittagessen. Freitags besser früher kommen.

Bock Bisztró
UNGARISCH €€

(Karte S. 90; ☎1-321 0340; www.bockbisztropest.hu; VII., Erzsébet körút 43-49; Hauptgerichte 3400–5400 Ft; ⊙ Mo–Sa 12–24 Uhr; ☎; Ⓜ M1 Oktogon, ■4, 6) Ein elegantes gehobenes Lokal mit einer guten Auswahl an traditionellen ungarischen Delikatessen und Weinen aus dem ganzen Land. Etwas steif und beengt, aber die Gerichte sind gut zubereitet und das Personal ist freundlich und hilfsbereit. Reservierung empfehlenswert.

La Bodeguita del Medio
KUBANISCH €€

(Karte S. 90; www.labodeguitadelmedio.hu; VII., Dob utca 55; Hauptgerichte 2290–7590 Ft; ⊙Mo–Do & So 12–1, Fr & Sa bis 3 Uhr; ■4, 6) La Bodeguita del Medio, ein kubanisches Restaurant, ist der Publikumsmagnet des Fészek Clubs, dem Treffpunkt der Künstler und Intellektuellen seit 1901. Beliebt sind Bananen- und Yucca-Chips, *mantanzas* (Grillfleisch) und *ropa vieja* (Beef Jerky). Das Lokal liegt im schönsten grünen Innenhof der Stadt. Von Dienstag bis Samstag wird ab 20 Uhr lebhafte kubanische Musik gespielt.

Cirkusz
UNGARISCH €€

(Karte S. 90; ☎1-786 4959, 06 70 623 1616; www.facebook.com/cirkuszbudapest; VII., Dob utca 25; Hauptgerichte 2200–3200 Ft; ⊙Mo–Sa 9–22, So bis 17 Uhr; ☎; Ⓜ M1/2/3 Deák Ferenc tér) Das farbenfrohe Cirkusz, eines der interessanteren Lokale an der Dob utca, serviert traditionell ungarische Gerichte mit internationalem Touch. Doch es ist eher ein Café als ein Restaurant. Gut zum Frühstücken (750–1700 Ft) – ob früh oder spät (bis 16 Uhr). Unbedingt die Türkischen Eier probieren.

Spinoza Café
UNGARISCH €€

(Karte S. 90; ☎1-413 7488; www.spinozacafe.hu; VII., Dob utca 15; Hauptgerichte 1950–4650 Ft; ⊙Mo–Fr 8–0, Sa & So 9–23.30 Uhr; Ⓜ M2 Astoria) Zu diesem hübschen Café-Restaurant gehören eine Kunstgalerie und ein Theater, in dem freitags um 19 Uhr *Klezmer*-Konzerte (jüdische Volksmusik) stattfinden (9500 Ft mit 3-Gänge-Menü). Im Kaffeehaus und Restaurant gibt es dafür jeden Abend Klaviermusik zu hören. Das Essen ist überwiegend ungarische und jüdische Hausmannskost (nicht koscher, aber auch kein Schweinefleisch). Das ganztägig angebotene Frühstück (1500 Ft) ist ein Schnäppchen.

Menza
UNGARISCH €€

(Karte S. 90; ☎1-413 1482; www.menzaetterem.hu; VI., Liszt Ferenc tér 2; Hauptgerichte 2590–4990 Ft; ⊙10–24 Uhr; Ⓜ M1 Oktogon) Dieses stilvolle Restaurant, an einem von Budapests lebhaftesten Plätzen gelegen, ist trotz seines Namens alles andere als eine Mensa. Die zahlreichen Gäste kommen wegen der einfachen, aber gut zubereiteten ungarischen Klassiker im modernen Gewand, die in einem trendigen Speiseraum im Stil der 1950er-Jahre serviert werden. Das 2-Gänge-Menü kostet unter der Woche 1290 Ft.

Vak Varjú
UNGARISCH €€

(Karte S. 90; ☎1-268 0888; http://vakvarju.com; VI., Paulay Ede utca 7; Hauptgerichte 2250–4390 Ft; ⊙12–24 Uhr; Ⓜ M1 Bajcsy-Zsilinszky utca) Die „Blinde Krähe" ist bei einheimischen jungen Leuten beliebt. Ihnen gefallen offenbar die großzügigen Räume, die langen Holztische und das gute Essen, das in Riesenportionen auf den Tisch kommt. Hier kann man Süßkartoffelcremesuppe, Schweinehirn auf Toast mit Salat aus roten Zwiebeln und Hähnchenbrust mit Kürbis-Birnen-Risotto probieren. Meist herrscht Partyatmosphäre.

Vintage Garden
BISTRO €€

(Karte S. 90; ☎06 30 790 6619; www.facebook.com/vintagegardenbudapest; VII., Dob utca 21; Hauptgerichte 1990–6990 Ft; ⊙8–24 Uhr; Ⓜ M1/2/3 Deák Ferenc tér) Manche würden dies als den perfekten Ort für ein erstes Date beschreiben. Das Vintage Garden ist mit der schönen Terrasse hinter dem Haus und den weiß lasierten Holzböden, den Kronleuchtern, Spiegeln und vielen Blumen durchaus romantisch. Hauptgerichte wie Jambalaya sind eine Überlegung wert. Oder man hält sich an die Burger, Sandwiches und Salate (2490–2990 Ft).

Macesz Bistro
JÜDISCH €€

(Karte S. 90; 📞1-787 6164; http://maceszbistro.hu/; VII., Dob utca 26; Hauptgerichte 2490–4590 Ft; ⊙ So–Do 12–16 & 18–23, Fr & Sa bis 24 Uhr; M M1/2/3 Deák Ferenc tér) Das Macesz verbindet gekonnt Tradition und Moderne: Die ungarisch-jüdischen Gerichte werden in einem noblen Speiseraum im Bistrostil serviert, der mit edlen Tapeten und Schaukelpferden dekoriert ist. Die Eier nach jüdischer Art (1290 Ft) und die Suppe mit Matzeknödeln (1490 Ft) sind besonders leckere Vorspeisen. Bei den Hauptgerichten sind vor allem die Gänse und Enten sehr zu empfehlen.

Hanna
JÜDISCH €€

(Karte S. 90; 📞1-342 1072; VII., Dob utca 35; Hauptgerichte 2800–3600 Ft; ⊙ So–Do 11–22, Fr –23, Sa 12–15 Uhr; 🚋4, 6) Dieses Lokal ist im Obergeschoss einer alten Schule im Gebäude der orthodoxen Synagoge untergebracht. Einfache Kost, schlichte Umgebung, streng koschere Mahlzeiten. Für den Sabbat bestellt und zahlt man Gerichte im Voraus. 3-Gänge-Menü ab 5900 Ft.

Fausto's
ITALIENISCH €€€

(Karte S. 90; 📞1-269 6806, 06 30 589 1813; www.fausto.hu; VII., Dohány utca 3; Hauptgerichte Osteria 2400–4800 Ft, Restaurant 4900–8200 Ft; ⊙Uhr Mo–Sa 12–15 & 19–23; M M2 Astoria) Dieses elegante Lokal besticht durch den erstklassigen Speiseraum des *ristorante* und eine günstigere *osteria*, beide ganz in der Nähe der Großen Synagoge gelegen. Die Stammgäste lieben das Fausto's wegen seiner ausgezeichneten und einfallsreichen Pasta- und Tagesgerichte sowie für die verführerischen Desserts. Hinzu kommt eine gute Auswahl an italienischen und ungarischen Weinen. 3-/4-Gänge-Menüs kosten in der *osteria* 3200/4200 Ft. Exquisiter Service.

✘ Südliches Pest

Curry House
INDISCH €

(Karte S. 94; 📞1-264 0297; www.curryhouse.hu; VIII., Horánszky utca 1; Hauptgerichte 1700–3100 Ft; ⊙ Di–So 11–22 Uhr; 🍴; M M4 Rákóczi tér) Dieses reichgeschmückte und gut geführte indische Restaurant heißt Gäste herzlich willkommen und überzeugt durch aufmerksamen Service und eine große Auswahl authentischer Gerichte: viele Speisen für Vegetarier (1300–2200 Ft), außerdem mittags Thalis (Tablett mit verschiedenen kleinen Portionen zum Probieren), saftige Tandooris (1700–3000 Ft) und gelungene Currys.

Hanoi Xua
VIETNAMESISCH €

(Karte S. 94; 📞1-314 6736; www.facebook.com/hanoixuarestaurant; IX., Ernő utca 30–34; Hauptgerichte 1390–2290 Ft; ⊙11–22 Uhr; M M3 Nagyvárad tér) Ein wenig ab vom Schuss, aber praktisch in der Nähe des Ungarischen Nationalmuseums gelegen: Dieses geräumige und funktional eingerichtete Restaurant hat eine umfangreiche, preisgünstige und authentische Speisekarte mit *pho* (Nudelsuppe), *bún* (Reisnudeln), *bánh mì* (Sandwiches) und weiteren vietnamesischen Klassikern. Viele Stammgäste.

African Buffet
AFRIKANISCH €

(Karte S. 94; 06 30 443 2437; VIII., Bérkocsis utca 21; Gerichte ab 1300 Ft; ⊙ Mo–Sa 10–23 Uhr; M M4 Rákóczi tér, 🚋4, 6) Tolles Essen, bunte Einrichtung und ein herzliches Willkommen. Diese kleine afrikanische Oase liegt ganz in der Nähe des Rákóczi-tér-Markts. Ein Familienbetrieb, der hausgemachtes Essen anbietet. Unbedingt die würzige Ziegensuppe und den Sansibar-Reis probieren, der voll leckerer Zutaten steckt.

Macska
VEGETARISCH €

(Karte S. 94; 📞1-786 8370; www.facebook.com/macska23; VIII.,Bérkocsis utca 23; Gerichte 1400–2800 Ft; ⊙ Mo–Do 4–0, Fr bis 2 Uhr; 🍴; M M4 Rákóczi tér, 🚋4, 6) Die „Katze" ist ein seltsames kleines Café mit Bar, auf dessen Karte vegetarische und vegane Gerichte wie Enchiladas und Burritos stehen. Die Deko besteht – wen wundert's? – überwiegend aus Katzen. Coole Atmosphäre und gute Musik.

Pink Cadillac
PIZZA €

(Karte S. 94; 📞1-216 1412; www.pinkcadillac.hu; IX., Ráday utca 22; Pizzas 1340–2450 Ft, Pasta 1550–2450 Ft; ⊙10–24 Uhr; M M3/4 Kálvin tér) Die Ráday utca ist nun seit fast zwei Jahrzehnten die wichtigste Restaurantmeile im südlichen Pest. Wem es im Pink Cadillac nicht gefällt, kann sich die Pizza auch ins Paris Texas (S. 158) liefern lassen, die Bar befindet sich gleich nebenan.

★ Rosenstein
UNGARISCH €€

(Karte S. 94; 📞1-333 3492; www.rosenstein.hu; VIII., Mosonyi utca 3; Hauptgerichte 2900–6500 Ft; ⊙ Mo–Sa 12–23 Uhr; M M2/4 Keleti-Bahnhof, 🚋24) Ein erstklassiges und gemütliches ungarisches Restaurant in überraschender Lage. Jüdische Küche und Superservice. Fest in Familienhand, jeder kennt hier jeden. Die ausführliche Speisekarte verzeichnet einige interessante Wildgerichte sowie günstige Mittagsgerichte (2200–3200 Ft).

Matrjoska Bisztró
RUSSISCH €€

(Karte S. 94; ☎ 1-796 8496; www.matrjoska bisztro.com; VIII., Lőrinc pap tér 3; Hauptgerichte 2800–4900 Ft; ⊙ Mo-Sa 12–24 Uhr; Ⓜ M3/4 Kálvin tér, 🚋 4, 6) Das an einem süßen kleinen Platz gelegene Bistro mit russischer Note hat hohe Decken, Deko-Elemente aus Holzbalken und Baumstämmen sowie Kellner, die zwischen den Tischen umherflitzen. Toller Kaviar, Borschtsch, *pelmeny* (Teigtaschen) und natürlich eine große Wodkaauswahl. Am Wochenende sollte man besser reservieren oder auf einem Stuhl an dem riesigen Tisch in Fassform balancieren.

Petrus
FRANZÖSISCH €€

(Karte S. 94; ☎ 1-951 2597; www.petrusrestaurant.hu; IX., Ferenc tér 2-3; Hauptgerichte 2990–4190 Ft; ⊙ Di-Sa 12–15.30 & 18–23 Uhr; Ⓜ M3 Klinikák, 🚋 4, 6) Das Lokal des prominenten Kochs Zoltán Feke bietet vorzügliche französische Bistroküche, beispielsweise Bœuf bourguignon, Entenconfit und Schnecken unterschiedlichster Zubereitung. Das Restaurant verbindet kunstvoll moderne und traditionelle Deko-Ideen, allerdings nimmt die Citroën-„Ente" in der Mitte des Speiseraums nur unnötig Platz weg. Gute Weinkarte, verbesserungswürdiger Service.

Padrón
TAPAS €€

(Karte S. 94; ☎ 06 30 900 1204; www.facebook.com/padrontapas; VIII., Horánsky utca 10; Tapas 690–1490 Ft; ⊙ Mo-Fr 17–23, Sa 9–23 Uhr; 🕿; Ⓜ M4 Rákóczi tér) Das Padrón, eine echt spanische Ecke in den dunklen Gassen von Budapest, wird von kenntnisreichem Personal und hervorragend ausgebildeten Köchen betrieben. Die Tapasauswahl ist riesig – Tortilla, *jamón iberico* (Räucherschinken), *gambas al pil-pil* (Knoblauchgarnelen mit Chili), verschiedenste *bacalaos* (getrockneter Kabeljau) und *morcilla* (Blutwurst). Es gibt auch saisonale Gerichte.

Építész Pince
UNGARISCH €€

(Karte S. 94; ☎ 1-266 4799; www.epiteszpince.hu; VIII., Ötpacsirta utca 2; Hauptgerichte 2050–4250 Ft; ⊙ Mo-Do 11–22, Fr & Sa bis 24 Uhr; Ⓜ M3/4 Kálvin tér) Das Interieur dieses Kellerrestaurants hinter dem Ungarischen Nationalmuseum ist einfach umwerfend. Kein Wunder, schließlich befindet sich das Lokal in der neoklassizistischen Zentrale der Magyar Építész Kamara (Ungarische Architektenkammer). Das Essen besteht aus leichten Versionen ungarischer Klassiker. Hierher kommt man wegen des Designs, des Künstlervolks und des tollen gepflasterten Innenhofs, der ab der Dämmerung von Kerzen erhellt wird. Das Mittagsgericht kostet unter der Woche nur 1150 Ft.

Borbíróság
UNGARISCH €€

(Karte S. 94; ☎ 1-219 0902; www.borbirosag.com; IX., Csarnok tér 5; Hauptgerichte 2250–4650 Ft; ⊙ Mo-Sa 12–23.30 Uhr; Ⓜ M4 Fővám tér, 🚋 47, 49) In diesem klassischen Weinlokal unweit des Nagycsarnok-Markts (S. 167) werden 100 ungarische Weine angeboten. Auch das Essen, besonders die Ente ist sehr schmackhaft. In den warmen Monaten sitzt man an dem ruhigen Platz sehr nett auf der Terrasse.

Fülemüle
UNGARISCH €€

(Karte S. 94; ☎ 06 70 305 3000, 1-266 7947; www.fulemule.hu; VIII., Kőfaragó utca 5; Hauptgerichte 2900–5500 Ft; ⊙ So-Do 12–22, Fr & Sa bis 23 Uhr; Ⓜ M4 Rákóczi tér, 🚋 4, 6) Dieses malerische ungarische Restaurant ist mit seinen langen Holztischen und den alten Fotos an der Wand eine richtige Entdeckung, hier mitten im tiefsten Józsefváros. Bei den Gerichten verbindet sich ungarischer und internationaler Geschmack mit jüdischen Klassikern, darunter sechs Arten von *sólet*, einem traditionell ungarisch-jüdischen Eintopf aus Kidney-Bohnen, Graupen, Paprika und (meistens) Fleisch. Bei der Auswahl helfen die Fotos auf der Speisekarte.

Soul Café
INTERNATIONAL €€

(Karte S. 94; ☎ 1-217 6986; www.soulcafe.hu; IX., Ráday utca 11-13; Hauptgerichte 2490–6200 Ft; ⊙ 12–24 Uhr; Ⓜ M3/4 Kálvin tér) Das Soul Café ist inmitten der vielen mittelmäßigen Restaurants und übertreuerten Cafés dieser Straße eine gute Wahl. Auf den Tisch kommt einfallsreiches Essen europäischer Prägung. Auf beiden Straßenseiten lockt eine große Terrasse. Das 3-Gänge-Menü kostet 1490 Ft.

Stex Ház
UNGARISCH €€

(Karte S. 94; ☎ 1-318 5716; www.stexhaz.hu; VIII., József körút 55-57; Hauptgerichte 2790–5290 Ft; ⊙ Mo-Sa 8–16, So 9–2 Uhr; 🕿; Ⓜ M3 Corvinnegyed, 🚋 4, 6) Ein großes, lautes Lokal, das fast rund um die Uhr geöffnet hat. Das Stex bietet Suppen, Sandwiches, Pasta, Fisch- und Fleischgerichte, darunter riesige gemischte Platten für 1/2 Personen 3590/5990 Ft. Abends verwandelt es sich in eine gut besuchte Bar. Am nächsten Morgen gibt es dann Frühstück (760–1690 Ft).

★ Múzeum
UNGARISCH €€€

(Karte S. 94; ☎ 1-267 0375; www.muzeumkavehaz.hu; VIII., Múzeum körút 12; Hauptgerichte 3600–

7200 Ft; Mo–Sa 18–0, So 12–15 Uhr; M3/4 Kálvin tér) Dieses Café-Restaurant ist genau das Richtige, wenn man ein gepflegtes Mahl mit Klaviermusik im Hintergrund möchte. Auch nach 130 Jahren an selber Stelle ist es immer noch sehr beliebt. Das Gänseleberparfait (3400 Ft) ist zum Niederknien, die Gänsekeule mit Kraut (3900 Ft) hat Kultcharakter. Auch die Auswahl an ungarischen Weinen kann sich sehen lassen.

Costes UNGARISCH, FUSION €€€
(Karte S. 94; 1-219 0696; www.costes.hu; IX., Ráday utca 4; Hauptgerichte 9000–13 000 Ft; Mi–So 18.30–24 Uhr; M3/4 Kálvin tér) Das Costes war das erste ungarische Restaurant mit einem Michelin-Stern und ist, wie zu erwarten, ein fein abgestimmtes kulinarisches Erlebnis der Extraklasse. Der Service ist penibel, aber freundlich, die Einrichtung in Schokolade- und Sahnetönen wirkt glanzvoll und das wunderbar angerichtete Essen wird mit Zutaten von höchster Qualität zubereitet. Die Karte wechselt regelmäßig, je nach Saison. Reservierung empfehlenswert. 4-/5-/6-Gänge-Menüs kosten 40 500/46 500/53 000 Ft.

Stadtwäldchen & Umgebung

Kilenc Sárkány CHINESISCH €
(Karte S. 98; www.kinaietterem.hu/etterem/kilencsarkany; VII., Dózsa György út 56; Hauptgerichte 1200–3600 Ft; 11.30–23.30 Uhr; 79) Wenn man die Angestellten der chinesischen Botschaft danach fragt, wo sie sich mit Schweinefleischbällchen und gebratenem Reis eindecken, lautet die einstimmige Antwort: Im „Neun Drachen" am südwestlichen Ende des Stadtwäldchens. Hier gibt es auch Dim Sum, den kantonesischen Klassiker.

★ Olimpia UNGARISCH €€
(Karte S. 98; 1-321 0680; www.alparutca5.hu; VII., Alpárutca 5; 2-/3-Gänge-Mittagessen 2850/2990 Ft, 4-/5-/6-/7-Gang-Abendessen 7500/8600/9500/9900 Ft; Di–Fr 12–15, Di–Sa 19–22 Uhr; 5, 7, M2 Keleti pályaudvar) In diesem brillanten Restaurant wird traditionell ungarische Küche mit dem gewissen Etwas serviert. Angeboten werden auch feste Mittagsgerichte mit 1-3 Gängen und ein Abendmenü mit bis zu 7 Gängen. Die Mittagsgerichte sind ein Schnäppchen. Besser reservieren.

★ Bagolyvár UNGARISCH €€
(Karte S. 98; 1-889 8127; www.bagolyvar.hu; XIV., Gundel Károly út 4; Hauptgerichte 3900–5900 Ft; 12–24 Uhr; M1 Hősök tere) Die „Eulenburg" lockt mit abgewandelten ungarischen Klassikern einheimische Kenner an, die das nebenan gelegene Schwesterrestaurant **Gundel** (Karte S. 98; 1-889 8111; www.gundel.hu; XIV Gundel károly út 4; Hauptgerichte 5500–59,000 Ft, Mittagsgerichte 5900–7500 Ft, So Brunch Erw./Kind 7900/3950 Ft; 12–24 Uhr; M1 Hősök tere) den Geschäftsleuten überlassen. Hier gibt es exzellente 3-Gänge-Menüs für 4700 Ft und am Wochenende mittags Hauptgerichte für 2500 Ft. Serviert werden sie in einem angenehm altmodischen Speiseraum oder auf der sonnigen Terrasse.

Wang Mester CHINESISCH €€
(Karte S. 98; 1-251 2959; www.kinaikonyha.hu; XIV., Gizella út 46/a; Gerichte 2890–5590 Ft; 12–23 Uhr; 5, 7, 1) Dieses minimalistische authentische Restaurant liegt nur einen kurzen Spaziergang vom südöstlichen Ende des Stadtwäldchens entfernt. Es serviert Gerichte aus ganz China mit Betonung auf Klassikern aus Szechuan, wie Fisch in Chilibrühe und *mapo tofu* (Tofu in pikanter Soße). Die Backsteinmauern und die Einrichtung aus dunklem Holz sorgen für eine elegante Atmosphäre. An der Thekenküche zaubern die Köche köstliche Speisen. Beliebt bei Budapester Chinesen.

Robinson INTERNATIONAL €€€
(Karte S. 98; 1-422 0222; www.robinsonrestaurant.hu; XIV., Városligeti tó; Hauptgerichte 4000–13 700 Ft; 11–23 Uhr, Restaurant 12–15 & 18–23 Uhr; M1 Hősök tere) Das im grünen Stadtwäldchen gelegene Robinson wirkt unangestrengt und dennoch stilvoll. An einem warmen Sommerabend ist die Terrasse am Fluss einfach perfekt – man sollte demnach besser einen Tisch reservieren. Als Vorspeisen gibt es beispielsweise Rindertatar (4400 Ft), während die Hauptgerichte Speisen wie gegrillten *fogas* (Zander aus dem Plattensee; 5400 Ft) und verschiedene Fleischgerichte vom Holzkohlengrill umfassen (4900–13 900 Ft). Ziemlich teuer, aber wie heißt es so schön? Die Lage macht's!

Ausgehen & Nachtleben

In den letzten Jahren hat sich Budapest zunehmend den Ruf erworben, eine der ersten Adressen für ausgelassenes Nachtleben zu sein. Neben seiner traditionellen Kaffeehauskultur bietet sich hier eine magische Mischung aus einzigartigen Trinklokalen, fantastischen Weinsorten, selbst gemachten Schnäpsen und aufkommenden Craft-Bieren, die alle mit der herzlichen ungarischen Gastfreundschaft und einem wunderbaren Sinn für Freude und Spaß serviert werden. Eine gute Informationsquelle für Nachtschwärmer ist die Website www.wheretraveler.com/budapest.

Burgviertel

★ Kávé Műhely KAFFEE
(Karte S. 64; 06 30 852 8517; www.facebook.com/kavemuhely; II., Fő utca 49; Mo-Fr 7.30-18.30, Sa & So 9-17 Uhr; M2 Batthyány tér, 19, 41) Dieses winzige Café gehört zu den besten der Stadt. Hier werden die Bohnen selbst geröstet, und die Kuchen und Sandwiches sind einfach fantastisch. Wenn es zu heiß für Kaffee sein sollte, locken Craft-Biere und selbst gemachte Limonade. In der angrenzenden Galerie werden interessante zeitgenössische Kunstwerke ausgestellt.

Belga Söröző BAR
(Belgische Brasserie; Karte S. 64; 1-201 5082; www.belgasorozo.com/fooldal; II., Bem rakpart 12; 12-24 Uhr; 19, 41) Eine dunkle und holzvertäfelte Kellerbar, die sich auf eine breite Auswahl belgischer Biersorten spezialisiert hat. Es gibt lediglich sechs Sorten vom Fass, aber darüber hinaus locken inspirierende Flaschenbiere, aber auch belgische Snacks wie *moules marinière* (Muscheln in Weißwein).

Bereg Cafe & Bar CAFÉ
(Karte S. 64; 06 70 296 9411; II., Batthyány utca 49; Mo-Mi 8-22, Do & Fr bis 22.30, Sa 10.30-22 Uhr; 16, 16A, 116) Dieses freundliche Café ist im Schwanenhaus untergebracht, einem bemerkenswerten Beispiel ungarischer Bio-Architektur und heißt „Bummelnde, Liebhaber, Künstler" und andere herzlich willkommen. Es gibt auch einen ruhigen Garten, um dort bei einem kühlen Craft-Bier, einem Glas ungarischen Weins oder einem Kaffee zu verweilen; vielleicht gesellen sich ja das Zwergkaninchen und die Katze des Eigentümers dazu.

Oscar American Bar BAR
(Karte S. 64; 06 20 214 2525; www.oscarbar.hu; I., Ostrom utca 14; Mo-Do 17-2, Fr & Sa bis 4 Uhr; M2 Széll Kálmán tér) Die Einrichtung erinnert an die Welt des Films (Erinnerungsstücke aus Hollywood an den holzvertäfelten Wänden, Regiestühle aus Leder), und die Besucher verhalten sich oftmals so, als stünden sie vor der Kamera. Keine Sorge: Die starken Cocktails (950 bis 2250 Ft) – von Daiquiri- und internationalen Cocktails bis hin zu Champagner-Cocktails und Mojitos – kommen sehr gut an. Im Allgemeinen gibt es abends auch Musik.

Lánchíd Söröző BAR
(Kettenbrückekneipe; Karte S. 64; 1-214 3144; www.lanchidsorozo.hu; I., Fő utca 4; 11-24 Uhr; 16, 16A, 19, 41) Wie der Name schon sagt, hat dieses Pub nahe dem Kopf der Kettenbrücke wegen der alten Filmposter und Reklame an den Wänden sowie den rot karierten Tischdecken einen wunderbar magyarischen Retrolook. Ein richtig authentisches Lokal mit freundlicher Bedienung.

Ruszwurm Cukrászda CAFÉ
(Karte S. 64; 1-375 5284; www.ruszwurm.hu; I., Szentháromság utca 7; Mo-Fr 10-19, Sa & So bis 18 Uhr; 16, 16A, 116) Dieses kleine Café aus dem Jahr 1827 ist der perfekte Ort im

---

BIERGÄRTEN & RUINENKNEIPEN

In den langen und oft sehr heißen Sommermonaten locken sogenannte *kertek* (wörtlich „Gärten", aber in Budapest jede Location im Freien, die der Unterhaltung dient) die Gäste selbst aus den angesagtesten Bars und Clubs weg. Es gibt die *kertek* in jeder Spielart, von ganz normalen Bars und Clubs mit ausgebauten und angeschlossenen Biergärten bis zu Biergärten komplett unter freiem Himmel, die nur bei schönem Wetter öffnen.

Ruinenkneipen *(romkocsmák)* tauchten in Budapest zu Beginn der Nullerjahre auf, als Freidenker mit Unternehmergeist ein paar verlassene Gebäude übernahmen, um sie in hippe Kneipen zu verwandeln. Sie machten anfangs durch Mundpropaganda auf sich aufmerksam, wurden jedoch immer beliebter, bis aus den baufälligen Behelfskneipen mit Möbeln vom Flohmarkt schließlich recht schicke Daueinrichtungen wurden, sogar mit überdachten Bereichen, um die Gäste vor der Unbill des Winterwetters zu schützen.

Viele Biergärten und Ruinenkneipen stellen DJs an und bieten Livemusik sowie Jam-Sessions. Auch Kicker, Tischtennis, Billard und andere Kneipenspiele gehören zum Angebot. Einige bieten auch Street Food an, andere Escape Games (s. S. 101).

Burgviertel für Kaffee und Kuchen (420 bis 750 Ft). In der Hochsaison ist es fast unmöglich, einen Sitzplatz zu ergattern.

Angelika Kávéház CAFÉ
(Karte S. 64; ☎ 1-225 1653; www.angelikacafe.hu; I., Batthyány tér 7; ⊙ 9-23 Uhr; Ⓜ M2 Batthyány tér) Angelika liegt direkt an einer Kirche aus dem 18. Jh. und ist ein Restaurant und Café in einem. Draußen lockt eine höher gelegene Terrasse. Die sättigenden Gerichte sind nur so lala, aber die Kuchen und der Ausblick über den Platz bis zur Donau und zum Parlament sind unschlagbar.

Bambi Eszpresszó CAFÉ
(Karte S. 64; ☎ 1-213 3171; www.facebook.com/bambieszpresszo; II., Frankel Leó út 2-4; ⊙ Mo-Fr 7-22, Sa & So 9-22 Uhr; 🚋 19, 41) Das Wort „modern" ist hier ein Fremdwort; nur wenig hat sich im Bambi (der Name kommt von einem heimischen Softdrink aus kommunistischer Zeit) seit den 1960er-Jahren verändert. Und das ist genau das, was die Menschen hier lieben. Eine freundliche Bedienung, die die Sachen manchmal jedoch etwas grob auf den Tisch stellt, vervollständigt das Bild.

🍷 Gellértberg & Tabán

⭐ Szatyor Bár és Galéria BAR
(Tragetaschen-Bar & Galerie; Karte S. 68; ☎ 1-279 0290; www.szatyorbar.com; XIII., Bartók Béla út 36-38; ⊙ 12-1 Uhr; Ⓜ M4 Móricz Zsigmond körtér, 🚋 18, 19, 47, 49) Diese Bar befindet sich im gleichen Gebäude wie das Café Hadik Kávéház, getrennt durch eine einzige Tür. Das Szatyor ist dabei die fetzigere Variante mit Cocktails, Straßenkunst an den Wänden und einem Lada, den der Dichter Endre Ady fuhr. Echt cool, oder? Es gibt hier auch etwas zu essen (Hauptgerichte 1900-2400 Ft).

B8 Craft Beer & Pálinka Bar CRAFT-BIER
(B8 Kézműves Sör és Pálinkabár; Karte S. 68; ☎ 1-791 3462; www.facebook.com/b8pub; Bercsényi utca 8; ⊙ Mo 16-23, Di-Fr 12-23, Sa 17-23 Uhr; Ⓜ M4 Móricz Zsigmond körtér, 🚋 18, 19, 47, 49) Das kleine Lokal (obschon es drei Etagen hat) ist eins der besten neuen Kneipen der Stadt und führt mehr als zwei Dutzend Craft-Biere aus den über 50 ungarischen Brauereien. Empfehlenswert sind die Namen Legenda, Monyo und Etyeki sowie das Belga Búza (Belgisches Weizen) von der letztgenannten Brauerei. Wer auf etwas Härteres aus ist, probiert am besten die etwa zehn Sorten *pálinka* (Obstbrand), von Japanischer Pflaume bis hin zu Cigánymeggy (Zigeunerkirsche).

Kelet Cafe & Gallery CAFÉ
(Kelet Kávézó és Galéria; Karte S. 68; ☎ 06 20 230 0094; www.facebook.com/keletkavezo; Bartók Béla út 29; ⊙ Mo-Fr 7.30-23, Sa & So 9-23 Uhr; Ⓜ M4 Móricz Zsigmond körtér, 🚋 18, 19, 47, 49) Dieses echt coole Café fungiert im Erdgeschoss nebenbei noch als eine Art Buchtauschbörse und hat im Stockwerk darüber eine helle Galerie mit Sitzplätzen. Es gibt ausländische Zeitungen sowie Suppen (780 bis 990 Ft) und diverse Sandwiches (850 bis 1100Ft) für den kleinen Hunger. Besonders gut schmeckt die heiße Schokolade.

Tranzit Art Café CAFÉ
(Karte S. 68; ☎ 1-209 3070; www.tranzitcafe.com; XI., Bukarest utca & Ulászló utca; ⊙ Mo-Fr 9-23, Sa 10-22 Uhr; 🚋 7, 🚋 19, 49) Das Tranzit ist so chillig wie ein Café im Süden Budas nur sein kann, um etwas zu trinken und einen kleinen Happen zu essen. Es befindet sich in einem kleinen, alten Busbahnhof, an den Wänden hängen Kunstwerke und der begrünte Innenhof ist mit Hängematten und bequemen Sofas bestückt. Es gibt hier Frühstück (1190 Ft) und Sandwiches (ab 1590 Ft). Während der Woche sind zwei-/drei-/viergängige Mittags- oder Abendmenüs (darunter auch ein vegetarisches) für 1390/1690/1990Ft im Angebot.

Palack Borbár WEINBAR
(Flaschen-Weinbar; Karte S. 68; ☎ 06 30 997 1902; http://palackborbar.hu; Szent Gellért tér 3; ⊙ Mo 12-23, Di-Sa bis 24 Uhr, So bis 22 Uhr; 🚋 7, 86, Ⓜ M4 Szent Gellért tér, 🚋 18, 19, 47, 49) Man kann zwar froh sein, dass eine richtige Weinbar auf der Buda-Seite eröffnet hat, die weit über 100 Sorten aus 16 ungarischen Weinregionen per 150-ml-Glas (600 bis 1800 Ft) im Ausschank hat, allerdings kann man nur hoffen, dass sich der Service und die Qualität der Aufschnitt- und Käseplatten (1490 bis 2290 Ft), die traditionellerweise als Unterlage dienen, verbessert.

Hadik Kávéház CAFÉ
(Karte S. 68; ☎ 1-279 0291; www.hadikkavehaz.com; XIII., Bartók Béla út 36; ⊙ 12-1 Uhr; Ⓜ M4 Móricz Zsigmond körtér, 🚋 18, 19, 47, 49) Dieses Café setzt in der Bartók Béla út einen nostalgischen Akzent. Das Hadik ist ein wiederbelebtes Café der alten Schule, das mehr als vier Jahrzehnte jede Menge Gäste anlockte, bis es schließlich 1949 geschlossen wurde. Jetzt hat es den Betrieb wieder aufgenommen – so gemütlich und stimmungsvoll wie eh und je. Es gibt täglich ein hervorragendes Mittagsmenü für 1490 Ft.

Café Ponyvaregény　　　　　　　　CAFÉ
(Karte S. 68; ☎ 06 30 920 2470; www.cafeponyvaregeny.hu; XI., Bercsényi utca 5; ⏱ Mo-Sa 10–24, So 14–20 Uhr; Ⓜ M4 Móricz Zsigmond körtér, 🚋 18, 19, 47, 49) Das „Pulp Fiction" ist ein kurioses kleines Kellercafé, das trotz der neuen Konkurrenz in dieser Gegend von Südbuda nach wie vor auf sein getreues Stammpublikum zählen kann. Die alten Bücher und Lampenschirme mit Fransen geben ihm einen netten Anstrich – und der Kaffee (350 bis 660 Ft) schmeckt wirklich hervorragend.

Platán Eszpresszo　　　　　　　　CAFÉ
(Karte S. 68; ☎ 06 20 361 2287; Döbrentei tér 2; ⏱ So–Do 10–20, Fr & Sa bis 23 Uhr; 🚋 18, 19, 41) Eigentlich gibt es nicht so viel Empfehlenswertes in diesem recht dunklen Café mit seinen schlichten Grillgerichten (1790–2390 Ft), aber es macht immer wieder Spaß, in den wärmeren Monaten unter den Platanen (deshalb der Name des Cafés) vor der Tür zu sitzen und ein Dreher-Bier zu genießen, besonders nach einer Schwimmrunde im nahegelegenen Rudas-Bad.

🍷 Óbuda & Budaer Berge

Barako Kávéház　　　　　　　　　KAFFEE
(Karte S. 72; ☎ 06 30 283 7065; www.barakokavehaz.com; II., Török utca 3; ⏱ Mo-Sa 8–20, So 9–18 Uhr; 🚋 4, 6, 19, 41) Dieses winzige Kaffeehaus wird vom tättowierten Filipino geführt und steht für den berühmten Kaffee Liberica Baraco von den Philippinen. Während Arabica-Kaffee nach dem Abkühlen bitter schmeckt, behält der Liberica Baraco seine Süße. Außer den normalen Kaffeevarianten wie *latte*, *ristretto* und anderen kann man sich hier bei einer eiskalten Tasse holländischen Kaffees stärken.

Calgary Antik Bár　　　　　　　　BAR
(Karte S. 72; ☎ 1-316 9087; www.etterem.hu/669; II., Frankel Leó út 24; ⏱ 16–4 Uhr; 🚋 4, 6) Diese klitzekleine Bar gleich oberhalb der Margaretenbrücke ist die reinste Fundgrube für schöne Dinge. Sie quillt schier über vor Antiquitäten und nimmt sich des Wohls vieler treuer Stammgäste an, die hier oft die ganze Nacht durchzechen, Karten spielen und mit der Wirtin Viky Szabó plaudern. Die ehemalige Schauspielerin ist mittlerweile die Besitzerin der Calgary Antik Bár.

Puskás Pancho Sports Pub　　　　　PUB
(Karte S. 72; ☎ 06 30 806 3109; www.symbolbudapest.hu; III., Bécsi út 56; ⏱ Mo-Fr 7.30–24, Sa & So 11.30–24 Uhr; 🚋 17, 19, 41) Das beliebte Sport-Pub im weitläufigen Unterhaltungskomplex Symbol in Óbuda ist nach Ferenc Puskás (1927–2006) benannt, dem bedeutendsten Fußballspieler Ungarns. Er war nach dem Aufstand von 1956 nach Spanien ausgewandert und hat für Real Madrid gespielt. Ferenc (auf Ungarisch) und Pancho (auf Spanisch) sind übrigens ein und derselbe Name: Franz. Die Statue des Fußballers kann man sich in der Bécsi út 61 (II.) anschauen.

🍷 Belváros

★ Marionett Craft Beer House　　CRAFT-BIER
(Marionett Kézműves Sörház; Karte S. 76; ☎ 06 30 832 0880; www.marionettcraftbeer.house; V., Vigadó tér; ⏱ 15–24 Uhr; Ⓜ M1/2/3 Deák Ferenc tér, 🚋 2) Dieser elegante Neuling in der Craft-Bier-Szene sieht innen zwar minimalistisch aus, wird jedoch durch die farbenfrohen Marionetten, die hier herumhängen, sehr aufgehübscht. Es hat viel Anerkennung durch sein breites Angebot an einheimischen Biersorten gewonnen. Wer etwas essen möchte, kann sich an Würstchen und Pastramibroten gütlich tun. Die Getränkeauswahl macht nicht bei Bier halt, sondern die Weinkarte ist ebenfalls hervorragend. Es gibt auch eine kleine Sonnenterrasse.

★ Gerbeaud　　　　　　　　　　　CAFÉ
(Karte S. 76; ☎ 1-429 9001; www.gerbeaud.hu; V., Vörösmarty tér 7–8; ⏱ 12–22 Uhr; Ⓜ M1 Vörösmarty tér) Das Gerbeaud öffnete 1858 an der nördlichen Seite von Pests belebtestem Platz seine Pforten. Sei 1870 ist es der angesagteste Treffpunkt der städtischen Elite. Neben herrlichen Kuchen und Gebäckdelikatessen gibt es auch ein kontinentales oder warmes Frühstück und ein paar vereinzelte nett hergerichtete ungarische Spezialitäten mit internationaler Geschmacksnote. Ein Besuch hier gehört einfach zum Pflichtprogramm.

Táskarádió Eszpresszó　　　　　　CAFÉ
(Karte S. 76; ☎ 1-266 0413; V., Papnövelde utca 8; ⏱ 9–24 Uhr; Ⓜ M3/4 Kálvin tér, 🚋 47, 49) Das „Kofferradio" fängt mit seinen farbenfrohen Retro-Lampen, nostalgischen Schwarzweißfotos des guten alten Budapests, den bewusstseinserweiternden Kunstwerken, dem Credo der kommunistischen Pioniere und einer Sammlung alter Radions das Flair der 1960er- und 1970er-Jahre ein. Eine Auswahl an Gerichten direkt aus der kommunistischen Kaserne lockt die Besucher an. Oder man stimmt sich mit ein bis zwei Gläsern Wein auf eine ausgelassene Nacht ein.

Fekete KAFFEE
(Karte S. 76; ☏ 1-787 7503; http://feketekv.hu; V., Múzeum körút 5; ⏱ Mo–Fr 7.30–18, Sa & So 9–18 Uhr; 📶; Ⓜ M2 Astoria) In dieses winzige Café muss man sich förmlich hineinquetschen – es gibt im Innern nur eine Theke sowie draußen im ruhigen Innenhof einige Tische –, um einen gut gebrühten, in Budapest gerösteten Espresso macchiato oder ristretto in cooler, monochromer Umgebung zu probieren.

Kontakt CAFÉ
(Karte S. 76; http://kontaktcoffee.com; V., Károly körút 22, Röser udvar; ⏱ Mo–Fr 8–19, Sa 10–14 Uhr; 📶; Ⓜ M2 Astoria) Designer-Schick, exzellenter, vor Ort gerösteter Kaffee sowie ein leckeres Frühstück sind die Markenzeichen dieses kleinen Cafés in einer winzigen Fußgängerpassage. Bei Sandwiches, Kuchen und einem fantastischen selbst gerösteten Müsli kann man sich gut entspannen.

Csendes BAR
(Karte S. 76; ☏ 06 30 727 2100; www.facebook.com/csendesvintagebar; V., Ferenczy István utca 5; ⏱ Mo–Mi 10–24, Do & Fr bis 2, Sa 14–2, So 12–24 Uhr; 📶; Ⓜ M2 Astoria) Das etwas schräge Café in einer Seitenstraße des Kleinen Rings ist mit dem Schick vom Schrottplatz an Wänden und Fußböden dekoriert. Solange der DJ nicht kommt und die Lautstärke aufdreht, macht die Bar ihrem Namen (zu Deutsch „ruhig") alle Ehre.

Habroló SCHWUL
(Karte S. 76; ☏ 1-950 6644; www.habrolo.hu; V., Szép utca 1; ⏱ 17 Uhr bis spät; Ⓜ M3 Ferenciek tere) Diese einladende Schwulenbar in der „Schönen Straße" (wo sonst?) ist nach einem Blätterteiggebäck benannt und ist ein Café mit einer winzigen Sitzfläche im Halbgeschoss und einer kleinen Bühne.

Auguszt Cukrászda CAFÉ
(Karte S. 76; ☏ 1-337 6379; www.augusztcukraszda.hu; V., Kossuth Lajos utca 14–16; ⏱ Di–Fr 9–21, Sa 11–18 Uhr; Ⓜ M2 Astoria, M3 Ferenciek tere, 🚌 47, 48, 49) Nicht die ursprüngliche Niederlassung der prachtvollen Institution aus dem Jahr 1870, aber die am zentralsten gelegene und daher praktischste. In dem üppig ausgestatteten Inneren sucht man sich einen Platz und wählt ein (oder mehrere!) Kuchenstückchen an der Theke aus (550 bis 820 Ft). Dazu schlürft man einen der vielen Kräutertees (lose oder frische Blätter). Weitere Filialen gibt es in der Sasadi út 190 (XI.) und in der Fény utca 8 (II.).

1000 Tea TEEHAUS
(Karte S. 76; ☏ 1-337 8217; www.1000tea.hu; V., Váci utca 65; ⏱ Mo–Do 12–21, Fr & Sa bis 22, So 14–21 Uhr; 📶; 🚋 15, 115, 🚌 2, 47, 48, 49) In einem kleinen Hof in einer Seitenstraße der unteren Váci utca ist das Teehaus im japanischen Stil genau der richtige Ort, um eine beruhigende Teemischung zu genießen und sich dabei zu entspannen. Man kann auch im mit Bambus ausgeschmückten Innenhof sitzen oder im Teeladen einkaufen.

Centrál Kávéház CAFÉ
(Karte S. 76; ☏ 1-266 2110; www.centralkavehaz.hu; V., Károlyi utca 9; ⏱ 9–23 Uhr; 📶; Ⓜ M3 Ferenciek tere) Die Grande Dame der traditionellen Kaffeehäuser geht auf das Jahr 1887 zurück. Drinnen dominieren Lederbezüge und dunkles Holz, durch die Fenster kann man perfekt die Passanten auf dem Bürgersteig beobachten. Neben den Hauptgerichten gibt es bis 11.45 Uhr auch ein solides Frühstück (990 bis 2950 Ft) sowie Kuchen und Gebäck (750 bis 1150 Ft).

Action Bar SCHWUL
(Karte S. 76; ☏ 1-266 9148; www.action.gay.hu; V., Magyar utca 42; 1000 Ft; ⏱ 21–4 Uhr; Ⓜ M3/4 Kálvin tér, 🚌 47, 48, 49) Das Action liefert genau das, was der Name verspricht (es gibt am Freitag um 1 Uhr eine Strip-Show und am Samstag eine sogenannte „Oral Academy", die verwirrend sein mag). Man sollte die üblichen Vorsichtsmaßnahmen ergreifen und auf jeden Fall nach Hause schreiben. Nur für Männer! Im Eintrittspreis ist ein kostenloses Getränk inbegriffen.

Fröccsterasz BAR
(Karte S. 76; ☏ 06 30 419 5040; www.facebook.com/froccsterasz; V., Erzsébet tér 13; ⏱ 12–4 Uhr; Ⓜ M1/2/3 Deák Ferenc tér) Im einstigen Busbahnhof tummeln sich in den Sommermonaten die Massen in dieser beliebten Open-Air-Bar. Das zumeist junge Publikum trinkt hier gerne *fröccs* (Weinschorle) und trifft sich mit Freunden unter märchenhaft beleuchteten Bäumen. Das ist zwar gut für die Location, aber die Getränke sind leider nur aus sehr günstigen Zutaten – und das merkt man dann auch.

Funny Carrot BAR
(Karte S. 76; ☏ 1-782 5502; V., Szép utca 1/b; ⏱ 19–5 Uhr; Ⓜ M2 Astoria, M3 Ferenciek tere, 🚌 47, 48, 49) In einer der ältesten Schwulenbars Budapests erinnert die Ausstattung an eine Höhle mit gemütlichen Sitzgelegenheiten in der Lounge. Alles perfekt für ein ruhiges

Tête-à-tête. Im Stockwerk darüber ist auch etwas Platz für mehr Privatsphäre. Und bloß nicht über den Namen lästern!

Parlament & Umgebung

★ DiVino Borbár — WEINBAR
(Karte S. 82; ☎ 06 70 935 3980; www.divinoborbar.hu; V., Szent István tér 3; ⊗ So–Mi 16–24, Do–Sa bis 2 Uhr; Ⓜ M1 Bajcsy-Zsilinszky út) Das DiVino liegt zentral und ist immer gut besucht. Es ist die beliebteste Weinbar der Stadt, weil die Gäste bei warmem Wetter raus auf den Platz vor der St.-Stephans-Basilika strömen. Hier wählt man aus mehr als 140 Weinen von 36 Winzern aus, die jünger als 35 Jahre sind. Vorsicht: Der Wein aus den 15-ml-Gläser (650 bis 3500 Ft) geht wie nichts runter. Der Pfand für das Glas beträgt 500 Ft.

★ Instant — CLUB
(Karte S. 82; ☎ 1-311 0704, 06 30 830 8747; www.instant.co.hu; VII., Akácfa utca 51; ⊗ 16–6 Uhr; Ⓜ M1 Opera) Diese „Ruinenbar" ist noch immer eine der pulsierendsten Nightlife-Hotspots von Pest. Sie hat 26 Zimmer, sieben Bars, sieben Bühnen und zwei Gärten mit Underground-DJs und Tanzpartys. Hier ist es immer proppenvoll.

High Note Roof Bar — DACHBAR
(Karte S. 82; ☎ 1-445 4055; www.ariahotelbudapest.com; V., Hercegprímás utca 5; ⊗ 11–24 Uhr; 🚊 15, 115, Ⓜ M1 Bajcsy-Zsilinszky út) Wer jemanden oder auch sich selbst unbedingt beeindrucken will, geht mit ihnen in diese Dachbar oben auf dem Aria Hotel (S. 116). Von hier kann man die Kuppel der Basilika fast mit der Nasenspitze berühren und beinahe jedes Wahrzeichen der Stadt befindet sich in Reichweite. Da kann man nur „Wow" sagen. Außerdem gibt es tolle Cocktails und freundliches Personal. Es gibt sozusagen nichts, was einem dort nicht gefallen würde.

Tütü Bar — SCHWUL
(Karte S. 82; ☎ 06 70 353 4074; http://tutubudapest.hu; V., Hercegprímás utca 18; ⊗ Do–Sa ab 21 Uhr; Ⓜ M3 Arany János utca) Budapests neuster Schwulenclub ist eine Kellerbar, die viel mehr serviert als nur Drinks und eine ganz bestimmte Lebenseinstellungen. Von Stangentänzern und Akrobaten bis hin zu Travestieshow und Modenschau – hier wird man auf jeden Fall unterhalten.

Suttogó Piano Bar — BAR
(Karte S. 82; ☎ 06 20 455 7329; http://suttogopianobar.hu; VI., Hajós utca 27; ⊗ Di–Sa 21.30–5 Uhr morgens; Ⓜ M1 Oktogon) In dieser romantischen Bar in der Nähe des Opernhauses ist es zugegebenermaßen etwas gekünstelt, aber trotzdem immer nett. Die Musik beginnt um etwa 22 Uhr, und jeden Abend spielt ein anderer Pianist. Die Cocktails schmecken hier besonders gut, auch wenn sie einen Tick zu teuer sind – und an Snacks fehlt es auch nicht.

Caledonia — BAR
(Karte S. 82; ☎ 1-311 7611; www.caledonia.hu; VI., Mozsár utca 9; ⊗ Mo–Do 14–24, Fr bis 1, Sa 12–1, So 12–24 Uhr; Ⓜ M1 Oktogon, 🚊 4, 6) Das Caledonia hat alles, was typisch schottisch ist – Whisky (140 Sorten) mit oder ohne Irn-Bru, dazu Räucherlachs, Frühstück (mit oder ohne Haggis), nicht zu vergessen die Sportberichterstattung auf dem Großbildschirm und so weiter. Hier kann man viel Spaß haben – und irgendwie übt es besonders für die dauerhaft in Budapest lebenden Ausländer eine magische Anziehungskraft aus.

Morrison's 2 — CLUB
(Karte S. 82; ☎ 1-374 3329; www.morrisons2.hu; V., Szent István körút 11; ⊗ 17–4 Uhr; 🚊 4, 6) Dieser riesige Club ist bei Weitem die größte Party-Location der Stadt und zieht mit seinen sechs Tanzflächen und genauso vielen Bars (darunter eine in einem überdachten Innenhof und eine mit Tischfußball) besonders viele junge Leute an. Tolle DJs. Der Eintritt beträgt 500 Ft.

Impostor — COCKTAILBAR
(Karte S. 82; ☎ 06 30 505 3632; V., Szabadság tér 17; ⊗ Di–Do 17–1 Uhr, Fr bis 2, Sa 13–2, So 17–24 Uhr; 🚊 15, 115, Ⓜ M2 Kossuth Lajos tér) Diese hervorragende Bar ist in dem verlassenen Gebäude in einem Innenhof des einstigen Hauptgebäudes des Magyar Televízió (ungarischen Fernsehens) untergebracht. Empfehlenswert ist einer der preisgekrönten Kreationen des Barkeepers wie etwa der Midnight Espresso mit Kaffee und Tequila oder der Crystal Jam mit viel Alkohol und Pflaumenkonfitüre (1780 Ft).

Bad Girlz — BAR
(Karte S. 82; ☎ 06 30 665 6666; www.facebook.com/badgirlzbudapest; V., Széchenyi István tér 11; ⊗ Do–Sa 21–5 Uhr morgens; 🚊 15, 115, 🚊 2) Anzüglicher Barclub mit knallharten Tänzern und einem Sinn für Humor. Freundliches Personal und gute Drinks können auch punkten. Es nimmt sich selbst nicht zu ernst; deshalb kommen die unterschiedlichsten Leute gerne hierher.

Espresso Embassy
CAFÉ
(Karte S. 82; ☏ 06 20 445 0063; http://espressoembassy.hu; V., Arany János utca 15; ⊙ Mo–Fr 7.30-19, Sa 9-18, So 9-17 Uhr; Ⓜ M3 Arany János utca) Einige Leute behaupten, dass es in diesem peppigen Café direkt südlich des Szabadság tér den besten Espresso, Flat White, Cappuccino und Milchkaffee der Stadt gibt (430 bis 730 Ft). Empfehlenswert ist der hervorragende kalt gebrühte Kaffee.

Farger Kávé
CAFÉ
(Karte S. 82; ☏ 06 20 237 7825; www.farger.hu; V., Zoltán utca 18; ⊙ Mo–Fri 7–21, Sa & So 9–18 Uhr; Ⓜ M2 Kossuth Lajos tér) Dieses moderne Café gehört dank eines urbanen Gartenkonzepts zu den begrüntesten in ganz Pest und bietet von den Fensterplätzen und der Terrasse durch das Blättergrün eine erstklassige Aussicht auf den Szabadság tér. Besonders interessant ist die Tassensammlung im Fenster und das zweigängige Mittagsmenü für lediglich 990 Ft.

Ötkert
CLUB
(Karte S. 82; ☏ 06 70 333 2121; www.otkert.hu; V., Zrínyi utca 4; ⊙ So–Mi 11–24, Do–Sa bis 5 Uhr; 🚋15, 115, 🚌2) Das „Fünf Gärten" („fünf" steht für den 5. Stadtbezirk) ist ein wochentags beliebtes Trinklokal mit Innen- und Außengastronomie. Es hat sich mittlerweile zu einem der beliebtesten Tanzclubs des Viertels entwickelt (besonders von Donnerstag bis zum Wochenende).

Terv Presszó
BAR
(Karte S. 82; ☏ 1-781 9625; www.facebook.com/tervpresszo; V., Nádor utca 19; ⊙ So–Do 11–22, Fr & Sa bis Mitternacht; 🚋15, 115, Ⓜ M3 Arany János utca) Das „Plan" (sein Name bezieht sich auf die Fünfjahrespläne zu kommunistischen Zeiten) geht auf das Jahr 1854 zurück und ist eine Café-Bar im Retrostil auf zwei Ebenen. Zur Ausstattung gehören Fotos von ungarischen Sportlern, Politikern und Schauspielern aus den 1950er- und 60er-Jahren. Anders als viele solcher Lokalitäten wirkt das Thema hier nicht bereits nach einer halben Stunde langweilig. Das Terv Presszó liegt etwas abgelegen und ist deshalb nie bzw. nur sehr selten überfüllt.

Alterego
SCHWUL
(Karte S. 82; ☏ 06 70 565 1111; www.alteregoclub.hu; VI., Dessewffy utca 33; ⊙ Fr 22–5, Sa bis 6 Uhr; 🚋4, 6) Das Alterego ist noch immer der führende Schwulenclub von Budapest und kann sich mit dem schicksten Publikum und der besten Tanzmusik brüsten. Nicht verpassen sollte man die Travestieshow von Lady Dömper und der Alterego Trans Company. Immer ein Brüller.

Morrison's Pub
CLUB
(Karte S. 82; ☏ 1-269 4060; http://morrisonspub.hu; VI., Révay utca 25; ⊙ Do–Sa 19–4 Uhr; Ⓜ M1 Opera) Ein Kellermusikpub mit gereifterem Publikum, zwei Tanzflächen, wöchentlichen Karaoke-Veranstaltungen und einer typischen roten Telefonzelle direkt aus London.

Teaház a Vörös Oroszlánhoz
TEEHAUS
(Karte S. 82; ☏ 1-269 0579; www.vorosoroszlanteahaz.hu; VI., Jókai tér 8; ⊙ 14–22 Uhr; Ⓜ M1 Oktogon) In diesem unbeschwert-heiteren Haus mit dem gewichtigen Namen („Teehaus zum Roten Löwen"), direkt nördlich des Liszt Ferenc tér, steht Tee im Mittelpunkt (760 bis1670 Ft). Es verteilt sich auf zwei Ebenen: Im Erdgeschoss ist ein Laden (ab 10 Uhr geöffnet) und oben gibt es einige prachtvolle Teeräume im asiatischen Stil.

Ballett Cipő
CAFÉ
(Karte S. 82; ☏ 06 70 639 4076; www.facebook.com/balettetterem; VI., Hajós utca 14; ⊙ Mo–Sa 10.30–24 Uhr; Ⓜ M1 Opera) Das hübsche kleine „Ballettschühchen" im Theaterviertel – direkt hinter der Oper – eignet sich wunderbar für eine Zwischenpause mit Erfrischung und Snack oder einer Mahlzeit (Gerichte 800 bis 3000 Ft).

Szalai Cukrászda
CAFÉ
(Karte S. 82; ☏ 1-269 3210; http://szalaicukraszda.hu; V., Balassi Bálint utca 7; ⊙ Mi–Mo 9–19 Uhr; 🚌2) Diese unauffällige Konditorei in der Leopoldstadt unmittelbar nördlich des Parlaments geht auf das Jahr 1917 zurück und hat vermutlich den besten Kirschstrudel der Hauptstadt (450 Ft). Gleiches gilt für den Apfel- und Quarkstrudel *(túrós)*.

Captain Cook Pub
PUB
(Karte S. 82; ☏ 1-269 2357; www.cookpub.hu; VI., Bajcsy-Zsilinszky út 19/a; ⊙ Mo–Sa 10–1.30, So bis 14 Uhr; Ⓜ M3 Arany János utca) Über das Cook lässt sich nicht viel sagen, außer dass es eine beneidenswerte gute Lage schräg gegenüber der St.-Stephans-Basilika hat. Daher ist die Terrasse bei warmem Wetter eine wahre Freude. Es gibt vier Biersorten vom Fass und das Personal ist gastfreundlich. Damit ist alles gesagt, oder?

Kiadó Kocsma
PUB
(Karte S. 82; ☏ 1-331 1955; www.facebook.com/kiadokocsma; VI., Jókai tér 3; ⊙ Mo–Fr 10–1, Sa & So 11–1 Uhr; Ⓜ M1 Oktogon) Die „Verlags-Knei-

pe" ist ideal für ein schnelles Bier und einen kleinen Snack (Sandwiches ab 1590 Ft, Salate ab 1890 Ft) und befindet sich nur einen Katzensprung – aber irgendwie auch Lichtjahre – vom protzigen Liszt Ferenc tér (VI.) entfernt. Bis mittags wird das Frühstück serviert –und an einem Tag unter der Woche gibt es ein festes Tagesgericht zur Mittagszeit für lediglich 1050 Ft.

Café Montmartre CAFÉ
(Karte S.82; 06 20 511 9177, 06 70 643 2331; www.facebook.com/CafeMontmartreBudapest; V., Zrínyi utca 18; 9–1 Uhr; M3 Arany János utca, M 15) Dieses unaufdringliche Café mit Kunstgalerie bietet einen tollen Blick auf die St.-Stephans-Basilika und meist auch viel Spaß. Die Livemusik (Retrorock und Metal – überall hängen Poster von Manowar) ist immer für eine Überraschung gut.

Margareteninsel & nördliches Pest

★ Double Shot KAFFEE
(Karte S.86; 06 70 674 4893; www.facebook.com/doubleshotspecialtycoffee; XIII., Pozsonyi út 16; Mo-Do 7–20, Fr bis 21, Sa 8–21, So 8–19 Uhr; 4, 6) Dieses winzig kleine Café in einem unfertigen Schmuddel-Look und mit halsbrecherischen Treppen hinauf zu einem kleinen Sitzbereich ist das „Baby" zweier in Budapest lebender Ausländer. Der kunstvoll zubereitete Kaffee aus aller Welt schmeckt einfach hervorragend.

Raj Ráchel Tortaszalon CAFÉ
(Karte S.86; 06 20 492 7062; http://raj-rachelblog.torta.hu/; XIII., Hollán Ernő utca 25; Mo-Fr 10–18 Uhr; O-Bus 75, 76) Das wahrscheinlich erste koschere Konditorei-Café in der Újlipótváros („Neue Leopoldstadt") seit dem Zweiten Weltkrieg serviert die üblichen Klassiker, darunter den superleckeren *flódni* (einen sättigenden dreischichtigen Kuchen mit einer Apfel-, Walnuss- und Mohnfüllung; 750 Ft). Der Name wurde zwar geändert, aber die Qualität ist geblieben.

L.A. Bodegita COCKTAILBAR
(Karte S.86; 1-789 4019; www.labodegita.hu/; XIII., Pozsonyi utca 4; Cocktails 1400–1900 Ft; Mo-Mi 11–24, Do-Sa bis 2, So bis 18 Uhr; O-Bus 75, 76, 2, 4, 6) Das Essen im kubanischen Stil ist entbehrlich, aber man sollte auf jeden Fall die unvergleichlichen amerikanischen Cocktails, die von Meister-Mixer András Lajsz geschüttelt werden, probieren; er mixt einen klasse Cosmo und der Chameleon, die Spezialität des Hauses, ist auch super (L. A. lässt grüßen). Am Freitagabend gibt es kubanische Livemusik.

Blue Tomato BAR
(Karte S.86; 1-339 8099; www.bluetomato.hu; XIII., Pannónia utca 5–7; Mo & Di 11.30–24, Mi & Do bis 2, Fr & Sa bis 4 Uhr, So bis 23 Uhr; 15, 115) Diese große Kneipe könnte aus einer alten amerikanischen Sitcom stammen, insbesondere die oben gelegene Bar. Seit anderthalb Jahrzehnten ist sie ein beliebter Bestandteil des Stadtviertels, und das Essen – meist mediterran-ungarisch mit Hauptgerichten von 1390 bis 7980 Ft – ist mehr als nur das Übliche, was sonst in den allermeisten Bars oder Pubs auf den Tisch kommt.

Holdudvar CLUB
(Karte S.86; 1-236 0155; www.facebook.com/holdudvaroldal; XIII., Margit-sziget; So–Mi 11–2 Uhr, Do bis 4, Fr & Sa bis 5 Uhr; 4, 6) Es ist nicht immer ratsam, es allen Leuten recht machen zu wollen. Doch der „Mondhof" auf der Margareteninsel schafft es auf einer großen Innen- und Außenfläche sowohl Restaurant, Bar, Galerie, je nach Saison Open-Air-Nachtclub, Disco als auch Biergarten *(kert)* in einem zu sein. Damit spielt er eine große Rolle in der Budapester Nachtclubszene. Das Essen kann man vergessen, denn bevor es serviert wird, ist man schon halb verhungert.

Briós CAFÉ
(Karte S.86; 1-789 6110; www.brioskavezo.hu; XIII., Pozsonyi út 16; 7.30–22 Uhr; O-Bus 75, 76) Wer Kinder dabei hat, ist hier genau richtig: Es gibt Spielsachen, Gesellschaftsspiele und andere Dinge, um sich die kleinen Quälgeister auf Abstand zu halten, so dass man selbst Zeit findet, ein Frühstück, Tagesgericht zum Mittag oder auch nur einen belebenden Kaffee *(kávé)* zu genießen.

Elisabethstadt & jüdisches Viertel

★ Szimpla Kert RUINENKNEIPE
(Karte S.90; 06 20 261 8669; www.szimpla.hu; VII., Kazinczy utca 14; Mo-Do & Sa 12–4, Fr 10–4, So 9–5 Uhr; M2 Astoria) Das Szimpla Kert war Budapests erste Ruinenkneipe *(romkocsmák)* und ist die Topadresse schlechthin für einen abendlichen Drink. Im riesigen Gebäude mit vielen Nischen türmt sich Nippes, es gibt Grafitti, Kunst und interessanten Krimskram. Die Gäste können in einem alten Trabant Platz nehmen, sich im

Hinterhof unter freiem Himmel einen Film anschauen oder sich eine Jamsession mit Akustikgitarren anhören.

★ Léhűtő BAR
(Karte S. 90; ☏ 06 30 731 0430; www.facebook.com/lehuto.kezmuvessorozo; VII., Holló utca 12–14; ⏰ Mo 16–24, Di–Do bis 2, Fr & Sa bis 4 Uhr; 🛜; Ⓜ M1/2/3 Deák Ferenc tér) Diese nette Kellerbar ist eine gute Adresse für Craft-Biere. Es gibt hier eine große Auswahl an ungarischen und internationalen Sorten. Das Personal berät die Gäste gerne und lässt jeden auch vorher einmal kosten, bevor man sich entscheidet. Hier wird sogar Craft-Bier auf Kaffee-Basis serviert. Draußen gibt es auch noch Sitzplätze inmitten einer ausgelassenen Gästeschar, die an dieser Kreuzung an warmen Abenden zusammenkommt.

★ Doblo WEINBAR
(Karte S. 90; www.budapestwine.com; VII., Dob utca 20; ⏰ So–Mi 13–2, Do–Sa bis 4 Uhr; Ⓜ M1/2/3 Deák Ferenc tér) Im Doblo, das mit Backsteinwänden und Kerzenschein punktet, werden ungarische Weine ausgeschenkt. Zum Probieren werden sie in 15-ml-Gläsern kredenzt und kosten 900 bis 2150 Ft. Natürlich gibt es auch etwas zu essen, beispielsweise Aufschnitt- und Käseplatten.

★ Lotz Terem Book Cafe CAFÉ
(Karte S. 90; ☏ 1-461 5835; www.lotzterem.hu; VI., Andrássy út 39; ⏰ 10–20 Uhr; Ⓜ M1 Opera, 🚋 4, 6) Dieses schicke Café liegt im ersten Stock einer Alexandra-Filiale (S. 167), einem der besten Buchläden Budapests, in einer umgebauten Halle des einstigen Paris Department Store und zeigt Fresken von Károly Lotz und eine auch sonst wunderschöne und reichhaltige Ausstattung. Ideal für einen leichten Mittagssnack (Salate und Sandwiches; 1290 bis 2590 Ft) oder für einen Kaffee vor oder nach dem Herumstöbern.

★ Boutiq' Bar COCKTAILBAR
(Karte S. 90; ☏ 06 30 554 2323; www.boutiqbar.hu; V., Paulay Ede utca 5; ⏰ Di–Do 18–1, Fr & Sa bis 2 Uhr; Ⓜ M1 Bajcsy-Zsilinszky utca) Die Mondscheinbar mit schummriger Beleuchtung beeindruckt mit ihren meisterhaft gemixten Cocktails (2250 bis 5950 Ft), den frischen Säften und der gepflegten Auswahl an besonderen Spirituosen. Wer etwas typisch Ungarisches probieren möchte, sollte sich eine Kreation mit Unicum (ungarischem Magenbitter) wie „Die Kaiser" oder den mit Zwetschgenschnaps *(szilva pálinka)* gemixten Cocktail „Positive Drinking" genehmigen. Der „Budapest BBQ" basiert auf Gin und hat gar nichts mit Grillen zu tun. Das Personal ist gut informiert und freundlich; Reservierung empfehlenswert.

★ New York Café CAFÉ
(Karte S. 90; ☏ 1-886 6167; www.newyorkcafe.hu; VII., Erzsébet körút 9–11; ⏰ 8–24 Uhr; Ⓜ M2 Blaha Lujza tér, 🚋 4, 6) Das New York im Stil der Renaissance galt bei seiner Eröffnung im Jahre 1894 als das schönste Café der Welt. Es liegt im Erdgeschoss des Boscolo Budapest Hotels und war schon oft Schauplatz vieler Literaturtreffs. Einige meinen, dass die warme, einladende Atmosphäre und die belesenen Gäste anderer Traditionscafés fehlen, aber reiche Pracht und Geschichte beeindrucken sicher jeden. Ideal zum Frühstücken (2400 bis 7500 Ft; 9 bis 12 Uhr).

360 Bar DACHBAR
(Karte S. 90; ☏ 06 70 259 5153; www.360bar.hu; VI Andrássy út 39, 8. Stock, Buchladen Alexandra; ⏰ Mai–Sept. Mo–Mi 14–24, Do & Fr bis 2, So 12–24 Uhr; Ⓜ M1 Oktagon, 🚋 4, 6) Diese Bar auf dem Dach des Alexandra-Buchladens (S. 167), acht Stockwerke über der Andrássy út 39, bietet zwar keine außergewöhnlichen Getränke (einige Craft-Biere, Wein, einfache Cocktails), aber der 360-Grad-Rundumblick fühlt sich an als sei er nicht von dieser Welt. Wer an einem Abend hier oben war, bekommt das Gefühl, das Wichtigste in Budapest gesehen zu haben.

Füge Udvar RUINENKNEIPE
(Feigenhof; Karte S. 90; ☏ 1-782 6990; VII., Klauzál utca 19; ⏰ 16–4 Uhr; Ⓜ M2 Blaha Lujza tér, 🚋 4, 6) Diese große Ruinenkneipe verfügt über einen großen überdachten Innenhof mit einem großen Feigenbaum in der Mitte (daher der Name der Kneipe). Es gibt viele Nebenräume und tolle Straßenkunst, in die man sich verlieren kann. Außerdem wird hier das sogenannte Escape Game „MindQuest" (S. 102) angeboten.

Kisüzem BAR
(Karte S. 90; ☏ 06 20 957 2291, 1-781 6705; www.facebook.com/Kisuzem; VII., Kis Diófa utca 2; ⏰ So–Mi 12–2, Do–Sa bis 3 Uhr; 🛜; 🚋 4, 6) Die nackten Backsteinwände im Inneren dieser entspannten Eckbar verleihen ihr ein Bohemien-Ambiente. Gäste unterschiedlichen Alters stehen an der Theke oder auf dem Gehweg draußen oder plaudern an den Tischen im Inneren. Hier treten Musiker live auf und spielen Jazz, Folk und experimen-

telle Musik (in der Regel donnerstags und samstags um 21 Uhr). Es wird auch das übliche Kneipenessen und vor Ort gerösteter Kaffee gereicht.

Café Zsivágó — CAFÉ
(Karte S. 90; 06 30 212 8125; http://cafezsivago.hu; VI., Paulay Ede utca 55; Mo–Fr 10–24, Sa 12–24, So 14–22 Uhr; M1 Oktogon, 4, 6) Das kleine russische Wohnzimmer mit Spitzendecken auf den Tischen, Holzkommoden, Teeservice (dessen Teile nicht zusammen passen), Hutständern und Nostalgielampen bietet sich für eine entspannende Kaffeepause an. Abends verwandelt sich das Café in eine Tanzbar mit Cocktails, Champagner und Wodka. Wenn möglich, sollte man einen Platz oben im kleinen Alkoven ergattern.

Csak a Jó Sör — CRAFT-BIER
(Karte S. 90; 1-950 2788, 06 30 251 4737; www.csakajosor.hu; VII., Kertész utca 42–44; Mo–Sa 14–21 Uhr; M1 Oktogon, 4, 6) Getreu seinem Namen (übersetzt lautet er „Nur das gute Bier") stapeln sich in den Regalen des erweiterten Ladens die braunen Flaschen mit einer eindrucksvollen Auswahl an Craft-Bier aus dem In- und Ausland. Um die sechs Biersorten gibt es in der Regel auch vom Fass, darunter auch Qualitätssorten, die der Besitzer höchstpersönlich braut.

Grandio — CLUB
(Karte S. 90; 06 70 670 0390; http://budapestpartyhostels.com/hostels/grandio-party-hostel; VII., Nagy Diófa utca 8; 11–15 Uhr; ; M2 Blaha Lujza tér, 4, 6) Ein großer *kert* (Gartenclub im Freien) befindet sich in einem Hof unterhalb des Grandio Party Hostel. Was das Grandio so besonders macht, sind die kräftigen Großstadtunkräuter, die sich ihren Raum zurückerobert und weniger einen Gartenclub als vielmehr einen Dschungelclub geschaffen haben. An der großen langen Bar gibt es für begeisterte Nachtschwärmer reichlich zu trinken.

Mika Tivadar Mulató — CLUB
(Karte S. 90; 06 20 965 3007; www.mikativadarmulato.hu; VII., Kazinczy utca 47; So–Mi 16–24, Do–Sa bis 3 Uhr; M1/2/3 Deák Ferenc tér) In der großartigen ehemaligen Kupferfabrik aus dem Jahr 1907 befindet sich heute eine lässige Bar im Erdgeschoss, eine kleine Bühne im Untergeschoss und ein fantastischer Garten (einer der beliebtesten Ruinengärten *(romkertek)* der Stadt. An den meisten Abenden gibt es DJs und Livemusik (darunter Jazz, Swing, Punk und Funk).

Kőleves Kert — CAFÉ
(Karte S. 90; www.kolevesvendeglo.hu; VII Kazinczy utca 37–41; Mo–Mi 13–24, Do & Fr bis 1, Sa 11–1, So 11–24 Uhr; M1/2/3 Deák Ferenc tér) In diesem großen, hell gestalteten Gartenclub locken Hängematten zum Ausruhen. Der Ort ist beliebt bei Essensgästen des dazugehörigen Restaurants Kőleves (S. 141), das direkt nebenan gelegen ist.

Yellow Zebra Pub — BAR
(Karte S. 90; www.yellowzebrapub.com; VII., Kazinczy utca 5; So–Do 10–24, Fr & Sa bis 3 Uhr; M2 Astoria) Die Kellerbar Yellow Zebra gehört dem Tourenveranstalter gleichen Namens und ist die einzige Bar in ganz Budapest für Radfahrer. Hier gibt es ein halbes Dutzend tschechische und ungarische Craft-Biere vom Fass, eine märchenhafte und altmodische offene Küche, die sättigende ungarische Speisen serviert (Hauptgerichte 1500 bis 2400 Ft). Am Mittwoch, Donnerstag und Samstag werden ab 21 Uhr Jazz und Blues live gespielt.

Rumpus Tiki Bar — COCKTAILBAR
(Karte S. 90; 06 20 624 0085; http://rumpus.hu; VII. Király utca 19; So–Do 18–2, Fr & Sa bis 3 Uhr; M1/2/3 Deák Ferenc tér) Was gibt es eigentlich an einer Tiki-Bar mit künstlichen Palmen, Palmenwedelhütten, farbenfrohen Götterbildern und Mai-Tai-Cocktails, die runtergehen wie Wasser nach dem Joggen, auszusetzen? Das Rumpus hat all dies plus eine lange Bambustheke mit Hockern, die an Totempfähle erinnern, ein gelegentliches Ukulelenkonzert und Kellnerinnen, die Baströckchen tragen.

Központ — BAR
(Karte S. 90; 1-783 8405; www.facebook.com/kozpontbudapest; VII., Madách Imre út 5; Mo–Mi 8–1, Do & Fr bis 2, Sa 18–2 Uhr; M1/2/3 Deák Ferenc tér) Bei Redaktionsschluss dieses Reiseführers war das „Zentrum" eine der angesagtesten Kneipen der Stadt, wo jeder bärtige junge Mann mit einem Top Knot im Haar zum Frühstück hinging und sich abends zum einen Drink, einen Plausch und zum Musikhören einfand. Vielleicht ist es heute immer noch ein Hotspot.

Hopaholic — CRAFT-BIER
(Karte S. 90; 1-611 2415; www.facebook.com/hopaholicpub; VII., Akácfa utca 38; Mo–Mi 16–24, Do–Sa bis 2 Uhr; 4, 6) Dieses winzige Lokal hat viele Craft-Biere von Csak a Jó Sör (siehe oben) im Angebot; zusätzlich gibt es zehn weitere Biere vom Fass.

Tuk Tuk Bar
COCKTAILBAR

(Karte S. 90; ☎ 1-343 1198; www.tuktukbar.hu; VI., Paulay Ede utca 31; ⊗ 16–24 Uhr; M M1 Opera) Diese Bar, die an die Lokale in Shanghai erinnert – *tuk-tuks* (Autorikschas) sind in vielen asiatischen Ländern zu sehen – ist ein asiatischer, schwulenfreundlicher Treff im Casati Budapest Hotel (S. 119). Es gibt dort Kunst an den Wänden, tolle Cocktails, einen DJ an Donnerstagen und Livejazz am Freitag. Freundliche Bedienung.

Vicky Barcelona
CLUB

(Karte S. 90; ☎ 06 30 465 9505; www.facebook.com/vickybarcelonatapas; VII., Gozsdu udvar, Dob utca 16; ⊗ Mo & Do–Sa 12–5, Di & Mi 16–5, So 13–24 Uhr; M M1/2/3 Deák Ferenc tér) Diese Mischung aus spanischem Restaurant, Bar und Club am Südende des Gozsdu udvar bietet die Möglichkeit, an einem einzigen Abend unterschiedlichste Dinge unter einem Dach zu erleben. Wenn man mitten am Abend kommt, kriegt man noch einen Platz entweder drinnen im lang gestreckten schmalen Restaurant oder auf einem Barhocker draußen auf dem Gozsdu udvar. Nach Drinks und Tapas (950 bis 2100 Ft) verwandelt sich die Location gegen 23 Uhr in eine große Salsamusik- und Tanzparty.

Fekete Kutya
BAR

(Karte S. 90; ☎ 06 20 580 3151; www.facebook.com/feketekutja; VII., Dob utca 31; ⊗ Mo–Sa 17–2, So bis 24 Uhr; M M1/2/3 Deák Ferenc tér) Der „Schwarze Hund" ist eine winzige Bar, die besonders bei ortsansässigen Ausländern beliebt ist und in diesem lässig-lockeren Ambiente ihr Craft-Bier genießen wollen.

Spíler
BAR

(Karte S. 90; ☎ 1-878 1309; http://spilerbp.hu; VII., Gozsdu udvar; ⊗ So–Mi 9–24, Do–Sa bis 2 Uhr; M M1/2/3 Deák Ferenc tér) Das Spíler ist eine große, kecke und pulsierende Bistrobar im Zentrum der Nachtszene am Gozsdu udvar und serviert Craft-Bier, Wein, Cocktails und volle Mahlzeiten für ein durstiges und hungriges Publikum. Man sitzt unter den Markisen an der verstopften Straße oder drinnen an einer der Bars. Jeden Abend legen DJs auf, es gibt auch eine Speisekarte mit Streetfood-Gerichten.

Anker't
RUINENKNEIPE

(Karte S. 90; www.facebook.com/ankertbar; VI., Paulay Ede utca 33; ⊗ Mo–Mi & So 14–2, Do–Sa bis 4 Uhr; ☎; M M1 Opera) Diese ultracoole Innenhofkneipe ist mit dem Anker Klub (S. 157) verbunden und ist umgeben von wirklich verfallenen Gebäuden. Sie besitzt eine einfarbige Einrichtung und eine Beleuchtung, die die eindrucksvolle Umgebung wirkungsvoll in Szene setzt. Es gibt einen riesigen Garten, zahlreiche Theken, etwas zu essen, eine lange Getränkekarte, DJs und Livemusik. Ein echt tolles Tanzlokal.

Kadarka
WEINBAR

(Karte S. 90; ☎ 06 30 297 4974, 1-266 5094; www.facebook.com/kadarkabar; VII. Király utca 42; ⊗ 16–24 Uhr; ☎; M M1 Opera) Die quirlige, moderne Weinbar serviert eine schwindelerregende Auswahl an Weinsorten (überwiegend ungarische) unterschiedlichen Alkoholgehalts, um auch wirklich jedem Geschmack und Gusto gerecht zu werden. Die Mitarbeiter stehen den Gästen mit ihrem Expertenwissen bei der Auswahl des richtigen Weins beratend zur Seite. Der *pálinka* (Obstbrand) ist ebenfalls in zahlreichen Varianten erhältlich.

Ecocafe
CAFÉ

(Karte S. 90; ☎ 06 70 333 2116; http://ecocafe.hu; VI., Andrássy út 68; ⊗ Mo–Fr 7–20, Sa & So 8–20 Uhr; M M1 Vörösmarty utca) Dieses einfache Café ist eine willkommene Einkehrmöglichkeit an der Andrássy út. Hier gibt es großartigen Kaffee und Smoothies, Säfte, Tee, Sandwiches (590 bis 890 Ft) und Kuchen (250 bis 690 Ft); fast alles ist bio. Es gibt auch eine tolle Salatbar (1590 Ft) und Tische draußen auf dem Gehweg.

Gozsdu Manó Klub
CLUB

(GMK; Karte S. 90; ☎ 06 20 779 1183; www.gozsdumano.hu; VII., Gozsdu udvar Ecke Madách Imre út; ⊗ So–Mi 16–2, Do–Sa bis 5 Uhr; M M1/2/3 Deák Ferenc tér) Oben gibt es eine Bar und auch ein Restaurant, aber der Anziehungspunkt ist schlechthin der Club im Keller, wo hervorragende Livemusik gespielt wird und DJs in einem höhlenartigen Raum mit hochwertigem Soundsystem, einem schlichten Flair und engagierten einheimischen Besuchern auflegen.

Bordó Bisztró
WEINBAR

(Karte S. 90; ☎ 06 70 359 8777; www.facebook.com/bordobisztro; VI., Nagymező utca 3; ⊗ 10–24 Uhr; M M1 Opera) Dieses Bistro am Ende des Budapester „Broadway" ist auf Wein spezialisiert. Ungefähr das einzig Lustige an diesem Lokal ist sein kitschiger Name – ein holpriges Wortspiel aus Bordeaux und *bor* (zu Deutsch „Wein"). Das Essen ist ein Mischmasch aus Fischfrikadellen, Ingwer-Spare-Ribs und Vier-Käse-Nudeln; in der

Wochenmitte gibt es ein festes Mittagsgericht (1050 bis 1300 Ft) und an den Wochenenden einen Wein-Brunch.

Mozaik TEEHAUS
(Karte S. 90; ☏ 1-266 7001; VI., Király utca 18; ⊙ 9–22.30 Uhr; ✆; Ⓜ M1/2/3 Deák Ferenc tér) Das ruhige kleine Teehaus liegt in einer geschäftigen Straße. Im netten oberen Stockwerk können die Gäste sich ein Stück Kreide schnappen und sich für alle nachfolgenden Besucher verewigen, während sie eine von 120 verschiedenen Teesorten schlürfen. Selbst gemachte Kuchen, Alkohol in der Bar oben und ein wunderschönes Bacchus-Mosaik – daher der Name des Hauses.

Fogas RUINENKNEIPE
(Karte S. 90; ☏ 06 70 638 5040; www.fogashaz.hu; VII., Akácfa utca 49–51; ⊙ 18–4 Uhr; ✆; 🚋 4, 6) In diesem riesigen, von Bäumen bestandenen Gebäudekomplex wird allerlei Unterhaltung geboten: acht Bars und vier Tanzflächen in zwei Gebäuden, Livemusik und jeden Abend DJs sowie Kunst, Filmclubs und Workshops. Bei schlechtem Wetter ist drinnen ausreichend Platz, außerdem kann man jederzeit die Treppen zum Club mit dem treffenden Namen Lärm (S. 157) hinaufsteigen, wenn einem der Sinn nach etwas Härterem steht.

400 Bar BAR
(Karte S. 90; ☏ 06 20 776 0765; www.400bar.hu; VII., Kazinczy utca 52/b; ⊙ So–Mi 11.30–1, Do bis 2, Fr & Sa bis 4; ✆; Ⓜ M1/2/3 Deák Ferenc tér) Das „Négyszáz" ist groß und eine der beliebtesten Café-Bars in Pest. Es liegt in einer autofreien Zone nahe dem Gozsdu udvar und hat auch Tische im Freien. Die Gäste kommen auf einen Drink oder zum Mittagessen (täglich ein Mittagsmenü, 1090 Ft). Es gibt auch serbische Grillgerichte und eine Terrasse.

Művész Kávéház CAFÉ
(Karte S. 90; ☏ 06 70 333 2116; www.muvesz kavehaz.hu; VI., Andrássy út 29; ⊙ Mo–Sa 9–22, So ab 10 Uhr; Ⓜ M1 Opera) Das Künstlercafé liegt quasi gegenüber der Ungarischen Staatsoper und ist ein interessanter Ort, um besonders von der schattigen Terrasse aus Leute zu beobachten. Manch einer meint, dass die Kuchen (550 bis 890 Ft) nicht mehr so gut sind wie sie einmal waren (aber wahrscheinlich denkt keiner mehr bis 1898 zurück, als das Café eröffnet wurde).

Vittula BAR
(Karte S. 90; www.vittula.hu; VII., Kertész utca 4; ⊙ 18 Uhr–spät; ✆; Ⓜ M2 Blaha Lujza tér, 🚋 4, 6) Die Wände in dieser tollen Studenten-Kellerbar sind über und über mit bunten Graffiti bedeckt. Hier wird bis spät in die Nacht hinein bei alternativer Musik und guter Stimmung laut und feuchtfröhlich gezecht. Preiswerte Getränke, flippige Einrichtung und tolle Partys.

CoXx Men's Bar SCHWUL
(Karte S. 90; ☏ 06 30 949 1650, 1-344 4884; www.coxx.hu; VII. Dohány utca 38; ⊙ So–Do 9–4, Fr & Sa bis 5 Uhr; Ⓜ M2 Blaha Lujza tér, 🚋 4, 6) Das Schwulenlokal bietet mit dem auffälligen Namen und seinen 400 m² vermutlich das größte Jagdrevier der Stadt zum Cruisen, dazu drei Bars und einschlägige Spielbereiche hinten. Sonnenbrillen sind hier jedoch nicht vonnöten.

Fat Fairy CAFÉ
(Karte S. 90; ☏ 06 20 378 8467; www.facebook.com/TheFatFairyBudapest; VI., Király utca 18; ⊙ Mo–Do 8–20, Fr & Sa bis 22, So 9–18 Uhr; Ⓜ M1/2/3 Deák Ferenc tér) Zugegebenermaßen kommen viele Leute in dieses kleine Café wegen seines Namens. Aber es gibt hier glücklicherweise auch hervorragende Waffeln (790 Ft) und Kuchen (590 bis 790 Ft). Hier bildet sich häufig eine Warteschlange, aber das Anstehen lohnt sich durchaus.

Blue Bird Cafe CAFÉ
(Karte S. 90; www.facebook.com/bluebirdcafe hungary; VII., Gozsdu udvar, Dob utca 16; ⊙ Mo–Do 9–3, Fr–So bis 5 Uhr; ✆; Ⓜ M1/2/3 Deák Ferenc tér) Das gemütlich gestaltete Café am geschäftigen Gozsdu udvar hat eine kleine Terrasse, auf der man vor Ort gerösteten Kaffee, Kuchen und ganztägig Frühstück, darunter auch Crêpes, bestellen kann. Nachts verwandelt es sich in eine dröhnende Karaokebar.

My Little Melbourne & Brew Bar CAFÉ
(Karte S. 90; ☏ 06 70 394 7002; http://mylittle melbourne.hu; VII., Madách Imre út 3; ⊙ 7–19 Uhr; ✆; Ⓜ M1/2/3 Deák Ferenc tér) Ein Budapester Ehepaar, das sich in die Stadt Melbourne verliebt hat, hat hier ein kleines Stück Australien geschaffen. Zu vor Ort geröstetem Kaffee aus London (Workshop) und Italien (Danesi) wird in diesem winzigen Café auf zwei Etagen ein klasse „Flat White", eine Cappuccino-Variante aus Australien, serviert, aber auch leckeres Gebäck und Kuchen – darunter australische *lamingtons* (in Schokolade getauchte und in Kokosraspeln gewälzte Biskuitstücke). Angrenzend befindet sich noch ein Café.

Telep
BAR

(Karte S. 90; 1-784 8911; www.facebook.com/TelepGaleria; VII., Madách Imre út 8; Mo–Fr 12–2, Sa 16–2 Uhr; ; M1/2/3 Deák Ferenc tér) Das Telep ist eine kleine Kunstgalerie mit Ausstellungsfläche im oberen Stockwerk, in der auch Konzerte stattfinden und DJs auflegen. Das hippe Lokal befindet sich nur ein paar Schritte vom betriebsamen Gozsdu udvar in einer Fußgängerzone, in der die Zecher bis spät in der Nacht herumhängen.

Lärm
CLUB

(Karte S. 90; http://larm.hu; VII., Akácfa utca 51; Sept.–Mai Fr & Sa 23–6 Uhr; ; 4, 6) Dieser Club mit zwei kleinen Bars geht zum Hof der Ruinenkneipe Fogas raus und hat sich der Technomusik verschrieben.

Ellátó Kert
RUINENKNEIPE

(Karte S. 90; 06 30 628 9136; VII., Kazinczy utca 48; 17–4 Uhr; ; M1/2/3 Deák Ferenc tér) Die riesige Ruinenkneipe mit mehreren Räumen voller Pflanzen und Papierlaternen war und ist ein sehr beliebter Treffpunkt. Tischtennis, Billard, Tischfußball und mexikanische Tacos halten die Gäste bei Laune.

Anker Klub
CLUB

(Karte S. 90; 06 70 621 0741; VI., Anker köz 1–3; Mo–Fr 9–1, Sa 10–3 Uhr; M1/2/3 Deák Ferenc tér) Das Anker ist tagsüber ein Café, das abends zu einem hippen Treff mit DJs wird. Es ist weitläufig mit minimalistischer Einrichtung und liegt angenehm zentral.

Südliches Pest

★ Corvin Club & Roof Terrace
CLUB

(Karte S. 94; 06 20 474 0831; www.corvinteto.hu; VIII., Blaha Lujza tér 1; Mi–Sa 22–6 Uhr; M2 Blaha Lujza tér) Auf dem Dach des ehemaligen Corvin-Kaufhauses hält dieser hervorragende Club mit atemberaubendem Ausblick von der Freilichttanzfläche eine Bandbreite abendlicher Unterhaltung von Techno bis zum Open-Air-Kino bereit. Wem die Treppen zu viel sind, kann nach Zahlung des Eintritts (500 bis 2000 Ft) etwa 100 m weiter südlich zum Café Mundum an der Somogyi Béla utca 1 gehen und den Warenaufzug zum Dach nehmen.

Nándor Cukrászda
CAFÉ

(Karte S. 94; 1-215 8776; www.nandori.hu; IX., Ráday utca 53; Mo–Sa 7.30–19 Uhr; 4, 6) Dieses winzige Café mit seinen hervorragenden Keksen und Kuchen (350 bis 650 Ft) ist hier schon seit 1957. Dass die Gäste hier eine Nummer ziehen und sich dann in die Warteschlange einreihen müssen, zeugt von seiner enormen Popularität.

Élesztő
CRAFT-BIER

(Karte S. 94; www.facebook.com/elesztohaz; IX., Tűzoltó utca 22; 15–3 Uhr; M3 Corvin-negyed, 4, 6) Diese Ruinenkneipe ist in einer ehemaligen Glasbläserei untergebracht und besteht aus drei Teilen: einem Café, einer Weinbar mit Tapas (690 bis 1390 Ft) und einer Bar (Hauptanziehungspunkt) mit einer unschlagbaren Auswahl an ausgezeichneten Craft-Bieren. Eine hauseigene Brauerei, der passende Name (*élesztő* bedeutet Hefe), rund 20 Biersorten vom Fass, Biercocktails und Braukurse machen es zu einem wahren Traum für Bierliebhaber.

Lumen
CAFÉ

(Karte S. 94; www.facebook.com/lumen.kavezo; VIII., Mikszáth Kálmán tér 2–3; Mo–Fr 8–24, Sa 10–24, So 10–22 Uhr; ; M3/4 Kálvin tér, 4, 6) Eine relaxte Cafébar mit kleiner Terrasse auf dem hübschen Mikszáth Kálmán tér. In diesem mit zahlreichen Pflanzen geschmückten Lokal wird der Kaffee selbst geröstet. Dazu kommen Wein und ungarische Craft-Biere wie Stari. Abends füllt es sich hier mit gestylten Gästen, die sich auf das bunt gemischte Programm mit Livemusik und DJs freuen.

Jelen Bisztró
BAR

(Karte S. 94; 06 20 344 3155; www.facebook.com/jelenbisztro; VIII., Blaha Lujza tér 1–2; 10–24 Uhr; 5, 7, M2 Blaha Lujza tér) Dieses engagierte, geräumige und stilvolle Café in einer Seitenstraße der Rákóczi út ist sehr zu empfehlen. Die Speisekarte reicht vom Frühstück bis zu abendlichen Grillgerichten (1290 bis 2490 Ft). Um 19 Uhr treten lokale Bands live auf, montags von 20 bis 23 Uhr gibt es das „offene Mikro". Der Eingang liegt an der Stáhly utca 12.

Café Csiga
CAFÉ

(Karte S. 94; 06 30 613 2046; www.facebook.com/cafecsiga; VIII., Vásár utca 2; 9–24 Uhr; ; M4 Rákóczi tér, 4, 6) Die „Schnecke" ist ein sehr beliebtes und gastfreundliches Café unweit des Marktes am Rákóczi tér. Die entspannten Räumlichkeiten auf zwei Ebenen mit abgenutzten Holzfußböden, üppigen Pflanzen und weit offenen Türen an Sonnentagen locken viele Bohemiens an. Essen gibt es auch, darunter mehrere vegetarische Optionen (Salate ab 1950 Ft), Frühstück (750 bis 1190 Ft) und ein hervorragendes Mittagsgericht für 1100 Ft.

Zappa Caffe CAFÉ
(Karte S. 94; ☎ 06 20 972 1711; www.zappacaffe.hu; VIII., Mikszáth Kálmán tér 2; ⏱ Mo-Do 11-24, Fr bis 2, Sa 12-2, So 12-24 Uhr; Ⓜ M3/4 Kálvin tér, 🚋 4, 6) Dieses große, entspannte Café (mit Bar und Restaurant) an einem autofreien Platz ist ein Magnet für Studenten und Einheimische. Es verfügt über eine der größten Terrassen in dieser Gegend. Außerdem läuft hier auch gute Musik.

Paris Texas BAR
(Karte S. 94; ☎ 1-218 0570; www.facebook.com/parizs.kavehaz; IX., Ráday utca 22; ⏱ Mo-Sa 12-3, So bis 24 Uhr; Ⓜ M3 Kálvin tér) Dieses Etablissement ist eine der ursprünglichen Bars an der nächtlichen Vergnügungsmeile Ráday utca (IX. Bezirk) und hat mit den tiefschwarzen Fotos an den Wänden und den Pool-Tischen im Keller das Flair eines Kaffeehauses. Hier sollte man einen Cocktail von der langen Karte schlürfen und eine Pizza vom Pink Cadillac (S. 143) nebenan bestellen.

Tamp & Pull CAFÉ
(Karte S. 94; ☎ 06 30 456 7618; www.facebook.com/tamppull; IX., Czuczor utca 3; ⏱ Mo-Fr 7-19, Sa 9-17, So 12-16 Uhr; Ⓜ M4 Fővám tér) Das Tamp & Pull gehörte ursprünglich Attila Molnár, dem viermaligen ungarischen Barista-Champion. Das kleine Café mit nackten Backsteinwänden und einigen wenigen Tischen drinnen präsentiert Kunstwerke an den Wänden, die mit Kaffee zu tun haben. Hier wird die britische Kaffeesorte Has Bean ausgeschenkt; dazu köstliche Kuchen und Kekse, Säfte und Sandwiches.

Bujdosó Kert RUINENKNEIPE
(Karte S. 94; www.facebook.com/bujdosokert; VIII., Vajdahunyad utca 4; ⏱ Mo-Sa 16-2, So bis 24 Uhr; 🚋 4, 6) Was einstmals die relaxte Ruinenkneipe Gondozót in einem ehemaligen Heim war, hat nun unter dem Namen Bujdosó Kert wiedereröffnet und bietet Grillgerichte, Snooker, Livemusik und einen riesigen Bildschirm. Im Keller gibt es immer noch Parapark (S. 101), das erste sogenannte „Escape Game" der Stadt (S. 102).

🍷 Stadtwäldchen & Umgebung

Kertem BIERGARTEN
(Karte S. 98; ☎ 06 30 225 1399; www.facebook.com/kertemfesztival; XIV., Olof Palme sétány 1; ⏱ 11-4 Uhr; Ⓜ M1 Hősök tere) Das Kertem liegt an neuer Stelle im Süden des Stadtwäldchens und ist ein wunderschöner Biergarten mit bunten Stühlen und märchenhaften Lichtern in den Bäumen. Tagsüber ist er eine unbeschwerte Oase für Familien, abends ideal für Bier und Burger bei Livemusik (nur an Wochenenden).

Varosliget Café CAFÉ
(Karte S. 98; ☎ 06 30 869 1426; www.varosligetcafe.hu; XIV., Olof Palme sétány 5; ⏱ 12-22 Uhr; Ⓜ M1 Hősök tere) Dieses beliebte Café am Ufer des Sees im Stadtwäldchen ist ideal, um sich zu entspannen, Ruderboote auf dem See zu beobachten und einen Kaffee oder Abendtrunk zu genießen. Wer hungrig ist, bestellt sich etwas Sättigendes wie etwa eine knusprig gebratene Ente mit geschmortem Kohl, Lammragout oder gegrillten Schafskäse mit geröstetem Gemüse.

Dürer Kert CLUB
(Karte S. 98; ☎ 1-789 4444; www.durerkert.com; XIV., Ajtósi Dürer sor 19-21; ⏱ 17-5 Uhr; 🛜; 🚌 O-Bus 74, 75, 🚋 1) Der Dürer Kert ist ein sehr relaxter Club mit großem Garten am Südrand des Stadtwäldchens. Hier legen zu später Stunde einige der besten DJs auf.

Sparty CLUB
(Karte S. 98; www.spartybooking.com; XIV., Állatkerti út 1; ab 35 €; ⏱ Sa 22.30-3 Uhr; Ⓜ M1 Széchenyi fürdő) Sparty (abgeleitet von Spa-Party) organisiert wöchentlich die unterschiedlichsten Clubnächte im Széchenyi-Bad (S. 103). Eine Mischung aus diversen Getränken, Lichtershow, DJs für House und Funk, VJs (Visual Jockeys, Videokünstler, die Musik optisch untermalen), Akrobaten und Badevergnügen heizt dem leicht geschürzten Partyvolk mächtig ein. Unbedingt eine Taucherbrille mitbringen!

Cat Cafe CAFÉ
(Karte S. 98; ☎ 1-792 4549; www.catcafe.hu; VII., Damjanich utca 38; All-you-can-drink 1590 Ft; ⏱ Di-So 14-22 Uhr; 🚌 30) Dieses Katzencafé in einem Keller an einer ruhigen Straße will seinen Gästen mit seinen drei reizenden Katzen eine Freude machen. Die Grundidee dabei ist, dass man einen festen Betrag zahlt (darin ist ein Stück Kuchen und unbegrenzte Mengen an Tee enthalten) und dann mit den Katzen spielen oder auch nur bei einem Brettspiel chillen kann.

Pántlika BAR
(Karte S. 98; ☎ 06 70 376 9910; www.pantlika.hu; XIV., Városligeti körút; ⏱ So-Do 12-24, Fr & Sa bis 2 Uhr; 🚌 O-Bus 72, 74, Ⓜ M1 Széchenyi fürdo, 🚋 1, 1A) Die hippe Kombination aus DJ-Bar und Café mit großer Terrasse befindet sich

in einem Kiosk aus der kommunistischen Zeit der 1970er-Jahre und besticht durch sein bizarr geschwungenes Dach. In der winzigen Küche werden kleine Gerichte – Suppen Eintöpfe und Hamburger ab 1100 Ft – zubereitet. Die Auswahl an Obstbränden *(pálinka)* ist enorm. Die Bar liegt gegenüber dem Haus mit der Nummer 47 an der Hermina út (XIV.).

 Unterhaltung

Für eine Stadt dieser Größe kann Budapest naturgemäß mit einer riesigen Auswahl an Freizeitaktivitäten und Unterhaltungsmöglichkeiten am Abend und in der Nacht aufwarten – von Oper und Volkstanz bis zu Jazzkonzerten und Filmen, die in großen Kinopalästen über die Leinwand flimmern. In der Regel bereitet es kein Problem, an Eintrittskarten heranzukommen; durchaus schwerer fällt jedoch die Entscheidung, wohin es letztlich gehen soll.

 Burgviertel

Budai Vigadó TANZ
(Budai Vigadó; Karte S. 64; 1-225 6049; www.hagyomanyokhaza.hu; I., Corvin tér 8; Vorstellungen 3600–6200 Ft; 19, 41) Die Künstler des ungarischen staatlichen Volksensembles (Magyar Állami Népi Együttes) treten in dieser Halle, die auch als Hagyományok Háza (Haus der Traditionen) bekannt ist, auf, und zwar von Juni bis Oktober dienstags und freitags um 20 Uhr; gelegentlich gibt es auch zu anderen Zeiten Vorstellungen.

Budavár Kulturzentrum LIVEMUSIK
(Budavári Művelődési Háza; Karte S. 64; 1-201 0324; www.bem6.hu; Bem rakpart 6; Vorstellungen 800–1000 Ft; 19, 41) Dieses Kulturzentrum direkt unterhalb der Budaer Burg bietet häufig Veranstaltungen für Kinder und Erwachsene, darunter den hervorragenden Volkstanzabend (Sebő Klub és Táncház) um 19 Uhr immer am ersten Samstag im Monat sowie den Volksmusikclub Regejáró Misztrál zur gleichen Zeit jeweils am letzten Sonntag.

 Gellértberg & Tabán

Fonó Buda Musikhaus MUSIK
(Fonó Budaio Zenéház; 1-206 5300; www.fono.hu; XI., Sztregova utca 3; Kasse Mo–Fr 9–17 Uhr; 41, 56) Hier finden mehrmals in der Woche (besonders mittwochs) um 18.30 oder 20 Uhr Volksmusik mit Tanz *(táncház)*, aber auch den ganzen Monat über Konzerte (meist Weltmusik) von renommierten Musikgruppen statt; das Musikhaus gilt als eine der besten Adressen der Stadt für diese Art der Unterhaltung.

Städtisches Kulturhaus MUSIK
(Fővárosi Művelődési Háza (FMH); 1-203 3868; www.fmhnet.hu; XI., Fehérvári út 47; Kasse Mo & Do 15–19, Di & Mi bis 18, Fr 16–18 Uhr; 41, 56) Im sogenannten FMH gibt es an jedem zweiten Montag, Freitag und Samstag (siehe Website) um 19 Uhr Volksmusik und -tanz. Eine temperamentvolle Tanzveranstaltung für Kinder, dargeboten von der unvergleichlichen Folkloregruppe Muzsikás, findet jeden Dienstag von 17 bis 19 Uhr statt.

A38 LIVEMUSIK
(Karte S. 94; 1-464 3940; www.a38.hu; XI., Pázmány Péter sétány 3–11; So–Do 11–24, Fr & Sa bis 3 Uhr; 212, 4, 6) Die „A38" liegt auf der Budaer Seite südlich der Petőfi-Brücke vertäut und ist ein ausrangierter ukrainischer Steinefrachter aus dem Jahr 1968, der umgebaut wurde und heute eine bedeutende Livemusikbühne ist. Hier ist es so cool, dass Lonely-Planet-Leser sie einst zur besten Bar der Welt gekürt haben. Im Laderaum des Schiffes wird das ganze Jahr hindurch wild gerockt. Bei warmem Wetter haben auch die Terrassen offen.

Mu Színház TANZ
(Karte S. 68; 1-209 4014; www.mu.hu; XI., Kőrösy József utca 17; Kasse Mo–Fr 10–18 Uhr; 4, 6) Praktisch jeder, der mit der modernen ungarischen Tanzszene zu tun hat, hat einmal in dieser legendären Location in Südbuda angefangen. Hier kann man hervorragende Vorstellungen genießen.

Óbuda & Budaer Berge

Óbuda Gesellschaftskreis KONZERTSAAL
(Óbudai Társaskör; Karte S. 72; 1-250 0288; www.obudaitarsaskor.hu; III., Kis Korona utca 7; Karten 1000–4500 Ft; 86, Tímár utca) Dieser kleine und beschauliche Konzertsaal in Óbuda hat sich der klassischen Musik verschrieben; hier finden Musikvorträge statt, und es treten einige Kammerorchester auf. Sehr empfehlenswert!

Marczibányi tér Kulturzentrum LIVEMUSIK
(Marczibányi téri Művelődési Központ; Karte S. 72; 1-212 2820; www.marczi.hu; II., Marczibányi tér 5/a; Vorstellungen 800–3200 Ft; Do ab 19 Uhr; 4, 6) In diesem Kulturzentrum wird

jeden Donnerstag um 19 Uhr ungarischer, moldawischer und slowakischer Tanz sowie Musik von Guzsalyas aufgeführt.

☆ Belváros

Akvárium Klub LIVEMUSIK
(Karte S. 76; ☏ 06 30 860 3368; www.akvariumklub.hu; V., Erzsébet tér; ⊙ Mo–Do 12–1, Fr & Sa bis 16.30 Uhr; Ⓜ M1/2/3 Deák Ferenc tér) Der Akvárium Klub liefert ein variationsreiches Programm ungarischer und internationaler Livemusik von Indie, Rock über Weltmusik und Pop bis zu Electronica und darüber hinaus. Der Hauptsaal fasst 1500, der kleinere 700 Personen. Es gibt auch Clubnächte sowie eine Bar und ein Bistro. Auf den Treppenstufen draußen sitzen bei warmem Wetter viele Gäste mit einem Drink.

Pesti Vigadó KONZERTSAAL
(Karte S. 76; www.vigado.hu; V., Vigadó tér 1; ⊙ Kasse 10–19.30 Uhr; Ⓜ M1 Vörösmarty tér, 🚋 2) Der Pesti Vigadó wurde 1864 im romantischen Stil erbaut. Hier finden in prachtvollem Ambiente klassische Konzerte statt.

Puskin Art Mozi KINO
(Karte S. 76; ☏ 1-459 5050; www.puskinmozi.hu; V., Kossuth Lajos utca 18; 🚋 7, Ⓜ M2 Astoria) Das altgediente „Puschkin Programmkino" zeigt eine gesunde Mischung aus Programmkino und aktuellen Blockbustern.

Columbus Club LIVEMUSIK
(Karte S. 76; ☏ 1-266 9013; www.columbuspub.hu; V., Vigadó tér, Pier Nr. 4; ⊙ 12–24 Uhr; Ⓜ M1 Vörösmarty tér, 🚋 2) Dieser Musikclub befindet sich auf einem Boot, das am Ufer der Donau an einer Seitenstraße der Vigadó tér (V.) vertäut liegt. Jeden Abend gibt es hier Livemusik (auch Jazz) von bekannten nationalen und internationalen Bands. Die Vorstellungen beginnen um 19.30 Uhr, und in der Regel gibt es zwei Konzerte am Abend, die jeweils etwa 45 Minuten dauern.

József-Katona-Theater THEATER
(Katona József Színház; Karte S. 76; ☏ 1-266 5200; www.katonajozsefszinhaz.hu; V., Petőfi Sándor utca 6; Karten kostenlos–4200 Ft; ⊙ Kasse Mo–Fr 11–19, Sa & So 15–19 Uhr; Ⓜ M3 Ferenciek tere) Das József-Katona-Theater ist das bekannteste Theater Ungarns und bietet ein abwechslungsreiches Repertoire von Shakespearestücken und *Warten auf Godot* bis zu einheimischen Produktionen. Im Studiotheater Kamra gastieren einige der besten Schauspieltruppen des Landes.

☆ Parlament & Umgebung

★ Ungarische Staatsoper OPER
(Magyar Állami Operaház; Karte S. 82; ☏ 1-814 7100, Kasse 1-353 0170; www.opera.hu; VI., Andrássy út 22; ⊙ Kasse 10–20 Uhr; Ⓜ M1 Opera) Dieses prachtvolle Opernhaus im Stil der Neorenaissance-Architektur ist nicht nur wegen seiner Vorstellungen und der perfekten Akustik, sondern auch schon wegen seiner unglaublich reichhaltigen Innenausstattung einen Besuch wert.

Aranytíz-Kulturzentrum TRADITIONELLE MUSIK
(Aranytíz Kultúrház; Karte S. 82; ☏ 1-354 3400; www.aranytiz.hu; V., Arany János utca 10; ⊙ Kasse Mo & Mi 14–21, Sa 9–15 Uhr; 🚌 15) In diesem Kulturzentrum in der Leopoldstadt bringt das wunderbare Kalamajka Táncház jeden Samstag ab 19 Uhr seine Programme bis etwa um Mitternacht auf die Bühne. Kinderveranstaltungen beginnen schon gegen 17 Uhr. Auf der Website finden sich alle weiteren Aufführungen und Veranstaltungen.

Budapester Operettentheater OPER
(Budapesti Operettszínház; Karte S. 82; ☏ 1-312 4866; www.operettszinhaz.hu; VI., Nagymező utca 17; Karten 1000–13 000 Ft; ⊙ Kasse Mo–Fr 10–19, Sa & So 13–19 Uhr; Ⓜ M1 Opera) Dieses Theater führt Operetten auf, die mit ihren traditionellen Inszenierungen und farbenfrohen Kostümen das Publikum immer wieder zu Beifallsstürmen führen, beispielsweise *Die Csárdásfürstin* von Emmerich (Imre) Kálmán oder Franz (Ferenc) Lehárs *Die lustige Witwe*. Vor dem Haupteingang befindet sich eine Bronzestatue von Kálmán.

Művész Art Mozi KINO
(Karte S. 82; ☏ 1-459 5050; www.artmozi.hu; VI., Teréz körút 30; Karten Erw./Stud. 1550/1150 Ft; Ⓜ M1 Oktogon, 🚋 4, 6) Das „Künstler-Programmkino" präsentiert im Allgemeinen Kultfilme, aber nicht nur.

☆ Margareteninsel & nördliches Pest

Budapest Jazz Club JAZZ
(Karte S. 86; ☏ 1-798 7289; www.bjc.hu; XIII., Hollán Ernő utca 7; ⊙ So–Do 10–12, Fr & Sa bis 2 Uhr; 🚌 O-Bus 75, 76) Ein sehr anspruchsvoller Veranstaltungsort – mittlerweile der wohl ernsthafteste in der Stadt – für traditionellen, Vokal- und Latin-Jazz, mit heimischen und internationalen Talenten. Zu den internationalen Musikern in der Vergangenheit

gehören Terrence Blanchard, die Yellowjackets und Liane Carroll. Die Konzerte beginnen meist um 20 oder 21 Uhr, Jamsessions starten freitags, samstags und montags um 22 oder 23 Uhr.

Lustspieltheater THEATER
(Vígszínház; Karte S. 86; ⌕ 1-329 2340; http://vigszinhaz.hu/; XIII., Szent István körút 14; 🚋 4, 6) Das hübsche kleine Gebäude an der Szent István körút, auf etwa halbem Weg zwischen Donau und Nyugati tér, ist die Bühne schlechthin für Komödien (darunter auch Shakespeare-Komödien in ungarischer Sprache) und Musicals. Als es im Jahr 1896 erbaut wurde, erntete es viel Kritik, weil es damals angeblich zu weit außerhalb läge.

☆ Elisabethstadt & jüdisches Viertel

★ **Liszt-Musikakademie** KLASSISCHE MUSIK
(Liszt Zeneakadémia; Karte S. 90; ⌕ 1-462 4600, Kasse 1-321 0690; www.zeneakademia.hu; VI., Liszt Ferenc tér 8; ⊙ Kasse 10–18 Uhr; Ⓜ M1 Oktogon, 🚋 4, 6) Die Vorstellungen sind in der Regel bereits mindestens eine Woche im Voraus ausgebucht, manchmal erwischt man aber noch eine (teurere, aber immer noch erschwingliche) Last-Minute-Karte. Eine Nachfrage lohnt sich deshalb.

Gödör LIVEMUSIK
(Karte S. 90; ⌕ 06 20 201 3868; www.godorklub.hu; VI., Király utca 8–10, Central Passage; ⊙ 18 Uhr bis spätabends; 📶; Ⓜ M1/2/3 Deák Ferenc tér) Das Gödör liegt im Inneren des Einkaufszentrums Central Passage an der Király utca und hat seinen Ruf als hervorragendes Lokal für Indie, Rock, Jazz sowie elektronische und experimentelle Musik bewahrt. Lohnend sind auch die tollen Clubnächte in dem kargen Raum mit Industriedesign. Im Sommer gibt es Ausstellungen und Filme.

Pótkulcs LIVEMUSIK
(Karte S. 90; ⌕ 1-269 1050; www.potkulcs.hu; VI., Csengery utca 65/b; ⊙ So–Mi 17–1.30, Do–Sa bis 14.30 Uhr; Ⓜ M3 Nyugati pályaudvar) Das „Ersatzschlüssel" ist ein kleines, aber feines Trinklokal mit Livemusikabenden verschiedenster Musikrichtungen und gelegentlichen *Táncház*-Abenden (ungarische Musik und Tanz). Der kleine zentrale Innenhof ist ideal, um im Sommer zu chillen.

Giero Brasserie LIVEMUSIK
(Karte S. 90; VI., Paulay Ede utca 58; ⊙ 13 Uhr bis spätabends; Ⓜ M1 Oktogon) Diese Kellerbar, die von Gizi néni (Tante Gizi) geführt wird, ist *der* Ort für Zigeunermusik, denn Roma-Musiker spielen hier ab etwa 22 Uhr, wenn sie mit ihrem Pflichtprogramm in den Spitzenhotels fertig sind. Gastfreundschaft ist hier selbstverständlich, allerdings gibt es keinerlei Schnickschnack.

Ladó Café LIVEMUSIK
(Karte S. 90; ⌕ 06 70 350 3929; www.ladocafe.hu; VII., Dohány utca 50; ⊙ 8–23.30 Uhr; Ⓜ M2 Blaha Lujza tér) Das tagsüber eher unauffällige Café, mit ordentlichem Essen und hervorragendem Service, läuft am Abend ab 20 Uhr zur Höchstform auf, wenn Liveunterhaltung auf dem Programm steht – in der Regel Jazz und Swing.

Budapester Puppetheater PUPPENTHEATER
(Budapest Bábszínház; Karte S. 90; ⌕ 1-321 5200, Kasse 1-342 2702; www.budapest-babszinhaz.hu; VI., Andrássy út 69; Karten 1300–1900 Ft; ⊙ Kasse 9–18 Uhr; Ⓜ M1 Vörösmarty utca) Das Puppentheater zeigt um 10 oder 10.30 und 14.30 oder 15 Uhr Aufführungen für Kinder, für die man in der Regel nicht fließend Ungarisch sprechen können muss. Die Website gibt Auskunft über die Veranstaltungen und die genauen Zeiten.

☆ Südliches Pest

★ **Palast der Künste** KONZERTSAAL
(Művészetek Palotája; Karte S. 94; ⌕ 1-555 3300; www.mupa.hu; IX., Komor Marcell utca 1; ⊙ Kasse 10–18 Uhr; 📶; 🚋 2, 24, 🚉 HÉV 7 Közvágóhíd) Der Palast der Künste liegt an der Donau und verfügt gleich über zwei Konzertsäle: Rund 1700 Zuschauer passen in den **Nationalen Konzertsaal Béla Bartók** (Bartók Béla Nemzeti Hangversenyterem), 450 Besucher fasst das kleinere **Festivaltheater** (Fesztivál Színház). Von beiden Stätten wird behauptet, dass sie über eine fast perfekte Akustik verfügen. Studenten können eine Stunde vor Vorstellungsbeginn für nur 500 Ft einen Stehplatz ergattern.

Budapester Musikzentrum KONZERTSAAL
(BMC; Karte S. 94; ⌕ 1-216 7894; http://bmc.hu; IX., Mátyás utca 8; Karten ab 1300 Ft; ⊙ Bibliothek Mo–Fr 9–16.30 Uhr; 📶; Ⓜ M4 Fővám tér) Das Budapester Musikzentrum veranstaltet fantastische ungarische Jazz- und Klassikkonzerte. Der erstklassige Konzertsaal **Opus Jazz Club** (mit Restaurant) fasst 350 Zuhörer und bietet von Donnerstag bis Samstag um 21.30 Uhr Konzerte. Im Musikzentrum fin-

det sich auch eine Bibliothek und Aufnahmestudios. Dienstags oder mittwochs gibt es kostenlose Konzerte.

Jedermann Café LIVEMUSIK
(Karte S. 94; 06 30 406 3617; www.jedermann.hu; XI., Ráday utca 58; 8–1 Uhr; 4, 6) Dieses hübsche und äußerst coole Café-Restaurant ist im alten Stil gehalten und liegt am südlichen Ende der Ráday utca. Abends verwandelt es sich in einen großartigen Veranstaltungssaal. Im Mittelpunkt stehen Jazz, Weltmusik und Folk. Die Gigs (500 Ft) beginnen am Montag, Mittwoch, Freitag und/oder Samstag um 21 Uhr, je nach Saison. Die bunte, wechselnde Speisekarte reicht von Frühstück und Grillgerichten (1390 bis 1990 Ft) bis zu Salaten und Kuchen. Das Tagesgericht zur Mittagszeit an Werktagen kostet 990 Ft.

**Trafó – Haus für
zeitgenössische Künste** TANZ
(Trafó Kortárs Művészetek Háza; Karte S. 94; Buchungen 1-215 1600; www.trafo.hu; IX., Liliom utca 41; Kasse 16–20 Uhr; M3 Corvin-negyed, 4, 6) Diese mega-hippe Bühne in der Ferencváros präsentiert eine gelungene Mischung aus Musik, Theater und insbesondere Tanz mit guten internationalen Aufführungen. Es gibt zudem eine Galerie und auch einen Nachtclub.

Nationaltheater THEATER
(Nemzeti Színház; Karte S. 94; Buchungen 1-476 6868; www.nemzetiszinhaz.hu; IX., Bajor Gizi Park 1; Karten 1300–3800 Ft; Kasse Mo–Fr 10–18, Sa 14–18 Uhr; 2, HÉV 7 Közvágóhíd) Das ziemlich eklektische Theater ist ein ideales Ziel, wenn man sich an ungarische Stücke trauen oder nur die bizarre Architektur des Theaters bestaunen möchte.

Corvin-Kino KINO
(Corvin Mozi; Karte S. 94; 1-459 5050; www.corvin.hu; VIII., Corvin köz 1; M3 Corvin-negyed, 4, 6) Das restaurierte Art-déco-Gebäude liegt mitten an einem Platz, der von Häusern umgeben ist, die an den Regency-Stil aus der britischen Architektur erinnern. Am Haupteingang sind zwei wunderschöne Reliefs auffällig sowie das Denkmal für die heldenhaften *Pesti srácok*, die „Kinder von Pest", die während des Aufstands 1956 in diesem Viertel kämpften und ihr Leben ließen.

Uránia Nationales Filmtheater KINO
(Uránia Nemzeti Filmszínház; Karte S. 94; 1-486 3400; www.urania-nf.hu; VIII., Rákóczi út 21; 7)
Dieses Art-déco-Gebäude mit neumaurischer Extravaganz ist ein aufgemotzter Filmpalast. Im ersten Stock verfügt er über ein exzellentes Café mit Balkon und Blick auf die geschäftige Rákóczi út.

Groupama Arena FUSSBALL
(Karte S. 94; www.groupamaarena.com; IX., Üllői út 129; M3 Népliget) Die brandneue Groupama Arena, die an der Stelle des Flórián-Albert-Stadions gegenüber dem Busbahnhof Népliget erbaut wurde, ist das Heimstadion für den Ferencvárosi Torna Club (www.fradi.hu), den erfolgreichsten und beliebtesten Fußballverein des Landes. Entweder liebt man die *Fradi*-Jungs in Grün-Weiß oder man hasst sie. Mit seinen 23 700 Plätzen ist es nach dem Ferenc-Puskás-Stadion das zweitgrößte Stadion Ungarns.

⭐ Stadtwäldchen & Umgebung

Ferenc-Puskás-Stadion FUSSBALL
(Puskás-Ferenc-Stadion; Karte S. 98; 1-471 4221; www.stadiumguide.com/puskasferencstadion; XIV., Istvánmezei út 1–3; M2 Puskás Ferenc Stadion) Dieses Stadion, das das Heimatstadion der ungarischen Nationalmannschaft ist, befand sich zur Zeit der Recherche für dieses Buch gerade im Umbau. Zur Zeit seiner Fertigstellung im Jahre 2019 soll es mehr als 70 000 Zuschauern Platz bieten. Wenn es so weitergeht wie bisher, sind allerdings kaum Wunder zu erwarten.

**László Papp
Budapest Sportaréna** LIVEMUSIK
(Karte S. 98; 1-422 2600; www.budapestarena.hu; XIV., Stefánia út 2; Kasse Mo–Fr 9–17 Uhr; M2 Puskás Ferenc Stadion) Die Mehrzweckarena trägt den Namen des erfolgreichen ungarischen Boxers (1926–2003) und hat 15 000 Sitzplätze. Hier treten große nationale und internationale Stars auf (z. B. Jean-Michel Jarre, Placebo, Rihanna).

Theater am Bethlen-Platz THEATER
(Bethlen Téri Színház; Karte S. 98; 1-342 7163; www.bethlenszinhaz.hu; VII., Bethlen Gábor tér 3; Karten 1500–2500 Ft; M2/4 Keleti pályaudvar) Dieses kleine, stimmungsvolle Theater führt Drama, Tanz und Puppentheater auf, aber auch Stand-Up-Comedy (aber nur, wenn man gut Ungarisch versteht). Es gibt auch ein Café und eine Galerie. Das Mitteleuropäische Tanztheater (Közép-Európa Táncszínház) ist hier ebenfalls untergebracht. Eingang an der István út 4 (VII.).

🛍 Shoppen

Budapest ist eine fantastische Stadt zum Einkaufen, egal ob jemand traditionelle Handwerkskunst mit dem gewissen Etwas, topaktuelle Designerwaren, eine ausgefallene Kopfbedeckung oder einen zuckersüßen Dessertwein erstehen möchte. Traditionelle Märkte liegen neben gigantischen, modernen Shoppingmalls, und Schirmhersteller aus der guten alten Zeit behaupten sich hier noch neben einer flippigen Boutique mit ungewöhnlicher Avantgardemode.

🛍 Burgviertel

Mester Porta MUSIK
(Karte S. 64; ☏ 06 20 232 5614; www.facebook.com/mesterporta.galeria; I., Corvin tér 7; ⊙ Di–Sa 10.30–18 Uhr; 🚋 19, 41) Dieses wunderbare Geschäft verkauft CDs und DVDs mit ungarischer und anderer Volksmusik. Im Mester Porta werden aber auch Musikinstrumente, Partituren, Bücher und sogar Trachtenmode zum Kauf feilgeboten.

Herend PORZELLAN
(Karte S. 64; ☏ 1-225 1051; www.herend.com; I., Szentháromság utca 5; ⊙ April–Okt. Mo–Fr 10–18, Sa & So bis 16 Uhr, Nov.–März Sa & So bis 14 Uhr); 🚌 16, 16A, 116) Für modernes aber auch traditionelles Porzellan ist Herend – die ungarische Antwort auf Wedgwood – genau die richtige Adresse. Zu den beliebtesten Motiven, die von diesem Unternehmen hergestellt werden, gehören das sogenannte Viktoria-Muster mit Schmetterlingen und Wildblumen, das für die gleichnamige englische Königin in der Mitte des 19. Jhs. entworfen wurde.

Bortársaság WEIN
(Karte S. 64; ☏ 1-289 9357; www.bortarsasag.hu; I Batthyány utca 59; ⊙ Mo–Sa 10–21, So bis 19 Uhr; Ⓜ M2 Széll Kálmán tér, 🚋 4, 6) Der Laden mit etwa einem Dutzend Einzelhandelsgeschäften in der Hauptstadt hieß früher Budapester Weingesellschaft und bietet eine außergewöhnlich gute Auswahl an ungarischen Weinen. Wirklich niemand kennt sich mit einheimischen Weinen so gut aus wie die Angestellten im Bortársaság.

Herend Majolika KERAMIK
(Karte S. 64; ☏ 1-356 7899; www.herendimajolika.hu; II., Bem rakpart 37; ⊙ Di–Sa Fr 10–18, Sa bis 13 Uhr; Ⓜ M2 Batthyány tér, 🚋 19, 41) Eine Alternative zum edlen Herend-Porzellan ist die massivere Herend-Keramik mit kecken farbenfrohen Früchte- und Blumenmustern.

 Gellértberg & Tabán

Prezent DESIGNERWAREN
(Karte S. 68; www.prezentshop.hu; Döbrentei utca 16; ⊙ Mi–Mo 10.30–18 Uhr; 🚋 18, 19, 41) Dieses Geschäft hat sich auf nachhaltiges ungarisches Design spezialisiert und verkauft Mode und Accessoires sowie Naturkosmetik. Im „Prozent" findet man seriöse und bewundernswert gute Sachen.

🛍 Belváros

★**Le Parfum Croisette** PARFÜM
(Karte S. 76; ☏ 06 30 405 0668; www.leparfum.hu; V., Deák Ferenc utca 18; ⊙ Mo–Fr 10–19, Sa & So bis 17 Uhr; Ⓜ M1/2/3 Deák Ferenc tér, 🚋 47, 48, 49)
Ungarns einziger Parfumeur, Zsolt Zólyomi, kreiert die Düfte in seinem Atelier-Laden, verkauft aber auch topaktuelle, tierfreundliche Parfüme aus aller Welt wie etwa die Cognac-Düfte von Romano Riccis Juliette Has a Gun, dessen Mixtur 750 Jahre zurück geht. Zólyomi glaubt an die Renaissance der ehemals berühmten ungarischen Parfümindustrie und veranstaltet selbst Workshops, um die Kunst der Parfümherstellung einem Publikum zu zeigen.

★**Rózsavölgyi Csokoládé** SCHOKOLADE
(Karte S. 76; ☏ 06 30 814 8929; www.rozsavolgyi.com; V., Királyi Pál utca 6; ⊙ Mo–Fr 10.30–13 & 13.30–18.30 Uhr, Sa 12–18 Uhr; Ⓜ M3/4 Kálvin tér) Der kleine, gedämpft beleuchtete Laden verkauft seckene, kunstvoll verpackte Schokolade, die schon mehrfach prämiert wurde. Im Angebot der handgemachten Schokolade finden sich interessante Sorten wie Kaffee und Balsamico-Essig oder Sternanis mit roten Pfefferkörnern.

★**Bomo Art** KUNSTHANDWERK
(Karte S. 76; ☏ 1-318 7280; www.bomoart.hu; V., Régi Posta utca 14; ⊙ Mo–Fr 10–18.30, Sa bis 18 Uhr; Ⓜ M3 Ferenciek tere) Der winzige Laden in einer Seitenstraße der Váci utca verkauft hochwertige Papierwaren, darunter in Leder eingebundene Notizbücher, Fotoalben und Adressbücher.

Wonderlab MODE & ACCESSOIRES
(Karte S. 76; ☏ 06 20 314 2058; www.facebook.com/wonderLABconcept; V., Veres Pálné utca 3; ⊙ Di–Sa 12–20 Uhr; 🚋 5, 7, 110, Ⓜ M2 Astoria, 🚋 2) Hippe und sehr modische Klamotten von mehreren aufstrebenden ungarischen Modeschöpfern, die manchmal im Laden sind, um über ihre Arbeit zu diskutieren. Zu den

> **NICHT VERSÄUMEN**
>
> ### ECSERI-FLOHMARKT
>
> Der Flohmarkt **Ecseri-Piac** (www.piaconline.hu; XIX., Nagykőrösi út 156; Mo–Fr 8–16, Sa 5–13, So 8–13 Uhr; 54, 84E, 89E 94E) ist angeblich der größte Mitteleuropas. Verkauft wird hier alles von altem Schmuck und sowjetischen Armeeuhren bis hin zu Fred-Astaire-Hüten. Die Profis kommen wegen der besten Schnäppchen samstags in der Früh. Bus 54 verkehrt vom Pester Boráros tér. Schneller geht es mit den Expressbussen 84E, 89E und 94E von der Metrostation Határ út (M3) in Pest bis zur Bushaltestelle Fiume utca.

interessanten Stücken zählen Handtaschen, Schmuck, grafisch gestaltete Stücke, Möbel und einige exquisite Porzellanteile.

Paloma — MODE & ACCESSOIRES
(Karte S. 76; 06 20 961 9160; www.facebook.com/PalomaBudapest/; V., Kossuth Lajos utca 14; Mo–Fr 11–19, Sa bis 15 Uhr; M2 Astoria/M3 Ferenciek tere, 47, 49) Das Paloma kombiniert Mode und Kunst und stellt die Werke mehrerer aufstrebender ungarischer Designer aus. Zudem werden Ausstellungen zu zeitgenössischer Kunst ausgerichtet.

Je Suis Belle — MODE & ACCESSOIRES
(Karte S. 76; 1-951 1353; www.jesuisbelle.hu; V., Ferenciek tere 11, Párisi udvar; Do & Fr 12–16 Uhr; M3 Ferenciek tere) Hier findet man auffällige Damenmode von Dalma Devenyi und Tibor Kass, den Begründern einer der führenden ungarischen Modemarken.

Nanushka — FASHION & ACCESSORIES
(Karte S. 76; 1-202 1050; www.nanushka.hu; V., Deák Ferenc utca 17; Mo–Sa 10–20, So 12–18 Uhr; M1/2/3 Deák Ferenc tér) Der Vorzeigeladen der international bekannten und aus Budapest stammenden Designerin Nanushka (alias Sandra Sandor) ist mit Holzböden und weißen Tüchern ausgestattet. So wird ihre topaktuelle und beliebte Damenbekleidung eindrucksvoll in Szene gesetzt.

Hecserli — FEINKOST
(Karte S. 76; www.hecserli.hu; V., Szerb utca 15; Mo–Fr 8–19, Sa 9–15 Uhr; M3/4 Kálvin tér) Im Hecserli wartet die kulinarische Welt Ungarns. Das hilfsbereite Personal erläutert gerne alles zu den frisch gepressten, vor Ort verarbeiteten, selbst gemachten und regional angebauten Delikatessen. Hier findet man Schinken, Salami, Käse, Sirup, Tee und frisches Brot. Der Laden fungiert zusätzlich auch als Bio-Café und Weinbar.

Rozsnyai Shoes — SCHUHE
(Karte S. 76; 06 30 247 7340; www.rozsnyaishoes.com; V., Haris Köz 3; Mo & Sa 10–18, Di–Fr bis 19 Uhr; M3 Ferenciek tere) Maßgeschneiderte Damen- und Herrenschuhe, die von erfahrenen Schuhmachern handgefertigt werden. Etwa zwei Wochen dauert die Anfertigung; die Schuhe werden auch ins Ausland verschickt.

Rododendron — GESCHENKE & SOUVENIRS
(Karte S. 76; 06 70 419 5329; www.rododendron.hu; V., Semmelweis utca 19; Mo–Fr 10–19, Sa bis 17 Uhr; M2 Astoria) Mehrere lokale Designer stellen in diesem netten Laden ihre Waren aus. Die Palette reicht dabei von Schmuck und knuddeligen Spielsachen bis hin zu hübschen Handtaschen und einer Reihe schöner und schräger Drucke.

Herend — PORZELLAN
(Karte S. 76; 1-317 2622; www.herend.com; V., József nádor tér 11; Mo–Fr 10–18, Sa bis 14 Uhr; M1/2/3 Deák Ferenc tér, 2) Diese wunderbar zentral gelegene Filiale der bedeutenden ungarischen Porzellanfirma. Bei Herend gibt es hervorragende, wenn auch etwas teure Souvenirs oder Geschenke.

Cadeau — SCHOKOLADE
(Karte S. 76; 06 30 299 2919; www.cadeaubonbon.hu; V., Veres Pálné utca 8; Mo–Fr 10–18 Uhr; M3 Ferenciek tere) „Der Tod durch Schokolade" hat Budapest aus der kleinen Stadt Gyula im Südosten Ungarns erreicht. Dort werden die himmlischen handgefertigten Bonbons hergestellt und in der berühmten Százéves Cukrászda, der „Hundertjährigen Konditorei", verkauft. Köstlich ist aber auch die Eiscreme (Kugel 250 Ft).

Szamos Marcipán — MARZIPAN
(Karte S. 76; 1-275 0855; www.szamosmarcipan.hu; V., Párizsi utca 3; 10–19 Uhr; M3 Ferenciek tere) Der Laden mit dem treffenden Namen „Viele Marzipansorten" verkauft genau das – in jeder erdenklichen Form und Größe. Hier gibt es auch ein erfreuliches Angebot an Kuchen (500 bis 750 Ft), darunter auch einen typisch ungarischen Marzipankuchen.

Balogh Kesztyű Üzlet — MODE & ACCESSOIRES
(Karte S. 76; 1-266 1942; V., Haris köz 2; Mo 12–18, Di 11–18, Mi & Do 11.30–18, Fr bis 17, Sa bis 13 Uhr; M3 Ferenciek tere) Wenn die Herren

ein Paar maßgeschneiderte Schuhe bei Vass erwerben, warum sollten sich die Damen nicht ein Paar maßgeschneiderte, kaschmirgefütterte Handschuhe gönnen? Die finden sich hier im „Balogh-Handschuhladen" – und es gibt viele Materialien, aus denen sich auch Männer ihre Handschuhe machen lassen können. Eine Spezialität sind die mit Lammfell gefütterten Lederhandschuhe.

Rózsavölgyi és Társa — MUSIK
(Karte S. 76; www.rozsavolgyi.hu; V., Szervita tér 5; ⊙Mo–Sa 10–20; M M1/2/3 Deák Ferenc tér) Béla Latjas Rózsavölgyi-Haus ist ein hervorragendes Beispiel für frühe moderne Architektur. Der Musikladen bietet CDs und DVDs mit traditioneller Volksmusik und Klassik sowie eine gute Auswahl an Noten. Verkauft werden hier auch Konzertkarten; zudem werden im Café im Obergeschoss hauseigene Konzerte veranstaltet.

Központi Antikvárium — BÜCHER
(Karte S. 76; 1-317 3514; www.kozpontiantik varium.hu; V., Múzeum körút 13–15; ⊙Mo–Fr 10–18, Sa bis 14 Uhr; M M2 Astoria) Das „Zentrale Antiquariat" ist ideal für historische Karten, Antiquitäten und Secondhand-Bücher in ungarischer, deutscher und englischer Sprache. Es stammt aus dem Jahr 1891 und ist das größte (und älteste) Antiquariat nicht nur in Budapest, sondern in ganz Osteuropa.

Vass Shoes — SCHUHE
(Karte S. 76; 1-318 2375; www.vass-cipo.hu; V., Haris köz 2; ⊙Mo–Fr 10–19, Sa bis 16 Uhr; M M3 Ferenciek tere) Der Schuhmacher Vass steht auf Tradition und diese reicht bis ins Jahr 1896 zurück. Kunden können fertige Modelle erwerben oder sich die Schuhe maßschneidern lassen. Manche Leute reisen nur aus diesem Grund nach Ungarn, um sich hier ihre Schuhe fertigen zu lassen.

Folkart Kézművésház — KUNSTHANDWERK
(Karte S. 76; 1-318 5143; www.folkartkezmu veshaz.hu; V., Régi Posta utca 12; ⊙Mo–Fr 10–18, Sa & So bis 15 Uhr; M M3 Ferenciek tere) In diesem großen Laden findet sich alles „made in Hungary", von gestickten Westen und Tischdecken bis zu bemalten Eiern und rustikal-schickem Porzellan. Das Personal ist sehr hilfsbereit und aufmerksam.

Magma — INNENAUSSTATTUNG
(Karte S. 76; 1-235 0277; www.magma.hu; V., Petőfi Sándor utca 11; ⊙Mo–Fr 10–19, Sa bis 15 Uhr; M M3 Ferenciek tere) Der Ausstellungsraum im Herzen der Innenstadt präsentiert exklusiv ungarisches Design von einheimischen Designern. Zu sehen sind Glaswaren, Porzellan und Spielzeug, aber auch verschiedene Textilien und Möbel.

Intuita — KUNSTHANDWERK
(Karte S. 76; 1-266 5864; www.intuitashop.com; V., Váci utca 67; ⊙Mo–Fr 10–18, Sa bis 16 Uhr; M M4 Fővám tér, 2) Der Laden hat sich auf ungarisches Kunsthandwerk spezialisiert und ist gestapelt voll mit zeitgenössischen kunsthandwerklichen Dingen wie Schmuck, Keramik, Notizbüchern und vor Ort entworfenen abgefahrenen Handtaschen.

Inmedio — ZEITUNGEN & ZEITSCHRIFTEN
(Karte S. 76; 06 30 509 9503; V., Váci utca 10; ⊙8–20 Uhr; M M1 Vörösmarty tér) Der beste Laden in Budapest, um ausländische Zeitungen und Zeitschriften zu kaufen.

Múzeum Antikvárium — BÜCHER
(Karte S. 76; 1-317 5023; www.muzeumantik varium.hu; V., Múzeum körút 35; ⊙Mo–Fr 10–18, Sa bis 14 Uhr; M M3/4 Kálvin tér) Direkt gegenüber vom Ungarischen Nationalmuseum führt der gut bestückte Buchladen gebrauchte und antiquarische Bücher in einer Vielzahl von Sprachen, darunter auch Englisch. Dies ist der beste Buchladen in der Straße.

🅿 Parlament & Umgebung

⭐ Bestsellers — BÜCHER
(Karte S. 82; 1-312 1295; www.bestsellers.hu; V., Október 6 utca 11; ⊙Mo–Fr 9–18.30 Uhr, Sa 11–18, So 12–18 Uhr; M M1/2/3 Deák Ferenc tér) Vielleicht der beste englischsprachige Buchladen in Budapest mit Romanen, Reiseführern und vielen Büchern zu ungarischen Themen. Auch gibt es eine große Auswahl an Zeitungen und Magazinen, die vom Fachhändler Tony Láng betreut wird. Die freundlichen Mitarbeiter stehen einem gerne mit Rat und Tat zur Seite.

Moró Antik — ANTIQUITÄTEN
(Karte S. 82; 1-311 0814; www.moroantik.hu; Falk Miksa utca 13; ⊙Mo–Fr 10–18, Sa bis 13 Uhr; 2, 4, 6) Eine beachtliche Sammlung alter Schwerter und Piostolen sowie Porzellan, Gemälde und andere Dinge aus China, Japan und anderen Teilen Asiens.

Memories of Hungary — KUNSTHANDWERK
(Karte S. 82; 1-780 5844; www.memoriesofhun gary.hu; V., Hercegprímás utca 8; ⊙10–22 Uhr; M M1 Bajcsy-Zsilinszky út) Ein sehr angenehmer Laden, um Souvenirs und Geschenke

zu kaufen. Das angebotene Kunsthandwerk stammt zumeist wirklich aus Ungarn, und es gibt auch regionale kulinarische Spezialitäten sowie heimischen Wein. Der Laden eignet sich auch gut als Informationsquelle.

Alexandra
BÜCHER

(Karte S. 82; 1-428 7070; www.alexandra.hu; V., Nyugati tér 7; Mo–Sa 10–22, So bis 20 Uhr; M3 Nyugati pályaudvar) Eine große Filiale der landesweiten Buchladenkette gegenüber dem Bahnhof Nyugati.

Originart Galéria
KUNSTHANDWERK

(Karte S. 82; 1-302 2162; www.originart.hu; V., Arany János utca 18; Mo–Fr 10–18 Uhr; 15, 115, M3 Arany János utca) Ungarisches Kunsthandwerk, das den Kunden garantiert ein Lächeln ins Gesicht zaubert, von hell bemalten Porzellanfiguren bis zu Schmuckkästchen, Tassen und Acrylgemälden. Alles sehr verspielt und auch für Kinder interessant.

BÁV
ANTIQUITÄTEN

(Bizományi Kereskedőház és Záloghitel; Karte S. 82; 1-473 0666; www.bav.hu; XIII., Szent István körút 3; Mo–Fr 10–19, Sa bis 14 Uhr; 4, 6) Diese Ladenkette mit Seconhandwaren tritt auch als Pfandleiher auf. Mit einigen Filialen im Stadtgebiet ist sie ideal, um nach wertlosem Plunder und Schätzen zu stöbern, besonders wenn man es aus zeitlichen Gründen nicht zum Ecseri-Piac-Markt (S. 164) schafft. In dieser Filiale gibt es Porzellan, Textilien, Kunstwerke und Möbel.

Pintér Galéria
ANTIQUITÄTEN

(Karte S. 82; 1-311 3030; www.pinterantik.hu; V., Falk Miksa utca 10; Mo–Fr 10–18, Sa bis 14 Uhr; 2, 4, 6) Pintér verfügt über eine enorme Verkaufsfläche (etwa 2000 m²), die sich über mehrere Keller in der Nähe des Parlaments erstreckt. Hier gibt es alles, von Möbeln und Kronleuchtern bis zu Ölgemälden und Porzellan. An der Falk Miksa utca ist dies der beste Laden zum Stöbern.

Malatinszky Weinladen
WEIN

(Karte S. 82; 1-317 5919; www.malatinszky.hu; V., József Attila utca 12; Mo–Sa 10–18 Uhr; M1/2/3 Deák Ferenc tér, 2, 47, 49) Der Weinladen gehört einem ehemaligen Sommelier des Gundel-Restaurants und wird von ihm auch geleitet. Hier gibt es eine hervorragende Auswahl an gehobenen ungarischen Weinen, darunter drei Jahrgänge aus seinen eigenen biologisch betriebenen Weinkellern. Die fachkundigen Mitarbeiter empfehlen gerne einen passenden Tropfen.

Szőnyi Antikváriuma
BÜCHER

(Karte S. 82; 1-311 6431; www.szonyi.hu; V., Szent István körút 3; Mo–Fr 10–18, Sa 9–13 Uhr; 2, 4, 6) Das altgediente Antiquariat hat neben alten Bänden auch eine hervorragende Auswahl an historischen Drucken und Karten. Man muss nur einmal die Schubladen der Schränke hinten im Laden öffnen und in Ruhe stöbern.

Anna Antikvitás
ANTIQUITÄTEN

(Karte S. 82; 1-302 5461; www.annaantikvitas.eu; V., Falk Miksa utca 18–20; Mo–Fr 10–18, Sa bis 13 Uhr; 2, 4, 6) Wer sich für hochwertige gestickte Tischdecken und Bettwäsche interessiert, sollte zu Anna gehen. Der ganze Laden ist über und über vollgestopft damit.

Margareteninsel & nördliches Pest

Mountex
SPORT & OUTDOOR

(Karte S. 86; 1-239 6050; www.mountex.hu; XIII., Váci út 19; Mo–Sa 10–20, So bis 18 Uhr; M3 Lehel tér) Das riesige Warenhaus mit zwei Ebenen und Zweigniederlassungen überall in der Stadt führt die gesamte Ausrüstung zum Campen, Wandern, Trekking und Klettern.

Mézes Kuckó
SÜSSES

(Honigecke; Karte S. 86; XIII., Jászai Mari tér 4; Mo–Fr 10–18, Sa 9–13 Uhr; 2, 4, 6) Der winzige Laden ist etwas für Leckermäuler. Die Nuss-Honig-Kekse (240 Ft pro 100 g) sind göttlich. Der bunt dekorierte *mézeskalács* (Honigkuchen; 330 bis 750 Ft) in Herzform ist ein schönes Geschenk.

Elisabethstadt & jüdisches Viertel

Garden Studio
MODE & ACCESSOIRES

(Karte S. 90; 06 30 848 6163; www.thegardenstudio.hu; VI., Paulay Ede utca 18; Mo–Sa 10–20 Uhr; M1 Bajcsy-Zsilinszky utca) Dieser großartige Laden im Besitz eines Designers hat ein beneidenswertes Angebot an Kleidung und Accessoires von jungen zeitgenössischen ungarischen Designern: Tomcsányi im Retrolook und Vintagestil aus den 1970er- und 1980er-Jahren, Strickmoden von Kele und VYF-Schals.

Szimpla-Bauernmarkt
MARKT

(Karte S. 90; http://szimpla.hu; VII., Kazinczy utca 14; So 9–14 Uhr; ; M2 Astoria) Jeden Sonntag findet an der Ruinenkneipe Szimpla Kert (S. 152) ein bezaubernder Bauernmarkt statt, auf dem man alle möglichen regionalen Produkte, wie Marmelade, Honig, Joghurt, Käse und Brot kaufen kann. Auch Paprika, Gemüse, Obst, gepökeltes Fleisch und Obstsäfte sind erhältlich.

Massolit Budapest　　　　　　　BÜCHER
(Karte S. 90; ☏1-788 5292; www.facebook.com/MassolitBudapest; VII., Nagy Diófa utca 30; ◉Mo-Sa 8-19.30, So 10-19.30 Uhr; Ⓜ M2 Astoria) Die Filiale des hochgelobten Bücherladens Massolit in Krakau (Polen) zählt zu den besten der Stadt. Hier findet man neue und gebrauchte Bücher in englischer Sprache, Belletristik ebenso wie Sachbücher, darunter übersetzte Titel über ungarische Geschichte und Literatur. Wunderschön ist der schattige Garten, ebenso wie die Tische zwischen den Bücherregalen, an denen man seinen Kaffee trinken und Sandwiches, Kuchen und Bagels essen kann, während man in den Büchern schmökert.

Gouba　　　　　　　　　　　　MARKT
(Karte S. 90; www.gouba.hu; VII., Gozsdu udvar; ◉So 10-19 Uhr; Ⓜ M1/2/3 Deák Ferenc tér) Der Markt für Kunst und Kunsthandwerk findet wöchentlich rund um den Gozsdu udvar statt. An den Ständen finden die Besucher interessante Stücke einheimischer Künstler und Designer. Der Markt ist auch eine gute Adresse für hübsche Andenken.

Szputnyik Shop　　　　MODE & ACCESSOIRES
(Karte S. 90; ☏1-321 3730; http://szputnyikshop.hu; VII., Dohány utca 20; ◉Mo-Sa 10-20, So bis 18 Uhr; Ⓜ M2 Astoria) Dieser helle und weitläufige Laden steckt voller nostalgischer Sachen wie amerikanischen College-Jacken und Converse-Sneakern sowie einer Auswahl an neuen alternativen Kollektionen internationaler Designer.

Retrock　　　　　　　MODE & ACCESSOIRES
(Karte S. 90; ☏06 30 472 3636; www.retrock.com; VI., Anker köz 2; ◉Mo-Do 11-21, Fr & Sa bis 22, So bis 20 Uhr; Ⓜ M1/2/3 Deák Ferenc tér) Der große und hippe Laden mit einer riesigen Kollektion an nostalgischen Klamotten, Taschen, Schmuck und Schuhen bietet auch eine kleine Auswahl an ungarischer Designer-Straßenbekleidung.

Printa　　　　　　　　MODE & ACCESSOIRES
(Karte S. 90; ☏06 30 292 0329; www.printa.hu; VII., Rumbach Sebestyén utca 10; ◉Mo-Sa 11-19 Uhr; Ⓜ M1/2/3 Deák Ferenc tér) Das wunderschöne, trendige Siebdruck-Atelier mit Designladen und Galerie konzentriert sich auf einheimische Talente. Hier findet man alles Mögliche, z. B. Taschen, Lederwaren, Drucke, T-Shirts, Briefpapier und Schmuck. Es gibt sowohl gebrauchte, als auch alte, aber veredelte Kleidung.

Alexandra　　　　　　　　　　BÜCHER
(Karte S. 90; ☏1-322 1645; www.alexandra.hu; VI., Andrássy út 39; ◉10-20 Uhr; Ⓜ M1 Opera, 🚌 4, 6) In dem im Jahr 1911 eröffneten Kaufhaus Grande Parisienne befindet sich heute eine Filiale der Buchladenkette Alexandra. Die Abteilung mit fremdsprachlichen Titeln befindet sich im ersten Stockwerk, im Erdgeschoss findet man Souvenirs und Wein. Lohnenswert ist das fantastische Lotz Terem Book Cafe (S. 153).

Írók Boltja　　　　　　　　　　BÜCHER
(Schriftsteller-Buchladen; Karte S. 90; ☏1-322 1645; www.irokboltja.hu; VI., Andrássy út 45; ◉Mo-Fr 10-19, Sa 11-13 Uhr; Ⓜ M1 Oktogon) Wer ist ungarische Autoren in der Übersetzung lesen möchte, ist im „Schriftsteller-Buchladen" genau richtig.

Hollóháza Porzellanladen　　　PORZELLAN
(Hollóházai Márkabolt; Karte S. 90; ☏06 20 592 5676; www.hollohazi.hu/markaboltok.php; VII., Dohány utca 1/c; ◉Mo-Fr 9-17, Sa bis 13 Uhr; Ⓜ M2 Astoria) Dieser Porzellan- und Kristallladen verkauft ungarisches Hollóháza-Geschirr, das preislich erschwinglicher ist als das von Herend und Zsolnay.

Ludovika　　　　　　　MODE & ACCESSOIRES
(Karte S. 90; http://ludovika-shop.tumblr.com; VII., Rumbach Sebestyén utca 15; ◉Mo-Fr 12-20, Sa bis 18 Uhr; Ⓜ M1/2/3 Deák Ferenc tér) Der kleine Laden führt auf zwei Etagen sorgfältig ausgewählte nostalgische Damenbekleidung aus allen möglichen Epochen; dazu gibt es hübsche Handtaschen.

🔒 Südliches Pest

★ Nagycsarnok　　　　　　　　MARKT
(Große Markthalle; Karte S. 94; ☏1-366 3300; www.piaconline.hu; IX., Vámház körút 1-3; ◉Mo 6-17, Di-Fr bis 18, Sa bis 15 Uhr; Ⓜ M4 Fővám tér) Budapests größte Markthalle ist seit ihrer Renovierung zur 1000-Jahrfeier der Stadt 1996 zu einem wahren Touristenmagneten geworden. Dennoch kommen noch immer viele Einheimische hierhin, um frisches Obst, Gemüse, Feinkost, Fisch und Fleisch zu kaufen. Im ersten Stock werden ungarische Folklorekleidung, Puppen, bemalte Eier, gestickte Tischdecken, geschnitzte Jagdmesser und andere Souvenirs feilgeboten.

Gourmets werden die ungarischen und ausländischen Leckereien schätzen, die hier zu einem Bruchteil dessen verkauft werden, was sie an der nahe gelegenen Váci utca kosten: eingeschweißte Topf-Gänseleber, Girlanden getrockneter Paprika, ungarische Snacks als Souvenirs sowie unzählige Döschen mit Paprikagewürz, aber auch die unterschiedlichsten Honigsorten.

Magyar Pálinka Háza
SCHNAPS

(Ungrisches Pálinkahaus; Karte S. 94; 06 30 421 5463; www.magyarpalinkahaza.hu; VIII., Rákóczi út 17; Mo-Sa 9–19 Uhr; 7) In diesem großen Laden stehen Hunderte Sorten der ungarischen Obstbrände *(pálinka)*. Szicsek und Prekop sind die Top-Marken. Die mit *pálinka* gefüllten Pralinen sind ein ausgefallenes und leckeres Geschenk.

Portéka
GESCHENKE & SOUVENIRS

(Karte S. 94; 06 70 313 0348; www.portekabolt.hu; Horánszky utca 27; Mo-Fr 12–18, Sa bis 14 Uhr; M3/4 Kálvin tér, 4, 6) In einer Seitengasse der Krúdy Gyula utca ist das Portéka eine kleine Schatzkammer für ungarische Delikatessen und heimisches Design. Hier gibt es eine gute Auswahl an Honig, Marmelade, Sirup, Gewürzen und Biowein sowie Schmuck, Taschen, Notizbüchern und Postkarten. Am besten ist das Angebot an leckeren Schokoladen von Tibor Szántó.

Babaház
KUNSTHANDWERK

(Puppenhaus; Karte S. 94; 1-213 8295; http://dollhouse.uw.hu; IX., Ráday utca 14; Mo-Sa 11–19 Uhr; M3/4 Kálvin tér) Die Puppen und ihre wunderbare Kleidung werden vor Ort hergestellt. Der freundliche Eigentümer produziert auch knuddelige Teddybären und farbenfrohe Kunstblumen.

Markthalle Rákóczi tér
MARKTHALLE

(Karte S. 94; 1-476 3921; www.piaconline.hu; VIII., Rákóczi tér 7–9; Mo 6–16, Di–Fr bis 18, Sa bis 13 Uhr; M4 Rákóczi tér, 4, 6) Am Rákóczi tér steht schon seit 1897 diese hübsche blau-gelbe Markthalle, die in den frühen 1990er-Jahren nach einem Feuer wieder aufgebaut wurde. Das Angebot ist natürlich wie zu erwarten: frisches Obst, Gemüse, geräuchertes Fleisch, Pasta, Käse und Backwaren. Zusätzlich gibt es hier auch Filialen von Spar und Rossmann.

Liszt Ferenc Zeneműbolt
MUSIK, BÜCHER

(Karte S. 94; 1-267 5777; www.lisztbolt.hu; VIII., Kölcsey utca 1, Libra Books; Mo-Fr 8–19, Sa 9–14 Uhr; M4 Rákóczi tér) Das Ferenc-Liszt-Musikgeschäft mit überwiegend klassischen Musik-CDs, aber auch Noten und Büchern über die Region, ist von der Andrássy út (VI.) umgezogen und teilt sich nun im südlichen Pest den Verkaufsraum mit einer Filiale von Libra Books.

Bálna
EINKAUFSZENTRUM

(Karte S. 94; 06 30 790 2187; www.balnabudapest.hu; IX., Fővám tér 11–12; So–Do 10–20, Fr & Sa bis 22 Uhr; M4 Fővám tér) Die auffallende Glasstruktur des „Wals" würdigt man am besten von der anderen Donauseite. Die Entwürfe stammen von dem niederländischen Architekten Kas Oosterhuis und bezogen zwei alte Lagerhäuser am Flussufer mit ein. Hier ist auch die **Neue Budapester Galerie** (Új Budapest Galéria; Karte S. 94; 1-388 6784; http://budapestgaleria.hu; IX., Fővám tér 11–12; Erw./Kind 1000/500 Ft; Di–So 10–18 Uhr; M4 Fővám tér, 2), in der zahlreiche Veranstaltungen stattfinden, beheimatet. Zusätzlich gibt es eine Reihe von Läden, Restaurants und Cafés. Von den oberen Etagen aus bieten sich herrliche Ausblicke.

Stadtwäldchen & Umgebung

PECSA Bolhapiac
FLOHMARKT

(Karte S. 98; www.bolhapiac.com; XIV., Zichy Mihály utca 14; Eintritt 150 Ft; Sa & So 7–14 Uhr; O-Bus 72, 74, 1) Wer für den Ecseri Piac keine Zeit hat, dem bietet dieser ungarische Flohmarkt die beste Alternative. Er findet im Stadtwäldchen neben der Petőfi-Csarnok-Konzerthalle statt. Von alten Schallplatten und Klamotten bis hin zu Kerzen und Honig ist hier alles im Angebot. Sonntag ist der bessere Tag für einen Besuch.

Praktische Informationen

ERMÄSSIGUNGEN

Budapest-Karte (1-438 8080; www.budapestinfo.hu; pro 24/48/72 Std. 4655/7505/9405 Ft) Freier Eintritt in ausgewählte Museen und andere Sehenswürdigkeiten in und um Budapest, uneingeschränkte Nutzung aller öffentlichen Verkehrsmitteln, zwei kostenlose Führungen und Ermäßigungen bei organisierten Touren, Autoverleihfirmen, in Thermalbädern sowie ausgewählten Geschäften und Restaurants. Erhältlich in den Touristenbüros, im Internet ist die Budapest-Karte aber preiswerter.

GEFAHREN & ÄRGERNISSE

→ Bloß nicht in öffentlichen Verkehrsmitteln schwarzfahren – das wird mit Sicherheit entdeckt und zieht saftige Geldbußen nach sich.

- Niemals mit Taxis ohne Firmenaufdruck oder mit abnehmbarem Taxilicht auf dem Dach fahren; meistens sind das Betrüger, die vorgeben sie wären Taxifahrer, um ihre Fahrgäste auszunehmen.
- Übermäßige Abzocke findet gelegentlich in einigen Bars und Restaurants statt, also immer die Rechnung genau prüfen!
- An überfüllten öffentlichen Orten und Plätzen sind Taschendiebstähle leider an der Tagesordnung.

BKV Fundbüro (Karte S. 90; ☏1-325 5255; VII., Akácfa utca 18; ⊕ Mo 8–20, Di–Do bis 17, Fr bis 15 Uhr; Ⓜ M2 Blaha Lujza tér) Wer etwas in irgendeinem öffentlichen Verkehrsmittel liegengelassen hat, sollte sich an das Fundbüro BKK wenden.

GELD

Überall in Budapest, auch an Flughäfen, Bahnhöfen und Busbahnhöfen, finden sich Geldautomaten. In vielen Hotels und Restaurants werden Visa-, MasterCard- und American-Express-Karten genommen.

K&H Bank (V., Deák Ferenc utca 1; ⊕ Mo 8–17, Di–Do bis 16, Fr bis 15 Uhr; Ⓜ M1 Vörösmarty tér) Bank mit Geldautomat direkt westlich der Haupteinkaufsmeile.

OTP Bank (V., Deák Ferenc utca 7–9; ⊕ Mo 8–18, Di–Do bis 17, Fr bis 16 Uhr; Ⓜ M1 Vörösmarty tér) Die Landessparkasse (mit Geldautomat) bietet mit die besten Wechselkurse für Bargeld und Reiseschecks.

INTERNETZUGANG

Internetzugang gibt es in den meisten Hostels und Hotels; immer weniger Hotels nehmen dafür eine Gebühr. Viele Restaurants, Cafés und Bars bieten für ihre zahlenden Gäste freies WLAN.

Einige Hostels und Hotels haben mindestens einen Computerterminal, den sie ihren Gästen entweder zur freien Nutzung oder gegen eine kleine Geldsumme überlassen. Internetcafés sterben wegen der Verbreitung von Smartphones und Hotspots aus.

Electric Cafe (☏1-781 0098; www.electriccafe.hu; VII., Dohány utca 37; 300 Ft pro Std.; ⊕ 9–24 Uhr; 📶; Ⓜ M2 Blaha Lujza tér) Groß und mit angeschlossenem Waschsalon (!).

Vist@netcafe (☏06 70 585 3924; http://vistanetcafe.com; XIII., Váci út 6; 250 Ft pro Std.; ⊕ 24 Std.; Ⓜ M3 Nyugati pályaudvar) Eins der wenigen Internetcafés, die rund um die Uhr geöffnet haben.

MEDIZINISCHE VERSORGUNG

Beratungen und Behandlungen in privaten Kliniken, die sich um ausländische Gäste kümmern, sind sehr teuer. Zahnbehandlungen sind gemessen an europäischen Standards sehr gut und ziemlich preiswert.

Apotheken

In jedem der 23 Distrikte der Stadt befindet sich immer eine Apotheke, die 24 Stunden geöffnet ist: Ein Schild an der Tür einer jeden Apotheke verweist auf die gerade diensthabende Apotheke in der Nähe.

Déli Gyógyszertár (☏1-355 4691; www.deligyogyszertar.hu; XII., Alkotás utca 1/b; ⊕ 24 Std.; Ⓜ M2 Déli pályaudvar)

Teréz Patika (☏1-311 4439; www.terezpatika.hu; VI., Teréz körút 41; ⊕ Mo–Fr 8–20, Sa bis 14 Uhr, mit 24-Stunden-Notdienstschalter; Ⓜ M3 Nyugati pályaudvar)

Krankenhäuser & Kliniken

FirstMed Centers (☏1-224 9090; www.firstmedcenters.com; I., Hattyú utca 14, 5. Stock; ⊕ Mo–Fr 8–20, Sa bis 14 Uhr, Notfälle 24 Std.; Ⓜ M2 Széll Kálmán tér)

SOS Dent (☏1-269 6010, 06 30 383 3333; www.sosdent.hu; VI., Király utca 14; ⊕ Mo–Sa 8–20 Uhr; Ⓜ M1/2/3 Deák Ferenc tér) Zahnärztliche Beratung ab 5000 Ft, Extraktionen 9000 bis 22 000 Ft, Füllungen 15 000 bis 35 000 Ft und Kronen ab 42 000 Ft.

NOTFÄLLE

Polizeistation Belváros-Lipótváros (☏1-373 1000; V., Szalay utca 11–13; Ⓜ M2 Kossuth Lajos tér) Jegliche Art von Straftat muss der Polizei gemeldet werden (bei der Polizeiwache des jeweiligen Distrikts). Im Zentrum von Pest ist das die Polizeistation Innenstadt-Leopoldstadt (Belváros-Lipótváros). Wenn möglich, sollte man einen ungarischen Dolmetscher mitbringen.

POST

Hauptpostamt (Karte S. 82; V., Bajcsy-Zsilinsky út 16; ⊕ Mo–Fr 8–20; Ⓜ M1/M2/M3 Deák Ferenc tér) Im Stadtzentrum.

Am Bahnhof Nyugati (Karte S. 90; VI., Teréz körút 51–53; ⊕ Mo–Fr 7–20, Sa 8–18 Uhr; Ⓜ M3 Nyugati pályaudvar) Direkt südlich des Bahnhofs.

Am Bahnhof Keleti (Karte S. 94; VIII., Baross tér 11/a–11/c; ⊕ 24 Std.; Ⓜ M2 Keleti pályaudvar) Am einfachsten von Gleis 6 zu erreichen.

REISEBÜROS

Ibusz (☏1-501 4910; www.ibusz.hu; V., Aranykéz utca 4–6; ⊕ Mo–Fr 9–18, Sa bis 13 Uhr; Ⓜ M1 Vörösmarty tér, 🚋 2) Hier kann man alle Arten von Unterkünften buchen und Karten für verschiedene Verkehrsmittel kaufen.

Vista (☏1-429 9999; www.vista.hu; VI., Andrássy utca 1; ⊕ Mo–Fr 9.30–18, Sa 10–14.30 Uhr; Ⓜ M1/2/3 Deák Ferenc tér) Hervorragend für alle Bedürfnisse von Reisenden, sowohl für solche, die verreisen möchten (Flugtickets, Pauschalreisen) als auch für solche, die ankommen (Zimmerreservierung, organisierte Ausflüge).

Wasteels (1-210 2802; www.wasteels.hu; VIII., Kerepesi út 2–6, am Bahnhof Keleti; ⊙ Mo–Fr 8–20, Sa bis 18 Uhr; M M2/M4 Keleti pályaudvar) Verkauft Zugfahrkarten, darunter auch bis zu 60 % ermäßigte für 26-Jährige und Jüngere. Ganz in der Nähe von Gleis 9.

TELEFON

Die drei wichtigsten Mobilfunkanbieter Ungarns sind: **Telenor** (www.telenor.hu; II., Lövőház utca 2–6, Mammut I, 2. Stock, Laden 203; ⊙ Mo–Sa 10–21, So bis 18 Uhr; M M2 Széll Kálmán tér, 4, 6), **T-Mobile** (www.t-mobile.hu; V., Petőfi Sándor utca 12; ⊙ Mo–Fr 9–19, Sa 10–17 Uhr; M M3 Ferenciek tere) und **Vodafone** (www.vodaphone.hu; VI., Váci út 1–3, WestEnd City Center, 1. Stock; ⊙ Mo–Sa 10–21, So bis 18 Uhr; M M3 Nyugati pályaudvar). Seit Juni 2017 sind innerhalb der EU die Roaming-Gebühren entfallen; man zahlt nur so viel wie in seinem Heimatland.

TOURISTENINFORMATION

Budapest Info (Karte S. 76; 1-438 8080; www.budapestinfo.hu; V., Sütő utca 2; ⊙ 8–20 Uhr; M M1/2/3 Deák Ferenc tér) Budapest Info ist in etwa die beste Informationsquelle zu Budapest, aber im Sommer kann es hier heillos überfüllt sein. Dann ist auch das Personal recht ungeduldig. Weniger voll ist die Zweigstelle im Stadtwäldchen (Karte S. 98; 1-438 8080; www.budapestinfo.hu; Olof Palme sétány 5, Eislaufbahn; ⊙ 9–19 Uhr; M M1 Hősök tere). Es gibt auch Informationsschalter im Ankunftsbereich des Internationalen Flughafens Franz Liszt.

🛈 An- & Weiterreise

BUS

Alle internationalen und nationalen Busse nach/von Westungarn kommen am **Busbahnhof Népliget** (Karte S. 94; 1-219 8030; IX., Üllői út 131; M M3 Népliget) in Pest an und starten auch von dort. Das Büro für die internationalen Fahrkarten ist im Obergeschoss. Hier ist Eurolines (www.eurolines.hu) vertreten, aber auch sein ungarischer Partner **Volánbusz** (S. 336). Im Erdgeschoss gibt es Schließfächer zur Gepäckaufbewahrung.

Népliget liegt an der blauen Metrolinie M3 (Station: Népliget). Der Busbahnhof Stadion bedient im Allgemeinen Städte und Ortschaften im Osten Ungarns. Der Fahrkartenschalter und die Schließfächer befinden sich im Erdgeschoss.

Stadion liegt an der roten Metrolinie M2 (Station: 2 Stadionok).

FÄHRE/SCHIFF

➠ Es gibt ein Tragflügelboot auf der Donau zwischen Budapest und Wien (5½ bis 6½ Std.), der von **Mahart PassNave** (S. 338) von Ende April bis Ende September betrieben wird.

➠ Die Boote legen Dienstag, Donnerstag und Samstag um 9 Uhr ab Budapest ab; von Wien aus starten sie zur selben Zeit, aber mittwochs, freitags und sonntags.

➠ Für Erwachsene kostet die einfache Fahrt/hin & zurück 99/125 € (Kinder von zwei bis zwölf Jahren fahren für die Hälfte.) Die Mitnahme eines Fahrrads kostet 25 € für einen Weg.

➠ In Budapest legen die Tragflügelboote am **Internationalen Fähranleger** (Nemzetközi hajóállomás; Karte S. 76; 1-484 4013; www.mahartpassnave.hu; V., Belgrád rakpart; ⊙ Mo–Fr 9–16 Uhr; 2) an und ab. Er befindet sich zwischen der Elisabeth- und der Freiheitsbrücke auf der Pester Seite.

FLUGZEUG

Der **Internationale Flughafen Franz Liszt (Flughafen Ferenc Liszt)** (S. 333) liegt 24 km südöstlich der Stadt und hat zwei moderne, nebeneinanderliegende Terminals.

Terminal 2A fertigt Flüge aus den Schengen-Ländern ab. Flüge in Länder oder aus Ländern außerhalb des Schengenraums (USA, UK, Israel, Russland, die Golfstaaten …) nutzen Terminal 2B nebenan. Innerhalb Ungarns gibt es keine Linienflüge. Die Website des Flughafens führt die Airlines auf, die diesen Flughafen anfliegen. Der neue SkyCourt verbindet die beiden Terminals miteinander.

An beiden Teminals und im SkyCourt finden sich Geldwechselschalter von **Interchange** (⊙ 8–1 Uhr) und Geldautomaten. In Terminal 2A gibt es ein halbes Dutzend Schalter von Autoverleihfirmen. Gepäckschließfächer befinden sich im Erdgeschoss des SkyCourt und sind rund um die Uhr verfügbar.

ZUG

Budapest hat drei Bahnhöfe.

Bahnhof Keleti

MÁV (S. 334) ist in alle Richtungen mit dem europäischen Eisenbahnnetz verbunden. Die meisten Züge aus dem Ausland (sowie Regionalzüge in den/aus dem Norden und Nordosten) kommen am **Bahnhof Keleti** (Keleti pályaudvar; VIII., Kerepesi út 2–6; M M2/M4 Keleti pályaudvar) an.

➠ Am Bahnhof gibt es Schließfächer zur Gepäckaufbewahrung, ein Postamt und einen Lebensmittelladen, der bis spät abends geöffnet ist.

➠ Wer nicht in der Warteschlange anstehen möchte, besorgt sich seine Fahrkarten am besten im Voraus online und druckt sie sich entweder in der Unterkunft selbst aus oder holt sie an den Fahrkartenautomaten am Bahnhof ab. Dazu muss man eine zehnstellige Buchungsnummer eintippen.

- Keleti liegt an zwei Metrolinien: an der grünen M4 und der blauen M3.
- Wenn die Metro nachts nicht mehr fährt, kommen Nachtbusse zum Einsatz.

Bahnhof Nyugati

Die Züge aus so manchem Land (z. B. Rumänien) und von der Donauschleife und aus der Großen Ungarischen Tiefebene kommen am **Bahnhof Nyugati** (Westbahnhof; VI., Nyugati tér) an.
- Zum Service-Angebot gehören Schließfächer zur Gepäckaufbewahrung.
- Der Bahnhof liegt an der blauen M3-Linie.
- Wenn die Metro nachts geschlossen ist, fahren stattdessen Nachtbusse.

Bahnhof Déli

Züge aus dem Süden, wie z. B. aus Osijek in Kroatien and Sarajevo in Bosnien sowie einige Züge aus Wien kommen am **Bahnhof Déli** (Déli pályaudvar; I., Krisztina körút 37; M M2 Déli pályaudvar) an.
- Zum Service-Angebot gehören Schließfächer zur Gepäckaufbewahrung.
- Der Bahnhof liegt an der roten M2-Linie.

- Wenn die Metro nicht mehr fährt, dann sind Nachtbusse unterwegs.

❶ Unterwegs vor Ort

Tages- oder Monatskarten gelten in allen Straßenbahnen, Oberleitungsbussen, Vorortzügen von HÉV (innerhalb der Stadtgrenzen) und in der Metro.
- **Metro** Das schnellste, aber am wenigsten schöne Fortbewegungsmittel. Sie fährt von 4 Uhr morgens bis etwa 23.15 Uhr.
- **Bus** Ausgedehntes Netz an Linienbussen, die von etwa 4.15 Uhr morgens bis zwischen 21 und 23.30 Uhr fahren; ab 23.30 bis kurz nach 4 Uhr morgens fungiert ein Netz von 41 Nachtbussen (die dreistelligen Busnummern beginnen mit einer „9").
- **Straßenbahn** Schneller und angenehmer als Busse, wenn man Sightseeing machen will; ein Netz von 30 Linien. Die Straßenbahn Nr. 6 fährt in der Nacht.
- **Oberleitungsbus** Besonders praktisch, wenn man in die Gegend des Stadtwäldchens in Pest fahren möchte.

❶ Fahrkarten & Tarife im Nahverkehr

- Für die Nutzung der Metro, der Straßenbahnen, O-Busse, Busse und Vorortbahnen (HÉV) benötigt man im Stadtbereich ein gültiges Ticket oder eine Zeitfahrkarte. Diese erhält man a Kiosken, Zeitungsständen, Metrozugängen, Automaten und in einigen Fällen gegen Aufschlag auch beim Busfahrer.
- Am einfachsten ist der Kauf einer Zeitfahrkarte, weil man dann nicht dauernd bei jeder Fahrt eine Fahrkarte entwerten muss. Der zentralste Ort zum Kauf ist der Fahrkartenschalter an der Metrostation Deák Ferenc tér, der täglich von 6 bis 23 Uhr geöffnet hat.
- Kinder unter sechs Jahren und ebenso EU-Bürger ab dem vollendeten 65. Lebensjahr fahren kostenlos.
- Räder werden nur in der HÉV mitgenommen.
- Der Grundpreis für eine einfache Fahrt beträgt für alle Verkehrsmittel 350 Ft (3000 Ft für ein Zehnerticket). Damit kann man mit derselben Metro oder Straßenbahn oder demselben Bus/O-Bus soweit fahren wie möglich, allerdings ohne umzusteigen. Ein „Transferticket" ermöglicht einen Umstieg innerhalb einer Stunde und kostet 530 Ft. Nur in der Metro reduziert sich der Grundpreis auf 300 Ft, wenn man nur maximal drei Stationen innerhalb von 30 Minuten fährt. Karten, die im Bus erworben werden bzw. alle Nachtbusse kosten 450 Ft.
- Man darf mit all diesen Fahrkarten nur in eine Richtung fahren, hin & zurück ist nicht erlaubt. Die Karten müssen in den Entwertern an den Metroeingängen und in den Straßenbahnen/Bussen abgestempelt werden – bei einer Fahrscheinkontrolle wird man sonst zur Kasse gebeten.
- Eine 24-Stunden-Karte für 1650 Ft ist eher weniger attraktiv, aber die 72-Stunden-Karte für 4150 Ft und die Sieben-Tage-Karte für 4950 Ft lohnt sich für die meisten Fahrgäste. Für eine 15-Tageskarte/Monatskarte (6300/9500 Ft) benötigt man ein Passfoto.
- Es grenzt schon an Dummheit, wenn man ohne gültigen Fahrschein unterwegs ist, denn gerade die Metro steht unter dauernder Überwachung, sodass es sehr wahrscheinlich ist, dass man erwischt wird. Vor Ort muss man sofort 8000 Ft Strafe entrichten, ansonsten das Doppelte im **BKK-Büro** (Budapesti Közlekedési Központ, Budapester Nahverkehrszentrum; 1-258 4636; www.bkk.hu). Ist die Strafe auch nach 30 Tagen noch nicht beglichen, erhöht sich die Summe auf 32 500 Ft.
- Wenn man einen Gegenstand oder Wertsachen im Nahverkehr verloren hat, sollte man sich unbedingt an das **BKK-Fundbüro** (S. 169) wenden.

ZUM/VOM FLUGHAFEN

Bus & Metro Die preiswerteste Art (aber auch die langwierigste) vom Flughafen ins Stadtzentrum zu kommen, ist der Bus 200E (350 Ft, im Bus 450 Ft; 4 bis 24 Uhr) – die Haltestelle befindet sich am Fußweg von Terminal 2A zu 2 B. Endstation ist die Metrostation Kőbánya-Kispest. Von dort geht die Metro M3 ins Stadtzentrum. Die Kosten belaufen sich auf 700 bis 800 Ft. Von Mitternacht bis 4 Uhr morgens befährt der Nachtbus Nr. 900 die Strecke.

Shuttle Der Flughafen-Shuttle **MiniBUD** (1-550 0000; www.minibud.hu; einfache Fahrt ab 1900 Ft) bringt die Passagiere in neunsitzigen Kleinbussen von beiden Terminals direkt in ihr Hotel, Hostel oder ihre Unterkunft. Fahrkarten gibt es an einem deutlich markierten Schalter in der Ankunftshalle, allerdings muss man unter Umständen warten, bis der Wagen voll ist. Die Fahrt zurück zum Flughafen muss man mindestens 12 Stunden im Voraus buchen.

Taxi Das renommierte **Fő Taxi** (S. 329) hat am Flughafen das Monopol für den Transport der Fluggäste. Das Fahrgeld beträgt zu den meisten Zielen in Pest rund 6000 Ft und nach Buda um die 7000 Ft.

AUTO & MOTORRAD

In Budapest zu fahren, kann zum Alptraum werden: Ständige Baustellen lassen den Verkehr nur im Schneckentempo vorankommen; es gibt mehr schwerere Unfälle als Unfälle mit Blechschäden; Parkplätze sind in manchen Vierteln schlichtweg nicht vorhanden. Das öffentliche Verkehrsnetz ist gut und sehr preiswert, also sollte man es nutzen.

Infos zur Verkehrslage und den Straßenzustand in der Hauptstadt finden sich auf der Website von Főinform (http://kozut.bkkinfo.hu).

Autoverleih

In Budapest findet man alle internationalen Mietwagenfirmen. Online-Preise sind meist ganz gut, besonders wenn man die Option „pay now" wählt. Ein Suzuki Swift von **Avis** (S. 336) mit unbegrenzten Kilometern und einer Art Vollkasko-(CDW) und Diebstahlversicherung (TP) kostet beispielsweise 41/195 € pro Tag/Woche.

Parken

Parken kostet auf den Straßen von Budapest, wenn man denn das Glück hat, überhaupt einen Parkplatz zu finden, in der Regel von Montag bis Freitag von 8 bis 18 Uhr (manchmal auch 20 Uhr) und Samstag von 8 bis 12 Uhr zwischen 175 und 440 Ft pro Stunde (auf dem Burgberg mehr). Falschparkende Autos werden normalerweise festgesetzt oder abgeschleppt.

BUS

Budapest und die nähere Umgebung sind Tag und Nacht durch ein ausgedehntes Busnetz verbunden, in dem die Busse ungefähr 260 Strecken fahren. Auf bestimmten Linien sind die Busse mit einem „E" hinter ihrer Nummer gekennzeichnet, das Express bedeutet; diese Busse halten nicht überall.

Je nach Linie fahren die Busse von etwa 4.15 Uhr morgens bis 21 gegen 23.30 Uhr. Zwischen 23.30 Uhr bis kurz nach 4 Uhr morgens fahren alle 15 bis 60 Minuten Nachtbusse (die immer mit drei Ziffern gekennzeichnet sind, die jeweils mit einer 9 beginnen), je nachdem welche Strecke sie abdecken.

Im Folgenden sind Buslinien aufgeführt, die für Touristen nützlich seine können (und die in den meisten Stadtplänen als blaue Linien gekennzeichnet sind):

7 Durchquert ein großes Gebiet des Stadtzentrums von Pest, und zwar zwischen dem Bosnyák tér (XIV.) und runter zur Rákóczi út (VII.), bevor sie dann die Elisabethbrücke nach Südbuda überquert. 7E fährt dieselbe Route, hält aber an weniger Haltestellen.

15 Deckt den Großteil der Innenstadt ab, vom Boráros tér (IX.) zum Lehel tér (XIII.) nördlich des Bahnhofs Nyugati.

105 Fährt vom Deák Ferenc tér (V.) zum Apor Vilmos tér (XII.) im Zentrum von Buda.

FAHRRAD

Man sieht immer mehr Radfahrer auf den Straßen der Stadt, die das stetig wachsende Netz von Radwegen nutzen. Einige Hauptstraßen sind zwar wahrscheinlich viel zu stark befahren, als dass es dort Spaß machen könnte, Rad zu fahren, aber die Nebenstraßen sind gut geeignet, und einige Gegenden, beispielsweise das Stadtwäldchen und die Magareteninsel, sind ideal zum Radeln.

Fahrräder kann man bei folgenden Firmen ausleihen: **Yellow Zebra Bikes** (Karte S. 82; 1-269 3843; www.yellowzebrabikes.com; VI., Lázár utca 16; Touren Erw./Stud./3–12-Jährige 28/26/12 €; April–Okt. 9–20.30 Uhr, Nov.–März bis 19 Uhr; M M1 Opera).

Bubi Bikes (www.molbubi.bkk.hu; Übernahmegebühr für 24 Std./72 Std./Woche 500/1000/2000 Ft, Leihgebühr pro 1/2/3 Std. 500/1500/2500 Ft) Budapests Bicycle-Sharing verfügt über 1286 Fahrräder an 112 Dockstationen, die sich auf die ganze Stadt verteilen. Man kann sein Fahrrad an jeder dieser Stationen abholen und an jeder anderen auch wieder abgeben. Die ersten 30 Minuten sind kostenlos. Die Leihdauer beträgt jedes Mal maximal 24 Stunden – man sollte für jede Übernahme eines Rades etwa fünf Minuten einplanen. Das Programm wird von der Öl- und Gasgruppe MOL unterstützt.

Bike Base (06 70 625 8501; www.bikebase.hu; VI., Podmaniczky utca 19; für 1/2/3 Tage 3200/5500/7800 Ft; April–Okt. 9–19 Uhr;

M3 Nyugati pályaudvar) Bike Base verleiht Räder von April bis Oktober.
Budapest Bike (06 30 944 5533; www.budapestbike.hu; VII., Wesselényi utca 13; 1 Tag/24 Std./3 Tage 2500/3500/9000 Ft; 9–18 Uhr; M2 Astoria, 4, 6) Budapest Bike verleiht seine Fahrräder ganzjährig.
Dynamo Bike & Bake (Karte S. 76; 06 30 868 1107; www.dynamobike.com; V., Képíró utca 6; Verleih für 24/48/72 Std. 6800/6800/10 000 Ft; Mo–Fr 8.30–19, Sa & So 9.30–19 Uhr; M3/4 Kálvin tér, 47, 49) Dynamo ist ein fantastischer kleiner Kuchenladen plus Fahrradverleih und wird von einem begeisterten Fahrradexperten geleitet, der eine gute Ausstattung schätzt. Die Hybrid-Stadträder und Mountainbikes sind alle brandneu und akribisch gepflegt; zum Verleih gehört auch die Sicherheitsausstattung.

FÄHRE/SCHIFF

Fast das ganze Jahr über legen Montag bis Samstag bis zu zehn Mal pro Tag Passagierfähren des **BKK** (www.bkk.hu) unweit des Clubbootes **A38** (S. 159) in Südbuda ab und fahren zur Árpád út (IV.) in Nordpest. Die Fahrt dauert eine Stunde mit acht Zwischenstopps. Fahrkarten (Erw./unter 15 Jahren 179/110 Ft) erwirbt man direkt an Bord. Der Fähranleger, der sich dem Burgviertel am nächsten befindet, liegt am Batthyány tér (I.); auch der Petőfi tér (V.) befindet sich nicht weit vom Pier westlich vom Vörösmarty tér (V.). Die Mitnahme eines Fahrrads kostet 170 Ft.

METRO & HÉV

Budapest hat vier U-Bahnlinien. Drei davon laufen am Deák Ferenc tér zusammen: die kleine gelbe (oder auch Millennium) Linie M1, die vom Vörösmarty tér zur Mexikói út in Pest verläuft; die rote M2 vom Bahnhof in Buda zum Örs vezér tere in Pest und die blaue M3 von Újpest-Központ nach Kőbánya-Kispest in Pest. Die grüne M4 fährt vom Bahnhof Kelenföldi im südlichen Buda zum Bahnhof Keleti in Pest. Dort trifft sie auf die M2. Am Kálvin tér verbindet sie sich mit der M3. Alle vier Metrolinien verkehren ab etwa 4 Uhr morgens und treten ihre letzte Fahrt um etwa 23.15 Uhr an.

Die HÉV, die S-Bahnlinie, die in die Vororte fährt und vier Linien hat (vom Batthyány tér in Buda Richtung Norden über Óbuda und Aquincum nach Szentendre, südlich nach Csepel und Ráckeve und östlich nach Gödöllő), ist fast wie eine fünfte, oberirdisch fahrende Metrolinie.

OBERLEITUNGSBUS

Oberleitungsbusse fahren auf insgesamt 15 Linien kreuz und quer durch das Pester Zentrum und sind daher in der Regel nur wenig hilfreich für Besucher, allerdings mit einer Ausnahme, nämlich die Busse zum oder vom und rund um das Stadtwäldchen (70, 72 und 74) sowie hinunter zum Puskás-Ferenc-Stadion (75 und 77). Auf dem Stadtplan sind die Oberleitungsbusrouten mit einer durchbrochenen roten Linie gekennzeichnet.

STRASSENBAHN

Das **BKK** (www.bkk.hu) betreibt 34 Straßenbahnlinien. Straßenbahnen sind oftmals schneller und in der Regel angenehmer als Busse, wenn es ums Sightseeing geht.

Die wichtigsten Straßenbahnlinien (auf Stadtplänen immer als rote Linie erkennbar) sind:

2 Eine malerische Straßenbahnstrecke an der Donau entlang (auf der Pester Seite) vom Jászai Mari tér (V.) zum Boráros tér (IX.) und noch weiter.

4 und 6 Sehr praktische Straßenbahnen, die jeweils an der Fehérvári út (XI.) und am Móricz Zsigmond körtér (XI.) in Südbuda beginnen und der gesamten Länge der Großen Ringstraße in Pest folgen, bevor sie am Széll Kálmán tér (II.) in Buda enden. Straßenbahn Nr. 6 fährt rund um die Uhr, alle 10 bis 15 Minuten.

18 Startet im südlichen Buda und fährt die Bartók Béla út (XI.) entlang durch Tabán zum Széll Kálmán tér (II.), bevor sie sich dann weiter zu den Budaer Bergen bewegt.

19 Deckt teilweise die gleiche Route ab wie die Linie 18, fährt aber an der Donau auf Budaer Seite zum Batthyány tér (I.) weiter.

47, 48 und 49 Verbinden den Deák Ferenc tér (V.) in Pest über die kleine Ringstraße mit Haltestellen im südlichen Buda.

61 Verbindet den Móricz Zsigmond körtér (XI.) mit dem Bahnhof Déli und dem Széll Kálmán tér (II.) in Buda.

TAXI

Nach europäischem Maßstab sind die Taxis in Budapest preiswert und letztendlich komplett einheitlich (gleiche Grundgebühr (450 Ft) und gleiches Kilometergeld (280 Ft)).

Dennoch sollte man vorsichtig sein, wenn man ein Taxi auf der Straße herbeiwinkt. Auf keinen Fall sollte man in „Taxis" steigen, die keinen Namenszug an der Tür und eine abnehmbare Taxilampe auf dem Dach haben. Man sollte sich auch niemals in ein Taxi setzen, das kein gelbes Zulassungsschild und keine Identifkationsplakette auf dem Armaturenbrett hat (wie es das Gesetz verlangt). Außen muss das Logo eines renommierten Taxiunternehmens auf den Autotüren stehen, und eine Tabelle der Fahrpreise muss an der hinteren rechten Tür sichtbar sein.

Renommierte Taxifirmen sind:

Budapest Taxi (S. 329)

City Taxi (1-211 1111; www.citytaxi.hu)

Fő Taxi (S. 329)

Taxi 4 (1-444 4444; www.taxi4.hu)

RUND UM BUDAPEST

Gödöllő

Sehenswertes

Königliches Schloss Gödöllő SCHLOSS
(Gödöllői Királyi Kastély; ☎ 28-410 124; www.kiralyikastely.hu; Szabadság tér 1; Erw./Kind 2500/1250 Ft; ⊙ Mo–Fr 10–16, Sa & So bis 17 Uhr) Schloss Gödöllő ist das größte Barockschloss Ungarns. Es wurde von Antal Mayerhoffer für den Grafen Antal Grassalkovich (1694–1771), einen Vertrauten von Kaiserin Maria Theresia, erbaut und in den 1760er-Jahren fertiggestellt. In den 1870er-Jahren wurde es zur Sommerresidenz ausgebaut und Kaiser Franz Joseph geschenkt. Bald wurde das Schloss zur Lieblingsresidenz seiner Frau, der geliebten Habsburger Kaiserin und ungarischen Königin Elisabeth (1837–1898; liebevoll auch Sissi oder Sisi genannt). Im Jahr 1996 wurde es schließlich auch der Öffentlichkeit zugänglich gemacht.

Zwischen den beiden Weltkriegen nutzte Ungarns Reichsverweser Admiral Miklós Horthy das Schloss ebenfalls als Sommerresidenz, aber nach der kommunistischen Ära diente der größte Teil des Schlosses als Kaserne für die sowjetischen und ungarischen Truppen sowie als Altersheim. Nicht genutzte Gebäudeteile wurden leider dem Verfall preisgegeben.

Mitte der 1980er-Jahre begannen die ersten Sanierungsarbeiten und ein Jahrzehnt später wurde das Schloss wiedereröffnet. Heute sind 32 Räume im Erdgeschoss und ersten Stock für Besucher zugänglich. Sie sehen nun wieder fast so aus wie zu der Zeit, als sich das kaiserlich-königliche Paar hier aufhielt. Im ersten Stock beeindrucken die Franz-Joseph-Suite und Sisis Privatgemächer. Sehenswert ist auch der **Prunksaal**, der ganz mit goldenem Maßwerk, Stuck und Kronleuchtern ausgestattet ist. Im **Empfangszimmer der Königin** hängt ein Ölgemälde, auf dem Sisi mit Nadel und Faden den Königsmantel von König Stephan I. herrichtet. Die **Königin-Elisabeth-Gedächtnisausstellung** widmet sich u.a. Sisis Ermordung durch den italienischen Anarchisten Luigi Lucheni, der sie mit einer Feile erstach. Eine **Ausstellung zur Grassalkovich-Ära** gewährt einen Einblick in die ersten 100 Jahre des Schlosses. Die **Schlosskapelle** ist ebenfalls sehr eindrucksvoll.

Im Rahmen einer Führung sind auch das **Barocktheater** (Erw./erm. 1600/900 Ft; ⊙ Sa & So 10.20, 11.30, 14.30 & 15.30 Uhr) und der alte **Horthy-Bunker** (Erw./erm. 900/750 Ft; ⊙ Mo & Fr 10.30 & 14, Sa & So 11, 12, 14 & 15 Uhr) aus dem Zweiten Weltkrieg zu besichtigen. Im Winter können sich Besucher während der Woche die Dauerausstellungen im Rahmen einer Führung ansehen (drei bis fünf pro Tag). Audioguides kosten 800 Ft.

Essen

Pizza Palazzo PIZZA €
(☎ 28-420 688; www.pizzapalazzo.hu; Szabadság tér 2; Pizza & Pasta 1120-1590 Ft; ⊙ So–Do 11–22, Fr & Sa bis 23 Uhr) Diese beliebte Pizzeria serviert auch sättigende Nudelgerichte und liegt ganz praktisch an der HÉV-Bahnstation Szabadság tér in Gödöllő.

Solier Cafe UNGARISCH €€
(☎ 06 20 396 5512; www.solier.hu; Dózsa György utca 13; Hauptgerichte 2490-4590 Ft, Tagesgericht mittags 1250 Ft; ⊙ Mo–Sa 8–22, So 9–21 Uhr) Dieses peppige Café mitten in Gödöllő neben dem Postamt hat dazu noch einen wunderbaren *cukrászda* (Kuchenladen) und ein nettes Restaurant.

ℹ Touristeninformation

Tourinfom (☎ 28-415 402; www.gkrte.hu; Schloss Gödöllő; ⊙ April–Okt. Mi–So 9–18 Uhr, Nov.–März Mi–So bis 17 Uhr) Touristenbüro direkt im Eingangsbereich zum Schloss Gödöllő.

ℹ An- & Weiterreise

Von Budapest fährt jede Stunde ein Bus vom Busbahnhof Stadion (45 Min.) hierher. Alternativ nutzt man die regelmäßige Verbindung ab HÉV-Bahnhof Örs vezér tere bis zur Bahnstation Szabadság tér in Gödöllő (45 Min.)

Donauknie & westliches Transdanubien

➡ Inhalt

Szentendre 178
Visegrád............183
Esztergom..........186
Sopron 192
Nationalpark Őrség ..200

Gut essen

- ➡ Sopronbánfalvi Pálos-Karmelita Kolostor (S. 199)
- ➡ Mjam (S. 182)
- ➡ Erhardt (S. 196)
- ➡ Koriander (S. 190)
- ➡ Kovács-kert (S. 185)

Schön übernachten

- ➡ Sopronbánfalvi Pálos-Karmelita Kolostor (S. 196)
- ➡ Szent Kristóf Panzió (S. 189)
- ➡ Hotel Wollner (S. 196)
- ➡ Bükkös Hotel & Spa (S. 182)
- ➡ Hotel Silvanus (S. 185)

Auf zum Donauknie & ins westliche Transdanubien!

Das Donauknie nördlich von Budapest ist eine Gegend voller malerischer Gipfel und Donaustädtchen. Die Region verdankt ihren Namen den Hügeln beiderseits der Donau, die den Fluss zwingen, scharf in Richtung Süden zu fließen. Das Donauknie ist einer der schönsten Abschnitte der gesamten Donau, in dem mehrere historische Städte um Aufmerksamkeit konkurrieren. Szentendre hat serbische Wurzeln und entwickelte sich Anfang des 20. Jhs. zu einem bedeutenden Kunstzentrum. Hinter der Flussbiegung liegt das winzige Visegrád mit Palastruinen aus der Renaissance sowie einer beeindruckenden Burg. Esztergom ist heute eine verschlafene Stadt mit der größten Kathedrale Ungarns. Die Donau schlängelt sich weiter bis ins westliche Transdanubien. In dieser Provinz liegt Sopron, dessen Wurzeln bis in die Römerzeit zurückreichen. Südlich der Stadt liegen die schönen, abgelegenen Wälder und Dörfer des Őrség-Nationalparks.

Reisezeit

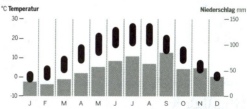

Mai Die ideale Zeit für einen Besuch des Őrség-Nationalparks, es ist schön warm, aber nicht überfüllt.

Juni Das milde Wetter ist perfekt für die Erkundung der Region, ab Juli fallen die Sommerbesucher ein.

Okt. Nach der Weinlese können in Sopron die besten Weine Ungarns verkostet werden.

Highlights

❶ Szentendre (S. 178) Durch die gepflasterten Straßen der Stadt streifen, in der das Leben noch relativ unberührt vom Tourismus seinem eigenen Rhythmus folgt.

❷ Zitadelle (S. 184) Visegráds mittelalterliche Bergfestung bietet einen fantastischen Blick auf die Donau.

❸ Abtei Pannonhalma (S. 198) Eine 1000 Jahre alte Abtei oben auf einem Berg – einst das architektonisch herausragende spirituelle Zentrum Ungarns.

❹ Sopron (S. 192) Ein Spaziergang über die alten Pflas-

terstraßen. Unterwegs lohnt es sich, immer wieder einen Blick in die malerischen Hinterhöfe der Altstadt zu werfen.

❺ Őrség-Nationalpark (S. 200) In der Nationalparkregion treffen gleich drei Länder aufeinander; sie präsentiert sich in unverfälschter ländlicher Schönheit und lädt zum Wandern und Radfahren ein.

DAS DONAUKNIE

❶ An- & Weiterreise

Die Städte am Westufer der Donau werden von Linienbussen angefahren, Züge fahren jedoch nur bis Szentendre. Nach Esztergom führt eine eigene Bahnlinie. Wer Visegrád besuchen möchte, nimmt am besten einen der regelmäßig verkehrenden Züge von Budapest zum gegenüberliegenden Donauufer und setzt dann mit einer der Fähren über, die auf die Ankunft der Züge warten.

Die Boote von **Mahart PassNave** (🕿 1-484 4013; www.mahartpassnave.hu; ⊙ Mo–Fr 8–16 Uhr) fahren während der Sommermonate regelmäßig von und nach Budapest.

Szentendre

🕿 26 / 25 542 EW

Szentendre (St. Andreas) ist das südliche Tor zum Donauknie, reicht hinsichtlich Geschichte oder Dramatik aber nicht an Visegrád oder Esztergom heran. Das nur 19 km südlich von Budapest gelegene Städtchen hat sich von einer Künstlerkolonie in ein attraktives Touristenzentrum gewandelt. Es ist fast das gesamte Jahr über voller Menschen, sodass viele Besucher es als ein wenig künstlich empfinden. Nur eine kurze Bahnfahrt von der Hauptstadt entfernt, erwarten den Reisenden hier zahlreiche besuchenswerte Kunstmuseen, Galerien und Kirchen. Wer kann, sollte die Sommerwochenenden meiden.

Geschichte

Szentendre war eine keltische Stadt, bis die Römer es zu einer wichtigen Grenzfestung ausbauten. Die Magyaren kolonisierten die Region im 9. Jh. Bis zum 14. Jh. entwickelte sich Szentendre dann zu einer wohlhabenden Stadt unter der Herrschaft Visegráds.

Im 15. Jh. kamen serbisch-orthodoxe Christen als Vorboten der vorrückenden Türken. Die sich anschließende türkische Besatzung Ungarns währte zwei Jahrhunderte und beendete die friedliche Koexistenz verschiedener Kulturen in der Stadt, die am Ende des 17. Jhs. mehr oder weniger verlassen war. Obwohl Ungarn schließlich vom osmanischen Joch befreit wurde, gingen die Kämpfe auf dem Balkan weiter, sodass eine zweite Welle Serben nach Szentendre floh. Die Serben strebten zunächst noch die Rückkehr in ihre Heimat an. Da die Habsburger ihnen jedoch die freie Ausübung ihrer Religion ermöglichten, errichteten die orthodoxen Glaubensgemeinschaften schon bald in Szentendre ihre eigenen Kirchen und verliehen der Stadt so ihre charakteristische „balkanische" Atmosphäre.

Szentendres idyllische Lage zog zu Beginn des 20. Jhs. Tagesausflügler und Maler aus Budapest in Scharen an. Schließlich etablierte sich in den 1920er-Jahren eine regelrechte Künstlerkolonie. Daran hat sich bis heute nichts geändert: Immer noch ist Szentendre für seine Künstlerszene bekannt.

⦿ Sehenswertes

★ Kunstmühle MUSEUM
(Művészet Malom; Karte S. 180; 🕿 26-301 701; www.muzeumicentrum.hu; Bogdányi utca 32; Erw./6–26 J. 2000/1200 Ft; ⊙ 10–18 Uhr) Das große Museum erstreckt sich über die drei Stockwerke einer ehemaligen Mühle. Die Ausstellung umfasst Arbeiten von lokalen und nationalen Künstlern – avantgardistische Fotografie, Licht- und Ton-Installationen, Skulpturen, Gemälde und Werke anderer Kunstrichtungen. Das Museum ist Ausdruck des Wunsches der Stadt, ein ernst zu nehmendes Kunstzentrum zu sein. Das Museum war Dreh- und Angelpunkt des 2016 organisierten Art Capital Festivals (S. 181). Besonders faszinierend ist die Ausstellung von Skulpturen aus Korb und Draht.

Fő tér PLATZ
(Hauptplatz; Karte S. 180) Fő tér, der farbenfrohe zentrale Platz der Stadt, begeistert mit zahlreichen Gebäuden und Denkmälern aus dem 18. und 19. Jh. Zu ihnen zählt das Gedenkkreuz in der Platzmitte, mit dem die Stadt ihren Dank zum Ausdruck brachte, dass sie 1763 von einer Pestepidemie verschont blieb. Die Fußgängerstraßen um den Platz sind randvoll mit Läden, die Souvenirs und lokales Kunsthandwerk verkaufen.

Blagoveštenska-Kirche KIRCHE
(Blagoveštenska templom; Karte S. 180; 🕿 26-310 554; Fő tér; 400 Ft; ⊙ Di–So 10–17 Uhr) Das Highlight am Fő tér ist die Blagoveštenska-Kirche aus dem Jahr 1752. Die Kirche sieht mit ihren schönen Barock- und Rokoko-Elementen von außen nicht sonderlich „östlich" aus. Das Kircheninnere mit seiner kunstvollen Ikonostase und ausgefeilten Schmuckelementen aus dem 18. Jh. macht dann jedoch überdeutlich, dass Szentendre vom 14. bis zum 19. Jh. eine große serbische Gemeinde hatte, die sich aus Flüchtlingen verschiedener regionaler Konflikte zusammensetzte.

Festungsberg
AUSSICHTSPUNKT

(Vár-domb; Karte S. 180) Der Festungsberg ist zugänglich über die Váralja lépcső, eine enge Treppe zwischen Fő tér 8 und 9. Hier stand im Mittelalter eine Burg. Der Blick über die gesamte Stadt ist fantastisch.

Belgrad-Kathedrale
KIRCHE

(Belgrád Székesegyház; Karte S. 180; 26-312 399; Pátriárka utca 5; Eintritt inkl. Kunstsammlung 700 Ft; Di–So 10–18 Uhr) Unmittelbar nördlich des Festungsberges erhebt sich der rote Turm der Kathedrale. Sie wurde 1764 fertiggestellt und war Sitz des serbisch-orthodoxen Bischofs in Ungarn, als Ungarn eine große serbische Gemeinde hatte. Das Innere mit einer schönen Dekoration aus Bildern aus dem Neuen Testament lohnt einen Blick.

Museum serbischer Sakralkunst
MUSEUM

(Szerb Egyházművészeti Gyüjtemény; Karte S. 180; 26-312 399; Pátriárka utca 5; 700 Ft; Di–So 10–18 Uhr) Diese Sammlung ist eine wahre Schatztruhe voller Ikonen, Gewändern und sakraler Objekte aus Edelmetallen. Das älteste Ausstellungsstück ist ein Glasbild der Kreuzigung aus dem 14. Jh. Ungewöhnlich ist eine „Baumwoll-Ikone" über das Leben Christi aus dem 18. Jh.

Zu dem entstellten Porträt Christi an der Wand oben gibt es eine interessante Legende: Angeblich soll ein betrunkener *kuruc* (anti-habsburgischer Söldner) es zerschnitten und sich in der Donau ertränkt haben, als er am nächsten Morgen seine Tat begriffen hatte.

Margit-Kovács-Keramikmuseum
MUSEUM

(Kovács Margit Kerámiagyüjtemény; Karte S. 180; 26-310 244; www.muzeumicentrum.hu; Vastagh György utca 1; Erw./erm. 1200/600 Ft; 10–18 Uhr) Wer vom Hauptplatz aus die Görög utca hinuntergeht und rechts auf die Vastagh György utca abbiegt, gelangt zu diesem Museum, das in einem Salzhaus aus dem 18. Jh. untergebracht ist. Das Museum präsentiert das Werk von Szentendres berühmtester Künstlerin, der Keramikerin Margit Kovács (1902–1977). Sie kombinierte Elemente aus der ungarischen Volkskunst mit religiösen und modernen Themen und schuf zahlreiche unheimliche Figuren. Einige ihrer Arbeiten wirken auf den Betrachter ein wenig sentimental, viele Kunstwerke sind jedoch sehr ausdrucksstark, besonders die späteren, die sich mit dem Thema Sterblichkeit befassen.

Ferenczy-Károly-Museum
MUSEUM

(Ferenczy Károly Múzeum; Karte S. 180; 26-779 6657; www.muzeuncentrum.hu; Kossuth Lajos utca 5; Erw./erm. 1500/1000 Ft; Di–So 10–18 Uhr) Das erste Museum, das Besucher sehen, die vom HÉV oder dem Busbahnhof heraufkommen, ist dieses ehemalige Wohnhaus der einflussreichen Familie Ferenczy. Károly Ferenczy (1862–1917) gehört das Verdienst, den Impressionismus in Ungarn eingeführt zu haben; viele seiner Arbeiten hängen heute in der ungarischen Nationalgalerie bzw. in diesem Museum.

Neben seinen Werken werden hier auch expressionistische Gemälde seines Sohnes Valér, Skulpturen von Beni (seinem zweiten Sohn) sowie Wandteppiche und Werke mit sozialistischen Motiven seiner Tochter Noemi gezeigt.

Szanto-Gedenkstätte & Synagoge
SYNAGOGE

(Szanto Emlékház és Imaház; Karte S. 180; 06 30 932 2900; Hunyadi utca 2; Eintritt: Spende; Di–So 11–17 Uhr) Die Erinnerungsstücke in Europas kleinster Synagoge sind ein ehrfürchtiger Tribut an die 250 Mitglieder große ehemalige jüdische Gemeinde von Szentendre, die vollständig dem Holocaust zum Opfer fiel.

Ungarisches Ethnografisches Freilichtmuseum
MUSEUM

(Magyar Szabadtéri Néprajzi Múzeum; 26-502 537; www.skanzen.hu; Sztaravodai út; Erw./6–26 J. 2000/1000 Ft; Di–So 9–17 Uhr) Nur 5 km nordwestlich von Szentendre liegt Ungarns ehrgeizigstes *skanzen*, ein Freilichtmuseum, das Volkskunst und ländliche Architektur präsentiert. Gegliedert in acht regionale Areale, zeigt es Bauernhäuser, Kirchen, Glockentürme, Mühlen u. v. m. Handwerker und Künstler gehen hier in der Zeit von Ostern bis Anfang Dezember ihren Tätigkeiten nach, zumeist an den Wochenenden. In der Sommersaison veranstaltet das Museum außerdem verschiedene Festivals.

Besucher erreichen das Freilichtmuseum mit dem Bus 230, er fährt vom Bussteig 7 des Busbahnhofes ab.

Ámos-Anna-Museum
MUSEUM

(Ámos-Anna Múzeum; Karte S. 180; 26-310 790; www.muzeumicentrum.hu; Bogdányi utca 10-12; Erw./erm. 700/400 Ft; Di–So 10–18 Uhr) Das exzellente Museum zeigt die surrealistischen und expressionistischen Gemälde des Künstlerehepaars Margit Anna und Imre Ámos.

Szentendre

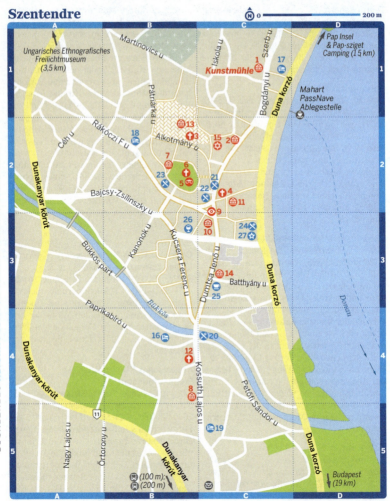

Imre Ámos' dunkle Serie *Apokalypse* wirkt dabei wie eine unheimliche Vorhersehung seiner Ermordung in einem Konzentrationslager im Jahr 1944.

Nationales Weinmuseum   MUSEUM
(Nemzeti Bormúzeum; Karte s. oben; ☎26-317 054; www.bor-kor.hu; Bogdányi utca 10; Eintritt 300 Ft, Weinprobe mit 5/9 Weinen 2000/3000 Ft; ◉10–22 Uhr) Das Nationale Weinmuseum im Keller unter dem Restaurant Labirintus zeichnet die Geschichte des Weinbaus in Ungarn nach und veranstaltet Weinproben mit fünf bzw. neun Weinen.

Szamos-Marzipan-Museum   MUSEUM
(Marcipán Ház; Karte s. oben; ☎26-310 545; www.szamosmarcipan.hu; Dumtsa Jenő utca 12; 500 Ft; ◉9–19 Uhr) Das hübsche kleine Museum ist dem gleichnamigen Café (S. 183) angeschlossen und stellt kunstvolle Kreationen aus Marzipan aus. Zu den Höhepunkten zählen ein leckeres Modell des Budapester Parlamentes und eine Prinzessin Diana aus Mandelgebäck.

Kirche Johannes des Täufers   KIRCHE
(Keresztelő Szent János Templom; Karte S.180; Templom tér, Vár-domb; ◉Di–So 10–17 Uhr) GRATIS

Szentendre

◉ Highlights
1 Kunstmühle C1

◎ Sehenswertes
2 Ámos-Anna-Museum C2
3 Belgrad-Kathedrale B2
4 Blagoveštenska-Kirche C2
5 Festungsberg B2
6 Kirche Johannes des Täufers B2
7 Czóbel-Museum B2
8 Ferenczy-Károly-Museum B4
9 Fő tér C2
10 Kmetty-Museum C3
11 Margit-Kovács-Keramikmuseum C2
   Nationales Weinmuseum .... (s. 2)
12 Požarevačka-Kirche B4
13 Museum serbischer Sakral-
   kunst B2
14 Szamos-Marzipan-Museum C3
15 Szántó-Gedenkstätte &
   Synagoge C2

◉ Schlafen
16 Bükkös Hotel & Spa B4
17 Hotel Centrum Panzió C1
18 Ilona Panzió B2
19 Mathias Rex Panzió C5

⊗ Essen
20 Adria C4
21 Aranysárkány C2
22 Levendula C2
23 Mjam B2
24 Promenade C3

⦿ Ausgehen & Nachtleben
   Jovialis .... (s. 11)
25 Szamos-Marzipan-Museum-Café C3
26 Teddy Beer B3

⊕ Unterhaltung
27 Danube Cultural Centre C3

Die Barockkirche am Festungsberg ist das einzige Gebäude, das von der mittelalterlichen Festung erhalten geblieben ist. Einige der Fresken stammen von Mitgliedern der Künstlerkolonie, die hier in den 1930er-Jahren aktiv war, darunter Béla Czóbel.

Požarevačka-Kirche KIRCHE
(Karte S. 180; ☎ 26-310 554; Kossuth Lajos utca 1; 300 Ft; ⊙ 12–16 Uhr) Die spätbarocke serbisch-orthodoxe Kirche wurde erst 1763 geweiht, besitzt jedoch eine schöne Ikonostase aus dem Jahr 1742. Das Gotteshaus liegt vom Busbahnhof und vom Bahnhof aus am Weg in die Stadt und ist ein typischer Vertreter des in Szentendre vorherrschenden Architekturstils. Möglicherweise ist die Kirche aus unbekannten Gründen geschlossen.

Kmetty-Museum MUSEUM
(Karte S. 180; ☎ 26-310 244; www.muzeumicentrum.hu; Fő tér 21; Erw./erm. 700/400 Ft; ⊙ Mi–So 14–18 Uhr) Das Kmetty-Museum an der südwestlichen Seite des Fő tér zeigt Werke des Kubisten János Kmetty (1889–1975) sowie Skulpturen von Jenő Kerényi.

Czóbel-Museum MUSEUM
(Karte S. 180; ☎ 26-310 244; www.muzeumicentrum.hu; Templom tér 1; Erw./erm. 700/400 Ft; ⊙ Di–So 10–18 Uhr) Das Czóbel-Museum widmet sich den Werken des Impressionisten Béla Czóbel (1883–1976). Dieser war ein Freund von Pablo Picasso und Schüler von Henri Matisse.

 Feste & Events

★ Art Capital KUNST
(www.artcapital.hu; ⊙ Aug- & Sept.) 2016 richtete Szentendre ein hochklassiges zweimonatiges Kunstfestival aus, das die Verantwortlichen gerne alle zwei Jahre wiederholen möchten. Etwa ein Dutzend Museen beteiligten sich an diesem Event mit Ausstellungen von Werken und Installationen ungarischer und internationaler Künstler, die in der Kunstmühle, dem Ferenczy-Károly-Museum und an weiteren Standorten der Stadt gezeigt wurden.

🛌 Schlafen

Angesichts der unmittelbaren Nähe zu Budapest gibt es nur wenige Gründe, in Szentendre zu übernachten. Manch einer möchte die ruhigen Straßen der Stadt einmal ohne all die Tagesausflügler genießen, andere vielleicht einen Zwischenstopp auf dem Weg zum Donauknie Zwischenstation einlegen. Szentendre bietet ein gutes Dutzend *panzió* (Pensionen) und darüber hinaus ein durchaus anständiges Hotel.

Ilona Panzió PENSION €
(Karte S. 180; ☎ 26-313 599; www.ilonapanzio.hu; Rákóczi Ferenc utca 11; EZ/DZ 5800/8000 Ft; 🛜) Die schicke kleine Pension mit sechs Zimmern hat viele Vorzüge: eine zentrale Lage, sichere Parkplätze, Frühstück im Innenhof und schön eingerichtete Zimmer. Fast meint man, auf dem Land zu übernachten.

Pap-Sziget Camping
CAMPINGPLATZ €
(☎ 26-310 697; www.camping-budapest.com; kleine/große Zeltplätze für 2 Pers. 4000/4600 Ft, Bungalows ab 8600 Ft; ⊙ Mai–Mitte Okt.; 🛜 🅿) Der große, angenehm begrünte Campingplatz nimmt den größten Teil der Insel Pap etwa 2 km nördlich von Szentendre ein. Die Zimmer im Motel (DZ 6400 Ft) bzw. im Hostel (DZ 4800 Ft) sind sehr einfach. Die „Komfort-Bungalows" sind, nun ja, ein klein wenig komfortabler. Zur Anlage gehören ein kleiner Supermarkt, eine Snackbar und ein Restaurant.

Die Busse, die in nördlicher Richtung auf der Route 11 nach Visegrád und Esztergom fahren, halten in der Nähe. Zum Aussteigen die Stopp-Klingel drücken, sobald der Bus am Hotel Danubius (Ady Endre utca 28; auf der linken Seite) vorbeigefahren ist.

Mathias Rex Panzió
PENSION €€
(Karte S. 180; ☎ 26-505 570; www.mathiasrexhotel.hu; Kossuth Lajos utca 16; EZ/DZ 10 000/15 000 Ft, Studio ab 20 000 Ft; 🅿 🛜) Diese sehr zentral gelegene Pension verfügt über ein Dutzend Zimmer, die zwar geradezu steril sauber, dafür aber schön geräumig sind. Der Stil lässt sich als modern und minimalistisch umschreiben. Es gibt einen schönen Innenhof und ein preiswertes Keller-Restaurant. Das Personal spricht Englisch und Deutsch.

Hotel Centrum Panzió
HOTEL €€
(Karte S. 180; ☎ 26-302 500; www.hotelcentrum.hu; Bogdányi utca 15; EZ/DZ 10 000/12 000 Ft; 🅿 🛜) „Hotel" ist ein wenig irreführend, dafür liegt das Stadthaus nur einen Steinwurf von der Donau entfernt – zentraler geht es kaum. Die sieben geräumigen und hellen Räume sind geschmackvoll mit alten Möbeln eingerichtet. Die Wände sind allerdings so dünn, dass man manchmal meinen könnte, man läge in einem Bett mit den Gästen des Nachbarzimmers.

★ Bükkös Hotel & Spa
HOTEL €€€
(Karte S. 180; ☎ 26-501 360; www.bukkoshotel.hu; Bükkös part 16; Zi. ab 85 €; 🅿 🛜 ⊙) Das kleine, aber wunderschöne Hotel mit Blick auf den Kanal liegt nur einen kleinen Spaziergang von Szentendres Hauptplatz entfernt. Es kombiniert ein rustikales Äußeres mit modern ausgestatteten Zimmern. Neben Satelliten-TV, Duschen mit einem ordentlichen Wasserdruck und dem Blick auf die Altstadt gehört der eigene Wellness-Bereich des Hotels – komplett mit Massagen und Anwendungen, einem Whirlpool und einer Sauna – zu den Vorzügen des Hotels. Das Hotel ist eine gute Adresse für einen romantischen Aufenthalt zu zweit.

Essen

Adria
BALKANISCH €
(Karte S. 180; ☎ 06 20 448 8993; www.facebook.com/adriaszentendre; Kossuth Lajos utca 4; Hauptgerichte 850–1500 Ft; ⊙ 12–22 Uhr) Das schicke kleine Lokal am Kanal hat einen gemütlichen, farbenfrohen Speisesaal und eine schattige Terrasse. Zu Kaffee, Tee und Kuchen sowie Balkanküche wird gefühlvolle Musik gespielt. Nur der Service lässt zu wünschen übrig: Einen Preis für Freundlichkeit gegenüber den Gästen wird das Personal sicherlich nicht gewinnen.

Levendula
EISDIELE €
(Karte S. 180; www.levendulafagylaltozo.hu; Fő tér 8; Eiskugel 250 Ft; ⊙ 10–21 Uhr; 🌿) Szentendre verfügt neuerdings über eine eigene Filiale der bekannten Eisdiele, die sehr hochwertiges Eis produziert. Zu den hier angebotenen Sorten zählen u. a. dunkle Schokolade mit Lavendel, Zitrone-Basilikum oder Chia-Samen mit karamellisierten Feigen. Wichtig zu wissen: Es werden keine künstlichen Aromen verwendet, und das Fruchteis enthält keine Milch.

★ Mjam
FUSION €€
(Karte S. 180; ☎ 06 70 440 3700; Városház tér 2; Hauptgerichte 2600–4750 Ft; ⊙ Di–Do 11–22, Fr & Sa 11–23, So 11–17 Uhr) Angeblich ein karibisches Restaurant, die Leute hier sind jedoch so experimentierfreudig, dass sie neben karibischen Elementen noch viel mehr im Angebot haben. Neben einem Meeresfrüchte-Curry gibt es beispielsweise auch mit Teeblättern geräucherte Entenbrust auf Nudelnestern. Das Personal ist jung und freundlich, und die hausgemachten Limonaden sind erfrischende Durstlöscher.

Aranysárkány
INTERNATIONAL €€
(Golden Dragon; Karte S. 180; ☎ 26-301 479; www.aranysarkany.hu; Alkotmány utca 1/a; Hauptgerichte 2900–4300 Ft) Der angesagte „Goldene Drache" mag wie ein chinesisches Restaurant klingen, die Karte umfasst tatsächlich aber Hauptgerichte wie Angussteak und Gänseleber mit Rosenblütenkonfitüre. Es handelt sich um Ungarns erstes privates Restaurant (1977 gegründet) und gilt in der lokalen Szene immer noch als der Inbegriff der gastronomischen Avantgarde.

Promenade INTERNATIONAL €€€
(Karte S. 180; ☏ 26-312 626; www.promenade-szentendre.hu; Futó utca 4; Hauptgerichte 2300–4250 Ft; ⊙ Di–So 11–23 Uhr) Gewölbedecken, gekalkte Wände, ein großer Keller für Weinproben und eine wundervolle Terrasse mit Blick auf die Donau sind die Highlights des Lokals, das zu den besten Restaurants der Stadt zählt.

Ausgehen

★ Teddy Beer CRAFT BEER
(Karte S. 180; ☏ 06 20 318 7599; www.facebook.com/TeddyBeerSzentendre; Péter Pál utca 2; ⊙ Di–Do 16.30–24, Fr–So 12–24 Uhr) Es gibt zwei Gründe, warum man dieses Lokal einfach lieben muss. Seine Betreiber wissen, wie man Craft-Bier braut, und die Gäste können darüber hinaus drei Dutzend Biersorten aus ganz Ungarn und eine gute Auswahl belgischer Biere probieren. Und dann ist auch noch das Essen überdurchschnittlich gut: So gibt es ausgezeichnete Burger, Pulled Pork und leckere Hot Dogs.

Jovialis CAFÉ
(Karte S. 180; ☏ 06 30 939 4779; www.jovialis.hu; Görög utca 2; ⊙ 10–18 Uhr; 🛜) Das vielleicht schönste Café in ganz Szentendre ist ultramodern und dennoch wunderbar gemütlich und gehört zum Margit-Kovács-Keramikmuseum (S. 179). Das Personal kann fast jede Frage über Szentendre beantworten und kennt sich überdies erstaunlich gut mit *doppio* und *ristretto* aus.

Szamos-Marzipan-Museum Cafe CAFÉ
(Karte S. 180; ☏ 26-311 931; www.szamosmarcipan.hu; Dumtsa Jenő utca 14; ⊙ 9–19 Uhr) Das Café neben dem Marzipan-Museum (S. 180) ist die ideale Adresse für ein Stück Kuchen (420–650 Ft) oder ein Eis.

☆ Unterhaltung

Donau-Kulturzentrum DARSTELLENDE KUNST
(Dunaparti Művelődési Ház; Karte S. 180; ☏ 26-312 657; www.szentendreprogram.hu; Duna korzó 11/a) Das Kulturzentrum organisiert Theateraufführungen, Konzerte und Volkstanzaufführungen. Besucher erfahren hier auch, was kulturell sonst noch in der Stadt los ist.

ⓘ Praktische Informationen

OTP Bank (Dumtsa Jenő utca 6) Betreibt einen Geldautomaten.

Hauptpost (Karte S. 180; Kossuth Lajos utca 23-25; ⊙ Mo–Fr 9–17, Sa 9–12 Uhr)

Tourinform (Karte S. 194; ☏ 99-517 560; http://turizmus.sopron.hu; Liszt Ferenc utca 1, Ferenc-Liszt-Konferenz- & Kulturzentrum; ⊙ Mo–Fr 9–17, Sa 9–13 Uhr, März–Sept. auch So 9–13 Uhr) Bietet jede Menge Informationen über Szentendre und das Donauknie.

ⓘ An- & Weiterreise

BUS
Busse vom Budapester Bahnhof Újpest-Városkapu (der an der blauen M3-Metrolinie liegt) fahren mindestens einmal pro Stunde nach Szentendre (310 Ft, 25 Min., 15 km). Dazu kommen häufige Verbindungen nach Visegrád (465 Ft, 45 Min., 21 km, stündl.) und Esztergom (930 Ft, 1½ Std., 48 km, stündl.).

SCHIFF
Mahart PassNave (S. 334) unterhält von Ende März bis Ende Oktober tägliche Schiffsverbindungen zwischen Budapest und Szentendre. Die Schiffe legen um 10 Uhr in Budapest ab und erreichen Szentendre um 11.30 Uhr. Die Rückfahrt nach Budapest ist dann um 17 Uhr (einfach/hin und zurück 2000/3000 Ft).

Im Juli und August fahren die Schiffe am Wochenende weiter bis nach Visegrád.

ZUG
Am einfachsten erreicht man Szentendre von Budapest aus mit dem Vorortzug von HÉV, der von der Station Batthyány tér in Buda aus dorthin fährt (630 Ft, 40 Min., alle 10–20 Min.). Wer mit dem HÉV-Zug fährt, muss daran denken, dass das gelbe Bus-/Metro-Ticket nur bis zur Haltestelle Békásmegyer gültig ist. Vor der Abfahrt muss man daher für 310 Ft das Békásmegyer-Szentendre-Zusatzticket an einem Fahrscheinautomaten am Batthyány tér oder, wenn man in der Gegenrichtung unterwegs ist, in Szentendre kaufen. Viele HÉV-Züge fahren nur bis Békásmegyer, dort müssen Reisende dann auf die andere Bahnsteigseite wechseln und in den Zug nach Szentendre umsteigen. Der letzte Zug zurück nach Budapest fährt in Szentendre kurz nach 23 Uhr ab.

Visegrád
☏ 26 / 1842 EW

Das sehr schön grüne, aber auch etwas verschlafene Visegrád (vom slawischen Wort für „hohe Burg" abgeleitet) hat die interessanteste Geschichte der vier Hauptorte am Donauknie. Während viele Gebäude im Laufe der Jahrhunderte verfallen sind, erinnern der Renaissancepalast und die aus dem 13. Jh. stammende Zitadelle mit ihrem spektakulären Blick über die Donau bis heute an die große Vergangenheit der Stadt.

Geschichte

Die Römer bauten im 4. Jh. eine Grenzfestung unmittelbar nördlich des Standortes der heutigen Burg. Slowakische Siedler nutzten die römische Burg noch 600 Jahre später. Nach der Invasion der Mongolen 1241 gab König Béla IV. den Bau einer niedriger gelegenen Burg am Fluss und dann der Zitadelle auf dem Berggipfel in Auftrag. Weniger als ein Jahrhundert später verlegte König Karl Robert von Anjou nach Angriffen den königlichen Haushalt nach Visegrád.

Für fast 200 Jahre war Visegrád anschließend Ungarns „zweite" Hauptstadt (häufig im Sommer) und ein bedeutendes Zentrum der Diplomatie. Aber Visegráds wahres „goldenes Zeitalter" begann mit König Matthias Corvinus (Reg. 1458–90) und Königin Beatrix, die den gotischen Palast von italienischen Handwerkern wieder aufbauen ließen. Die schiere Größe, die erlesenen Steinmetzarbeiten sowie Springbrunnen und Park dieser Residenz waren damals ein Gesprächsthema in ganz Europa.

Die Zerstörung Visegráds begann zunächst mit dem Einmarsch der Türken und wurde 1702 unter den Habsburgern fortgesetzt. Sie sprengten die Zitadelle, um zu verhindern, dass ungarische Freiheitskämpfer sie als Basis nutzen konnten. Die Zitadelle geriet anschließend völlig in Vergessenheit, bis Archäologen in den 1930er-Jahren die Ruinen freilegten.

Sehenswertes

★ Zitadelle FESTUNG

(Fellegvár; ☎ 26-598 080; www.parkerdo.hu; Várhegy; Erw./erm. 1800/900 Ft; ⊙ Mitte März–April & Okt. 9-17 Uhr, Mai–Sept. 9–18 Uhr, Nov.–Mitte März 9-15 Uhr) Die im 13. Jh. erbaute Zitadelle überragt Visegrád auf dem Gipfel eines 350 m hohen Berges und ist von Gräben aus behauenem Fels umgeben. Das wahre Highlight ist der Rundgang entlang der Schutzwälle. Von hier aus hat man den wohl schönsten Blick auf das Börzsöny-Gebirge und die Donau. Zur Festung gelangt man über den steilen „Fellegvár"-Pfad vom hinteren Tor des Salomonsturms aus (40 Min.), über den kürzeren Weg „Kálvária sétány" (Kalvarien-Promenade) hinter der katholischen Kirche am Fő út (20 Min.) oder mit dem Minibus von City-Bus.

Die 1259 vollendete Zitadelle war bis 1440 der Aufbewahrungsort der ungarischen Kronjuwelen, bis Elisabeth von Luxemburg, die Tochter König Sigismunds, sie mit Hilfe ihrer Zofe stahl und damit nach Székesfehérvár eilte, um ihren jungen Sohn László zum König krönen zu lassen. Die Krone wurde allerdings 1464 wieder in die Zitadelle gebracht und blieb dort – sicherlich besser gesichert – bis zur Türken-Invasion.

Eine Ausstellung in den Wohnräumen an der Westseite der Zitadelle und zwei kleinere Ausstellungen in der Nähe des Osttores zeigen Darstellungen zu den Themen Jagd, Falknerei, Steinmetzarbeit und Imkerei.

Königspalast PALAST

(Királyi Palota; ☎ 26-597 010; www.visegrad.hu; Fő utca 29; Erw./erm. 1100/550 Ft; ⊙ März–Okt. Di–So 9–17 Uhr, Nov.–Feb. Di–So 10–16 Uhr) Der unweit der Donau gelegene Königspalast hatte während der Herrschaft von König Matthias im 16. Jh. 350 Zimmer. Heute ist der Palast ein Schatten seiner selbst und nur zum Teil rekonstruiert. Die Handvoll Zimmer, die Besucher heute besichtigen können, sind in erster Linie die königlichen Gemächer am Ehrenhof. Hier steht ein Herkulesbrunnen, eine Nachbildung des Originals aus der Renaissancezeit. Das kleine Museum präsentiert eine Ausstellung alter Keramik, Waffen und Haushaltsgegenstände.

Beim Gang durch die Räume finden sich weitere Nachbildungen: ein kaltes und etwas feuchtes Schlafzimmer aus dem 14. Jh., eine wärmere Küche, schöne Kachelöfen und, im östlichen Innenhof, der Löwen-Springbrunnen aus rotem Marmor. Ebenfalls einen Blick wert ist die kleine Kapelle, die Heiligen Georg (1366) geweiht ist, bei der es sich aber ebenfalls nicht mehr um das Original handelt.

Zum Palast führt von der Maharty-Fähre ein rund 400 m langer Fußweg in südlicher Richtung. An seinem Ende biegt man links in Richtung Stadt ab und trifft so auf die Fő utca.

Salomonsturm TURM

(Salamon Torony; ☎ 26-398 026; www.visegrad.hu; Salamon Torony utca; Erw./erm. 700/350 Ft; ⊙ Mai–Sept. Mi–So 9–17 Uhr) Nördlich des Stadtzentrums und nur einen kurzen Fußweg die Salamon Torony utca hinauf liegt der Salomonsturm. Er wurde im 13. Jh. in der Regierungszeit von König Béla IV. ursprünglich als Teil einer niedrigeren Burg errichtet, um den Verkehr auf der Donau zu kontrollieren. Heute beherbergt der nicht sonderlich schön restaurierte stämmige, sechseckige Wehrturm mit bis zu 8 m dicken Mauern einen der ursprünglichen gotischen Brunnen der Burg und zeigt über fünf Stockwerke verteilt Exponate aus der Stadtgeschichte.

Nagy-Villám-Aussichtsturm TURM
(Nagy-Villám Kilátó; 26-397 099; www.kilato.hupont.hu; Erw./erm. 400/200 Ft; 10–18 Uhr) In der unmittelbaren Nähe der Zitadelle gibt es einige einfache Wanderwege, etwa den zum 377 m hohen Nagy-Villám-Aussichtsturm. An klaren Tagen können Besucher von dieser höchsten Erhebung der Gegend aus bis in die Slowakei blicken.

Aktivitäten

Bobbahn ABENTEUERSPORT
(Bob-pálya; 26-397 397; www.bobozas.hu; Erw./3-14 J. 450/350 Ft; Mo–Fr 10–17, Sa & So 10–18 Uhr) Am Berg neben dem Aussichtsturm lockt eine Bobbahn, eine 700 m lange Metallbahn. An Regentagen ist sie geschlossen, im Winter wird sie dann zur Rodelbahn umfunktioniert.

Schlafen

Yurt Camping CAMPINGPLATZ €
(Jurta Kemping; 06 20 399 7002; www.mogyorohegy-erdeiiskola.hu/jurta-kemping; Mogyoróhegy; Zeltplätze pro Erw./Kind/Zelt 1150/900/1100 Ft; Mai–Sept.) Etwa 2 km nördlich der Zitadelle liegt der Campingplatz sehr schön umgeben von Wiesen und Wäldern. Der Platz ist ideal für Radfahrer und Autofahrer. Wer allerdings kein eigenes Fortbewegungsmittel hat, ist auf den nur relativ selten verkehrenden Shuttleservice angewiesen.

Hotel Honti HOTEL €€
(26-398 120; www.hotelhonti.hu; Fő utca 66; Hotel EZ/DZ 17 000/21 900 Ft, Pension EZ/DZ 12 000/16 000 Ft, Zeltplatz pro Pers. 1100 Ft;) Die sehr freundliche Unterkunft vermietet in ihrer Pension an der ruhigen Fö utca sieben gemütliche Zimmer und weitere 23 Zimmer in einem chaletähnlichen Hotel an der Route 11. Zu den Vorzügen zählen ein schöner Hotelgarten, ein Hallenschwimmbad sowie der Wellness-Bereich. Außerdem werden Fahrräder vermietet. Neben der Pension liegt ein recht einfacher Campingplatz, der vor allem für Autoreisende interessant ist.

★ Hotel Silvanus HOTEL €€€
(26-398 311; www.hotelsilvanus.hu; EZ/DZ mit Halbpension ab 117/169 €;) Oben auf einem bewaldeten Hügel liegt unweit der Zitadelle das Hotel Silvanus, sicherlich der eindrucksvollste Übernachtungsort in Visegrád. Okay, einige der Zimmer sind ziemlich altmodisch, aber der Blick auf die Donau ist spektakulär. Außerdem verfügt das Hotel über einen Außenpool und einen schönen Wellnessbereich. Das Personal ist sehr aufmerksam. Ideal für einen romantischen Urlaub für zwei.

Hotel Visegrád HOTEL €€€
(26-397 034; www.hotelvisegrad.hu; Rév utca 15; EZ/DZ ab 62/72 €;) Das schicke 4-Sterne-Hotel gegenüber vom Anleger der Fähren nach Nagymaros bietet 71 schöne Zimmer sowie mehrere Pools (innen und außen), eine Sauna, ein Dampfbad und Anwendungen an. Das Personal ist nett, aber ein wenig unorganisiert.

Essen

Don Vito Pizzeria PIZZA €
(26-397 230; www.donvitovisegrad.hu; Fő utca 83; Hauptgerichte 990–2590 Ft; 12–22 Uhr;) Das Don Vito ist ein ziemlicher Hammer für eine so kleine Stadt! Seine Sammlung von Erinnerungsstücken an große Gangster ist ebenso beeindruckend wie sein Angebot an erstklassigen Spirituosen. Die wichtigste Attraktion sind jedoch die Steinofenpizzen.

Sirály INTERNATIONAL €€
(26-398 376; www.siralyvisegrad.hu; Rév utca 15; Hauptgerichte 2200–4500 Ft; 12–23 Uhr;) Das neben dem Hotel Visegrád (s. oben) gelegene Restaurant „Möwe" ist ein klassisches Esslokal, das besonders bei Bustouren beliebt ist. Den Gästen werden internationale und ungarische Klassiker serviert. Darüber hinaus gibt es auch für Vegetarier eine ganz ordentliche Auswahl, u. a. Risotto mit Graupen und Champignons oder gegrilltes Gemüse.

Kovács-kert UNGARISCH €€
(26-398 123; www.kovacs-kertetterem.hu; Rév utca 4; Hauptgerichte 1990–2890 Ft) Das wunderbare Restaurant in der Nähe des Fähranlegers nach Nagymaros bietet eine umfangreiche Karte ungarischer Klassiker. Seine grüne und schattige Terrasse ist in den warmen Sommermonaten eine wahre Oase. Der gedünstete Seewolf und die Schweinekoteletts sind besonders zu empfehlen.

Praktische Informationen

Dunakanyar Takarékszövetkezet (Rév utca 9) Mit Geldautomat, neben dem Hotel Visegrád.

Postamt (Fő utca 77; Mo–Fr 8–16 Uhr)

Visegrád Info (☎ 26-597 000; www.palotahaz.hu; Dunaparti út 1; ⏱ April–Okt. 10–18 Uhr, Nov.–März Di–So 10–16 Uhr) Eine gute Quelle für lokale Informationen.

Visegrád Tours (☎ 26-398 160; www.visegrad-tours.hu; Rév utca 15; ⏱ 8–17 Uhr) Im Hotel Visegrád (S. 185).

www.visegrad.hu Eine hilfreiche Website.

❶ An- & Weiterreise

BUS
Von Budapests Bahnhof Újpest-Városkapu (745 Ft, 1¼ Std., 39 km), von Szentendre (465 Ft, 45 Min., 25 km) und Esztergom (560 Ft, 45 Min., 26 km) fahren häufig Busse nach Visegrád.

SCHIFF
Schnelle Tragflügelboote von Mahart PassNave (S. 334) fahren von Ende April bis Ende September von Budapest nach Visegrád und bis nach Esztergom. Sie legen am 9.30 Uhr am Vigadó tér ab und erreichen Visegrád (4000 Ft) um 10.30 Uhr und Esztergom (5000 Ft) um 11 Uhr. Die Rückfahrt startet in Visegrád um 17.30 Uhr.

Das Unternehmen fährt im Juli und im August an Wochenenden mit langsameren Ausflugsschiffen über Szentendre nach Visegrád (2500 Ft, 3½ Std.). Die Boote legen am Vigadó tér um 9 Uhr ab. Um 9 Uhr fährt außerdem ein Ausflugsboot vom Vigadó tér über Vác nach Visegrád und dann weiter nach Esztergom (April–Aug. Di–So).

ZUG
Von Budapest-Nyugati aus fahren mindestens einmal stündlich Züge nach Nagymaros-Visegrád (1120 Ft, 40 Min.), das vom eigentlichen Visegrád aus auf der anderen Donauseite liegt. Die Fähre wartet jedoch auf die ankommenden Züge, so dass der Anschluss garantiert ist. Die Fahrt über den Fluss dauert nur zehn Minuten.

❶ Unterwegs vor Ort

Autofähre (☎ 26-398 344; pro Pers./Rad/Auto 420/420/1400 Ft) Verkehrt zwischen 6.20 und 20 Uhr einmal stündlich zwischen Nagymaros und Visegrád.

City-Bus (☎ 26-397 372; www.city-bus.hu; bis zu 8 Pers. 2500 Ft; ⏱ April–Sept. 9–18 Uhr) City-Bus unterhält einen Bustaxi-Service zwischen dem Anleger der Mahart-Fähre gegenüber vom Hotel Visegrád und der Zitadelle und fährt auch über den Anleger der Nagymaros-Fähre.

Esztergom
☎ 33 / 27 990 EW

Esztergoms großer Dom hoch über der Stadt und dem Donauufer ist ein unglaublicher Anblick, denn er erhebt sich scheinbar aus dem Nichts aus der Landschaft. Aber Esztergom hat auch sonst mehr zu bieten als diese Kuppelkirche: Der erste König Ungarns, der Heilige Stephan, wurde hier 975 geboren. Die Stadt war dann vom 10. bis Mitte des 13. Jhs. Königssitz und sogar für mehr als 1000 Jahre Zentrum der Römisch-Katholischen Kirche in Ungarn. Die mit historischen Attraktionen gefüllte malerische Stadt ist ein schönes Ziel für einen Tagesausflug von Budapest aus und bietet auch demjenigen viel, der länger bleibt.

Geschichte

Der Festungsberg (Vár-hegy) oberhalb des Stadtzentrums war im 1. Jh. Standort der römischen Siedlung Solva Mansio. Wahrscheinlich hat Marc Aurel in der zweiten Hälfte des 2. Jhs. seine *Meditationen* in einem Lager ganz in der Nähe verfasst.

Prinz Géza wählte Esztergom zu seiner Hauptstadt, ein Sohn Vajk (später Stephan) wurde hier im Jahr 1000 gekrönt. Stephan war es auch, der eine der beiden Erzdiözesen Ungarns in Esztergom gründete und hier eine Basilika bauen ließ.

Esztergom verlor seine politische Bedeutung, als König Béla IV. 1241 nach der Mongoleninvasion die Hauptstadt nach Buda verlegte. Esztergom blieb jedoch weiterhin ein kirchliches Zentrum, bis die Einnahme der Stadt durch die Türken 1543 die kirchlichen Aktivitäten unterbrach und der Erzbischof nach Nagyszombat (heute Trnava in der Slowakei) fliehen musste. Die katholische Kirche etablierte ihre Basis im „ungarischen Rom" erst wieder zu Beginn des 19. Jhs.

◉ Sehenswertes

★ **Basilika** KIRCHE
(Esztergomi Bazilika; Karte S. 188; ☎ 33-402 354; www.bazilika-esztergom.hu; Szent István tér 1; Basilika kostenlos, Krypta 200 Ft, Kuppel Erw./erm. 700/500 Ft, Schatzkammer Erw./erm. 900/450 Ft; ⏱ 8–18, Krypta & Schatzkammer 9–17 Uhr, Kuppel 9–18 Uhr) Die größte Kirche des Landes liegt auf dem Festungsberg, sodass ihre 72 m hohe Kuppel schon von Weitem zu sehen ist. Die in ihrer heutigen Gestalt klassizistische Kirche wurde 1822 am Standort ihrer aus dem 12. Jh. stammenden Vorgängerkirche errichtet, die die Türken zerstört hatten. József Hild, der Architekt der Kirche in Eger, war an den ersten Entwürfen beteiligt. Die Basilika wurde 1856 mit einer von Franz Liszt eigens komponierten Messe geweiht.

Die Hauptsehenswürdigkeiten sind die Kuppel, die Schatzkammer und die Krypta.

Die graue Kirche ist ein kolossales Gebäude, misst in der Länge 114 m und in der Breite 47 m. Herausragend ist die Bakócz-Kapelle aus weißem und rotem Marmor, ein exzellentes Beispiel der Steinmetz- und Bildhauerkunst der italienischen Renaissance. Die Kapelle blieb weitgehend vom Vandalismus der Türken verschont, wenn auch nicht ganz: So ist das Gesicht Gabriels eingeschlagen, einigen anderen Engeln über dem Altar fehlen die Köpfe. Das Altarbild von Michelangelo Grigoletti (1854) ist angeblich das größte Bild der Welt, das auf einer einzigen Leinwand gemalt wurde. An der nordwestlichen Seite des Doms liegt der Eingang zur Schatzkammer mit kostbaren Gewändern und juwelenbesetzten Kultgegenständen aus Gold und Silber. Es handelt sich um die wertvollste zusammenhängende sakrale Kunstsammlung des Landes.

Die Tür auf der rechten Seite des Kirchenportals führt 50 Stufen hinunter in die Krypta, eine Reihe etwas unheimlicher Gewölbe. Sie birgt Monolithen, die Trauer und Ewigkeit darstellen und die Grabmale bewachen. Hier haben Kardinal József Mindszenty und Csernoch János, der Erzbischof von Esztergom, ihre letzte Ruhe gefunden.

Auch der anstrengende Aufstieg hinauf in die Kuppel lohnt sich, vor allem aufgrund des unvergleichlichen Blicks über die Stadt. Besucher finden die 400 Stufen links vom Eingang der Krypta. Auf dem Weg kommen sie durch die neue Panorama-Halle mit einem Café.

Burgmuseum MUSEUM
(Vármúzeum; Karte S. 188; 33-415 986; www.mnmvarmuzeuma.hu; Szent István tér 1; Führungen Erw./erm. 1500–2000/750–1000 Ft, kombinierte Eintrittskarte mit Balassa-Bálint-Museum 3400/1700 Ft; Di-So 10–18 Uhr) Das Burgmuseum befindet sich im ehemaligen Königspalast, der im 12. Jh. während Esztergoms goldenem Zeitalter vornehmlich von französischen Architekten gebaut wurde. Die Türken zerstörten weite Teile der Palastanlage. Heute besteht das Gebäude aus einer Mischung aus modernem Backstein und mittelalterlichen Steinmetzarbeiten. Besichtigungen sind nur im Rahmen von Führungen möglich. Die längste der drei möglichen Führungen (90 Min.) lohnt sich ganz besonders, weil sie alle Highlights umfasst, etwa die kunstvolle Basilika, den Blick vom Weißen Turm und die königlichen Gemächer.

Christliches Museum MUSEUM
(Keresztény Múzeum; Karte S. 188; 33-413 880; www.christianmuseum.hu; Mindszenty hercegprímás tere 2; Erw./erm. 900/450 Ft; März–Nov. Mi-So 10–17 Uhr) Der ehemalige Bischofspalast im malerisch am Wasser gelegenen Distrikt Víziváros (Wasserstadt) beherbergt das Christliche Museum. Es zeigt die schönste Sammlung mittelalterlicher Sakralkunst in ganz Ungarn, darunter ungarische gotische Triptychen und Altarbilder wie auch spätere Arbeiten von deutschen, niederländischen und italienischen Meistern. Die wichtigsten Exponate sind mit QR-Codes markiert, so dass Besucher mit Smartphones zusätzliche Informationen abrufen können.

Zu den weiteren Schätzen des Museums zählt das Heilige Grab von Garamszentbenedek (1480), ein Karren in Form einer Kathedrale mit den 12 Aposteln und römischen Soldaten, die das Grab Christi bewachen. Das Kunstwerk kam während der Osterprozessionen zum Einsatz und wurde in den 1970er-Jahren sorgfältig restauriert.

Besucher sollten sich unbedingt auch Tamás Kolozsváris' von der italienischen Kunst beeinflusstes Altarbild (1427) ansehen, aber auch das spätgotische *Passion Christi* von „Meister M.S." (1506). Sehenswert sind auch das schauerliche *Martyrium der drei Apostel* vom sogenannten „Meister der Märtyrerapostel" (1490) und die *Versuchung des Heiligen Antonius* von Jan Wellens de Cock (1530) mit ihren faszinierenden Visionen von Teufeln und Verführerinnen. Audioführer gibt es schon für 500 Ft, Führungen in englischer Sprache für 5000 Ft.

Besucher kommen von der Burg am schnellsten zum Museum, wenn sie die steile Molnár sor hinuntergehen, sie liegt unmittelbar nördlich der Basilika.

Öziçeli-Hacci-Ibrahim-Moschee MOSCHEE
(Dsámi Múzeum és Kávézó; Karte S. 188; 33-315 665; www.esztergomidzsami.hu; Berényi utca 18; Di-So 10–17 Uhr) GRATIS Die 400 Jahre alte Moschee wurde während der osmanischen Besetzung Esztergoms im 17. Jh. erbaut. Später diente das Gebäude sowohl als Getreidespeicher als auch als Wohnhaus, bevor es in ein Museum über seine eigene faszinierende Geschichte umgewandelt wurde. Das *mihrab* (nach Mekka weisende Gebetsnische) ist noch weitgehend intakt. Das Gebäude ist die einzige zweistöckige Moschee in Ungarn. An der Rückseite findet sich ein Wasserrad. Während der osmanischen Belagerung Esztergoms befand sich hier eine Quelle. Ohne

Esztergom

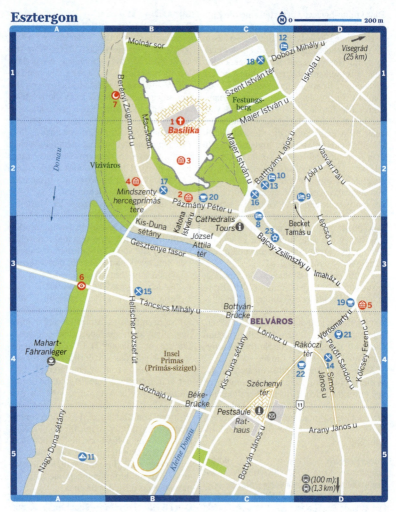

Wasser mussten die Ungarn jedoch schließlich kapitulieren. Ein nettes Café lädt danach zur Pause ein.

Mária-Valéria-Brücke BRÜCKE
(Karte s. oben) Wer von Víziváros aus die Brücke auf die Primas-Insel (Prímás-sziget) überquert, findet südwestlich die Mária-Valéria-Brücke, die Esztergom mit der slowakischen Stadt Štúrovo verbindet. Die im Zweiten Weltkrieg zerstörte Brücke wurde erst 2002 wiedereröffnet. Das ursprüngliche Zollhaus (Vámház) der Brücke liegt auf der linken Seite.

Pestsäule DENKMAL
(Karte s. oben; Széchenyi tér) Das Denkmal war der Dank der Stadt dafür, dass sie einst von einer Pestepidemie verschont blieb.

Balassa-Bálint-Museum MUSEUM
(Karte s. oben; ✆ 33-412 584; www.balassamuzeum.hu; Pázmány Péter utca 13, Víziváros; Erw./erm. 1200/600 Ft; ⊙ Di–So 9–17 Uhr) Das Museum in einem barocken Gebäude aus dem 18. Jh. besitzt eine kleine Sammlung von Schwarz-Weiß-Fotografien über die Ausgrabung der Burg sowie eine große Zahl archäologischer Funde. Dazu kommt eine

Esztergom

Highlights
1 Basilika B2

Sehenswertes
2 Balassa-Bálint-Museum...................... B2
3 Burgmuseum.................................... B2
4 Christliches Museum B2
5 Donau-Museum D3
6 Mária-Valéria-Brücke A3
7 Öziçeli-Hacci-Ibrahim-Moschee B1

Schlafen
8 Alabárdos Panzió............................... C2
9 Amadeus Vendégház D2
10 Bazilika alatt Panzió C2
11 Gran Camping.................................. A5
12 Szent Kristóf Panzió......................... C1

Essen
13 Csülök Csárda C2
14 Koriander D4
15 Mediterraneo Vendégfogadó B3
16 Múzeumkert C2
17 Padlizsán B2
18 Prímás Pince.................................... C1

Ausgehen & Nachtleben
19 Café Trafó.. D3
20 Kaleidoszkóp Ház............................. C2
21 Maláta Bar D4
22 Pálinka Patika.................................. D4

Unterhaltung
23 All In Music Cafe.............................. C3

Sammlung von Modellbooten und ungarischen Münzen aus allen Epochen.

Donau-Museum MUSEUM
(Duna Múzeum; Karte S. 188; 33-500 250; www.dunamuzeum.hu; Kölcsey utca 2; Erw./erm. 700/350 Ft; Mi–Mo 9–17 Uhr;) Das überraschend interessante und technisch hochmoderne Museum zeigt Exponate zu allen Aspekten der Donau, Ungarns wichtigstem Wasserweg. Themen sind u. a. die schweren Überschwemmungen und die Maßnahmen, das Land davor zu schützen. Mit seinen vielen interaktiven Exponaten ist das Museum ein ideales Ziel für Familien mit Kindern.

Schlafen

Amadeus Vendégház PENSION €
(Karte S. 188; 06 70 944 7262; www.esztergomszallas.hu; Becket Tamás utca 17; EZ/DZ/3BZ 3500/7000/11 100 Ft;) Wer den anstrengenden Weg den Hügel hinauf bewältigt hat, hat es geschafft: Der Aussichtspunkt nur wenige Meter entfernt vom dieser gemütlichen kleinen Pension bietet einen traumhaften Blick auf die gegenüberliegende Burg. Die drei Zimmer haben schräge Decken und eigene Badezimmer. Für Selbstversorger gibt es unten eine Gemeinschaftsküche. Die Besitzer verstehen jedoch kaum Englisch und akzeptieren nur Bargeld.

Gran Camping CAMPINGPLATZ €
(Karte S. 188; 06 30 948 9563, 33-402 513; www.grancamping-fortanex.hu; Nagy-Duna sétány 3; Zeltplatz pro Erw./Kind/Zelt/Zelt & Auto 1400/800/1300/1500 Ft, Bungalows ab 16 000 Ft, B/DZ/3BZ 3000/10 000/13 000 Ft; Mai–Sept.;) Klein, aber zentral auf der Primasinsel gelegen, bietet Gran Camping Platz für rund 500 Personen in unterschiedlichen Wohnformaten (darunter ein Hotel mit Schlafsälen und komfortablere klimatisierte Bungalows). Eine Attraktion ist der recht große Swimmingpool.

★ **Szent Kristóf Panzió** PENSION €€
(Karte S. 188; 33-416 255; www.szentkristofpanzio.com; Dobozi út 11; Zi./Apt. ab 12 200/14 700 Ft;) Nur einen Katzensprung von der Basilika entfernt gelegen, ist diese von einem sehr freundlichen Besitzer betriebene Unterkunft besonders bei Radfahrergruppen beliebt, nicht zuletzt wegen der sicheren Unterbringung der Räder in einer Garage. Die Zimmer und Apartments sind unterschiedlich groß, die kleinsten Doppelzimmer nur Mansarden. Dafür sind alle Zimmer sehr sauber und haben schöne Holzböden und ein florales Dekor. Im Preis inbegriffen ist das deftige Frühstück.

Alabárdos Panzió PENSION €€
(Karte S. 188; 33-312 640; www.alabardospanzio.hu; Bajcsy-Zsilinszky utca 49; EZ/DZ 9000/12 000 Ft, Apt. ab 18 000 Ft;) Das senfgelbe Wahrzeichen oben auf einem kleinen Hügel ist nicht übermäßig schick, bietet aber saubere und ordentliche Zimmer und Wohnungen direkt unterhalb der Burg. Der Wascheraum und das großzügige Frühstück sind weitere Pluspunkte. Allerdings ist die Lage neben einer Hauptstraße nichts für Gäste mit leichtem Schlaf.

Bazilika alatt Panzió PENSION €€€
(Karte S. 188; ☎ 33-312 672; www.bazilika.eu; Batthyány Lajos utca 7; EZ/DZ 18 300/21 900 Ft; ✱ ⓦ) Die Pension liegt in der Nähe mehrerer Restaurants (praktisch, weil das Frühstück doch ziemlich einfach ist) und der Basilika. Von außen macht die Pension nicht viel her, aber innen ist sie moderner als zunächst erwartet. Die Zimmer sind geräumig und mit Teppichen ausgelegt, das Personal ist hilfsbereit und es gibt sogar einen Wellness-Bereich, was z. B. Radfahrer genießen werden.

Essen

Esztergom besitzt ein gutes Dutzend anständiger Restaurants, auf deren Karten vor allem ungarische Spezialitäten (zuzüglich ein paar originellerer Kreationen) stehen. Die meisten Lokale befinden sich an der Pázmány Péter utca, der Batthyány Lajos utca und in der Umgebung des Doms.

★ Koriander FUSION €€
(Karte S. 188; ☎ 33-315 719; Simor János utca 8; Hauptgerichte 2800–4300 Ft; ⊙ 12–21 Uhr) Von außen wirkt das Koriander eher etwas langweilig, aber die Speisekarte begeistert mit einigen der gewagtesten Küchenkreationen ganz Ungarns. Wie wäre es mit Schweinebauch mit Coca-Cola-Soße oder Entenbrust mit einer Soße aus Lavendel und Sauerkirschen? Abenteuerlustige sollten unbedingt auch den Käsekuchen aus roten Kartoffeln mit Sanddornsoße probieren. Er ist fantastisch!

★ Padlizsán UNGARISCH €€
(Karte S. 188; ☎ 33-311 212; Pázmány Péter utca 21; Hauptgerichte 2000–2500 Ft; ⊙ 12–22 Uhr) Ein Felsen mit einer Bastion oben drauf ist die eindrucksvolle Kulisse des Innenhofs – die dramatischste Lage aller Restaurants in Esztergom. Und die Karte mit ihrer modernen ungarischen Küche (gegrillter Barsch, Huhn mit Sauce aus Wildchampignons) kann da locker mithalten. Der Speisesaal fühlt sich fast wie ein Wohnzimmer an, an den meisten Abenden erklingt zum Essen dezent gespielte Live-Musik.

Csülök Csárda UNGARISCH €€
(Karte S. 188; ☎ 33-412 420; www.csulokcsarda.hu; Batthyány Lajos utca 9; Hauptgerichte 1890–4300 Ft) Das Gasthaus „Schweinshaxe" (was ist hier wohl die Spezialität des Hauses?) ist ein charmantes Lokal, das sowohl von Touristen als auch einheimischen Gästen geschätzt wird. Das Essen besteht aus guter Hausmannskost, darunter etwa für Vegetarier *imam bayaldi* (gefüllte Aubergine). Hungrige Gäste werden hier sicher satt: die Portionen sind riesengroß. Die Dekoration besteht aus alten Küchenutensilien.

Prímás Pince UNGARISCH €€
(Karte S. 188; ☎ 33-541 965; www.primaspince.hu; Szent István tér 4; Hauptgerichte 1290–4490 Ft; ⊙ Mo–Do 10–21, Fr & Sa 10–22, So 10–17 Uhr) In diesem Keller unter der Kirche wird die kreativste Version der traditionellen ungarischen Küche in ganz Esztergom gekocht. Besonders empfehlenswert sind die Stachelbeersuppe mit Hühnchen und die leckere Rinderhüfte in einer Soße aus Senf und dunklem Bier. Das wahre Highlight ist jedoch die Weinkarte, die sorgfältig aus Weinen von kleinen Winzerbetrieben aus dem gesamten Land zusammengestellt wurden. Die meisten von ihnen bekommt man sogar als offene Weine.

Mediterraneo Vendégfogadó UNGARISCH €€
(Karte S. 188; ☎ 33-311 411; www.facebook.com/MediterraneoVendegfogado; Primas Sziget 2; Hauptgerichte 2400–4600 Ft; ⊙ 12–22 Uhr) Trotz des Namens serviert dieses freundliche Restaurant vor allem ungarische Gerichte (wenn man die Pasta einmal nicht mitzählt). Die Portionen sind großzügig bemessen, die Zutaten wie Zander oder Lamm gekonnt zubereitet. Auch der Service ist sehr kompetent.

Múzeumkert UNGARISCH €€
(Karte S. 188; ☎ 33-404 440; www.muzeumkertterem.hu; Batthyány Lajos utca 1; Hauptgerichte 2190–5490 Ft; ⊙ 12–22 Uhr) Das Restaurant in der Nähe der Basilika ist geradezu ein Tausendsassa: Es serviert Klassiker wie Beef Tartare und Schweinemedaillons, aber auch Pizza. Hervorragend sind die Cocktails. Es gibt einen hübschen Innenhof und die Dekoration ist wunderbar modern. Ideal für einen entspannten Abend!

Ausgehen

Coffeeshops finden sich in der Umgebung des Széchenyi tér. An den nahe gelegenen Straßen Vörösmarty utca und Bajcsy-Zsilinszky utca gibt es eine Reihe lebhafter Bars.

Kaleidoszkóp Ház CAFÉ
(Karte S. 188; ☎ 06 30 377 0891; www.kaleidoszkophaz.hu; Pázmány Péter utca 7; ⊙ Di–Sa 12–21, So 16–21 Uhr) GRATIS Die Kombination aus Café und Kulturzentrum mit geschickt zu-

sammengestelltem Mobiliar, zahlreichen Veranstaltungen und einem netten Laden, der herrlich unnütze Dinge verkauft, zählt zu den angesagtesten Orten der Stadt. Außerdem wird hier das beste Craft-Bier ausgeschenkt.

Pálinka Patika　　　　　　　　　　CAFÉ
(Karte S. 188; 06 20 551 2121; Széchenyi tér 25; 10–22 Uhr) Die Lage am Hauptplatz ist ideal, um andere Leute zu beobachten und sich nach all den Sehenswürdigkeiten ein wenig zu erholen. Besonders empfehlenswert sind die Limonaden in originellen Geschmacksrichtungen, ein Bier oder einer der zahlreichen Obstbrände.

Maláta Bar　　　　　　　　　　　BAR
(Karte S. 188; 33-520 570; Vörösmarty utca 3; So–Do 14–2 Uhr, Fr & Sa 4–4 Uhr) Wer auf den Putz hauen möchte, sollte in diese populäre Bar mit einem ungarischen Retro-Look (Kuriositäten, auf alt getrimmte Dekoration, unverputzte Backsteinwände) gehen. Hier ist bis in die frühen Morgenstunden richtig was los. Tagsüber kann man hier auch einfach nur ein ruhiges Bier genießen.

Café Trafó　　　　　　　　　　　CAFÉ
(Karte S. 188; 33-403 980; www.trafocafe.hu; Vörösmarty utca 15; Mo–Sa 7–2 Uhr, So 8–24 Uhr) Die gemütliche Café-Bar in einem kleinen Glashaus gegenüber vom Donaumuseum bietet an heißen Sommertagen eine große, schattige Terrasse. Zu jeder Tageszeit ein wunderbarer Ort, um sich zurückzulehnen und ein wenig zu entspannen!

⭐ Unterhaltung

All In Music Cafe　　　　　　　LIVEMUSIK
(Karte S. 188; 33-311 028; http://hovamenjek.hu/esztergom/all-in-music-cafe; Bajcsy-Zsilinszky utca 35; So–Do 17–22, Fr & Sa 17–2 Uhr) Das lebhafte Lokal bietet nicht nur eine schöne Weinauswahl und *pálinkas,* an Freitag- und Samstagabenden sind hier auch DJs und lokale Bands zu hören.

ℹ️ Praktische Informationen

Cathedralis Tours (Karte S. 188; 33-520 260; www.cathedralistours.hu; Bajcsy-Zsilinszky utca 26; Mo–Fr 9–18, Sa 9–12 Uhr) Das private Reisebüro ist die einzige Informationsmöglichkeit im Ort.

www.esztergom.hu Eine hilfreiche ungarische Website mit englischsprachigen Links.

OTP Bank (Rákóczi tér 2–4) Der Geldautomat ist rund um die Uhr zugänglich.

Postamt (Karte S. 188; Arany János utca 2; Mo–Fr 9–17, Sa 9–12 Uhr) Zugang vom Széchenyi tér.

ℹ️ An- & Weiterreise

BUS & ZUG
Esztergom hat ausgezeichnete Busverbindungen.

Der Bahnhof liegt 1,2 km südlich der Stadt. Man nimmt entweder Bus 1 oder läuft etwa 15 Minuten zu Fuß. Wer ins westliche Transdanubien oder noch weiter reisen will, sollte einen Zug nach Komárom nehmen.

SCHIFF
Mahart PassNave (Karte S. 188; www.mahartpassnave.hu; Nagy-Duna sétány) lässt von Mai bis September Ausflugsboote und Tragflügelboote von Budapest über Visegrád nach Esztergom fahren. Die Ausflugsboote legen an Budapests Vigadó tér um 9 Uhr ab und kommen um 14 Uhr in Esztergom an (4500 Ft), die Rückfahrt ist um 16.30 Uhr. Die schnelleren Tragflügelboote legen in Budapest um 9.30 Uhr ab und erreichen Esztergom um 11 Uhr (7500 Ft), Rückfahrt hier um 17 Uhr.

BUSSE AB ESZTERGOM

REISEZIEL	FAHRPREIS	FAHRZEIT	KM	HÄUFIGKEIT
Budapest	930 Ft	1¼ Std.	46	alle 30 Min.
Szentendre	930 Ft	1¼ Std.	50	stündl.
Visegrád	930 Ft	45 Min.	26	stündl.

ZÜGE AB ESZTERGOM

REISEZIEL	FAHRPREIS	FAHRZEIT	KM	HÄUFIGKEIT
Budapest	1120 Ft	1¼ – 1½ Std.	53	stündl.
Komárom	1120 Ft	1½ Std.	53	alle 2 Tage

WESTLICHES TRANSDANUBIEN

Sopron
🔊 99 / 61 887 EW

Ungarns „treueste Stadt" votierte 1921 dafür, Teil Ungarns zu bleiben, anstatt österreichisch zu werden. Sopron hat eine sehr alte Geschichte. Die ersten Siedler waren Kelten, dann kamen die Römer (sie errichteten einen Handelsposten an der Bernsteinroute zwischen Ostsee und Adria und weiter bis nach Byzanz), später kamen nacheinander Deutsche, Awaren, Slawen und Magyaren. Heute ist Sopron die schönste Stadt in Westungarn. Der mittelalterliche Stadtkern (Belváros) ist intakt geblieben, sodass ein Spaziergang über das Kopfsteinpflaster ein beeindruckendes Erlebnis ist. Auch für den sehr guten Wein ist die Stadt bekannt, er wird in den umliegenden Weingütern gekeltert.

Sehenswertes

★ Feuerturm   TURM
(Tűztorony; Karte S. 194; 🔊 99-311 327; www.muzeum.sopron.hu; Fő tér; Erw./erm. 1200/600 Ft; ⊙ Mai–Sept. 10–20 Uhr, Okt.–Dez. 10–18 Uhr, Jan.–April Di–So 10–18 Uhr) Eine enge Wendeltreppe aus 116 Stufen führt zur Spitze des 60 m hohen Turms, von dem aus Wachen mit Trompeten vor Feuer warnten und die volle Stunde markierten. Außerdem hielten sie nach Händlern Ausschau, die nicht aus der Gegend stammenden Wein nach Sopron schmuggeln wollten. Heutige Besucher haben vom Turm aus nicht nur einen großartigen Blick über Landschaft und Stadt, sondern können im Untergeschoss auch die freigelegten Reste der Bernsteinstraße und des römischen Tores sowie Teile des mittelalterlichen Sopron sehen.

Treuetor   HISTORISCHE STÄTTE
(Karte S. 194; Fő tér) Das „Treuetor" unten am Feuerturm (s. oben) zeigt Soprons Wappen sowie „Ungarn", wie es die kniende *civitas fidelissima* (die treue Bürgerschaft) von Sopron empfängt. Das Tor wurde 1922 errichtet, nachdem die Stadt sich 1921 in einem Referendum gegen das Angebot ausgesprochen hatte, nach Österreich eingegliedert zu werden.

Fő tér   PLATZ
(Hauptplatz; Karte S. 194) Der etwas merkwürdig geformte Fő tér liegt inmitten einer Reihe von Museen, Kirchen und weiteren Denkmälern. Dazu zählt auch der massive Feuerturm, den Besucher besteigen können. Im Zentrum des Fő tér erhebt sich die Dreifaltigkeitssäule aus dem Jahr 1701.

★ Storno-Haus   MUSEUM
(Storno Ház és Gyűjtemény; Karte S. 194; 🔊 99-311 327; www.muzeum.sopron.hu; Fő tér 8; Erw./erm. Storno-Sammlung 1000/500 Ft, Unendliche Geschichte 700/350 Ft; ⊙ Di–So 10–18 Uhr) Das 1417 errichtete Storno-Haus hat eine bewegte Geschichte. König Matthias wohnte hier 1482/83, Franz Liszt gab hier Mitte des 19. Jhs. gleich mehrere Konzerte. Später kaufte die schweizerisch-italienische Familie von Ferenc Storno, der es vom Schornsteinkehrer zum Kunstrestaurateur gebracht hatte, das Haus. Seine Nachbildungen romanischer und gotischer Denkmäler spalten Transdanubien bis heute. Besucher sollten sich die **Storno-Sammlung**, die Schatzkammer der Familie, anschauen. Die Ausstellung zur Regionalgeschichte lohnt ebenfalls einen Besuch. Zu den Highlights des Storno-Hauses zählen eine schöne Loggia mit Bleiglasfenstern und Fresken, eine große Sammlung mittelalterlicher Waffen, Lederstühle mit Bildern von Teufeln und Drachen und schließlich Türrahmen aus den Kirchenbänken einer nahe gelegenen Kirche aus dem 15. Jh.

★ Fabricius-Haus   MUSEUM
(Karte S. 194; 🔊 99-311 327; http://portal.sopron.hu; Fő tér 6; Archäologische Ausstellung Erw./erm. 900/450 Ft, städtische Wohnungen Erw./erm. 900/450 Ft; ⊙ April–Sept. Di–So 10–18 Uhr, Okt.–März 10–14 Uhr) Das barocke Herrenhaus ist in drei Bereiche unterteilt. Die **archälogische Ausstellung** deckt die keltische, römische und ungarische Epoche ab. Das herausragende Stück ist der 1200 Jahre alte Cunpald-Kelch. Besucher sollten sich aber auch die „Flüstergalerie" ansehen. Das **Untergeschoss**, ein ehemaliges römisches Badehaus, zeigt beeindruckende römische Sarkophage und Statuen aus der Zeit, als die Stadt unter den Römern noch Scarbantia hieß (darunter riesige Statuen von Juno, Jupiter und Minerva). Oben schließlich enthalten die **städtischen Wohnungen** Innenausstattung aus dem 17. und 18. Jh., darunter einige feine Sofas, Reisekisten und großartige Kachelöfen.

Ziegenkirche   KIRCHE
(Kecsketemplom; Karte S. 194; http://turizmus.sopron.hu/; Templom utca 1; Erw./erm. 800/400 Ft;

April–Okt. Di–So 10–18 Uhr, Nov.–März Di–So 10–15 Uhr) Die aus dem 13. Jh. stammende vorwiegend gotische Kirche verdankt ihren ungewöhnlichen Namen einer Legende. Angeblich nämlich konnte diese Kirche nur erbaut werden, weil ein Ziegenhirte zufällig einen Schatz gefunden hatte. Die Steinstatue eines Engels, der im Arm eine Ziege hält, spielt auf diese Legende an. Das Kircheninnere stammt vor allem aus dem Barock. Besonders schön ist die großartige Kanzel aus rotem Marmor in der Mitte des Südschiffes. Die Kapitelhalle der Kirche zeigt verblasste Fresken und groteske Steinfiguren – vor allem Tiere mit menschlichen Köpfen –, die die sündige tierische Natur des Menschen symbolisieren sollen.

Apotheken-Museum MUSEUM
(Patikamúzeum; Karte S. 194; 99-311 327; Fő tér 2; Erw./erm. 500/250 Ft; April–Sept. Di–So 10–14 Uhr) Das Apotheken-Museum ist in einem gotischen Gebäude neben dem Hauptplatz untergebracht und zeigt die Einrichtung einer Apotheke aus dem 17. Jh. Seine Sammlung besteht aus alten pharmazeutischen Geräten, Fachbüchern und einer fantastischen Inneneinrichtung aus Walnussholz. Aus heutiger Sicht besonders kurios sind das Amulett zur Abwehr des bösen Blicks und der Hut, der vor Epilepsie schützen soll.

Schokoladenfabrik Harrer FABRIK
(Harrer Csokoládéműhely és Cukrászda; 99-505 904; www.harrercafe.com; Faller Jenő utca 4; Erw./4–15 J. 2990/2490 Ft; tgl. nach Vereinbarung 10 oder 14 Uhr) Das ist Soprons Antwort auf Willy Wonkas Schokoladenfabrik. Die österreichische Konditorendynastie Harrer existieren bereits seit Generationen auch hat es sich zum Anliegen gemacht, Besucher in die Geheimnisse der Herstellung von Pralinen, Trüffeln, aromatisierter Schokolade und noch viel mehr einzuführen. Die Besichtigung der Fabrik (Anmeldung unbedingt erforderlich) umfasst ein Video über die Schokoladenproduktion und viele Möglichkeiten, Schokolade zu kosten, etwa durch das Tauchen von Früchten in Schokoladenbecken, das Probieren von Harrers dunkler, Milch- oder aromatisierter Schokolade oder von Trüffeln mit einem Gläschen Champagner.

Alte Synagoge MUSEUM
(Ó Zsinagóga; Karte S. 194; Új utca 22; Erw./erm. 700/350 Ft; Mai–Okt. 10–20 Uhr) Die im 14. Jh. erbaute Alte Synagoge besteht aus zwei Räumen, einem für jedes Geschlecht. Der Hauptraum enthält ein mittelalterliches „Allerheiligstes" mit geometrischen Mustern und Bäumen aus Stein sowie einige sehr schöne Buntglasfenster. Die Inschriften an den Wänden datieren auf das Jahr 1490. Es gibt ferner eine rekonstruierte *mikvah* (rituelles Bad) im Innenhof sowie eine Plakette zum Gedenken an die Vernichtung von Soprons jüdischer Gemeinde durch die Nazis im Jahr 1944.

Die Új utca, an der die Alte Synagoge liegt, war früher unter dem Namen Zsidó utca (Jüdische Straße) bekannt, bis die Juden 1526 aus Sopron vertrieben wurden, weil sie angeblich mit den Türken paktiert hatten.

Neue Synagoge JÜDISCHE STÄTTE
(Új Zsinagóga; Karte S. 194; Új utca 11; 10–17 Uhr) GRATIS Wie die Alte Synagoge (s. links) entstand auch die Neue Synagoge im 14. Jh. Beide gehören zu den bedeutendsten jüdischen gotischen Bauwerken in ganz Europa. Die Neue Synagoge zeigt eine Ausstellung über die vergessenen Bewohner Soprons, 40 jüdische Familien, die während des Zweiten Weltkriegs ermordet wurden. Die Beschriftungen sind ausschließlich in ungarischer Sprache gehalten, aber der sehr engagierte Kurator erzählt die Geschichte dieser Menschen bei Bedarf auf Deutsch und in gebrochenem Englisch.

Kapelle des Heiligen Jakob KIRCHE
(Szent Jakab-kápolna; Karte S. 194; Szent Mihály utca) Hinter der Michaelskirche liegt die romanisch-gotische Kapelle des Heiligen Jakob. Sie ist das älteste Bauwerk Soprons überhaupt und war ursprünglich ein Beinhaus.

Holocaust-Denkmal DENKMAL
(Karte S. 194; Paprét utca) Das Holocaust-Denkmal liegt gegenüber der verfallenen orthodoxen Synagoge. Es wurde 2004 mit großem politischen Tamtam errichtet und zeigt Skulpturen von Jacken mit dem Judenstern und einen Schuhhaufen, der an Auschwitz erinnern soll.

Synagoge JÜDISCHE STÄTTE
(Karte S. 194; Paprét utca 14) Weitere Hinweise auf Soprons jüdische Vergangenheit finden sich in der bröckelnden orthodoxen Synagoge östlich vom Inneren Turm. Sie ist heute mit Brettern verrammelt und verfällt immer weiter. Eine Plakette erinnert daran, dass am 5. Juli 1944 „1640 Märtyrer" von hier aus nach Auschwitz gebracht wurden.

Sopron

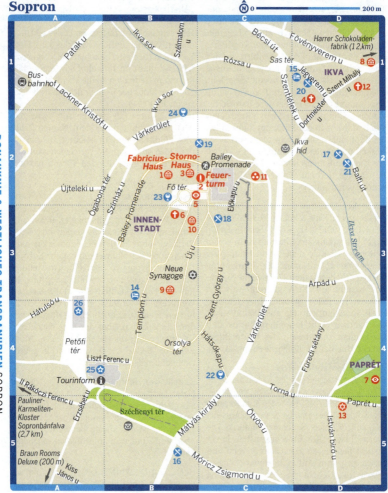

Römische Ruinen
RUINEN

(Szabadtéri rom; Karte s. oben) Die Plakette im Boden des Fő tér erinnert daran, dass Sopron eine wichtige Station an der Bernsteinstraße war. Reste von Soprons römischer Vergangenheit (rekonstruierte Mauern und die Gebäudeumrisse aus dem 2. Jh.) finden sich in den Ruinen hinter dem Rathaus.

Michaelskirche
KIRCHE

(Szent Mihály-templom; Karte s. oben; Szent Mihály utca) Oben auf dem Lővér-Hügel steht die Michaelskirche. Ihr Bau dauerte vom 13. bis zum 15. Jh. Besonders faszinierend sind ihre Wasserspeier. Allerdings entgingen nur kleine Teile der ursprünglichen Kirche den Händen der Stornos, als sie die Michaelskirche „renovierten", komplett mit einem völlig neuen Turm. Von diesen Arbeiten neueren Datums ist vor allem das Bild *Die Stationen des Kreuzwegs* (1892) im Kirchhof von Interesse. Ebenfalls sehenswert sind die zahlreichen Grabsteine mit deutschen Familiennamen auf dem Friedhof.

Kirche des Heiligen Geistes
KIRCHE

(Szentlék-templom; Karte s. oben; Dorfmeister utca; ⊙ variierende Öffnungszeiten) Das Innere die-

Sopron

Highlights
1 Fabricius-Haus B2
2 Feuerturm C2
3 Storno-Haus B2

Sehenswertes
Kapelle des Heiligen Jakob ....(s. 12)
4 Kirche des Heiligen Geistes D1
Treuetor ....(s. 2)
5 Fő tér B2
6 Ziegenkirche...................................B3
7 Holocaust-Denkmal........................D4
8 Haus der zwei Mohren D1
9 Alte Synagoge.................................B3
10 Apothekenmuseum..........................B3
11 Römische Ruinen C2
12 St.-Michaels-Kirche D1
13 Synagoge..D5

Schlafen
Erhardt Pension........................(s. 17)

14 Hotel Wollner B3
15 Wieden Panzió D1

Essen
16 Alcatraz..B5
17 Erhardt...D2
18 Forum Pizzeria................................C3
19 Graben...C2
20 Jégverem..D1
21 Stubi Borozó D2

Ausgehen & Nachtleben
22 Cezár Pince C4
23 Gyógygödör Borozó........................B2
24 Museum Cafe ....(s. 2)
25 TasteVino Borbár & Vinotéka...........B2

Unterhaltung
25 Franz-Liszt-Konferenz- &
Kulturzentrum A4
26 Petőfi-Theater................................ A4

---

ser Kirche aus dem 15. Jh. ist recht dunkel. Besucher, die um die Mittagszeit kommen, können mit Hilfe des Sonnenlichtes jedoch einen Blick auf schöne Fresken an Wänden und Decke vom Künstler Dorfmeister sowie auf einen reich verzierten Altar werfen.

Haus der zwei Mohren HISTORISCHES BAUWERK
(Két mór ház; Karte S.194; Szent Mihály utca 9) Das aus zwei Bauernhäusern aus dem 17. Jh. bestehende Haus der zwei Mohren und sein verziertes Tor werden von zwei großen Statuen bewacht. Während die Statuen früher in einem übertriebenen Schwarz angemalt waren, um dunkelhäutige Mohren darzustellen, sind sie heute weiß angemalt.

Aktivitäten

Bailey Promenade SPAZIERGANG
(Karte S.194; April–Sept. 9–21 Uhr, Okt.–März 9–18 Uhr) Die Bailey Promenade führt um die mittelalterliche Mauer der Altstadt herum und an Ruinen aus der römischen Zeit Soprons vorbei, als die Stadt noch Scarbantia hieß.

Feste & Events

Frühlingstage KULTUR
(Mar) Musik, Theater, Essen und Tanz.

Sopron-Festwochen KULTUR
(www.prokultura.hu; Mitte Juni–Mitte Juli) Von Mitte Juni bis Mitte Juli finden auf Soprons Plätzen zahlreiche Konzerte und Theateraufführungen statt, dazu Kunst- und Kunsthandwerkausstellungen.

★VOLT MUSIK
(www.volt.hu; Anfang Juli) Ein ausgesprochen populäres Musikfestival. Mehr als 100.000 Menschen rocken zu meist ungarischen Bands. Meist treten auch einige internationale Künstler auf.

Weinlese WEIN
(Soproni Borvidek; Ende Sept.) Ende September ist der Beginn der Erntezeit, die mit Weinproben, Musik und Volkstänzen gefeiert wird.

Schlafen

In und in der Umgebung der Altstadt gibt es einige gute Hotels, darüber hinaus Pensionen im Zentrum und der restlichen Stadt. Wer eine besondere Erfahrung sucht, kann in einem umgebauten Kloster am Stadtrand übernachten.

★Braun Rooms Deluxe PENSION €€
( 06 70 300 6460; http://braun-rooms-deluxe-sopron.bedspro.com; Deák tér 15; EZ/DZ 30/38 €;) Auf halbem Weg zwischen Altstadt und Bahnhof bietet dieses große Haus lediglich drei makellose, superkomfortable Doppelzimmer mit in den Boden eingelassenen

Badewannen, Klimaanlagen, Kaffeemaschinen und Wandgemälden. Und wer sich die Zähne renovieren lassen möchte, findet direkt im Erdgeschoss eine Zahnklinik.

Wieden Panzió
PENSION €€
(Karte S. 194; ☎ 99-523 222; Sas tér 13; EZ/DZ ab 7800/10 900 Ft; ⓡ) Die Pension liegt in einem alten Stadthaus unweit der Altstadt. Die Zimmer sind geräumig, hell und in beruhigenden Farben gestrichen. Daneben gibt es auch größere Apartments.

★ Pauliner-Karmeliten-Kloster Sopronbanfalva
KLOSTER €€€
(Sopronbánfalvi Pálos-Karmelita; ☎ 99-505 895; www.banfalvakolostor.hu; Kolostorhegy utca 1; EZ/DZ/Suite 84/128/164 €; ⓡ) Das Gebäude hatte im Laufe der Jahrhunderte schon viele Funktionen – es war Heim für Bergleute, karmelitisches Frauenkloster, Krankenhaus für psychisch kranke Menschen und Museum. Heute ist das Kloster aus dem 15 Jh. nach einer sorgfältigen Restaurierung ein wunderschönes Hotel. Die Einzelzimmer und lichtdurchfluteten Doppelzimmer unter Gewölbedecken bieten Blicke auf den umliegenden Wald. Oben gibt es eine Kunstgalerie und einen ruhigen Gemeinschaftsbereich, die Bibliothek. Im Speisesaal (S. 199) werden die besten Gerichte der Stadt serviert.

★ Hotel Wollner
HOTEL €€€
(Karte S. 194; ☎ 99-524 400; www.wollner.hu; Templom utca 20; EZ/DZ/3BZ ab 75/90/110 €; ❄ⓡ) Der feine Familienbetrieb hat 18 geräumige und geschmackvoll eingerichtete Zimmer in einer 300 Jahre alten Villa im Herzen der Innenstadt. Das Hotel besitzt einen wunderbaren Terrassengarten, in dem die rekonstruierten mittelalterlichen Mauern der Burg zu sehen sind. Im romantischen Weinkeller können die Gäste einige der berühmten Tropfen der Region probieren.

Erhardt Pension
PENSION €€€
(Karte S. 194; ☎ 99-506 711; www.erhardts.hu; Balfi út 10; EZ/DZ ab 15 500/19 500 Ft; ⓡ) Dieses großartige, zentral gelegene Haus beherbergt eines der besten Restaurants der Stadt (s. rechts) und vermietet eine Handvoll gemütlicher Zimmer mit superkomfortablen Matratzen. In einem separaten zweiten Gebäude findet sich eine Reihe modernerer Zimmer.

✘ Essen

Stubi Borozò
UNGARISCH €
(Karte S. 194; Balfi út 16; Mahlzeiten 750–1200 Ft; ⓢ 12–21 Uhr) Das Stubi ist erster Linie ein Lokal der Einheimischen. So ist es hilfreich, hier als Gast ein wenig Ungarisch zu sprechen. Das Gulasch, der deftige Kohl-Kartoffel-Eintopf, die Nudeln mit zerstoßenem Mohn und Zucker sowie weitere ungarische Spezialitäten bekommt man hier am besten (und billigsten). Und die Portionen sind schön groß.

Alcatraz
SANDWICHES €
(Karte S. 194; Mátyás Király utca 1; Sandwiches 390–440 Ft; ⓢ 9–18 Uhr) Angesichts des Namens könnte man hier einen Witz über Knastessen machen. Das würde diesem Lokal für schnelle Snacks (z. B. gefüllte Baguettes, Wraps und Pizzastücke) in einer Stadt mit wenigen Lokalen mit einem solchen Angebot jedoch nicht gerecht werden. Auf der anderen Seite kann man hier natürlich keine gastronomischen Wunder erwarten.

★ Erhardt
INTERNATIONAL €€
(Karte S. 194; ☎ 99-506 711; www.erhardts.hu; Balfi út 10; Hauptgerichte 2990–4590 Ft; ⓢ So–Do 11.30–22, Fr & Sa 11.30–23 Uhr; ⓘ) Ein exzellentes Restaurant, dessen schöne Gartenterrasse, Holzbalkendecke und Bilder mit ländlichen Szenen perfekt zu den einfallsreichen Gerichten wie Paprika-Seewolf mit Austernpilzen und knusprigen Entenkeulen mit Kohlnudeln passen. Auf der umfangreichen Weinkarte finden sich gute Tropfen aus der Region (die im Weinkeller auch gekauft werden können); der Service ist kenntnisreich und herzlich. Wer im großen Weinkeller die örtlichen Weine verkosten möchte, findet ganz in der Nähe in der Erhardt Pension (s. links) anschließend ein Bett.

Forum Pizzeria
PIZZA €€
(Karte S. 194; ☎ 99-340 231; www.forumpizzeria.hu; Szent György utca 3; Pizza 920–1920 Ft) Obwohl die Karte in dieser populären Pizzeria versucht, es allen recht zu machen (Pasta, Fleisch, Fisch, mexikanische Gerichte), sollten sich die Gäste auf die Steinofenpizza konzentrieren, sie ist hier am besten. Die Gewölbedecke im Speisesaal erweckt den Eindruck, als ob man in einer Kirche isst. Das Personal spricht kein Englisch.

Graben
INTERNATIONAL €€
(Karte S. 194; ☎ 99-340 256; www.grabenetterem.hu; Várkerület 8; Hauptgerichte 2200–3690 Ft; ⓢ 8–22 Uhr) Das Graben liegt in einem gemütlichen Keller in der Nähe der alten Stadtmauer. Vor allem österreichische Besucher lieben dieses Restaurant für Gerichte wie das „Altherrensteak", Schnitzel,

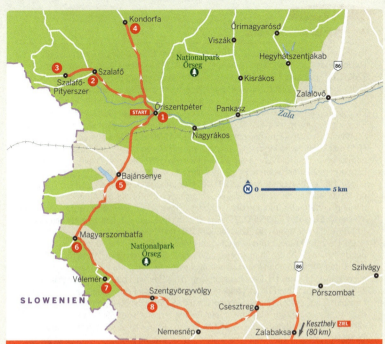

Autotour
Nationalpark Őrség

START ŐRISZENTPÉTER
ZIEL KESZTHELY
LÄNGE/DAUER 140,5 KM; 8 STUNDEN

Die Highlights des Parks kann man auch im Rahmen dieser achtstündigen Autofahrt besuchen. Die Fahrt beginnt in ❶ **Őriszentpéter**, einem netten Dorf voller reetgedeckter Holzhäuser, die sich über mehrere Hügel ziehen. Von hier aus geht es 2 km in nordwestlicher Richtung nach Szalafő. Dort lohnt die gut erhaltene ❷ **Romanische Kirche** mit wunderbaren Steinmetzarbeiten am Portal einen Halt. Dann geht es 5 km in westlicher Richtung nach Szalafő-Pityerszer. Das ❸ **Ethnografische Freilichtmuseum** gibt einen Eindruck von der traditionellen Architektur im Őrség. Die um einen Hof gebauten U-förmigen Häuser haben große Vordächer, sodass die Nachbarn auch bei Regen trocken miteinander plaudern konnten.

Es geht zurück nach Őriszentpéter und dann 7,5 km nach Norden nach Kondorfa. In einen traditionellen Haus befindet sich das ❹ **Vadkörte** (S. 200), ein folkloristisches Restaurant mit ungarischer Küche. danach geht es erneut zurück nach Őriszentpéter und dann 8 km lang auf der E65 nach ❺ **Bajánsenye**, einem Dorf, das für seinen köstlichen, lokalen Fisch bekannt ist. Noch 10 km weiter nach Süden gelangt man nach ❻ **Magyarszombatfa**, einem für seine Töpferprodukte bekannten Dorf, in dem dieses Handwerk bis heute sehr aktiv betrieben wird. Wer keinen Töpfer bei der Arbeit sieht, findet im Fazekasház (Töpferhaus von 1760) ein exzellentes Museum mit tollen Exponaten.

7 km in südöstlicher Richtung von Magyarszombatfa aus findet sich in Wald am Rand von ❼ **Velemér** eine schöne Kirche aus dem 13. Jh. mit Fresken des österreichischen Malers Johannes Aquila. Weitere 4 km weiter besitzt die kalvinistische Kirche in **Szentgyörgyvölgy** eine beeindruckende Decke. Etwa 15 km weiter führt die Route auf die Autobahn 86, dann biegt sie ab nach Süden, dann nach Osten auf die Autobahn 75. Von hier sind es noch 80 km in östlicher Richtung bis nach Keszthely.

ABSTECHER

ABTEI PANNONHALMA

In einem Land voller religiöser Stätten reicht an die oben auf einem Berg gelegene **Abtei Pannonhalma** (Pannonhalmi főapátság; 96-570 191; www.bences.hu; Vár utca 1; Erw./erm. 2200/1100 Ft; April & Okt.–Nov. Di–So 9–16 Uhr, Jun.–Sept. tgl. 9–17 Uhr, Mitte Nov.–März Di–So 10–15 Uhr) hinsichtlich Architektur und geschichtlicher Bedeutung nichts heran.

Das noch heute aktive Kloster wurde ursprünglich 996 von Mönchen aus Venedig und Prag gegründet, die von Prinz Géza zu dieser Gründung eingeladen worden waren. Die Klostergründung markiert den Beginn des Christentums in Ungarn. Gézas Sohn, König Stephan, bekehrte die heidnischen Magyaren mit Hilfe der Benediktiner. Das Kloster stellt eine eklektische Mischung aus ganz unterschiedlichen Architekturstilen dar, nachdem seine Gebäude im Laufe der Jahrhunderte immer wieder geschleift, wiederaufgebaut und restauriert wurden. Es diente während der türkischen Besatzung als Moschee und im Herbst 1941 unter dem Schutz des Internationalen Roten Kreuzes als Zufluchtsort für Juden. Seit den frühen 1990er-Jahren haben die Brüder der Abtei Pannonhalma die jahrhundertealte Tradition des Weinbaus in dem schon mit Preisen ausgezeichneten **Weingut Erzabtei** (96-570 222; www.apatsagipinceszet.hu; Führungen nach Vereinbarung 1000 Ft, mit 3/5/7 Weinproben 2200/3000/4000 Ft) wiederbelebt.

Die Herzstücke des zentralen Hofs sind eine Statue des ersten Abts namens Asztrik, der die Krone für König Stephan eigenhändig aus Rom nach Ungarn brachte, sowie ein Relief, das König Stephan selbst dabei zeigt, wie er seinen Sohn Imre seinem Lehrer Bischof Gellért präsentiert. Der Haupteingang in die Basilika St. Martin (Szent Márton-bazilika) wurde im frühen 12. Jh. gebaut und führt durch die Porta Speciosa, ein rotes Kalksteinportal aus einer Reihe von Bögen. Das Fresko über der Tür zeigt den Schutzheiligen der Kirche, den Heiligen Martin von Tour. Rechts unterhalb der Säulen befindet sich das vermutlich älteste (lateinische) Graffiti in Ungarn. Es bedeutet „Benedict Padary war 1578 hier".

Im Inneren der nüchtern gehaltenen Steinkirche führen abgenutzte Stufen hinunter in die Krypta (13. Jh.). Die rote Marmornische bedeckt angeblich den Thron von König Stephan. Eine Marmorplatte mit der Inschrift „Otto 1912–2011" markiert den Ort, an dem das Herz von Otto von Habsburg – des letzten Kronprinzen Österreich-Ungarns und eines der Führer des österreichischen Widerstands gegen die Nazis – begraben ist. Seine anderen sterblichen Überreste haben in Wien ihre letzte Ruhe gefunden.

Im Säulengang des Kreuzgangs sehen Besucher kleine, in den Stein gehauene Gesichter. Sie sollen die menschlichen Emotionen und Laster wie Zorn, Gier und Dünkel darstellen und die Mönche an die sündige und vergängliche Natur der menschlichen Existenz erinnern. Im Garten des Kreuzgangs erinnert eine Sonnenuhr ebenfalls an die Vergänglichkeit: „Una Vestrum Ultima Mea" (Einer von Euch wird mein letzter sein).

Den schönsten Teil der Abtei bildet die 1836 von János Packh gebaute klassizistische Bibliothek. Packh war auch am Entwurf der Basilika in Esztergom beteiligt. Die Bibliothek der Abtei ist mit rund 400.000 Bänden die größte Privatbibliothek in ganz Ungarn – viele von ihnen sind historische Dokumente von unschätzbarem Wert.

Im Herzen des Dorfes Pannonhalma bietet das Restaurant **Borbirodalom** (96-471 730; www.borbirodalom.hu; Szabadság tér 27, Pannonhalma; Hauptgerichte 1490–2590 Ft; 12–22 Uhr) eine sehr umfassende Weinkarte mit Tropfen aus der nahe gelegenen Weinregion Pannonhalma-Sokoróalja sowie ein Gourmet-Menü mit Wildragout, gerösteter Entenbrust und Gänseleber.

Von Budapest und Sopron aus fahren Züge nach Győr, von wo aus es dann mit dem Bus weiter nach Pannonhalma geht (465 Ft; 30 Min.; 21 km; halbstündl.).

Huhn-Cordon Bleu und Wild. Dazu kommen tolle Aromen sowie ein freundlicher Service mit Englisch-Kenntnissen. Im Sommer wird die Terrasse um einen schönen Innenhof erweitert.

Jégverem UNGARISCH €€
(Karte S.194; 99-510 113; www.jegverem.hu; Jégverem utca 1; Hauptgerichte 890–3600 Ft) Die Die Karte ist umfassend und die Portionen groß genug, um einen ausgehungerten Su-

mo-Ringer satt zu bekommen. Unter der Woche gibt es sehr günstige Mittagsangebote (940 Ft), z. B. Würstchen mit gegrillten Champignons oder Hühnersuppe mit Leberknödeln.

⭐ **Sopronbánfalvi Pálos-Karmelita Kolostor** FUSION €€€
(Pauliner-Karmeliter-Kloster Sopronbanfalva; ☏ 99-505 895; www.banfalvakolostor.hu; Kolostorhegy utca 2; Hauptgerichte 2750–6850 Ft, Probiermenü 7200 Ft; ⊙ 12–15 & 18–21 Uhr; ♿) Das Kloster am Stadtrand von Sopron beherbergt das einzige wirkliche Spitzenrestaurant der Stadt und lohnt den Besuch allein schon wegen des Essens. Und der großartige Speisesaal unter seiner Gewölbedecke verleiht dem Abendessen eine geradezu spirituelle Note. Die einfallsreichen und wunderschön präsentierten Gerichte – von Jakobsmuschelravioli mit gebutterter Shrimp-Soße bis hin zu Reh mit Morcheln – sind ohnehin über jede Kritik erhaben.

Ausgehen

Die Region um Sopron ist für ihren Rotwein bekannt, besonders für Kékfrankos und Merlot. Der weiße Tramini ist ebenfalls einen Versuch wert. Über die ganze Stadt verteilt finden sich zahlreiche Weinkeller, die Weinproben anbieten. Man sollte jedoch darauf achten, nicht zu viel zu trinken, wenn man am nächsten Tag nicht unter *macskajaj* (ungarisch für „Kater") leiden will.

⭐ **Cezár Pince** WEINBAR
(Karte S. 194; ☏ 99-311 337; www.cezarpince.hu; Hátsókapu utca 2; ⊙ Mo-Sa 12–24, So 16–23 Uhr; 📶) Eine stimmungsvolle Bar in einem Keller aus dem 17. Jh. Zu der Verkostung einer großen Auswahl regionaler Weine können Gäste große Platten mit kaltem Fleisch, lokalen Käsesorten, Pasteten und Salami ordern.

TasteVino Borbár & Vinotéka WEINBAR
(Karte S. 194; ☏ 06 30 519 8285; www.tastevino.hu; Várkerület 5; ⊙ Di-Sa 12–24 Uhr) TasteVino ist Bar und Weinhandel in einem. Hier lassen sich die besten Tropfen der Weingüter Soprons verkosten und können bei Gefallen auch gekauft werden.

Museum Cafe CAFÉ
(Karte S. 194; ☏ 06 30 285 1177; www.museumcafesopron.hu; Előkapu utca 2-7; ⊙ So–Do 10–22, Fr & Sa 10–2 Uhr) Das wunderbare Café inmitten von römischen und mittelalterlichen Fundstätten befindet sich im Erdgeschoss des Feuerturms (S. 192) und zeichnet sich durch einen tollen Blick aus seinen riesigen Fenstern aus. Auch die avantgardistische Einrichtung ist sehenswert. Und es geht hier nicht nur um Kaffee: Das Café serviert auch Limonaden (die Passionsfrucht ist eine Sünde wert), Wein und *pálinka*. Für hungrige Besucher gibt es dazu Sandwiches (550–880 Ft) und Kuchen (250–690 Ft).

Gyógygödör Borozó WEINBAR
(Karte S. 194; ☏ 99-311 280; http://gyogygodor.hu; Fő tér 4; ⊙ So–Do 10–22, Fr & Sa 10–23 Uhr) Das kitschige Mobiliar wirkt in diesem Steinkeller etwas deplatziert. Das sollte jedoch keinen davon abhalten, die große Auswahl an Weinen aus der Region Sopron zu probieren. Auch das Angebot an Biersorten aus Sopron ist ganz ordentlich. Dazu munden dann ungarische Gerichte zu günstigen Preisen.

⭐ Unterhaltung

Petőfi Theatre THEATER
(Petőfi Színház; Karte S. 194; ☏ 99-517 570; www.soproniszinhaz.hu; Petőfi tér 1) Das schöne Theater mit national-romantischen Mosaiken an der Fassade bringt sowohl zeitgenössische Stücke als auch ungarische und internationale Klassiker auf die Bühne.

Ferenc-Liszt-Konferenz- & Kulturzentrum DARSTELLENDE KUNST
(Karte S. 194; ☏ 99-517 517; www.prokultura.hu; Liszt Ferenc utca 1; ⊙ Mo–Fr 9–17, Sa 9–12 Uhr) Die schön renovierte Einrichtung gegenüber vom Széchenyi tér beherbergt ein Theater, eine Konzerthalle, ein Büro von Tourinform, ein Kasino sowie ein Restaurant unter seinem Dach. Hier finden einige der wichtigsten musikalischen und kulturellen Veranstaltungen in Sopron statt.

ℹ️ Praktische Informationen

Hauptpostamt (Karte S. 194; Széchenyi tér 7-8; ⊙ Mo–Fr 8–17, So 9–13 Uhr) In der Innenstadt existiert noch eine **Zweigstelle** (Karte S. 194; Várkerület 37; ⊙ Mo–Fr 8–16 Uhr).
OTP Bank (Várkerület 96/a) Geldautomat.
Tourinform (S. 183) Informationen über Sopron und Umgebung, u. a. über lokale Winzer.

ℹ️ An- & Weiterreise

BUS
Vom **Busbahnhof** (Karte S. 194; Lackner Kristóf utca) fahren Buslinien regelmäßig zu zahlreichen Zielen. Siehe Tabelle auf S. 200.

BUSSE AB SOPRON

REISEZIEL	FAHRPREIS	FAHRZEIT	KM	HÄUFIGKEIT
Balatonfüred	3130 Ft	4 Std.	178 km	tgl.
Esztergom	3410 Ft	4 Std.	198 km	tgl.
Győr	1680 Ft	2–2½ Std.	87 km	stündl.
Keszthely	2520 Ft	3 Std.	129 km	4-mal tgl.

ZUG

» Es gibt Schnellzüge nach Budapest (4735 Ft, 2½ Std., 216 km, 6-mal tgl.) und Direktverbindungen zu Wiens Hauptbahnhof und nach Miedling (5000 Ft, 1½ Std., bis zu 12-mal tgl.).

» Der **Bahnhof** (Állomás utca) liegt zehn Fußminuten von Soprons Zentrum entfernt. Fahrscheine für nationale Zugverbindungen können an Kartenautomaten gekauft werden. Fahrkarten nach Wien sind jedoch nur am Schalter für internationale Züge im Bahnhof erhältlich. An der Information spricht man Englisch.

Nationalpark Őrség

Intakte Natur und ländliches Leben sind die herausragenden Attraktionen von Őrség, Ungarns westlicher Region, in der Ungarn inmitten von Wäldern und Bauernland an Österreich und Slowenien grenzt. Ein großer Teil der Region nimmt der 440 km² große Őrség-Nationalpark ein. Dieser wurde 2002 gegründet und erst kürzlich von der EU mit dem EDEN-Preis (European Destination of Excellence) ausgezeichnet, um die Bemühungen um ökologische und kulturelle Nachhaltigkeit zu würdigen. Berühmt ist der Nationalpark für seine vielfältige Vogelwelt, reizvoll sind aber auch die Dörfer mit ihren lebendigen kulturellen Traditionen, z. B. den teilweise seit Generationen bestehenden Töpfereien.

Aktivitäten

Der Park bildet einen grünen Gürtel aus dichten Wäldern, Wiesen, sanften Hügeln und langsam dahinfließenden Flüssen und damit ein großartiges Ziel für Wanderer, Radfahrer und Reiter. Es gibt ausgeschilderte Wanderwege, die viele Nationalparkdörfer miteinander verbinden, darunter Őriszentpéter, Szalafő, Velemér und Pankasz. Die Karte im Maßstab 1:60 von Cartographia mit dem Namen *Őrség és a Göcsej* ist sehr nützlich.

Schlafen & Essen

Őriszentpéter verfügt über das beste Übernachtungsangebot im Nationalpark. Die zahlreichen Pensionen und privaten Gästezimmer werden an der Straße Városszer angepriesen. Das Informationszentrum in Őriszentpéter hilft Besuchern bei der Suche nach Privatunterkünften in den Dörfern.

Vadkörte UNGARISCH €€
(94-393 879; www.vadkorte.hu; Alvég 7, Kondorfa; Hauptgerichte ab 2500 Ft) Das schöne Landgasthaus im winzigen Dorf Kondorfa im Herzen des Nationalparks hat ein exzellentes Restaurant, das deftige saisonale Küche aus lokalen Produkten serviert, etwa Eintopfgerichte mit wilden Champignons und saisonale Beeren und Früchte als Nachtisch. Wer über Nacht bleiben will, dem stehen fünf geräumige, nette Zimmer (EZ/DZ 5500/ 8800 Ft) und zwei Apartments zur Auswahl.

Praktische Informationen

Informationszentrum (94-548 034; http://onp.nemzetipark.gov.hu; Siskaszer 26/a, Őriszentpéter; Mitte Juni–August Mo–Fr 8–16.30, Sa–So 10–15 Uhr; Sept.–Mitte Juni Sa & So geschl.) Das Informationszentrum des Nationalparks befindet sich in Őriszentpéter in demselben Gebäude am Abzweig nach Szalafő wie Tourinform. Tourinform informiert über Aktivitäten in der Region und Übernachtungsmöglichkeiten in den Dörfern.

An- & Weiterreise

» Am einfachsten ist die Erkundung der Region mit einem eigenen Fortbewegungsmittel. Busse fahren nur selten und es kann schwierig sein, einige der Dörfer zu erreichen.

» Őriszentpéter ist von Sopron aus mit dem Bus erreichbar, obwohl dies Umsteigen in Szombathely und Zalaegerszeg erfordert. Man gelangt ebenfalls von Keszthely hierher, wenn man in Ukk umsteigt.

Plattensee & südliches Transdanubien

➜ Inhalt
Region Plattensee... 204
Balatonfüred....... 204
Tihany 209
Keszthely.......... 213
Südliches
Transdanubien 220
Pécs 220
Mohács........... 231

Auf an den Plattensee & ins südliche Transdanubien!

Der Plattensee, der sich wie eine dünne, gebogene Peperoni über rund 80 km erstreckt, lädt zu Badefreuden ein. Doch wer die Strände des größten und seichtesten Sees Europas verlässt, findet nicht weit entfernt Hügel mit Weinstöcken und Wäldern, einen Nationalpark und eine ursprüngliche Halbinsel, die 4 km in den See ragt und ihn fast in zwei Hälften teilt. Und dann wären da noch die berühmteste Porzellanmanufaktur Ungarns und Burg Sümeg auf dem Berg.

Außerdem lockt Süd-Transdanubien, wo weiß getünchte Bauernhäuser mit Reetdach eine Landschaft prägen, die sich seit Jahrhunderten nicht verändert hat. In ihrem Zentrum liegt Pécs, eine der reizvollsten Städte Ungarns. Es herrscht ein mediterranes Flair mit Relikten aus der osmanischen Vergangenheit, aber auch vielen herausragenden Museen. Dazu beeindrucken etliche mittelalterliche Burgen, und Weinkeller laden zu Verkostungen ein.

Gut essen
➜ Zsolnay Restaurant (S. 229)
➜ Bistro Sparhelt (S. 208)
➜ Baricska Csárda (S. 208)
➜ Jókai Bisztró (S. 229)
➜ Régi Idők Udvara Skanzen és Étterem (S. 213)
➜ Paletta Keszthely (S. 220)

Schön übernachten
➜ Gombás Kúria Mansion (S. 207)
➜ Kora Panzió (S. 212)
➜ Adele Boutique Hotel (S. 228)
➜ Club Hotel Füred (S. 206)
➜ Bacchus (S. 219)

Reisezeit
Pecs

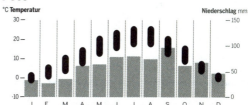

April–Mai Die Orte am Plattensee eröffnen, und in Süd-Transdanubien ist alles voller Blumen.

Juli–Aug. Hochsaison am Plattensee: heiß und schwül, sonnige Tage und laue Nächte garantiert.

Juni & Sept.–Okt. Rund um den See ist es weniger voll, milde Temperaturen – beste Reisezeit.

Highlights

① Tihany (S. 209)
Über die ursprüngliche Halbinsel streifen, einen Blick in die Abteikirche werfen und in einem der idyllischsten Dörfer am See, die Ungarn zu bieten hat, ein selbst gebrautes Bier trinken.

② Balatonfüred (S. 204) In der „Hauptstadt" des Plattensees segeln, stehpaddeln, schwimmen und Rad fahren und sich anschließend in die Restaurants am See und abends in die Bars stürzen.

③ Pécs (S. 220) In dieser quirligen Universitätsstadt die hervorragenden Museen, die Kneipen mit Craft-Bier und die Cafés kennenlernen und dann noch in der berühmten Porzellanfabrik die Keramikarbeiten in

Grün- und Goldtönen bestaunen.

4 Hévíz (S. 219) Einen gemütlichen Ausflug zum größten Thermalsee Europas mit seinem Heilwasser unternehmen.

5 Busójárás (S. 232) Sich die Teufelsmasken beim wilden Mohács-Festival anschauen und das Denkmal betrachten, das Ungarns historischer Niederlage gedenkt.

REGION PLATTENSEE

Balatonfüred

♪ 87 / 13 082 EW.

Balatonfüred ist nicht nur der älteste Ferienort am Nordufer des Plattensees, sondern auch der schickste. In den guten alten Zeiten errichteten die Reichen und Berühmten in den Straßen großzügige Villen – und dieses architektonische Erbe kann bis heute bewundert werden. Und ja, es geht hier wirklich sehr touristisch zu, aber dennoch eignet sich Balatonfüred hervorragend als Standort am Plattensee, denn es verlocken unzählige Unterkünfte und Speiselokale sowie eine von Bäumen gesäumte Uferpromenade, auf der sich nach dem Abendessen alle Welt zum Flanieren trifft. Die Ortschaft kann auch mit dem schicksten Jachthafen am See aufwarten und ist für das Thermalwasser seiner weltberühmten Herzklinik bekannt.

Geschichte

Das Thermalwasser hier ist reich an Kohlensäure und wird schon seit Jahrhunderten zur Heilung von Magenleiden genutzt; weitere Heileffekte wurden erst Ende des 18. Jhs. durch wissenschaftliche Analysen entdeckt. Balatonfüred wurde daraufhin sofort zum Kurort erhoben – mit einem eigenen Chefarzt, der auch hier wohnte.

Das goldene Zeitalter Balatonfüreds war das 19. Jh., genau gesagt die erste Hälfte, als bedeutende Persönlichkeiten aus Politik und Kultur der Reformepoche (etwa 1825–1848) sich hier im Sommer ein Stelldichein gaben. Und István Széchenyi erkor Balatonfüred, um 1846 hier das erste Dampfschiff am Plattensee, die *Kisfaludy,* vom Stapel zu lassen.

Um 1900 galt Balatonfüred als überaus beliebter Ferienort der immer wohlhabenderen Mittelschicht, die der Hitze in Budapest entkommen wollte. Die Gattinnen etablierten sich den ganzen Sommer über mit ihren Kindern in Balatonfüred, während ihre Ehemänner nur am Wochenende in Budapest in den sogenannten „Stierzug" stiegen. Es ist ein Zeichen der Zeit, dass der Ort in den letzten paar Jahren Modernisierungsmaßnahmen in Angriff genommen hat.

⊙ Sehenswertes

Tagore Sétány PROMENADE
(Seepromenade; Karte S. 205) Die gesamte Stadt scheint den ganzen Tag auf der begrünten Promenade am Seeufer zu flanieren. Hier sind sogar mehrere Statuen zu finden, beispielsweise eine Büste des Dichters und Literatur-Nobelpreisträgers Rabindranath Tagore vor einem Zitronenbaum, den er 1926 eigenhändig pflanzte, um seine Genesung nach einer Behandlung hier zu würdigen. Schräg gegenüber ist ein eher verstörendes Denkmal zu entdecken: eine Hand, die aus dem Wasser ragt; sie erinnert an die Menschen, die ertranken, als die *Pajtás* 1954 hier unterging.

Gyógy tér PLATZ
(Kurplatz; Karte S. 205) An diesem begrünten Platz liegt das Staatliche Krankenhaus für Kardiologie. In der Mitte befindet sich das **Kossuth-Brunnenhaus** (1853), eine natürliche Quelle, aus der ein leicht schwefelhaltiges, aber trinkbares Thermalwasser sprudelt. Wen der Geruch des leicht gelblichen Wassers nicht stört, der kann sich zu den Einheimischen gesellen, die hier Schlange stehen, um ihre Wasserflaschen aufzufüllen.

Jókai-Gedenkmuseum MUSEUM
(Jókai emlékmúzeum; Karte S. 205; ♪ 87-950 876; www.furedkult.hu; Honvéd utca 1; Erw./erm. 1300/650 Ft; ⊙ Di–So 10–17 Uhr) Das Jókai-Gedenkmuseum befindet sich in der Sommervilla des produktiven Schriftstellers Mór Jókai, gleich nördlich der Vitorlás tér. Jókai verfasste viele seiner 200 Romane hier in seinem Arbeitszimmer unter dem gestrengen Blick seiner Frau, der Schauspielerin Róza Laborfalvi. Das Museum zeigt Erinnerungsstücke der Familie sowie Möbel aus dieser Epoche. Beschriftet sind die Objekte auf Ungarisch; am besten lässt man sich deshalb am Eingang einen laminierten Führer auf Deutsch oder Englisch geben.

Rundkirche KIRCHE
(Kerek templom; Karte S. 205; ♪ 87-343 029; Blaha Lujza utca 1; ⊙ nur während der Messe) GRATIS
Die winzige neoklassizistische Rundkirche zeigt sich vom Pantheon in Rom inspiriert und wurde 1846 vollendet. Die *Kreuzigung* (1891) von János Vaszary beeindruckt über dem Altar an der Westwand – aber das war es dann auch schon an sehenswerten Objekten im Kirchenraum.

Balaton-Pantheon MONUMENT
(Karte S. 205; Gyógy tér) Das Balaton-Pantheon zeigt Gedenkplaketten all jener Leute, die sich im berühmten Krankenhaus einer Kurbehandlung unterzogen haben; der bengalische Dichter Rabindranath Tagore war einer von ihnen.

Balatonfüred

◉ Sehenswertes
1. Balaton-Pantheon D1
2. Gyógy tér D1
3. Jókai-Gedenkmuseum C2
4. Rundkirche C2
5. Staatl. Krankenhaus f. Kardiologie D1
6. Tagore Sétány D2
7. Vaszary-Villa C2

⊕ Aktivitäten, Kurse & Touren
8. Balaton Shipping Co Pleasure Boats D3
9. Surf Pro Center B3

🛏 Schlafen
10. Aqua Haz B2

✕ Essen
11. Arany Csillag Pizzéria C1
12. Balaton D2
13. Cafe Bergman C1
14. Kedves Cukrászda D2
15. Nem Kacsa C2
16. Vitorlás C2

◉ Ausgehen & Nachtleben
17. Karolina C3
18. Kredenc Borbisztró D2
19. Vivamus Borharapó D1

**Staatliches Krankenhaus
für Kardiologie** HISTORISCHES GEBÄUDE
(Állami Szívkórház; Karte s. oben; Gyógy tér 2) Das berühmte Staatliche Krankenhaus für Kardiologie und die Thermalquellen waren dafür verantwortlich, dass Balatonfüred von sich reden machte.

Vaszary-Villa GALERIE
(Karte s. oben; ☎87-950 876; www.vaszaryvilla.hu; Honvéd utca 2-4; Erw./Kind 1800/900 Ft; ⊙ Di–So 10–18 Uhr) Diese wunderschön restaurierte Villa (1892), einst die Residenz der Vaszarys, präsentiert einige Werke des bekanntesten Mitglieds dieser Familie, des Malers János Vaszary, aber auch eine herrliche Sammlung von Kunst und Kunsthandwerk aus dem 18. Jh.

Lóczy-Höhle HÖHLE
(Lóczy-barlang; Öreghegyi utca; Erw./3–14 Jahre 500/300 Ft; ⊙ Mitte April–Sept. Di–So 10–18 Uhr) Etwa 40 m dieser Höhle sind öffentlich zugänglich; die Hauptattraktion innen sind die dicken Schichten von Kalkstein. Die Höhle liegt nördlich des Zentrums der Alt-

stadt. Hier hat es das ganze Jahr über frische 12 °C - es empfiehlt sich also, etwas Warmes zum Anziehen einzustecken.

Aktivitäten

Der 210 km lange Balaton-Radweg führt durch Balatonfüred; es macht Spaß, einen Tag damit zu verbringen, das Städtchen am Wasser mit dem Fahrrad zu erkunden. Bedenken sollte man allerdings, dass es jenseits des Ufers immer bergauf geht. Fahrräder können bei **Eco Bike** am westlichen Ende der Promenade gemietet werden (✆ 06 20 924 4995, 06 70 264 2299; www.greenspark.hu; Széchenyi utca 8; pro ½/1/2 Tage ab 1900/2755/5655 Ft; ⊙ 9–20 Uhr).

Kisfaludy-Strand
STRAND

(www.balatonfuredistrandok.hu; Aranyhíd sétány; Erw./Kind 600/400 Ft; ⊙ Mitte Juni–Mitte Aug. 8.30–19 Uhr; Mitte Mai–Mitte Juni & Mitte Aug.–Mitte Sept. 8–18 Uhr) Von den drei öffentlichen Stränden in Balatonfüred ist dieser relativ sandig und am schönsten. Am Anfang befindet sich eine relativ zahme Zipline. Der Strand liegt östlich der Tagore sétány (S. 204), 800 m nordöstlich vom Pier am Fußweg.

Surf Pro Center
WASSERSPORT

(Karte S. 205; ✆ 06 30 936 6969; www.surfpro.hu; Széchenyi utca 10; ⊙ April–Okt. 9–18 Uhr) Hier kann man Windsurf-Ausrüstung (1 Std./3 Std. 3500/8000 Ft), Stehpaddelbretter (1 Std./Tag 2000/15 000 Ft) und Kajaks (1 Std./Tag 1000/10 000 Ft) ausleihen. Auch Unterricht im Windsurfen (5000 Ft pro Std.) wird angeboten.

Balaton Shipping Co Pleasure Boats
SCHIFFSAUSFLUG

(Karte S. 205; ✆ 87-342 230; www.balatonihajozas.hu; Mole; Erw./erm. 1800/800 Ft) Von Ende April bis Anfang Oktober fahren mehrmals täglich an der zentralen Mole Ausflugsschiffe ab; auch Schifffahrten bei Sonnenuntergang stehen auf dem Programm (Erw./ermäßigt 2000/1100 Ft).

Feste & Events

Annenball
TANZ

(www.annabal.hu; Anna Grand Hotel; ⊙ 26 Juli) Der alljährlich stattfindende Annenball ist schon seit 1825 ein Topevent im ungarischen Veranstaltungskalender. Auch wer selbst nicht am Ball teilnimmt, sollte sich unters Volk mischen und die wunderschön gekleideten Gäste bestaunen; am darauf folgenden Tag fährt dann die Ballkönigin in einer prachtvollen Pferdekutsche durch die Stadt. In den Tagen um den Ball herum finden auch Konzerte statt.

Schlafen

Füred Camping
CAMPINGPLATZ €

(✆ 87-580 241; http://balatontourist.hu; Széchenyi utca 24; Stellplatz pro Erw./Kind/Zelt 1900/1200/4800 Ft, Bungalows/Caravans ab 21 000/29 500 Ft; ⊙ Mitte April–Anfang Okt.; ▣) Dieser Campingplatz zählt zu den größten am See - bis zu 3500 Personen können hier wohnen. Neben Stellplätzen, auf denen man sein Zelt aufschlägt, sind auch Bungalows (für bis zu 4 Pers.) und Wohnmobile zu mieten. Der Platz liegt direkt am See und bietet einen hübschen Pool mit einer Wasserrutsche für die Kids. Die Sanitäreinrichtungen sind alt.

Aqua Haz
PENSION €€

(Karte S. 205; ✆ 87-342 813; www.aquahaz.hu; Garay utca 2; EZ/DZ/3BZ 9350/11 000/15 500 Ft; ▣ 🛜) Die senfgelbe zweistöckige Pension ist ein Familienbetrieb; die Lage ist praktisch zwischen dem See und dem Bahnhof und Busbahnhof. Hier ist dem Personal keine Anstrengung zu groß, damit die Gäste sich wie zu Hause fühlen. Die meisten Zimmer haben Balkon. Es stehen kostenlose Fahrräder zur Verfügung, um in der Stadt herumzukurven. Das Frühstück ist hervorragend.

Andrea
PENSION €€

(✆ 06 30 468 8824; www.facebook.com/Andrea pansio; Petőfi Sándor utca 44; Zi. 50 €; ▣ 🛜 ▣) Das ansprechende senffarbene Haus befindet sich gleich bei der Hauptstraße, ist aber dennoch weit genug von ihr entfernt, dass die Gäste sich durch den Verkehrslärm nicht gestört fühlen. Die 17 Zimmer sind tipptopp und haben einen luftigen Balkon. Den Gästen steht auch ein kleiner Pool zur Verfügung. Die Mitarbeiter sind nett, und der Plattensee lässt sich in zehn Minuten zu Fuß erreichen. Der nächste Bahnhof ist Balatonarács.

★ Club Hotel Füred
RESORT €€€

(✆ 06 70 458 1242, 87-341 511; www.clubhotelfured.hu; Anna sétány 1-3; Zi./Suite ab 22 100/60 000 Ft; ▣ 🛜 ▣) Dieses Resorthotel ist wirklich eine Wucht. Es liegt direkt am See, etwa 1,5 km vom Ortszentrum entfernt, und bietet 43 Zimmer und Suiten in mehreren Gebäuden, die sich in einer über 2,5 ha großen Parklandschaft mit üppigen Gärten verteilen. Das Kurzentrum mit Sauna, Dampfraum und Pool ist hervorragend, aber so richtig toll ist der Privatstrand am Ende des Gartens. Der Service ist vom Feinsten.

★ Gombás Kúria Mansion B&B €€€
(✆ 87-340 080; www.gombaskuria.hu; Arácsi út 94; Zi. 57–75 €, Apt. 80–161 €; P ❄ ☼ ☀) Das wunderschöne Anwesen aus dem 18. Jh. in den Ausläufern des Thomas-Bergs verfügt über ein Kellergewölbe, ein Planschbecken für Kinder, eine Terrasse mit Grill und über Sonnenliegen im beschaulichen Garten. Gabor, der Inhaber, ist total hilfsbereit, die Zimmer sind geräumig, und die Apartments sind eine gute Sache für Familien – und das alles liegt 15 bis 20 Minuten zu Fuß vom See entfernt.

Essen

Jede Menge Restaurant-Bars säumen die Uferpromenade; die meisten davon sind prima, um ein Bier oder ein Glas Wein aus der Region zu trinken. Das Essen ist allerdings eher eintönig und meist nur mittelmäßig, wobei der angebotene Fisch im Allgemeinen aber frisch aus dem See kommt. Hervorragende ungarische Gerichte – und Wein! – werden jedoch in den Weingütern östlich der Stadt aufgetischt – ein Weg, der sich lohnt!

Café Bergman DESSERTS €
(Karte S. 205; ✆ 87-341 087; Zsigmond utca 3; ⊙ 10–19.30 Uhr) Am besten beachtet man die Eisstände am See gar nicht groß, sondern geht ein Stück bergauf zu diesem eleganten Café mit dem besten Eis in ganz Balatonfüred – hier gibt es auch das bei den Einheimischen so beliebte Mohneis. Das Café in einer ruhigen Straße ist ein Hort der Entspannung fern der Menschenmassen und kann mit einer schönen Terrasse im Schatten von Bäumen aufwarten. Aufgetischt wird hier aber auch eine erlesene Auswahl an Kuchen und Sandwiches.

Kedves Cukrászda CAFÉ €
(Karte S. 205; ✆ 06 20 471 2073; www.facebook. com/KedvesCukraszda; Blaha Lujza utca 7; Kuchen ab 280 Ft; ⊙ So–Do 9–19, Fr & Sa bis 20 Uhr) Am besten mischt man sich einfach unter die Fans von Lujza Blaha und genehmigt sich Kaffee und Kuchen in diesem Café, in dem die berühmte Schauspielerin stundenlang die Zeit vertrödelte, wenn sie sich nicht in ihrem Anwesen auf der anderen Straßenseite aufhielt. Das Café ist auch wegen seiner Lage fern vom Trubel nett.

★ Nem Kacsa UNGARISCH €€
(Karte S. 205; ✆ 06 70 364 7800; www.facebook. com/nemkacsaetterem; Zákonyi Ferenc utca; Hauptgerichte ab 3300 Ft; ⊙ Mi–So 12–23 Uhr) Die Gourmetkreationen des Küchenchefs Lajos Takács heben sich von den größtenteils mäßigen Angeboten in Balatonfüred wahrhaftig ab. Aus der Küche kommen allein schon optisch wunderschöne Gerichte, hergestellt aus frischen Zutaten, die von dem Bauernhof stammen, den sich der Küchenchef mit dem Koch des Bistros Sparhelt teilt. Die Gerichte mit Ente sind hervorragend, aber man kann auch bei den anderen Fleischspeisen oder der selbst gemachten Pasta kaum einen Fehlgriff tun. Der Blick auf den Jachthafen und die Weine aus der Region runden alles ab.

Vitorlás UNGARISCH €€
(Karte S. 205; ✆ 06 30 546 0940; www.vitorlaset terem.hu; Tagore sétány 1; Hauptgerichte 2300–3900 Ft; ⊙ 9–24 Uhr) Diese riesige Holzvilla liegt direkt am Rand des Sees am Fuß des städtischen Piers. Das Lokal ist eine prima Adresse, um von der Terrasse aus zu beobachten, wie die Jachten im Hafen ein- und auslaufen, und sich dabei die ungarische Küche schmecken zu lassen und an einem Glas Wein aus der Region zu nippen. Ein Fischgericht ist hier ein absolutes Muss; besonders empfehlenswert ist der pikante Welseintopf.

Balaton UNGARISCH €€
(Karte S. 205; ✆ 87-481 319; www.balatonetterem. hu; Kisfaludy utca 5; Hauptgerichte 2190–6400 Ft; ⊙ 11–23 Uhr) Diese kühle Oase im Grünen inmitten des hektischen Treibens liegt etwas zurückversetzt vom See in einem schattigen Parkareal. Serviert werden üppige Portionen kulinarischer Köstlichkeiten aus Ungarn wie Welssuppe sowie mit Camembert und Pflaumen gefüllter Truthahn. Die Auswahl an Fisch ist enorm groß.

Arany Csillag Pizzéria PIZZA €€
(Karte S. 205; ✆ 87-482 116; www.aranycsillag pizzeria.hu; Zsigmond utca 1; Hauptgerichte 1320–2880 Ft; ⊙ So–Do 12–23, Fr & Sa bis 24 Uhr; ✆) Das gesellige Pizza- und Pastalokal abseits der schicken Uferpromenade steht auch bei den Einheimischen hoch im Kurs – und es lockt die unterschiedlichsten Gäste aller Altersgruppen an. Im Sommer wird es auf der kleinen, schattigen Terrasse schnell voll; es empfiehlt sich deshalb, frühzeitig zu kommen – das heißt so gegen 18 Uhr – oder einen Tisch zu reservieren.

★ Baricska Csárda UNGARISCH €€€
(☏ 87-950 738; www.baricska.hu; Baricska dűlő; Hauptgerichte 3100–4900 Ft; ⊙ Do–So 12–22 Uhr) Wer in Balatonfüred nur einmal zum Essen geht, sollte das hier tun – unter den mit Wein überwucherten Spalieren in den Weingärten. Besonders am Abend ist das Ambiente hier zauberhaft, und die Gerichte – Wels-Paprikasch und Nudeln mit Hüttenkäse als Beilage, geräucherte Entenbrust mit Rotkohl, aber auch andere klassische Gerichte aus Ungarn – werden optisch wunderschön angerichtet. Auf der Getränkekarte stehen Unmengen von Weinen aus der Region.

★ Bistro Sparhelt BISTRO €€€
(☏ 06 70 639 9944; http://bistrosparhelt.hu; Szent István tér 7; Hauptgerichte 2790–6390 Ft; ⊙ Mi–So 12–22 Uhr) Es lohnt sich, vom See landeinwärts in Richtung Rathaus zu bummeln, um diese gastronomische Rarität zu besuchen. Küchenchef Balázs Elek steht einem schicken, minimalistischen Restaurant mit einer knappen, monatlich wechselnden Speisekarte vor. Die Gerichte richten sich nach den Zutaten, die gerade frisch auf dem Markt erhältlich sind. Jedenfalls kann man sich auf Leckereien einstellen wie Osso Bucco mit Kartoffelpüree mit Trüffeln, Languste mit selbst gemachten Nudeln oder Wild mit Knödeln. Echt lecker!

Ausgehen & Nachtleben

Kredenc Borbisztró WEINBAR
(Karte S. 205; ☏ 06 20 518 9960; www.kredencbor bisztro.hu; Blaha Lujza utca 7; ⊙ Mo–Mi 12–22, Sa & So 10–24 Uhr) Diese kombinierte Weinbar mit Bistro – ein Familienbetrieb – ist ein Hort der Ruhe in der Nähe des Sees. Auf der Speisekarte stehen jede Menge Weine aus der Region, und der Inhaber ist oft vor Ort, um mit viel Einfühlungsvermögen den besten Tropfen für den jeweiligen Gaumen des Gastes zu empfehlen. In der Weinbar werden sämtliche ausgeschenkte Weine auch in Flaschen zum Mitnehmen verkauft, dazu gibt es eine umfangreiche Auswahl an edlen Tropfen aus der Region. Am Wochenende legen DJs auf.

Vivamus Borharapó WEINBAR
(Weinbar im Anna Grand Hotel; Karte S. 205; ☏ 87-580 200; Gyógy tér 1; ⊙ 11–22 Uhr) In diesem stimmungsvollen Gewölbe unter dem Anna Grand Hotel wird eine hervorragende Auswahl an Weinen aus der Region angeboten – und dazu mundet eine Wurst- und Käseplatte.

Karolina CAFÉ
(Karte S. 205; ☏ 87-583 098; www.karolina.hu; Zákonyi Ferenc utca 4; ⊙ 9–23 Uhr) Das Karolina ist eine der beliebtesten Locations in Balatonfüred, um etwas zu trinken oder einen Happen zu essen (Gerichte 1200–3100 Ft). In der schicken Cafébar wird am Wochenende ab 20 Uhr Livemusik gespielt. In den Räumlichkeiten, die mit Jugendstildekor ausgestattet sind und mit subtiler Beleuchtung, herrscht eine irgendwie dekadente Atmosphäre, aber die Terrasse mit den Sofas könnte entspannter nicht sein.

❶ Praktische Informationen

Tourinform (Karte S. 205; ☏ 87-580 480; www.balatonfured.info.hu; Blaha Lujza utca 5; ⊙ Mo–Sa 9–19, So 10–16 Uhr) ist die Haupttouristeninformation der Stadt. Nützliche Websites sind www.balatonfured.hu und www.welovebalaton.hu.

❶ An- & Weiterreise

BUS
Busse fahren am Busbahnhof von Balatonfüred (Karte S. 205) ab. Manche Linien verkehren im Sommer häufiger.

SCHIFF
Von April bis Juni und von September bis Ende Oktober verkehren mindestens vier Fähren am Tag der **Balaton Shipping Co** (Balatoni Hajózási Rt; ☏ 84-310 050; www.balatonihajozas.hu; Krúdy sétány 2, Siófok) von Balatonfüred nach Siófok und Tihany (Erw./ermäßigt 1300/650 Ft). Bis zu sieben Fähren steuern diese Häfen von Juli bis August an.

ZUG
Es verkehren Züge von Balatonfüred nach Budapest (2520 Ft, 2½ Std., 132 km, 3-mal tgl.).

BUSSE AB BALATONFÜRED

REISEZIEL	FAHRPREIS	FAHRZEIT	KM	HÄUFIGKEIT
Budapest	2520 Ft	2–3 Std.	136	5- bis 8-mal tgl.
Keszthely	1300 Ft	1–1½ Std.	67	3-mal tgl.
Tihany	310 Ft	30 Min.	14	mindestens 15-mal tgl.

ℹ️ Unterwegs vor Ort

Balatonfüred ist relativ klein, sodass man überall gut zu Fuß hinkommt. Der Vitorlás tér und der See lassen sich vom Bahnhof bzw. Busbahnhof aber auch mit den Bussen 1, 1/a und 2 erreichen; der Bus 1 fährt weiter zum Campingplatz Füred (S. 206). Ein einheimisches Taxiunternehmen bietet seine Dienste an (📞 06 20 954 9373).

Tihany

📞 87 / 1383 EW.

Der historisch bedeutendste Ort am Plattensee ist Tihany, eine Halbinsel, die einige Kilometer in den See hineinragt. Das Dorf Tihany liegt auf einem 80 m hohen Plateau am Ostufer der Halbinsel und beherbergt die renommierte Abteikirche, die in der Hochsaison im Sommer so viele Besucher anzieht, dass man kaum Luft bekommt. Die Besichtigung der Kirche lohnt sich dennoch, aber anschließend ist es besser, den Menschenmassen zu entfliehen und einen Streifzug durch das winzige Dorf mit seinen strohgedeckten Häusern zu unternehmen.

Die Halbinsel ist ein Naturschutzgebiet mit Hügeln und sumpfigen Wiesen, das ein Gefühl von Abgeschiedenheit, ja fast von Wildnis vermittelt. Zwei natürliche Becken im Binnenland werden durch Regen und vom Grundwasser gespeist: Der Innere See (Belső-tó) liegt fast in der Mitte der Halbinsel und ist vom Dorf aus zu sehen; der Äußere See (Külső-tó) im Nordwesten ist fast völlig ausgetrocknet und besteht aus einem Gewirr von Unkraut. Beide Becken locken beachtlich viele Vögel an.

Geschichte

Es gab in dieser Gegend bereits eine römische Siedlung, doch zum ersten Mal machte Tihany 1055 von sich reden, als König Andreas I. (Reg. 1046–1060), ein Sohn von König Stephans Erzfeind Vászoly, hier ein Benediktinerkloster gründete. Das Dokument, das die Gründung der Abteikirche Tihany bezeugt, befindet sich heute in der Erzabtei Pannonhalma; es ist eines der ältesten Dokumente mit ungarischen Wörtern – der überwiegend lateinische Text enthält an die 50 Ortsnamen. Somit handelt es sich um einen sprachwissenschaftlichen Schatz in einem Land, das bis zum 19. Jh. die Mundart in geschriebener Form unterband – und zwar vor allem in Schulen – zugunsten der „kultivierteren" lateinischen und deutschen Sprache.

Im Jahr 1267 wurde um die Kirche eine Festung errichtet, der es zu verdanken war, dass man sich die Türken, als sie 300 Jahre später hier ankamen, vom Leibe halten konnte. Doch die Burg wurde 1702 von den Streitkräften der Habsburger zerstört und somit sind heute nur noch Ruinen zu sehen.

🅞 Sehenswertes

★ Benediktiner Abteikirche   KIRCHE

(Bencés Apátság Templom; Karte S. 210; 📞 87-538 200; http://tihany.osb.hu; András tér 1; Erw./erm. inkl. Museum 1000/700 Ft; ⊙ April–Sept. 9–18 Uhr, Okt. 10–17 Uhr, Nov.–März 10–16 Uhr) Die 1754 an der Stelle, wo zuvor die König Andreas-Kirche stand, errichtete ockerfarbene Abteikirche mit Doppeltürmen prägt das Dorf Tihany. Unbedingt besichtigenswert sind die herrlichen Altäre, die Kanzeln und Lettner, die von 1753 bis 1779 von dem österreichischen Laienbruder Sebastian Stuhlhof geschnitzt wurden – jedes für sich ein Meisterwerk des Spätbarocks. Die sterblichen Überreste von König Andreas I. ruhen in einem Kalksteinsarkophag in der romanischen Krypta. Das gedrehte, schwertartige Kreuz auf dem Sarkophagdeckel ähnelt dem der ungarischen Könige aus dem 11. Jh.

Beim Betreten des Hauptkirchenschiffs lohnt ein Blick zum prunkvollen Hauptaltar und zum Thron des Abts und dann rechts zum Seitenaltar, der der Jungfrau Maria geweiht ist. Der große Engel, der auf der rechten Seite kniet, soll die Verlobte von Stuhlhof darstellen, die Tochter eines Fischers, die jung verstarb. Auf dem Altar des Heiligen Herzens auf der anderen Seite des Ganges füttert ein Pelikan (ein Symbol Christi) sein Junges (den Gläubigen) mit seinem Blut. Die Figuren oben auf der Kanzel daneben sind die vier Gelehrten der römisch-katholischen Kirche: der heilige Ambrosius, der heilige Gregorius, der heilige Hieronymus und der heilige Augustinus. Die nächsten beiden Altäre auf der rechten und linken Seite sind Benedikt und seiner Zwillingsschwester Scholastika geweiht; das letzte Duo, ein Taufbecken und der Lourdes-Altar, datieren aus den Jahren 1896 bzw. 1900.

Stuhlhof schnitzte auch das herrliche Chorgitter über der Vorhalle und die Orgel samt den vielen Cherubim. Die Deckenfresken stammen von Bertalan Székely, Lajos Deák-Ébner und Károly Lotz; sie entstanden, als die Kirche 1889 restauriert wurde.

Im Eintrittspreis inbegriffen ist der Besuch des Museums der Benediktinerabtei.

Tihany

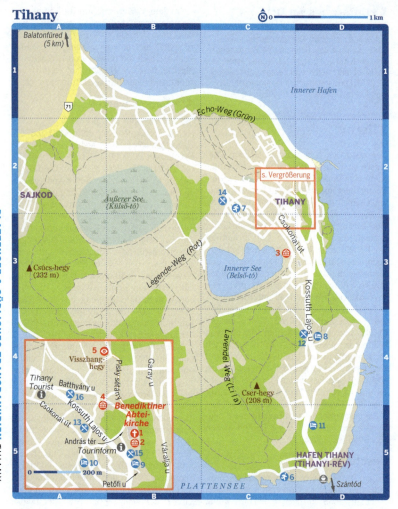

Museum der Benediktinerabtei   MUSEUM
(Bencés Ápátsági Múzeum; Karte s. oben; András tér 1; Erw./erm. inkl. Abteikirche 1000/700 Ft; April–Sept. 9–18 Uhr, Okt. 10–17 Uhr, Nov.–März 10–15 Uhr) Der Weg ins Museum neben der Abteikirche im ehemaligen Benediktinerkloster führt durch die Krypta der Kirche. Zu bestaunen sind hier Exponate mit Bezug zum Plattensee, liturgische Gewänder, religiöse Artefakte, eine Handvoll Manuskripte und eine Geschichte von König Andreas. Ein eigener Raum widmet sich den ansprechenden pastoralen Skizzen des zeitgenössischen Künstlers Dudás Jenő und im Souvenirladen gibt es schließlich vier Sorten Bier zu kaufen, die in der Brauerei der Abtei gebraut wurden.

Lavendel-Haus   GALERIE
(Levendula Ház; Karte s. oben; 87-538 033; www.levendulahaz.eu/; Tihany Major utca 67; Erw./erm./3–14 Jahre 1000/800/500 Ft; Juni–Aug. 9–19 Uhr, Mai 9–17 Uhr, Sept. 10–17 Uhr, Okt, März & April bis 16 Uhr, Nov.–Feb. Sa & So) Das hervorragende Besucherzentrum am Ufer eines kleinen Sees gibt eine Einführung in die Geschichte und zur Bevölkerung auf der Halbinsel Tihany – von den spannenden vul-

Tihany

Highlights
1 Benediktiner Abteikirche B5

Sehenswertes
2 Benediktiner Abteimuseum B5
3 Lavendel-Haus C3
4 Ethnologisches Freilichtmuseum A5
5 Visszhang-hegy A4

Aktivitäten, Kurse & Touren
6 Sail & Surf C5
7 Tihany Lovasudvar C2

Schlafen
8 Adler Hotel D4
9 Centrum Vendégház B5
10 Kántás Panzió A5
11 Kora Panzió D5

Essen
12 Ferenc Pince D4
13 Levendula A5
14 Miska Pince Csárda C2
15 Rege Cukrászda B5
16 Régi Idők Udvara Skanzen és Étterem A4

kanischen Ursprüngen bis hin zur heutigen Lavendelproduktion. Für die Kinder sind allerlei Exponate zum Ausprobieren vorhanden, außerdem gibt es einen Irrgarten und einen Steg mit Aussicht auf den See.

Visszhang-hegy HÜGEL
(Echo-Hügel; Karte S. 210; Pisky sétány) Der Visszhang-hegy befindet sich am Ende der Uferpromenade. Bis zu 15 Silben, die man in Richtung Abteikirche ruft, hallten früher als Echo zurück, doch heute bekommt man mit etwas Glück gerade einmal noch drei Silben zu hören – was den Gebäuden in der Umgebung und vielleicht auch dem Klimawandel geschuldet ist. Vom Visszhang-hegy führt ein Weg über die Garay utca und die Váralja utca zum Inneren Hafen und einem kleinen Strand hinunter oder weiter zu den Wanderwegen, die hier vorbeiführen.

Ethnologisches Freilichtmuseum MUSEUM
(Szabadtéri Néprajzi Múzeum; Karte S. 210; Pisky sétány 9; Erw./erm. 600/400 Ft; ⊙ Mai–Sept. 10–18 Uhr) Die Bauernhäuser mit dicken Reetdächern wurden zu einem kleinen Freilichtmuseum umgestaltet.

 Aktivitäten

Tihany ist ein beliebtes Erholungsgebiet mit Stränden am West- und Ostufer und einem großen Resortkomplex an der Südspitze; hier werden Ausrüstungen zum Windsurfen und Stehpaddeln vermietet. Über die Halbinsel verlaufen im Zickzack ausgewiesene Radwege – und somit macht es Spaß, die Umgebung mit dem Stahlross zu erkunden.

★ Sail & Surf WASSERSPORT
(Karte S. 210; ☏ 06 30 227 8927; www.wind99.com; Rév utca 3, Club Tihany; Surfbrett-/Stehpaddelbrettverleih pro Std. 11/10 €, Unterricht im Windsurfen pro Std. 31 €; ⊙ Mai–Mitte Okt. 8–18 Uhr) Das hervorragende Segel- und Windsurfzentrum bietet Privatunterricht im Windsurfen an und verleiht außerdem Bretter zum Stehpaddeln und Windsurfen; die Ausrüstung ist in einem Topzustand. Die Mitarbeiter sprechen gut Deutsch.

Lavendel-Weg WANDERN
(Lila Weg) Der längste der drei Wanderwege auf Tihany führt von der Hauptstraße zuerst am Seeufer des Belső-tó entlang und schlängelt sich dann in Richtung Nordwesten durch die Felder zum See Külső-tó. Es lohnt sich, einen kleinen Abstecher auf den 232 m hohen Csúcs-hegy (Csúcs-Hügel) hinauf zu machen, um von hier den herrlichen Panoramablick auf den Plattensee zu genießen. Weiter nördlich erreicht der Weg dann wieder die Hauptstraße, die zurück nach Tihany führt.

Legende-Weg WANDERN
(Roter Weg) Der zweitlängste der drei Rundwanderwege, die im Dorf Tihany beginnen, ist der Rote Weg; er beginnt an der Kirche und schlängelt sich zum Landesteg der Fähren hinunter, bevor er das Ufer hinauf und wieder zurück ins Dorf führt.

Echo-Weg WANDERN
(Grüner Weg) Wandern zählt zu den Hauptattraktionen auf Tihany. Dies ist nun der kürzeste der drei Wanderrundwege mit Farbkodierung, der nur das Dorf umfasst. Man folgt zunächst eine Stunde lang dem Grünen Weg, nordöstlich vom Dorfzentrum, bis zum Russischen Brunnen (Oroszkút) und den Ruinen der Alten Burg (Óvár) auf 219 m Höhe, wo russisch-orthodoxe Mönche, die Andreas I. nach Tihany holte, Zellen in den weichen Basaltstein schlugen.

Der 232 m hohe Csúcs-hegy (Csúcs-Hügel) mit Panoramablick auf den Plattensee liegt etwa zwei Stunden westlich der Kirche und lässt sich über den Roten Weg erreichen. Von hier nimmt man den Gelben Weg, der in Tihanyi-rév beginnt; er führt gen Norden zu den Ruinen der Apáti-Kirche (Ápáti templom) aus dem 13. Jh. und zur Rte 71. An der Kirche besteht die Möglichkeit, auf dem Gelben Weg nach Süden weiterzuwandern, bis er den Blauen Weg in der Nähe des Aranyház kreuzt, mehreren Kegelgeysiren, die durch Thermalwasserquellen ausgeprägt wurden und (ein bisschen) an ein „goldenes Pferd" erinnern. Von hier über den Blauen Weg gen Norden zum Inneren See und wieder zurück zum Dorfzentrum.

Tihany Lovasudvar REITEN
(Karte S. 210; 06 20 231 3431; Kiserdőtelepi utca 10; 3-stündiger Ausritt 6000 Ft; April–Okt. 8–19.30 Uhr) Beim Tihany Lovasudvar, gleich nördlich vom Inneren See, können Pferde ausgeliehen werden.

Schlafen

Unterkünfte sind in Tihany eher Mangelware und können im Sommer ganz schön ins Geld gehen. Damit ist allerdings auch klar, dass es hier netter ist zum Logieren als im nahen Balatonfüred. Viele Hotels sind von Mitte Oktober oder November bis März oder April geschlossen. Ein Privatzimmer (ab 10 000 Ft) vermittelt Tihany Tourist (S. 213) oder Tourinform (S. 213) – oder man schaut einfach, ob irgendwo ein Schild hängt, auf dem *Zimmer frei* steht.

Centrum Vendégház GÄSTEHAUS €€
(Karte S. 210; 06 30 997 8271; www.centrum vendeghaz.hu; Petőfi utca 13; DZ 13 500–15 000 Ft; 3BZ/Apt. 18 000/21 000 Ft;) Dieses Gästehaus – ein Familienbetrieb – bietet einfache, aber geschmackvoll eingerichtete Zimmer mit gebohnerten Holzböden in Häusern mit Reetdach, die alle nur einen Katzensprung von den Hauptsehenswürdigkeiten entfernt liegen.

Kántás Panzió GÄSTEHAUS €€
(Karte S. 210; 87-448 072; www.kantas-panzio tihany.hu; Csokonai út 49; Zi. 46–52 €;) Das Kántás ist ein Beispiel für eine preiswertere Unterkunft in Tihany; das Gästehaus ist klein und gemütlich mit netten Dachzimmern – die teureren haben Balkon – über dem Restaurant. Und die Aussicht über den Inneren See gibt es noch dazu.

★**Kora Panzió** B&B €€€
(Karte S. 210; 06 20 944 3982; www.tihanykora. hu; Halász utca 56; Zi. 60–80 €;) Das reizende B&B, das in Blumen schier ertrinkt, liegt nur fünf Minuten zu Fuß vom Ufer entfernt gleich bei der Straße, die zum Dorf Tihany führt. Die Zimmer sind tadellos, ruhig und gemütlich. Im kleinen Pool kann man im Sommer der Hitze ein Schnippchen schlagen, und der Inhaber sind total nett. Die Mitarbeiter sprechen gut Deutsch, und eine Landkarte von Tihany bekommen die Gäste noch dazu.

Adler Hotel BOUTIQUEHOTEL €€€
(Karte S. 210; 87-538 000; www.adler-tihany.hu; Felsőkopaszhegyi utca 1/a; Zi. 65–72 €, Apt. 115 €;) Geboten werden große, weiß gestrichene Zimmer; die teureren haben einen Balkon. Die Apartments mit zwei Schlafzimmern sind für Familien praktisch, und an Annehmlichkeiten verlocken ein Whirlpool, eine Sauna und ein Restaurant (auf Wunsch Halbpension buchbar).

Essen

Wie die Hotels, so schließen auch die meisten Restaurants von Mitte Oktober oder November bis März oder April. Der Großteil der Restaurants hat sich auf Touristen eingestellt, wobei die Qualität des Essens jedoch unterschiedlich ausfällt. Aber damit steht fest, dass es auch einige richtig gute Lokale gibt.

★**Levendula** EIS €
(Karte S. 210; Kossuth Lajos utca 31; Kugel 350 Ft; Mo-Fr 11–18, Sa & So bis 19 Uhr) Der Ruhm des „Lavendel" breitet sich rasant aus; in Budapest gibt es bereits vier Filialen. Jedenfalls kann man sich hier auf so interessante Geschmacksrichtungen wie Lavendel und Bitterschokolade, Roquefort, Lebkuchen, Champagner, Rose und vieles mehr einstellen. Milch- und glutenfreies Eis stehen hier ebenfalls zur Auswahl.

Rege Cukrászda CAFÉ €
(Karte S. 210; 06 30 901 2077; www.regecukrás zda.hu; Kossuth Lajos utca 22; Kuchen ab 400 Ft; Di–So 10–20 Uhr) Das Café von einem erhöhten Aussichtspunkt in der Nähe des Museums der Benediktinerabtei kann mit einem unschlagbaren Blick auf den Plattensee aufwarten. An einem sonnigen Tag kann man sich nichts Schöneres vorstellen, als bei Kaffee und Kuchen den Blick auf den schillernden See zu genießen.

★Régi Idők Udvara Skanzen és Étterem UNGARISCH €€
(Karte S. 210; ☎ 06 70 284 6705; http://tihanyietterem.tihanyinfo.com/; Batthyány utca 3; Hauptgerichte 1600–3200 Ft; ⊙ 11–23 Uhr) Das Gasthaus – teils ein reizender Garten, teils ein Museum für Ethnografie mit Farmgerätschaften allenthalben – gilt als das beste Restaurant von Tihany. Hier kann man nett bei einem vor Ort gebrauten Bier die Zeit vertrödeln, aber auch gut essen. Wobei es sich wirklich lohnt, das leckere Essen zu probieren: Die geräucherte Forelle, die Gänseleber mit Eiergraupen und die Spare Ribs sind köstlich, und die Portionen fallen auch üppig aus.

Miska Pince Csárda UNGARISCH €€
(Karte S. 210; ☎ 06 30 929 7350; www.miskacsarda.hu; Kiserdőtelepi utca; Hauptgerichte 1900–2900 Ft; ⊙ 11–23 Uhr) Das Miska Pince ist ein reizendes Cottage mit Reetdach in der Nähe vom Ufer des Inneren Sees. Auf den Tisch kommen große Portionen von Spezialitäten der ungarischen Küche – die Fischersuppe und der Wildeintopf mit Gnocchi schmecken besonders gut. Und die abgeschiedene Sonnenterrasse ist herrlich, um den Menschenmassen im Umkreis der Kirche zu entkommen.

Ferenc Pince UNGARISCH €€
(Karte S. 210; ☎ 87-448 575; www.ferencpince.hu; Cserhegy 9; Hauptgerichte ab 2800 Ft; ⊙ Mi-Mo 12–23 Uhr) Der Küchenchef kocht in der Küche nicht nur ungarische Gerichte vom Feinsten, sondern es wird hier auch noch so ziemlich der beste Wein von Tihany kredenzt, und zwar von genau den Leuten, die diese edlen Tropfen auch keltern. Von der hübschen Terrasse bietet sich ein weiter Blick über den See. Das Ferenc Pince liegt nicht einmal 2 km südlich der Abteikirche. Den einzigen Minuspunkt gibt es für die nicht immer gleichbleibend gute Qualität des Essens.

ⓘ Praktische Informationen
Tihany Tourist (Karte S. 210; ☎ 87-448 481; www.tihanytourist.hu; Kossuth Lajos utca 11; ⊙ Juni-Aug. 9–18 Uhr, Mai & Sept. bis 17 Uhr, April & Okt. 10–16 Uhr) Organisiert Unterkünfte und Ausflüge um Tihany.

Tourinform (Karte S. 210; ☎ 87-448 804; www.tihany.hu; Kossuth Lajos utca 20; ⊙ Mitte Juni–Mitte Sept. Mo-Fr 9–19, Sa & So 10–18 Uhr, Mitte Sept.–Mitte Juni Mo-Fr 10–16 Uhr) Haupttouristeninformation, die allerdings nicht übermäßig hilfreich ist.

ⓘ An- & Weiterreise
Busse legen die 14 km lange Strecke vom Bahnhof bzw. Busbahnhof in Balatonfüred nach Tihany (und zurück) bis zu 15-mal täglich (310 Ft, 30 Min.) zurück. Die Busse halten an beiden Fähranlegern, bevor sie hinauf ins Dorf Tihany fahren.

Der Innere Hafen (Belső kikötő), wo die Fähren von/nach Balatonfüred und Siófok anlegen, befindet sich unterhalb des Dorfes. Der Hafen Tihany (Tihanyi-rév), im Südwesten an der Spitze der Halbinsel gelegen, ist auch das Erholungsgebiet von Tihany. Die Passagierschiffe, die von Balatonfüred und anderen Orten auf dem Plattensee (S. 208) verkehren, halten von Anfang April bis Anfang Oktober in Tihany. Man geht am Fähranleger des Inneren Hafens oder am Tihanyi-rév an Bord.

ⓘ Unterwegs vor Ort
Wer mit dem Schiff ankommt und keine Lust hat, sich die 80 m ins Dorf hinaufzuschleppen, der nimmt den schnuckeligen **Touristenzug** (Mehrfachkarte Erw./ermäßigt 1000/600 Ft, einfache Fahrt 400/200 Ft) auf Rädern; er verkehrt vom Fähranleger und der Abteikirche (S. 209) von Mai bis September im 30-Minutentakt.

Keszthely
☎ 83 / 19 910 EW..

Keszthely, eine Kleinstadt mit charmant verfallenden Stadthäusern am äußersten westlichen Ende des Plattensees, ist zweifellos einer der schönsten Orte für einen Aufenthalt, denn es liegt abseits der Touristenhochburgen am See. Hier kann man tagsüber an den kleinen Stränden im seichten Wasser herumplantschen, abends das quirlige, aber dennoch legere Flair auf sich wirken lassen und sich dazu noch eine Dosis Kultur verschaffen, indem man etwa eine Handvoll Museen besucht und die historischen Gebäude bewundert. Aber egal, was der Einzelne auch unternimmt, das Schloss Festetics, ein prachtvolles, hochherrschaftliches Barockgebäude, sollte man keinesfalls verpassen.

Die verkehrstechnisch günstig gelegene Stadt ermöglicht auch unkomplizierte Ausflüge mit dem öffentlichen Bus in die Umgebung. Schön ist ein Abstecher zur nur knapp 20 km entfernten **Burgruine Szigliget** aus dem Jahr 1260, von der sich ein herrlicher Blick über den Plattensee bietet. Anschließend lohnt ein Bummel durch das ursprüngliche Dorf unten am See mit einem Schloss, Tavernen und Cafés. Wandervögel können nur ein paar Kilometer weiter in Badacsony den 438 m hohen **Kisfaludy** erklimmen, einen Weinberg mit einladenden Weintavernen. Rund 25 km nördlich von Keszthely entfernt wartet in **Sümeg** eine der schönsten Burgen Ungarns, in der im Sommer auch Ritterspiele stattfinden; knapp 80 km in Richtung Nordosten verlockt die in den Hügeln gelegene Stadt **Veszprém** mit ihrem vollständig erhaltenen Burgviertel.

Geschichte

Die Römer bauten bei Valcum (heute: Fenékpuszta), etwa 5 km weiter südlich, eine Festung; die Römerstraße, die in Richtung Norden zu den Kolonien in Sopron und Szombathely führte, heißt heute Kossuth Lajos utca. Das ehemalige befestigte Kloster der Stadt und die Franziskanerkirche am Fő tér waren massiv genug, um im 16. Jh. den Türken zu trotzen.

In der Mitte des 18. Jhs. kamen Keszthely und seine Umgebung (einschließlich Hévíz) in Besitz der Familie Festetics, fortschrittlichen Leuten mit Reformgeist, die sich der Tradition der Széchenyis überaus verbunden fühlten. Graf György Festetics (1755–1819), der hier 1797 die erste Landwirtschaftsschule Europas gründete, das Georgikon, war ein Onkel von István Széchenyi.

👁 Sehenswertes

Keszthely kann mit sieben ausgefallenen Museen aufwarten, darunter das Erotische Panoptikum (s. rechts), das Spielzeugmuseum (S. 215) und das Puppenmuseum (S. 215) sowie einigen anderen mehr. Der Eintritt beträgt jeweils ab 500 Ft, ein Kombiticket für alle sieben ist für 2500 Ft erhältlich.

Wer der Besichtigung des Schlosses Festetics plant, hat unter verschiedenen Kombitickets die Auswahl. Das teuerste Kombiticket (4200 Ft) ermöglicht den Besuch des Schlosses, des Kutschenmuseums (S. 217), des Amazon-Hauses, des Jagdmuseums, des Modelleisenbahn-Museums (S. 217), des Palmenhauses und des Aquariums. Preiswertere Kombitickets gibt es auch; sie lohnen sich bereits, wenn man mehr als zwei Sehenswürdigkeiten besichtigen möchte.

★ Schloss Festetics SCHLOSS
(Festetics Kastély; Karte S. 216; ☏ 83-312 194; www.helikonkastely.hu; Kastély utca 1; Schloss- & Kutschenmuseum Erw./6–26 Jahre 2500/1250 Ft; ⊙ 9–18 Uhr) Das strahlend weiße Schloss Festetics mit 100 Räumen ging 1745 in Bau; das Originalgebäude wurde 150 Jahre später durch zwei Flügel erweitert. An die 18 prachtvolle Räume im barocken Südflügel sind heute Bestandteil des Helikon-Schlossmuseums – was auch für den größten Schatz des Schlosses gilt, die Helikon-Bibliothek mit 100 000 Bänden und herrlich geschnitztem Mobiliar.

Viele der dekorativen Kunstobjekte in den vergoldeten Salons wurden um 1850 aus England importiert. Die Säle des Museums mit jeweils individueller Farbgestaltung sind voll von Porträts, Nippes und Möbeln; die meisten ließ Mary Hamilton aus England kommen, eine Herzogin, die in den 1860er-Jahren einen Festetics heiratete. Die Bibliothek ist für ihre enorme Büchersammlung bekannt, nicht minder beeindruckend sind jedoch die vergoldeten Eichenregale und Möbel, die 1801 von dem hiesigen Handwerkskünstler János Kerbl geschnitzt wurden. Sehenswert sind auch der Louis-XIV-Salon mit faszinierenden Einlegearbeiten, der Spiegelsaal, in dem im Sommer Konzerte stattfinden, die Lange Galerie mit Gemälden, das Treppenhaus aus Eichenholz sowie die Privatkapelle (1804). Das Veranstaltungsprogramm des Schlosses verrät die Website.

Erotisches Panoptikum MUSEUM
(Karte S. 216; ☏ 83-318 855; www.szexpanoptikum.hu; Kossuth Lajos utca 10; über 18 Jahre 800 Ft; ⊙ 9–18 Uhr) Um es klar und deutlich zu sagen: Es handelt sich hierbei um ein Wachsmuseum, das nicht jugendfrei ist. Irgendwie halbseiden – ja, durchaus. Spannend – total. In diesem winzigen Museum im Basement werden Lust- und Sexszenen aus illustrierten Büchern mit Renaissance-Erotik von Größen wie Voltaire, Rousseau und anderen Autoren nachgestellt. Und vorstellen kann man sich diese Ausstellung dann so: Wachsfiguren-Frauen im Mieder, die ihren Reifrock über die Knie hochziehen und schrägen Sexualpraktiken frönen, Frauen die mit anderen Frauen Oralverkehr haben, und akrobatisch anmutende Orgien mit erstaunlich real aussehenden Geschlechtsteilen.

Irgendwie hat man den Eindruck, in Nahaufnahme ein Standbild aus einem Pornofilm zu sehen – mit Schauspielern, die in mittelalterliche Gewänder gehüllt sind. Neben den Szenen in voller Aktion sind auch die erotischen Skizzen und Gemälde an den Wänden und die kunstvolle Penisskulptur aus Terrakotta einen Blick wert.

Spielzeugmuseum MUSEUM
(Karte S. 216; ☎ 83-318 855; www.szexpanop tikum.hu; Bakacs utca; 500 Ft; ⊙ 9–18 Uhr) Je nachdem, welcher Generation man angehört, lösen die Exponate in diesem reizenden Museum entweder ein Lächeln der Erinnerung aus, oder man ist einfach baff. Hier sind alte Kinderwagen an die Decke genagelt, es gibt gruselige Puppen mit Glotzaugen, Kohorten von Teddybären, Barbiepuppen, Modelleisenbahnen und -autos, Puppenhäuser und alte Brettspiele. Sehenswert sind die Mini-Waschmaschinen und Nähmaschinen, die den Zweck hatten, kleine Mädchen auf die Bürde des Alltags vorzubereiten, aber auch Margaret Thatcher und Ronald Reagan im Stil von *Spitting Image*.

Puppenmuseum MUSEUM
(Karte S. 216; ☎ 83-318 855; www.szexpanoptikum.hu; Bakacs utca; 500 Ft; ⊙ 9–18 Uhr) Das überraschend spannende Museum zeigt auf zwei Etagen Unmengen von Puppen in Tracht, die aus allen Regionen Ungarns stammen. Im Erdgeschoss steht ein sehenswerter Holzstuhl, der aus den Wurzeln einer Eibe geschnitzt wurde – eine Art Holzversion des Eisernen Throns in *Game of Thrones*. Im Obergeschoss befinden sich Modelle traditioneller Häuser und verzierte Türstöcke.

Georgikon-Bauernmuseum MUSEUM
(Georgikon Majormúzeum; Karte S. 216; ☎ 83-311 563; www.elmenygazdasag.hu; Bercsényi Miklós utca 67; Erw./erm. 900/450 Ft; ⊙ Juni–Aug. Di–Sa 9–17 Uhr, April & Okt.–Nov. Mo–Fr bis 16 Uhr, Mai & Sept. Mo–Sa bis 17 Uhr) Das Museum verteilt sich auf mehrere Gebäude aus dem frühen 19. Jh., die zum Versuchshof des Georgikons gehörten. Jedenfalls ist dieses Museum perfekt für Leute, die ein Faible für frühindustrielle landwirtschaftliche Geräte und Agrartechniken haben; die Exponate sind in separate Abteilungen für Handel und Landwirtschaft eingeteilt. Die Besucher erfahren alles über die Geschichte des Weinbaus in der Region rund um den Plattensee und die traditionellen Agrarhandwerke, wie sie von Wagenbauern, Stellmachern und Böttchern gepflegt wurden. Zu den Hauptattraktionen zählen die Werkzeuge eines Schmieds aus dem 19. Jh. sowie ein wuchtiger alter Dampfpflug.

Fő tér PLATZ
(Karte S. 216) Der Fő tér, Keszthelys Hauptplatz mit viel Lokalkolorit, wurde 2012 rundum aufgehübscht – das Ergebnis ist ein fußgängerfreundlicher Platz ohne Verkehr aus hellen Pflastersteinen, der von schönen Gebäuden gesäumt wird, darunter das spätbarocke Rathaus an der Nordseite, die Dreifaltigkeitssäule (1770) in der Mitte und die **ehemalige Franziskanerkirche** (Ferences templom; Karte S. 216; Fő tér; ⊙ 9–18 Uhr) im Park an der Südseite.

Balaton-Museum MUSEUM
(Karte S. 216; ☎ 83-312 351; www.balatonimuzeum.hu; Múzeum utca 2; Erw./erm. 900/450 Ft; ⊙ 9–18 Uhr) Das Balaton-Museum wurde 1928 als Museumsgebäude eigens erbaut. Die Dauerausstellung konzentriert sich auf den Plattensee gestern und heute. Das Balaton-Aquarium zeigt die Fische, die im Plattensee beheimatet sind, außerdem vermitteln mehrere miteinander verbundene Räume das Leben und die Kultur vor Ort. Zu den Highlights gehört eine Ausstellung, die zeigt, wie sich die Badekultur im Lauf der Jahre entwickelt hat – die kessen Badeanzüge aus dem 19. Jh. sind wirklich einen Blick wert! Interessant sind auch die expressiven Gemälde von János Halápy, die das Leben am Plattensee darstellen; der Maler ist dafür berühmt, die starken Farben und das Licht dieser Region einzufangen.

Schneckenparlament MUSEUM
(Karte S. 216; ☎ 83-318 855; www.szexpanoptikum.hu; Bakacs utca; 500 Ft; ⊙ 9–18 Uhr) Was kommt dabei heraus, wenn man die Besessenheit einer Frau, 14 Jahre harte Arbeit und 4,5 Millionen Schneckenhäuser kombiniert? Ein 7 x 2,5 m großes, maßstabgetreues Modell des Budapester Parlaments. Es ist vielleicht nicht gerade das „achte Weltwunder", als das es allerdings in der Werbung angepriesen wird, aber dennoch erstaunlich detailgetreu. Das reale Parlamentsgebäude wurde in einem nur unbedeutend längeren Zeitraum erbaut – in 17 Jahren.

Synagoge SYNAGOGE
(Karte S. 216; Kossuth Lajos utca 20; ⊙ Fr 17–18 Uhr) Vor dem Zweiten Weltkrieg wies die jüdische Gemeinde von Keszthely 1000 Mitglieder auf; bei Kriegsende war die Zahl auf 170 Personen geschrumpft. Heute leben nicht einmal mehr 40 Juden in der Stadt und nehmen am Gottesdienst in der Barocksynagoge aus dem 18. Jh. teil. Sie befindet sich in einem beschaulichen Hof an der Kossuth Lajos utca (Zutritt durch den Durchgang südlich der Fejér György utca). Der Besuch der Synagoge und des Gartens mit den Bibelpflanzen ist nur während des Gottesdienstes möglich.

Keszthely

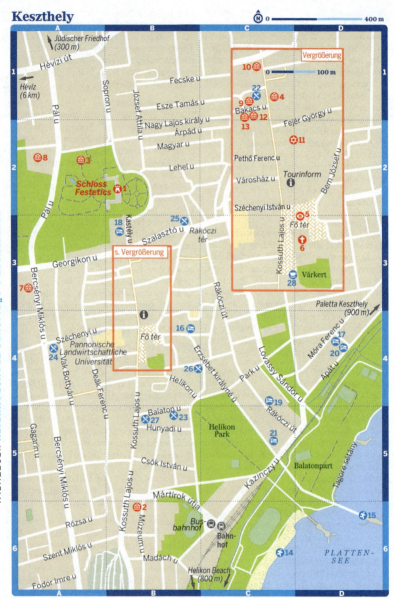

Jüdischer Friedhof FRIEDHOF
(Goldmark karoly utca 33; ⊙ So–Fr 10–16 Uhr) Von der Synagoge (S. 215) abgesehen, sind auch noch Spuren der jüdischen Gemeinde auf dem größtenteils vergessenen jüdischen Friedhof zu finden (nördlich vom Schloss).

Foltermuseum MUSEUM
(Karte s. oben; ☏ 83-318 855; www.szexpanoptikum.hu; Bakacs utca; 500 Ft; ⊙ 9–18 Uhr) Das kleine Museum mit Eimern voller Kunstblut und verquält dreinblickenden Figuren, die verschiedenen Arten der Folter ausgesetzt

Keszthely

Highlights
1 Schloss Festetics B2

Sehenswertes
2 Balaton-Museum B6
3 Kutschenmuseum A2
  Doll-Museum .... (s. 9)
4 Erotisches Panoptikum C1
5 Fő tér D3
6 Ehemalige Franziskanerkirche D3
7 Georgikon-Bauernmuseum A3
8 Modelleisenbahnmuseum A2
9 Historisches Wachsfigurenkabinett .. C1
10 Nostalgie-Museum C1
  Schneckenparlament .... (s. 9)
11 Synagoge C2
12 Foltermuseum C1
13 Spielzeugmuseum C1

Aktivitäten, Kurse & Touren
14 Stadtstrand C6

15 Vergnügungsfahrt D6

Schlafen
16 Bacchus B4
17 Ilona Kis Kastély Panzió D4
18 Párizsi Udvar B3
19 Silatti Panzió C4
20 Tokajer Wellness Panzió D4
21 Villa Sissy C5

Essen
  Bacchus .... (s. 16)
22 Korzó Café C1
23 Lakoma Étterem B5
24 Margaréta A4
25 Oasis B3
26 Park Vendéglő B4
27 Pizzeria Donatello B5

Ausgehen & Nachtleben
28 Pelso Café C3

---

sind, zeigt auch Erzsébet, die blutrünstigste Königin Ungarns, die ein Bad im Blut von Jungfrauen nimmt.

Modelleisenbahn-Museum MUSEUM
(Karte S. 216; ☎ 83-312 190; Pál utca; 1 Museum Erw./erm. 1100/550 Ft, Kombiticket 1600/800 Ft; ⊙ 9–18 Uhr) Im Dachgeschoss eines ehemaligen Militärgebäudes zeigt dieses zum Schmunzeln anregende Museum eine der größten Modelleisenbahnanlagen der Welt. Die Züge rattern auf einem insgesamt an die 2,7 km langen Schienennetz herum, das einem Bilderbuch entsprungen scheint: Ein Streckenabschnitt ist beispielsweise die historische Zugverbindung von Wien nach Triest mit den sagenhaften österreichischen Bergen samt Tunneln, eine zweite Strecke führt durch Nürnberg und den schneebedeckten Schwarzwald. Und dann wären da natürlich auch noch die Ortschaften am Plattensee mit unglaublich detailreich nachgebauten Bahnhöfen.

Kutschenmuseum MUSEUM
(Hintómúzeum; Karte S. 216; ☎ 83-314 194; www.helikonkastely.hu; Pál utca; inkl. Eintritt ins Schloss Festetics; ⊙ 9–18 Uhr) Hinter dem Schloss Festetics (S. 214) ist in einem separaten Gebäude das Kutschenmuseum untergebracht; zu sehen sind jede Menge Kutschen und Schlitten, die jedem Mitglied eines Königshauses alle Ehre machen würden. So mancher kennt vermutlich nicht einmal den Unterschied zwischen einem Gala-Coupé und einer barocken Jagdkutsche – doch nach dem Besuch dieses Museums ist man hier im Thema.

Historisches Wachsfigurenkabinett MUSEUM
(Historisches Panoptikum; Karte S. 216; ☎ 83-318 855; www.szexpanoptikum.hu; Bekacs utca; 500 Ft; ⊙ 9–18 Uhr) Dieses Museum stellt eine erstaunlich witzige Möglichkeit dar, sich mit dem „who is who?" der ungarischen Herrscher, Dichter, Kirchenmänner und Militärkommandanten vertraut zu machen. Die abwechslungsreiche Sammlung umfasst beispielsweise Árpád, den Anführer der ungarischen Stämme im 9. und 10. Jh., den hl. Stephan, Ungarns ersten König, die hl. Margarete, János Hunyadi, der die Türken bezwang, und György Dózsa, der einen Bauernaufstand anführte und für seine Bestrebungen auf einem glühenden Eisenstuhl „gekrönt" und später geviertelt wurde. In der Nähe des Eingangs steht eine Reihe von Puppen Spalier – Nonnen.

Nostalgie-Museum MUSEUM
(Karte S. 216; ☎ 83-318 855; www.szexpanoptikum.hu; Kossuth Lajos utca 1; Erw./5–14 Jahre 500/400 Ft; ⊙ 9–18 Uhr) Es macht Spaß, in dieser Schatztruhe mit Alltagsobjekten herumzustöbern – von Antiquitäten aus dem 19. Jh. bis zu Retro-Krempel aller Art – und im Handumdrehen ist eine Stunde verflogen. Jedenfalls findet man hier alles – vom nostalgischen Handwerkszeug eines Her-

renfriseurladens, antiken Schreibmaschinen, kommunistischen Pamphleten und altmodischen Kameras bis hin zu Objekten, die aus Patronen aus dem Zweiten Weltkrieg gefertigt wurden, zudem noch das nachgebaute Sprechzimmer eines Arztes aus den 1940er-Jahren, mit Kerosin betriebene Fahrradlampen und eine Fülle von phallischen Glasobjekten.

 Aktivitäten

Der 210 km lange Balaton-Radweg führt durch Keszthely, außerdem verbindet ein 4 km langer Fahrradweg die Stadt mit dem Kurort Hévíz, wo sich der größte Thermalsee Europas samt Unmengen von Kureinrichtungen befindet. Fahrräder verleiht **GreenZone** (83-315 463; www.greenzone keszthely.hu; Rákóczi utca 15; 3 Std./6 Std./1 Tag 800/1200/2000 Ft; Mo–Fr 9–18, Sa bis 13 Uhr).

Helikon-Strand STRAND
(Helikon Strand; Karte S. 216; Erw./erm. 500/350 Ft; Mai–Mitte Sept. 8–19 Uhr) Der von Schilf umgebene Helikon-Strand, nördlich des Stadtstrands, eignet sich gut zum Schwimmen und Sonnenbaden. Außerdem bietet sich hier ein einzigartiger Blick auf das Nord- und das Südufer des Sees.

Stadtstrand STRAND
(Városi Strand; Karte S. 216; Erw./erm. 800/400 Ft; Mai–Mitte Sept. 8–19 Uhr) Der Stadtstrand ist zum Schwimmen und Sonnenbaden soweit in Ordnung, er eignet sich auch für Kinder und erstreckt sich in der Nähe des Fähranlegers. Es gibt einen Pool mit Wasserrutschen; im Sommer eröffnet eine Schule für Wind- und Kitesurfen. Die Ausrüstung zum Windsurfen kann man ausleihen (800 Ft pro Std.).

Vergnügungsfahrt SCHIFFFAHRT
(Karte S. 216; 83-312 093; www.balatonihajozas. hu; Erw./erm. 1800/800 Ft) Während der Saison, von Ende April bis Anfang Oktober wird freitags und samstags jeweils eine einstündige Vergnügungsfahrt auf dem See angeboten.

Feste & Events

Keszthelyfest MUSIK
(http://keszthelyfest.balatonszinhaz.hu; Juli) Bei diesem dreitägigen Musikspektakel, das jährlich Anfang Juli stattfindet, spielen Bands aus ganz Ungarn Jazz, und für die Kids stehen auch allerlei Veranstaltungen auf dem Programm.

Weinfest WEIN
(Schloss Festetics, Musikpavillon; Ende Aug.) Jeden Sommer wird das nette zweitägige Weinfest veranstaltet, bei dem die hiesigen Winzer, Restaurants und Lebensmittellieferanten ihre Waren verkaufen und Musikgruppen aufspielen – von Rock und Pop bis zu Jazzkonzerten ist alles geboten. Außerdem finden noch ein Markt mit Kunsthandwerk und Veranstaltungen für Kinder statt.

 Schlafen

Tourinform (S. 221) ist gern behilflich, ein Privatzimmer zu finden, wenn sonst nichts mehr geht.

Villa Sissy PENSION €
(Karte S. 216; 83-315 394; www.villasissy.hu; Erzsébet királyné utca 70; Zi./Apt. 5000/8000 Ft;) Das Sissy ist eine süße, kleine Pension in einer alten Villa gegenüber vom grünen Helikon-Park. Die einfachen Zimmer fallen qualitativ ganz unterschiedlich aus: Einige haben einen Holzboden und Flügeltüren mit Buntglas, in manchen liegt ein dröger Teppich, aber in allen steht ein kleiner Kühlschrank. Manche Zimmer haben Gemeinschaftsbad. Die Apartments für Familien weisen ein gutes Preis-Leistungs-Verhältnis auf; die Küche wird von allen Gästen gemeinsam benutzt.

★ **Ilona Kis Kastély Panzió** PENSION €€
(Karte S. 216; 83-312 514; Móra Ferenc utca 22; EZ/DZ/Apt. 9400/12 130/16 980 Ft;) Diese reizende Pension mit von Efeu überwucherten Türmchen hat etwas von einer Miniaturburg. Die Zimmer fallen vielleicht etwas kompakt aus, aber einige haben Balkon; und die Apartments sind wirklich geräumig. Im Preis inbegriffen ist ein üppiges, abwechslungsreiches Frühstück. Das wirklich Besondere hier ist jedoch der Inhaber, der keine Mühen scheut, damit sich seine Gäste rundum wohl und willkommen fühlen.

Silatti Panzió B&B €€
(Karte S. 216; 06 20 217 1645; www.silatti.hu; Rákóczi út 72; Zi. 16 350 Ft;) Das ruhige, zentral gelegene Gästehaus bietet einen Schwung gemütlicher Zimmer unterschiedlicher Größe; besonders empfehlenswert ist das geräumige Zimmer im Erdgeschoss, man kann aber auch im Dachgeschoss Quartier beziehen. Es gibt für die Gäste einen kleinen Pool im Freien und eine Sauna, und das Frühstück wird in dem sonnigen Patio serviert.

NICHT VERSÄUMEN

DER THERMALSEE VON HÉVÍZ

Der von 80 Mio. Litern Thermalwasser pro Tag gespeiste **Gyógy-tó** (Thermalsee von Hévíz; 83-342 830; www.spaheviz.hu; Dr. Schulhof Vilmos sétány 1; 3 Std./4 Std./ganzer Tag 2600/3000/4500 Ft; Juni–Aug. 8–19 Uhr, Mai & Sept. 9–18 Uhr, April & Okt. 9–17.30 Uhr, März & Nov.–Feb. 9–17 Uhr) in Hévíz, 8 km nordwestlich von Keszthely, ist ein wahrlich verblüffender Anblick. Die Temperaturen des – komplett eingezäunten – Sees liegen im Schnitt bei 33 °C und fallen auch im Winter nie unter 22 °C ab, sodass die Gäste, selbst wenn die Fichten im umliegenden Park mit Eis und Schnee bedeckt sind, ein Bad nehmen können. Sie lassen sich einfach im Schwimmreifen treiben oder frönen den vielfältigen Behandlungen mit Thermalwasser und Fango, den Massagen und Peelings, die vom zugehörigen Kurzentrum angeboten werden.

Eine überdachte Brücke führt vom Haupteingang (im schönen Kurpark) mit Schließfächern und Umkleiden zum zentralen, modernisierten Jugendstil-Pavillon, in dem sich ein kleines Büfett, Sonnenliegen, Duschen und zusätzliche Umkleidekabinen befinden. Von diesem Pavillon gehen weitere, zum Teil überdachte Stege und Liegeplattformen ab, außerdem ein zweiter Pavillon, in dem die Kurbehandlungen stattfinden. Die Gäste gelangen über Treppen zu den geschützten Schwimmbereichen unterhalb der Pavillons und Stege, können aber auch zwischen den Seerosen im See schwimmen, wo fest verankerte Holzplanken Ruhepausen ermöglichen. Auch am Ufer befinden sich Holzplattformen, die zum Sonnenbaden einladen, sein Handtuch kann man jedoch auch auf der Wiese am Ufer ausbreiten.

Der kleine Ort Hévíz boomt seit Jahren dank des Medizintourismus. Unterkünfte gibt es für jeden Geldbeutel – vom Privatquartier bis zum 4-Sterne-Hotel mit eigener Therme und Kurabteilung. Auch ein weitläufiger Campingplatz gleich gegenüber vom See ist vorhanden, und zahllose Cafés und Restaurants sorgen für einen netten Rahmen.

Busse nach Hévíz (250 Ft, 15 Min.) fahren ab Keszthely ganztägig im 30-Minuten-Takt.

Párizsi Udvar GASTHOF €€

(Karte S. 216; 83-311 202; parizsiudvar@freemail.hu; Kastély utca 5; DZ/3BZ/Apt. ab 12 000/15 600/18 000 Ft;) Ein Quartier, das näher am Schloss Festetics liegt als der „Pariser Hof" gibt es nicht. Die Zimmer sind etwas zu groß, um gemütlich zu sein, aber sie sind farbenfroh, gepflegt und gehen auf einen sonnigen, sehr grünen Innenhof hinaus; in einer Ecke befindet sich ein anständiges Restaurant mit Biergarten, das tagsüber geöffnet hat.

Tokajer Wellness Panzió GÄSTEHAUS €€

(Karte S. 216; 83-319 875; www.pensiontokajer.hu; Apát utca 21; Zi./FZ ab 13 900/22 700 Ft;) Das Gästehaus verteilt sich auf drei Gebäude mit zwei Obergeschossen in einer ruhigen Gegend der Stadt.. Die Zimmer im Tokajer sind schon etwas veraltet, dafür aber geräumig und besitzen einen Balkon. Zu den Extras zählen drei Pools sowie die kostenlose Nutzung der Fahrräder und des Fitnessraums. Das Wellnesscenter bietet eine Dampfkabine, eine Salzkammer, einen Whirlpool sowie eine finnische und eine Infrarotsauna.

Bacchus HOTEL €€€

(Karte S. 216; 83-314 096; www.bacchushotel.hu; Erzsébet királyné útja 18; EZ/Apt. 13 300/26 000 Ft, DZ 16 400–21 400 Ft;) Die zentrale Lage des Bacchus und die tipptopp Zimmer – jedes ist nach einer besonderen Weinrebenart benannt – sind der Grund dafür, dass das Hotel bei Reisenden hoch im Kurs steht. Die 26 Zimmer - einige mit Terrasse - sind einfach und mit massiven Holzmöbeln ausgestattet. Ebenso nett ist der stimmungsvolle Keller, in dem sich ein hübsches Restaurant (S. 220) befindet, in dem auch Weinverkostungen stattfinden. Typisch Bacchus eben. Der Service gestaltet sich manchmal allerdings etwas chaotisch.

Essen

Margaréta UNGARISCH €

(Karte S. 216; 83-314 882; Bercsényi Miklós utca 60; Hauptgerichte 1990–3290 Ft; 11–22 Uhr) Wenn man die Einheimischen fragt, wo in Keszthely sie gern zum Essen gehen, bekommt man immer zur Antwort: im Margaréta. Ein Ausbund an Schönheit ist das Restaurant nicht, aber es verfügt über eine umlaufende Veranda und eine versteckte Terrasse hinter dem Haus, auf der es in den wärmeren Monaten nur so brummt. Und in der kleinen Gaststube geht es das übrige Jahr hoch her. Das Essen hält sich an einfache, aber herzhafte ungarische Kost. Unter der Woche gibt es Mittagessen zu Schnäppchenpreisen von 750 bis 890 Ft.

Korzó Café — CAFÉ €
(Karte S. 216; ☏ 83-311 785; Kossuth Lajos utca 7; Kuchen 390 Ft; ⏱ 9–19 Uhr) Das Korzó zählt zu den wenigen Cafés, die in der verkehrsfreien Kossuth Lajos utca Aufmerksamkeit verdienen. Das Café ist einfach, aber die Kuchen schmecken himmlisch, und die Musik ist zum Glück auch nicht zu aufdringlich.

Pizzeria Donatello — PIZZA €
(Karte S. 2160; ☏ 83-315 989; www.donatellopizzeria.hu; Balaton utca 1; Pizza 690–1230 Ft; ✉) Die Pizzeria steht bei Studenten hoch im Kurs, lockt aber auch Familien und Gäste an, die schnell mal einen Happen essen wollen – hier ist jedenfalls immer viel los. Die Pizzas sind Standard, aber wirklich sehr knusprig und mit frischem Gemüse in selbst gemachter Soße belegt.

Park Vendéglő — UNGARISCH €
(Karte S. 216; ☏ 83-311 654; Vörösmarty utca 1/a; Hauptgerichte 1590–3690 Ft) Der Service gestaltet sich hier manchmal ein bisschen planlos, aber dafür entschädigt die schöne Gartenterrasse. Im Park kommen beispielsweise Gerichte wie Schweinemedaillons mit Knoblauchsoße und Wels-Paprikasch auf den Tisch; die Größe der Portionen übertrifft die Qualität. Wer am Ende noch einen Betrunkenen Mönch runterkriegt, das Dessert des Hauses, ist fein raus.

Oasis — VEGETARISCH €
(Karte S. 216; ☏ 83-311 023; Rákóczi tér 3; Mahlzeiten ab 600 Ft; ⏱ Mo–Fr 11–16 Uhr) Dieses kleine vegetarische Restaurant liegt ein Stück bergab vom Schloss und bietet jede Menge guter Schwingungen und gesunde – allerdings nicht besonders raffinierte – Tagesmenüs während der Mittagszeit unter der Woche.

★ Paletta Keszthely — BISTRO €€
(☏ 06 70 431 7413; www.facebook.com/PalettaKeszthely; Libás Strand; Hauptgerichte 1700–3300 Ft; ⏱ Mai–Mitte Okt. 9–23 Uhr) Dieses ansprechende Bistro auf einer Sommerterrasse am Jachthafen bietet eine Mischung aus internationalen Gerichten wie Bouillabaisse und den Basalt Burger, wie die Spezialität des Hauses heißt. Die Gerichte der knappen Speisekarte sind gut zubereitet, die Mitarbeiter sind freundlich und flott.

Bacchus — UNGARISCH €€
(Karte S. 216; ☏ 83-378 566; www.bacchushotel.hu; Erzsébet királyné utca 18; Hauptgerichte 1890–2990 Ft; ⏱ 11–23 Uhr) Liebhaber eines edlen Tropfens und Feinschmecker sollten schnurstracks dieses Restaurant und Weineldorado besuchen. Serviert werden einfache, aber liebevoll zubereitete ungarische Speisen, darunter auch so beliebte Gerichte wie Fisch aus dem Plattensee – der Wels mit Paprika-Quark-Pasta ist ein Gedicht. Das klobige Mobiliar dieses Kellerrestaurants wurde aus alten Weinfässern und Weinpressen zusammengezimmert. Und das Kellergewölbe ist genau die richtige Location für eine Weinprobe.

Lakoma Étterem — UNGARISCH €€
(Karte S. 216; ☏ 83-313 129; Balaton utca 9; Hauptgerichte 1990–3200 Ft; ⏱ 11–22 Uhr; ✉) In diesem Lokal mit einer guten Auswahl an vegetarischen Speisen und Fischgerichten wie Forelle mit Mandeln oder Zander vom Grill, aber auch Fleischeintöpfen und Braten kann man gar nichts falsch machen. Schön ist der Garten hinter dem Haus, der sich an lauen Tagen in einen geselligen Speisebereich verwandelt.

🍷 Ausgehen & Nachtleben

Das Nachtleben von Keszthely brummt nicht wie in den touristischeren Ferienorten am Plattensee, aber es besteht natürlich immer die Möglichkeit, in einem der unzähligen Lokale ein Glas Wein oder Bier zu trinken. Auch gibt es diverse schmierige Stripteasebars. Im Schloss Festetics (S. 214) finden im Spiegelsaal regelmäßig Konzerte und Operettengalas mit Ensembles aus Budapest statt; im Sommer werden im Schlosskeller Weinverkostungen angeboten.

Pelso Café — CAFÉ
(Karte S. 216; ☏ 83-315 415; Kossuth Lajos utca 38; ⏱ 8–20 Uhr; 📶) Das moderne Café auf zwei Ebenen zeichnet sich durch eine tolle Terrasse am südlichen Ende des Hauptplatzes aus. Hier gibt es anständigen Kuchen, Tee aus der ganzen Welt und allerlei Kaffeegetränke (Kaffee und Kuchen ab 500 Ft). Sehr empfehlenswert ist es aber auch für einen abendlichen Sundowner im Freien – die Auswahl an Weinen und Bier hält sich in Grenzen, aber die Aussicht ist hübsch.

ZÜGE AB KESZTHELY

REISEZIEL	FAHRPREIS	FAHRZEIT	KM	HÄUFIGKEIT
Balatonfüred	1490 Ft (mit Umsteigen in Tapolca)	1½–2½ Std.	77	10-mal tgl.
Budapest	3705 Ft	3 Std.	190	7-mal tgl.

BUSSE AB KESZTHELY

REISEZIEL	FAHRPREIS	FAHRZEIT	KM	HÄUFIGKEIT
Budapest	3410 Ft	2½–4 Std.	190	bis zu 9-mal tgl.
Hévíz	250 Ft	15 Min.	8	alle 30 Min.
Pécs	2830 Ft	3½ Std.	152	bis zu 4-mal tgl.
Veszprém	1490 Ft	1¾ Std.	77	stündl.

❶ Praktische Informationen

OTP Bank (Kossuth Lajos utca 38) Hier befindet sich ein Geldautomat.

Tourinform (Karte S. 216; ☏ 83-314 144; www.keszthely.hu; Kossuth Lajos utca 30; ⊙ Mitte Juni–Aug. 9–19 Uhr, Sept.–Mitte Juni Mo–Fr bis 17, Sa bis 12 Uhr) Eine prima Informationsquelle zu Keszthely und der westlichen Plattenseeregion. Es gibt hier Broschüren auf Deutsch, und die Mitarbeiter sprechen ebenfalls Deutsch. Außerdem können Fahrräder hier gemietet werden.

www.welovebalaton.hu Eine praktische Website auf Englisch mit Unmengen von nützlichen Tipps.

❶ An- & Weiterreise

BUS

Keszthely ist ein wichtiger Verkehrsknotenpunkt am Plattensee und wird dementsprechend von vielen Buslinien angesteuert. Der Busbahnhof befindet sich nicht weit vom Bahnhof entfernt in der Mártírok útja; beide liegen nur drei Minuten zu Fuß vom Plattensee entfernt und somit nicht im Stadtzentrum. Es verkehren Direktbusse nach Budapest und zu zahllosen anderen Destinationen am See und im Hinterland. Einige Busse, beispielsweise nach Hévíz und Sümeg, halten auch hinter dem Schloss Festetics am Jagdmuseum in der Pál utca.

FLUGZEUG

Hévíz Balaton Airport (SOB; ☏ 83-200 304; www.hevizairport.com; Repülőtér 1, Sármellék) Der Flughafen,15 km südwestlich von Keszthely, bietet von April bis November Flüge nach Berlin, Dresden, Düsseldorf, Erfurt, Frankfurt, Hamburg, Leipzig und Moskau.

BusExpress (☏ 06 30 288 2320, 83-777 088; www.busexpress.hu) bietet für 7 € pro Person einen Tür-zu-Tür-Service vom Flughafen nach Keszthely.

ZUG

Von Keszthely führt eine Bahnstrecke nach Budapest. Die meisten Züge nach Budapest verkehren zum Bahnhof Budapest Déli, manchmal aber auch zum Bahnhof Budapest Keleti.

❶ Unterwegs vor Ort

Es verkehren Busse vom Bahnhof und Busbahnhof unweit des Plattensees in die Innenstadt, wo sie u. a. in der Nähe des Hauptplatzes, des Fő tér, halten. Die Strecke lässt sich jedoch quer durch den schönen Park auch gut zu Fuß in nur zehn Minuten zurücklegen.

Taxi (☏ 06 30 777 5444; www.keszthelytaxi.hu) Eines von mehreren Taxiunternehmen.

SÜDLICHES TRANSDANUBIEN

Pécs

☏ 72 / 145 347 EW.

Das mit einem milden Klima, einer ruhmreichen Vergangenheit und einer Fülle von Museen und Monumenten gesegnete Pécs zählt zu den schönsten und interessantesten Städten, die in Ungarn einen Besuch wert sind. Dank der Universitäten, des nahen Mecsek-Gebirges und des quirligen Nachtlebens steht die Stadt für viele Reisende gleich nach Budapest auf der Liste der Orte in Ungarn, die sie keinesfalls verpassen wollen.

Pécs liegt gleich weit von der Donau im Osten und der Dráva im Süden entfernt in einer Ebene, die durch das Mecsek-Gebirge vor Winden aus dem Norden geschützt wird. Und so genießt Pécs ein Mikroklima, das für einen längeren Sommer bürgt und ideal ist für den Anbau von Wein, Obst und vor allem von Mandeln. Ein günstiger Zeitpunkt für einen Besuch ist der laue *indián nyár* (Altweibersommer), wenn die Lichtverhältnisse ganz besonders schön sind.

Geschichte

Die Römer haben sich vielleicht wegen des fruchtbaren Landes und des vielen Wassers in dieser Region angesiedelt, wahrscheinlicher ist allerdings, dass sie sich durch den Schutz des Mecsek-Gebirges dazu anregen ließen. Sie nannten ihre Siedlung Sophianae und sie sollte sich rasch zum Handels- und Verwaltungszentrum Unterpannoniens entwickeln. Die Römer brachten auch das Christentum mit. Relikte aus dieser Zeit können in den frühen kleeblattförmigen Kapellen bestaunt werden, die hier ausgegraben wurden.

Pécs' Bedeutung nahm im Mittelalter zu. Es hieß damals nach den fünf Kirchen der Stadt Quinque Ecclesiae – ein Name, der auf Deutsch beibehalten wurde: Fünfkirchen. König Stephan gründete hier 1009 einen Bischofsitz, die Stadt war ein bedeutender Zwischenstopp auf dem Handelsweg nach Byzanz und 1367 begann hier die erste Universität ihre Lehrtätigkeit. Im 15. Jh. wählte Bischoff Janus Pannonius, der so ziemlich die berühmteste Dichtung der Renaissance auf Lateinisch verfasste, Pécs zu seiner Heimat.

Die Stadtmauern, von denen bis heute ein Großteil steht, waren im 16. Jh. in einem derart desolaten Zustand, dass die Türken die Stadt 1543 praktisch ohne nennenswerten Widerstand einnehmen konnten. Sie vertrieben die Stadtbevölkerung und machten Pécs zu ihrem Verwaltungs- und Kulturzentrum. Als die Türken 150 Jahre später dann selbst vertrieben wurden, war Pécs praktisch verwaist. Verblieben waren jedoch architektonische Zeugnisse, die heute als die bedeutendsten Baudenkmäler der osmanischen Besatzungszeit in ganz Ungarn gelten.

Die Wiederbelebung des Weinbaus durch deutsche und böhmische Einwanderer und die Entdeckung der Kohle im 18. Jh. beschleunigten die Entwicklung von Pécs. Die Herstellung von Luxusgütern (Handschuhe, Zsolnay-Porzellan, Angster-Orgeln, Pannonia-Sekt) sollte später hinzukommen.

Sehenswertes

Pécs kann mit einem beachtlichen Reichtum an Museen aufwarten – von zeitgenössischer Kunst und edlem Porzellan bis hin zu Ethnografie. Die bedeutendsten Museen befinden sich konzentriert – alle in denkmalgeschützten Gebäuden – in der Káptalan utca, einer Straße, die östlich vom Dóm tér zur Hunyadi János út verläuft. Der zweite Ballung von Sehenswürdigkeiten liegt östlich der Altstadt im Zsolnay-Kulturviertel.

Wer plant, mehr als zwei oder drei Museen in Pécs zu besuchen, sollte den Museumspass (Erw./Stud. 4000/2000 Ft) kaufen, mit dem das Csontváry-Museum (S. 223), das Zsolnay-Porzellanmuseum (S. 223), das Victor Vasarely-Museum (S. 223), das Ethnografische Museum (S. 227), die Moderne Ungarische Galerie (S. 223) und das Historische Museum (S. 226) zu besichtigen sind. Der Pass gilt einen Tag und ist in jedem Museum erhältlich, das mit besagtem Kombiticket besucht werden kann.

★ Széchenyi tér   PLATZ
(Karte S. 224) Der von Barockgebäuden gesäumte Hauptplatz von Pécs ist der Dreh- und Angelpunkt der Stadt und eignet sich dementsprechend gut, um Leute zu beobachten. An seinem nördlichen Ende beeindruckt die Moscheekirche (s. unten), doch der ruhende Pol ist die **Dreifaltigkeitssäule** in der Mitte. Am südlichen Ende präsentiert der **Zsolnay-Brunnen** aus Porzellan eine schillernde Eosin-Glasur und vier Stierköpfe. Die Zsolnay-Fabrik machte der Stadt den Brunnen 1892 zum Geschenk. Das Eosin bewirkt ein irisierendes, metallisches Schimmern, das der eine herrlich, der andere allerdings scheußlich findet.

★ Moscheekirche   MOSCHEE
(Mecset templom; Karte S. 224; ☎ 72-321 976; Hunyadi János út 4; Erw./erm. 1000/500 Ft; ⊙ Mo–Sa 9–17, So 13–17 Uhr) Das größte Gebäude aus der Zeit der türkischen Besatzung, die ehemalige Pasha Gazi Kassim-Moschee (heute die Gemeindekirche der Innenstadt), prägt den Hauptplatz von Pécs. Die Türken erbauten die rechteckige Moschee in der Mitte des 16. Jhs. mit Steinen der verfallenen gotischen Kirche St. Bertalan. Anfang des 18. Jhs. fiel das Gebäude wieder an die Katholiken. Zu den islamischen Elementen zählen Fenster mit charakteristischen osmanischen Kielbögen, ein *mihrab* (Gebetsnische), verblichene Verse aus dem Koran und wunderschöne geometrische Fresken.

Im labyrinthartigen Untergeschoss liegen die Gebeine von sechs Märtyrern begraben, außerdem die – weniger alten – sterblichen

Überreste von illustren Bürgern der Stadt. Das Gemälde über der Empore stellt die Niederlage der Türken dar. Das Minarett der Moschee wurde 1753 abgerissen und durch einen Glockenturm ersetzt; die Glocken werden um 12 Uhr mittags und um 19 Uhr geläutet.

★ Csontváry-Museum   MUSEUM

(Karte S. 224; ☏ 72-310 544; www.jpm.hu; Janus Pannonius utca 11; Erw./erm. 1500/750 Ft; ⊙ Di–So 10–18 Uhr) Dieses Museum präsentiert bedeutende Werke des Meisters der symbolistischen Malerei, Tivadar Kosztka Csontváry. Elemente des Postimpressionismus und Expressionismus lassen sich in Werken wie *Ostbahnhof bei Nacht* (1902), *Sturm über der großen Hortobágy* (1903) und *Einsame Zeder* (1907) erkennen. Aber sein zweifellos bestes und tiefgründigstes Werk ist *Baalbeck* (1906), die künstlerische Suche nach einer erweiterten Identität anhand von religiösen und historischen Themen.

★ Victor Vasarely-Museum   MUSEUM

(Karte S. 224; ☏ 06 30 873 8129; www.jpm.hu; Káptalan utca 3; Erw./erm. 1500/750 Ft; ⊙ Di–So 10–18 Uhr) Das Museum präsentiert das Werk des Vaters der Op-Art, Victor Vasarely. Symmetrische, überwiegend abstrakte Werke sind bei gewitzter Beleuchtung ausgestellt, was die 3D-Erfahrung intensiviert und den Eindruck vermittelt, als würden die Arbeiten schier aus der Wand hervorbrechen; es ist allerdings umstritten, ob diese optische Verzerrung Vasarelys Intentionen gerecht wird oder nicht. Insgesamt ist die bestens kuratierte Auswahl an Werken aufrüttelnd, ein Erlebnis, das unter die Haut geht, und schlichtweg ein Vergnügen.

★ Moderne Ungarische Galerie   MUSEUM

(Modern Magyar Képtár; Karte S. 224; ☏ 72-891 328; www.jpm.hu; Papnövelde utca 5; Erw./erm. 700/350 Ft; ⊙ D–So 12–18 Uhr) Diese Galerie präsentiert auf mehreren Etagen Kunst aus Ungarn von 1850 bis heute; die Werke umfassen das ganze Spektrum – von impressionistischer Malerei bis hin zu optisch auffälligen, ja oft sogar bedrohlich wirkenden zeitgenössischen Installationen. Einen Blick sollte man auf jeden Fall auf die Arbeiten von Simon Hollósy, József Rippl-Rónai und Ödön Márffy werfen. Zu den ausgestellten Künstlern des eher abstrakten und konstruktivistischen Genres zählen András Mengyár, Tamás Hencze, Béla Uitz und Gábor Dienes.

★ Zsolnay-Kulturviertel   SEHENSWERTES GEBÄUDE

(☏ 72-500 350; www.zskn.hu; Erw./erm. 4500/2500 Ft; ⊙ April–Okt. 9–18 Uhr, Nov. bis 17 Uhr) Das größte Projekt, das im Jahr 2010, als Pécs Kulturhauptstadt war, auf den Weg gebracht wurde, ist das Zsolnay-Kulturviertel. Es wurde auf dem Gelände der Zsolnay-Fabrik, einem Familienbetrieb, errichtet und besteht aus vier Bereichen (Handwerker, Familie und Kinder, Kreative sowie Universität); jedenfalls macht es Spaß, hier herumzubummeln. Zu den Attraktionen zählen eine Straße mit den Ateliers von Handwerkskünstlern sowie die Zsolnay-Fabrik, die ganz normal in Betrieb ist, jetzt jedoch nur noch einen Teilbereich des Geländes einnimmt.

Zsolnay-Fabrik   FABRIK

(Zsolnay utca 37, Zsolnay-Kulturviertel; Erw./erm. 1200/700Ft; ⊙ April–Okt. Di–So 10–18 Uhr, Nov.–März bis 17 Uhr) Hier kann man zusehen, wie Stücke dieses berühmten Porzellans von Hand gefertigt werden.

St. Peter-Basilika   KIRCHE

(Szent Péter bazilika; Karte S. 224; Dóm tér; Erw./erm. 1200/600 Ft; ⊙ Mo–Sa 9–17, So 13–17 Uhr) Die Fundamente der dem hl. Peter geweihten, neoromanischen Kirche mit vier Türmen stammen aus dem 11. Jh., die Seitenkapellen aus dem 14. Jh., alles andere ist relativ neu, genau gesagt aus dem Jahr 1881. Die interessantesten Teile des überreich ausgeschmückten Kirchenraums der Basilika sind der erhöhte zentrale Altar und die vier Kapellen unter den Türmen sowie die Krypta, das älteste Gebäude. Weitere Attraktionen sind die besonderen Charakteristika der einzelnen Kapellen.

Die Marienkapelle an der Nordwestseite und die Herz-Jesu-Kapelle im Nordosten beherbergen Werke der Maler Bertalan Székely und Károly Lotz aus dem 19. Jh. Die Mór-Kapelle im Südosten lässt weitere Werke von Székely sehen, außerdem wunderschöne Kirchenbänke. Die Corpus-Christi-Kapelle auf der Südwestseite (Eingang von draußen) beeindruckt mit einem roten Marmortabernakel – eines der schönsten Beispiele für eine Steinmetzarbeit der Renaissance, die Ungarn zu bieten hat.

Zsolnay-Porzellanmuseum   MUSEUM

(Zsolnay Porcélan Múzeum; Karte S. 224; ☏ 72-514 045; www.jpm.hu; Káptalan utca 2; Erw./erm. 1500/750 Ft; ⊙ Di–So 10–18 Uhr) Die Porzel-

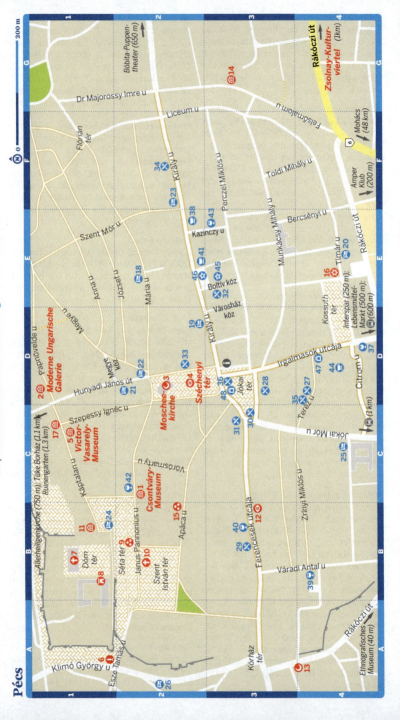

Pécs

Highlights
1. Csontváry-Museum ... C2
2. Moderne Ungarische Galerie ... D1
3. Moscheekirche ... D2
4. Széchenyi tér ... D2
5. Victor-Vasarely-Museum ... C1

Sehenswertes
6. Barbican ... A1
7. St.-Peter-Basilika ... B1
8. Bischofspalast ... B1
9. Cella Septichora-Besucherzentrum ... B2
10. Frühchristliche Grabkapelle ... B2
11. Ferenc-Martyn-Museum ... B1
12. Ferencesek utcája ... B3
13. Hassan Jakovali-Moschee ... A4
14. Historisches Museum ... G3
15. Römische Begräbnisstätten ... B2
16. Synagoge ... E4
17. Zsolnay-Porzellanmuseum ... C1

Schlafen
18. Adele Boutique Hotel ... E2
19. Aranyhajó Fogadó ... D2
20. Diána Hotel ... E4
21. Hotel Arkadia ... D2
22. Hotel Főnix ... D2
23. Nap Hostel ... F2
24. Pilgrimage House ... B1
25. Pollack Mihály Kollégium ... C4
26. Szinbád Panzió ... A2

Essen
27. Aranykacsa ... D4
  Az Elefánthoz ... (s. 30)
28. Bloff Bisztró ... D3
  Cellárium ... (s. 22)
29. Giuseppe ... B3
30. Jókai Bisztró ... C3
31. Jókai Cukrászda ... C3
32. Korhely Pub ... E3
33. Mecsek ... D2
34. Streat ... F2
35. Tex-Mex Mexikói Étterem ... D4
36. Virág ... D3

Ausgehen & Nachtleben
37. Club 5 Music Pub ... D4
38. Cooltour Café ... E2
39. Csinos Presszó ... B4
40. Egylet Craft Beer Pub ... B3
41. Filter ... E2
42. Káptalani Borozó ... C2
43. Karavella ... E3
  Nappali Bár ... (s. 23)
44. Pécsi Kávé ... D4

Unterhaltung
45. Kammerspiele ... E3
46. Nationaltheater Pécs ... E2

Shoppen
47. Blázek ... D4
48. Corvina Art Bookshop ... D3

lanfabrik wurde 1853 in Pécs in gegründet und nahm mehr als 50 Jahre lang in Europa eine Vorreiterrolle in Sachen Kunst und Design ein. Die Majolika-Kacheln fanden bei der Ausgestaltung öffentlicher Gebäude im ganzen Land Verwendung, auch leisteten sie einen Beitrag zum neuen Architekturstil in Ungarn. Seitdem die Ära des Kommunismus Geschichte ist, hat die Fabrik den Betrieb wieder aufgenommen, dennoch kann das heutige Zsolnay-Porzellan den Chinoiserie-Objekten des ausgehenden 19. Jhs. nicht das Wasser reichen und kommt auch nicht an die späteren Jugendstil- und Art-déco-Designs mit ihrer schillernden Eosin-Glasur heran.

Das Museum war einst das Zuhause der Familie Zsolnay; in mehreren Räumen sind ihre original erhaltenen Möbel sowie persönliche Gegenstände ausgestellt.

Allerheiligenkirche KIRCHE
(Mindensztek temploma; ☎72-512 400; Tettye utca 14; ⊙Messe 19 Uhr) Im Vorort Budaiváros, nordöstlich des Stadtzentrums von Pécs, ließen sich die meisten Ungarn nieder, nachdem die Türken sie aus der Innenstadt verbannt hatten; im Mittelpunkt dieser Gemeinde stand die Allerheiligenkirche. Die älteste Kirche der Stadt wurde ursprünglich im 12. Jh. errichtet, 200 Jahre später jedoch im Stil der Gotik umgebaut.

Die Allerheiligenkirche war das einzige Gotteshaus, das während der Besetzung durch die Türken in Pécs erlaubt war, und wurde von drei Glaubensgemeinschaften genutzt – die erbittert um jeden Quadratzentimeter stritten. Somit oblag es offensichtlich den muslimischen Türken, unter den Christen Frieden zu stiften.

Synagoge SYNAGOGE
(Zsinagóga; Karte S. 224; Kossuth tér; Erw./erm. 800/500 Ft; ⊙Mo–Fr 10–17 Uhr) Pécs' herrlich erhaltene konservative Synagoge befindet sich südlich vom Széchenyi tér am Kossuth tér. Sie wurde 1869 im romanischen Stil erbaut; eine siebenseitige Infobroschüre, die in elf Sprachen erhältlich ist, erklärt die Geschichte des Gebäudes und der jüdischen

Bevölkerung der Stadt. Etwa 2700 jüdische Bürger wurden im Mai 1944 in die Todeslager der Nazis deportiert; heute leben nur noch 150 Juden in Pécs. Die Bänke aus slawischer Eiche und die Angster-Orgel sind besonders sehenswert.

Frühchristliche Grabkapelle KIRCHE
(Ókeresztény sírkápolna; Karte S. 224; Szent István tér 12; Erw./erm. 600/300 Ft; ⊙ Di–So 10–18 Uhr) Die frühchristliche Grabkapelle wurde während der Recherchen zu diesem Reiseführer gerade restauriert. Sie datiert um 350 und weist Fresken auf, die Adam und Eva sowie Daniel in der Löwengrube darstellen. Zwei römische Grabstätten (s. rechts) liegen ein Stück weiter südlich.

Hassan Jakovali-Moschee MOSCHEE
(Hassan Jakovali mecset; Karte S. 224; Rákóczi út; Erw./erm. 1000/500 Ft; ⊙ Di–So 10–17.30, Fr während des Gottesdiensts 14.30–15.30 Uhr geschl.) In der zwischen zwei modernen Gebäuden eingeklemmten Moschee aus dem 16. Jh. mit einem Minarett finden noch Gebete statt. Innen befindet sich ein herrlicher Spiegelsaal, in dem sich die Bodenfliesen spiegeln, außerdem beeindrucken ein intakter *mihrab* und eine Ausstellung zur osmanischen Geschichte.

Fernsehturm TURM
(☏ 72-336 900; www.tvtoronypecs.hu; Erw./ Stud./4–14 Jahre 950/800/650 Ft; ⊙ So–Do 9–19, Fr & Sa bis 20 Uhr) Der 200 m hohe Fernsehturm thront oben auf dem 535 m hohen Misini-Hügel. An einem klaren Tag sieht man von der Aussichtsplattform Pécs mit seinen historischen Gebäuden, das blaue Band der Donau und das Mecsek-Gebirge. Zu erreichen mit dem Bus 34.

Ferencesek utcája FUSSGÄNGERZONE
(Karte S. 224) Eine der nettesten Fußgängerzonen, die Pécs zu bieten hat, die Ferencesek utcája; sie verläuft östlich vom Kórház tér zum Széchenyi tér. Hier beeindruckt die wunderschöne, barocke **Franziskanerkirche** aus dem Jahr 1760, aber auch ein Relikt aus der Zeit der Türken ist sehenswert: die eher bescheidenen Ruinen der **Pasha-Memi-Bäder** aus dem 16. Jh.

Cella Septichora-Besucherzentrum RUINEN
(Cella Septichora látogató központ; Karte S. 224; ☏ 72-224 755; www.pecsorokseg.hu; Janus Pannonius utca; Erw./erm. 1700/900 Ft; ⊙ April–Okt. Di–So 10–18 Uhr, Nov.–März Di–So bis 16 Uhr) Diese christliche Begräbnisstätte zeigt eine Reihe von christlichen Gräbern, die seit dem Jahr 2000 auf der Liste des Unesco-Weltkulturerbes stehen. Die Hauptattraktion ist das sogenannte **Jug-Mausoleum**, ein römisches Grab aus dem 4. Jh., das nach einem Gemälde benannt ist, das ein großes Trinkgefäß mit Weinreben zeigt.

Ruinengarten HEILIGE STÄTTE
(Romkert; Tettye) Einen Vorgeschmack auf das Mecsek-Gebirge bekommt, wer nordöstlich des Zentrums von Pécs nach Tettye und zum Ruinengarten spaziert – mehr ist von der ehemaligen Sommerresidenz des Bischofs, die im frühen 16. Jh. erbaut und später von türkischen Derwischen als Kloster genutzt wurde, nicht erhalten.

Historisches Museum MUSEUM
(Történeti múzeum; Karte S. 224; ☏ 72-310 165; www.jpm.hu; Felsőmalom utca 9; Erw./erm. 700/ 350 Ft; ⊙ Di–Sa 10–14 Uhr) Dieses faszinierende Museum in der ehemaligen Gerberei spürt auf zwei Etagen der Geschichte von Pécs nach, und zwar anhand von alten Trachten und Gewändern, Fotos und Exponaten, die durch die Zeit der türkischen Besatzung führen. Außerdem wird erklärt, wie der Kohlebergbau die Entwicklung der hiesigen Fabriken, darunter auch die Zsolnay-Porzellanfabrik, begünstigte.

Römische Begräbnisstätten RUINEN
(Karte S. 224; ☏ 72-224 755; Apáca utca 8 & 14; Erw./erm. 450/250 Ft; ⊙ Di–So 10–17 Uhr) Diese beiden antiken Begräbnisstätten beherbergen 110 Gräber. Das gesamte Areal zählt mittlerweile zum Unesco-Weltkulturerbe. Im Rahmen von Ausgrabungen wurden bis jetzt 16 Grabkammern und mehrere hundert Gräber freigelegt. Während der Recherchen zu diesem Reiseführer war die Stätte wegen Renovierungsmaßnahmen geschlossen.

Bischofspalast PALAST
(Püspöki palota; Karte S. 224; ☏ 72-513 057; Szent István tér 23; Erw./erm. 2000/1000 Ft; ⊙ Führungen April–Nov. Mo–Fr 10, 14 & 16 Uhr, Sa stündl. 9–12 Uhr) Der Bischofspalast aus dem Jahr 1770 mit überaus eingeschränkten Öffnungszeiten lässt sich nur im Rahmen einer Führung besichtigen. Einen Blick lohnt jedoch auch die Statue von Franz Liszt (Imre Varga, 1983), der neugierig über den Balkon des Palasts späht.

Wachturm TURM
(Barbakán; Karte S. 224; Esze Tamás utca 2; ⊙ Garten Mai–Sept. 7–20 Uhr, Okt.–April 9–17 Uhr) GRATIS

Der beeindruckende runde Wachturm mit einem hübschen Garten davor ist die einzige Wehranlage aus Stein, die sich in Pécs erhalten hat, und datiert aus dem späten 15. Jh.; der Wachturm wurde in den 1970er-Jahren restauriert.

Ferenc Martyn-Museum   MUSEUM
(Karte S. 224; 72-510 628; Káptalan utca 6; Mo–Fr 8–18 Uhr) GRATIS Ausgestellt sind Werke des in Pécs geborenen Malers und Bildhauers Ferenc Martyn (1899–1986). In letzter Zeit wurden hier auch Wechselausstellungen zu Chagall, Dalí und anderen Malern gezeigt.

Ethnografisches Museum   MUSEUM
(Néprajzi Múzeum; Karte S. 224; 72-315 629; www.jpm.hu; Rákóczi út 15; Erw./erm. 500/250 Ft; Di–Sa 10–16, So bis 18 Uhr) Hier gibt es Volkskunst der Magyaren, Deutschen und Südslawen aus dieser Region zu bestaunen.

 Feste & Events

Frühlingsfestival von Pécs   KULTUR
(www.pecsitavaszifesztival.hu; März) Ende März gibt es hier einen Monat lang ein kunterbuntes Programm quer durch den Gemüsegarten.

Internationale Kulturwoche   THEATER
(www.icwip.hu; Juli) Die Internationale Kulturwoche Ende Juli ist ein Studentenevent mit dem Schwerpunkt Theater.

Pécs-Tage   KULTUR
(www.pecsprogram.hu; Sept.) Das zehntägige Fest mit Musik und Tanz Ende September bietet auch ein paar Veranstaltungen, die mit dem Wein zu tun haben.

Europäisches Weinlied-Festival   MUSIK
(www.winesongfestival.hu; Sept.) Dieses Festival Ende September ist ausschließlich für Männerchöre gedacht.

Schlafen

Im Juli und August öffnen mehr als ein Dutzend weiterführende Schulen in Pécs ihre Pforten für Reisende; die Preise beginnen ab 5000 Ft für ein Bett in einem Mehrbettzimmer. Tourinform (S. 231) hält ein komplettes Verzeichnis bereit.

Pilgerhaus   GÄSTEHAUS €
(Karte S. 224; 72-513 057; http://pecsiegyhazmegye.hu/; Dóm tér 2; B 5000 Ft) Das beschauliche Gästehaus in der Nähe des Doms bietet nicht mehr und nicht weniger als einfach ein ruhiges Quartier zum Schlafen ohne sonderlichen Komfort. Die Zimmer sind für Frauen und Männer getrennt, und die Gäste können die Gemeinschaftsküche benutzen. Hier gibt es keinen Schnickschnack, aber die Unterkunft liegt zentral und ist preiswert. Im Voraus reservieren.

Nap Hostel   HOSTEL €
(Karte S. 224; 72-950 684; www.naphostel.com; Király utca 23-25; B 10–15 €, DZ 44 €; @) Das nette Hostel verfügt über drei Schlafsäle mit jeweils sechs bis acht Betten und über ein Doppelzimmer mit Waschbecken im ersten Stock einer ehemaligen Bank (1885). Eines der Sechsbettzimmer hat einen Eckbalkon, und hinter dem Haus verlockt ein kleiner Garten. Es ist eine große Gemeinschaftsküche vorhanden und eine tolle Bar (S. 230). Durch den Haupteingang der Bar kommt man hinein.

Pollack Mihály Kollégium   HOSTEL €
(Karte S. 224; 72-513 680; Jókai Mór utca 8; B ab 2400 Ft; Juli & Aug.;) Im Juli und August stellen viele weiterführende Schulen der Stadt Reisenden Quartiere zur Verfügung – so auch das Pollack Mihály Kollégium. Geboten werden spartanische Schlafsäle mit zwei bis fünf Betten.

★ Szinbád Panzió   PENSION €€
(Karte S. 224; 72-221 110; www.szinbadpanzio.hu; Klimó György utca 9; EZ/DZ ab 37/48 €;) Eine gemütliche Standardpension mit hervorragendem Service und gepflegten, schnuckeligen Zimmern mit Holzvertäfelung und Kabel-TV gleich vor den Mauern der Altstadt. Das Personal bereitet den Gästen einen herzlichen Empfang.

Hotel Főnix   HOTEL €€
(Karte S. 224; 72-311 680; www.fonixhotel.com; Hunyadi János út 2; EZ/DZ/Suite 8000/13 000/14 000 Ft;) Das Főnix wirkt wie ein Hotel, das für das Grundstück, auf dem es steht, irgendwie zu groß geraten ist. Einige der 13 Zimmer und Suiten sind nicht einmal geräumig genug, um einen Phönix hineinzubugsieren. Dennoch werden die Gäste herzlich willkommen geheißen, und die Moscheekirche befindet sich gleich in der Nähe. Zur Suite gehört eine große Terrasse.

Aranyhajó Fogadó   HOTEL €€
(Karte S. 224; 72-210 685; www.aranyhajo.hu; Király utca 3; EZ/DZ/3BZ ab 11 000/15 000/18 000 Ft;) Das Aranyhajó Fogadó behauptet von sich, das älteste Hotel Ungarns

zu sein, und wenn man sich das schöne mittelalterliche Gebäude so ansieht, könnte das auch wirklich stimmen. Die Zimmer sind traditionell möbliert und einfach, aber sauber und sehr ordentlich. Man fühlt sich ein bisschen wie bei der Oma daheim, und somit könnte das Hotel schon etwas aufgepeppt werden, und auch eine Klimaanlage wäre im Sommer willkommen. Ansonsten liegt es aber zentral und bietet viel fürs Geld.

★ Adele Boutique Hotel   BOUTIQUEHOTEL €€€
(Karte S. 224; ☏ 72-510 226; www.adelehotel.hu; Mária utca 15; EZ/DZ/Suite ab 66/73/109 €; ❅ ☏) Das reizende neue Boutiquehotel mit nur 19 Zimmern befindet sich in einem 200 Jahre alten historischen Gebäude mit Granitportal und ist sein Geld wirklich wert. Die Zimmer – alle in Creme- und Grautönen – sind groß und modern. Der Service ist aufmerksam und professionell, und das Frühstück ist üppig und abwechslungsreich. Obwohl das Hotel zentral gelegen ist, fühlen sich die Gäste nicht durch Straßenlärm gestört.

Hotel Arkadia   BOUTIQUEHOTEL €€€
(Karte S. 224; ☏ 72-512 550; www.hotelarkadia-pecs.hu; Hunyadi János út 1; EZ/DZ/3BZ 17 000/25 000/28 500 Ft; ❅ ☏) Dieses minimalistische Hotel verteilt sich auf zwei Gebäude. Die Gemeinschaftsbereiche mit bloßen Ziegelwänden sind mit Chrommöbeln und Corbusier-Betonmöbeln bestückt – einem engagierten Verfechter des Bauhauses. Die Zimmer weisen dasselbe Stilkonzept auf mit geraden Linien und klaren Farben, wobei dicke Überdecken und jede Menge Licht ihnen etwas Anheimelndes verleihen. Ein fensterloses Zimmer sollte man nicht buchen.

Diána Hotel   PENSION €€€
(Karte S. 224; ☏ 72-328 594; www.hoteldiana.hu; Tímár utca 4/a; EZ/DZ/Suite ab 12 000/17 000/25 000 Ft; ❅ ☏) Die sehr zentrale Pension bietet 20 tadellose Zimmer und zwei geräumige Suiten mit gemütlich-legerem Dekor, in denen man sich gleich wohlfühlt. Das Diána mit Blick auf die Synagoge ist eine gute Wahl, die Mitarbeiter sind total nett.

✗ Essen

Pécs bietet eine hervorragende und abwechslungsreiche Gastronomieszene. Ein paar Restaurants in der Altstadt sind wirklich einen Besuch wert, aber auch das Lokal im Zsolnay-Kulturzentrum ist ein ernsthafter Anwärter für die Auszeichnung als bestes Restaurant der Stadt.

★ Jókai Cukrászda   BÄCKEREI €
(Karte S. 224; ☏ 06 20 929 2025; www.facebook.com/jokaicuki/; Ferencesek utcája 6; Kuchen ab 700 Ft; ⊙ 10–21 Uhr) Die kunstvollen süßen Kreationen – Käsekuchen, Gebäck und Eclairs – in dieser neuen Bäckerei sind mit Abstand die besten der ganzen Stadt. Sogar die Makronen sind irgendwie magyarisiert – besonders empfehlenswert sind die mit Mohn und schwarzen Johannisbeeren.

Streat   BURGER €
(Karte S. 224; ☏ 06 30 880 0346; https://hu-hu.facebook.com/streatpecs; Király utca 35; Burger 700–1300 Ft; ⊙ Mo–Fr 8–20, Sa 9–20, So 10–16 Uhr) Das kleine Lokal verleiht ganz normalen Gerichten einen Hauch von Klasse. Auf der knappen, netten Speisekarte, die ein trendiges Jungvolk anlockt, stehen hervorragende selbst gemachte Burger – auch mit Schweineschulter, lecker! Aber selbst wer kein Fleisch mag, kommt mit dem Veggie-Burger hier voll auf seine Kosten.

Lebensmittelmarkt   MARKT €
(Zólyom utca; Sandwiches & Würstchen ab 800 Ft; ⊙ Di–So 10–18 Uhr) Der tolle Obst- und Gemüsemarkt von Pécs' befindet sich gleich neben dem Busbahnhof; an den Ständen, die sich drinnen aneinanderreihen, werden so gewaltige Sandwiches und Würstchen verkauft, dass man fast platzt.

Giuseppe   EIS €
(Karte S. 224; Ferencesek utcája 28; Kugel 200 Ft; ⊙ Mo–Fr 11–20, Sa & So 14–20 Uhr) Hier wird schon seit 1992 ein ganz spezielles, italienisches *lapátos fagyalt* serviert.

Interspar   SUPERMARKT €
(Nagy Lajos Király út, Árkád Einkaufszentrum; ⊙ Mo–Do & Sa 7–21, Fr bis 22, So 8–19 Uhr) Ein gut sortierter Supermarkt im Basement des Einkaufszentrums.

Mecsek   CAFÉ €
(Karte S. 224; ☏ 72-315 444; Széchenyi tér 16; Kuchen ab 395 Ft; ⊙ 9–21 Uhr) Eine von zwei Konditoreien am Hauptplatz, in der es süße Köstlichkeiten und viele Sorten Eis gibt.

Virág   CAFÉ €
(Karte S. 224; ☏ 72-313 793; Széchenyi tér; Kuchen ab 590 Ft; ⊙ 8–22 Uhr; ☏) Ein würdiger Mitstreiter um die Auszeichnung „der beste Kuchen und das beste Eis am Hauptplatz".

★ Bloff Bisztró   MEDITERRAN €€
(Karte S. 224; ☏ 72-497 469; Jokai tér 5; Hauptgerichte 1600–3800 Ft; ⊙ 11–1 Uhr) Dieses (über-

wiegende) Balkanrestaurant hat sich schnell eine solide Anhängerschaft in Pécs zugelegt. Das mag zum Teil an der superzentralen Lage liegen, aber mit Sicherheit ist dieser Erfolg auch der Qualität der einfachen, überzeugenden Gerichte geschuldet, also beispielsweise den fangfrischen, frittierten Sprotten mit Knoblauch und Petersilie, den *cevap* (Balkanwürstchen), dem Seeteufel sizilianischer Art – und dem flotten, freundlichen Service.

★ Jókai Bisztró UNGARISCH €€
(Karte S. 224; ☏ 06 20 360 7337; www.jokaibisztro.hu; Jókai tér 6; Hauptgerichte 1890–3580 Ft; ⊙ 11-24 Uhr) Dieses reizende Bistro mit schickem Design am Jókai tér ist sicher das beste in Pécs – und im Sommer ist ein Platz auf der Terrasse dementsprechend heißbegehrt. Die Speisekarte ist knapp, außergewöhnlich gut zusammengestellt und saisonal; an Gerichten gibt es etwa Welseintopf mit Nudeln oder Entenbrust in Kirsch-Portwein-Soße. Die meisten Zutaten kommen aus eigenem Anbau, und auch das Fleisch stammt von Tieren, die in der Nähe aufgezogen wurden.

Tex-Mex Mexikói Étterem TEX-MEX €€
(Karte S. 224; ☏ 72-215 427; www.tex-mex.hu; Teréz utca 10; Hauptgerichte 1800–2890 Ft; ⊙ Di-Sa 8-22 Uhr; ✈) Schon klar, da kommt der Gedanke auf: „Tex-Mex in Pécs? Muss nicht sein." Aber das Essen ist wirklich das einzig Wahre: Die Enchiladas, Burritos und Fajitas sind mit frischen Zutaten – und mit Liebe – zubereitet. Keine Ahnung, wo die ihre Avocados herkriegen, aber die Guacamole ist vom Feinsten. Besonders lecker schmecken die Papa Chulo Chimichangas.

Az Elefánthoz ITALIENISCH €€
(Karte S. 224; ☏ 72-216 055; www.elefantos.hu; Jókai tér 6; Hauptgerichte 2890–5900 Ft, Pizza 1100–3300 Ft; ✈) Dank seiner riesigen Terrasse und der hochwertigen italienischen Küche ist das „Beim Elefanten" eine zuverlässige Adresse für erstklassiges Essen im Zentrum von Pécs. Die Pizza aus dem Holzofen ist die beste der Stadt, und das Restaurant ist elegant, ohne hochgestochen zu sein.

Aranykacsa INTERNATIONAL €€
(Karte S. 224; ☏ 72-518 860; www.aranykacsa.hu; Teréz utca 4; Hauptgerichte 1620–3690 Ft; ⊙ Di-Do 11.30–22, Fr & Sa bis 24, So bis 16.30 Uhr) Dieses edle Wein-Restaurant ist stolz darauf, seine Gäste nach allen Regeln der Kunst zu verwöhnen. Im Zsolnay-Raum erwacht die glorreiche Vergangenheit zu neuem Leben. Das „Goldene Ente" galt lange Zeit als eine der besten Adressen der Stadt, hat sich jedoch eine Weile auf seinen Lorbeeren ausgeruht, was sich in der Qualität seiner typischen, aber nun leider suboptimalen Entengerichte bemerkbar macht. Das Ambiente ist sagenhaft, aber kulinarisch ist nicht mit einem Höhenflug zu rechnen.

★ Zsolnay Restaurant UNGARISCH €€€
(☏ 06 20 345 7000; http://zsolnayetterem.hu/; Zsolnay Vilmos utca 37; Hauptgerichte 2490–5990 Ft; ⊙ Di-Sa 11.30–22, So bis 17 Uhr) Der Star des Zsolnay-Kulturviertels (S. 223) ist dieses schicke Restaurant mit gestärkten weißen Leinentischdecken und Servietten, das zurecht um die Auszeichnung als bestes Speiselokal von Pécs wetteifert. Kreative Gerichte? In jedem Fall. Die Rinderbäckchen mit einer Füllung von Waldpilzen und die Himbeersuppe sind wirklich etwas Besonderes. Der Service? Professionell; die Mitarbeiter sind auf Wunsch gerne bereit, den passenden Wein auszuwählen. Perfekt.

Korhely Pub UNGARISCH €€€
(Karte S. 224; ☏ 72-535 916; www.korhelypub.hu; Boltív köz 2; Hauptgerichte 2190–6890 Ft; ⊙ 11.30–23 Uhr) In dieser unglaublich beliebten *csapszék* (Taverne) mit dem Namen „Tippelbruder" stehen Erdnüsse auf dem Tisch, Stroh liegt auf dem Boden, es gibt ein halbes Dutzend Sorten Bier vom Fass – und das alles in einem irgendwie retro-sozialistischen Ambiente mit südamerikanischem Touch. Und die Rechnung geht auf. Das Restaurant ist auf den *Game of Thrones*-Wagen aufgesprungen und serviert üppige Portionen von Köstlichkeiten wie Ned Stark's Favourite, Sir Loin of Stripes und Deeractor's Cut. Es dominieren Fleischgerichte.

🍷 Ausgehen & Nachtleben

Zahlreiche Kneipen und Bars säumen die Király utca und die Straßen in der Umgebung. Craft-Bier charakterisiert die Trinkkultur, aber man bekommt hier auch hervorragende Weine aus der Region und einen anständigen Kaffee. Pécs ist eine große Universitätsstadt mit einem netten Nachtleben, aber man sollte nicht davon ausgehen, dass es im Sommer hier nur so brummt – dann ist in dieser Gegend nämlich Nebensaison.

★ Egylet Craft-Bier-Kneipe CRAFT-BIER
(Karte S. 224; ☏ 06 20 350 8919; www.facebook.com/egylet; Ferencesek utcája 32; ⊙ Mo-Sa 11.30–24, So bis 22 Uhr) Es ist selten der Fall,

dass ein Lokal praktisch auf drei Hochzeiten gleichzeitig mit Erfolg tanzt, doch das Egylet schafft das mit viel Fingerspitzengefühl: Das Lokal ist vorwiegend eine Craft-Bier-Kneipe mit zwölf immer wieder anderen ungarischen Bieren vom Fass. Es ist auch ein prima Lokal, um sich Fleisch vom Grill (überwiegend Balkanart – vgl. die Karte an der Wand) schmecken zu lassen. Und obendrein ist der Kaffee hier super. Volle Punktzahl.

★ Pécsi Kávé KAFFEE

(Karte S. 224; 72-951 586; www.facebook.com/pecsikave; Irgalmasok utca 6; Mo–Fr 7–20, Sa & So 9–20 Uhr) Etwas versteckt in einem begrünten Hof befindet sich eines der besten Kaffeehäuser, die Pécs zu bieten hat. Innen präsentiert sich das Pécsi als eine kuriose Mischung aus einem Studierzimmer (samt netten Leselampen) und einer Bar mit einer altmodischen Waage mit Waagschalen und Säcken mit gerösteten Kaffeebohnen. An einem lauen Tag macht es Spaß, im Garten eine Kraftbrühe zu genießen oder eine sagenhafte Minze-Limonade zu trinken.

★ Csinos Presszó RUINENKNEIPE

(Karte S. 224; 06 30 357 0004; www.facebook.com/csinospresszo; Váradi Antal utca 8; Mo–Do 10–24, Fr & Sa 12–2, So 12–24 Uhr) Am Garten mit durcheinandergewürfelten Möbeln in leuchtenden Pastellfarben und Weihnachtslämpchen an den Bäumen ist gleich zu erkennen, weshalb das Csinos jede Menge Stammgäste anlockt. Eine kleine Speisekarte mit Snacks ergänzt die einfallsreiche Getränkekarte (mehrere Liköre sind hausgemacht), und am Nachmittag bietet sich das Lokal auch an, um einen Kaffee zu trinken und auf Pause umzuschalten.

★ Amper Klub CLUB

(06 20 667 8800; www.amperklub.hu; Czindery utca 6; Fr & Sa 10–17 Uhr) Dieser große Club wurde unlängst mit einem Soundsystem vom Feinsten aufgepeppt. Es legen die ganze Nacht DJs mit illustren Gast-DJs auf. Jedenfalls lockt der Club überwiegend ein trendiges Volk in den Zwanzigern an, das zu House und Techno abtanzt, Cocktails schlürft und im Garten draußen zur Schau stellt, was es bedeutet, gut auszusehen.

Karavella CRAFT-BIER

(Karte S. 224; 06 30 953 3363; www.facebook.com/karavellapecs; Kazinczy utca 3; So–Do 14–24, Fr & Sa bis 16 Uhr) Die gemütliche Bar mit einer kuriosen Holzdecke in der Form eines Bootes ist ein sicherer Hafen für Freunde von gutem Bier. Neben Craft-Bieren aus ganz Ungarn gibt es auch internationale Marken und das Personal an der Bar hat gute Empfehlungen auf Lager. Eine Empfehlung allerdings sollte das Karavella beherzigen: anständige Musik auflegen! Dann wird aus dieser guten Bar nämlich gleich eine richtig tolle.

Filter KAFFEE, WEINBAR

(Karte S. 224; 06 30 222 7650; www.facebook.com/filtercafepecs; Színház tér; Mo–Sa 10–22, So bis 20 Uhr) „Kaffeetrinken ist sexy" steht auf dem Schild dieses Lokals in der Größe eines Fingerhuts. Stimmt. Aber ist das jetzt ein Café? Oder eine Weinbar? Eigentlich wohl eine Mischung aus beidem. Es gibt sorgsam ausgewählte offene Weine aus der Region, und die zentrale Lage ist auch prima, um Leute zu beobachten.

Cooltour Café CAFÉ

(Karte S. 224; 72-310 440; http://cooltourcafe.hu; Király utca 26; Di–So 11–24, Mi & Do bis 2, Fr & Sa bis 3 Uhr) Das Cooltour verkörpert so vieles, was cool ist, dass man gar nicht sagen kann, was an diesem Lokal am besten ist. Es ist eine sogenannte Ruinenkneipe, die jedoch den ganzen Tag geöffnet hat und sich sowohl für einen Kaffee und einen Snack als auch für einen Cocktail anbietet. Es liegt an der Hauptverkehrsstraße, aber im Garten hinter dem Haus fühlt man sich wie in einem Geheimversteck. Ab und zu gibt es abends Livemusik und Feten.

Tüke Borház WEINBAR

(06 20 317 8178; www.tukeborhaz.hu; Böckh János utca 39/2; Do & Fr 16–22, Sa 12–20, So 12–19 Uhr) Diese Weinbar liegt etwas versteckt in einem Steingebäude in den Hügeln oberhalb von Pécs und bietet eine sagenhafte Auswahl an Weinen aus der Region, die von den reizenden und fachkundigen Mitarbeitern serviert werden. Von der großzügigen Terrasse beeindruckt der Panoramablick über die Stadt. Und wenn der Magen knurrt, kommen kalter Braten und Grillfleisch gerade recht.

Nappali Bár BAR

(Karte S. 224; 72-585 705; www.facebook.com/nappali.bar; Király utca 23-25; 10–2 Uhr) An lauen Abenden sind die Tische draußen schnell vergeben. Die Nappali Bár zählt nämlich zu den hippsten Treffs in der Stadt, um zu frühstücken, einen Kaffee oder auch ein Glas Wein zu trinken. An manchen Abenden wird Livemusik gespielt.

Club 5 Music Pub CLUB
(Karte S. 224; ☎ 06 20 535 5090, 72-212 621; Irgalmasok utca 24; ⊙ Di–Do 19–2, Fr & Sa bis 4 Uhr) Diese Bar im Basement liegt etwas versteckt und ist gar nicht so einfach zu finden. An den Wochenenden verwandelt sie sich dann in einen kleinen – und sehr zentral gelegenen – Club.

Káptalani Borozó WEINBAR
(Karte S. 224; Janus Pannonius utca 8-10; ⊙ Mo–Sa 10–2, So bis 24 Uhr) Diese witzige kleine „Weinbar" gegenüber des Csontváry-Museums besitzt eine kleine Terrasse mit Tischen im Freien, die sich neben einer frühchristlichen Stätte befindet. Serviert wird hier weißer Cirfandli, eine Rebsorte aus dem Mecsek-Gebirge, in Hülle und Fülle.

Die Vorhängeschlösser am Tor ein Stück weiter unten an der Straße haben alle eine Geschichte zu erzählen.

☆ Unterhaltung

Pécs ist eine ausgewiesene Kulturhochburg. Die Liste an Theatern und Konzertsälen ist lang für eine Stadt dieser Größe. Hier ist fast das ganze Jahr über etwas los, das sich anzuschauen oder anzuhören lohnt.

Chamber Theatre THEATER
(Kamaraszínház; Karte S. 207; ☎ 72-512 660; www.pnsz.hu; Perczel Mór utca; Eintrittskarten 1000–3000 Ft) Eine intime, kleine Experimentierbühne neben dem Nationaltheater von Pécs gelegen.

Pécs Nationaltheater THEATER
(Pécsi nemzeti színház; Karte S. 224; ☎ 72-512 660, Theaterkasse 72-211 965; www.pnsz.hu; Színház tér 1; Eintrittskarten 1000–2800 Ft; ⊙ Theaterkasse Mo–Fr 10–17 Uhr, Sa & So 1 Std. vor Vorstellungsbeginn) Pécs ist berühmt für sein Opernensemble und das Sophianae-Ballett, die beide in diesem Theater ihre Spielstätte haben. An der Theaterkasse sind im Vorverkauf Eintrittskarten erhältlich.

Bóbita-Puppentheater THEATER
(Bóbit Bábszínház; Karte S. 224; ☎ 72-210 301; www.bobita.hu; Felsővámház utca 50, im Zsolnay-Kulturviertel; Vorstellungen Großer Saal 1000 Ft, Kammerzimmer 900 Ft, Puppenmuseum 400 Ft) Hier würde John Malkovich mit Freuden auftreten. Das Bóbita ist nicht nur für Kinder gedacht, sondern es gibt auch Vorstellungen ausschließlich für erwachsenes Publikum. Es wird hier außerdem Kunst- und Kunsthandwerksunterricht für Kinder angeboten.

Shoppen

Sonntagsflohmarkt MARKT
(Vásár tér; ⊙ 5–18 Uhr) Der Flohmarkt am Sonntag, rund 3 km südwestlich der Innenstadt in der Megyeri út, lockt Leute von Land an, und zwar vor allem am ersten Sonntag eines Monats. Hier kann man toll stöbern, aber auch einfach herumhängen und die Atmosphäre genießen – und das leckere Essen!

❶ Praktische Informationen
Tourinform (Karte S. 224; ☎ 06 30 681 7195; www.iranypecs.hu; Széchenyi tér; ⊙ April–Okt. Mo–Fr 8–20, Sa 9–20, So 10–18 Uhr, Nov.–März Mo–Fr 8–20, Sa & So 10–18 Uhr) Die Mitarbeiter hier kennen sich wirklich gut aus, und es gibt jede Menge Infos zu Pécs und der Umgebung.

❶ An- & Weiterreise
Pannon Volán Taxi (☎ 72-333 333) Renommiertes Taxiunternehmen.

BUS & ZUG
Zu den Bussen, die am Busbahnhof von Pécs abfahren, siehe Fahrplan auf der nächsten Seite. Bis zu neun Züge pro Tag verkehren von Pécs direkt zum Budapester Keleti-Bahnhof (4485 Ft, 3 Std., 237 km). Die meisten Fahrtziele in Süd-Transdanubien lassen sich am besten mit dem Bus erreichen.

❶ Unterwegs vor Ort
➜ Die Busse 3 und 50 vom Bahnhof sind praktisch, um zum Flohmarkt zu fahren.
➜ Der Bus 20A verkehrt zum Zsolnay-Kulturviertel.
➜ Der Bus 35 fährt zum Fernsehturm.
➜ Es besteht auch die Möglichkeit, vor Ort ein Taxi zu rufen.

Mohács
☎ 69 / 17 355 EW.

Mohács ist eine verschlafene kleine Hafenstadt an der Donau, die eigentlich nur zum quirligen Busójárás-Festival, das alljährlich Ende Februar oder im März stattfindet, so richtig zum Leben erwacht. Aber Leute, die sich für Geschichte interessieren, wollen das Städtchen sicherlich nicht versäumen: Aufgrund seiner wichtigen Rolle in der ungarischen Geschichte ist der Besuch ein Muss. Und zu guter Letzt ist Mohács auch ein prima Ausgangspunkt, um die Mohács-Bóly-Weißweinstraße zu erkunden.

BUSSE AB PÉCS

REISEZIEL	FAHRPREIS	FAHRZEIT	KM	HÄUFIGKEIT
Budapest	3690 Ft	4½ Std.	215	5-mal tgl.
Győr	4200 Ft	4½ Std.	256	2-mal tgl.
Kecskemét	3410 Ft	4¼ Std.	200	tgl.
Keszthely	2830 Ft	3½ Std.	152	bis zu 4-mal tgl.
Mohács	930 Ft	1¼ Std.	48	bis zu 19-mal tgl.
Szeged	3690 Ft	3½ Std.	207	2-mal tgl.

Sehenswertes

Historische Gedenkstätte Mohács   GEDENKSTÄTTE

(Mohácsi Történelmi Emlékhely; 06 20 918 2779, 69-382 130; www.mohacsiemlekhely.hu; 1 km ab der Rte 56; Erw./erm. 1500/1200 Ft; April–Ende Okt. 9–18 Uhr, Ende Okt.–März bis 16 Uhr) Die Niederlage, die das osmanische Heer der bunt zusammengewürfelten ungarischen Armee am 29. August 1526 in Mohács zufügte, gilt als Wendepunkt in der Geschichte der Nation, und die Auswirkungen sind bis zum heutigen Tage spürbar. Damit einher gingen der Zerfall des ungarischen Reiches und die Fremdherrschaft, die fast fünf Jahrhunderte andauern sollte. Das kleine Besucherzentrum befindet sich 6 km südwestlich der Stadt in Sátorhely. Zu sehen sind gut gemachte Bilder der Schlacht, die auf die Wände projiziert werden, eine Abteilung mit archäologischen Relikten sowie Holzmarkierungen im Freien, die die ungarische und die türkische Seite kennzeichnen.

Das Besucherzentrum wurde ursprünglich 1976 zur Erinnerung an den 450. Jahrestag der Schlacht von Mohács eröffnet. Die Gedenkstätte ist aber auch ein angemessenes Mahnmal für die Toten in einem Massengrab, das erst Anfang der 1970er-Jahre entdeckt wurde.

Dorottya Kanizsai-Museum   MUSEUM

(69-306 604; www.kanizsaidorottyamuzeum.hu; Városház utca 1; Erw./erm. 1000/600 Ft; April–Okt. Di–Sa 10–15 Uhr) Dieses reizende Museum zeigt eine umfangreiche Sammlung von Trachten der Schokatzen, Slowenen, Serben, Kroaten, Bosnier und Schwaben, die das verwüstete Land im 17. Jh. wieder besiedelten. Die charakteristischen grau-schwarzen Töpferwaren von Mohács werden ebenfalls präsentiert. Besonders interessant ist aber wohl die erstaunlich ausgewogene Ausstellung, die sich der richtungsweisenden Schlacht von 1526 gegen die Türken widmet; beide Seiten erhalten hier die Gelegenheit, die Geschehnisse aus ihrer jeweiligen Sicht darzustellen.

Busóház   MUSEUM

(69-302 677; Kossuth Lajos utca 54; Erw./erm. 400/250 Ft; Mo–Fr 9–17 Uhr) Wer am Busójárás-Festival kurz vor der Fastenzeit nicht teilnehmen kann, sollte dem Busóház einen Besuch abstatten. Das Museum erzählt die Geschichte des Festivals von seinen Ursprüngen als südslawischer Frühlingsritus bis hin zum Mummenschanz mit fantasievollen Kostümen, der sich gegen den einstigen Feind, die Osmanen, wendet. Die furchterregenden Teufels- und Schafsbockmasken sind in einer nicht minder furchterregenden Ausstellung zu bestaunen.

Feste & Events

★ Busójárás   KULTUR

Dieses Festival vor der Fastenzeit ohne jeglichen Faschingsklamauk findet Ende Februar oder im März statt. Männer im Schafsfell mit furchterregenden Holzmasken mit Hörnern *(busós)* ziehen durch die Stadt (am Sonntag vor Aschermittwoch), um den Winter zu vertreiben und den Frühling willkommen zu heißen.

Praktische Informationen

Tourinform (69-505 515; www.mohacs.hu; Széchenyi ter 1; Mitte Juni–Mitte Sept. Mo–Fr 7.30–17, Sa 10–15 Uhr, Mitte Sept.–Mitte Juni Mo–Fr 8–16 Uhr) Die Touristeninformation ist im maurischen Rathaus im Stadtzentrum untergebracht. Hier ist ein Faltblatt zur Mohács-Bóly-Weißwein-Route erhältlich. Es enthält etwa ein Dutzend Dörfer in der Umgebung, in denen man diesen edlen Tropfen probieren kann.

An- & Weiterreise

Es gibt nicht so viele Busverbindungen ab Mohács wie von anderen Städten, aber nach Pécs (930 Ft, 1¼ Std., 48 km) fahren bis zu tt19 Busse am Tag.

Die Große Tiefebene

➜ Inhalt

Debrecen	235
Nationalpark Hortobágy	241
Kecskemét	245
Nationalpark Kiskunság	251
Szeged	252

Gut essen

- ➜ Ikon (S. 239)
- ➜ Tiszavirág Restaurant (S. 258)
- ➜ Hortobágyi Csárda (S. 244)
- ➜ Malata (S. 258)
- ➜ Tepsi Gastropub (S. 249)

Schön übernachten

- ➜ Tiszavirág Hotel (S. 257)
- ➜ Fábián Panzió (S. 248)
- ➜ Régi Posta (S. 238)
- ➜ Sóvirág Vendégház (S. 244)
- ➜ Centrum Panzió (S. 238)

Auf in die Große Tiefebene!

Wie das Outback der Australier oder der Wilde Westen der Amerikaner, so übt auch die Nagyalföld (Große Tiefebene) – oder Puszta – eine starke romantische Anziehungskraft auf die Ungarn aus. Dieser Reiz hat ebenso sehr mit kollektiven Mythen wie auch mit ihrer Geschichte zu tun, aber unbestritten bleibt das magische Potenzial, über das ein Land unter so weitem Himmel verfügt. In der Hortobágy-Region entstand der Mythos vom einsamen *pásztor* (Schäfer), dem *csárda* (Gasthaus) am Wegesrand und Geigen spielenden Zigeunern, die in Literatur und Kunst lebendig gehalten werden. Im Hortobágy Nationalpark werden die ländlichen Traditionen in den Reitvorführungen lebendig gehalten, und in Bugac erfahren die Besucher mehr über das Leben in der ungarischen Tiefebene. Aber auch Städte mit anmutiger Architektur und langer Geschichte liegen in der Großen Tiefebene. Szeged beispielsweise ist ein Kunst- und Kulturzentrum, und Kecskemét hält Jugendstil-Perlen bereit, während Debrecen als das „Rom des Calvinismus" gilt.

Reisezeit
Szolnok

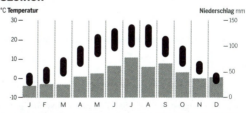

April–Mai Eine herrliche Zeit. Jetzt wird das Weideland lebendig, und alles beginnt zu blühen.

Juli–Aug. Der Sommer ist die Saison für Outdoor-Aktivitäten und Festivals in Debrecen.

Sept.–Okt. In Szeged erwacht die Nacht mit der Rückkehr der Studenten erneut zum Leben.

Highlights

❶ Hortobágy Nationalpark (S. 241) Vögel beobachten und den gleichnamigen, mit Fleisch gefüllten Pfannkuchen in einem jahrhundertealten Gasthof probieren.

❷ Kecskemét (S. 245) Die wundervolle Jugendstil-Architektur und die hübschen Fußgängerplätze genießen.

❸ Szeged (S. 252) Bootfahren auf der Theiß (Tisza), um die Kulturstadt einmal aus einer ganz anderen Perspektive zu erleben.

❹ Kiskunság Nationalpark (S. 252) Die Erde unter den Füßen beben spüren, wenn ein ungarischer Puszta-Cowboy in einer Reitvorführung auf dem Rücken zweier Pferde vorbeigaloppiert.

❺ Debrecen (S. 235) Die Erhabenheit der Großen Reformierten Kirche bewundern, Ungarns größtem protestantischen Gotteshaus.

Debrecen

♪ 52 / 203 000 EW.

Debrecen ist Ungarns zweitgrößte Stadt, und ihr Name gilt schon seit dem 16. Jh. als Synonym für Wohlstand und Konservatismus. Kossuth tér, der Hauptplatz Debrecens, wird von der goldenen Großen Reformierten Kirche und dem historischen Aranybika Hotel gesäumt und prägt den deutlich kultivierten Ton der Stadt. Im Sommer finden hier regelmäßig Straßenfestivals statt, und die Feiernden bevölkern die Fußgängerzone im Herzen Debrecens, während die zahlreichen Bars und Nachtclubs an den Wochenenden das ganze Jahr über ein lebhaftes Ambiente für Nachtschwärmer bieten. Die Auswahl an Museen und Thermalbädern in dieser „Hauptstadt der Großen Tiefebene" sorgt noch weitere ein oder zwei Tage für Abwechslung, aber spätestens dann wird es Zeit für einen Ausflug in die *weite Ebene*, um dort die Wunder der Natur zu erkunden und eine der legendären „Puszta-Cowboy-Shows" zu sehen.

Geschichte

Die Gegend um Debrecen ist schon seit frühesten Zeiten besiedelt. Als die Magyaren Ende des 9. Jhs. hierher gelangten, fanden sie bereits eine Siedlung der Slowaken vor. Diese nannten die Region Dobre Zliem wegen ihres „guten Bodens". Debrecens Wohlstand gründete sich auf Salz, den Pelzhandel und die Viehzucht. Während des Mittelalters wuchs der Reichtum weiter, in Zeiten der türkischen Besatzung sogar noch mehr als zuvor; die Stadt hielt alle Seiten bei Laune, indem sie den osmanischen, habsburgischen und transsilvanischen Fürsten gleichermaßen Anerkennung zollte.

Mitte des 16. Jhs. war ein Großteil der Bevölkerung zum Protestantismus konvertiert, und eifrig wurden neue Kirchen gebaut, was der Stadt den Spitznamen „Rom des Calvinismus" einbrachte. Debrecen spielte 1848/49 während des Unabhängigkeitskrieges eine entscheidende Rolle, und Ende des 19. und Anfang des 20. Jhs. erlebte es einen bedeutenden Bauboom.

⊙ Sehenswertes

Es ist schon ein Hochgenuss, allein die Piac utca und ihre Nebenstraßen entlangzuschlendern mit ihrem Reichtum an neoklassizistischen, barocken und Jugendstil-Gebäuden.

Große Reformierte Kirche KIRCHE
(Nagytemplom; ♪ 52-412 694; www.nagytemplom.hu; Piac utca 4-6; Erw./erm. 500/400 Ft; ⊙ Juli & Aug. Mo–Fr 9–18, Sa 10–13, So 12–16 Uhr, April–Juni, Sept. & Okt. Mo–Fr 9–18 Uhr, Nov.–März Mo–Fr 10–13 Uhr) Die symbolträchtige Große Reformierte Kirche wurde 1822 errichtet. Sie kann 3000 Gläubige aufnehmen und ist Ungarns größtes protestantisches Gotteshaus. Abgesehen von der prachtvollen Orgel ist das Kirchenschiff ziemlich streng gehalten. Wer die 210 Stufen zum Westturm erklimmt, wird mit einem großartigen Ausblick über die Stadt und auf die 4,6 t schwere Rákóczi-Glocke belohnt. Hier in der Großen Kirche erklärte Lajos Kossuth am 14. April 1849 Ungarns Unabhängigkeit von Österreich. Im Inneren befinden sich mehrere Ausstellungsräume.

Reformiertes Kollegium BIBLIOTHEK
(Református Kollégium; ♪ 52-614 370; www.reformatuskollegium.ttre.hu; Kálvin tér 16; Erw./erm. 900/500 Ft; ⊙ Mo–Fr 10–16, Sa 10–13 Uhr) Nördlich der Großen Kirche befindet sich das Reformierte Kollegium, das 1816 an der Stelle eines theologischen Kollegiums aus dem 16. Jh. errichtet wurde. Unten sind sakrale Kunst und Objekte ausgestellt (darunter ein Abendmahlskelch aus dem 17. Jh., der aus einer Kokosnuss gefertigt ist), außerdem erzählt das Museum von der reglementierten Geschichte der Schule. Eine märchenhaft bemalte Treppe führt nach oben in die 600 000 Bände umfassende Bibliothek mit ihren grünen Säulen und zum hellen, weißen Betsaal (Oratorium), in dem 1849 die provisorische Landesversammlung abgehalten wurde.

Hier trat im Jahr 1944, gegen Ende des Zweiten Weltkriegs, auch Ungarns Parlament zusammen.

Déri-Museum MUSEUM
(♪ 52-322 207; www.derimuz.hu; Déri tér 1; Erw./Kind 2000/1000 Ft; ⊙ Di–So 10–18 Uhr) Folkloristische Stücke im Déri Museum geben einen ausgezeichneten Einblick in das Leben der Bewohner bis ins 19. Jh. sowohl der Tiefebene als auch der bürgerlichen Schicht Debrecens. Mihály Munkácsys mythische Darstellung der Hortobágy-Landschaft und seine *Christus-Trilogie* nehmen einen Ehrenplatz ein in der eigens für sie errichteten Galerie. Der Eingang des Museums ist von vier herrlichen Bronzefiguren des Bildhauers Ferenc Medgyessy flankiert, eines lokalen Künstlers, der sich sein eigenes Gedenk-

Debrecen

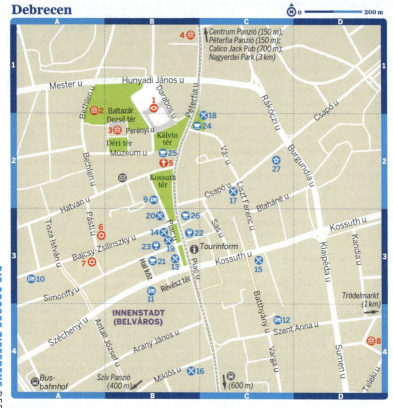

museum (S. 237) in einem alten Bürgerhaus ein Stückchen weiter im Nordosten redlich verdient hat.

Orthodoxe Synagoge in der Pászti-Straße
SYNAGOGE

(Pásti Utcai Orthodox Zsinagóga; ☎ 06 30 846 1703, 52-415 861; http://dzsh.hu/en; Pászti utca 4–6; Erw./Kind 1200/600 Ft; ⊙ Mo–Fr 8–16 Uhr) Diese wunderhübsche pinkfarbene Synagoge aus dem Jahre 1893 wurde komplett renoviert und ist nun wieder für die Öffentlichkeit zugänglich. Im Untergeschoss finden sich die Überreste einer Mikwe. Im Innenhof steht ein Holocaust-Mahnmal mit den Namen der Einheimischen, die in Konzentrationslagern starben.

Status-Quo-Ante-Synagoge
SYNAGOGE

(Status Quo Ante Zsinagóga; ☎ 52-415 861; Kápolnási utca 1) Gegen Ende des Zweiten Weltkriegs lebten etwa 12 000 Juden in Debrecen. Diese Synagoge der konservativen Status-quo-antus-Gemeinde unmittelbar südlich der Bajcsy-Zsilinszky utca datiert aus dem Jahre 1909 und wird heute wieder genutzt.

Tímárház
GALERIE

(Tannerhaus; ☎ 52-321 260; www.debrecenimuvkozpont.hu; Nagy Gál István utca 6; Erw./Kind 400/200 Ft; ⊙ Di–Fr 10–18, Sa 10–14 Uhr) Östlich vom Stadtzentrum liegt das Tímárház, Zentrum für Kunsthandwerk und Werkstatt, das von Debrecens Kulturzentrum geleitet wird. Hier stellen Töpfer, Käser, Weber und Schnitzer (aber keine Gerber) abwechselnd ihre Produkte her.

Zentrum für Moderne & Zeitgenössische Kunst
MUSEUM

(MODEM, Modern és Kortárs Művészeti Központ; ☎ 52-525 010; www.modermart.hu; Baltazár Dezső tér 1–3; Erw./Kind 1800/900 Ft; ⊙ Di–So 10–18 Uhr) Ungarns zweitgrößte Galerie für Zeitgenössische Kunst nach dem Ludwig

Debrecen

Sehenswertes
- 1 Reformiertes Kollegium B1
- 2 Zentrum für Moderne & Zeitgenössische Kunst......................A1
- 3 Déri Museum B2
- 4 Ferenc-Medgyessy-Gedenkmuseum..B1
- 5 Große Reformierte Kirche B2
- 6 Orthodoxe Synagoge der Pászti-Straße A3
- 7 Status-Quo-Ante-Synagoge A3
- 8 Tímárház D4

Schlafen
- 9 Aranybika B2
- 10 Belvárosi Panzió A3
- 11 Régi Posta B3
- 12 Stop Panzió C4

Essen
- 13 Belga B3
- 14 Bonita Bisztró B3
- 15 Csokonai Étterem C3
- 16 Flaska Vendéglő B4
- 17 Obst- & Gemüsemarkt C2
- 18 Gilbert Pizzeria C2
- 19 Ikon B3
- 20 Ikon Street B3

Ausgehen & Nachtleben
- 21 Cut & Coffee B3
- 22 DiVino B3
- 23 Drazsé Bár B3
- 24 Gara Cukrászda B2
- 25 Karakter 1517 ....B2
- 26 Volt Egyszer B3

Unterhaltung
- 27 Roncs Bár C2

Museum in Budapest, das sogenannte MODEM, beherbergt die bedeutendste private Kunstsammlung des Landes.

Ferenc-Medgyessy-Gedenkmuseum MUSEUM
(Medgyessy Ferenc Emlékmúzeum; ☏ 52-413 572; www.derimuzeum.hu/en/for-visitors/permanent-exhibitions/ferencz-medgyessy-memorial-museum; Péterfia utca 28; Erw./Kind 600/300 Ft; ◎ Di–So 10–18 Uhr) Das Gedenkmuseum für den einheimischen Bildhauer Ferenc Medgyessy befindet sich in einem alten Bürgerhaus nordöstlich des Déri Museums (S. 235); der Eingang zum Museum wird von vier prachtvollen Bronzestatuen des Künstlers flankiert.

Aktivitäten

Aquaticum THERMALBÄDER
(Aquaticum Termálfürdő; ☏ 52-514 174; www.aquaticum.hu; Nagyerdei Park 1; Erw./Kind ab 1900/1550 Ft; ◎ 7–21 Uhr) Eine massive Runderneuerung hat die Pools der alten Thermalbäder mit ihrem ungefilterten (will heißen: schlammfarbenen) Wasser in makellos klare Jungbrunnen verwandelt – oder zumindest ist es das, worauf die Badenden hoffen. Die Becken befinden sich neben dem Aquaticum Wellness Hotel.

Aquaticum Debrecen Spa WELLNESS
(☏ 52-514 111; www.aquaticum.hu; Nagyerdei Park 1; Erw./erm. 3000/2450 Ft; ◎ 9–19 Uhr) Hauptattraktion im Nagyerdei Park nördlich des Stadtzentrums ist das Aquaticum, ein riesiger Komplex mit „Mediterranen Abenteuerbecken", die alle nur möglichen Sorten von Rutschen, Wasserfällen und Grotten zu bieten haben – sowohl drinnen als auch draußen. Auch Massagen in allen nur erdenklichen Varianten (ab 1700 Ft für 25 Min.) und andere Anwendungen werden angeboten.

 Feste & Events

Masken-Karneval KARNEVAL
(◎ Feb./März) Festival mit Kostümbällen unmittelbar vor der am Aschermittwoch beginnenden Fastenzeit.

Frühlingsfest DARSTELLENDE KÜNSTE
(◎ März–April) Kunstfestival von Mitte März bis Mitte April mit Darbietungen zu den Themen Musik, Theater, Ausstellungen, Filme und Literatur.

Blumenfestival PARADE
(www.iranydebrecen.hu/info/flower-carnival; ◎ Aug.) Die Urmutter aller Festivals in Debrecen ist die einwöchige Blumenkirmes, die alljährlich Mitte August stattfindet und in deren Rahmen auch eine Blumenparade abgehalten wird.

Wein & Jazz-Festival WEIN, MUSIK
(◎ Aug) Guter Wein und gute Musik prägen dieses Festival, das an vier Tagen Anfang August stattfindet.

🛏 Schlafen

Jede Menge Unterkünfte in den Schlafsälen der Hochschulen sind im Juli und August verfügbar; bei **Tourinform** (☎ 52-412 250; www.iranydebrecen.hu; Piac utca 20; ⊙ ganzjährig Mo–Fr 9–17, plus Juni–Aug. Sa 9–13 Uhr) nach den Einzelheiten fragen. Ansonsten bietet Debrecen ein breites Spektrum an Schlafmöglichkeiten, vor allem Übernachtungen mit Frühstück.

★ Centrum Panzió — PENSION €

(☎ 52-442 843; www.panziocentrum.hu; Péterfia utca 37/a; EZ/DZ 7700/9200 Ft; ✱ 🛜) Unmittelbar nördlich des Zentrums liegt das Centrum Panzió, das ein wenig an das Haus einer alten Dame erinnert – sofern sie eine leidenschaftliche Sammlerin von viktorianischem Schnickschnack ist. Geblümter Krimskrams schmückt die Rezeption und die Gemeinschaftsbereiche; einige der 25 großen Zimmer gehen nach hinten raus (z. B. Zimmer 15) mit Blick auf den Garten. Alle Räume sind mit kleinem Kühlschrank und Mikrowelle ausgestattet. Einen Fahrradverleih gibt es auch.

Szív Panzió — PENSION €

(Herz Pension; ☎ 52-322 200; www.szivpanzio.hu; Szív utca 11; EZ/DZ/Apt. 5800/7800/12 800 Ft; ✱ 🛜) In einer Pension an einer von Bäumen gesäumten Straße in der Nähe des Busbahnhofs zu wohnen, ist praktisch im Hinblick auf Tagesausflüge, allerdings liegt es ein wenig abseits vom Geschehen. Die 16 schlichten Zimmer verfügen über niedrige Betten und gut gefüllte Minibars; die meisten gehen auf einen großen, ruhigen Innenhof hinaus.

Péterfia Panzió — PENSION €€

(☎ 52-418 246; www.peterfiapanzio.hu; Péterfia utca 37/b; EZ/DZ 8300/10 000 Ft; ✱ 🛜) Die 19 behaglichen Zimmer sind mit Naturholzmöbeln ausgestattet, und das Personal lädt dazu ein, es sich in dem sehr langen Garten hinter dem Haus gemütlich zu machen, in dem auch die Hälfte der Gästezimmer untergebracht ist.

Belvárosi Panzió — PENSION €€

(Pension im Stadtzentrum; ☎ 52-322 644; www.belvarosipanzio.hu; Bajcsy-Zsilinszky utca 60; EZ/DZ 7600/10 800 Ft; 🛜) Hell, sauber und modern: Die Pension mit ihren 24 Zimmern wirkt nicht ganz so heimelig, sondern erinnert mehr an ein Hotel. Einige der Zimmer im zweiten Stock haben einen Balkon, der auf die ruhige Straße blickt.

Stop Panzió — PENSION €€

(☎ 52-420 302; stoppanzi@vnet.hu; Batthyány utca 18; EZ/DZ/3BZ 7300/9700/13 100 Ft; 🛜) Das Dutzend renovierter Zimmer ist immer rasch vergeben, da sie zu einem guten Preis in der richtigen Lage zu haben sind – in einem Innenhof in der Nähe einer Fußgängerzone mit jeder Menge Cafés. Die bunt gefliese Lobby mit ihren Grünpflanzen ist ebenso einladend wie die Angestellten. Parkmöglichkeit hinter dem Haus.

★ Régi Posta — BOUTIQUEHOTEL €€€

(☎ 52-325 325; www.regiposta.hu; Széchenyi utca 6; EZ/DZ 12 000/16 800 Ft; 🛜) In einem der ältesten Gebäude Debrecens, einem Bürgerhaus aus den 1690er-Jahren, befindet sich die „Alte Post" (eine seiner vielen Inkarnationen im Laufe der Jahrhunderte), die heute allerdings ein süßes Boutiquehotel mit einem Dutzend völlig einmaliger Zimmer ist. Sehr hübsch und empfehlenswert ist das „Zimmer im Industriedesign", oder das märchenhafte „Französische Zimmer". Im Régi Posta hat man beinahe das Gefühl, auf dem Land zu sein. Das Restaurant ist ein Besuchermagnet und hat Sitzgelegenheiten sowohl im Keller als auch, in den wärmeren Monaten, im Innenhof.

Aranybika — HOTEL €€€

(☎ 06 20 363 6121; www.hotelaranybika.com; Piac utca 11–15; EZ 47–70 €, DZ 55–77 €; ✱ 🛜 ≋) Seit 1915 galt das charakteristische Jugendstilhotel als das Hotel, in dem man in Debrecen abstieg, aber leider sind die Standards nicht mehr so hoch wie einst. Viele der 130 Zimmer haben noch immer die tristen Teppiche und das schlichte Mobiliar aus einer anderen Ära. Die besseren Zimmer sind allerdings etwas geräumiger als der Standard, außerdem sind sie mit antiken Stilmöbeln ausgestattet. Zimmer 333 befindet sich in einem mittelalterlich aussehenden Türmchen, falls irgendwer auf der Suche nach etwas Romantik ist.

🍴 Essen

Ikon Street — FASTFOOD €

(☎ 06 30 555 7754; www.ikonstreet.hu; Piac utca 11–15; Gerichte 990–1190 Ft; ⊙ Mo–Do 11.30–22.30, Fr & Sa 11.30–5, So 11.30–21 Uhr) Die kleine Schwester eines großen Lokals gleichen Namens liegt nur einen Block in Richtung Süden. Das winzige Lokal hat beengte Sitzgelegenheiten auf zwei Stockwerken, und das Geschäft ist rege, da sowohl die Gäste bedient werden als auch Essen zum Mitnehmen zubereitet wird. In der Hauptsache gibt es Burger (darunter auch vegetarische und Hähnchen-Varianten), außerdem eine Auswahl an *kolbászok* (Würstchen).

Bonita Bisztró ITALIENISCH €
(52-216 816; www.bonitabistro.com; Piac utca 21; Pasta 1200–1590 Ft, Pizza 1000–1700 Ft; 12–22 Uhr) Das peppige Pasta- und Pizza-Restaurant, das mehr als zwei Dutzend Pastagerichte und beinahe vier Dutzend Pizzas auf der Speisekarte hat, liegt wunderbar zentral.

Gilbert Pizzeria PIZZA €
(52-537 373; www.gilbert.hu; Kálvin tér 8; Pizza & Pasta 990–1250 Ft; So–Do 10–22, Fr & Sa 10–23 Uhr;) Einige der preiswertesten (wenn nicht der besten) Pizzas der Stadt erwarten die Gäste in einem Innenhof nicht weit vom Hauptplatz. Eine beachtliche Reihe der 50 Sorten ist vegetarisch.

Obst & Gemüsemarkt MARKT €
(Csapó utca; Mo–Sa 5–15, So 5–11 Uhr) Der kleine Markt befindet sich direkt im Stadtzentrum.

Csokonai Étterem UNGARISCH €€
(52-410 802; www.csokonaisorozo.hu/eng; Kossuth utca 21; Hauptgerichte 2290–3990 Ft; 12–23 Uhr) Der Service in dem Gewölbekeller ist flink, die ungarischen Spezialitäten sind ausgezeichnet und auf der Terrasse gibt es Livemusik. All das macht das Csokonai zu einem der einladendsten Speiselokale von Debrecen. Auch die Pastagerichte sind gut (1700 bis 2290 Ft).

Flaska Vendéglő UNGARISCH €€
(06 30 998 7602, 52-414 582; http://flaska.hu; Miklós utca 4; Hauptgerichte 1368–3690 Ft; So–Do 11.30–22, Fr & Sa 11.30–23 Uhr) Die riesige rote Flasche, die aus der Wand ragt, ist gar nicht zu übersehen – sie ist eine Sehenswürdigkeit für sich in der Region –, und auch wegen des Essens ist das Lokal einen Besuch wert. Geflügel und Schweinefleisch füllen die ungarische Speisekarte; lecker ist die sehr authentische Kohlroulade nach Debrecen-Art (1200 Ft) und der Gundel-*palacsinta* (Pfannkuchen gefüllt mit Schokolade und Nüssen; 640 Ft) zum Dessert.

⭐ **Ikon** INTERNATIONAL €€€
(06 30 555 7766; www.ikonrestaurant.hu; Piac utca 23; Hauptgerichte 1990–4490 Ft; Mo–Sa 11.30–23 Uhr) Das Ikon ist eines der besten Restaurants der Stadt und beansprucht daher eine prominente Lage auf dem Hauptplatz. Trotzdem bleibt es mit seinem reduzierten Dekor und klassisch gekleideten Kellnern dezent und gehoben. Zu genießen gibt es einfallsreiche Gerichte wie Rote-Bete-Risotto mit gegrilltem Ziegenkäse (2300 Ft) und Kaninchen mit *lecsó* (einer Soße aus Tomaten, Gemüse und Paprika). Fünf-/sechsgängige Menüs kosten 6500/9999 Ft.

Régi Vigadó UNGARISCH €€€
(52-514 189; www.regivigado.hu; Nagyerdei Park 1; Hauptgerichte 1890–3990 Ft; So–Do 10–23, Fr & Sa 10–24 Uhr) Zwischen dem Aquaticum Wellness-Hotel und den Thermalbädern im Nagyerdei-Park liegt dieses Gourmet-Restaurant in einem zauberhaften alten Theater. Empfehlenswert ist der geschmorte Seewolf und die gebratene Ente. Außerdem gibt es eine gute Auswahl an ungarischen *pálinka* (Obstbränden).

Belga INTERNATIONAL €€€
(52-536 373; http://belgaetterem.hu; Piac utca 29; Hauptgerichte 1790–3990 Ft; So–Do

---

DIE PUSZTA: VOM WALD ZUR KARGEN EBENE

Vor einem halben Jahrtausend war die Große Tiefebene keine baumlose Steppe, sondern dichter Wald, der Gnade der ständig mit Überflutung drohenden Flüsse Theiß (Tisza) und Donau ausgeliefert. Die Türken fällten die meisten Bäume, sie zerstörten die schützende Schicht und setzten so den Oberboden den Winden aus; die Dorfbewohner flohen nordwärts oder in die Marktstädtchen und *khas* (Siedlungen, die unter der Gerichtsbarkeit des Sultans standen). Die Region hatte sich in die Puszta verwandelt (was „verlassen" bedeutet) und wurde die Heimat von Schäfern, Fischern, entflohener Sklaven und Banditen. In der Großen Tiefebene finden sich nur wenige Befestigungsanlagen; die Türken machten ihre Zerstörung zu einer der Bedingungen für ihren Rückzug. Im 19. Jh. wurde das Schwemmland durch die Flussregelung ausgetrocknet und erlaubte so eine methodische Bodenbewässerung. Der Weg für eine intensive landwirtschaftliche Nutzung war geebnet, vor allem in der Südlichen Tiefebene, doch Überflutungen gibt es noch bis heute.

10–24, Fr & Sa 10–2 Uhr;) Das Restaurant mit seiner Festzelt-Stimmung wirkt eher international als belgisch und serviert viele Gerichte mit Fisch und auch für Ovo-Lacto-Vegetarier; wer den Verzehr von Fleisch meiden will, ist hier gut aufgehoben.

Ausgehen & Nachtleben

Straßencafés sprießen wie die Frühlingsblumen in der Stadt; jedes von ihnen in den Fußgängerbereichen und auch einige auf der unbefahrenen Simonffy utca und Hal köz sind bestens geeignet zum Entspannen und Kräfte tanken. In der Piac utca liegen etliche Bars und Clubs, die ihre Taktart so schnell wie ein Wetterleuchten verändern können. In der monatlichen *Debreceni Korzó* (Debrecen Promenade) gibt es ein Verzeichnis der Lokale.

DiVino WEINBAR
(06 20 480 6574; www.debrecen.divinobor.hu; Piac utca 18; Mo–Do 17–24, Fr & Sa 17–3 Uhr) Eine Filiale der extrem populären Weinbars in Budapest: Das DiVino bietet eine Schwindel erregende Auswahl an ungarischen Weinen, die in 0,15 cl-Gläsern (650 Ft bis 2400 Ft) probiert werden können. Es ist eine wundervolle und einfache (und potenziell gefährliche) Art und Weise, die ungarischen Weine näher kennenzulernen.

Volt Egyszer CAFÉ
(06 70 386 6825; www.facebook.com/Voltegyszer-196863703817700; Piac utca 16; Mo–Fr 7–21, Sa 9–21, So 10–20 Uhr) Das „Es war einmal" ist ein ganz entzückendes Café im Retro-Stil in der Nähe des Hauptplatzes, das italienischen Kaffee und Sandwiches (560 Ft) sowie hausgemachte Kuchen (ab 420 Ft) serviert.

Cut & Coffee CAFÉ
(52-747 312; www.facebook.com/cutandcoffee; Hal köz 3/a; Mo–Fr 8–22, Sa 9–22, So 14–22 Uhr) Niemand interessiert sich mehr für seinen Kaffee (und weiß so viel darüber zu erzählen): sein Herkunftsgebiet, die Röstzeit und die Temperatur, wie man ihn trinken sollte, und so weiter. Hier wurden viele der Baristas ausgebildet, die jetzt in der Gegend arbeiten. Zum Kaffee gibt es auch Sandwiches (590 Ft bis 690 Ft) und Kuchen (450 Ft).

Drazsé Bár COCKTAILBAR
(52-322 222; www.facebook.com/drazsebar; Simonffy utca 1/b; Mo–Do 10–24, Fr & Sa 10–2, So 10–22 Uhr) Die „Pille mit Zuckerguss" mit ihrem attraktiven gelben und schwarzen Dekor, Sitzgelegenheiten im Zwischengeschoss und Terrasse ist der perfekte Ort für einen Aperitif am Abend in der Nähe der Piac utca. Cocktails kosten ab 900 Ft und Wraps und Sandwiches (ab 890 Ft) gibt es ebenfalls, falls der Hunger übermächtig wird.

Karakter 1517 CAFÉ
(52-614 186; www.nagytemplom.hu; Mo–Sa 12–18 Uhr) Direkt hinter der Großen Reformierten Kirche (S. 235), die den Laden auch betreibt, liegt diese Kombination aus verglastem Café und Buchladen mit antikem Krimskrams, der in der Gegend ausgegraben wurde. Es ist ein gemütliches Fleckchen zum Erholen nach einer anstrengenden Besichtigungstour durch die nahe gelegenen Museen und Sakralbauten.

Calico Jack Pub PUB
(52-455 999; www.calicojackpub.hu; Bem tér 15; 9–24 Uhr) Ein klassisches Setting, um ein *sör* (Bier) zu trinken. Die Kneipe liegt unmittelbar nördlich des Zentrums und ist innen aufgemacht wie ein Segelschiff aus dem späten 19. Jh. Außerdem verfügt es über ein umfangreiches Angebot an Bieren und Speisen (Hauptgerichte 2450 Ft bis 2990 Ft) und eine große Terrasse.

Gara Cukrászda CAFÉ
(52-311 618; www.garacukraszda.hu; Kálvin tér 6; Kuchen 380–550 Ft; 9–19 Uhr) Debrecens unübertroffenes Café und Kuchenladen seit 1988. Im Gara gibt es einige der besten Kuchen und Eiscremes (aus echten Früchten) außerhalb von Budapest.

Unterhaltung

Roncs Bár LIVEMUSIK
(52-688 050; www.roncsbar.hu; Csapó utca 27; Mo & Di 11–24, Mi & Do bis 2, Fr & Sa bis 4, So bis 22 Uhr) Eine schräge „Ruinenbar", auf die selbst Budapest stolz wäre – im „Wrack" liegen und hängen wahllos alte Dinge – Gitarren, Fahrräder, ein zerfallendes Kleinflugzeug – sowohl in dem großen, überdachten Innenhof als auch in dem coolen Pub herum. Um 20 Uhr am Freitag und Samstag gibt es Livemusik und eine großartige Auswahl an Burgern, Gyros und Wraps. Das Mittagsmenü unter der Woche kostet 880 Ft.

Shoppen

Trödelmarkt MARKT
(Vágóhíd utca; Mi–So 7–13 Uhr) Der farbenfrohe Trödelmarkt zieht eine kunterbunte Mischung von Händlern an, die alles ver-

kaufen, was man sich vorstellen kann, von Socken bis hin zu lebenden Tieren. Die Busse Nr. 15 und 30 fahren vom Bahnhof aus dorthin.

ⓘ Praktische Informationen

Ibusz (✆ 52-415 555; www.ibusz.hu; Révész tér 2; ☉ Mo–Fr 9–17 Uhr) Reiseagentur; vermietet private Apartments.

Hauptpost (Hatvan utca 5–9; ☉ Mo–Fr 7–19, Sa 8–12 Uhr)

OTP Bank (Piac utca 45–47; ☉ Mo 7.45–18, Di–Do bis 17, Fr bis 16 Uhr) Hat einen Geldautomaten.

Tourinform (S. 244) Die sehr hilfreiche Touristeninformation im Rathaus bietet mehr Informationsmaterial über die gesamte Region, als man tragen kann.

ⓘ An- & Weiterreise

Im Allgemeinen sind die Städte im Norden und Nordwesten am besten mit dem Zug zu erreichen. In südliche Richtung fahren Busse oder auch eine Kombination unterschiedlicher Verkehrsmittel.

BUS & ZUG

Wer nur direkt zu den auf der Tafel angezeigten Zielorten reisen möchte, erreicht diese am schnellsten mit dem Bus. Züge fahren von Debrecen aus um 9.12 und 15.12 Uhr nach Satu Mare, Rumänien (3 Std., 106 km). Um nach Csap (Čop; 120 km) in der Ukraine zu gelangen, muss man in Záhony umsteigen. Der Nachtzug von Budapest nach Moskau hält hier kurz nach 4 Uhr morgens.

ⓘ Unterwegs vor Ort

Die Trambahnlinie 1 ist ideal zur Fortbewegung oder auch einfach nur fürs Sightseeing; die neue Tramlinie 2 ist dagegen weniger günstig. Vom Bahnhof aus fährt die Tram 1 in nördlicher Richtung entlang der Piac utca zum Kálvin tér und dann weiter zum Nagyerdei Park, wo sie eine Schleife fährt und sich dann auf den Rückweg nach Süden macht. Fahrkarten dafür kosten 300 Ft beim Zeitungsladen und 400 Ft beim Fahrer. Andere Transportmöglichkeiten in der Stadt gibt es am Südende des Petőfi tér. Die Trolley-Busse 3 und 5 verbinden den Busbahnhof mit dem Bahnhof.

Nationalpark Hortobágy

✆ 52 / 1450 EW.

Der Nationalpark Hortobágy liegt 40 km westlich von Debrecen. In seinem Zentrum befindet sich das kleine Dörfchen Hortobágy, das einst berühmt war für seine zünftigen Puszta-Cowboys, Gasthäuser und Zigeunermusik. Während einer Reitvorführung mit Showelementen kann man eine inszenierte Nachstellung davon sehen, komplett mit traditionell gekleideten *csikósok* (Puszta-Cowboys). Aber in dem 810 km² großen Nationalpark und Wildreservat gibt es noch wesentlich mehr zu entdecken – er ist die Heimat Hunderter Vögel ebenso wie die von Pflanzenarten, die normalerweise nur am Meer angetroffen werden. Die Unesco hat den Park im Jahr 1999 zum Biosphärenreservat erklärt.

BUSSE VON DEBRECEN

REISEZIEL	FAHRPREIS	FAHRZEIT	KM	TGL. VERBINDUNGEN
Eger	2520 Ft	2½ Std.	130	8-mal, nonstop
Gyula	2520 Ft	2½ Std.	128	5-mal, nonstop
Miskolc	1860 Ft	2 Std.	99	stündl., nonstop
Nádudvar	745 Ft	1 Std.	39	stündl., nonstop
Szeged	3950 Ft	4½ Std.	229	3-mal, nonstop

ZÜGE VON DEBRECEN

REISEZIEL	FAHRPREIS	FAHRZEIT	KM	TGL. VERBINDUNGEN
Budapest	3950 Ft	2 Std.	221	stündl.
Hajdúszoboszló	370 Ft	15 Min.	20	halbstündl.
Hortobágy	840 Ft	50 Min.	42	stündl.
Nyíregyháza	930 Ft	40 Min.	49	halbstündl.
Tokaj	1680 Ft	1½ Std.	81	stündl.

⊙ Sehenswertes

Mit einem Kombiticket (Erw./Kind 1500/ 800 Ft) können die meisten der Museen von Hortobágy besichtigt werden. Es gibt zwei Zoos im Nationalpark, südlich des Dörfchens Hortobágy.

Máta-Stud-Bauernhof BAUERNHOF
(Mátai Ménes; ☎ 06 70 492 7655, 52-589 369; www.hortobagy.eu/hu/matai-menes; Hortobágy-Máta; Erw./Kind 2600/1400 Ft; ⊙ Mitte März–Okt. 10, 12 & 14, plus April–Mitte Okt. 16 Uhr) Sie mag inszeniert sein, aber die 1½ Stunden dauernde Puszta-Show auf dem 300 Jahre alten Máta Stud Bauernhof 3 km nördlich des Dörfchens Hortobágy *ist* tatsächlich sehr ungarisch. Die Besucher dürfen in einem Pferdewagen durch die Grasebene fahren, mit Zwischenstopps, um einen Blick in die Ställe von Zackelschafen zu werfen, ungarische Steppenrinder und halbwilde Pferde zu beobachten, und ungarische *csikósok*-Kunststücke zu sehen, wie beispielsweise die „ungarische Post", bei der ein Mann stehend auf den Rücken zweier Pferde in vollem Lauf auf einem Fünfer-Gespann galoppiert.

Um zu Fuß zum Stud-Hof zu gelangen, die Schienen am Bahnhof queren und den Pfad im Unterholz suchen (er liegt rechts). Dieser ausgetretene Weg durch die Felder, über den Fluss und an dem mittlerweile geschlossenen Hortobágy Club Hotel vorbei verkürzt die Strecke auf 1,5 km; auf der Straße sind es 3 km. Eintrittskarten gibt es im Café Nyerges Presszó (S. 244) zu kaufen; auch die Pferdewagenausstellung in der Nähe des Haupteingangs ist einen Blick wert.

Pferdewagenausstellung MUSEUM
(Szekérkiállítás; Hortobágy-Máta; ⊙ Mai–Sept. 9–19, April & Okt. bis 18, Nov.–März bis 16 Uhr) In einem strohgedeckten Haus beim Haupteingang des Máta Stud Bauernhofes befindet sich diese kleine Ausstellung, die ein Dutzend traditioneller Wagen und Kutschen zeigt, wie sie einst in der Großen Tiefebene verbreitet waren.

Neunbögige Brücke BRÜCKE
(Kilenclyukú-híd) Die Neunbögige Brücke, die 1833 errichtet wurde und sich über den sumpfigen Hortobágy Fluss spannt, ist die längste – und mit Sicherheit die am häufigsten gezeichnete, gemalte und fotografierte – Steinbrücke des Landes. Direkt bei der Brücke befindet sich auch das Gasthaus Hortobágyi Csárda (S. 244), das noch in Betrieb ist.

Vogelpark & Klinik WILDRESERVAT
(Madárpark és Kórház; ☎ 52-369 181; www.madarpark.hu; Petőfi tér 6; Erw./Kind 1000/800 Ft; ⊙ April–Okt. 9–18, Nov.–März 9–16 Uhr) Hier kann man geflügelten Freunden nahe kommen, die ein paar Federn gelassen haben und in dem Vogelpark & Klinik wieder genesen sollen. Besucher dürfen das „Krankenhaus" dieses Schutzzentrums (mit Operationssaal) und ein Vogelhaus mit Falken besichtigen, und zwischen Störchen im Park spazieren gehen. Die nervösen Turmfalken bleiben hinter Spiegelglas. Auch Kinder können mithilfe der schlicht gehaltenen Schaukästen etwas über Umweltschutz lernen, bevor es zum Spielplatz geht.

Ausstellung Welt der Kraniche MUSEUM
(Darvak Világa; ☎ 52-589 321; www.hnp.hu; Petőfi tér 9; ⊙ Juli & Aug. 9–18, Mai, Juni & Sept. bis 17 Uhr, Okt.–April kürzere Öffnungszeiten) Oben im Besucherzentrum des Hortobágy Nationalparks (S. 244) befindet sich diese Ausstellung, die die Geschichte der Kraniche in der Ebene erzählt, vor allem über ihre jährliche Wanderung im Oktober, wenn zwischen 60 000 und 100 000 Kraniche hier zwischenlanden.

Hirtenmuseum MUSEUM
(Pásztormúzeum; ☎ 52-369 040; Petőfi tér 1; Erw./Kind 1500/800 Ft; ⊙ Juli & Aug. 9–18, Mai, Juni & Sept. 8–17, März, April, Okt. & Nov. 10–16 Uhr) In einer Remise aus dem 18. Jh., nicht weit vom Gasthaus Hortobágyi Csárda entfernt, ist dieses Hirtenmuseum untergebracht. Es illustriert das damals einfache Leben all der Schäfer, Schweinehirten und Puszta-Cowboys im 19. Jh. in der Tiefebene. Im Kartenpreis ist auch der Eintritt zum Rundtheater, dem Hortobágy Csárda Museum und der Ausstellung „Die Welt der Kraniche" mit inbegriffen.

Hortobágy Csárda Museum MUSEUM
(Hortobágyi Csárda Múzeum; ☎ 52-589 010; www.hortobagy.eu; Petőfi tér 1; Erw./Kind 500/250 Ft; ⊙ Juli & Aug. 9–18 Uhr, Mitte Jan.–Juni & Sept.–Nov. kürzere Öffnungszeiten) Wie sich unschwer im kleinen Museum innerhalb des Hortobágy Csárda feststellen lässt, wurde das Gasthaus im Jahre 1781 errichtet und ist eines der ursprünglichen Essenshäuser für die druchreisenden Salzhändler auf ihrem Weg vom Fluss Theiß (Tisza) nach Debrecen. Die Gasthäuser versorgten umherziehende, Geige spielende Roma mit Arbeit; Zigeunermusik und *csárdak* (Gasthäuser) sind seither nahezu Synonyme.

VÖGEL BEOBACHTEN IM NATIONALPARK HORTOBÁGY

Wegen seines vielseitigen Terrains und der Wasserquellen ist der 1973 gegründete Nationalpark Hortobágy – Ungarns ältester – einer der spannendsten Orte in ganz Europa, um Vögel zu beobachten. Mehr als 340 Spezies (von den 530 auf dem Kontinent lebenden) wurden hier gesichtet, darunter Lappentaucher, Fischreiher, Würger, Reiher, Löffelstör, Storch, Grasmücke, Adler und Turmfalke. Die Großtrappe, einer der größten Vögel der Welt, der 1 m hoch und bis zu 20 kg schwer wird, hat hier sein eigenes Reservat, zu dem Menschen nur eingeschränkt Zutritt haben. Etwa 160 Spezies nisten hier.

Auch im Besucherzentrum des **Nationalparks Hortobágy** (S. 244) kann man nach den gelegentlichen Vogelbeobachtungstouren am Wochenende fragen. Der Oktober eignet sich ganz besonders dafür; zwischen 60 000 und 100 000 Kraniche machen dann in der Ebene von Hortobágy auf ihrem jährlichen Flug in Richtung Süden Rast. Die Ausstellung **Welt der Kraniche** (S. 242) gibt es – neben anderen Dingen – im Besucherzentrum zu sehen.

Eintrittskarten für den Park sind beim Besucherzentrum erhältlich und berechtigen zum Eintritt in drei beschränkte „Vorführbereiche" – eigentlich sind es Naturlehrpfade –, die mit dem Auto erreichbar sind (Erw./erm. 1000/600 Ft), darunter der Pfad um die **Großen Fischteiche von Hortobágy** (s. unten).

Rundtheater MUSEUM

(Körszín; ☏ 52-369 025; Petőfi tér; Erw./Kind 500/250 Ft; ⊙ Juli & Aug. 9–18, Mai, Juni & Sept. 8–17, März, April, Okt. & Nov. 10–16 Uhr) GRATIS Das Rundtheater zeigt eine kleine Ausstellung über traditionelles Handwerk in Hortobágy und hat einen Geschenkeladen.

Puszta-Tierpark ZOO

(Pusztai Állatpark; ☏ 52-701 037; www.pusztaiallatpark.hu/hu; off Hwy 33; Erw./Kind 600/300 Ft; ⊙ Mitte März–Okt. 9–18, Nov.–Mitte März 10–16 Uhr) Der Puszta Tierpark 2 km südlich der Neunbögigen Brücke mit seinen sonderbaren und wundervollen Tieren ist der ideale Ort für Kinder jeden Alters. Hier können Besucher die seltenen Tierarten der Puszta aus der Nähe sehen: das stämmige ungarische Steppenrind mit seinen langen Hörnern, das lockige *mangalica*-Schwein und das Zackelschaf, dessen Korkenzieher-Hörner besonders teuflisch aussehen.

Hortobágy-Wildtierpark ZOO

(Hortobágyi Vadaspark; ☏ 52-589 321; www.hnp.hu/vadaspark; Hortobágy-Malomháza; Erw./Kind 1600/1000 Ft; ⊙ Juli & Aug. 9–18, Mai, Juni & Sept. 9–17, Mitte März–April & Okt. 10–16 Uhr) Etwa 7 km südlich des Dörfchens Hortobágy beherbergt dieser Zoo Tiere, die in der Puszta lebten, bevor sie bewirtschaftet wurde: Wölfe, Schakale, Wildpferde, Geier, Pelikane und mehr. Die Besucher werden in einem „Safari-Bus" herumgefahren, der zwischen 9 und 16 Uhr stündlich vom Besucherzentrum des Hortobágy Nationalparks aus startet.

 Aktivitäten

Große Fischteiche von Hortobágy VOGELBEOBACHTUNG

(Hortobágy Nagyhalastó; Abzweigung an der Landstraße 33; 3 Pfade Erw./erm. 1000/600 Ft; ⊙ Mitte Juni–Aug. 10–17, April–Mitte Juni, Sept. & Okt. Sa & So 10–18.30 Uhr) Zu den interessantesten Bereichen im Hortobágy Nationalpark gehören diese Fischteiche 7 km westlich des Dorfs, an denen man auf Themenwegen wandern und einen Aussichtsturm besteigen kann, um eine verblüffende Anzahl an Wasservögeln zu sehen, die auf diesem 20 ha umfassenden Landstreifen leben.

Reiten REITEN

(Hortobágy-Máta; 4500 Ft pro Std.) Der Máta Stud Bauernhof bietet die Gelegenheit zum Reiten, doch Interessierte sollten mindestens zwei Tage im Voraus buchen. Anfänger müssen auf dem Reitplatz bleiben, aber erfahrene Reiter dürfen in die Puszta in den Sonnenuntergang galoppieren. Unterricht im Wagenlenken gibt es ebenfalls (30 000 Ft pro Std.).

 Feste & Events

Nationaler Gulyás-Wettkampf & Schäfertreffen RODEO

(Országos Gulyásverseny és Pásztortalálkozó; ⊙ Mai–Juni) Puszta-Cowboys erproben ihre Fähigkeiten in Wettkämpfen, und ein Wettbewerb im *gulyás*-Kochen (Gulaschsuppe) findet auch statt.

Hortobágy-Reitertage — RODEO
(Hortobágyi Lovasnapok; ☉ Juli) Drei Tage mit Reitveranstaltungen in Máta.

Jahrmarkt an der Hortobágy-Brücke — JAHRMARKT
(Hortobágyi Hídi Vásár; www.hnp.hu; ☉ Aug.) Dieser jahrhundertealte Jahrmarkt in Hortobágy rund um den Tag des hl. Stephan (20. August) bietet Tanz, Straßentheater, Folklore, lokale Gerichte und zwischendurch als Zugabe ein paar Pferde und Ponys.

Schlafen

Bei Tourinform (s. rechts) kann man nach Privatzimmern in der Gegend fragen (ab 4000 Ft pro Pers.).

Hortobágy Gasthof — PENSION €
(Hortobágyi Fogadó; ☏ 06 30 286 6793; Kossuth utca 1; EZ/DZ 3500/7000 Ft; ☉ April–Okt.) Der schlichte Gasthof braucht noch immer dringend eine Modernisierung, aber es ist die zentralste Unterkunft. Die zehn einfachen Zimmer haben Balkon, und es gibt eine Bar vor Ort.

Ökotúra Vendégház — PENSION €€
(☏ 52-369 075; www.okotura.hu; Borsós utca 12; Camping pro Pers./Zelt/Wohnmobil 1000/1000/3000 Ft, EZ/DZ/3BZ 6000/10 000/12 000 Ft; 🛜) Diese Pension und Campingplatz liegt nur 2 km östlich des Dorfs, in der Nähe der Landstraße 33. Die 19 Zimmer sind groß, hell und blitzblank, mit Holzlaminatböden; sie blicken auf eine große, grüne Fläche, auf der die Camper von April bis Oktober untergebracht sind. Eine Küche gibt es auch.

★ Sóvirág Vendégház — PENSION €€€
(☏ 52-369 130, 06 30 849 9772; www.sovirag vendeghaz.hu; Czinege János utca 52-53; EZ/DZ 14 000/17 000 Ft; ✱🛜) Diese attraktive, an eine Berghütte erinnernde Pension etwa 2,5 km östlich des Dorfs an der Straße nach Debrecen ist von einem riesigen Garten umgeben und hat einen großen Sitzbereich und einen Grill. Die sechs Zimmer sind großzügig proportioniert, und die meisten verfügen über einen Balkon oder eine Terrasse. Es gibt einen kleinen Wellness-Bereich mit Sauna und Whirlpool, und die Begrüßung könnte gar nicht herzlicher sein.

Essen

Pizza Sfera — PIZZA
(☏ 06 30 555 4759; Petőfi tér; Hauptgerichte 1450–1600 Ft; ☉ 7–24 Uhr) Dieses zentral gelegene Lokal bietet auch ungarische Hauptgerichte an, aber die meisten Leute kommen wegen der Pizza zum Sfera (1190 Ft bis 1450 Ft).

★ Hortobágyi Csárda — UNGARISCH €€
(☏ 52-589 010; www.hortobagy.eu; Petőfi tér 1; Hauptgerichte 1990–2390 Ft; ☉ April–Aug. 8–22, Sept.–Mitte Nov. bis 20 Uhr) Dies ist Ungarns berühmteste Straßenschenke, die Ende des 18. Jhs. gebaut wurde. Hier kann man Hortobágy-Kitsch bewundern, der jeden freien Fleck an der Wand bedeckt; oft können die Gäste echte Zigeunermusik hören, während sie sich ihre Wildgerichte oder das *bogrács gulyás* (Gulaschsuppe, die in einem kleinen Topf serviert wird; 1340 Ft) schmecken lassen. Die berühmten *Hortobágyi palacsinta* (Pfannkuchen; 1290 Ft) sollte man sich nicht entgehen lassen!

Ausgehen & Nachtleben

Nyerges Presszó — CAFÉ
(☏ 06 70 492 7655, 52-589 369; ☉ 9–18 Uhr) Infos über den Máta-Stud-Bauernhof (S. 242) und Karten für die Reitvorführung mit Showelementen gibt es hier beim Nyerges Presszó. Das Café serviert gegenüber den Ställen heiße und kalte Getränke.

Praktische Informationen

Hortobágy Nationalpark Besucherzentrum (Hortobágyi Nemzeti Park Látogatóközpont; ☏ 52-589 321; www.hnp.hu; Petőfi tér 9; ☉ Juli & Aug. 9–18, Mai, Juni & Sept. bis 17 Uhr, Okt.–April kürzere Öffnungszeiten) Hier bekommen die Besucher einen Überblick über die Flora und Fauna der Region vermittelt, sowohl von den hilfsbereiten Mitarbeitern als auch durch die ausgezeichnete Ausstellung.

Post (Kossuth utca 2; ☉ Mo–Fr 8–12 & 12.30–16 Uhr)

Takarékszövetkezet (Petőfi tér 3; ☉ Mo 7.30–16, Di–Do bis 15, Fr bis 14 Uhr) Bank im Einkaufsbereich mit Geldautomat.

Tourinform (☏ 52-589 000; hortobagy@tourinform.hu; Petőfi tér 9; ☉ Juli & Aug. 9–18, Mai, Juni & Sept. bis 17 Uhr, Okt.–April kürzere Öffnungszeiten) Im Besucherzentrum; hat auch die gleichen Öffnungszeiten.

An- & Weiterreise

Die Busse halten auf beiden Seiten der Hauptstraße (Landstraße 33) in der Nähe des Hortobágyi Csárda. Der Bahnhof liegt im Nordosten am Ende der Kossuth utca.

Sechs Busse halten täglich in dem Dörfchen Hortobágy auf dem Weg zwischen Debrecen (745 Ft, 40 Min., 38 km) und Eger (1680 Ft,

1¾ Std., 90 km). Einige weitere Busse fahren täglich nach Hajdúszoboszló (1120 Ft, 1¼ Std., 57 km).

Hortobágy liegt an der Hauptbahnstrecke, die Debrecen (840 Ft, 50 Min., 42 km), Tiszafüred (650 Ft, 40 Min., 31 km) und Füzesabony (1300 Ft, 1¼ Std., 61 km) mit bis zu einem Dutzend Zügen täglich miteinander verbindet. In Füzesabony nach Eger umsteigen.

Kecskemét

🞂 76 / 111 700 EW.

Zwischen der Donau und der Theiß (Tisza) im Herzen der südlichen Großen Tiefebene liegt Kecskemét. Die Stadt ist umgeben von Weingärten und Obstplantagen, die an den Grenzen dieser „Gartenstadt" nicht aufzuhören scheinen. Tatsächlich wurde Kecskeméts landwirtschaftlicher Reichtum sehr klug genutzt – 1832 konnte die Stadt alle ihre Schulden tilgen – und glänzt daher mit architektonischen Bauten, die für eine so kleine Stadt in Ungarn einzigartig sind. Neben farbenprächtiger Architektur im Stil der Secession und des Jugendstils locken erlesene Museen und der hervorragende *barackpálinka* (Obstbrand aus Aprikosen) der Region Besucher hierher. Außerdem liegt der Kiskunság Nationalpark, die Puszta in diesem Teil der Ebene, praktisch an der Hintertür der Stadt. Zu den möglichen Tagesausflügen gehören Wanderungen über die sandigen, von Wacholder bedeckten Hügel, eine Reitvorführung mit Showelementen in Bugac oder ein Besuch auf einem der vielen Reiterhöfe in der Umgebung.

🞂 Sehenswertes

Kecskemét ist eine Stadt mit einer Vielzahl an Plätzen, die praktisch ineinander übergehen. Auf dem Weg in nordöstlicher Richtung zum Szabadság tér beispielsweise kommt man an der Calvinistischen Kirche aus dem 17. Jh. vorbei (S. 247), die an das 1912 errichtete Neue Kollegium (S. 247) grenzt. Das Bauwerk ist von der Secession beeinflusst und hat siebenbürgische Motive, weshalb es an eine transsilvanische Burg erinnert. Heute ist hier eine Musikschule untergebracht.

Rathaus ARCHITEKTUR

(🞂 76-513 513; Kossuth tér 1; ⊙ nach Vereinbarung) Das rosafarbene Rathaus (1895) mit seinem abgestuften Dach wurde von Ödön Lechner entworfen. Durch die Verknüpfung von Jugendstil/Secession und folkloristischen Elementen schuf Lechner einen einzigartigen ungarischen Stil. Die Fliesen an der Außenseite stammen aus der berühmten Porzellanmanufaktur Zsolnay in Pécs, und das Carillon lässt unmittelbar nach Mittag, außerdem um 18 und 20 Uhr Werke von Ferenc Erkel, Kodály, Mozart, Händel und Beethoven erklingen. Die Decken im Festsaal (Díszterem) sind mit Blüten und Fresken ungarischer Helden geschmückt und wurden von Bertalan Székely gemalt. Andere wunderschöne Beispiele des Architekturstils sind das restaurierte Otthon Cinema (S. 247), an der Ecke der Fußgängerstraße Görögtemplom utca, und der Cifra-Palast (s. unten).

Große Kirche KIRCHE

(Nagytemplom; 🞂 76-487 501; Kossuth tér 2; ⊙ Mo 12–19, Di–So 6–19 Uhr) Die Große Kirche aus dem Spätbarock wurde 1806 geweiht und dominiert den Kossuth tér, den südöstlichsten der Hauptplätze. Das Innere ist ziemlich düster. Große Tafeln an der Vorderfront ehren (von links nach rechts) ein berittenes Husarenregiment, das im Ersten Weltkrieg diente; Einwohner, die im Unabhängigkeitskrieg 1848/49 starben; und die aus Kecskemét stammenden Opfer des Zweiten Weltkriegs. Der 73 m hohe Turm blickt auf die ausgebleichten Dächer der Stadt, ist aber nicht mehr der Öffentlichkeit zugänglich.

Cifra-Palast ARCHITEKTUR

(Cifrapalota; Rákóczi út 1) Bunte Majolikaplatten schmücken die „gewellten" Wände des meisterhaften, 1902 im Jugendstil errichteten Palais. Im Palast ist die Cifrapalota Kunstgalerie untergebracht mit ihrer großen und bedeutenden Sammlung ungarischer Kunst des 19. und 20. Jhs. Ein Besuch lohnt sich aber vor allem wegen des so treffend benannten Prunksaals (Díszterem) und seiner fantastischen Stuckarbeiten, der bizarren Fenster aus der Zeit der Secession und noch mehr bunten Kacheln.

Cifrapalota-Kunstgalerie GALERIE

(Kecskeméti Képtár; 🞂 76-480 776; www.museum.hu/kecskemet/keptar; Erw./erm. 700/350 Ft; ⊙ Di–So 10–17 Uhr) Diese Kunstgalerie im Cifra-Palast enthält bis zu 20 000 Arbeiten von ungarischen Malern aus dem 19. und 20. Jh. und ist eine der größten Sammlungen des Landes.

Haus für Wissenschaft & Technik JÜDISCHE STÄTTE

(Tudomány és Technika Háza; 🞂 76-322 788; www.titbkkm.microsystem.hu; Rákóczi út 2; Erw./Kind

500/250 Ft; Mo–Fr 8–16 Uhr) Dieses maurisch aussehende Bauwerk aus dem Jahre 1871 war einst eine Synagoge und dient heute als Ort für Konferenzen und sowohl Dauer- als auch Wechselausstellungen, darunter eine mit Gipskopien von 15 Statuen Michelangelos.

Museum Ungarischer Naiver Künstler MUSEUM

(Magyar Naiv Müvészek Múzeuma; 76-324 767; www.museum.hu/kecskemet/naivmuzeum; Gáspár András utca 11; Erw./Kind 450/250 Ft, mit Spielzeugmuseum & Workshop 600/300 Ft; März–Okt. Di–So 10–17 Uhr) Das wohl interessanteste Museum der Stadt und eines der wenigen seiner Art in Europa ist das Museum Ungarischer Naiver Künstler, das jede Menge Arbeiten mit volkstümlichen Motiven enthält. Vor allem die Kunstfertigkeit von Rozália Albert Juhásznés Werken, die Visionen eines Dezső Mokry-Mészáros und die hellen und witzigen Malereien András Sülis fallen ins Auge. Etwas ganz Besonderes sind aber auch die Arbeiten von István Kada oder János Balázs, dessen Glasmalereien an Bilder von Magritte erinnern. Auch die Webarbeiten von Anna Kiss und die Holzschnitte von Pál Gyursó sind einen Blick wert.

Spielzeugmuseum & Workshop MUSEUM

(Szórakaténusz Játékmúzeum; 76-481 469; www.szorakatenusz.hu; Gáspár András utca 11; Erw./Kind 450/250 Ft, mit Museum Ungarischer Naiver Künstler 600/300 Ft; März–Okt. Di–So 10–17, im Winter bis 16 Uhr) Das Museum zeigt eine große Sammlung ziemlich gruseliger Puppen aus dem 19. und dem frühen 20. Jh. In den Glasschaukästen gibt es auch Holzzüge und Brettspiele zu sehen. Außerdem organisiert das Museum samstags Veranstaltungen und Kurse für Kinder. Es befindet sich neben dem Museum Ungarischer Naiver Künstler.

Bozsó-Sammlung MUSEUM

(Bozsó Gyűjtemény; 76-324 626; www.bozso.net; Klapka utca 34; Erw./Kind 800/500 Ft; Do–So

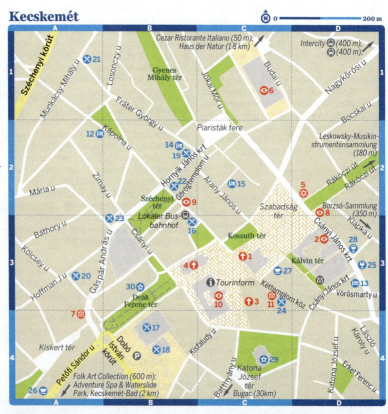

10–18 Uhr) Diese Sammlung von Stilmöbeln, Volkskunst, religiösen Gegenständen und Uhren, die der Hamsterer und Maler János Bozsó (1922–1998) zusammengetragen hat, ist gigantisch und unglaublich faszinierend, aber das hübscheste daran ist das zauberhafte Landhaus (1776) in einer ruhigen Straße, in dem ein Teil der Kollektion untergebracht wurde.

Leskowsky-Musikinstrumentensammlung MUSEUM
(Leskowsky Hangszergyüjtemény; ☎ 76-486 616; www.hangszergyujtemeny.hu; Rákóczi út 15; Erw./Kind 1000/750 Ft; ⊙ Di–So 10–17 Uhr) In der grünen Rákóczi út zeigt diese private Sammlung die Entwicklung des Musikmachens im Verlauf der Jahrhunderte. Von den hier ausgestellten 150 Instrumenten aus fünf Kontinenten haben die meisten Saiten, aber es gibt auch Flöten und Akkordeons zu sehen. Auf allen Instrumenten kann noch gespielt werden.

Museum der Volkskunst MUSEUM
(Népi Iparmüvészeti Gyüjtemény; ☎ 76-327 203; www.nepiiparmuveszet.hu; Serfőző utca 19/a; Erw./Kind 600/300 Ft; ⊙ März–Dez. & Okt. Di–Sa 10–17 Uhr, Jan. & Feb. bis 16 Uhr) Dieses Museum der Volkskunst, der Urvater aller Museen in Kecskemét, besteht aus einem Dutzend Räume in einer 200 Jahre alten Brauerei, die allesamt vollgestopft sind mit Stickereien, Webarbeiten, Holzschnitten, Möbeln, landwirtschaftlichen Geräten und Textilien. Unterschiedliche Stilrichtungen aus der gesamten Region werden hier präsentiert, außerdem gibt es auch einige Handarbeiten aus der Region an der Rezeption zu kaufen. Es liegt etwa 1,5 km südwestlich des Kossuth tér.

Otthon Cinema ARCHITEKTUR
(Széchenyi tér 4) Das restaurierte Otthon Cinema an der Ecke der Fußgängerstraße Görögtemplom utca ist ein wunderbares Beispiel für die Vermischung von folkloristischen Elementen mit der Architektur des Jugendstils/der Secession.

Neues Kollegium ARCHITEKTUR
(Református Újkollégium; Szabadság tér 7) Das Neue Kollegium wurde 1912 errichtet. Es ist von der Secession beeinflusst, hat siebenbürgische Motive und erinnert an eine transsilvanische Burg. Heute ist hier eine Musikschule untergebracht.

Calvinistische Kirche KIRCHE
(Református Templom; Szabadság tér) Die Calvinistische Kirche auf dem Szabadság tér stammt aus dem 17. Jh.

Markt MARKT
(Jókai Mór utca; ⊙ Di–So 6–12 Uhr) Kecskeméts Markt ist einer der lebendigsten in der gesamten Tiefebene. Er liegt nördlich des Zentrums und lohnt einen Besuch; es empfiehlt sich aber, den Markt so früh wie möglich zu besuchen, um ihn auf seinem Höhepunkt zu erleben.

Kecskemét

⊙ Sehenswertes
1 Calvinistische Kirche C3
2 Neues Kollegium D3
  Cifrapalota-Kunstgalerie. .... (s. 8)
3 Franziskanerkirche St. Nikolaus C3
4 Große Kirche B3
5 Haus für Wissenschaft & Technik D2
6 Markt C1
7 Museum Ungarischer Naiver
  Künstler A4
8 Ornamental-Palast D2
9 Otthon Cinema B2
10 Rathaus C3
   Spielzeugmuseum & Workshop ... (s. 7)
11 Musikpädagogisches Institut
   Zoltán Kodály C3

🛌 Schlafen
12 Fábián Panzió A2
13 Jam Pub D3
14 Klára Lővei College B2
15 Pálma Hotel C2

🍴 Essen
16 Aranyhomok Gyorsétterem B3
17 Főzelékház Étterem B4
18 Géniusz B4
19 Italia Pizzeria B2
20 Kecskeméti Csárda A3
21 Kisbugaci Csárda A1
22 Max B2
23 Rozmaring B3
24 Tepsi Gastropub C3

🍸 Ausgehen & Nachtleben
25 Black Cat Pub D3
26 Jakó Cukrászda A4
27 Vincent C3
28 Wanted Söröző D3

🎭 Unterhaltung
29 József-Katona-Theater C4
30 Kultur- &Konferenz-
   zentrum Kecskemét B3

Franziskanerkirche
KIRCHE

(Szent Miklós Ferences Templom; ☎76-497 025; Lestár tér) Auf der Ostseite des Kossuth tér befindet sich die Franziskanerkirche oder auch Nikolauskapelle, die teilweise aus dem späten 14. Jh. stammt. Während der türkischen Besatzung, bis 1564, teilten sich streitende Katholiken und Protestanten die Kirche.

Musikpädagogisches Institut Zoltán Kodály
MUSEUM

(Kodály Zoltán Zenepedagógiai Intézet; ☎76-481 518; www.kodaly-inst.hu; Kéttemplom köz 1; Erw./Kind 150/100 Ft; ⊙10–18 Uhr) Das weltweit bekannte Musikinstitut wurde 1975 gegründet und befindet sich in dem barocken Kloster hinter der Franziskanerkirche. Im Inneren gibt es eine kleine Ausstellung zu sehen, die sich dem Leben und Werk des namengebenden Gründers und Komponisten (1882–1967) widmet.

Aktivitäten

Abenteuer-Spa & Wasserrutschenpark
WASSERPARK

(Élményfürdő és Csúszdapark; ☎76-417 407; www.csuszdapark.hu; Csabay Géza körút 2; Erw./Kind 1600/1200 Ft; ⊙Juni–Mitte Sept. 9–20 Uhr) Kecskeméts Hauptattraktion im Sommer ist der riesige Wasserpark 3 km südwestlich des Zentrums, der jede Menge Spaß für Kinder bereithält – fünf Pools und Rutschen, darunter sogar eine sechsspurige, Ballspielplätze, Parks und Wiesen etc.

Kecskemét-Bäder
SPA

(Kecskeméti Fürdő; ☎76-500 320; www.kecskemetifurdo.hu; Csabay Géza körút 5; Erw./erm. 3600/3000 Ft; ⊙6–21 Uhr) Ein ganzjährig geöffneter, ziemlich extravaganter Komplex mit Thermalbädern, Swimmingpools, Wellness-Einrichtungen und jeder nur erdenklichen Form von Anwendung.

Feste & Events

Aprikosenbrand- & Wein-Festival von Kecskemét
WEIN

(Kecskeméti Barackpálinka és Bor Fesztivál; www.hirosagora.hu; ⊙Juni) Die Winzer und Brenner aus dem ganzen Land stellen ihre Verkostungsbuden auf den Stadtplätzen von Kecskemét auf.

Hirős-Wochenfestival
MUSIK

(Hirős Hét Fesztivál; http://hiros7.hu; ⊙Aug.) Sieben Tage mit Folk- und Popmusikkonzerten Mitte August.

Schlafen

Tourinform (S. 251) hält eine Liste mit Sommerunterkünften in Hochschulen bereit. Außerdem bietet Kecskemét eine ganze Reihe an Schlafmöglichkeiten in jeder Kategorie.

Jam Pub
PENSION €

(☎06 30 950 5147; www.facebook.com/Jampub1; Beniczky Ferenc utca 1; EZ/DZ ab 2500/5000 Ft; ❄☎) Wem es gefällt, einfach gleich da ins Bett zu fallen, wo er die halbe Nacht gezecht hat, der kann eines der neun Zimmer über dieser lärmenden Kneipe mieten (am Wochenende ist es ein Club). Die Zimmer haben schräge Decken und sind bestenfalls einfach, aber sauber, und der Preis stimmt.

Klárá Lővei Kollegium
HOSTEL €

(Lővei Klárá Kollégium; ☎76-486 977; www.kefo.hu; Piaristák tere 4; EZ/DZ 4000/8000 Ft; ⊙Mitte Juni–Aug.; @) Die zentralste und freundlichste unter Kecskeméts Hochschul-Sommerunterkünften: Der Schlafbereich besteht aus einfachen Zimmern mit Doppelbetten und (meistens) eigenen Badezimmern.

★ Fábián Panzió
PENSION €€

(☎76-477 677; www.panziofabian.hu; Kápolna utca 14; EZ 30–35 €, DZ 35–45 €; ❄☎) Diese Pension mit ihren Zimmern in einer ruhigen Straße, die auf einen Innenhof mit Garten blicken, ist einfach zauberhaft! Vier der Zimmer liegen treppaufwärts, in dem Hauptgebäude mit Terrasse; sie sind kleiner und etwas preiswerter als die sechs, die sich auf Nasenhöhe mit den Blumen befinden. Wenn der freundliche Service kein Argument zum Wiederkommen wäre, dann ist es aber auf jeden Fall das Frühstück mit hausgemachtem Gebäck und Marmelade.

Die weit gereiste Familie, der die Pension gehört, scheint genau zu wissen, was ihre Gäste brauchen, und hält Speisekarten lokaler Restaurants und Reiseprospekte bereit.

Pálma Hotel
HOTEL €€

(☎76-321 045; www.hotelpalma.hu; Arany János utca 3; EZ 6850–9650 Ft, DZ 10 300–12 800 Ft; ❄☎) Das Pálma in Kecskemét liegt so zentral, wie man sich das nur wünschen kann. Es verfügt über 40 schlichte Gästezimmer in zwei modernen Gebäuden. Die teureren liegen im ersten Stock und verfügen über TV, Kühlschrank und Klimaanlage. Die preiswerteren Zimmer befinden sich ein Stockwerk höher und haben schräge Decken, sind aber ruhig und hell. Kostenlose Waschmöglichkeiten.

Granada Hotel   HOTEL €€€
(☎ 76-503 130; http://granadahotel.hu; Harmónia utca 12; EZ/DZ ab 66/75 €; ❊ @ ⚟ ☵) Wellness (Hallen-Swimmingpool, Sauna, Anwendungen) und Sport (Tennis, Fußball, Minigolf) sind die Gründe, weshalb Reisende gerne in diesem Resort mit seinen 86 Zimmern absteigen, das etliche Kilometer vom Zentrum entfernt liegt. Das Hotel in der Nähe der M5 ist eine gute Ausgangsbasis für alle, die mit dem Auto die Region erkunden und abends in ihre modernen und komfortablen Zimmer zurückkehren wollen.

Essen

Max   PIZZA €
(☎ 76-321 600; www.maxpizzeria.hu; Széchenyi tér 9; Hauptgerichte 1600–1950 Ft; ⏲ Mo-Mi 10–23, Do-Sa 10–24, So 10–22 Uhr) Dieses lauschige Lokal mit kleinem Innenhof behauptet von sich, Café, Restaurant und Pizzeria in einem zu sein, und im Grunde ist es das auch. Die meisten kommen allerdings wegen der Pasta (1320 Ft bis 1840 Ft) und Pizza (1100 Ft bis 1990 Ft) hierher, von denen viele Einheimische erklären, es sei die beste der ganzen Stadt.

Főzelékház Étterem   UNGARISCH €
(☎ 06 20 439 4101, 76-321 206; Deák Ferenc tér 6; Hauptgerichte 460–790 Ft; ⏲ Mo-Fr 10–18, Sa 10–14 Uhr) Das einfache Speiselokal, das sich in einem Einkaufszentrum versteckt, ist genau der richtige Ort, um ungarisches Soul Food zu genießen, wie beispielsweise das namengebende *főzelék*, zweifach gekochtes Gemüse, das oft mit Fleisch serviert wird. Das zweigängige Menü für 790 Ft ist ein Schnäppchen.

Aranyhomok Gyorsétterem   FAST FOOD €
(☎ 06 20 949 9199; Kossuth tér 3; Hauptgerichte 590–990 Ft; ⏲ So-Do 7–24, Fr & Sa bis 2 Uhr morgens) Die Einheimischen lieben die schnelle und leckere Selbstbedienungs-Cafétéria im Erdgeschoss des größten Hotels der Stadt.

Italia Pizzeria   PIZZA €
(☎ 06 20 947 6847, 76-327 328; www.italiapizzeria.hu; Hornyik János körút 4; Pizza 1090–1950 Ft; ⏲ 8–23 Uhr) Das Italia hat vielleicht nicht ganz so viel Atmosphäre, aber mit den Studenten aus den nahe gelegenen Hochschulen macht es ein Wahnsinnsgeschäft. Auf der Speisekarte stehen Pasta- (990 Ft bis 1690 Ft) ebenso wie Fleischgerichte (1540 Ft bis 2290 Ft) und das Mittagsmenü kostet nur 1150 Ft.

★ Tepsi Gastropub   INTERNATIONAL €€
(☎ 76-508 558; www.tepsipub.hu; Kéttemplom köz 7; Hauptgerichte 1150–5900 Ft; ⏲ Di & Mi 12–23, Do-Sa 12–24 Uhr) Das Tepsi hat Kecskeméts Essensszene ins 21. Jahrhundert katapultiert mit seinem schlichten, sauberen Dekor und einer Speisekarte, auf der Dinge wie *lepény* stehen: köstliche Pasteten im ungarischen Stil, die mit Käse oder Fleisch gefüllt sind, und Biofleisch vom Charolais-Rind. Am besten sind allerdings die Gourmet-Burger (1490 Ft bis 2550 Ft) – das zentral gelegene Lokal ist absolut empfehlenswert.

Kisbugaci Csárda   UNGARISCH €€
(☎ 06 30 968 6350, 76-322 722; www.kisbugaci.hu; Munkácsy Mihály utca 10; Hauptgerichte 1700–3800 Ft; ⏲ Mo-Sa 11–23, So 12–16 Uhr) Diese *csárda* verlässt sich auf ihren volkstümlichen Charme mit ihren Holzbänken, den Tellern an den Wänden und Zigeunermusik. Das Essen allerdings, das in großen Portionen serviert wird, kann sich daneben auch ganz gut behaupten. Empfehlenswert ist das *Erdélyi flekken* (transsilvanisches Grillfleisch) oder der *betyárpörkölt* (Diebes-Schmortopf).

Cezar Ristorante Italiano   ITALIENISCH €€
(☎ 76-328 849; www.clubcaruso.hu; Kaszap utca 4; Hauptgerichte 1800–5500 Ft; ⏲ Di-Sa 12–23, So 12–16 Uhr) Das von Italienern betriebene Cezar serviert Gerichte, deren Zutaten beinahe ausschließlich aus Italien stammen. Die Minestrone und der Tomaten-Mozzarella-Salat sind überirdisch. Die Auswahl an Pizza (1290 Ft bis 1990 Ft) und Pastagerichten (1800 Ft bis 3900 Ft) ist gigantisch, und man sollte sich nicht von den enormen Portionen der Hauptgerichte abschrecken lassen, da auch halbe Portionen bestellt werden können.

Kecskeméti Csárda   UNGARISCH €€
(☎ 76-488 686; www.kecskeméticsarda.hu; Kölcsey utca 7; Hauptgerichte 2600–5500 Ft; ⏲ Mo-Sa 12–22, So bis 16 Uhr) Dieses Restaurant übertreibt es etwas mit seinem rustikalen Fischereizubehör an den Wänden und den kostümierten Kellnern. Aber das Essen ist gut, es gibt einen großen, offenen Hof und am Wochenende Livemusik. Die Auswahl an Weinen ist sehr gut, was für ein *csárda* eher ungewöhnlich ist.

Rozmaring   UNGARISCH €€€
(☎ 76-509 175; www.rozmaringbisztro.hu; Mária utca 1; Hauptgerichte 1990–4290 Ft; ⏲ Mo-Fr

8–23, Sa 11–23, So 11–15 Uhr; 🍴) Die kunstvolle Aufmachung ist in dem erlesenen Restaurant Standard, ganz egal, ob man nun den Seewolf-Eintopf oder die Hähnchenbrust mit Pflaumen und Gänseleber bestellt (beides kostet 2490 Ft). Die Gerichte sind modern ungarisch und einfach genau richtig zubereitet.

Géniusz INTERNATIONAL €€€
(☎ 76-497 668; www.facebook.com/Géniusz-Kávéház-Étterem-194569090588212; Kisfaludy utca 5; Hauptgerichte 2700–4300 Ft; ⊙ Mo–Sa 9–23 Uhr; 🍴) Das Lokal ist Unternehmer-Territorium, und das nicht umsonst: Die ziemlich einfallsreiche Speisekarte ändert sich je nach Saison, und zu den Angeboten gehört deshalb manchmal auch gefüllte Forelle mit Mandeln oder Thai-Hähnchen. Ordentliche vegetarische Gerichte gibt es ebenfalls. Die Mittagsmenüs an den Wochentagen kosten 1250 Ft und 1500 Ft.

Ausgehen & Nachtleben

Vincent CAFÉ
(☎ 06 30 570 0518; www.facebook.com/vincentcukraszda; Szabadság tér 6; ⊙ Mo–Do 8–22, Fr 8–24, Sa 9–24, So 9–22 Uhr) Normalerweise meiden wir das Essen und die Lokale auf dem Szabadság tér wie die Pest, aber für unseren Favoriten Vincent machen wir eine Ausnahme. Er serviert exzellenten Kaffee und ist für eine so zentrale (das heißt: touristische) Lage sehr ordentlich.

Black Cat Pub BAR
(☎ 06 30 997 7875; Csányi János körút 6; ⊙ Mo–Mi 8–22, Do 8–24, Fr 8–2, Sa 10–2, So 10–22 Uhr) Das Black Cat ist eher eine Bar als eine Kneipe und eine interessante Alternative abends in der Stadt.

Wanted Söröző PUB
(☎ 76-434 815; www.facebook.com/wantedkecskemet; Csányi János körút 4; ⊙ Mo–Sa 16–24 Uhr) In dieser Kneipe mit Western-Touch in der Nähe des Cifra-Palasts trifft sich Kecskeméts Jungvolk.

Jakó Cukrászda CAFÉ
(☎ 76-505 949; www.jakocukraszda.com; Petőfi Sándor utca 7; ⊙ 9–20 Uhr) Hierher kommen die Einheimischen im Frühling und Sommer für Eiscreme und Kuchen (190 bis 550 Ft), wenn sie den von Touristen bevölkerten Szabadság tér meiden wollen.

☆ Unterhaltung

Kecskemét ist eine Stadt mit viel Musik und Theater; Kultur-Festivals werden beinahe das ganze Jahr über veranstaltet. Tourinform (S. 251) hält eine jährliche Liste bereit.

József Katona Theater THEATER
(Katona József Színház; ☎ 76-501 174; www.kecskemetikatona.hu; Katona József tér 5; ⊙ Abendkasse Mo–Fr 9–18 Uhr) Das attraktive Theater aus dem 19. Jh. wurde nach dem gleichnamigen Einheimischen benannt, der dramatische Werke auf den ungarischen Bühnen ebenso zu neuem Leben erweckte wie Operetten und Konzerte.

Kecskemét Kultur & Konferenzzentrum DARSTELLENDE KÜNSTE
(Kecskeméti Kulturális és Konferencia Központ; ☎ 76-503 880; www.efmk.hu; Deák Ferenc tér 1) Das Kulturzentrum fördert einige Veranstaltungen und ist eine gute Informationsquelle.

ℹ Praktische Informationen

Haus der Natur (Természet Háza; ☎ 76-482 611; www.knp.hu; Liszt Ferenc utca 19; ⊙ April–Okt. Di–Fr 9–16, Sa 10–14, Nov.–März Mo–Fr 9–16 Uhr) Das Hauptbüro des Kiskunság Nationalparks informiert über Möglichkeiten zur Vogelbeobachtung und andere Touren in Kecskemét, oder man informiert sich auf der Website.

BUSSE VON KECSKEMÉT

REISEZIEL	FAHRPREIS	FAHRZEIT	KM	TGL. VERBINDUNGEN
Baja	2200 Ft	2 Std.	111	5-mal, nonstop
Budapest	1830 Ft	1¼ Std.	84	stündl., nonstop
Debrecen	4620 Ft	6 Std.	240	6 -mal, 1-mal umsteigen
Eger	3410 Ft	4 Std.	186	2-mal, nonstop
Gyula	2830 Ft	3½ Std.	143	2-mal, nonstop
Pécs	3410 Ft	3½ Std.	200	3-mal, nonstop
Szeged	1680 Ft	2 Std.	88	stündl., nonstop

Hauptpost (Kálvin tér 10; ⊙ Mo 7–19, Di–Fr 8–19, Sa 8–12 Uhr)

Ibusz (📞 76-486 955; www.ibusz.hu; Korona utca 2, Malom Centre; ⊙ Mo–Sa 10–19 Uhr) Liegt auf der zentralen Shopping-Plaza; hilft bei der Suche nach Apartments.

OTP Bank (Korona utca 2, Malom Centre; ⊙ Mo 7.45–18, Di–Fr 7.45–17, Sa 8–12 Uhr) Geldwechsel und Geldautomat; im zentral gelegenen Einkaufszentrum.

Tourinform (📞 76-481 065; www.visitkecskemet.hu; Kossuth tér 1; ⊙ Mai–Aug. Mo–Fr 8.30–17.30, Sa 9–13, Sept.–April Mo–Fr 8.30–16.30 Uhr) In der Nordostecke des Rathauses.

❶ An- & Weiterreise

Die Intercity-Bahnhöfe für Bus und Bahn liegen einander gegenüber am József Katona Park. Vom Szabadság tér aus ist es ein zehnminütiger Fußweg in nordöstlicher Richtung entlang der Nagykőrösi utca.

BUS & ZUG

Kecskemét liegt auf der Hauptbahnstrecke zwischen dem Nyugati Bahnhof in Budapest (3105 Ft, 1½ Std., 106 km) und Szeged (1830 Ft, 1¼ Std., 85 km). Verbindungen gibt es mindestens einmal in der Stunde. Wer in andere Städte im Norden und Osten reisen will, muss in Cegléd umsteigen (650 Ft, 30 Min., 33 km).

❶ Unterwegs vor Ort

Die Buslinien 1 und 15 verbinden die Bahnhöfe der Intercity-Busse und Züge mit dem **lokalen Busbahnhof** am Széchenyi tér. Die Busse Nr. 5 und 22 fahren zu den Wasserparks/Spas. Fahrräder verleiht **Tourinform** (s. oben) für 1000/3000 Ft pro Std./Tag.

Nationalpark Kiskunság

Der 1975 gegründete Kiskunság-Nationalpark besteht aus neun „Landinseln", die insgesamt etwa 50 000 Hektar umfassen. Viele der Teiche, Dünen und grasbewachsenen „Wüsten" des Parks sind für Besucher gesperrt.

Am einfachsten kommt man der ökologisch so empfindlichen Landschaft des Kiskunság Nationalparks und den berühmten Pferden von **Bugac** aus näher (2685 Einwohner), in einer sandigen Steppe 30 km südwestlich von Kecskemét.

⊙ Sehenswertes

Hirtenmuseum   MUSEUM
(Pásztormúzeum; 📞 76-575 112; www.museum.hu/bugac/pasztormuzeum; Nagybugac 135; ⊙ Mai–

> **NICHT VERSÄUMEN**
>
> **WANDERN IM NATIONALPARK KISKUNSÁG**
>
> In der nahen Umgebung des Parks gibt es mehrere Natur- und Lehrwanderpfade mit erläuternden Schildern, auf denen Besucher dieses fantastische Ökosystem aus Dünen, Steilhängen und Marschen kennenlernen können. Der 2 km lange Wacholderweg (Boróka Sáv), der hinter den Stallungen beginnt, führt an den Rand des Wacholderwaldes und zu sandigen Hügeln, die zum Sperrgebiet erklärt wurden. Wer noch mehr sehen und einen Überblick bekommen möchte, kann auch einen Nebenpfad zu einem nahe gelegenen Turm nehmen, muss dann aber wieder umkehren.

Sept. 10–17 Uhr) GRATIS Besucher können einen Pferdewagen besteigen (kostet extra), oder sie fahren oder gehen den 1,5 km langen sandigen Weg bis zum Hirtenmuseum. In dem runden Bau, dessen Form sich an dem Vorbild der Trockenmühlen orientiert hat, die einst allgegenwärtig waren in der Großen Tiefebene, gibt es jede Menge Fauna und Schäferutensilien zu besichtigen – geschnitzte Holzpfeifen, bestickte Pelzmäntel und ein Tabaksbeutel aus dem Hodensack eines alten Widders.

🏃 Aktivitäten

Das Hauptbüro des Kiskunság Nationalparks, das Haus der Natur (S. 250) in Kecskemét oder deren Website informieren über Möglichkeiten zur Vogelbeobachtung und andere Tourangebote.

Somodi Tanya   REITEN
(📞 06 30 953 0987, 76-377 095; www.somoditanya.hu; Fülöpháza; Reiten/Wagenlenken pro Std. 4500/8000 Ft) Besucher können in Bugac keine Pferde reiten – dafür muss man sich auf den Weg zu diesem Hof in Fülöpháza machen, der 50 km nordwestlich von Bugac liegt. Neben Reitmöglichkeiten gibt es hier auch eine Unterkunft und ein sehr gutes Restaurant.

🛏 Schlafen & Essen

Die meisten Besucher des Kiskunság Nationalparks, die die Reitvorführung mit Showelementen sehen möchten, unternehmen einen Tagesausflug von Kecskemét aus, wo sie auch übernachten.

Karikás Csárda
UNGARISCH €€

(06 30 416 6439, 76-575 112; www.bugacpuszta.hu; Nagybugac 135; Hauptgerichte 2000–4000 Ft; ⊙ Juli–Sept. 10–21 Uhr, Mai & Juni bis 20 Uhr) Das Essen ist überraschend gut in dieser wahnsinnig kitschigen Karikás Csárda beim Eingang zum Park. Das *gulyás* (Gulaschsuppe; 1100 Ft) ist herzhaft, und das begleitende Volksmusik-Ensemble verführt die Gäste zum Mitwippen auf der großen und schattigen Terrasse.

☆ Unterhaltung

Puszta-Cowboy-Show
PFERDERENNEN

(Csikósbemutató; www.bugacpuszta.hu; Erw./Kind 1900/1400 Ft, mit Wagenfahrt 3600/2600 Ft; ⊙ Mai–Sept. 12.15 Uhr) Das Highlight eines Ausflugs in den Kiskunság Nationalpark ist die Puszta-Cowboy-Show in Bugac. Neben dem Kunststück, edle Nonius-Pferde Dinge vorführen zu lassen, bei denen schon die meisten Hunde streiken würden, knallen die *csikósok* (Puszta-Cowboys) mit ihren Peitschen und jagen sich gegenseitig auf den ungesattelten Pferden.

Die *csikósok* zeigen auch die „ungarische Post", eine atemberaubende Darbietung, bei der ein csikós stehend auf dem Rücken zweier Pferde in vollem Lauf auf einem Fünfer-Gespann galoppiert.

ⓘ An- & Weiterreise

Es ist schwierig, ohne eigenes Auto zum Park und der Puszta-Cowboy-Show zu gelangen. Von Kecskemét nach Bugac gibt es einen Bus um 11 Uhr (745 Ft, 1 Std., 37 km), aber damit kommt man nicht rechtzeitig zur Show um 12.15 Uhr. (Die vorherigen Busse starten zu einer unchristlichen Zeit, um 5.25 Uhr wochentags und um 6.30 Uhr am Wochenende.) Eine etwas kompliziertere Alternative ist der Zug, der stündlich, beispielsweise um 9.11 Uhr, nach Kiskunfélegyháza fährt (615 Ft, 16 Min., 25 km). Von dort aus kann man einen weiteren stündlichen Bus nehmen (370 Ft, 30 Min., 18 km). Ein Taxi kostet sagenhafte 9600 Ft.

Szeged

62 / 162 600 EW.

Schwer zu sagen, was genau Szeged zu einer so reizvollen Stadt macht. Ist es der schattige, gartenartige Hauptplatz mit seinen Parkbänken oder die Vielzahl an Straßencafés in der Fußgängerzone, die sich endlos zu erstrecken scheint? Vielleicht liegt es auch an der interessanten Architektur der Paläste in der Altstadt. Oder es sind die ganzjährig stattfindenden kulturellen Veranstaltungen und der lebhafte Pulsschlag einer Universitätsstadt (Die Studenten sind hier 1956 schon marschiert, bevor ihre Kameraden in Budapest auf die Straße gingen). Szeged – eine Verballhornung des ungarischen Wortes *sziget* (Insel) – liegt an der Theiß (Tisza) und hat ein Thermalbad und einen Park gegenüber der Altstadt. Was die Stadt außerdem noch so einzigartig macht, ist der ungewöhnliche Szeged-Akzent, der seltsam und auffällig klingt in einem Land mit so wenig unterschiedlichen Dialekten.

⊙ Sehenswertes

Votivkirche
KATHEDRALE

(Fogadalmi templom; 62-420 157; www.szegedidom.hu; Dóm tér; ⊙ Mo–Sa 6.30–19, So 7.30–19 Uhr) Die Votivkirche ist eine überproportional große Monstrosität aus braunen Backsteinen. Die Einwohner legten nach der Flut 1879 das Gelübde ab, sie zu bauen, doch erst im Jahr 1930 wurde sie fertiggestellt. So ziemlich das Einzige, was ihnen die Besichtigung lohnt, sind die gigantische Orgel mit ihren 9040 Pfeifen, die mit Fresken geschmückte Kuppel und der Chor. Wer auf den Turm steigen möchte, geht am besten durch das Ausstellungszentrum der Votivkirche.

Ausstellungszentrum der Votivkirche
MUSEUM

(Fogadalmi Templom kiállítótér; 62-420 157; www.szegedidom.com; Dóm tér; Erw./Kind 1000/600 Ft; ⊙ Di–So 9–17 Uhr) Die neuen Ausstellungsräume, die 2016 in der Krypta der Votivkirche unterhalb des Dom tér eröffnet wurden, befassen sich mit der Geschichte der Kathedrale und des Platzes. Außerdem sind liturgische Gegenstände und Kirchenschätze aus dem nahe gelegenen Diözesanmuseum ausgestellt. Von hier aus kann man auch auf den Zwillingsturm der Kirche steigen (287 Stufen).

Reök Palast
ARCHITEKTUR

(Reök Palota; 62-541 205; www.reok.hu; Tisza Lajos körút 56; ⊙ Di–So 10–18 Uhr) Der Reök Palota ist ein überwältigender Jugendstilbau in den Farben grün und zartlila aus dem Jahre 1907, der wie die Deko am Grunde eines Aquariums aussieht. In den letzten Jahren wurde er aufpoliert, damit er wieder im alten Glanz erstrahlt. Mittlerweile werden hier regelmäßig Ausstellungen zu den Themen Fotografie und Darstellende Kunst gezeigt.

Neue Synagoge SYNAGOGE
(Új Zsinagóga; 62-423 849; www.zsinagoga.szeged.hu; Jósika utca 10; Erw./erm. 500/250 Ft; ☺April–Sept. So–Fr 10–12 & 13–17 Uhr, Okt.–März So–Fr 9–14 Uhr) Die erst kürzlich renovierte Neue Synagoge im Jugendstil, die 1903 von Lipót Baumhorn entworfen wurde, ist das schönste jüdische Gotteshaus Ungarns, vielleicht sogar der ganzen Welt. Sie ist noch immer aktiv, wenngleich die Gemeinde seit dem Zweiten Weltkrieg von 8000 auf etwa 500 Gläubige geschrumpft ist. Dominierend in dem gewaltigen, in Blau und Gold gehaltenen Innenraum ist die Kuppel, die mit Sternen und Blumen dekoriert ist (sie stellen die Unendlichkeit und den Glauben dar) und himmelwärts zu streben scheint.

Andere Besonderheiten im Inneren sind der Thorabaldachin aus Akazienholz und die Glasmalereien von Miksa Róth.

Serbisch-Orthodoxe Kirche KIRCHE
(Görögkeleti Szerb ortodox templom; 06 30 484 8778, 62-426 091; Dóm tér; Erw./Kind 400/300 Ft; ☺8–17 Uhr nach Vereinbarung) Die Serbisch-Orthodoxe Kirche im Zopfstil auf dem Dóm tér aus dem Jahre 1778 hat eine sagenhafte Ikonenwand: ein zentraler „Goldbaum" mit 70 Ikonen, die von seinen „Zweigen" hängen.

Ferenc Móra Museum MUSEUM
(62-549 040; http://moramuzeum.hu; Roosevelt tér 1-3; Erw./erm. 1890/1290 Ft; ☺ganzjährig Di–So 10–18 Uhr, Mai–Sept. Do auch bis 20 Uhr) Das exzellente Museum zeigt eine farbenprächtige Sammlung von Volkskunst sowie traditionelles Handwerk aus der Umgebung von Szeged, eine Sektion über Naturgeschichte namens „Wir haben nur eine Welt" und eine umfangreiche Sammlung mit Arbeiten von ungarischen Künstlern wie József Rippl-Rónai und Mihály Munkácsy. Der hohe Eintrittspreis berechtigt zur Besichtigung der Dauerausstellung und vieler ausgezeichneter temporärer Ausstellungen.

Burgmuseum & Lapidarium MUSEUM
(Varmúzeum és kötár; 62-549 040; Stefánia sétány 15; Erw./Kind 300/200 Ft; ☺Di–So 10–18 Uhr nach Vereinbarung) Die Flut im Jahre 1879 zerstörte viele der Mauern von Szegeds am Fluss gelegener Burg, die etwa 1240 errichtet wurde, und in der Folge bediente sich die Stadt auch noch weiter an den Ziegeln. Hinter dem Ferenc Móra Museum finden aktuell noch immer Ausgrabungen des Fundaments und der antiken unterirdischen Mauern statt. Archäologische Fundstücke werden in der kleinen Galerie gezeigt.

Dóm tér PLATZ
Auf dem „Kathedralenplatz" befinden sich Szegeds wichtigste Denkmäler und Gebäude, wie beispielsweise die Votivkirche (S. 252). Während des alljährlichen Sommerfestivals steht er im Mittelpunkt des Geschehens.

Nationale Gedenkhalle (Pantheon) DENKMAL
(Nemzeti Emlékcsarnok; Dóm tér) Die Nationale Gedenkhalle – mit einer Arkade mit Statuen und Reliefs von mehr als 100 Würdenträgern, die den Dóm tér auf drei Seiten umrahmen – ist ein Crashkurs in Sachen ungarischer Kunst, Literatur, Wissenschaft und Geschichte. Selbst der Schotte Adam Clark, der den Bau der Budapester Kettenbrücke leitete, hat hier ein Plätzchen. Nach irgendwelchen Spuren von Frauen hält man allerdings vergeblich Ausschau.

Demetriusturm TURM
(Dömötö-torony; Dóm tér) Der romanische Demetriusturm auf dem Dóm tér ist das älteste Bauwerk der Stadt und der letzte Überrest einer Kirche, die im 12. Jh. hier errichtet wurde. Besichtigt werden kann er nur im Rahmen einer Gruppentour vom Ausstellungszentrum der Votivkirche aus (S. 252).

Heldentor HISTORISCHE STÄTTE
Dieses Tor wurde 1936 zur Erinnerung an Miklós Horthys Weiße Garde errichtet, die verantwortlich war für die „Säuberung" der Nation von „Roten", nachdem die Räterepublik im Jahre 1919 gescheitert war.

Pick Salami und Szegediner Paprika-Museum MUSEUM
(Pick szalámi és Szegedi paprika múzeum; 06 20 980 8000; www.pickmuzeum.hu; Felső Tisza-part 10; Erw./Kind 980/740 Ft; ☺Di–Sa 15–18 Uhr) Zwischen den beiden Brücken, die die Theiß (Tisza) überspannen, liegt das Salami- und Paprikamuseum mit zwei Stockwerken, die sich den Methoden der Salamiherstellung und der Kultivierung, Verarbeitung und der Verpackung von Szegeds „rotem Gold" widmen. Es ist sehr viel interessanter, als man meinen möchte, und die Besucher bekommen sogar Kostproben, sowohl von der Salami als auch von der Paprika.

Gróf-Palast HISTORISCHES GEBÄUDE
(Gróf Palota; Tisza Lajos körút 20) Dieses zauberhafte Gebäude aus der Zeit der Secession mit Blumenmosaiken wurde im Jahr 1913 fertiggestellt.

Szeged

DIE GROSSE TIEFEBENE SZEGED

Szeged

◉ Sehenswertes
1 Burgmuseum & Lapidarium D2
2 Dóm tér C4
3 Ferenc-Móra-Museum.......................... D3
4 Ehemaliges Jüdisches Gemeinschafts-
   zentrum B2
5 Gróf-Palast D1
6 Heldentor C4
7 Nationale Gedenkhalle C4
8 Neue Synagoge B2
9 Alte Synagoge B2
10 Pick Salami & Szegediner Paprika-
   Museum E1
11 Reök-Palast B3
12 Serbisch-Orthodoxe Kirche C4
13 Demetriusturm C4
14 Rathaus C2
15 Votivkirche C4
16 Ausstellungszentrum der Votiv-
   kirche C4

◉ Aktivitäten, Kurse & Touren
17 Anna-Bad C1
18 Bootsfahrt D3
19 Napfényfürdő Aquapolis E3

◉ Schlafen
20 Art Hotel Szeged C4
21 Dóm Hotel Szeged C3
22 Hotel Forrás F3
23 Illés Hotel F1
24 István Apáthy College C4
25 Mozart Hotel C3
26 Szeged Beach Camping F2
27 Tisza Hotel C2
28 Tiszavirág Hotel B2

◉ Essen
29 Bistorant C3
30 Boci Tejivó C4
31 Classic Cafe C2
32 Kajak Bistro D2
33 Malata C3
34 Market A1
35 Pizza e Pasta C3
36 Taj Mahal B2
   Tiszavirág Restaurant .... (s. 28)
37 Vendéglő A Régi Hídhoz C3

◉ Ausgehen & Nachtleben
38 A Cappella C3
39 John Bull Pub C3
40 Sing Sing A1
41 Tisza Dokk D2
42 Virág Cukrászda C3

◉ Unterhaltung
43 Jazz Kocsma E1
44 Szegediner Nationaltheater D2

◉ Shoppen
45 Magyar Pálinka Háza C3

**Ehemaliges Jüdisches
Gemeinschaftszentrum** JÜDISCHE STÄTTE
(Zsidó Hitközség; Gutenberg utca 20) Unter den interessanten Gebäuden in Szegeds einstigem Jüdischen Viertel findet sich auch das ehemalige Jüdische Gemeinschaftszentrum aus dem Jahre 1902, das einst als Seniorenheim diente.

Rathaus ARCHITEKTUR
(Városház; Széchenyi tér 10) Auf der Westseite des Széchenyi tér liegt das neobarocke Rathaus aus dem Jahre 1883 mit seinem bizarren Turm und den farbenprächtigen Dachziegeln.

Alte Synagoge JÜDISCHE STÄTTE
(Ózsinagóga; Hajnóczy utca 12) Es gibt etliche interessante, sehenswerte Gebäude in Szegeds ehemaligem Jüdischen Viertel, darunter auch die Alte Synagoge, erbaut im klassizistischen Stil, aus dem Jahre 1843. Inzwischen werden darin Theaterworkshops abgehalten. Das Innere befindet sich allerdings leider in einem ziemlich renovierungsbedürftigen Zustand.

Aktivitäten

Napfényfürdő Aquapolis WASSERPARK
(☏ 62-566 488; www.napfenyfurdoaquapolis.com; Torontál tér 1; Erw./Kind 4900/2500 Ft; ⊙ Mai–Sept. 6–22 Uhr, Pools im Freien 9–20 Uhr) Nach der Überquerung der Theiß (Tisza) in Neu-Szeged (Újszeged), gelangt man zu diesem gigantischen Wasserpark mit allen Arten von Innen- und Außenpools, Becken mit Thermalwasser, Saunen, Dampfräumen und Zentren mit Anwendungen. Neben dem Komplex befindet sich der Neu-Szeged Park (Újszegedi Liget), der sich ganz herrlich zum Spazierengehen und Radfahren eignet. Einen kleinen öffentlichen Strand am Flussufer gibt es auch.

Anna-Bad WELLNESS
(☏ 62-553 330; www.szegedsport.hu/intezmenyek/anna-furdo; Tisza Lajos körút 24; Erw./Kind 1650/1350 Ft; ⊙ 6–20 Uhr) Das zauberhafte, cremefarbene Anna-Bad wurde 1896 errichtet und imitiert die Fliesenarbeiten und die gewölbte Kuppel eines Türkischen Bads. Wunderbare architektonische Details finden

sich rund um die modernen Saunen und Whirlpools. Ein Springbrunnen vor dem Gebäude spendet kostenloses Trinkwasser aus der Therme.

Bootsfahrt
BOOTFAHREN

(Hajókirándulás; ☎ 62-402 302, 06 20 230 8817; www.hajokirandulas.hu; Roosevelt tér; Erw./Kind 1200/900 Ft; ⊙ Mai–Sept. Di–Fr 15, Sa & So 11, 13 & 15 Uhr) Wer Szeged auch aus einer anderen Perspektive erleben möchte, kann an einer Bootsfahrt teilnehmen, die direkt neben der Stadtbrücke in der Nähe des Roosevelt tér startet. Der Ausflug dauert eine Stunde und führt Richtung Norden zum Zusammenfluss des Marosch (Maros) und der Theiß (Tisza), und dann südwärts an der Altstadt vorbei.

Feste & Events

Weinfestival Szeged
WEIN

(Szegedi Borfesztivál; www.szegediborfesztival.hu; ⊙ Mai) Ein zehntägiges Fest rund um den Wein Mitte Mai.

Rosenfest
BLUMEN

(Rózsafesztivál; www.rozsaunnep.hu; ⊙ Juni) Ein drei Tage andauerndes Festival Ende Juni, bei dem neue Züchtungen vorgestellt werden. Außerdem werden Paraden und andere veranstaltet.

★ Szeged Open-Air Festival
MUSIK

(Szegedi Szabadtéri Játékok; ☎ 62-541 205; www.szegediszabadteri.hu; ⊙ Juli & Aug.) Szegeds Open-Air-Festival findet im Juli und August auf dem Dom tér statt und ist außerhalb Budapests das größte Festival in Ungarn. Das Freiluft-Theater vor der Votivkirche bietet Sitzgelegenheiten für bis zu 6000 Zuschauer. Zu den Hauptevents gehören die Aufführungen einer Oper, einer Operette, eines Theaterstücks, Volkstanzdarbietungen, klassische Musik, Ballett und eine Rock-Oper.

Internationales Tisza-Fisch-Festival
ESSEN & AUSGEHEN

(Nemzetközi Tiszai Halfesztivál; www.halfesztival.hu; ⊙ Sept.) Drei Tage dauert das Festival, das Anfang September Szegeds wichtigstes Nahrungsmittel feiert.

Schlafen

Als eine der größten Städte Ungarns bietet Szeged das gesamte Spektrum an Unterkünften, von Pensionen über Hostels – Tourinform (S. 259) hat eine Liste mit allen Sommerunterkünften in Hochschulen – bis hin zu Boutique- und Business-Hotels.

Szeged Strand-Camping
CAMPING €

(Szegedi Partfürdő Kemping; ☎ 62-430 843; www.szegedcamping.hu; Középkikötő sor 1-3; Camping pro Pers./Zelt 1490/590 Ft, Bungalow für 2/3/4 9900/12 900/15 900 Ft; ⊙ Mai–Sept.; 🛜 🏊) Der große Campingplatz mit Rasenflächen sieht ein bisschen aus wie ein öffentlicher Park und liegt am Ufer der Theiß (Tisza). Er bietet Platz für 700 zufriedene Camper, Volleyballplätze und eine Wiese am Flussufer. Bungalows auf Stelzen mit sowohl Zimmern als auch ganzen Apartments (mit Küche) werden ebenfalls vermietet.

István Apáthy Hochschule
HOSTEL €

(Apáthy István Kollégium; ☎ 62-545 896; www.apathy.szote.u-szeged.hu; Apáthy utca 4; B/EZ/DZ 4200/8700/9800 Ft; @ 🛜) Diese Unterkunft in äußerst zentraler Lage bietet so ziemlich aufs Minimum reduzierte Schlafgelegenheiten. Im Juli und August gibt es mehr als 200 Zimmer zu mieten, aber den Rest des Jahres über lediglich eine Handvoll – genauer gesagt sind es nur drei. Gemeinschaftsküchen und ein Wäscheraum auf jedem Stockwerk sind vorhanden.

Familia Vendégház
PENSION €€

(Familienpension; ☎ 62-441 122; www.familiapanzio.hu; Szentháromság utca 71; EZ/DZ/TR 7500/11 000/14 000 Ft; ❄ 🛜) Familien und Reisende aus dem Ausland mieten sich sehr gerne in dieser familienbetriebenen Pension ein, die mit zeitgenössischen, neutralen Möbeln ausgestattet ist. Sie liegt in einem großartigen Gebäude der Altstadt in der Nähe des Bahnhofs. Die zwei Dutzend Zimmer haben hohe Decken, viel Holz und Ziegelwände, außerdem kommt jede Menge Licht durch die hohen Fenster. Zimmer mit Klimaanlage kosten 500 Ft extra.

Illés Hotel
PENSION €€

(☎ 06 20 927 2642, 62-315 640; www.illespanzio-vadaszetterem.hu; Maros utca 37; DZ Mo–Fr 13 900 Ft, Sa & So 15 900 Ft; ❄ 🛜 🏊) Die fröhliche Fassade dieser ehemaligen Villa, die sich heute Hotel nennt, steht in deutlichem Kontrast zu den 14 Zimmern, die mit dunklem Holz vertäfelt und mit handgewebten Teppichen ausgelegt sind. Der Garten im Innenhof mit seinem Pool ist allerdings wiederum recht ansprechend. In zehn Minuten zu Fuß ist in südwestlicher Richtung das Stadtzentrum zu erreichen, oder aber man leiht sich ein Fahrrad (1500 Ft pro Tag), um schneller ins Zentrum zu gelangen. Es gibt hier auch ein Kellerrestaurant, in dem Wildspezialitäten serviert werden.

★ Tiszavirág Hotel — BOUTIQUEHOTEL €€€

(✆ 62-554 888; http://tiszaviragszeged.hu; Hajnóczy utca 1/b; EZ/DZ/Suite 80/90/140 €; ❄ 🛜) Der neue Liebling unter den Boutiquehotels in Szeged ist schlicht umwerfend. Es befindet sich in einem historischen Stadthaus, das 1859 von einem wohlhabenden Goldschmied erbaut wurde, und verfügt über zwölf Gästezimmer, von denen viele noch Original-Details aufweisen, und alle sind mit sagenhaften modernen Bildern geschmückt. Es gibt auch einen neuen Flügel, der von dem alten durch einen prächtigen, verglasten Innenhof getrennt ist, in dem es sich ganz wunderbar entspannen lässt.

Der Wellnessbereich im Haus ist hochmodern, komplett mit „Meeresklima"-Raum. Das Hotel-Restaurant (S. 258) ist eines der erlesensten in ganz Szeged.

Art Hotel Szeged — BUSINESS-HOTEL €€€

(✆ 06 30 697 4681, 62-592 888; www.arthotelszeged.hu; Somogyi utca 16; EZ/DZ/Suite 17 950/21 750/32 000 Ft; ❄ 🛜) Geschäftsreisende bevorzugen dieses peppige Hotel mit seinen 71 Zimmern wegen seiner zentralen Lage in der Nähe der Somogyi utca und seiner großen Tiefgarage. Schön sind aber auch Details wie die Primärfarben, das Neon und die interessanten Kunstwerke, die hier und da zu sehen sind. Die Zimmer sind großzügig proportioniert, und einige der Badezimmer sind auch mit einer Badewanne ausgestattet. Das Herzstück des Fitnesscenters ist ein Whirlpool mit Blick auf die Votivkirche.

Dóm Hotel Szeged — BOUTIQUEHOTEL €€€

(✆ 62-423 750, 06 30 834 8883; http://domhotelszeged.info; Bajza utca 6; EZ/DZ/Apt. ab 23 900/27 900/47 000 Ft; ❄ @ 🛜) Eine willkommene Ergänzung für Szegeds Liste der gehobenen Unterkünfte ist dieses smarte und sehr zentrale Boutiquehotel mit seinen 16 Zimmern. Es gibt einen kleinen Wellness-Bereich mit Whirlpool, Sauna und Massageangeboten, ein beliebtes Restaurant und eine Tiefgarage aus dem 21. Jh., die mit dem Lift erreichbar ist. Hauptargument sind allerdings die mehrsprachigen Angestellten, die sehr hilfsbereit sind und denen keine Anfrage zu viel erscheint.

Mozart Hotel — BOUTIQUEHOTEL €€€

(✆ 62-800 040; www.mozarthotel.hu; Oskola utca 16; EZ 15 500–20 500 Ft, DZ 17 500–22 500 Ft; ❄ 🛜) Das elegante, pfirsichfarbene, aber ansonsten unaufdringliche Hotel mit seinen 15 Zimmern liegt unmittelbar nördlich des Dóm tér. Es ist ansprechend mit Mobiliar im Retro-Stil ausgestattet und mit Porträts des Komponisten geschmückt (der Eigentümer ist ein großer Mozart-Fan). Auf der rückwärtigen Terrasse lässt es sich gut aushalten, und die Bar ist klein, aber gesellig.

Tisza Hotel — HOTEL €€€

(✆ 06 30 636 7975, 62-478 278; www.tiszahotel.hu; Széchenyi tér 3; EZ/DZ/Suite 48/60/102 €; ❄ 🛜) Ein altes Neonschild aus der kommunistischen Ära leuchtet noch immer den Weg in diesem Hotel aus Szegeds versunkenen Tagen. Doch während die öffentlichen Bereiche vor Kronleuchtern und goldenen Spiegeln nur so strotzen, sind viele der 51 Gästezimmer ziemlich kastenförmig, klein und etwas verschlissen. Wenn das Budget es erlaubt, sollte man sich besser für eines der teureren Zimmer entscheiden; diese sind im Allgemeinen größer, heller und deutlich luftiger.

Hotel Forrás — HOTEL €€€

(✆ 62-566 466; www.hotelforras.hunguesthotels.hu; Szent-Györgyi Albert utca 16-24; EZ/DZ 110/147 €; ❄ 🛜 🏊) Dieses große Hotel direkt beim Napfényfürdő Aquapolis Wasserpark (der Eintritt ist im Zimmerpreis inbegriffen) in Neu-Szeged verfügt über 196 große Zimmer, von denen die meisten mit Balkon ausgestattet sind. Die Vorliebe für Orange, Schokoladenbraun, Hellbraun und Violett wirkt ziemlich maskulin, kommt aber ganz gut rüber. Bowler werden von den vier voll ausgestatteten Bahnen begeistert sein. Auch Fahrräder gibt es hier zu mieten (1000 Ft pro Tag).

Essen

Zu einem Besuch von Szeged gehört unbedingt eine Kostprobe der berühmten lokalen Nahrungsmittel wie Pick Salami und die regionale Paprika, die eine perfekte Ergänzung zur würzigen Szegedi *halászlé* (Szegediner Fischsuppe) darstellt.

Boci Tejivó — FASTFOOD €

(✆ 62-423 154; http://bocitejivoszeged.hu; Zrínyi utca 2; Gerichte 335–800 Ft; ◷ Mo & Di 6–22, Mi & Do bis 23, Fr & Sa 24 Std., So 9–22 Uhr; 🌱) Eine sehr moderne Variante einer altmodischen Idee – die während der Zeit des Sozialismus so populäre „Milchbar". Das Lokal ist nicht vegetarisch, hat jedoch Dutzende von fleischlosen Gerichten auf seiner Speisekarte – Käse- und Champignon-Omeletts, Nudeln mit Walnüssen oder Mohn, und alles Mögliche mit dem so beliebten *túró* (Quark), vor allem die *túrógombóc* (Quarkknödel; 650 Ft).

Pizza e Pasta
PIZZA €

(06 30 351 8336; www.pizza-pasta.hu; Klauzál tér 6; Pasta 1190–2490 Ft, Pizza 1090–2490 Ft; 11–22 Uhr) Einen Ehrenplatz auf Szegeds hübschestem Platz nimmt das Pizza e Pasta ein, das, nun ja, genau das serviert. Es soll das beste seiner Art in der ganzen Stadt sein.

Markt
MARKT €

(Márs tér; Mo–Fr 4–18, Sa & So 4–15 Uhr) Einer der lebendigsten Märkte in der Großen Tiefebene; in der Nähe vom Busbahnhof.

★ Malata
BURGER €€

(www.facebook.com/malatakezmuves; Somogyi utca 13; Hauptgerichte 1190–3000 Ft; Mo–Do 14–23, Fr 14–1, Sa 12–1, So 12–23 Uhr) Dieses großartige neue Hipster-Lokal ist teilweise ein alter Innenhofgarten, teils Kneipe/Café, und bietet über zwei Dutzend Biersorten vom Fass und in Flaschen. Das Essen besteht größtenteils aus Gourmet-Burgern (1450 Ft bis 1850 Ft), aber nicht ausschließlich; bestellt und bezahlt wird an der Bar. Im Winter oder wenn es regnet, sitzt es sich gemütlich in dem farbenfrohen Café mit seinen umgedrehten Regenschirmen, die von der Decke hängen.

Kiskőrössy Halászcsárda
MEERESFRÜCHTE €€

(62-555 886; www.kiskorossyhalaszcsarda.hu; Felső Tisza-part 336; Hauptgerichte 1540–4350 Ft; So–Do 11–23, Fr & Sa 11–24 Uhr) In einer traditionellen Fischerhütte mit Terrasse am Ufer der Theiß (Tisza) einige Kilometer östlich des Zentrums liegt dieses ausgezeichnete Fischrestaurant. In dem stimmungsvollen Lokal sollte man eine der Fischsuppen bestellen, oder auch gegrillten Hecht mit Knoblauch oder Karpfenfilet, und während des Abendessens die vorüberziehenden Boote beobachten.

Wer zur „Fisch-*csárda*" möchte, kann den Trolley-Bus 9 nach Etelka sor nehmen und geht dann 300 m in östlicher Richtung, entlang der Felső Tisza-part.

Classic Café
SERBISCH €€

(62-422 065; www.classicCafé.hu; Széchenyi tér 5; Hauptgerichte 2590–3300Ft; Mo–Do 10–23, Fr & Sa 10–24, So 11–22 Uhr) Dieses einladende serbische Lokal mit seinem hübschen Garten im Innenhof, der sich auch ganz wunderbar eignet, um nur in aller Ruhe etwas zu trinken, serviert Gegrilltes wie *csevap* (würzige Fleischbällchen aus Rind- oder Schweinefleisch) sowie *pljeskavica* (Frikadellen).

Taj Mahal
INDISCH €€

(06 30 337 0142, 62-452 131; www.tajmahalszeged.hu; Gutenberg utca 12; Hauptgerichte 1550–2800 Ft; Mo–Sa 11–23, So 12–22 Uhr;) Dieses erfreulich authentische indische Restaurant liegt nur wenige Meter von der Neuen Synagoge entfernt. Wenn ein plötzliches Verlangen nach Curry oder einem Löffel Tandoori überkommt, ist man hier genau richtig. Es werden auch bis zu zehn vegetarische Gerichte (1250 Ft bis 1550 Ft) angeboten.

Vendéglő A Régi Hídhoz
UNGARISCH €€

(62-420 910; www.regihid.hu; Oskola utca 4; Hauptgerichte 1600–3900 Ft; So–Do 11.30–23, Fr & Sa 11–24 Uhr) Authentische ungarische Mahlzeiten, die nicht das Budget sprengen, serviert das traditionelle Restaurant „Bei der Alten Brücke" mit allen Leibgerichten und einer großartigen Terrasse nur einen Block vom Fluss entfernt. Hier gibt es gute *Szögedi halászlé* (1700 Ft), Szegeds berühmte Fischsuppe.

★ Tiszavirág Restaurant
UNGARISCH €€€

(62-554 888; http://tiszaviragszeged.hu; Hajnóczy utca 1/b; Hauptgerichte 2900–4500 Ft; Di–Sa 12–15 & 18–22 Uhr) Das Speiselokal des Tiszavirág Hotel (S. 257) ist das vermutlich beste Restaurant in ganz Szeged und serviert wundervoll angerichtete internationale und modernisierte ungarische Speisen wie *hurka* (Blutwurst) mit karamellisiertem Apfel und Pinienkernen und Entenleber-Pâté mit Paprika. Auch die Auswahl an ungarischen Weinen ist ausgezeichnet und der Service freundlich und effizient. Das Dekor ist zwar schlicht, aber elegant, mit großartiger Beleuchtung.

Bistorant
INTERNATIONAL €€€

(62-555 566; http://bistorant.hu; Oroszlán utca 8; Hauptgerichte 1150–4970 Ft; Mo & Di 11–22, Mi–Sa bis 1, So bis 20 Uhr) Diese sehr stylische und gemütliche Mischung aus Kellerrestaurant und Weinbar hat eine wechselnde Speisekarte, auf der eine breite Palette von Gerichten zu finden ist. Das Angebot reicht von *sous-vide*-Gerichten bis hin zu Pasta (1150 Ft bis 2650 Ft) und Gegrilltem. Die zwei-/drei-/vier-Gänge-Mittagsmenüs kosten 1290/1490/1990 Ft. Im Erdgeschoss befinden sich auch ein Café und ein reizvoller Innenhof.

Kajak Bistro INTERNATIONAL €€€
(62-547 988; www.portroyal.hu; Stefánia utca 4; Hauptgerichte 1980–3980 Ft; ⊙ So–Do 10–22, Fr & Sa 10–24 Uhr) Die begrünte Terrasse dieses interessanten Bistros gegenüber dem Nationaltheater ist Grund genug, um das Restaurant an einem warmen Sommerabend anzusteuern – und zu jeder Jahreszeit liefert die moderne Küche leckere traditionelle Gerichte, internationale Lieblinge und vegetarische Alternativen. Die Mittagsmenüs mit zwei/drei Gängen kosten 1290/1590 Ft.

Ausgehen & Nachtleben

Virág Cukrászda CAFÉ
(62-559 967; www.facebook.com/viragcukraszdaeskavehaz; Klauzál tér 1; ⊙ 9–21 Uhr) Kaffee, Eiscreme und Kuchen (355 Ft bis 650 Ft) serviert der gefeierte, 1922 eröffnete „Blumen-Kuchenladen" mit Tischen drinnen und draußen auf dem Platz und einer museumsreifen Herend-Kaffeemaschine. Das Virág-Lokal gegenüber auf dem Platz bei der Nr. 8 bietet flinken Service und Essen zum Mitnehmen.

John Bull Pub PUB
(62-484 217; www.johnbullpubszeged.hu; Oroszlán utca 6; ⊙ 11–1 Uhr) Das Lokal ist eine großartige „English Pub"-Imitation, mit nachgemachten „Türkischen" Teppichen, anständigem Bier (sieben Sorten vom Fass) und Barhockern, außerdem gibt es eine Auswahl an warmen Mahlzeiten (Hauptgerichte 1850 Ft bis 3950 Ft). Der begrünte Innenhof, der an eine ehemalige Synagoge grenzt, ist ein willkommener Fleck zum Entspannen.

Sing Sing CLUB
(62-420 314; www.sing.hu; Mars tér, C Pavilion; ⊙ Mi, Fr & Sa 23–5 Uhr) Der schon lange etablierte Warehouse Club in der Nähe des Busbahnhofs ist an den Wochenenden noch immer die Partyzentrale und veranstaltet Mottoabende.

Tisza Dokk CLUB
(www.tiszadokk.hu; Huszár Mátyás rakpart; ⊙ Fr & Sa 10–1, So–Do 10–5 Uhr) Der Bar-cum-Dance-Club liegt auf einem Dock an der Theiß (Tisza) am Ende der Arany János utca und ist mit schnittigem Dekor und Beleuchtung, kultivierter Musik und exzellenten Cocktails ein Magnet für die Schönen von Szeged.

A Cappella CAFÉ
(62-559 966; http://acappella.atw.hu/; Kárász utca 6; ⊙ 7–22 Uhr) Dieses riesige, zweistöckige Straßencafé, das auf den Klauzál tér blickt, bietet eine großzügige Auswahl an schaumigem Kaffeegebräu, Eiscremes und Kuchen (345 Ft bis 660 Ft).

Unterhaltung
Die beste Informationsquelle in Sachen Unterhaltung in dieser kulturell sehr aktiven Stadt ist Tourinform (s. unten): einfach nach dem *Programme* fragen, das sie jährlich aktualisieren.

Jazz Kocsma LIVEMUSIK
(06 70 250 9279; www.facebook.com/jazzkocsma; Kálmány Lajos 14; ⊙ Di–Do 17–24, Fr & Sa 17–2 Uhr) Die Sorte kleiner Musikclub im Keller, auf die keine Universitätsstadt, die etwas auf sich hält, verzichten würde. Während des Semesters kann er ziemlich voll werden, wenn Freitag- und Samstagnacht Livemusik gespielt wird. Im Sommer geht es ruhiger zu, aber ein Besuch lohnt sich immer noch.

Szeged Nationaltheater THEATER
(Szegedi Nemzeti Színház; 62-479 279, Abendkasse 62-557 714; www.szinhaz.szeged.hu/sznsz; Deák Ferenc utca 12–14) Dieses Theater, in dem Opern, Ballett und klassische Konzerte veranstaltet werden, ist schon seit 1886 das Zentrum des kulturellen Lebens in Szeged.

Shoppen

Alexandra BÜCHER
(62-540 967; www.alexandra.hu; Kölcsey utca 4; ⊙ Mo–Fr 9–18, Sa 9–13 Uhr) Diese Filiale der landesweiten Buchhandelskette verkauft auch einige englische Titel, außerdem eine ansehnliche Auswahl an Landkarten. Im ersten Stock gibt es ein Café.

Magyar Pálinka Háza GETRÄNKE
(06 30 929 5403; www.magyarpalinkahaza.hu; Zrínyi utca 2; ⊙ Mo–Fr 9–19, Sa 9–14 Uhr) Das „Ungarische Pálinka-Haus" verkauft eine große Auswahl an Obstbränden, aber auch andere Getränke.

❶ Praktische Informationen
Budapest Bank (Klauzál tér 2; ⊙ Mo 8–17, Di–Do 8–16, Fr 8–15 Uhr) Mit Geldautomat.

Hauptpost (Széchenyi tér 1; ⊙ Mo 8–20, Di–Fr 8–19, Sa 8–12 Uhr)

Kigyó Patika (62-574 174; Klauzál tér 1; ⊙ Mo–Sa 8–21, So 8–20 Uhr) Apotheke mit verlängerten Öffnungszeiten.

Tourinform (62-488 690; www.szegedtourism.hu; Dugonics tér 2; ⊙ Mo–Fr ganzjährig

BUSSE VON SZEGED

REISEZIEL	FAHRPREIS	FAHRZEIT	KM	TGL. VERBINDUNGEN
Debrecen	3950 Ft	5 Std.	230	3-mal, nonstop
Gyula	2830 Ft	3½ Std.	152	6-mal, nonstop
Hódmezővásárhely	560 Ft	halbstündl.	26	stündl., nonstop
Mohács	3130 Ft	3 Std.	153	4-mal, 1-mal umsteigen
Ópusztaszer	560 Ft	halbstündl.	28	stündl., nonstop
Pécs	3410 Ft	3½ Std.	192	7-mal, nonstop

ZÜGE VON SZEGED

REISEZIEL	FAHRPREIS	FAHRZEIT	KM	TGL. VERBINDUNGEN
Békéscsaba	1860 Ft	1¾ Std.	97	stündl., nonstop
Budapest	3705 Ft	2½ Std.	191	stündl., nonstop
Hódmezővásárhely	650 Ft	40 Min.	31	stündl., nonstop
Kecskemét	1680 Ft	1 Std.	85	stündl., nonstop

9–17 Uhr, plus April–Okt. Sa 9–13 Uhr) Dieses außerordentlich hilfsbereite Büro liegt versteckt in einem Innenhof in der Nähe der Universität. Auf dem Széchenyi tér hat außerdem während der Hauptsaison ein **Tourinform Kiosk** (⊙ Juni–Sept. 8–20 Uhr) geöffnet.

❶ An- & Weiterreise

Der **Hauptbahnhof** (Indóház tér) liegt südlich des Stadtzentrums auf dem Indóház tér. Der **Busbahnhof** (Mars tér) westlich des Zentrums befindet sich auf dem Mars tér und ist leicht zu Fuß erreichbar über die Fußgängerzone Mikszáth Kálmán utca.

BUS & ZÜGE

Es fahren auch Busse nach Nagylak (1115 Ft, 1½ Std., 54 km) an der rumänischen Grenze. Von dort gibt es weitere Busverbindungen nach Arad und noch weiter. Die Busse fahren täglich jeweils um 14.30 Uhr nach Novi Sad (2510 Ft, 3½ Std.) in Serbien, und nach Subotica (1200 Ft, 1½ Std.) drei- oder viermal täglich.

Szeged liegt auch auf der Linie mehrerer Zugstrecken, darunter einer Hauptverbindung zu Budapests Nyugati Bahnhof. In Békéscsaba nach Gyula umsteigen. Züge nach Süden verlassen Szeged in Richtung Subotica (1500 Ft, 2 Std., 48 km) in Serbien zweimal täglich.

❶ Unterwegs vor Ort

Die Tramlinien 1 und 2 (320 Ft) vom Bahnhof fahren in Richtung Norden zum Széchenyi tér. Vom Busbahnhof fährt Bus 71a oder 72a oder Trolley-Bus 5 nach Neu-Szeged. Fahrräder können bei **Tourinform** für 1000/3000 Ft pro Std./Tag ausgeliehen werden.

Der Norden von Ungarn

➜ Inhalt
Hollókő............ 264
Eger 266
Tokaj.............. 275
Bereg-Region 279

Gut essen
➜ Macok Bistro & Weinbar (S. 273)
➜ Toldi Fogadó Restaurant (S. 277)
➜ 1552 (S. 272)

Schön übernachten
➜ Hotel Senator Ház (S. 272)
➜ Gróf Degenfeld Burghotel (S. 277)
➜ Hollóköves Pensionen (S. 265)
➜ Toldi Fogadó (S. 277)
➜ Baráth Vendégház (S. 281)

Auf in den Norden von Ungarn!

Wandern in den Wäldern, herrliche Weinbaugebiete, eine traditionelle Volkskultur und Burgruinen locken ins sogenannte Nördliche Hochland. Da das Land größtenteils flach ist wie ein *palacsinta* (Pfannkuchen), erheben sich die Gebirgsausläufer der Karpaten um so markanter über der Region. Nach einer Wanderung durch den Bükk Nationalpark können Besucher während einer Weinprobe die berühmten Rotweine von Eger oder die honigsüßen Weißweine von Tokaj kosten.

Als Mahnmal der Erinnerung an viele Schlachten, die gewonnen und verloren wurden, durchsetzen alte Burgen und stimmungsvolle Ruinen die Landschaft. In dieser Region ist die Bevölkerungsgruppe der Palóczen in traditionellen Dörfern wie Hollókő stark vertreten. Wer das echte Dorfleben erleben möchte – mit Volkskultur, Pferdewagen, Feldwegen und kleinen Holzkirchen – sollte in jedem Fall die Bereg-Region im Nordosten besuchen.

Reisezeit
Eger

März & April Ostern in Hollókő gibt es traditionelle Trachten der Einwohner zu bewundern.

Juli & Aug. Sehr voll, aber jetzt ist die Saison für Mittelalter-Turniere auf alten Burgen, z. B. in Eger.

Sept. & Okt. Die beste Zeit, um die Traubenernte, die Hügellandschaft und die Herbstfarben zu genießen.

Highlights

1 Eger (S. 266) Das Leben genießen im unvergleichlichen Juwel des nördlichen Hochlands, mit legendärem Wein, barocker Architektur und unbekümmerter Atmosphäre.

2 Hollókő (S. 264) Der Stille der Nacht lauschen in diesem kleinen Dörfchen, in dem die Volkskunst und die alten Traditionen auch heute noch lebendig sind.

3 Tokaj (S. 275) Den berühmten „Wein der Könige und König der Weine" probieren in dieser malerischen kleinen Stadt, die für den Weinbau bekannt ist.

4 Szatmárcseke (S. 282) Den Code knacken auf dem Dorffriedhof mit seinen bootsförmigen Grabhölzern.

5 Tákos (S. 281) Die kunstvollen Muster in dem bemalten, hölzernen Innenraum der „Bauernkathedrale" bestaunen.

HOLLÓKŐ

🔊 32 / 330 EW.

Das Hügelland von Cserhát ist zwar nicht gerade für seine hoch aufragenden Berge berühmt (keiner ist höher als 650 m), aber die Region ist reich an traditioneller Volkskultur, die vor allem bei der Bevölkerungsgruppe der Palóczen noch lebendig ist. Hollókő (Rabenstein), ein Dorf mit zwei Straßen, das sich in ein ruhiges Tal schmiegt, bildet den Mittelpunkt dieses Hügellands. Das Besondere an Hollókő ist sowohl seine restaurierte Burg aus dem 13. Jh. als auch die Gebäude des sogenannten Alten Dorfes (Ófalu): Es handelt sich um etwa 67 Häuser plus Nebengebäude, die seit 1987 zum Weltkulturerbe der Unesco gehören. Seit dem 13. Jh. verwüsteten mehrere Brände das Dorf (zum letzten Mal 1909), doch die Bewohner bauten ihre Häuser immer wieder auf traditionelle Weise, mit einer Mischung aus Fachwerk und Lehmwänden, wieder auf.

⊙ Sehenswertes

Hauptattraktion des Alten Dorfes ist seine traditionelle Architektur: gekalkte Häuser mit Holzveranden und Schindeldächern säumen die Kopfsteinpflasterstraßen. Nur wenige Menschen leben heute noch in dem Alten Dorf; die meisten haben sich für die moderneren Wohnungen im Neuen Dorf entschieden, das man auf dem Weg ins Alte Dorf passiert.

Nach dem Kauf eines **Besichtigungstickets** (Faluséta Jegy; Erw./Kind 3000/2000 Ft) in der Küszöb Touristeninformation – ein Armband aus Papier – können unterschiedliche Sehenswürdigkeiten inklusive der Burg besichtigt werden. Wein- und Käsekostproben sind ebenfalls im Preis inbegriffen.

Burg Hollókő BURG
(Hollókői Vár; 🔊 06 60 508 2454; Erw./Kind 900/600 Ft; ⊙ Mitte März–Okt. 10–17.30 Uhr) Burg Hollókő bietet von 365 m hohen Berg Szár aus einen überwältigenden Ausblick auf die umgebende Hügellandschaft. Von der Spitze des fünfeckigen Bergfrieds aus eröffnet sich der Blick über Felder und bewaldete Hügel, die keine Spur menschlicher Besiedelung aufweisen. Die Ausstellung im Inneren hat den Fokus auf Waffentechnik und Wappenkunde gelegt. Außerdem gibt es die ziemlich künstliche Nachbildung eines mittelalterlichen Banketts zur Gründungszeit der Burg zu sehen.

Die Festung wurde Ende des 13. Jhs. errichtet und 200 Jahre später verstärkt. Schließlich besetzten die Türken die Burg, die erst 1683 durch den polnischen König Jan Sobieski (reg. 1674–1696) zurückerobert werden konnte. Nach dem Unabhängigkeitskrieg im 18. Jh. wurde sie teilweise zerstört, doch die Grundmauern sind noch intakt. Zu erreichen ist sie über beschilderte Pfade vom Parkplatz aus und vom westlichen Ende der Kossuth utca.

Sankt-Martin-Kirche KIRCHE
(Szent Márton Templom; Kossuth utca) Die bezaubernde Holzkirche bildet den Mittelpunkt des geistigen und sozialen Lebens im Dorf. Sie befindet sich an der Abzweigung der Petőfi út, der ‚anderen' Straße des Alten Dorfes, von der Kossuth út. Ursprünglich wurde sie im 16. Jh. als Kornspeicher erbaut und schließlich 1889 geweiht; sie wirkt sowohl von außen als auch von innen ziemlich streng.

Dorfmuseum MUSEUM
(Falumúzeum; 🔊 32-379 255; Kossuth utca 82; Erw./Kind 250/100 Ft; ⊙ Mitte März–Okt. 10–18 Uhr) Das preisgekrönte Museum enthält die üblichen drei Räume eines ungarischen Bauernhauses und ist vollgestopft mit lokalen traditionellen Töpferwaren, bemalten Möbeln und bestickten Kissen. Im Hinterhof gibt es eine interessante Weinpresse aus dem Jahre 1872 zu besichtigen.

Puppenmuseum Palóc MUSEUM
(Palóc Babamúzeum; 🔊 06 30 394 4424; Kossuth utca 96; Erw./Kind 350/150 Ft; ⊙ Mitte März–Okt. 10–17 Uhr) In diesem Museum sind mehr als 200 Porzellanpuppen in traditioneller Tracht aus ganz Ungarn ausgestellt.

Guzsalyas MUSEUM
(🔊 06 30 508 2454; Kossuth utca 94; ⊙ Mitte März–Okt. 10–18 Uhr) Das Museum befasst sich mit traditioneller Kleidung und wirft einen detaillierten Blick auf den schrittweisen Prozess der Aufbereitung von Stoffen wie Wolle und Leinen.

Postmuseum MUSEUM
(Postamúzeum; 🔊 06 30 435 3893; Kossuth utca 80; Erw./Kind 500/250 Ft; ⊙ April–Okt. Di–So 10–18 Uhr) Das Postmuseum ist eine Zweigstelle des Museums in Budapest. Nur für begeisterte Briefmarkensammler geeignet.

Landhaus MUSEUM
(Tájház; 🔊 06 70 201 5546; Kossuth utca 99; Erw./Kind 400/250 Ft; ⊙ Mitte März–Okt. tgl. 10–17 Uhr,

Nov.–Mitte März Sa & So) Das Landhaus beherbergt eine Ausstellung, die sich der Natur widmet.

Aktivitäten

In der Gegend rund um die Täler und Hügel des 140 Hektar umfassenden Landschaftsschutzgebiets im Süden und Westen der Burg Hollókő gibt es einige gemäßigte Wanderwege. Cserhát, die Landkarte im Maßstab 1:60 000 (Nr. 8; 1350 Ft) von Cartographia, hilft bei der Planung der Route.

Feste & Events

Osterfest in Hollókő RELIGION
(Hollókői Húsvéti Fesztivál; www.holloko.hu; ⊗ März/April) Mit traditioneller Tracht und Volkstraditionen begrüßen die Einwohner bei diesem Fest in Hollókő den Frühling.

Burgtage SPORT
(Várjátékok; ⊗ Mai/Juni, Aug.) Mittelalterliche Turniere finden auf Burg Hollókő an Pfingsten (Ende Mai/Anfang Juni) und am 20. August, dem Nationalfeiertag Szent István, statt.

Winzerfest WEIN
(Szüreti Mulatság; ⊗ Ende Sept.) Eine Feier zum Ende der Weinernte Ende September.

Schlafen

Das Neue Dorf bietet eine ganze Reihe von Privatzimmern zum Übernachten an, ab 4000 Ft pro Person.

★ Hollóköves Pensionen FERIENWOHNUNGEN €€
(Hollóköves Vendégházak; ☎ 06 20 325 8775; www.holloko.hu/hu/szallashely; EZ/DZ 7000/14 000 Ft) Bis zu neun traditionelle Häuser, die leicht auch als Volkskundemuseen durchgehen könnten, gibt es im Alten Dorf zu mieten. Einige der gekalkten Häuschen mit ihrem dunklen Gebälk sind mit Antiquitäten und Kuriositäten ausgestattet – handgeschnitzte Betten, Hängelaternen, Waschbecken – andere dagegen sind schlichter gehalten. Sie alle verfügen über komplett ausgestattete Küchen und moderne Badezimmer.

Tugári Vendégház PENSION €€
(☎ 32-379 156, 06 20 379 6132; www.holloko-tugarivendeghaz.hu; Rákóczi út 13; Zi 9500–11 500 Ft; ⊛) Das alte Häuschen mit seinen vier hübschen Zimmern im Neuen Dorf ist wunderbar traditionell gehalten. Die fröhlichen Eigentümer Ádám und Tünde haben in jedem der Zimmer Wasserkocher bereitgestellt und bringen für 1500 Ft auch einen Frühstückskorb vor die Zimmertür. Zwei der Zimmer sind mit Bad ausgestattet; zwei weitere Badezimmer liegen am Ende des Flurs. Eines der Apartments verfügt über eine eigene Küche, die anderen drei Räume teilen sich eine Gemeinschaftsküche.

Ádám ist außerdem ein Reiseleiter/Fahrer mit zwei Autos (darunter sogar ein Trabbi) und bietet Touren in Hollókő und auch zu weiter entfernten Orten wie Eger und Gödöllő an.

Castellum Hotel Hollókő HOTEL €€€
(☎ 06 30 286 7014; www.hotelholloko.hu; Sport utca 14; Zi 120–135 €; ✳ @ 🛜 ⊛) Das neue Hotel auf dem Hügel oberhalb des Stadtparkplatzes hat 68 große und moderne Räume im Hollókő-Design (damit man nicht vergisst, wo man ist) und einen herrlichen Ausblick über das Hügelland von Cserhát. Es gibt einen Swimmingpool, eine Wellnessanlage und einen Spielbereich für Kinder. Im Restaurant werden Mahlzeiten im Büfettstil serviert. Großartiger Komfort, fängt aber natürlich nicht so ganz die lokale Atmosphäre ein.

Essen

Die Speiselokale schließen hier schon früh am Abend, man sollte also entsprechend planen. Es gibt einen kleinen Lebensmittelladen namens **Támásek Boltja** (József Attila utca 4; ⊗ Mo–Sa 7–16, So 8–11 Uhr) an der Straße zum kommunalen Parkplatz.

Kalácsos BÄCKEREI €
(☎ 06 30 576 2652; Kossuth utca 70; ⊗ Mitte März–Okt. 10–18 Uhr) Die wunderbare kleine Bäckerei verkauft Brot und sowohl herzhafte als auch süße Backwaren, darunter *hókifli*, ein halbmondförmiges Gebäck, das mit Nüssen, Pflaumen oder Aprikosen gefüllt ist.

Muskátli Vendéglő UNGARISCH €€
(☎ 32-379 262; www.muskatlivendeglo.hu; Kossuth utca 61; Hauptgerichte 2000–2200 Ft; ⊗ Mi–Fr 11–19, Sa & So bis 17 Uhr) Die traditionellen Gerichte in diesem Landhaus-Restaurant sind die besten im ganzen Dorf. Der blumengeschmückte Innenhof im hinteren Garten ist in den wärmeren Monaten ein wahrer Segen, er wird aber häufig von Gruppen gebucht.

Vár Étterem UNGARISCH €€
(☎ 32-379 029; Kossuth utca 93–95; Hauptgerichte 1850–2500 Ft; ⊗ Di–So 11–18, im Sommer bis 22 Uhr) Das Speiselokal bietet die Möglich-

keit, in den wärmeren Monaten im überdachten Freien zu essen; allerdings schließt es schon früh im Jahr.

Ausgehen & Nachtleben

Es gibt eine Reihe von Cafés und mindestens eine, allerdings wenig verlockende Kneipe in Hollókő, aber insgesamt wird hier nicht gerade die Nacht zum Tage gemacht.

Hollókőves Kávézó CAFÉ
(✆ 06 20 626 2844; Kossuth utca 50; ⊗ 8.30–17.30 Uhr) In diesem neuen, peppigen Kaffeehaus sitzen die Gäste auf einer großen Terrasse mit Blick auf die Kossuth út und das Alte Dorf.

Shoppen

Bercsényi Töpferwerkstatt KUNST & HANDWERK
(Bercsényi Fazekas műhely; ✆ 06 70 456 7116; www.bercsenyifazekas.hu; Kossuth utca 65; ⊗ 10–18 Uhr) Der einzige Ort in Hollókő, an dem Keramikgefäße und Tafeln hergestellt und vor Ort gebrannt werden, in einer Werkstatt unter dem Laden.

Gazduram Käseladen KÄSE
(Gazduram Sajtbotja; ✆ 06 20 242 5441; Petőfi út 3; ⊗ Mitte März–Okt. 9–17 Uhr) Der wunderbare neue Laden verkauft hausgemachten Joghurt und unterschiedliche Sorten Schafs- und Kuhmilchkäse, unter anderem eine geräucherte gelbe Variante namens *parenyica*. Auch der frische Ziegenkäse mit Knoblauch schmeckt ausgezeichnet.

Praktische Informationen

Geldautomat (Kossuth út 50) Zwischen dem Lebensmittelladen und Hollókőves Kávézó (s. oben).
Küszöb Touristeninformation (Küszöb Információs Iroda; ✆ 32-579 010; www.holloko.hu; Kossuth Lajos utca 68; ⊗ April–Okt. 8–16, Nov.–März 11–15 Uhr) Eine hilfsbereite Touristeninformation in der Nähe des Parkplatzes.
Post (Kossuth út 72; ⊗ Mo–Fr 8–14.30 Uhr)

❶ An- & Weiterreise

Täglich um 15.15 Uhr gibt es einen Direktbus von Budapest (1860 Ft, 2¼ Std., 90 km) nach Hollókő; wochentags fährt er um 5 Uhr morgens zurück, Samstag und Sonntag um 16 Uhr. Bei den anderen Verbindungen muss man in Szécsény (370 Ft, 25 Min., 17 km, bis zu 5-mal tgl.) umsteigen. Wer nach Balassagyarmat will (740 Ft, 1 Std., 36 km) sollte hier ebenfalls umsteigen. Der Bus hält an der Kossuth utca bei der Dósza György utca. Von hier zu Fuß ins Alte Dorf.

EGER

♫ 36 / 54 500 EW.

Mit seinen wunderbar erhaltenen Barockbauten ist Eger als Stadt ein wahres Schmuckstück, mit jeder Menge Gelegenheit zu Besichtigungen und anderen Unternehmungen. Die gewalttätige Geschichte der osmanischen Besatzung und Niederlage kann auf der Burg oben am Hügel nachverfolgt werden. Oder man erklimmt ein Minarett, lauscht einem Orgelkonzert in der riesigen Kathedrale, oder entspannt sich in einem restaurierten Türkischen Bad. Danach wird es höchste Zeit, die Keller im Tal der Schönen Frauen kennenzulernen und das berühmte Erlauer Stierblut (Egri Bikavér) und andere lokale Weinsorten vom Fass zu probieren. Da Eger dicht bei Nordungarns interessantestem Höhenzug, dem Bükk-Gebirge liegt, bietet es auch Gelegenheiten zum Wandern und anderen Outdoor-Möglichkeiten in der Nähe.

Sehenswertes

★ **Burg Eger** FESTUNG
(Egri Vár; Karte S. 268; ✆ 36-312 744; www.egrivar.hu; Vár köz 1; Burggelände Erw./Kind 800/400 Ft, inkl. Museum 1600/800 Ft; ⊗ Ausstellungen Mai–Okt. Di–So 10–17 Uhr, Nov.–April Di–So 10–16 Uhr, Burggelände Mai–Aug. 8–20 Uhr, April & Sept. bis 19 Uhr, März & Okt. bis 18 Uhr, Nov.–Feb. bis 17 Uhr) Die nach der Mongoleninvasion im 13. Jh. errichtete Burg ist über die gepflasterte Vár köz vom Tinódi Sebestyén tér aus erreichbar. Modelle, Zeichnungen und Artefakte wie Rüstungen und türkische Uniformen in der Ausstellung zur Geschichte der **Burg** im ersten Stock des einstigen Bischofspalastes (1470) liefern Details zur Burggeschichte. Auf der Ostseite des Komplexes befindet sich noch das Fundament einer **Kathedrale** aus dem 12. Jh. Auch die Kasematten der Burg (S. 267), die aus dem Fels gehauen wurden, können durch das nahe gelegene **Dunkle Tor** betreten und besichtigt werden.

Unterhalb des Gotischen Bischofspalais nimmt die Statue des lokalen Helden István Dobó in der Heldenhalle einen Ehrenplatz ein (nur geführte Touren). Von der Terrasse der restaurierten Dobó-Bastei aus eröffnet sich ein herrlicher Ausblick über die Stadt; heute sind dort wechselnde Ausstellungen untergebracht. Auch der gruselige **Kerker** ist sehenswert. Um die anderen Attraktionen wie das kitschige **Panoptikum** (Wachsfigurenkabinett; Erw./erm. 500/350 Ft) und zwei **3D-Filme** (8 und 15 Min.; ein/zwei Filme 300/600 Ft) zu sehen, muss ein Aufschlag bezahlt werden. Oder man streift einfach über das Burggelände, das auch montags geöffnet hat, wenn die meisten Ausstellungen geschlossen sind.

Kasematten HISTORISCHE STÄTTE
(Kazamata; Karte S. 268) Unterhalb von Burg Eger wurden die Kasematten aus dem Fels gehauen. Ein Teil davon ist für die Öffentlichkeit zugänglich und erreichbar über das Dunkle Tor im Osteil des Komplexes. Es enthält Schaukästen und einige Hightech-Videos. Wer noch weiter in den Untergrund möchte, muss sich einer Besichtigungstour mit einem ungarisch sprechenden Führer anschließen, der im allgemeinen Eintrittspreis mit inbegriffen ist, oder noch einmal 800 Ft extra für einen englischsprachigen Führer bezahlen.

Dobó-Bastei HISTORISCHE STÄTTE
(Dobó Bástya; Karte S. 268) Die Terrasse der restaurierten Dobó-Bastei (1549), die 1976 eingestürzt ist, bietet einen wunderbaren Ausblick über die Stadt; hier gibt es hin und wieder auch wechselnde Ausstellungen zu sehen (Erw./erm. 500/300 Ft).

Dobó István tér PLATZ
(Karte S. 268) Statuen von István Dobó und seiner Kampfgenossen, die die Türken in die Flucht schlugen, füllen Egers Hauptplatz, der in den letzten Jahren komplett umgestaltet wurde. Im Süden liegt die prachtvolle Minoritenkirche, und direkt im Norden das 40 m hohe Minarett (S. 270).

★ Minoritenkirche St. Antonius KIRCHE
(Páduai Szent Antal Minorita Templom; Karte S. 268; Dobó István tér 6; Spendenvorschlag 300 Ft; ⊙ Di-Sa 9–17, So 9.30–17.30 Uhr) Auf der Südseite von Egers Hauptplatz befindet sich diese 1771 von dem böhmischen Architekten Kilian Ignaz Dientzenhofer erbaute Kirche, die zu den prachtvollsten Barockbauten der Welt zählt. Das Altarbild mit der Jungfrau Maria und dem hl. Antonius von Padua stammt von Johann Lukas Kracker, jenem böhmischen Maler, der auch das Feuer-und-Schwefel-Deckenfresko in der Bibliothek des Lyzeums entwarf.

Lyzeum HISTORISCHES GEBÄUDE
(Líceum; Karte S. 268; ✆ 36-520 400; http://uni-eszterhazy.hu/hu/egyetem/kultura/liceum; Eszterházy tér 1) Direkt östlich der Kathedrale von Eger liegt das im Zopfstil erbaute Lyzeum (1765), in dem heute die Károly Eszterházy-Universität für Angewandte Wissenschaften untergebracht ist. Es enthält eine unbezahlbare historische Bibliothek im ersten Stock des Südflügels. Darüber liegt über mehrere Etagen verteilt der sogenannte Magische Turm, ein „beliebtes Wissenschaftszentrum", das sowohl für Erwachsene als auch für Kinder Überraschungen bereithält.

★ Bibliothek des Lyzeums BIBLIOTHEK
(Liceumi Könyvtár; Karte S. 268; ✆ 36-520 400 ext 2214; Eszterházy tér 1, Lyceum; Erw./Kind 1000/500 Ft; ⊙ März & Apr. Di–So 9.30–13.30 Uhr, Mai–Sept. Di–So 9.30–15.30 Uhr, Okt.–Feb. nach Vereinbarung) Diese fantastische, 60 000 Bände umfassende Bibliothek im ersten Stock des Südflügels des Lyzeums enthält Hunderte von unschätzbar wertvollen Manuskripten, medizinischen Kodizes und Inkunabeln. Das *trompe-l'œil*-Deckenfresko des böhmischen Künstlers Johann Lukas Kracker aus dem Jahre 1778 zeigt das Konzil von Trient, das während der Gegenreformation tagte (1545–1563), inklusive Blitzpfeil, der gerade häretische Schriften in Brand setzt. Es war die Antwort der Stadt Eger – und ihres Erzbischofs – auf die Aufklärungs- und Reformationsbewegung.

Magischer Turm MUSEUM
(Varásztorony; Karte S. 268; ✆ 36-520 400 ext 2279; www.varasztorony.hu; Eszterházy tér 1, Lyceum; Erw./Kind 1300/1000 Ft; ⊙ Mai–Aug. 9.30–17.30 Uhr, Mitte März–April, Sept. & Okt. Di–So 9.30–15.30, Nov.–Mitte Dez. & Feb.–Mitte März Fr–So 9.30–13 Uhr) Die Sehenswürdigkeiten im sogenannten „Magischen Turm" des Lyzeums sind über mehrere Stockwerke verteilt. Zu ihnen zählt ein Astronomiemuseum im sechsten Stock des Ostflügels, das Apparaturen aus dem 18. Jh. enthält, eine **Magische Halle** mit interaktiven Geräten zum Experimentieren, ein **Planetarium** und eine **Panorama-Terrasse**. Im neunten Stock befindet sich die erstaunliche **Laterna magica**, das „Auge von Eger", die 1776 entworfen wurde, um die Stadt auszuspionieren und die Einwohner zu unterhalten. Das Prinzip funktioniert bis heute.

Astronomiemuseum MUSEUM
(Csillagászati Múzeum; Karte S. 268; ✆ 36-520 400 ext 2279; www.varazstorony.ektf.hu; Eszterházy tér 1, Lyceum; Erw./Stud. 1300/1000 Ft; ⊙ Mai–Aug. 9.30–17.30 Uhr, Mitte März, April, Sept. & Okt. Di–So 9.30–15.30, Nov.–Mitte Dez. & Feb.–Mitte März Fr–So 9.30–13 Uhr) Das Astronomiemuseum

Eger

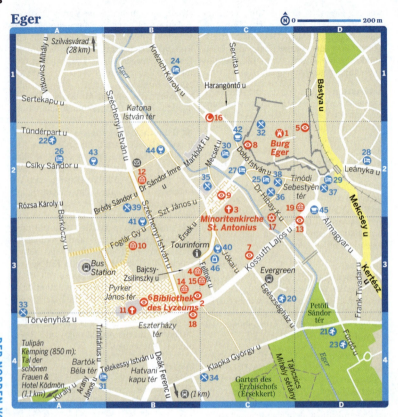

im sechsten. Stock des Ostflügels des Lyzeums beherbergt astronomische Apparaturen aus dem 18. Jahrhundert, ein Planetarium mit regelmäßigen Vorführungen und ein Observatorium. Zwei Stockwerke höher befindet sich eine Aussichtsplattform mit großartigem Blick über die Stadt; und ein Stockwerk darüber ist die 1776 konstruierte Laterna magica installiert, das „Auge von Eger".

Kathedrale von Eger   KIRCHE
(Egri Bazilika; Karte s. oben; ☎ 36-420 970; www.eger-bazilika.plebania.hu; Pyrker János tér 1; Spendenvorschlag 300 Ft; ⊙ Mo–Sa 7–19, So 13–19 Uhr) Ein Highlight der ohnehin schon überwältigenden Architektur der Stadt ist die Kathedrale von Eger. Der klassizistische „Monolith" wurde 1836 von József Hild entworfen, der später auch die Kathedrale in Esztergom am Donauknie errichten ließ. Ein günstiger Zeitpunkt für eine Besichtigung ist das halbstündige Orgelkonzert – die kunstvollen Altäre und die hohe Kuppel sorgen für eine interessante Akustik.

Stadt unter der Stadt   HISTORISCHE STÄTTE
(Város a Város Alatt; Karte s. oben; ☎ 36-310 832, 06 20 961 4019; www.varosavarosalatt.hu; Pyrker János tér; Erw./erm. 1000/500 Ft; ⊙ April–Sept. 9–18 Uhr, Okt.–März 10–16 Uhr) Rechts von der Haupttreppe, die zur Kathedrale von Eger hinaufführt, befindet sich der Eingang zu den einstigen Kellergewölben des Erzbischofs. Eine Tour mit historischem Schwerpunkt führt die Besucher 45 Minuten lang durch die Gewölbe. Am besten einen Pullover mitnehmen, hier unten herrschen nämlich nicht mehr als 12 °C.

Kossuth Lajos Utca   STRASSE
(Karte s. oben) Die Kossuth Lajos utca ist eine hübsche grüne Straße, die von architektonischen Juwelen wie der einstigen, 1893 erbauten orthodoxen Synagoge und der ehemaligen klassizistischen Synagoge

Eger

⊙ Highlights
1 Burg Eger C2
2 Bibliothek des Lyzeums B3
3 Minoritenkirche St.
   Antonius C2

⊙ Sehenswertes
4 Astronomiemuseum............................. B3
5 Kasematten D2
6 Stadt unter der Stadt B3
7 Rathaus C3
8 Dobó-Bastei C2
9 Dobó István tér
   Sammlung Sakraler Kunst .... (s. 10)
10 Erzbischöfliches Palais von Eger B3
   Kunstgalerie von Eger .... (s. 10)
11 Kathedrale von Eger B3
12 Kepes-Institut B2
13 Kossuth Lajos Utca D3
14 Lyzeum.. B3
15 Magischer Turm C3
16 Minarett C1
17 Klassizistische Synagoge. C3
18 Kleines Provostpalais B4
19 Sándor-Ziffer-Galerie............................ D2

⊕ Aktivitäten, Kurse & Touren
20 Eger Bike C3
21 Thermalbäder v. Eger D4
22 István Keller A2
23 Türkisches Bad D4

⊛ Schlafen
24 Agria Retur Vendégház........................ B1
25 Dobó Vendégház C2
26 Hotel Romantik A2
27 Hotel Senator Ház C2
28 Imola Hostel D2
29 Imola Udvár Hotel D2
30 Pátria Panzió C2
31 Szent Kristóf Panzió A4

⊗ Essen
32 1552 .... C2
33 Agria Park C2
34 Fehérszarvas Vadásztanya C4
35 Fő Tér C2
36 Il Padrino C2
37 Macok Bistro & Wine Bar..................... C2
38 Palacsintavár C2
   Senator Ház Restaurant .... (s. 27)
39 Szantofer Vendéglő B2

⊙ Ausgehen & Nachtleben
40 Bíboros C3
   Club Leonardo .... (s. 34)
41 Cortado Gastrobar B3
42 Egri Pasa Sátra C2
43 Fúzio Wine Bar & Cellar A2
44 Hippolit B2
45 Marján Cukrászda D2

⊙ Shoppen
46 Lira Magvető Könyvesbolt.................... C3

(s. rechts) aus dem Jahre 1845 gesäumt ist. Auch etliche andere, barocke und eklektizistische Gebäude liegen in der Straße, darunter das Komitatshaus mit seiner erlesenen Schmiedekunst und die beiden Propstpalais (s. rechts) im Rokoko-Stil.

Komitatshaus SEHENSWERTES GEBÄUDE
(Megyeháza; Karte S. 268; Kossuth Lajos utca 9) Die Kossuth Lajos utca glänzt mit Dutzenden von barocken und eklektizistischen Schmuckstücken wie dem reizvollen Komitatshaus mit seinem schmiedeeisernen Gitter über dem Haupteingang, auf dem (von links nach rechts) Glaube, Hoffnung und Barmherzigkeit dargestellt sind. Das Kunstwerk wurde von Henrik Fazola entworfen, einem Rheinländer, der sich Mitte des 18. Jhs. in Eger niedergelassen hatte. Den Gang hinab finden sich noch weitere seiner großartigen Arbeiten – zwei barocke schmiedeeiserne Tore, die das Minarett als Symbol von Eger abgelöst haben.

Das Tor rechts zeigt oben das Wappen des Komitats Heves; das anmutigere Tor zur Linken ist mit Blumen und Weintrauben gestaltet.

Kleines Propstpalais SEHENSWERTES GEBÄUDE
(Kispréposti palota; Karte S. 268; Kossuth Lajos utca 4) Der schmiedeeiserne Balkon und die Fenstergitter des Rokoko-Gebäudes sind eine Arbeit des Handwerksmeisters Henrik Fazola.

Klassizistische Synagoge JÜDISCHE STÄTTE
(Karte S. 268; Dr Hibay Károly utca 7) Die einstige klassizistische Synagoge aus dem Jahre 1845 ist inzwischen teilweise restauriert und fungiert heute als Theater.

Sándor Ziffer Galerie GALERIE
(Ziffer Sándor Galéria; Karte S. 268; ☎ 36-785 027; Kossuth Lajos utca 17; Erw./erm. 500/250 Ft; ⊙ Di-So 11.30–19 Uhr) Die nach dem Maler Sándor Ziffer (1880–1962) benannte Galerie wurde in der ehemaligen orthodoxen Synagoge

> **NICHT VERSÄUMEN**
>
> ### WEINPROBE IM TAL DER SCHÖNEN FRAUEN
>
> Egers berühmte Weine können an vielen Orten in der Stadt probiert werden, in Restaurants oder am Fuße der Burg und in kommerziellen Weinkellern wie dem **Fúzio** (S. 273) und dem **István**. Aber warum in der Stadt bleiben, wenn das so vielversprechend klingende **Tal der schönen Frauen** (Szépasszony-völgy Hétvége) ganz in der Nähe liegt? Hier gibt es mehr als zwei Dutzend *pincék* (Keller), die in den hufeisenförmigen Felsen gehauen wurden. Für im Durchschnitt 100 Ft kann jeweils ein Zehntelliter von einer ganzen Reihe von Rotweinen wie dem Stierblut probiert werden, oder auch Weißweine wie *olaszrizling*, *leányka* und *hárslevelű*. Die Auswahl an Weinkellern ist fast schon erschreckend groß, also am besten einfach herumspazieren und sich selbst umsehen. (Ein Hinweis: Die Keller auf der Westseite verfügen über große Terrassen und bessere Sitzgelegenheiten; in den Kellern im Osten herrscht mehr Betrieb.)
>
> Das Tal liegt etwa 1 km südwestlich, auf der Király utca, die in die Landstraße 25 übergeht. Am besten in einem der Vans mitfahren, die vom **Evergreen** (Karte S. 268; ☏ 06 20 388 6241; Egészségház utca; 800 Ft; ⊙ April–Okt. 10–17 Uhr) aus starten, in der Egészségház utca, die südlich von der Kossuth Lajos utca liegt. Ein Taxi kostet etwa 1200 Ft.

untergebracht (1893 errichtet). Es finden wechselnde Ausstellungen statt. Von Dobó István tér aus das Flüsschen Eger überqueren in Richtung Tinódi Sebestyén tér, dann südwärts halten auf der Kossuth Lajos utca.

Erzbischöfliches Palais von Eger
HISTORISCHES GEBÄUDE

(Egri Érseki Palota; Karte S. 268; ☏ 36-517 356; www.egriersekipalota.hu; Széchenyi István utca 3; Erw./Kind 1800/900 Ft; ⊙ April–Sept. Di–So 10–18 Uhr, Okt.–März Di–So 10–16 Uhr) Das glanzvolle Konstruktion aus dem 18. Jh. enthält zwei sehr reichhaltige Sammlungen. Im Erdgeschoss befindet sich die Sammlung sakraler Kunst. Im ersten Stock ist mittlerweile Egers Kunstgalerie untergebracht, die von der Burg hierher umgezogen ist.

Auch hier sind die Räume noch möbliert wie zu Zeiten des Erzbischofs: der Festsaal (Díszterem) ist sagenhaft, außerdem gibt es Porträts der Bischöfe bis zurück ins 11. Jh. zu sehen.

Sammlung Sakraler Kunst
MUSEUM

(Egyházi Gyűjtemény; Karte S. 268; ☏ 36-517 356; www.egriersekipalota.hu; Széchenyi István utca 3, Erzbischöfliches Palais von Eger; Erw./Kind 1800/900 Ft; ⊙ April–Sept. Di–So 10–18 Uhr, Okt.–März Di–So 10–16 Uhr) Die Sammlung Sakraler Kunst im Erzbischöflichen Palais von Eger besteht aus unbezahlbaren Gewändern, Kirchenschätzen und liturgischen Gegenständen.

Kunstgalerie von Eger
GALERIE

(Művészeti Galéria; Karte S. 268; ☏ 36-517 356; www.egriersekipalota.hu; Széchenyi István utca 3, Erzbischöfliches Palais von Eger; Erw./Kind 1800/900 Ft; ⊙ April–Sept. Di–So 10–18 Uhr, Okt.–März Di–So 10–16 Uhr) Diese Sammlung befand sich einst auf Burg Eger und enthält unter anderem Werke von Canaletto und Ceruti.

Minarett
ISLAMISCHE STÄTTE

(Karte S. 268; ☏ 06 70 202 4353; www.minaret eger.hu; Knézich Károly utca; 300 Ft; ⊙ Mai–Sept. 10–18, April & Okt. 10–17 Uhr) Das 40 m hohe Minarett, das unpassenderweise mit einem Kreuz gekrönt ist, bildet eine der wenigen Erinnerungen an die osmanische Besatzung von Eger. Wer keine Platzangst hat, kann die 97 engen Stufen der spiralförmigen Treppe erklimmen – oben eröffnet sich ein fantastischer Ausblick.

Kepes-Institut
GALERIE

(Kepes Intezet; Karte S. 268; ☏ 36-420 044; www.kepeskozpont.hu; Széchenyi utca 16; Erw./Kind 1200/600 Ft; ⊙ Di–Sa 10–18 Uhr) Diese ungewöhnliche Galerie zeigt Arbeiten des in Ungarn geborenen amerikanischen Künstlers und Designers György Kepes, der – unter anderem – für seine Lichtinstallationen gefeiert wird.

🏃 Aktivitäten

★ Türkisches Bad
THERMALBAD

(Török Fürdő; Karte S. 268; ☏ 36-510 552; www.egertermal.hu; Fürdő utca 3-4; 2½ Std. Erw./Kind 2200/1500 Ft; ⊙ Mo & Di 16.30–21, Mi & Do 15–21, Fr 13–21, Sa & So 9–21 Uhr) Nichts geht über ein Dampfbad in dieser historischen Anlage, in deren Innerstem sich ein Bad aus dem

Jahre 1617 befindet. Im Zuge einer Renovierung, die mehrere Millionen Forint kostete, wurden sechs Schwimmbecken, Saunen, ein Dampfbad und ein Hammam (Türkisches Bad) angefügt. Auch unterschiedliche Massagen und Anwendungen werden angeboten.

Eger Bike FAHRRAD
(Karte S. 268; ☎ 06 20 503 9922, 06 70 564 3388; www.egerbike.hu; Egészségház utca 11; 6 Std./Tag/Woche 2000/3000/10 000 Ft; ⊙ Mo–Fr 9–17, Sa 9–13 Uhr) Der Ausstatter unmittelbar nördlich des erzbischöflichen Gartens verleiht Fahrräder halbtags, den ganzen Tag oder wöchentlich.

Thermalbäder von Eger THERMALBAD
(Egri Térmalfürdő; Karte S. 268; ☎ 36-510 558; www.egertermal.hu; Petőfi tér 2; Erw./Kind 1900/1600 Ft, Swimmingpool nur 900 Ft; ⊙ April–Sept. 6–19 Uhr, Okt.–März 9–18 Uhr) Nach einem Spaziergang durch den erzbischöflichen Garten (Érsékkert), der einst der private Rückzugsort hochrangiger Kirchenfürsten war, geht es am besten gleich weiter zu diesen Thermalbädern mit einer großen Auswahl an Becken, darunter Whirlpools, ein Pool für Kinder im Burgenstil und andere Freizeit- und Wellness-Einrichtungen auf dem über fünf Hektar großen Gelände.

István Keller WEIN
(Karte S. 268; ☎ 36-313 670; www.koronahotel.hu; Tündérpart utca 5, Hotel Korona; Weinprobe 2200–7500 Ft; ⊙ Di–Sa 14–18 Uhr nach Vereinbarung) Egers berühmte Weine können in vielen Lokalen der Stadt probiert werden, wie beispielsweise hier im István Keller des Hotels Korona sowie einer Reihe von Lokalitäten am Fuße der Burg (Tourinform hat eine ausführliche Liste).

Feste & Events

Frühlingsfest DARSTELLENDE KÜNSTE
(Tavaszi Fesztivál; ⊙ April) Konzerte, Puppenspiele, Ausstellungen und mehr zwei Wochen lang im April.

Egri Bikavér Festival WEIN
(Egri Bikavér Ünnep; www.eger.hu; ⊙ Juli) Vier Tage im Juli sind Egers kultigem Wein gewidmet.

Historisches Festival & Mittelalterspiele VOLKSFEST
(Végvári Vigasságok Történelmi Fesztivál; ⊙ Aug.) An drei Tagen im August werden Mittelalterspiele und Klamauk veranstaltet.

Wochenende im Tal der schönen Frauen MUSIK
(Szépasszony-völgy Hétvége; ⊙ Sept.) Drei Tage mit Musik (und Wein) im Tal der schönen Frauen.

Schlafen

Tourinform (S. 274) gibt eine Broschüre mit verfügbaren Unterkünften heraus, nicht nur in der Stadt (inklusive Privatzimmer), sondern auch in der Umgebung. Außerdem haben sie eine Liste von Hochschulen, die von Juni bis August preiswerte Schlafgelegenheiten anbieten.

Agria Retur Vendégház PENSION €
(Karte S. 268; ☎ 36-416 650; www.returvendeghaz.hu; Knézich Károly utca 18; EZ/DZ/TR 4200/7600/10 600 Ft; @ ⚡) Ein herzlicherer Empfang als in dieser Pension in der Nähe des Minaretts ist kaum vorstellbar. Es geht drei Treppen aufwärts in eine fröhliche Gemeinschaftsküche/Essbereich, die den Mittelpunkt von vier Mansardenzimmern bildet. Nach hinten hinaus gibt es einen riesigen Garten mit Tischen und einem Grill zur freien Verfügung – man beachte die Fanpost an den Wänden!

Imola Hostel HOSTEL €
(Leányka úti Kollégium; Karte S. 268; ☎ 36-520 430; www.imolanet.hu/imolahostel; Leányka út 2; EZ/DZ 3650/6850 Ft; ❄ @ ⚡) Der ehemalige Hochschul-Schlafsaal wurde modernisiert, und heute stehen bequeme Betten und große Tische in den ziemlich eleganten Doppelzimmern. In jedem Stockwerk befinden sich eine Gemeinschaftsküche und ein Computer mit Internetanschluss.

Tulipán Kemping CAMPING €
(☎ 06 70 385 1166; www.tulipancamping.com; Szépasszonyvölgy utca 71; Camping pro Pers./Zelt/Wohnmobil 800/900/1600 Ft, Bungalow für 4/5 6000/10 000 Ft) Viele der Wohnmobil- und Zeltstellplätze auf dem Tulipán Kemping befinden sich auf einem offenen Feld ohne Schatten, doch er ist umgeben von Weingärten und in Laufweite der Weinkeller im Tal der schönen Frauen. Der Bungalow ist nur eine Hütte ohne Bad oder Küche.

Dobó Vendégház PENSION €€
(Karte S. 268; ☎ 06 20 442 3849, 36-421 407; www.dobovendeghaz.hu; Dobó István utca 19; EZ/DZ/TR 10 500/15 900/22 500 Ft; ⚡) Versteckt in einer Fußgängergasse der Altstadt, unterhalb der Burg Eger, liegt dieses zauberhafte kleine Hotel mit sieben blitzblanken Zimmern,

einige davon mit Balkon. Die Zsolnay-Porzellansammlung im Frühstückszimmer ist eines Museums würdig.

Szent Kristóf Panzió PENSION €€
(Karte S. 268; ☏ 06 20 436 7877; www.stkristofpanzioeger.hu; Arany János utca 1; DZ/TR 8900/11 900 Ft; 🛜) Die Pension südlich der Kathedrale und auf dem Weg ins Tal der schönen Frauen verfügt über acht ziemlich kleine, aber komfortable Zimmer mit Kühlschrank. Die Decken sind schräg, doch das ist eben der Preis dafür, dass man in einem alten Gemäuer schlafen darf. Das runde Turmzimmer an der Ecke ist besonders hübsch.

★Hotel Senator Ház BOUTIQUEHOTEL €€€
(Senator House Hotel; Karte S. 268; ☏ 36-320 466; www.senatorhaz.hu; Dobó István tér 11; EZ/DZ 47/64 €; ❄@🛜) Elf behagliche Zimmer mit traditionellen weißen Möbeln bilden das Obergeschoss dieses hübschen Gasthauses aus dem 18. Jh. auf Egers Hauptplatz. Im Erdgeschoss befinden sich ein erstklassiges Restaurant und der Empfangsbereich, der vollgestopft ist mit Antiquitäten und Kuriositäten.

Imola Udvár Hotel APARTMENT €€€
(Karte S. 268; ☏ 36-516 180; www.imolaudvarhaz.hu; Tinódi Sebestyén tér 4; EZ/DZ/Suite 16 000/19 900/25 000 Ft; ❄🛜) Mit sechs modernen und stilvollen Apartments direkt unterhalb der Burg bietet das Hotel eine zentrale Lage und die Möglichkeit zur Selbstversorgung – die Küchen sind komplett ausgestattet.

Hotel Ködmön FERIENANLAGE €€€
(☏ 36-413 172; www.szepasszonyvolgy.eu; Szépasszonyvölgy utca 1; Zi 92–125 €; ❄@🛜♨) Wem der Gedanke gefällt, im Tal der schönen Frauen zu übernachten, der ist in diesem verhältnismäßig neuen, modernen Hotelresort mit seinen 20 Zimmern gut aufgehoben. Man erwacht mit Blick auf die Weingärten und darf die Annehmlichkeiten des gut ausgestatteten Wellnesscenters genießen. Gegenüber liegt ein beliebtes *csárda* (ungarisches Gasthaus).

Essen

Den Eingang zum Tal der schönen Frauen säumen zehn Speiselokale in Form von Imbissbuden. Die Kellner kommen zum gedeckten Picknicktisch mit Speisekarten, und man deutet einfach auf das Gericht, das man bestellen will (Hauptgerichte 1200 Ft bis 2200 Ft). Außerdem gibt es mehrere *csárdák* zwischen den Weinkellern.

Il Padrino PIZZA €
(Karte S. 268; ☏ 06 20 547 9959, 36-786 040; www.padrinopizza.hu; Fazola Henrik utca 1; Pizza 990–2190 Ft; ⊙11–22 Uhr) Dieses kleine Lokal liegt versteckt in einer engen Gasse hinter der einstigen klassizistischen Synagoge. Ein Besuch lohnt sich trotzdem, da hier die beste italienische Pizza in ganz Eger serviert wird. Salate (990 Ft bis 1290 Ft) gibt es auch. Sowohl drinnen als auch draußen ist die Zahl der Sitzplätze begrenzt.

Agria Park INTERNATIONAL €
(Karte S. 268; ☏ 36-512 401; www.agriapark.hu; Törvényház utca 4; Hauptgerichte 750–1200 Ft; ⊙ Mo-Sa 10–20, So bis 18 Uhr) Chinesische, ungarische und griechische Selbstbedienungsrestaurants stehen im Obergeschoss des Agria Park Einkaufszentrums westlich der Kathedrale zur Auswahl.

★1552 UNGARISCH €€
(Karte S. 268; ☏ 06 30 869 6219; www.1552.uu; Egri Vár; Hauptgerichte 1690–3390 Ft; ⊙11–23 Uhr) Mit diesem Namen war der Standort oben auf der Burg praktisch zwingend. Das Restaurant ist neu und eindrucksvoll, und die gehobene Speisekarte von Küchenchef Matyás Hegyi bietet weitgehend Neue Ungarische Cuisine, mit einer höflichen Geste an die Verlierer im Jahre 1552: Auch eine Handvoll türkisch inspirierter Gerichte wird angeboten.

Mit seinen Sitzplätzen in einem eleganten Speisesaal, oder auch auf der großen Terrasse mit Blick auf den zentralen Hof ist das 1552 eine willkommene Ergänzung zu den vielen Attraktionen der Burg.

Senator Ház Restaurant INTERNATIONAL €€
(Karte S. 268; ☏ 36-320 466; www.senatorhaz.hu; Dobó István tér 11; Hauptgerichte 2000–3200 Ft; ⊙12–23 Uhr) Die Sitzplätze in dem mit Antiquitäten dekorierten Speisesaal des charmanten Hotels sind begehrt, aber noch beliebter sind die Tische im Freien auf Egers Hauptplatz. Empfehlenswert ist die Kohlrabicremesuppe mit Baguette-Chips (900 Ft), die Champignon-Ravioli mit Pecorino (1300 Ft) und die lokale geräucherte Forelle (2800 Ft).

Fő Tér UNGARISCH €€
(Hauptplatz; Karte S. 268; ☏ 36-817 482; http://fotercafé.hu; Gerl Matyas utca 2; Hauptgerichte 1490–4190 Ft; ⊙10–22 Uhr) Mit seiner herausragenden Lage auf dem Dobó István tér gegenüber der Minoritenkirche sorgt das „Hauptplatz" genannte Lokal für ein biss-

chen Farbe in Egers Speiseangebot. Außerdem hat es eine erlesene Terrasse zu bieten, die im Sommer offen und in den kälteren Monaten verglast ist. Das Essen ist ungarisch mit modernem Touch.

Szantofer Vendéglő UNGARISCH €€
(Karte S. 268; ☎ 36-517 298; www.szantofer.hu; Bródy Sándor utca 3; Hauptgerichte 1400–2500 Ft; ⊙ 11.30–22 Uhr) In diesem renovierten Speiselokal gibt es herzhafte, ungarische Hausmannskost. Im gemütlichen Gastraum wird eine nette Weinkollektion präsentiert, während der überdachte Innenhof mit seinem Aquarium eine perfekte Zuflucht vor der Sommerhitze bietet. Die zweigängigen Mittagsmenüs wochentags für 890 Ft sind ein Schnäppchen.

Palacsintavár CRÊPERIE €€
(Pancake Burg; Karte S. 268; ☎ 36-413 980; www.palacsintavar.hu; Dobó István utca 9; Hauptgerichte 1950–2350 Ft; ⊙ Di–Sa 12–23, So bis 22 Uhr) Pop-Art und eine faszinierende Sammlung antiker Zigaretten in Originalverpackung schmücken die Wände dieses bunten Lokals. Leckere *palacsinta* – Pfannkuchen – werden mit viel frischem Gemüse serviert und decken die Geschmacksrichtungen von asiatisch bis mexikanisch ab. Es gibt auch eine große Auswahl an süßen Varianten (ab 1790 Ft). Der Eingang befindet sich auf der Fazola Henrik utca.

★ Macok Bistro & Wine Bar UNGARISCH €€€
(Macok Bisztró és Borbár; Karte S. 268; ☎ 36-516 180; www.imolavarhaz.hu/en/the-macok-bisztro-wine-bar.html; Tinódi Sebestyén tér 4; Hauptgerichte 2190–4900 Ft; ⊙ So–Do 12–22, Fr & Sa bis 23 Uhr) Dieses elegante Speiselokal am Fuße der Burg mit seiner einfallsreichen Speisekarte und dem exzellentem Weinkeller wird zu den zwölf besten Restaurants Ungarns gezählt, und dagegen gibt es wenig einzuwenden. Vor allem wegen der *foie gras brûlée* (1890 Ft) möchte man glatt wiederkommen, oder auch für das gebratene Kaninchen mit Leber-„*Chips*" (2870 Ft). Es gibt einen zauberhaften Innenhof mit einem Wasserspiel.

Fehérszarvas Vadásztanya UNGARISCH €€€
(Karte S. 268; ☎ 36-411 129; www.feherszarvasetterem.hu; Klapka György utca 8; Hauptgerichte 2700–5050 Ft; ⊙ Mo–Sa 11.30–24, So bis 18 Uhr) Mit seinen Wildspezialitäten, dem Kellerambiente und seinen Trophäen ist das „Weißhirsch-Jägerhaus" ein nettes Lokal im Herbst und Winter. Allerdings lassen sich die Kaltschalen mit Früchten und Gänseleber-Pâté – die besonderen Spezialitäten des Hauses– auch gut in den wärmeren Monaten genießen.

Ausgehen & Nachtleben

Kaum ein Ort eignet sich besser für einen entspannten Abend bei warmem Wetter als die Tische unter freiem Himmel und die Weinkeller im Tal der schönen Frauen. Neben den Zehntelliter-Kostproben wird Wein auch in der Karaffe angeboten.

★ Fúzio Wine Bar & Cellar WEINBAR
(Karte S. 268; ☎ 06 20 852 5002; www.galtibor.hu/fuzio-borbar.html; Csiky Sándor utca 10; ⊙ Mi & Do 16–22, Fr 16–23, Sa 11–23, So 11–15 Uhr) Diese edle Weinbar in den Kellern von Kellermeister Tibor Gal bietet Verkostungen und serviert Wein sowohl im Glas als auch in der Flasche. Es ist ein geräumiges, gemütlich eingerichtetes Lokal mit Sitzplätzen in einem zentralen Hof in unmittelbarer Nähe des Stadtzentrums. Fúzio zeigt deutlich, wie fortschrittlich die ungarische Weinindustrie geworden ist.

Bíboros CLUB
(Karte S. 268; ☎ 06 70 199 2733; www.facebook.com/biboroseger; Bajcsy-Zsilinszky utca 6; ⊙ Mo–Fr 11–3, Sa 13–3, So 15–24 Uhr) Tagsüber wirkt sie wie eine schläfrige Bar, doch spät am Abend verwandelt sie sich in einen wilden Tanzclub – die Polizisten an der Tür in den Nächten am Wochenende sind der deutlichste Hinweis.

Egri Pasa Sátra CAFÉ
(Eger Pasha's Tent; Karte S. 268; ☎ 36-363 806; www.egripasasatra.com; Dobó István utca 40; ⊙ März–Dez. Mo–Sa 10–24, So bis 22 Uhr) Diese Café/Bar direkt unterhalb der Dobó-Bastei ist in einem riesigen Zelt im türkischen Stil, eigentlich einem Festzelt, untergebracht, mit kupfernen Kaffeekännchen und Teezubehör, *sofra* (diese niedrigen Tischchen, die im Nahen Osten so beliebt sind) und Teppichen. Schuhe vor dem Betreten ausziehen!

Club Leonardo CLUB
(Karte S. 268; ☎ 06 30 345 1622; www.facebook.com/ClubLeonardoEger; Klapka György utca 8; ⊙ Di–Do 18–24, Fr & Sa 22–3 Uhr) Im Untergeschoss des Hotels Korona ist das Leonardo untergebracht, wochentags ein Treffpunkt für einen Drink, am Wochenende aber verwandelt es sich in einen beliebten Tanzclub, der ein professionelles und gut gekleidetes Publikum anlockt.

Cortado Gastrobar COCKTAILBAR
(Karte S. 268; ☎36-526 434; www.facebook.com/cortadoeger; Foglár György utca 2; ⊙So–Do 10–24, Fr & Sa bis 2 Uhr) Die Cortado Gastrobar ist sowohl eine Cocktailbar als auch ein Café (mit Has-Bean-Kaffee aus Bolivien und Äthiopien) und ein Lokal mit originellen Burgern (1890 Ft bis 2490 Ft) – hier kann man sich großartig erholen nach einem harten Tag voller Besichtigungstouren. Cocktails kosten zwischen 980 Ft und 1590 Ft.

Marján Cukrászda CAFÉ
(Karte S. 268; ☎36-312 784; http://marjancukraszda.hu; Kossuth Lajos utca 28; ⊙Juni–Sept. 9–22, Uhr Okt.–Mai bis 19 Uhr) Auf der großen Terrasse südlich des Tinódi Sebestyén tér (ehemals Dózsa György tér) direkt unterhalb der Burg lässt es sich bei Kaffee und Süßspeisen gut aushalten (ein Kuchen kostet zwischen 200 Ft und 600 Ft).

Hippolit CLUB
(Karte S. 268; ☎06 20 340 1041; www.hippolit.hu; Katona István tér 2; ⊙Mi & Sa 22–5 Uhr) Egers klassischer Club, dessen Tanzboden nicht schwankt, sondern sich zweimal die Woche regelrecht biegt während der frühen Morgenstunden. Er liegt hinter dem südlichen Ende der überdachten *piac csarnok* (Markthalle).

☆ Unterhaltung
Detaillierte Informationen zum Kulturprogramm, vor allem zu den Musikkonzerten, werden im kostenlosen *#Eger*-Guide aufgelistet.

🛍 Shoppen
Lira Magvető Könyvesbolt BÜCHER
(Karte S. 268; ☎36-517 757; www.lira.hu/hu/bolthalozat/eger1; Bajcsy-Zsilinszky utca 4; ⊙Mo–Fr 9–18, Sa bis 13 Uhr) Kleine Buchhandlung mit einer Auswahl an englischen Titeln und Karten.

ⓘ Praktische Informationen
OTP Bank (Széchenyi István utca 2; ⊙Mo 7.45–17, Di–Fr bis 16 Uhr) Hat einen Geldautomaten.

Post (Karte S. 268; Széchenyi István utca 22; ⊙Mo 7–19, Di–Fr 8–19, Sa 8–12 Uhr)

Tourinform (Karte S. 268; ☎36-517 715; www.eger.hu; Bajcsy-Zsilinszky utca 9; ⊙Juli & Aug. Mo–Fr 8–18, Sa & So 9–13 Uhr, Mai, Juni, Sept. & Okt. Mo–Fr 8–17, Sa 9–13 Uhr, Nov.–April Mo–Fr 8–17 Uhr) Hilfsbereites Büro, das sowohl für die Stadt als auch für die Umgebung von Eger zuständig ist.

ⓘ An- & Weiterreise
BUS
Der einzige Bus, der via Felsőtárkány durch den Bükk Nationalpark nach Miskolc fährt, startet sonntags um 9.10 Uhr.

ZUG
Egers Hauptbahnhof befindet sich auf der Vasút utca, südlich des erzbischöflichen Gartens. Um ins Stadtzentrum zu kommen, der Deák Ferenc utca in nördlicher Richtung folgen und dann weitergehen durch die Fußgängerzone Széchenyi István utca, Egers Hauptstraße. Bahnhof Egervár, der Szilvásvárad und andere Ziele im Nordosten ansteuert, liegt auf der Vécseyvölgy utca, etwa fünf Minuten zu Fuß von Burg Eger entfernt.

Bis zu sieben Züge täglich fahren nach/von Budapests Bahnhof Keleti (2905 Ft, 2 Std., 120 km). Ansonsten ist Eger auch Haltestelle einer kleineren Bahnlinie, die Putnok und Füzesabony miteinander verbindet. An letzterem Halt kann man umsteigen nach Miskolc (1490 Ft, 1½ Std., 74 km) oder Debrecen (2200 Ft, 2½ Std., 120 km). Von Bahnhof Egervár aus den Zug nach Szilvásvárad nehmen (420 Ft, 1 Std., 30 km).

ⓘ Unterwegs vor Ort
Vom Hauptbahnhof aus verkehren die Busse 11, 12 oder 14, die auch im Stadtzentrum oder am Busbahnhof halten (Karte S. 268).

BUSSE NACH EGER

REISEZIEL	FAHRPREIS	FAHRZEIT	KM	TGL. VERBINDUNGEN
Debrecen	2520 Ft	2¾ Std.	130	6-mal, nonstop
Gyöngyös	1170 Ft	1 Std.	52	stündl., nonstop
Kecskemét	3130 Ft	4 Std.	166	2-mal, nonstop
Miskolc	1300 Ft	1½ Std.	68	8-mal, nonstop
Szeged	3950 Ft	5½ Std.	234	2-mal, nonstop
Szilvásvárad	560 Ft	40 Min.	29	stündl., nonstop

TOKAJ

📞 47 / 4300 EW.

Seit dem 15. Jh. wurde in Tokaj der weltbekannte Süßwein produziert. Heute ist es eine malerische kleine Stadt mit alten Gebäuden, Storchennestern und Weinkellern und jeder Menge Gelegenheiten, das berühmte Getränk zu probieren. Das Städtchen liegt am Zusammenfluss des Bodrog und der Theiß (Tisza) und bietet auch sonst reichlich Erholungsmöglichkeiten. Tokaj ist nur eine von insgesamt 28 Städten und Dörfern des sogenannten Tokaj-Hegyalja, eines 70 km² umfassenden Weingebietes, das Trauben an den südlichen und östlichen Hängen der Zemplén-Berge anbaut.

◉ Sehenswertes

Die Glocken der beiden Kirchen auf dem Kossuth tér sorgen für einen besonders feierlichen und klangvollen Sonntagmorgen.

Weltkulturerbe-Weinbaumuseum   MUSEUM
(Világörökségi Bormúzeum Tokaj; Karte S. 278; 📞 47-552 050; www.bormuzeum.eu; Serház utca 55; Erw./erm. 1000/500 Ft, Kombiticket mit Tokaj Museum 1500/600 Ft; ☉ Juni–Okt. Di–So 9–17 Uhr, Nov.–Mai Di–So 10–17 Uhr) Dieses ambitionierte Museum liefert eine umfassende Darstellung von Tokaj und der Hegyalja-Region mit ihren Weinen. Aber damit hört die Dokumentation nicht auf, sondern wirft einen Hightech-Blick auf das halbe Dutzend anderer Weinregionen in Europa, die ebenfalls zum Weltkulturerbe erklärt wurden (in Italien, Frankreich und Portugal). Nach dem Besuch gibt es kaum noch etwas, das man über Küfer und die Herstellung von Holzfässern nicht weiß.

Große Synagoge   JÜDISCHE STÄTTE
(Nagy Zsinagóga; Karte S. 278; 📞 47-552 000; Serház utca 55; ☉ nach Vereinbarung) Die eklektizistische Große Synagoge aus dem 19. Jh., die im Zweiten Weltkrieg als deutsche Kaserne zweckentfremdet wurde, erstrahlt nach einer kompletten Restaurierung in neuem Glanz. Heute dient sie als Konferenz- und Kulturzentrum der Stadt; betreten wird die Synagoge über das Ede Paulay Theater (S. 278).

Es gibt auch einen großen, jüdisch-orthodoxen Friedhof in Bodrogkresztúr, 6 km nordwestlich von Tokaj.

Tokaj Museum   MUSEUM
(Tokaji Múzeum; Karte S. 278; 📞 47-352 636; www.tokajimuzeum.hu; Bethlen Gábor utca 7; Erw./erm. 800/400 Ft, Kombiticket mit dem Weltkulturerbe-Weinbaumuseum 1500/600 Ft; ☉ Juni–Okt. Di–So 9–17 Uhr, Nov.–Mai Di–So 10–17 Uhr) Das Tokaj Museum ist in einer Villa aus dem 18. Jh., untergebracht, die damals von griechischen Weinhändlern erbaut worden war. Es erzählt lückenlos die Geschichte von Tokaj und der Hegyalja-Region. Außerdem gibt es eine herausragende Sammlung christlicher liturgischer Kunst zu bewundern, darunter Ikonen, mittelalterliche Kruzifixe und Triptychen, Judaica aus der einstigen Großen Synagoge sowie wechselnde Ausstellungen lokaler Künstler. In dem alten Weinkeller unterhalb des Museums werden zusätzlich weitere Ausstellungsstücke gezeigt.

Herz-Jesu-Kirche   KIRCHE
(Jézus Szíve Templom Tokaj; Karte S. 278) Die zentrale katholische Kirche wurde im Jahr 1912 errichtet.

Aktivitäten

Rákóczi Keller   WEIN
(Rákóczi Pince; Karte S. 278; 📞 06 30 436 5767, 47-352 408; www.rakoczipince.hu; Kossuth tér 15; ☉ 11–18 Uhr) Im 600 Jahre alten Rákóczi Keller können die Besucher Weine probieren und an einer Führung durch die Kellerei teilnehmen. Hier unter der Erde lagern die Weinflaschen, in denen der Wein reift, in langen, höhlenartigen Korridoren (einer davon misst 28 m mal 10 m).

Erzsébet Keller   WEIN
(Karte S. 278; 📞 06 20 802 0137; www.erzsebetpince.hu; Bem út 16; ☉ 10–18 Uhr nach Vereinbarung) Bei diesem kleinen Familienbetrieb muss man seine Weinprobe normalerweise im Voraus buchen. Wer sechs Tokaj/Aszú-Weine probieren möchte, bezahlt 3600/8000 Ft.

Hímesudvar   WEIN
(Karte S. 278; 📞 47-352 416; www.himesudvar.hu; Bem utca 2; ☉ 10–18 Uhr) Hímesudvar ist ein Weinkeller aus dem 16. Jh. mit einem Laden für die Weinproben. Er befindet sich nordwestlich des Stadtzentrums.

Benkő Borház   WEIN
(Benkő Winehouse; 📞 06 20 920 9844, 47-353 607; www.benkoborhaz.hu; Szerelmi Pincesor; ☉ 10–19 Uhr nach Vereinbarung) Dies ist einer von mehreren kleinen Kellern, die die Hegyalja utca säumen, er ist in der Nähe der Bajcsy-Zsilinszky utca am Fuße des Weinhügels beim Bahnhof zu finden.

> **NICHT VERSÄUMEN**
>
> ## WEINPROBE IN TOKAJ
>
> Über die ganze Stadt verstreut gibt es private Keller (pincék) und Restaurants, die Weinproben anbieten. Empfehlenswert ist es, mit 100 ml-Gläsern anzufangen; letztlich schluckt man doch oft mehr, als man glaubt! Wer die Sache ernst nimmt, beginnt beim trockenen Wein und arbeitet sich zum süßen vor: *furmint*, trockener Szamorodni, süßer Szamorodni und schließlich die Aszú-Weine. Die letzteren, dessertartigen Weine liegen in einer Kategorie von vier bis sechs *puttony* (das ist das traditionelle Maß für die Menge an edelfaulen Weinbeeren, die verwendet wurden). Eine Weinprobe mit drei/sechs Tokajern kostet ab 1500/3500 Ft; für eine Verkostung von vier Aszú-Weinen bezahlt man zwischen 4100 Ft und 6500 Ft.
>
> Der Urvater unter den Weinkellern ist der 600 Jahre alte **Rákóczi Keller** (S. 275), wo die Weinflaschen in langen Korridoren reifen (einer misst 28 m x 10 m). Der **Erzsébet Keller** (S. 275) ist ein kleinerer Familienbetrieb, bei dem Besucher normalerweise im Voraus buchen sollten. Es gibt auch eine Verkostung (vier Weine, 1800 Ft) in der **Tokaj Kaffeerösterei** (S. 278). Der freundlichste der zentral gelegenen Keller ist der **Hímesudvar** (S. 275). Kleinere Keller wie beispielsweise der Benkő Borház (S. 275) säumen die Hegyalja utca, die von der Bajcsy-Zsilinszky utca abzweigt, am Fuße des Weinbergs in der Nähe des Bahnhofs.

Kékcápák KANUFAHREN
(47-353 227; www.turak.hu; Malom utca 11) Kanutouren und Camping im nordöstlichen Ungarn, Transport von/nach Tokaj inklusive.

Bootstouren auf dem Fluss BOOTFAHREN
(Karte S. 278; 06 20 971 6564, 47-552 187; www.tokaj-info.hu; Hajókikötő; Erw./Kind 1200/900 Ft; Mai-Okt. 11 & 15 Uhr, plus Juni-Aug. Sa & So 11 & 17 Uhr) Von Mai bis Oktober finden einstündige Sightseeing-Touren auf der Theiß (Tisza) und dem Fluss Bodrog statt. Am Kai südlich der Theiß-Brücke geht es los.

Vízisport Turistaház Bootsverleih BOOTFAHREN
(Karte S. 278; 47-552 187; www.tokaj-info.hu; Horgász utca 3; 4 Std./Tag Kanu 700/1000 Ft, Kajak 1000/1500 Ft, Fahrrad 4 Std. 1000 Ft; 8-20 Uhr) Vízisport Turistaház verleiht Kanus, Kajaks und Fahrräder; im Restaurant Halra Bor (S. 277) nachfragen.

Tutajos Beach SCHWIMMEN
(Karte S. 278; 06 20 220 2112; www.tutajosbeach.hu; Strand utca; Erw./Kind 700/500 Ft; Juni-Aug. 9-19 Uhr) Der grasbewachsene Strand am Fluss eignet sich zum Baden. Er liegt am Tutajos Beach Campingplatz; von der Stadt aus die Theiß-Brücke überqueren.

Feste & Events

Tokaj Weinfestival WEIN
(Tokaji Borfesztivál; Juni) Dreitägiges Weinfest Anfang Juni, das Weinliebhaber von nah und fern anlockt.

Tokaj-Hegyalja Winzertage WEIN
(Tokaj-Hegyaljai Szüreti Napok; Sept./Okt.) Das drei Tage dauernde Festival markiert das Ende der Erntezeit im späten September und Anfang Oktober.

Schlafen

Die Privatzimmer entlang der Hegyalja utca liegen nicht weit vom Bahnhof entfernt und sind von Weingärten umgeben. Wer am Fluss campen möchte, sollte ausreichend Mückenschutz im Gepäck haben.

Huli & Bodrog Panzió PENSION €
(Karte S. 278; 06 20 465 5903; www.hulipanzio.hu; Rákóczi Ferenc út 16; EZ 6000-8000 Ft, DZ 8000-11 000 Ft;) Sowohl die Wände als auch die geblümten Bettdecken leuchten in sonnengelben Tönen in den bodenständigen Zimmern im ersten Stock des beliebten Restaurants mit Bedientheke (Hauptgerichte 1100 Ft bis 1600 Ft). Die zwölf Zimmer im Huli-Flügel sind nicht gerade riesig, das Dekor ist schlicht; also besser eines der sieben moderneren im Bodrog-Flügel wählen. Alle Zimmer verfügen über kleine Kühlschränke; Klimaanlage kostet 1500 Ft extra.

Vaskó Panzió PENSION €
(Karte S. 278; 06 70 315 8481, 47-352 107; www.vaskopanzio.hu; Rákóczi Ferenc út 12; EZ/DZ 5500/8000 Ft;) Das sehr zentral gelegene Vaskó hat elf saubere Zimmer mit Fensterbrettern voller Blumentöpfe. Es liegt über einem privaten Weinkeller; der Eigentümer organisiert auf Wunsch eine Weinprobe.

Tutajos Beach Camping CAMPING €
(Karte S. 278; ☏ 06 20 220 2112; Strand utca; pro Pers./Zelt/Wohnmobil 1100/1300/2500 Ft, Bungalow DZ 6000 Ft; ⊙ April–Okt.) Schattige Zeltplätze und einfache Bungalows neben einem Strand mit Bootsverleih. Drei Minuten duschen kostet 100 Ft.

Tokaj Vár HOTEL €€
(Karte S. 278; ☏ 47-353 743; www.tokajvarhotel.hu; Bajcsy-Zsilinszky út 5; EZ/DZ/Suite 13 500/15 500/20 500Ft; ✱ 🛜) Das Hotel südwestlich des Zentrums verfügt über 21 Zimmer, und obwohl es ziemlich kastenförmig wirkt, hat es die Messlatte höher gelegt, was die Unterkünfte in Tokaj betrifft. Es ist die komfortabelste Übernachtungsmöglichkeit vor Ort. Die Zimmer sind groß und modern, und viele davon blicken auf den ruhigen Innenhof. Dem Hotel gehört auch eine Reihe von Weinkellern, es kann auf Wunsch eine Weinprobe organisieren.

⭐ Toldi Fogadó PENSION €€€
(Toldi Inn; Karte S. 278; ☏ 47-353 403; www.toldifogado.hu; Hajdú köz 2; DZ 16 900 Ft; ✱ @ 🛜 ≋) Das Gasthaus mit seinen 13 Zimmern im Herzen von Tokaj ist eine ausgezeichnete Wahl. Die meisten Räume gehen auf eine stille *köz* (Gasse) hinaus, daher ist ein ungestörter Schlaf garantiert. Der lange und schmale Innenpool bietet eine willkommene Erholung von der Sommerhitze, und der Wellnessbereich kann sogar mit einer Sauna, Dampfbad und Whirlpool aufwarten. Und das hauseigene Restaurant ist außerdem exzellent.

⭐ Gróf Degenfeld Castle Hotel HOTEL €€€
(☏ 47-580 400; www.hotelgrofdegenfeld.hu; Terézia kert 9, Tarcal; EZ/DZ 100/110 €; ✱ @ 🛜 ≋) In einer ehemaligen Burg bietet dieses luxuriöse Hotel mit Kronleuchtern und prachtvollem Dekor 21 attraktive Zimmer und Suiten mit allen Annehmlichkeiten. Es gibt einen beheizten Außenpool, Tennisplätze und ein Fitnesscenter, außerdem ein elegantes Restaurant und einen Weinkeller.

Essen

Entlang des Flusses südwestlich der Theiß-Brücke gibt es jede Menge preisgünstiger und Fast-Food-Lokale.

Halra Bor MEERESFRÜCHTE €
(Karte S. 278; ☏ 47-552 187; http://tokaj-info.hu/en/halra-bor-restaurant; Horgász utca 3; Hauptgerichte 1000–2690 Ft; ⊙ 12–21 Uhr) Das Restaurant am Flussufer mit seiner rückwärtigen Terrasse und dem Blick in Richtung Theiß (Tisza) ist eine preiswerte und nette Möglichkeit zum Essen bei Tokajs doch recht begrenzter Auswahl an Speiselokalen.

Markt MARKT €
(Karte S. 278; ⊙ Mo–Sa 7–15 Uhr) Der Markt ist praktisch, um etwaige Picknickvorräte aufzufüllen.

Bacchus UNGARISCH €
(Karte S. 278; ☏ 06 20 352 8730; www.borostyanbacchus.hu; Kossuth tér 3; Hauptgerichte 1300–1800 Ft; ⊙ 9–20 Uhr) Das schlichte kleine Lokal am Hauptplatz unter zwei kleinen Linden serviert Mittagessen und ein frühes Abendessen. Neben den üblichen ungarischen Gerichten gibt es auch Pizza (950 Ft bis 1400 Ft).

Bonchidai Csárda MEERESFRÜCHTE €€
(Karte S. 278; ☏ 06 20 584 1758, 47-352 632; www.hollandrt.hu/tokaj-bonc-top.htm; Bajcsy-Zsilinszky utca 21; Hauptgerichte 1600–3800 Ft; ⊙ 10–22 Uhr) Neun Sorten *halászlé* (Fischsuppe) sind nur der Anfang im reichhaltigen Angebot dieses Restaurants. Die Gäste können auf der großen Terrasse mit Blick auf den Kai an der Theiß (Tisza) sitzen (mit dem Rücken zum Parkplatz), oder auch im rustikalen Innenraum.

Toldi Fogadó Restaurant UNGARISCH €€€
(Karte S. 278; ☏ 47-353 403; www.toldifogado.hu; Hajdú köz 2; Hauptgerichte 1950–3380 Ft; ⊙ 11–22 Uhr; 🐾) Das zauberhafte Restaurant bietet erlesenes Abendessen in einer kleinen *köz* (Gasse) abseits des Rummels. Auf der Speisekarte des Toldi stehen ausgezeichnete Fischgerichte (empfehlenswert ist der Seewolf), aber einige vorzügliche Entenrezepte (z. B. Entenkeule mit *lecsó,* einer Art von Ratatouille) und es gibt darüber hinaus eine großzügige Auswahl an vegetarischen Gerichten.

Tokaj Hotel Restaurant UNGARISCH €€€
(Karte S. 278; ☏ 47-352 344; www.tokajhotel.hu; Rákóczi Ferenc út 5; Hauptgerichte 1500–3800 Ft; ⊙ 19–22 Uhr) Das Hotel-Restaurant ist auf Wild spezialisiert – was unschwer zu erraten ist bei all den Trophäen an den Wänden. Im großen Speisesaal oder auf der hübschen Terrasse kann man sehr gemütlich sitzen.

Ausgehen & Nachtleben

Am besten, man orientiert sich an der nächstgelegenen *borozó* (Weinbar), um seinen Durst zu stillen.

Tokaj

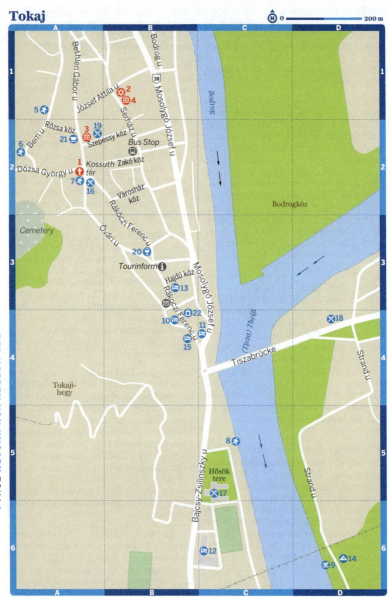

Tokaj Kafferösterei CAFÉ
(Karte s. oben; ☎ 06 20 266 4455, 47-552 008; www.tokajcoffee.com; Bethlen Gábor utca 10; ⏲ So–Do 9–19, Fr & Sa 9–20 Uhr) Hier handelt es sich um eines dieser neuen Cafés, die ihren Kaffeeausschank sehr ernst nehmen und die Kuchenherstellung ebenfalls, dem Geschmack des herrlichen Hausmacher-Gebäcks nach zu urteilen. (Kuchen von 300 Ft bis 450 Ft). Auch Weinproben finden hier statt: Vier Weinsorten können zum Preis von 1800 Ft verkostet werden.

Tokaj

◎ Sehenswertes
- 1 Herz-Jesu-Kirche A2
- 2 Große Synagoge B1
- 3 Tokaj-Museum A2
- 4 Weltkulturerbe-Weinbaumuseum B1

⊕ Aktivitäten, Kurse & Touren
- 5 Erzsébet Keller A1
- 6 Hímesudvar A2
- 7 Rákóczi Keller A2
- 8 Bootstouren C5
- 9 Tutajos Strand D6
- Vízisport Turistaház Boots-
  verleih .... (s. 18)

🛏 Schlafen
- 10 Huli & Bodrog Panzió B4
- 11 Tokaj Hotel C4
- 12 Tokaj Vár C6
- 13 Toldi Fogadó B3
- 14 Tutajos Beach Camping D6
- 15 Vaskó Panzió B4

⊗ Essen
- 16 Bacchus A2
- 17 Bonchidai Csárda C5
- 18 Halra Bor D4
- 19 Market A2
- Tokaj Hotel Restaurant .... (s. 11)
- Toldi Fogadó Restaurant .... (s. 13)

◎ Ausgehen & Nachtleben
- 20 Cafe Műhely Borbár B3
- 21 Tokaj Coffee Roasting
  Company A2

🛍 Shoppen
- 22 Borostyán B4

Café Műhely Borbár WEINBAR
(Karte S. 278; ☏ 06 20 454 1188; Rákóczi Ferenc út 40; ⊙14–24 Uhr) Eine stylische Weinbar und das perfekte Lokal, um Tokajs Weine in einer entspannten Atmosphäre kennenzulernen.

Shoppen

Wein, Wein und noch mehr Wein – angefangen bei einer 10-Liter-Plastikkanne mit jungem Furmint bis hin zu einer Flasche mit sechs *puttony* Aszú – ist in Läden und Kellern in ganz Tokaj erhältlich. Eines der besseren, zentral gelegenen Geschäfte ist **Borostyán** (Karte S.278; ☏ 06 20 263 1316; www.borostyanbacchus.hu; Rákóczi Ferenc út 11; ⊙14–22 Uhr). Auch im Rákóczi Keller (S. 275) gibt es eine edle Auswahl.

❶ Praktische Informationen

OTP Bank (Rákóczi Ferenc út 37; ⊙Di–Do 8–16, Mo 8–14.30, Fr 8–13 Uhr) Verfügt über einen Geldautomaten.

Post (Karte S. 278; Rákóczi Ferenc út 24; ⊙Mo 8–18, Di–Fr 8–16, Sa 8–11 Uhr)

Tourinform (Karte S. 278; ☏ 06 70 388 8870; www.tokaj-turizmus.hu; Serház utca 1; ⊙Juni–Aug. Mo–Fr 9–18, Sa 10–18, So 10–14 Uhr, Sept.–Mai Mo–Fr 9–16, Sa & So 10–14 Uhr) In der Nähe der Rákóczi Ferenc út; ein hilfsbereites Büro, das Broschüren bereithält und am Wochenende „Wein-Bustouren" organisiert.

❶ An- & Weiterreise

Busreisen im Zemplén-Gebirge erfordern häufiges Umsteigen und gutes Timing; es fahren nur wenige Busse am Tag. Debrecen (1830 Ft, 2 Std., 85 km) ist zweimal täglich via Nyíregyháza erreichbar (800 Ft, 40 Min., 32 km), und Sárospatak (800 Ft, 50 Min., 32 km) zwei- oder dreimal täglich. Ankunft und Abfahrt der Busse (Karte S. 278) ist in der Serház utca, östlich des Kossuth tér.

Tokajs Bahnhof liegt 1,2 km südlich der Stadt; 15 Minuten in Richtung Norden gehen auf der Baross Gábor utca und Bajcsy-Zsilinszky utca bis zur Rákóczi Ferenc út. Bis zu 16 Züge pro Tag fahren in westlicher Richtung über Miskolc (1550 Ft, 1 Std., 56 km) nach Budapest Keleti (4605 Ft, 2¾ Std., 238 km), und Richtung Osten über Nyíregyháza (650 Ft, 35 Min., 32 km) nach Debrecen (1830 Ft, 1½ Std., 81 km). Wer nach Norden Richtung Sárospatak (1120 Ft, 1½ Std., 54 km) reisen möchte, sollte in Mezőzombor oder Szerencs umsteigen.

❶ Unterwegs vor Ort

Mit dem Rad lässt sich die Gegend um Tokaj und überhaupt die ganze Hegyalja-Region sehr gut erkunden – vor allem, wenn man auch noch den Wein probieren möchte. Viele Unterkünfte organisieren auch den Fahrradverleih für ihre Gäste in dieser radfreundlichen Stadt (oder auch bei **Vízisport Turisztaház**; S. 276). Bei **Tourinform** gibt es ebenfalls Fahrräder zu mieten.

BEREG-REGION

Volkstümliche blaue und rote gemalte Blumen beleben die Wände einer Kirche in Csaroda, in Tücher gehüllte Großmütterchen verkaufen in Tákos ihre Handarbeiten, und Reihe um Reihe von bootsförmigen Grabhölzern bewachen den Friedhof in Szatmárcseke. Die Freuden in Ungarns Nordosten sind schlicht und ländlich. Die regelmäßigen Überflutungen durch die Theiß (Tisza) und den Szamos schneiden Bereg vom restlichen Ungarn ab, und die Isolation führte dazu, dass der Fortschritt behindert und der traditionelle Lebensstil bewahrt wurde. Allerdings ist das schlichte Leben nicht immer so ganz einfach; als Reisender sollte man folglich etwas Abenteuerlust mitbringen. Jedes der kleinen Dörfer hat nur eine einzige Sehenswürdigkeit, und die Frau, die den Kirchenschlüssel hat, ist vielleicht gerade nicht zu Hause. Am besten ist es, seine Zelte in der einzigen größeren Stadt der Region aufzuschlagen, in Vásárosnamény. Wichtig ist hier auch ein eigenes Transportmittel, da nur wenige Busse zwischen den Dörfern verkehren.

Schlafen & Essen

An Pensionen und Privatunterkünften gibt es keinen Mangel in den Dörfern der Bereg-Region.

Die meisten Unterkünfte bereiten für ihre Gäste bis zu drei Mahlzeiten am Tag zu. Vollpension kostet etwa 2500 Ft.

An- & Weiterreise

Es ist sehr schwierig, alle Dörfer in Bereg mit öffentlichen Transportmitteln zu erreichen; praktischer ist es, ein Auto zu mieten. Bis zu sechs Busse verkehren – allerdings nur wochentags – zwischen Vásárosnamény und Tákos (250 Ft, 15 Min., 10 km) und weiter nach Csaroda (310 Ft, 20 Min., 13 km). Etwa neun Busse wochentags fahren nach Tarpa (465 Ft, 40 Min., 20 km). Um nach Szatmárcseke zu gelangen, in Fehérgyarmat umsteigen (840 Ft, 1¼ Std., 40 km, 9-mal tgl.), aber die Verbindungen sind äußerst selten. Für all diese Busverbindungen gilt ein Maximum von vier Verbindungen am Samstag und vielleicht zwei Fahrten am Sonntag.

Vásárosnamény

45 / 8760 EW.

Vásárosnamény war einst ein wichtiger Handelsposten an der Salzstraße, die von den Wäldern Transsilvaniens über die Theiß (Tisza) und die Große Tiefebene bis nach Debrecen verlief. Heute ist es ein unscheinbares kleines Städtchen, aber nichtsdestotrotz die einzige größere Ansiedlung der Region, mit den nächstgelegenen städtischen Dienstleistungen für die Dörfer in der Bereg-Region.

Sehenswertes

Bereg-Museum MUSEUM
(45-470 638; www.beregi-muzeum.hu; Szabadság tér 26; Erw./Kind 400/200 Ft; April–Okt. Di–Fr 8.30–16.30, Sa & So 8–16 Uhr, Nov.–März Mo–Fr 8–16 Uhr) Dieses Museum in Tomcsány Manor (1728) enthält eine ausgezeichnete Sammlung an Kreuzstichstickereien, Tonwaren, eisernen Öfen und bemalten Ostereiern aus der Bereg-Region. Ein ganzer Raum ist dem Weben lokaler Stoffe gewidmet. Es gibt auch eine große Sammlung an liturgischen Objekten und Kirchenschätzen.

Aktivitäten

Szilva Thermalbäder WELLNESS
(45-470 180; www.szilvafurdo.hu; Beregszászi út 1/b; Erw./Kind 1500/1100 Ft; 9–20 Uhr) Das moderne Thermalbad mit seinem Außen- und vier Innen-Pools liegt im Südosten, nicht weit vom Zentrum entfernt.

Atlantika Wasserpark WASSERPARK
(Atlantika vízivídámpark; 45-570 112; www.termalfurdo.hu/furdo/atlantika-vizividampark-145; Gulácsi út 56; Erw./Kind 2500/2000 Ft; Mitte Juni–Aug. 9–18 Uhr, Sept. nur Sa) Etwa 2 km östlich von Vásárosnamény, nach der Brücke in Gergelyiugornya auf der Landstraße 41 und nahe dem des kostenlosen Tisza-part (Tisza-Ufer) Strandes gegenüber vom Campingplatz Diófa Kemping, liegt dieser riesige Wasserpark mit zehn Pools und zehn Rutschen.

Schlafen & Essen

In der Gergelyiugornya-Region am anderen Ufer der Theiß (Tisza), südöstlich des Zentrums, gibt es etliche Ferienhäuser mit Zimmern und Apartments auf der Gulácsi út und Tiszavirág sétány zu mieten.

Von Juni bis Ende August haben auch Imbissstände und Bars an den Ufern der Theiß (Tisza) geöffnet.

Bereg Apartments LANDHAUS €
(06 30 469 7252; www.beregapartman.com; Sólyom sétány, Gergelyiugornya; pro Pers. 2500 Ft; April–Sept.;) Die kleine Ansammlung von Ferienwohnungen in Gergelyiugornya etwa 2 km südöstlich von Vásárosnamény mit Blick auf die Theiß (Tisza) besteht aus acht kleinen Stelzenhäusern für zwei oder drei Personen (alle mit kleiner Küche), und einem größeren Apartment für sechs Personen. Ein Fahrrad kostet 3000 Ft pro Tag, und auch Kanus und Kajaks werden am nahe gelegenen Strand vermietet.

Diófa Kemping CAMPING €
(06 30 469 7252; www.diofakemping.hu; Gulácsi út 71; Camping pro Pers./Zelt/Wohnmobil 1000/1000/1500 Ft, Bungalow für 2/4 7000/14 000 Ft; @) Auf diesem kleinen Campingplatz gibt es nicht nur einen Fitnessraum und eine Sauna, er liegt auch noch direkt gegenüber dem Atlantika Wasserpark. Auch die Bungalows sind überdurchschnittlich gut, und das Restaurant ist ganz passabel (Hauptgerichte 1300 Ft bis 2200 Ft).

Hunor Hotel HOTEL €€
(06 30 372 4770; www.hunorhotel.eu; Szabadság tér 25; EZ/DZ 9000/11 000 Ft; 🕿🕿) Das luxuriöse neue Hotel auf dem Hauptplatz hat Vásárosnaménys Angebot an Unterkünften um 41 moderne neue Zimmer bereichert. Sie sind komfortabel, mit Betten im Retro-Stil und künstlichen Bärenfellen (ein Hinweis auf die Leidenschaft des Eigentümers für die Jagd). Auch einen Wellnessbereich mit Whirlpool, Sauna und Swimmingpool gibt es und ein exzellentes Restaurant (Hauptgerichte 1090 Ft bis 3190 Ft).

Winkler Ház Panzió PENSION €€
(45-470 945; www.winklerhaz.hu; Rákóczi utca 5; EZ/DZ 7000/9000 Ft; 🕿🕿) Diese süße kleine Pension ist eine komfortable Unterkunft in Vásárosnamény. Handgewebte, neutrale Stoffe sind das Highlight dieser 13 erfreulich schlichten (in braun und beige gehaltenen) Gästezimmer; jeder Raum ist mit Minibar ausgestattet. Das Restaurant gehört zu den besten der Stadt und ist vor allem mittags sehr beliebt (Hauptgerichte 1700 Ft bis 2700 Ft).

❶ Information

OTP Bank (Szabadság tér 28-31; ⊙ Mo–Fr 8–16.30 Uhr) Gegenüber dem Bereg Museum; mit Geldautomat.

Tourinform (06 70 363 1628, 45-570 206; www.vasarosnameny.hu; Szabadság tér 9; ⊙ Mo–Fr 8–16.30 Uhr) Die freundlichen Angestellten helfen bei der Planung von ländlichen Exkursionen.

❶ An- & Weiterreise

Acht Züge verbinden Vásárosnamény täglich mit Nyíregyháza (1120 Ft, 1½ Std., 59 km). Die Dörfer in Bereg mit dem Bus zu erreichen, kann schwierig werden. Bis zu sechs Busse, die wochentags Vásárosnamény mit Tákos verbinden (250 Ft, 15 Min., 10 km), fahren auch weiter nach Csaroda (310 Ft, 20 Min., 13 km). Etwa neun Busse steuern unter der Woche Tarpa an (465 Ft, 40 Min., 20 km). Um nach Szatmárcseke zu gelangen, in Fehérgyarmat umsteigen (840 Ft, 1¼ Std., 40 km, 9-mal tgl.), aber die Verbindungen sind spärlich gesät. Für all diese Busse gilt, dass samstags höchstens vier fahren, und sonntags vielleicht zwei.

Tákos

Das 10 km nordöstlich von Vásárosnamény an der Landstraße 41 gelegene Tákos ist ein Muss für alle, die sich für Volkskunst interessieren.

In der **Reformierten Kirche** (Tákosi Református Templom; 06 70 222 1996; www.takos.hu; Bajcsy-Zsilinszky utca 25,; 300 Ft; ⊙ 7–19 Uhr), einem Fachwerkgebäude aus dem 18. Jh., gibt es eine herrlich bemalte Kassettendecke mit blauen und roten Blumen und eine kunstvoll geschnitzte Kanzel im „Volksbarock"-Stil auf einem großen Mühlstein zu bewundern. Außerhalb der Kirche, die von den Dorfbewohnern die „Barfüßige Notre Dame von Ungarn" genannt wird, steht ein perfekt erhaltener Glockenturm (1767). Der Hüter der Schlüssel für diese „Bauernkathedrale" wohnt in der Bajcsy-Zsilinszky utca 20.

Das **Landschaftshaus** (Tákosi Tájház; 06 70 603 8267, 06 20 216 7319; www.takos.hu; Bajcsy-Zsilinszky utca; ⊙ Mo–Fr 8–16.30, Sa 8–13.30 Uhr) GRATIS gegenüber der Kirche verkauft Arbeiten von örtlichen Handwerkern und Pflaumenmarmelade.

Die Straße hinunter befindet sich die zauberhafte Pension **Baráth Vendégház** (06 70 330 4209; www.barathvendeghaz.atw.hu; Bajcsy-Zsilinszky utca 27; EZ/DZ 3000/4000 Ft).

Csaroda

Eine reizvolle **Romanische Kirche** (Csarodai Román Templom; 06 20 444 7624; www.csaroda.hu; Kossuth utca 2; Erw./Kind 300/250 Ft; ⊙ März–Okt. Mo–Fr 10–18 Uhr) aus dem ausgehenden 13. Jh. findet sich in dem Dörfchen Csaroda, 3 km östlich von Tákos. Sie ist eine wundervolle Mischform mit Fresken sowohl im westlichen als auch im östlichen Stil (einige stammen aus dem 14. Jh.), außerdem gibt es einige reichlich simple, volkstümliche Wandmalereien (1647) und Kirchenbänke zu bewundern, die mit Vögeln dekoriert sind. Der hölzerne Glockenturm ist jüngeren Datums.

Ein Dach über dem Kopf in dieser ländlichen Umgebung finden Reisende im **Székely Vendégház** (06 30 261 9497; www.szekelyvendeghaz.info; József Attila utca 48; EZ/

DZ 3500/7000 Ft), das drei Zimmer vermietet. Dieses längliche, ehemals traditionelle Bauernhaus mit seinen dicken, gekalkten Mauern, dem dunklen Holz, klobigem Mobiliar und roten Geranien in den Fenstern hat mehr als nur einen rustikalen Touch. Alle Zimmer sind mit Bad ausgestattet, und es gibt eine Gemeinschaftsküche. Zentraler (und kommerzieller) ist die blumengeschmückte Pension **Julianna Vendégház** (06 30 643 2512; www.juliannavendeghaz.honlapom.com; Kossuth Lajos utca 15; EZ/DZ 3000/6000 Ft) gegenüber der Kirche. Sie verfügt über vier zauberhafte Zimmer und ist von einem großen, liebevoll gepflegten Garten umgeben. Frühstück/Abendessen bekommt man für 500/1000 Ft.

Tarpa

Ein bisschen urbaner als die anderen Dörfer der Bereg-Region, mit echten Läden, ist das 13 km südöstlich von Csaroda gelegene Tarpa. Es ist für seine Pflaumenprodukte bekannt, außerdem kann hier eine der letzten noch funktionierenden **Trockenmühlen** Ungarns (Tarpai Szárazmalom; 06 20 358 2938; Árpád utca 36, Tarpa; Erw./Kind 300/150 Ft; nach Vereinbarung) besichtigt werden. Sie stammt aus dem 19. Jh. und wird durch Pferde angetrieben. In der Nähe befindet sich eine **Reformierte Kirche** (Tarpai Református Templom; Kossuth utca 13, Tarpa; Mo–Fr 8–12 Uhr) GRATIS.

In einer Flussbiegung 5 km südlich von Tarpa liegt **Tivadar** (www.tivadar.hu), eine ruhige kleine Siedlung am Ufer mit alternativen Unterkünften, einem Campingplatz und ein oder zwei Speiselokalen. Empfehlenswert ist die Pension **Kuruc Vendégház** (06 70 334 9083; www.kurucvendeghaz.hu; Táncsics utca 14, Tivadar; EZ/DZ 5000/10 000 Ft;), die neuer ist als die anderen Übernachtungsmöglichkeiten im traditionellen Stil und über fünf komfortable Zimmer, einen großen Garten und einen Swimmingpool verfügt. Sie vermietet auch Fahrräder, die in dieser Gegend die beste Art und Weise sind, um sich fortzubewegen.

Szatmárcseke

In diesem Dorf befindet sich ein berühmter **Friedhof** (Szatmárcsekei Temető; Táncsics utca; 24 Std.) GRATIS mit faszinierenden, bootsförmigen Grabhölzern. Wer von Tarpa aus hierher kommen will, muss durch Tivadar fahren, danach nach Osten abbiegen und sich dann für weitere 7 km in nordöstlicher Richtung halten.

Die 1200 Grabhölzer, die an aufrecht stehende Boote erinnern, sind einzigartig in Ungarn; die Kerben und Rillen bilden eine komplizierte Sprache und geben detaillierte Informationen über den Familienstand des Verstorbenen, die soziale Stellung und so weiter. Niemand weiß, wie die Tradition (die noch heute fortgeführt wird) einst begann, doch die Gelehrten stimmen darin überein, dass sie nicht finno-ugrischen (ur-ungarischen) Ursprungs ist. Eines der Grabmale auf dem Friedhof markiert die letzte Ruhestätte des hier geborenen Ferenc Kölcsey (1790–1838), der den Text zur *Himnusz,* der ungarischen Nationalhymne schrieb.

Das **Szatmár Fogadó** (06 20 468 7882, 06 70 387 2593; www.facebook.com/Szatmár-Fogadó-382332928462511; Petőfi út 7; B/EZ/DZ 1500/3500/7000 Ft) an der Hauptstraße, an der Abzweigung zum Friedhof, bietet sechs Zimmer und herzhafte Mahlzeiten ab 2500 Ft.

Budapest & Ungarn verstehen

BUDAPEST & UNGARN AKTUELL **284**
Ministerpräsident Orbán ist umstritten, doch die Wirtschaft wächst, und den Budapestern ist die Feierlaune keineswegs vergangen.

GESCHICHTE **286**
Die Geschichte des Landes handelt von Fremden, die nicht gehen wollten – von den Römern bis zu den Osmanen, von deutschen Besatzern bis zu den Russen.

KUNST & KULTUR **301**
Ungarn hat viel zu bieten: Musik, Literatur, Malerei und schöne Beispiele von Volkskunst.

JUGENDSTIL-ARCHITEKTUR **306**
Ungarns Bautradition reicht von der Gotik über den Barock bis zur Moderne; am spektakulärsten ist jedoch der Jugendstil, wie man ihn vor allem in Budapest bestaunen kann.

UNGARISCHE WEINE **310**
Ungarn produziert viele Weinsorten, nicht nur Klassiker wie das Erlauer Stierblut oder den honigsüßen Tokajer.

DIE MENSCHEN IN UNGARN **316**
Was beschäftigt die Magyaren gerade, und warum sprechen sie eine so fremdartige Sprache?

OUTDOOR-AKTIVITÄTEN **320**
Wie und wo man sich in Ungarn so richtig schmutzig macht, bevor als Lohn ein schönes heißes Bad winkt …

Budapest & Ungarn aktuell

In jüngster Zeit hat Ungarn einige gute, einige schlechte und einige wirklich üble Entwicklungen zu verzeichnen. Bei den letzten landesweiten Wahlen wurden traditionalistische Kräfte mit mehr Macht ausgestattet als je zuvor. Die wirtschaftliche Entwicklung stockt, doch gab es in jüngster Zeit einige Fortschritte. Und es gibt eine Reihe neuer Attraktionen im Land – von einem ehrgeizigen Museum für zeitgenössische Kunst in Debrecen bis zu einer restaurierten Synagoge in Szeged und einer Moschee in Esztergom. Und schließlich hat sich Budapest sogar für die Olympischen Sommerspiele 2024 beworben.

Die schönsten Filme

Zuckerpuppe (*Csinibaba*; 1997) Über einen Wettstreit beim Versuch, den Eisernen Vorhang zu überwinden.

Zimmer Feri (1998) Späße über deutsche Touristen am Balaton.

Moszkva tér (2001) Comedy über das Ende des Kommunismus.

A Kind of America (*Valami Amerika*; 2002) Ein scherzhafter Film aus den USA.

Children of Glory (*Szabadság, Szerelem*; 2006) Über das Wasserpolo-Match von 1956.

Die besten Bücher

Prague (Arthur Phillips; 2002) Ein junger Amerikaner in Budapest.

Ballad of the Whiskey Robber (Julian Rubenstein; 2005) Hockey-Spieler und Bankräuber auf der Flucht.

Twelve Days: The Story of the 1956 Hungarian Revolution (Victor Sebestyen; 2007) Ein Tagebuch des Ungarnaufstandes.

1956: Welt im Aufstand (Simon Hall; 2016) Der Autor beschreibt die Ereignisse des Jahres, das eine Zeitenwende darstellt.

Die unsichtbare Brücke (Julie Orringer; 2010) Geschichte einer ungarisch-jüdischen Familie im Zweiten Weltkrieg.

Revolution von rechts

Ministerpräsident Viktor Orbán kehrte im April 2014 zum dritten Mal an die Macht zurück – mit 45 % der Wählerstimmen und 133 Parlamentssitzen. Infolge einer vorhergehenden Wahlrechtsänderung – mit einer Halbierung der Mandate und Änderungen in der Aufteilung der Wahlkreise – wurden aus weniger als der Hälfte der Stimmen eine Zweidrittelmehrheit im Parlament.

Nachdem Orbán sich in den 1990er-Jahren noch liberal gegeben hatte, tritt er nun als autoritärer Führer auf. „Viktátor" gilt daheim und im Ausland, nicht zuletzt in der EU, als extremer Nationalist, der das Justizwesen und die Zentralbank politischer Kontrolle unterwirft, ethnische Spannungen schürt und die Pressefreiheit beschneidet.

Spaß & Spiele

Unbeeindruckt von der politischen Situation strömen die Menschen in die Bars und Clubs von Budapest, wo die Bands aufspielen. In den Clubs und Gartenlokalen ist vor allem im Sommer viel los, „Ruinen-Kneipen" (eine Erfindung aus Budapest) sind randvoll mit Besuchern, und jeder hätte gern noch einen allerletzten Obstschnaps *(pálinka)*.

Spaß kann man hier aber nicht nur bei Nacht haben: Budapest ist immer noch die unbestrittene Hauptstadt der „Escape Games", eines fantasievollen Freizeitvergnügens, bei dem ein Team in einige Räume – oft in einem leerstehenden Apartmenthaus – gesperrt wird und eine ganze Reihe schwieriger Aufgaben lösen muss, um wieder freizukommen. Mittlerweile gibt es über 100 solcher Räumlichkeiten und unzählige Spiele und Aufgaben, denen man sich zu stellen hat.

Lichtblick bei der Wirtschaft

Was die Wirtschaft des Landes betrifft, gibt es wieder Grund zum Aufatmen. Bis vor Kurzem standen Ungarns Hausbesitzer (und die Wirtschaft insgesamt) vor dem Problem, dass viele Zinsen in ausländischer Währung zu zahlen waren, vor allem in Schweizer Franken – was angesichts schlechter Wechselkurse des Forint oft unerschwinglich war. Die Regierung fand schließlich eine Lösung für dieses gesellschaftliche Problem; man einigte sich mit den Banken darauf, einen großen Teil der Auslandskredite zum damaligen Kurs in Darlehen heimischer Währung umzuwandeln.

Ende 2016 lag die Inflationsrate bei weniger als 1 %, die Arbeitslosigkeit hatte sich auf 5,5 % halbiert, den niedrigsten Wert seit dem Zusammenbruch des Kommunismus im Jahr 1989. Eine striktere Steuerpolitik und ein stärkeres Wachstum des Bruttoinlandsprodukts brachten drei der internationalen Ratingagenturen sogar dazu, die Kreditwürdigkeit Ungarns wieder höherzustufen.

Tourismus: Qualität statt Quantität

Auch beim Tourismus besteht Anlass zur Freude. Hier liegt der Fokus nicht mehr auf Quantität, sondern auf Qualität: Überall entstehen Boutiquehotels, nicht nur in Budapest; Restaurants von internationalem Rang findet man nicht nur in der Hauptstadt, sondern auch in Städten wie Szeged und Pécs; exklusive Thermalbäder verdrängen alte, heruntergekommene Einrichtungen; und die Anzahl neuer Attraktionen – darunter Museen, renovierte Gotteshäuser und Wasserparks – wächst rasant.

Trotz der um sich greifenden Kommerzialisierung spielt die Volkskultur in Ungarn immer noch eine große Rolle, wie eine Reise durch viele Teile des Landes eindrücklich bestätigt. Die Magyaren besinnen sich gern auf den einen Faktor, der sie auszeichnet – nämlich ihr Ungarisch-Sein. Darunter verstehen viele Leute ganz verschiedene Dinge, aber die Magyaren haben auch nichts dagegen, unterschiedlich zu sein. So hält man es hier schon seit Jahrhunderten – und daran wird sich wohl auch so bald nichts ändern.

EINWOHNER: **9,82 MIO.** (BUDAPEST 1,7 MIO.)

FLÄCHE: **93 030 KM²** (BUDAPEST 525,2 KM²)

BIP: **265 MRD. US$**

BIP-WACHSTUM: **1 %**

INFLATION: **UNTER 1 %**

ARBEITSLOSIGKEIT: **5,5 %**

Wenn es in Ungarn 100 Menschen gäbe, lebten …

71 in Städten
29 im ländlichen Raum

Religionszugehörigkeit
(% der Bevölkerung)

- römisch-katholisch: 37
- calvinistisch: 12
- Lutheraner: 2
- Griechisch-kath. & griech.-orthodox: (•)
- jüdisch: 1
- Sonstige: 46

Einwohner pro km²

UNGARN · BUDAPEST

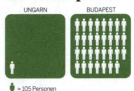

≈ 105 Personen

Geschichte

Ungarn hat die Geschichte Europas in den letzten 1100 Jahren weit stärker beeinflusst als es die heutige Größe und Bevölkerungszahl des Landes vermuten lassen würden. Für die Ungarn – die sich selbst *magyarok* (Magyaren) nennen – ist dieses historische Erbe eine Quelle des Stolzes, genauso wie ihre Sprache und Kultur, durch die sie sich von allen Nachbarvölkern deutlich unterscheiden. Seit mehr als einem Jahrtausend hat nicht zuletzt diese Andersartigkeit wesentlich dazu beigetragen, dass sie sich trotz langer Zeiten der Fremdherrschaft und Besatzung ihre nationale und kulturelle Identität bewahren konnten, ohne sich vor der Außenwelt zu verschließen.

Die ersten Bewohner des Landes

Die ältesten menschlichen Spuren im Karpatenbecken – der Region, zu der fast ganz Ungarn gehört – sind nahezu eine halbe Million Jahre alt. Die Knochenfragmente, die in den 1960er-Jahren bei Vértesszőlős entdeckt wurden, etwa 5 km südlich von Tata in Westungarn, gehören zu den frühesten menschlichen Überresten Europas. In der Istállós-kő-Höhle bei Szilvásvárad im Norden des Landes kamen steinzeitliche Tonscherben und Speerspitzen aus Tierknochen ans Licht.

Um das Jahr 2000 v. Chr. drangen von der Balkanhalbinsel her die ersten Indoeuropäer, mit Pferdekarren in Schlepptau, in die Pannonische Tiefebene ein und brachten Werkzeuge und Waffen aus Kupfer mit, die sie später durch haltbarere Gerätschaften aus Bronze ersetzten. Sie widmeten sich der Pferdezucht und errichteten festungsähnliche Siedlungen. An ihrer Spitze stand eine kriegerische Führungselite.

Im Lauf des 2. Jahrtausends v. Chr. kamen mit illyrischen und thrakischen Eroberern aus dem Süden und Westen sowie skythischen Invasoren aus dem Osten die ersten eisernen Gerätschaften und Waffen ins Land, doch dauerhaft heimisch wurde das nützliche Metall erst mit der Ankunft der Kelten im frühen 8. Jh. v. Chr. Diese führten auch die Kunst der Glasherstellung ein und stellten kostbaren Goldschmuck her, der heute in mehreren ungarischen Museen zu bewundern ist, beispielsweise im Ferenc-Móra-Museum in Szeged.

Die englischsprachige Website Corvinus Library (www.hungarianhistory.com) bietet eine Fülle an – zumeist sehr patriotischen – Texten zur Geschichte des Landes. Zahllose Links verweisen auf andere Informationsquellen aus verschiedenen Wissensgebieten – von der ungarischen Sprache bis zur bildenden Kunst.

ZEITACHSE

106 n. Chr.
Die römische Siedlung Aquincum auf dem Gebiet des heutigen Óbuda wird Verwaltungssitz der Provinz Pannonia Inferior. Im Jahr 194 erhält sie den Status einer *colonia*, einer vollwertigen Provinzstadt.

433
Die Römer übergeben Aquincum durch einen Vertrag an die Hunnen. Nach dem Durchzug mehrerer Wellen von Eroberern haben die meisten römischen Siedler die Stadt bereits Jahre zuvor verlassen.

896–898
Nomadische Magyaren siedeln sich im Karpatenbecken an. Im Bereich des heutigen Budapest leben Angehörige von fünf der sieben ursprünglichen Stämme.

Die Römerzeit

Um 35 v. Chr. drangen die ersten römischen Truppen ins heutige Ungarn ein, die in den folgenden Jahrzehnten das gesamte Territorium westlich bzw. südlich der Donau besetzten. Vermutlich unter Kaiser Tiberius (reg. 14–37 n. Chr.) gründeten sie hier die Provinz Pannonia, die Anfang des 2. Jhs. in die Provinzen Pannonia Superior (Oberpannonien) und Pannonia Inferior (Niederpannonien) unterteilt wurde. Mit den Soldaten und Siedlern kamen die Schrift, der Weinbau und die ersten steinernen Bauten ins Land. Die Römer errichteten Garnisonsstädte und andere Siedlungen, deren Überreste bis heute im Budapester Stadtteil Óbuda (dem römischen Aquincum), in Szombathely (Savaria), Pécs (Sophianae) und Sopron (Scarbantia) zu sehen sind.

Völkerwanderung & frühes Mittelalter

Mit dem Vordringen nomadischer Völker aus Asien, die die Bewohner der heutigen Ukraine nach Westen drängten, erreichte in der ersten Hälfte des 3. Jhs. n. Chr. die erste Welle der Völkerwanderung die Ostgrenzen des Römischen Reichs. Knapp zwei Jahrhunderte später sahen sich die Römer dann gezwungen, endgültig aus Pannonien abzuziehen und die Region den Hunnen zu überlassen, die hier unter König Attila ein machtvolles, aber kurzlebiges Reich gründeten.

Nach dessen Ende stand das heutige Ungarn rund 150 Jahre lang unter der Kontrolle verschiedener germanischer Völker, bis in der zweiten Hälfte des 6. Jhs. das mächtige asiatische Volk der Awaren ins Karpatenbecken eindrang. Diese wiederum wurden 796 vom fränkischen König Karl I. (dem Großen) unterworfen und zwangsweise zum Christentum bekehrt. Um diese Zeit waren große Teile des Landes allerdings kaum mehr besiedelt. In der Ebene lebten vereinzelt kleine Gemeinschaften von Awaren und Germanen, während das Hügelland im Norden von Slawen bewohnt war.

Die Ursprünge der Magyaren

Herkunft und Frühgeschichte der Magyaren sind ein komplexes Thema, und die zufällige Ähnlichkeit ihres lateinischen Namens *Hungari* mit dem der Hunnen *(Hunni)* bietet hier keinen Erkenntnisgewinn, denn die beiden Völker sind *nicht* miteinander verwandt. Vielmehr gehören die Magyaren zu den finno-ugrischen Völkern, die um 4000 v. Chr. die waldreichen Gebiete zwischen dem Mittellauf der Wolga und den Ausläufern des Ural im westlichen Sibirien bevölkerte, von wo aus sich ihr Siedlungsgebiet nach und nach erweiterte.

Stetiges Bevölkerungswachstum zwang um 2000 v. Chr. einen Großteil des finnisch-estnischen Zweigs der finno-ugrischen Völker zur Abwanderung nach Westen, die sie in den nächsten Jahrhunderten bis an die Ufer der Ostsee führen sollte. Die ugrischen Stämme verbreiteten sich unter-

---

> Reitkunst, Zielsicherheit, Brutalität und kämpferische Fähigkeiten der reitenden ungarischen Bogenschützen waren im Mittelalter in ganz Europa gefürchtet. Eine weithin bekannte Gebetslitanei des 10. Jhs. enthielt darum die Bitte: „Vor den Pfeilen der Ungarn bewahre uns, oh Herr!"

> Zwar sind die Hunnen der Spätantike keineswegs mit den Ungarn verwandt, doch der Name ihres Königs Attila ist im heutigen Ungarn ein beliebter männlicher Vorname.

1000	1241–1242	1458–1490	1514
Großfürst Stephan (ungarisch István) wird (der Legende nach am Weihnachtstag) in Esztergom zum „christlichen König" *(rex Christianus)* gekrönt. 1083 wird er vom Papst heiliggesprochen.	Die Mongolen fallen in Ungarn ein und dezimieren die Bevölkerung um mindestens ein Drittel. Allein in der Region um Pest und Óbuda werden rund 100 000 Menschen getötet.	Unter dem aufgeklärten König Matthias Corvinus und seiner Frau Beatrix, der Tochter des Königs von Neapel, erlebt Ungarn einen Höhepunkt seiner Macht und eine kulturelle Blütezeit.	Bei der Niederschlagung eines Bauernaufstands werden rund 70 000 Menschen getötet. Bauernführer György Dózsa stirbt mit einer glühenden Krone auf dem Kopf auf einem sengenden Eisenthron.

In deutscher Sprache bietet *Ungarn. Vom Mittelalter bis zur Gegenwart* von János Hauszmann einen sehr guten und detaillierten Überblick über die Vorgeschichte der Magyaren und die Geschichte Ungarns von der Landnahme im Mittelalter bis 2004.

dessen von den Südosthängen des Ural über die umliegenden Täler und Ebenen und verwandelten sich dabei zunehmend von Jägern, Fischern und Sammlern in Ackerbauern und Viehzüchter, die sich besonders der Aufzucht von Pferden widmeten. Dabei entwickelten sie ihre legendären Reitkünste, die ihnen ein halbes Jahrtausend später sehr zugutekommen sollten, als Klimaveränderungen zu einer langen Trockenperiode in ihrer Heimat führten. Jahrhundertelang waren sie zu einem nomadischen Leben in der Steppe gezwungen, die sich immer weiter nach Norden vorschob.

Im 5. Jh. v. Chr. waren die meisten Ugrier mit dem Gebrauch von Eisen vertraut, und einige Stämme brachen nach Westen auf, um über den Ural in das Gebiet des heutigen Baschkirien östlich der Wolga vorzudringen. Hier stießen sie auf Iraner und das Turkvolk der Bulgaren, und vermutlich zum ersten Mal bezeichneten sie sich selbst als Magyaren – in einer Verbindung der finno-ugrischen Wörter *mon* („sprechen", „reden") und *er* („Mann").

Wiederum einige Hundert Jahre später spalteten sich auch die Urmagyaren. Eine große Gruppe zog nach Süden an die Ufer des Don, wo das Turkvolk der Chasaren herrschte. Hier lebten die Einwanderer neben anderen Volksgruppen in einem Stammesverband namens *onogur* („zehn Völker") – eine Bezeichnung, aus der sich möglicherweise der lateinische Name *Hungari* (Ungarn) entwickelte. Die letzte große Wanderung der Magyaren vor der Landnahme *(honfoglalás)* im Karpatenbecken führte sie schließlich in die Region zwischen Dnjepr und Dnjestr nördlich des Schwarzen Meeres, die die heutigen Ungarn *Etelköz* („Zwischenstromland") nennen.

Die Eroberung des Karpatenbeckens

Angriffe des Turkvolks der Petschenegen auf ihr Siedlungsgebiet ließen um 895 sieben magyarische Stämme unter der Leitung ihres Heerführers *(gyula)* Árpád noch einmal Richtung Westen aufbrechen, um in der Ebene westlich der Karpaten eine neue Heimat zu finden. Etwa drei Jahre später überschritten sie das Gebirge über den (heute ukrainischen) Veretskyjpass und erreichten das Tiefland links und rechts der Donau.

Als Reiter und Bogenschützen ihren neuen Nachbarn deutlich überlegen und darum weithin gefürchtet, begannen die Magyaren ihrerseits ausgedehnte Raub- und Plünderungszüge zu unternehmen, zahlreiche Menschen in die Sklaverei zu entführen und beträchtliche Mengen an Beute zusammenzutragen. Diese Unternehmungen führten sie durch halb Europa bis nach Deutschland, Frankreich, Spanien und Italien, doch im Jahr 955 brachte ihnen der deutsche König und spätere Kaiser Otto I. auf dem Lechfeld bei Augsburg eine vernichtende Niederlage bei und machte damit den magyarischen Überfällen schlagartig ein Ende.

In den folgenden Jahren wurden die Ungarn auch von Byzanz und den Petschenegen geschlagen und sahen sich daher zu einem Bündnis mit dem

1526	1541	1686	1795
Bei der Schlacht von Mohács werden die Ungarn von den Osmanen vernichtend geschlagen; König Ludwig II. fällt. Ab 1529 kontrollieren die Türken über 150 Jahre lang den größten Teil des Landes.	Die Osmanen nehmen die Königsstadt Buda ein. Ungarn wird zwischen Türken, Habsburgern und den Fürsten von Siebenbürgen (Transsilvanien) aufgeteilt.	Unterstützt von polnischen Truppen vertreiben österreichische und ungarische Streitkräfte die Türken aus Buda. 1699 tritt das Osmanische Reich im Frieden von Karlowitz Ungarn an Österreich ab.	Sieben republikanische Jakobiner, darunter der Gründer der Bewegung Ignác Martinovics, werden als Verschwörer gegen die Habsburger Monarchie auf der Vérmező (Blutwiese) in Buda hingerichtet.

Heiligen Römischen Reich, der Führungsmacht im westlichen Europa, gezwungen. Im Jahr 973 bat Fürst Géza, der Urenkel Árpáds, der in Esztergom residierte, Kaiser Otto II. um die Entsendung christlicher Missionare in sein Land. Ein Jahr später ließ er sich selber und auch seinen Sohn Vajk taufen, der mit dem neuen Glauben den christlichen Namen Stephan (ungarisch István) erhielt. Nach dem Tod seines Vaters erbte der junge Mann 996 dessen Fürstentitel, doch ließ er sich bald vom Papst eine Krone senden, mit der er sich dann – der Legende nach am Weihnachtstag des Jahres 1000 – zum „christlichen König" krönen ließ.

König Stephan I. & die Dynastie der Arpaden

Als frisch gekrönter König machte sich Stephan I. zügig an die Stärkung seiner persönlichen Macht, nahm den auf ihre Eigenständigkeit bedachten Stammesfürsten ihr Land und gliederte das Reich in ein System von Komitaten *(megyék)*, die von Burgen *(várak)* überwacht und gegen Feinde beschützt wurden. Einen Großteil des Landes übertrug er sorgfältig ausgewählten, loyalen (überwiegend deutschen) Adligen zur Verwaltung, und zugleich sicherte er sich durch die Einrichtung von zehn Bistümern, von denen zwei – Kalocsa und Esztergom – zu Erzbistümern erhoben wurden, die Unterstützung der Kirche. Als er im Jahr 1038 starb, war Ungarn ein aufstrebendes, christianisiertes Land, zunehmend westlich orientiert und durch die Förderung auswärtiger Zuwanderung auf dem Wege zu ethnischer und kultureller Vielfalt.

Während der nächsten zweieinhalb Jahrhunderte – der Ära der Arpadendynastie – schwächten jedoch familiäre Intrigen und erbarmungslose Kämpfe zwischen verschiedenen Thronanwärtern die Abwehrkräfte der jungen Nation gegenüber ihren mächtigen Nachbarn. Mitte des 13. Jhs. überrannten die Mongolen das Land, hinterließen eine Spur der Verwüstung und töteten Hunderttausende Menschen – Schätzungen zufolge mehr als ein Drittel der zwei Millionen Einwohner Ungarns. Als im Jahr 1301 König Andreas III. ohne einen Thronerben starb, war das Herrschergeschlecht der Arpaden erloschen.

Ungarn im Spätmittelalter

Mit dem Ende der Arpadendynastie wurde der ungarische Thron zum Zankapfel mehrerer europäischer Herrscherfamilien, bis 1307 Karl Robert (Charles Robert, Károly Róbert) aus dem französisch-neapolitanischen Hause Anjou alle Rivalen aus dem Feld geschlagen hatte.

Nach den Anjous, einem Luxemburger und einem Habsburger gelangte mit Unterstützung des Papstes 1440 der polnische König Ladislaus I. (Władysław, Ulászló) aus dem Geschlecht der Jagiellonen auf den ungarischen Thron, der vier Jahre später im Kampf gegen die türkischen Osmanen bei

The Will to Survive. A History of Hungary, verfasst von dem früheren britischen Diplomaten Bryan Cartledge, ist eine der besten Überblicksdarstellungen zur Geschichte Ungarns.

1848/49	1867	1896	1918
Ungarn führt einen Unabhängigkeitskrieg. Der Dichter Sándor Petőfi fällt, Regierungschef Lajos Batthyány und 13 Generäle werden hingerichtet, Revolutionsführer Lajos Kossuth geht ins Exil.	Durch den „Ausgleich" zwischen Österreich und Ungarn entsteht die k. u. k.-Doppelmonarchie mit zwei Hauptstädten: Wien für das Kaisertum Österreich und Budapest für das Königreich Ungarn.	Der 1000. Jahrestag der magyarischen Eroberung des Karpatenbeckens wird mit einer großen Ausstellung im Budapester Stadtwäldchen begangen, die in sechs Monaten vier Millionen Besucher anzieht.	Der Erste Weltkrieg endet mit der Niederlage Österreich-Ungarns und dem Zusammenbruch der Monarchie. Ungarn wird Republik unter dem Präsidenten Graf Mihály Károlyi.

Varna (im heutigen Bulgarien) getötet wurde. Da der Thronerbe noch ein kleines Kind war, übernahm der erfolgreiche siebenbürgische Heerführer János Hunyadi als Reichsverweser für sieben Jahre die Macht. Sein triumphaler Sieg über die Türken bei Belgrad (ungarisch: Nándorfehérvár) 1456 hielt den osmanischen Vormarsch in Richtung Ungarn für gut 70 Jahre auf und sorgte dafür, dass 1458 sein Sohn Matthias (Mátyás) zum König gewählt wurde, der zu einem der bedeutendsten Herrscher in der Geschichte Ungarns werden sollte.

Matthias I. (reg. 1458–1490) erhielt wegen seines Wappentiers den Beinamen Corvinus („der Rabe"). Durch erfolgreiche militärische Unternehmungen machte er Ungarn zu einer Führungsmacht im Herzen Europas, und das Land erlebte unter seiner Herrschaft sein erstes Goldenes Zeitalter.

Während der König den Ausbau seiner zentralen Machtstellung im Reich betrieb und durch die Förderung von Künsten und Wissenschaft zielstrebig an seinem Nachruhm arbeitete, vernachlässigte er die wachsende Bedrohung durch die Osmanen im Südosten Europas. Als dann unter seinem Nachfolger Ladislaus II. (Ulászló; reg. 1490–1516) ein groß angelegter Kreuzzug gegen die Türken 1514 kurzfristig abgesagt wurde, wandten sich die bereits versammelten bäuerlichen Soldaten unter der Führung des Offiziers György Dózsa (um 1470–1514) in einem spontanen, aber machtvollen Aufstand gegen die adligen Grundbesitzer. Die überaus gewalttätige Revolte und ihre mindestens ebenso brutale Niederschlagung unter dem Kommando des siebenbürgischen Regenten János Szapolyai (1487–1540) kosteten rund 70 000 Menschen das Leben. Dózsa und andere Anführer der Bauern wurden zu Tode gefoltert. Kurze Zeit später verabschiedete der Reichstag ein äußerst rigides Staatsgrundgesetz, das Tripartitum, das die Rechte und Privilegien des Adels festschrieb, während es die Bauern für Jahrhunderte zu Leibeigenen machte.

Die Schlacht von Mohács

Die Vernichtung der schlecht gerüsteten, hoffnungslos unterlegenen ungarischen Armee durch die osmanischen Türken bei Mohács 1526 gilt im nationalen Bewusstsein als Wendepunkt in der Geschichte des Landes. Auf dem Schlachtfeld in der Nähe einer kleinen südungarischen Stadt am westlichen Donauufer wurde dem relativ wohlhabenden, unabhängigen Ungarn des Spätmittelalters ein schwerer Schlag versetzt, der eine jahrhundertelange Ära der Teilungen, der Fremdherrschaft und des Ansehensverlusts für die ungarische Nation einläutete.

Schuld an der Niederlage hatte sicher nicht nur der schwache, unentschlossene, gerade einmal 20 Jahre alte König Ludwig II. (Lajos), denn die ständigen Machtkämpfe unter den Adligen hatten der Schlagkraft seines Heeres ebenso zugesetzt wie die erbarmungslose Unterdrückung des Bauernaufstands von 1514, und dazu war der Staatsschatz so gut wie leer. Der

---

Der 1899 erschienene Schmöker Egri csillagok *(deutsch* Sterne von Eger *und* Tödlicher Halbmond*) von Géza Gárdonyi schildert die Geschichte der Belagerung der Stadt Eger durch die Türken im Jahr 1552 sowie das Leben eines elternlosen Bauernjungen, der zu einem der großen Helden der historischen Romanliteratur Ungarns heranwächst. Das Buch gilt in Ungarn als Jugendbuchklassiker.*

Knapper, aber besonders erfrischend zu lesen und mit individuell gesetzten Schwerpunkten gibt der bekannte ungarische Autor György Dalos in Ungarn in der Nussschale. Ein Jahrtausend und zwanzig Jahre. Geschichte meines Landes *einen kritisch-ironischen Einblick in die Geschichte seiner Heimat.*

1919
Unter der Führung von Béla Kun entsteht die Räterepublik, der erste kommunistische Staat außerhalb Russlands. Nach fünf Monaten löst sich die Räteregierung auf. Kun flieht vor rumänischen Truppen ins Exil.

1920
Der Vertrag von Trianon besiegelt Ungarns Gebietsverluste seit 1918, die das Land um zwei Drittel verkleinern. In Rumänien, Jugoslawien und der Tschechoslowakei leben nun große ungarische Minderheiten.

1939
Die deutsche Wehrmacht überfällt Polen. Großbritannien und Frankreich erklären Deutschland den Krieg. Ungarn bleibt zunächst neutral, verbündet sich aber 1941 mit Deutschland und Italien.

1944
Deutsche Truppen besetzen Ungarn. Rund zwei Drittel der ungarischen Juden, die unter Admiral Miklós Horthy verfolgt, aber nicht getötet wurden, werden in die Vernichtungslager des NS-Regimes deportiert.

türkische Sultan Süleyman II. (reg. 1520–1566) hingegen kontrollierte im Jahr 1526 bereits einen Großteil der Balkanhalbinsel und war auf den Vorstoß in Richtung Buda und Wien bestens vorbereitet.

Ohne das Eintreffen der zugesagten Verstärkung aus Siebenbürgen unter der Führung seines Rivalen János Szapolyai abzuwarten, eilte Ludwig auf die Nachricht vom Einmarsch der Türken mit einer Rumpfarmee von wenig mehr als 25 000 Mann von der Hauptstadt nach Süden und wurde in weniger als zwei Stunden vernichtend geschlagen. Dabei kamen vermutlich rund 18 000 ungarische Kämpfer ums Leben. Zu ihnen gehörte auch der König selbst, denn als er versuchte, im sumpfigen Gelände den Rückzug anzutreten, stürzte sein Pferd und erdrückte ihn.

Die Türkenzeit

Nach ihrem Sieg bei Mohács nahmen die Türken die Residenzstadt Buda ein, zogen aber bald wieder ab und kehrten erst 1541 zurück. Fortan war Ungarn in drei Teile zerfallen: Das Kernland und der Süden wurden türkisch und Buda der Sitz des osmanischen Provinzstatthalters; das habsburgische Österreich übernahm den Westen, den Norden mit der heutigen Slowakei sowie den Nordosten – widerwillig unterstützt vom ungarischen Adel, der sich in Bratislava (ungarisch: Pozsony) versammelte –, während sich das Fürstentum Siebenbürgen als relativ eigenständiger Vasallenstaat des Osmanischen Reichs behaupten konnte. Nahezu 150 Jahre lang sollte es bei dieser Aufteilung bleiben.

Im 17. Jh. ging es dann mit der Herrschaft der Türken langsam bergab. Im Jahr 1686 wurde Buda nach einer 77-tägigen Belagerung von den Truppen Österreichs erobert, und elf Jahre später vertrieb die Armee des Kaisers unter der Führung des Prinzen Eugen von Savoyen (1663–1736) bei der Schlacht von Senta (im heutigen Serbien) die letzten osmanischen Streitkräfte endgültig aus dem Land.

Die Habsburger

Für die Ungarn bedeutete der Abzug der Türken allerdings keineswegs eine Rückkehr zu nationaler Unabhängigkeit. Die katholischen Habsburger waren von nun an die Herren, verordneten dem Land eine gegenreformatorische Religionspolitik und ließen es durch überhöhte Steuern finanziell ausbluten, und so brachten sie den einheimischen Adel innerhalb weniger Jahre gegen sich auf. Schon im Jahr 1703 konnte der Fürst von Siebenbürgen, Ferenc Rákóczi II., bei Tiszahát im Nordosten des Landes eine Armee ungarischer Freischärler, die Kuruzen *(kurucok)*, versammeln, um die Österreicher herauszufordern. Unter dem Einfluss der Rebellen setzte der ungarische Reichstag 1707 die Habsburger als Könige des Landes offiziell ab, doch vier Jahre später mussten sich die Kuruzen nach mehreren Niederlagen endgültig geschlagen geben.

> Der ungarische Ausdruck *Hátravan még a fekete leves* („Die schwarze Suppe steht noch aus") bedeutet in etwa „Das dicke Ende kommt noch" und erinnert an die Osmanenherrschaft. Wenn ungarische Adlige bei türkischen Beamten eingeladen waren, bekamen sie nach dem Essen ein schwärzliches Getränk serviert – Kaffee. Das bedeutete, dass die Gastgeber nun über die Steuern reden wollten, die sie den Ungarn auferlegten.

1945	1949	1956	1958
Die sowjetische Rote Armee marschiert kurz vor dem Ende des Krieges in Europa in Budapest ein. Zu diesem Zeitpunkt sind drei Viertel der Gebäude sowie sämtliche Donaubrücken der Stadt zerstört.	Die Kommunisten haben alle anderen politischen Kräfte verdrängt und gründen die Ungarische Volksrepublik. In Budapest beginnen stalinistische Schauprozesse gegen die „Volksfeinde".	Der Ungarnaufstand erschüttert die kommunistische Herrschaft. Ungarn verlässt kurzzeitig den Warschauer Pakt. Sowjetische Truppen marschieren ein, und János Kádár übernimmt die Führung.	Imre Nagy, während des Ungarnaufstands Regierungschef, und einige seiner Mistreiter werden nach einem Geheimprozess hingerichtet und anonym auf dem Budapester Städtischen Friedhof begraben.

Ungarn war nun faktisch nicht mehr als eine Provinz des Habsburgerreichs. Unter Maria Theresia (reg. 1740–1780) und ihrem Sohn Joseph II. (reg. 1780–1790) machte das Land gleichwohl auf wirtschaftlichem wie auf kulturellem Gebiet große Fortschritte. Als Kaiser Joseph allerdings zum Zwecke einer gründlichen Modernisierung von Staat und Gesellschaft befahl, die meisten der überaus mächtigen (und ebenso korrupten) kirchlichen Orden aufzulösen, die Leibeigenschaft abzuschaffen und die „neutrale" Amtssprache Latein durch Deutsch zu ersetzen, stieß er beim ungarischen Adel auf heftigen Widerstand und musste die meisten seiner Anordnungen noch kurz vor seinem Tod wieder aufheben.

> Joseph II., der reformfreudige Kaiser aus dem Hause Habsburg (reg. 1780–1790), wurde in Ungarn „der König mit dem Hut" genannt, weil er sich nie offiziell zum König von Ungarn krönen ließ.

Liberalismus und soziale Reformen fanden allerdings unter einigen Mitgliedern der Aristokratie besonders eifrige Verfechter. Zu den Bekanntesten gehörten Graf György Festetics (1755–1819), der Gründer der ersten landwirtschaftlichen Akademie Europas in Keszthely am Plattensee, sowie Graf István Széchenyi (1791–1860), der sich für die endgültige Abschaffung der Leibeigenschaft aussprach und einen großen Teil seiner Ländereien den dort lebenden Bauern übereignete – ein Mann, der in seinem imposanten Auftreten an eine eindrucksvolle Persönlichkeit aus der Zeit der Renaissance erinnerte.

Die Vertreter der radikalen Nationalbewegung unter der Federführung des dynamischen Juristen und Journalisten Lajos Kossuth (1802–1894) wiederum propagierten direktere, revolutionäre Aktionen.

Revolution & Unabhängigkeitskrieg

Die wachsende Stärke der nationalistischen Kräfte in Ungarn in der ersten Hälfte des 19. Jhs. trug ihren Teil dazu bei, den Zusammenhalt des Habsburgerreiches zu schwächen. Reformmaßnahmen, die z. B. die Stellung der Bauern gegenüber den Grundherren verbesserten (vor allem durch die Möglichkeit, sich aus der Grundherrschaft freizukaufen) oder eine gewichtigere Vertretung der Ungarn im Wiener Staatsrat vorsahen, fielen meist halbherzig aus und kamen zu spät. Am 15. März 1848 zog eine Gruppe von Nationalisten, die sich den Namen Märzjugend gegeben hatte, angeführt vom Dichter Sándor Petőfi durch die Straßen von Pest und verteilte eilig gedruckte Flugblätter, auf denen sie in zwölf Punkten radikale Reformen und letztlich einen revolutionären Wandel forderte.

> Zu den unzähligen seltsamen Details der ungarischen Geschichte gehört der Kurzaufenthalt Napoleons I. auf ungarischem Gebiet am 31. August 1809. Der französische Kaiser verbrachte eine Nacht in der Stadt Győr nahe der Nordwestgrenze, wo seine Truppen wenige Wochen zuvor die Österreicher geschlagen hatten.

Auf erste Zugeständnisse aus Wien folgte schon nach wenigen Wochen deren Aufkündigung und im September 1848 der Einmarsch kaisertreuer Truppen. Die im Frühjahr neu gebildete ungarische Regierung gründete hastig einen Ausschuss für die Landesverteidigung und verlegte ihren Sitz nach Debrecen, wo Lajos Kossuth zum Reichsverweser mit diktatorischen Vollmachten gewählt wurde. Im April 1849 erklärte das Parlament die vollständige Unabhängigkeit Ungarns von Österreich und setzte die Habsburger ähnlich wie 1707 offiziell ab.

1968 Die Reformen des „Neuen Ökonomischen Mechanismus" zur Überwindung der Schwächen der Planwirtschaft sorgen für eine Liberalisierung des Wirtschaftslebens.

1978 Ungarn erhält von den USA die Stephanskrone zurück, die seit dem Ende des Zweiten Weltkriegs in Fort Knox im Bundesstaat Kentucky gelagert war.

1988 Nach über 30 Jahren an der Spitze der Partei wird János Kádár zum Rücktritt gezwungen. Er stirbt ein Jahr später und wird auf dem Budapester Kerepes-Friedhof beigesetzt.

1989 Die kommunistische Partei gibt ihr Machtmonopol auf, Ungarn entfernt den Sperrzaun an der Grenze zu Österreich; durch eine neue Verfassung wird die Volksrepublik wieder zur Republik.

Der frisch inthronisierte österreichische Kaiser Franz Joseph I. (reg. 1848–1916) verlor ebenfalls keine Zeit. Er bat den russischen Zaren Nikolaus I. um Beistand, der 200 000 Mann zur Unterstützung seines Amtsbruders bereitstellte. Militärisch schwach und zahlenmäßig weit unterlegen, mussten sich die Truppen der Nationalbewegung im August 1849 endgültig geschlagen geben. Die Sieger nutzten alle Möglichkeiten des Kriegsrechts und verhängten brutale Repressalien gegen die Nationalisten. Während Kossuth die Flucht ins Exil gelang, zogen die kaiserlichen Truppen durchs Land, terrorisierten die Bevölkerung und sprengten sogar mehrere Festungsanlagen, damit sie bei einem erneuten Aufstand von den Rebellen nicht wieder genutzt werden könnten.

Die Doppelmonarchie

Erneut fiel Ungarn im Gefüge der Habsburgermonarchie auf den Status einer unterworfenen Provinz zurück. Die verheerenden Niederlagen Österreichs gegen Frankreich und Piemont (1859) sowie Preußen (1866) bewogen Franz Joseph und seine Regierung aber schließlich doch dazu, sich mit liberalen Vertretern der Ungarn unter der Leitung des gemäßigten Reformers Ferenc Deák an den Verhandlungstisch zu setzen.

Das Ergebnis dieser Beratungen war der Ausgleich des Jahres 1867, der die Struktur des Habsburgerreichs grundlegend veränderte: Aus dem Zentralstaat wurde die Doppelmonarchie Österreich-Ungarn, bestehend aus dem Kaisertum Österreich und dem Königreich Ungarn, mit zwei Hauptstädten (Wien und Budapest) und zwei Parlamenten. Die fünf Jahrzehnte dieser „k. u. k." (kaiserlichen und königlichen) Monarchie waren für beide Landesteile eine wirtschaftliche, kulturelle und intellektuelle Blütezeit. Eindrucksvoller Höhepunkt war aus ungarischer Sicht die sechsmonatige Millenniumsausstellung in Budapest im Jahr 1896, die den 1000. Jahrestag der Landnahme der Magyaren im Karpatenbecken im Stil einer prunkvollen Weltausstellung feierte.

In dem wiedererstandenen Königreich stand allerdings durchaus nicht alles zum Besten. Die Angehörigen der Arbeiterklasse blieben nahezu rechtlos, und auf dem Land lebte der Großteil der Bevölkerung in ähnlich dürftigen Verhältnissen wie im Mittelalter. Und die ethnischen Minderheiten in Ungarn sahen sich nun trotz eines Gesetzes zum Schutz ihrer Rechte aus dem Jahr 1868 einem wachsenden Magyarisierungsdruck ausgesetzt.

Erster Weltkrieg & Räterepublik

Auf den Tag genau einen Monat nach den tödlichen Schüssen eines bosnischen Serben auf Erzherzog Franz Ferdinand, den österreichischen Thronfolger, in Sarajevo erklärte Österreich-Ungarn am 28. Juli 1914 Serbien den Krieg und gab damit den Anstoß zum Ersten Weltkrieg. Gemeinsam mit den deutschen Verbündeten stürzte sich das Habsburgerreich in einen ver-

Ungarn in Europa. Budapest um die Jahrhundertwende von John Lukacs ist ein Klassiker der urbanen Sozialgeschichte. Das Buch mit seinen interessanten Bilddokumenten präsentiert die ungarische Hauptstadt in der Glanzzeit der Donaumonarchie.

1990	1991	1994	1999
Das bürgerlich-konservative MDF gewinnt die ersten freien Wahlen seit 1947. Im Sommer wählt das Parlament Árpád Göncz zum ersten Präsidenten der Republik.	Zwei Wochen früher als geplant verlassen die letzten sowjetischen Truppen das Land. Das Parlament verabschiedet das erste Gesetz zur Rückgabe von seit 1949 verstaatlichtem Privateigentum.	Bei den zweiten Parlamentswahlen erringt die Ungarische Sozialistische Partei einen überzeugenden Sieg, und ihr Parteichef Gyula Horn (1989–1890 Außenminister) wird Ministerpräsident.	Ungarn, Tschechien und Polen werden Vollmitglieder der NATO. Im Kosovokrieg werden ungarische Militärflugplätze erstmals von Flugzeugen des westlichen Bündnisses genutzt.

heerenden Konflikt mit massiven Zerstörungen in den Grenzregionen und Hunderttausenden von Gefallenen an den Fronten im Osten, Südwesten und Südosten. Der Waffenstillstand im November 1918 bedeutete dann nicht nur die Auflösung der Doppelmonarchie, sondern auch das Ende des multiethnischen Königreichs Ungarn – auch wenn dessen massive Landverluste formal erst anderthalb Jahre später im Vertrag von Trianon (bei Paris) besiegelt wurden.

Wenige Tage nach dem Waffenstillstand wurde in Budapest eine Republik unter der Führung des Grafen Mihály Károlyi ausgerufen, die allerdings nicht lange Bestand haben sollte. Massenarbeitslosigkeit und galoppierende Inflation, die alliierte Besatzung und die Abtrennung großer Teile des Staatsgebiets sowie das erfolgreiche Vorbild der bolschewistischen Revolution in Russland führten zu einer raschen Radikalisierung der Arbeiterklasse in der Hauptstadt.

Im März 1919 übernahm eine Gruppe ungarischer Kommunisten unter der Führung des früheren Journalisten Béla Kun aus Siebenbürgen die Macht. Die von ihnen gegründete Räterepublik *(Tanácsköztársaság)* machte sich unverzüglich an die Verstaatlichung von Wirtschaftsunternehmen und Grundbesitz, doch weil sie die „verlorenen Landesteile" nicht zurückgewinnen konnte, verlor sie auch bei treuen Anhängern bald an Rückhalt. Kuns Räteregierung reagierte mit einer Welle „roten Terrors", war aber zu schwach, um sich an der Macht zu halten. Im August besetzten rumänische Truppen kurzzeitig Budapest, und Béla Kun floh mit seinen verbliebenen Gefolgsleuten nach Wien.

Die Ära Horthy & der Zweite Weltkrieg

Die im Januar 1920 gewählte neue Nationalversammlung entschied sich im März desselben Jahres für eine Rückkehr zur Monarchie, doch der 1918 entthronte Habsburger Karl fand unter den Abgeordneten keine Mehrheit. Statt eines Königs wurde deshalb lediglich ein Stellvertreter gewählt – Admiral Miklós Horthy, der fortan als „Reichsverweser" amtierte. Dieser hatte bereits unmittelbar nach dem Sturz Béla Kuns als Oberbefehlshaber der Truppen der Gegenregierung mit der Verfolgung von Sozialdemokraten, Kommunisten und Juden begonnen, die ohne Ansehen der Person für die Aktivitäten der Räterepublik verantwortlich gemacht wurden. Dem „roten Terror" des Jahres 1919 war somit der mindestens ebenso brutale „weiße Terror" gefolgt. In den folgenden Jahren etablierte sich Horthy als Autokrat mit nahezu uneingeschränkter Macht, der trotz der Existenz eines gewählten Parlaments alle Fäden in der Hand hielt und sich sozialen und politischen Reformen immer wieder in den Weg stellte.

So gut wie alle politischen Kräfte in Ungarn waren sich einig, dass eine dauerhafte Erholung des Landes nur möglich sei, wenn die durch den Vertrag von Trianon verloren gegangenen Gebiete zurückgewonnen würden.

Paul Lendvais lebendig geschriebenes Buch *Die Ungarn. Ein Jahrtausend Sieger in Niederlagen* erzählt die Geschichte des Landes vom Mittelalter bis zum Umbruch des Jahres 1989 und widmet sich in einem abschließenden Kapitel als fröhlicher Patriot der Frage, warum vor allem im 20. Jh. unverhältnismäßig viele seiner Landsleute bedeutende Leistungen in Kunst und Wissenschaft hervorgebracht haben.

2004
Gemeinsam mit neun anderen Staaten, darunter den Nachbarländern Slowakei und Slowenien, wird Ungarn in die Europäische Union aufgenommen. Das Nachbarland Rumänien folgt 2007, Kroatien 2013.

2006
Der Sozialist Ferenc Gyurcsány kann als erster Regierungschef seit 1990 nach der Parlamentswahl im Amt bleiben. Zum 50. Jahrestag des Ungarnaufstands erschüttern massive Demonstrationen die Hauptstadt.

2008
Die Regierung verliert ein Referendum zur Gesundheits- und Bildungspolitik. Das SzDSz verlässt die Regierung, und die Sozialisten regieren ohne Mehrheit weiter. Die Weltfinanzkrise trifft Ungarn hart.

2010
Bei der Parlamentswahl erhält die Partei Fidesz-MPP 52,7 % der Stimmen. Viktor Orbán wird Ministerpräsident und regiert mit einer Zweidrittelmehrheit der Abgeordneten (263 von 386 Sitze).

Auf die alliierten Siegermächte des Ersten Weltkriegs konnte die Nation dabei naturgemäß nicht zählen; Unterstützung war nur vom faschistischen Italien und von Deutschland zu erwarten, das sich ab 1933 in eine nationalsozialistische Diktatur verwandelte.

Auch Ungarn rückte in den 1930er-Jahren im politischen Spektrum immer weiter nach rechts, stellte sich allerdings bei Ausbruch des Zweiten Weltkriegs im September 1939 zunächst nicht offen auf Deutschlands Seite. Horthy hoffte, ein Bündnis mit den Achsenmächten Deutschland und Italien würde auch ohne aktive Beteiligung ungarischer Truppen Früchte tragen, doch als Deutschland im April 1941 Jugoslawien und zwei Monate später die Sowjetunion überfiel, marschierten auch die ungarischen Streitkräfte in die beiden Länder ein. Die Kämpfe erwiesen sich jedoch bald als so verlustreich, dass Horthy 1943 insgeheim Kontakte zu den Alliierten aufnahm, um sich aus der Verbindung mit Deutschland zu befreien.

Als Hitler davon erfuhr, ließ er im März 1944 Ungarn durch die Wehrmacht und die SS besetzen. Horthy wurde gezwungen, Ferenc Szálasi, den Führer der faschistischen Pfeilkreuzlerpartei, zum Premierminister zu ernennen, und danach nach Deutschland deportiert.

Die Pfeilkreuzler kerkerten Tausende ihrer politischen Gegner ein, darunter die meisten liberalen Politiker und Gewerkschaftsführer. Antisemitische Gesetze nach deutschem Vorbild waren in Ungarn bereits im Jahr 1938 verabschiedet worden, und vor allem ausländische Juden mussten seit 1941 in ständiger Angst vor Abschiebung, Zwangsarbeit, Misshandlungen und Mordanschlägen leben, doch Ghettoisierung, Deportation in die Konzentrationslager und systematischer Massenmord begannen jedoch erst mit der deutschen Besetzung.

Von Mai bis Juli 1944, also weniger als ein Jahr vor dem Ende des Krieges, wurden rund 450 000 ungarische Juden – 60 % der jüdischen Bevölkerung des Landes – nach Auschwitz und in andere Lager transportiert, wo sie entweder sofort in die Gaskammern getrieben wurden oder zumeist durch Hunger, Seuchen, Misshandlungen und völlige Erschöpfung durch die harte Zwangsarbeit zu Tode kamen.

Unterdessen wurde Ungarn zum ersten Mal seit der Türkenzeit wieder zum Schauplatz eines großen internationalen Krieges. Alliierte Flugzeuge warfen Bomben auf Budapest ab, und auf dem Lande lieferten Ungarn und Deutsche der vorrückenden Roten Armee schwere Abwehrgefechte. Doch zum Jahresende hatten die sowjetischen Truppen einen Belagerungsring um Budapest gezogen. Als im April 1945 die letzten Deutschen in Ungarn kapitulierten, waren die meisten Wohnhäuser, Kirchen und historischen Gebäude der Hauptstadt zerstört oder schwer beschädigt. Um die Infrastruktur für die eindringenden Sowjettruppen unbrauchbar zu machen, sprengten die deutschen Truppen vor ihrem Abzug noch das Schloss von Buda sowie sämtliche Budapester Donaubrücken.

> Der 1967 von Miklós Jancsó gedrehte Politthriller *Csend és kiáltás (Stille und Schrei)* erzählt in langsamen, sorgfältig komponierten Bildern von einem Kommunisten, der nach dem Sturz der Räteregierung Béla Kuns 1919 bei einer Bauernfamilie Unterschlupf sucht und immer wieder in Gefahr gerät, gefasst und hingerichtet zu werden.

2011
Ungarn übernimmt für das erste Halbjahr die Präsidentschaft im Ministerrat der EU. Das Parlament verabschiedet mit der Zweidrittelmehrheit der Regierung eine neue Verfassung.

2012
Die umstrittene, nationalkonservativ geprägte neue Verfassung tritt in Kraft. Sie tilgt das Wort „Republik" aus dem offiziellen Staatsnamen.

2014
Ministerpräsident Viktor Orbán wird bei der Parlamentswahl im Amt bestätigt. Seine Partei Fidesz gewinnt 133 der 199 Sitze und behält damit die Zweidrittelmehrheit.

2015
Um den Zustrom von Migranten zu stoppen, die Ungarn durchqueren, errichtet das Land einen Sperrzaun an der Grenze zu Serbien und Kroatien.

Stalinismus & Volksrepublik

Bei den ersten Parlamentswahlen nach dem Zweiten Weltkrieg im November 1945 gewann die Unabhängige Partei der Kleinlandwirte, Landarbeiter und Bürger 57 % der Stimmen. Sie hätte also allein regieren können, aber die politischen Offiziere der sowjetischen Besatzungsarmee zwangen sie in eine Koalition mit drei anderen Parteien, die der Sowjetunion näher standen – der Nationalen Bauernpartei, den Sozialdemokraten und den Kommunisten. Letztere setzten zwei Jahre später Neuwahlen mit einem etwas veränderten Wahlrecht durch, bei denen zahlreiche ihrer Gegner von den Wählerlisten gestrichen wurden. In der neuen Regierungskoalition sie so – aber auch durch Manipulation der Wahlergebnisse – die stärkste Kraft, und ihr Gewicht vergrößerte sich 1948 noch durch die Fusion mit den Sozialdemokraten zur Partei der Ungarischen Werktätigen.

Zum starken Mann im Lande stieg nun der skrupellose Mátyás Rákosi auf, der Generalsekretär der kommunistischen Partei. Der Bewunderer Stalins betrieb die Verstaatlichung aller Wirtschaftsunternehmen und eine überhastete Industrialisierung, deren Tempo zu Lasten der bislang dominierenden Landwirtschaft ging. Die Bauern wurden zum Eintritt in Produktionsgenossenschaften gezwungen und mussten nahezu alle ihre Erzeugnisse in staatlichen Lagerhäusern abliefern. Ein Netzwerk von Agenten und Informanten meldete „Klassenfeinde" – wie z. B. den Primas der katholischen Kirche, Kardinal József Mindszenty – der Geheimpolizei ÁVO (*Államvedelmi Osztály*, ab 1949 ÁVH, *Államvedelmi Hivatal*), die binnen weniger Jahre fast jeden vierten erwachsenen Ungarn als Verdächtigen verhörte oder gar vor Gericht stellte. Als im August 1949 die Ungarische Volksrepublik mit einer Verfassung nach kommunistischem Muster proklamiert wurde, waren stalinistische Schauprozesse bereits an der Tagesordnung.

Mit der offiziellen Abkehr der Sowjetunion vom Stalinismus unter Parteichef Nikita Chruschtschow 1956 war Rákosis Zeit abgelaufen. Schon seit Stalins Tod 1953 war der Staatsterror abgeflaut, und nun wurden zahlreiche Parteifunktionäre rehabilitiert, die in den Vorjahren aus der Partei ausgeschlossen oder gar hingerichtet worden waren – unter ihnen der kurzzeitige Ministerpräsident Imre Nagy, der noch 1955 wegen seiner Reformvorschläge in Ungnade gefallen war. Im Oktober 1956 waren immer vernehmlicher Forderungen nach einer echten Reform des Systems – einer Art „Sozialismus mit menschlichem Antlitz" – zu hören.

Der Ungarnaufstand

Die große Tragödie der ungarischen Nachkriegsgeschichte – die den Kommunismus weltweit erschütterte, die Weltöffentlichkeit in große Unruhe versetzte und eine tiefe Spaltung der ungarischen Gesellschaft verursachte – begann mit einer Studentendemonstration in Budapest am 23. Oktober 1956. Dabei versammelten sich rund 50 000 Menschen am Bem József tér in Buda, skandierten antisowjetische Parolen und verlangten die Rückkehr des Reformers und Hoffnungsträgers Imre Nagy an die Spitze der Regierung. Am gleichen Abend stürzte eine Menschenmenge die Kolossalstatue Stalins in der Nähe des Heldenplatzes (Hősök tere), und vor dem Gebäude des staatlichen Rundfunks schossen Agenten der Geheimpolizei ÁVH auf eine weitere Gruppe von Demonstranten. Innerhalb kürzester Zeit befand sich Budapest in offenem Aufruhr.

Tags darauf wurde Nagy tatsächlich zum Ministerpräsidenten ernannt, und wiederum einen Tag später übernahm János Kádár, ein weiterer Vertreter des Reformflügels, die Führung der Partei der Ungarischen Werktätigen. Im Lauf der nächsten zehn Tage kündigte die neue Regierung eine Amnestie für alle Zerstörungen und Gewalttaten während der Demonstrationen, die Auflösung der ÁVH, den Austritt Ungarns aus dem Warschauer Pakt und den Übergang zu einem neutralen Status außerhalb der beiden großen Militärblöcke an.

In ihrem Filmmelodram *Szabadság, Szerelem* (Children of Glory) aus dem Jahr 2006 schildert Krisztina Goda in vereinfachter (aber umso beeindruckenderer) Form die Geschichte des Ungarnaufstands 1956 und der kurz danach stattfindenden Olympischen Spiele in Melbourne aus der Sicht eines jungen Wasserballnationalspielers und seiner Freundin, die zu den studentischen Anführern der Aufständischen gehört.

An diesem Punkt schritt die Sowjetunion ein. Motorisierte Einheiten und Panzer der Roten Armee überquerten die Grenze im Osten des Landes und rückten innerhalb von drei Tagen in Budapest und anderen größeren Städten ein. Kádár setzte sich aus der Hauptstadt ab und bildete unter dem Schutz der Sowjetsoldaten eine Gegenregierung. Noch etwa eine Woche lang hielten in den besetzten Städten die Straßenkämpfe an. Als der Aufstand schließlich beendet war, waren rund 2500 Menschen getötet worden. 300 weitere (nach anderen Angaben sogar 2000) fielen den Vergeltungsmaßnahmen der neuen Führung zum Opfer. Auch Imre Nagy und mehrere seiner Mitarbeiter wurden nach Geheimprozessen hingerichtet. Rund 20 000 Menschen blieben teilweise jahrelang in Haft, und rund 200 000 flohen über die österreichische Grenze in den Westen.

Die Ära Kádár

Bereits während des Aufstandes hatte Kádár begonnen, seine Partei unter der neuen Bezeichnung Ungarische Sozialistische Arbeiterpartei zu reorganisieren, und ab 1957 folgte eine Ära vorsichtiger Reformen, die die wirtschaftlichen und sozialen Verhältnisse Schritt für Schritt liberalisieren sollten. Die Strukturen der Planwirtschaft wurden durch marktwirtschaftliche Elemente aufgelockert und die Wünsche und Bedürfnisse der Verbraucher durch ein ausreichendes Warenangebot befriedigt. Mitte der 1970er-Jahre war Ungarn seinen Bruderstaaten im Ostblock bei der Versorgung mit Konsumgütern, der Reise- und der Meinungsfreiheit um Längen voraus. Das Land galt einem beliebten Bonmot zufolge als „die fröhlichste Baracke im sozialistischen Lager", und auch westliche Investoren fanden am ungarischen Modell zusehends Gefallen.

Spätestens ab 1980 allerdings geriet Kádárs „Gulaschkommunismus" angesichts verschiedener in den sozialistischen Lehrbüchern nicht vorgesehener Probleme wie einer wachsenden Inflationsrate, fehlender Arbeitsplätze und der höchsten Auslandsverschuldung pro Kopf in Osteuropa in Schwierigkeiten. Der Generalsekretär und seine alte Garde wollten zudem von Parteireformen nichts hören. Nach über 30 Jahren an der Parteispitze wurde Kádár schließlich im Mai 1988 von jüngeren Genossen aus dem Amt gedrängt und durch Károly Grósz abgelöst, der ein Jahr zuvor bereits die Regierung übernommen hatte.

Abschied vom Sozialismus

Im Sommer und Herbst 1988 wurden mehrere neue Parteien gegründet, und einige alte lebten wieder auf. Angesichts der sich ankündigenden weitreichenden Reformen Michail Gorbatschows in der Sowjetunion ließ die ungarische Führung das Aufkommen dieser potenziellen Konkurrenten zu und gestand Anfang 1989 sogar ein, dass die Ereignisse im Herbst 1956 ein „Volksaufstand" gewesen waren und nicht lediglich ein Versuch der „Konterrevolution". Und so nahmen im Juni 1989 über 200 000 Menschen an einer feierlichen Gedenkzeremonie in Budapest für Imre Nagy und seine Mitstreiter teil, die nun Ehrengräber auf dem Städtischen Friedhof erhielten.

Schon kurz zuvor hatte Ungarn mit der Demontage des maroden elektrischen Sperrzauns an der Grenze nach Österreich begonnen. Hunderte ostdeutscher Ungarnurlauber nutzten kurz entschlossen die Gelegenheit, sich in den Westen abzusetzen, und sehr bald machten sich in der DDR Tausende auf den Weg, um durch das neu entstandene Schlupfloch auszureisen.

Eine neue Republik

Im Februar 1989 hatte die Ungarische Sozialistische Arbeiterpartei (MSzMP, *Magyar Szocialista Munkáspárt*) offiziell auf ihr Machtmonopol verzichtet und damit den Weg für die freien Wahlen im Frühjahr 1990 frei gemacht. Am 23. Oktober 1989, dem 33. Jahrestag des Ungarnaufstands, wurde das Land wieder in „Ungarische Republik" *(Magyar Köztársaság)* umbenannt – so wie es bereits von 1945 bis 1949 geheißen hatte. Sieger der

Der Gründer der Schauspielergewerkschaft in der kurzlebigen Räterepublik Béla Kuns im Jahre 1919 war der Siebenbürger (Transsilvanier) Béla Lugosi, der nach dem Ende der Räteregierung erst nach Wien, dann nach Berlin floh und später nach Hollywood auswanderte. Als Titelheld der ersten *Dracula*-Filme wurde er dort weltberühmt.

Parlamentswahlen von 1990 wurde das bürgerlich-patriotische Ungarische Demokratische Forum (MDF, *Magyar Demokrata Fórum*), das den Übergang zum Kapitalismus schonend und in überschaubaren Schritten gestalten wollte. Der grundlegende Wandel des politischen Systems war bereits verhältnismäßig geräuschlos über die Bühne gegangen.

In einer Koalition mit zwei kleineren Parteien – der Unabhängigen Partei der kleinen Landwirte (FKgP, *Független Kisgazdapárt*) und der Christlich-Demokratischen Volkspartei (KDNP, *Kereszténydemokrata Néppárt*) – steuerte das MDF Ungarn mit mäßigem Erfolg durch den schwierigen und schmerzhaften Übergang zur Marktwirtschaft.

Während die Nachbarländer im Norden und Süden, die Tschechoslowakei und Jugoslawien, sich in ihre föderalen Bestandteile zerlegten, sorgte Ministerpräsident József Antall für zusätzliches Konfliktpotenzial, indem er sich selbst als „gefühlsmäßiger und geistiger" Regierungschef der teils recht großen ungarischen Minderheiten in der Slowakei, Rumänien und Jugoslawien bezeichnete. Im Dezember 1993 starb er, und Innenminister Péter Boross trat an seine Stelle. Bei den Wahlen im Mai 1994 gewann zur allgemeinen Überraschung die gründlich reformierte Ungarische Sozialistische Partei (MSzP, *Magyar Szocialista Párt*) unter Gyula Horn, dem letzten Außenminister der Volksrepublik, die absolute Mehrheit im Parlament. Ein Jahr später wurde der seit 1990 amtierende Staatspräsident Árpád Göncz vom Bund Freier Demokraten (SzDSz, *Szabad Demokraták Szövetsége*) für eine weitere fünfjährige Amtsperiode wiedergewählt.

Der Weg nach Europa

Wie MDF und SzDSz war auch der Bund Junger Demokraten (Fidesz, *Fiatal Demokraták Szövetsége*) eine Neugründung des Jahres 1988. Als Zeichen einer entschlossenen Abkehr von Kommunismus, Korruption und Privilegienwirtschaft galt in dieser Partei bis 1993 für die Mitglieder eine obere Altersgrenze von 35 Jahren. Nach ihrem enttäuschenden Abschneiden bei den Wahlen 1994 rückten die Jungen Demokraten nun merklich nach rechts und fügten 1996 ihrem Namen den Zusatz „Ungarische Bürgerliche Partei" (MPP, *Magyar Polgári Párt*) hinzu, um bei der aufblühenden Schicht erfolgreicher oberer Mittelständler neue Anhänger zu gewinnen. Zudem versprachen sie, sich für die Integration Ungarns in die Europäische Union einzusetzen und den wirtschaftlichen Rückstand gegenüber den westeuropäischen Ländern aufzuholen, und konnten so dank eines beträchtlichen Stimmenzuwachses nach der nächsten Parlamentswahl 1998 tatsächlich zusammen mit MDF und FKgP eine Koalitionsregierung bilden. Der gerade einmal 35 Jahre alte Parteichef Viktor Orbán wurde Ministerpräsident und besiegelte 1999 den Beitritt seines Landes zur NATO.

Allerdings fand die zunehmend nationalistische Rhetorik des Regierungschefs und seiner Partei beim Wahlvolk weniger Zuspruch als erwartet, und im April 2002 verlor die konservative Koalition ihre Mehrheit im Parlament an MSzP und SzDSz. Unter dem neuen Regierungschef Péter Medgyessy, einem Verfechter der freien Marktwirtschaft, der der Regierung Horn als Finanzminister angehört hatte, wurde Ungarn im Mai 2004 zusammen mit neun anderen Beitrittsländern in die EU aufgenommen. Kurze Zeit später geriet Medgyessy wegen seiner Tätigkeit für die Spionageabwehr des Geheimdienstes während der Ära Kádár in die Schlagzeilen und sah sich zum Rücktritt gezwungen. Zu seinem Nachfolger wurde im August 2004 Ferenc Gyurcsány, den Medgyessy erst kurz zuvor aus seinem Amt als Jugend- und Sportminister entlassen hatte.

Demokratie der etwas eigenen Art

Mit dem Gewinn von 210 der 386 Parlamentssitze gelang Gyurcsánys Koalition im April 2006 erstmals seit 1990 der Wahlsieg einer amtierenden Regierung. Unmittelbar nach diesem Erfolg allerdings legte Gyurcsány ein hartes Sparprogramm vor, um das beklemmende Haushaltsdefizit unter Kontrolle zu bringen, das auf 10 % des Bruttoinlandsprodukts angestiegen war. Als im September die ersten unpopulären Maßnahmen kurz vor der Umsetzung standen, gelangte der Mitschnitt einer Rede an die Öffentlichkeit, die der Ministerpräsident kurz nach der Wahl bei einer Klausurtagung seines Kabinetts gehalten hatte. In der vermeintlich vertrauten Runde hatte er eingestanden, dass Partei und Regierung seit seinem Amtsantritt „morgens, mittags und abends gelogen" hätten, um die Wirtschaftslage zu beschönigen, und nun eine radikale Wende notwendig sei. Kaum war die Ansprache bekannt geworden, kam es schon zu massiven Protesten vor dem Parlamentsgebäude, die auch nach Wochen nicht abklingen sollten, zumal Gyurcsány sich hartnäckig weigerte, zurückzutreten. Die aufgeheizte Stimmung in der Hauptstadt ließ selbst die sonst so feierlichen Kundgebungen zum 50. Jahrestag des Ungarnaufstands am 23. Oktober 2006 in blutige Straßenschlachten umschlagen.

Gyurcsány blieb noch bis April 2009 im Amt, zuletzt als Chef einer Minderheitsregierung, nachdem das SzDSz die Koalition verlassen hatte. Die Wahlen von 2010 brachten erwartungsgemäß der Partei Orbáns (inzwischen offiziell in Fidesz-MPSz umbenannt – aus der „Bürgerlichen Partei" wurde ein „Bürgerlicher Bund") bereits in der ersten Runde die absolute Mehrheit der Wählerstimmen (52,7 %) und schließlich gemeinsam mit der christdemokratischen KDNP eine Zweidrittelmehrheit der Mandate.

Die neue Regierung machte sich rasch ans Werk, ihre beherrschende Stellung zu nutzen. In einem pathetischen patriotischen Manifest definierte sie ihre Vorstellungen über den künftigen Kurs des Landes. Es folgte die Einrichtung einer allein von der Regierung besetzten Nationalen Medien- und Nachrichtenbehörde, die für eine „ausgewogene Berichterstattung" in allen Medien sorgen sollte. In der Praxis bedeutete das die Möglichkeit der Unterdrückung und Sanktionierung kritischer und investigativer Berichte über die Regierungspolitik. Missliebige Printmedien zwang die Regierung durch Druck auf deren Anzeigenkunden in die Knie. Prominentes Opfer der finanziellen Austrocknung war die bekannteste Zeitung des Landes, *Népszabadság* („Volksfreiheit"), die schließlich von einem regierungsnahen Unternehmen aufgekauft und dann geschlossen wurde.

Im Jahr 2011 brachten die Koalitionsparteien in Rekordzeit eine neue, von völkisch-patriotischer Rhetorik durchzogene Verfassung durchs Parlament. Hinzu kamen zahlreiche „Kardinalgesetze", die nur von einer Zweidrittelmehrheit der Abgeordneten verabschiedet, geändert oder aufgehoben werden können. Auf diese Weise können Orbán und seine Parteigänger die Richtlinien der Politik auch über ihre eigene Regierungszeit hinaus festschreiben, solange ihre Nachfolger nicht selbst über eine Zweidrittelmehrheit im Parlament verfügen.

Auf dem Gebiet der Wirtschaft fand Orbán bei seinen Landsleuten zunächst vielfach Zustimmung. Ausländische Dienstleistungsunternehmen mussten eine Sondersteuer zahlen, und Privatisierungsmaßnahmen wurden gestoppt oder gar rückgängig gemacht. Zehntausende, die Kredite in Franken oder Euro aufgenommen hatten, durften sie nun in Forint zurückzahlen. Für weiteren Unmut sorgten außerdem die staatliche Personalpolitik, die seit 2010 mit einer Welle von Entlassungen in staatlichen Rundfunkanstalten, Gerichten und Kultureinrichtungen Platz für Parteigänger schuf, und die häufige Vergabe staatlicher Aufträge an enge Gefolgsleute des Ministerpräsidenten.

Die Neuregelung der Wahlgesetze machte sich bei der Parlamentswahl im April 2014 bemerkbar. Die Zahl der Abgeordneten war von 386 auf 199 reduziert worden, und statt zwei Wahlgängen gab es nur noch einen. Mit knapp 45 % der Wählerstimmen erhielt Orbáns Fidesz 133 Sitze und damit erneut die Zweidrittelmehrheit.

Das Liebesdrama *Ein Lied von Liebe und Tod* des deutschen Regisseurs Rolf Schübel aus dem Jahr 1999 spielt in einem Budapester Restaurant in den 1930er-, 1940er- und 1990er-Jahren, wo sich drei Männer in dieselbe Kellnerin verlieben. Das „Lied von Liebe und Tod" ist das Lied Szomorú vasárnap (weltberühmt als *Gloomy Sunday*), das in den 1930er-Jahren – wie im Film – gerne von Selbstmördern kurz vor dem Freitod angehört wurde.

Das Ausbleiben einer spürbaren wirtschaftlichen Erholung und die Schwächung der kritischen Berichterstattung in den Medien bis hin zum Verschwinden der meisten nicht regierungskonformen Zeitungen und Rundfunksender haben bei zahlreichen Ungarn wachsende Zweifel an der abgrenzungsfreudigen Wirtschaftspolitik und am Konzept der „illiberalen Demokratie" geweckt.

Neuen Rückhalt im Inland verschuf dem Regierungschef demgegenüber seine Haltung in Bezug auf die Aufnahme von Flüchtlingen in der Europäischen Union. Den im Sommer 2015 spektakulär anschwellenden Strom von Migranten, die durch Ungarn zogen, wusste Orbán zu nutzen, um die Stimmung zu seinen Gunsten zu beeinflussen. Der Bau eines Sperrzauns an der südlichen Landesgrenze und die Internierung von Flüchtlingen (von denen die meisten das Land ohnehin auf dem schnellsten Weg wieder verlassen wollten) demonstrierten eine entschlossene Haltung, für die der Regierungschef sich in einem Referendum im Oktober 2016 die Unterstützung seiner Landsleute bestätigen ließ.

Kunst & Kultur

Die ungarische Kunst wurde von bedeutenden historischen Ereignissen gehemmt und gefördert. Dass König Stefan zum katholischen Glauben übertrat brachte die romanische und gotische Kunst und Architektur, während die Besetzung durch die Türken die ungarische Renaissance im Keim erstickte. Die Habsburger öffneten barocken Einflüssen die Türe weit. Die Künste florierten unter der Doppelmonarchie und sogar noch unter dem Faschismus. Unter den Kommunisten wurde viel Geld in klassische Musik und „korrektes" Theater investiert. In der gegenwärtigen wirtschaftlichen Situation wurden die Mittel für die Kunst stark gekürzt.

Malerei & Bildhauerei

Die gotische Kunst repräsentieren Altargemälde verschiedener Meister aus dem 15. Jh. im Christlichen Museum (S. 187) in Esztergom. In der Bakócz-Kapelle der Basilika (S. 187) in Esztergom und dem Königlichen Palast (S. 184) in Visegrád gibt es herausragende Beispiele für Renaissance-Skulptur und -Baukunst.

Die besten Barockmaler Ungarns waren im 18. Jh. Franz Anton Maulbertsch und István Dorffmeister, die viele Kirchen mit Fresken und Wandgemälden ausstatteten. Der reich geschnitzte Altar in der Kirche der Benediktinerabtei (S. 209) von Tihany ist ein Meisterwerk barocker Schnitzerei.

Die leicht verkitschte Nationalromantische Schule heroischer Malerei zeigen am besten die Werke von Bertalan Székely (1835–1910) und Gyula Benczúr (1844–1920); ihr folgte der Realismus von Mihály Munkácsy (1844–1900), dem „Maler der Puszta". Das Déri Museum in Debrecen (S. 235) präsentiert seine Gemälde. Die bedeutendsten Maler dieser Zeit waren Tivadar Kosztka Csontváry (1853–1919), den man mit Van Gogh verglichen hat, und József Rippl-Rónai (1861–1927), der Hauptvertreter der sezessionistischen Malerei in Ungarn. Wer Arbeiten des Ersteren sehen will, besucht das Csontváry Museum (S. 223) in Pécs. Die Ungarische Nationalgalerie (S. 48) in Budapest besitzt eine große Sammlung der Gemälde von Rippl-Rónai.

Zu den beliebtesten ungarischen Künstlern im 20. Jh. zählen Victor Vasarely (1908–1997), der Vater der Op-Art, und der Bildhauer Amerigo Tot (1909–1984). Dem Ersteren sind Museen in Pécs und Budapest gewidmet. Im Ludwig Museum für Zeitgenössische Kunst (S. 97) in Budapest und im neuen Zentrum für Moderne und Zeitgenössische Kunst (S. 236) in Debrecen lässt sich erkennen, wo die ungarische Kunst heute ihren Platz hat.

Volkskunst

Ab Anfang des 18. Jhs., als Teile der ungarischen Bauernschaft zunehmend wohlhabender wurden, wollten auch einfache Leute ihre Welt verschönern, indem sie Kleidung und Alltagsgegenstände verzierten. So besitzt Ungarn eine der reichsten Volkskunsttraditionen Europas. Und neben der Musik ist dies der Bereich, in dem Ungarn eine herausragende Rolle spielt.

Das Gelb, das im späten 18. Jh. die Standardfarbe für alle habsburgischen Verwaltungsgebäude und viele Kirchen wurde – und das man in ganz Ungarn findet – heißt „Schönbrunner Gelb".

Obwohl es sich um eine kommerzielle Seite handelt, ist Folk-Art-Hungary (www.folk-art-hungary.com) eine gute Einführung in die Stickerei und anderes textiles Kunsthandwerk durch die Meister aus Hollókő, Kalocsa und Mezőkövesd.

Drei Volksgruppen zeichnen sich in Ungarn durch ihre Stickarbeiten aus, den Inbegriff der ungarischen Volkskunst: die Palóc des nördlichen Mittelgebirges, vor allem um das Dorf Hollókő; die Matyó aus Mezőkövesd bei der Stadt Miskolc und die Frauen von Kalocsa in der Großen Tiefebene.

Eindrucksvoll sind auch die wasserdichten wollenen Mäntel namens *szűr*, die einst von den Hirten der Puszta getragen wurden. Männer besticken sie kunstvoll mit einem dicken, fast fellartigen Garn.

Die Töpferarbeiten sind Weltklasse und keine ungarische Küche wäre vollständig ohne einige passende Teller oder flache Schüsseln an der Wand. Es gibt Krüge, Kannen, Platten, Schüsseln und Tassen, aber am seltensten und schönsten sind die *írókázás fazékok* (Gefäße mit Inschrift), meist zur Feier eines Hochzeitstags, und Krüge in Form von Tieren oder Menschen wie die *Miskai kancsó* (Miska-Krüge), ähnlich den englischen Toby-Krügen.

Früher stellten die meisten Menschen ihre Möbel selbst her und verzierten sie, vor allem Schränke für den *tiszta szoba* (Salon) und *tulipán ládák* (Aussteuertruhen, auf die Tulpen gemalt wurden).

Eine Kunsthandwerksform mit fließendem Übergang zur Kunst ist die Bemalung von Wänden und Decken. Die schönsten Beispiele findet man in Kirchen, vor allem in Dörfern wie Tákos und Csaroda in der Region Bereg im nördlichen Ungarn.

> Die Schwierigkeit und Raffiniertheit der ungarischen Sprache hat Ausländer immer von ungarischer Literatur im Original ferngehalten, sodass der Dichter Gyula Illyés (1902–1983) schrieb: „Die ungarische Sprache ist zugleich unsere sanfteste Wiege und unser härtester Sarg."

Musik

Ein Komponist überragt alle anderen bei Weitem: Franz (oder auf Ungarisch Ferenc) Liszt (1811–1886). Er schuf die Franz-Liszt-Musikakademie (S. 88) in Budapest und beschrieb sich gern als „halben Zigeuner". Einige seiner Werke, insbesondere die 20 Ungarischen Rhapsodien, spiegeln tatsächlich die traditionelle Musik der Roma wider.

Ferenc Erkel (1810–1893) ist der Vater der ungarischen Oper und zwei seiner Werke – das nationalistische *Bánk Bán*, nach dem gleichnamigen Theaterstück von József Katona, und *László Hunyadi* – gehören zum festen Repertoire der Ungarischen Staatsoper (S. 80).

Imre (Emmerich) Kálmán (1882–1953) war Ungarns bekanntester Operettenkomponist. Die *Csárdásfürstin* und *Gräfin Mariza* sind zwei seiner beliebtesten Werke und werden regelmäßig im Operettentheater Budapest (S. 160) aufgeführt.

Béla Bartók (1881–1945) und Zoltán Kodály (1882–1967) erforschten als Erste systematisch die ungarische Volksmusik. Sie reisten 1906 gemeinsam und machten Tonaufnahmen im magyarisch-sprachigen Bereich der heutigen Länder Rumänien und Ungarn. Beide integrierten einige ihrer Funde in ihrer Musik – Bartók beispielsweise in *Herzog Blaubarts Burg* und Kodály in seinen Variationen über *Der Pfau*.

> Franz Liszt wurde im ungarischen Dorf Doborján (heute Raiding in Österreich) als Kind eines ungarischen Vaters und einer österreichischen Mutter geboren, doch er lernte nie, fließend Ungarisch sprechen.

Popmusik ist hier so popular wie überall – in Ungarn findet sogar eines der größten Pop-Festivals Europas statt, das jährliche Sziget Festival (S. 107). Es bietet mehr als 1000 Veranstaltungen in einer Woche und lockte 2016 knapp 500 000 Zuhörer an.

Volksmusik

Wenn man von Volksmusik spricht, ist es wichtig zwischen „Zigeuner"-Musik und ungarischer Volksmusik zu unterscheiden. Zigeunermusik ist rührselig und fußt auf Melodien, den sogenannten *verbunkos*, die während der Unabhängigkeitskriege im 18. Jh. gespielt wurden. Zu einer Instrumentalgruppe gehören unbedingt zwei Geigen, ein Bass und ein Zymbal (ein Saiteninstrument, das mit zwei gepolsterten Klöppeln geschlagen wird). Diese Musik ist im ganzen Land in fast jedem schicken Hotel-Restaurant zu hören; oder man kauft eine Aufnahme von Sándor Déki Lakatos und seiner Band.

Ungarische Volksmusiker spielen Geigen, Zithern, Drehleiern, Dudelsäcke und Lauten auf einer fünftönigen diatonischen Tonleiter. Bedeutende Musiker sind Muzsikás, Marta Sebestyén, Ghymes (eine ungarische Folk-Band aus der Slowakei) und die ungarische Gruppe Vujicsics, die Elemente der südslawischen Musik vermischt. Ein weitere Volksmusikerin mit vielfältigem Geschmack ist Beáta Pálya, die in Paris studiert hat und die traditionelle bulgarische und indische Musik mit ungarischer Volksmusik kombiniert.

Die Musik der Roma – im Gegensatz zur Zigeunermusik – ist völlig anders und wird traditionell a cappella gesungen. Einige moderne Roma-Musikgruppen, wie Kalyi Jag (Schwarzes Feuer) aus Nordostungarn und die neueren Ando Drom (Auf der Straße) und Romanyi Rota (Zigeunerräder), setzen auch Gitarren, Schlagzeug und sogar elektronische Instrumente ein, um einen ganz neuen Sound zu schaffen.

Tanz

Táncház (wörtlich „Tanzhaus") ist eine ausgezeichnete Möglichkeit ungarische Volksmusik zu hören und traditionelle Tänze zu lernen. Diese Orte, an denen man Spaß haben kann, sind relativ leicht zu finden, vor allem in Budapest (z. B. das Aranytíz Kulturzentrum (S. 160) oder das Städtische Kulturhaus (S. 159)). Heute sind traditionelle Tänze wie *karikázó* und *csárdás* außerhalb der Hauptstadt nur noch äußerst selten zu finden.

> Eine vollständige und stets aktuelle Liste der Zeiten, Daten und Orte von *táncház*-Treffen und -Vorstellungen in Budapest und in anderen ungarischen Orten (in englischer Sprache) bietet www.tanchaz.hu.

Ballettkompanien gibt es in Budapest, Pécs und Szeged (zeitgenössisch), aber bei Weitem die beste ist in der weit westlich gelegenen Stadt Győr zu finden.

Literatur

Sándor Petőfi (1823–1849) ist Ungarns gefeiertster und meistgelesener Dichter; eine Zeile aus seinem Werk Nationallied wurde die Parole im Unabhängigkeitskrieg von 1848/1849. Ein stark philosophisch geprägtes Theaterstück von Imre Madách (1823–1864), *Die Tragödie des Menschen*, das ein Jahrzehnt nach der Niederlage in jenem Krieg entstand, gilt noch immer als bedeutendstes klassisches Drama des Landes.

Nach Ungarns Niederlage 1849 ließen sich viele Autoren von der Romantik inspirieren: Sieger, Helden und Ritter in glänzenden Rüstungen wurden beliebte Themen. Petőfis Kampfgenosse, János Arany (1817–1882), schrieb Epen (darunter die *Toldi-Trilogie*) und Balladen. Ein weiterer Freund von Petőfi, der überaus produktive Romanautor und Dramatiker Mór Jókai (1825–1904), verherrlichte Heldentum und Rechtschaffenheit in Werken wie *Ein Goldmensch* und *Schwarze Diamanten*. Stets beliebt ist auch Kálmán Mikszáth (1847–1910), der satirische Erzählungen verfasste wie *Sankt Peters Regenschirm,* in denen er sich über den Niedergang des niederen Adels lustig machte.

> Der 26. Präsident der USA, Theodore Roosevelt, mochte den Roman *Sankt Peters Regenschirm* von Kálmán Mikszáth so sehr, dass er bei seiner Europareise 1910 darauf bestand, den alternden Autor zu besuchen.

Zsigmond Móricz (1879–1942) war eine ganz andere Art von Autor. Seine Werke, in der Tradition von Emile Zola, befassen sich mit der harten Realität des Bauernlebens im Ungarn des späten 19. Jhs. Sein Zeitgenosse Mihály Babits (1883–1941), Dichter und Herausgeber der wichtigen Literaturzeitschrift *Nyugat* (Westen), verschrieb sich ein Leben lang der Verjüngung der ungarischen Literatur.

Zwei Dichter des 20. Jhs. sind in der Literatur Ungarns unübertroffen. Endre Ady (1877–1919), manchmal als Nachfolger Petőfis beschrieben, war ein Reformer, der gnadenlos die wachsende Selbstzufriedenheit und den Materialismus der Ungarn geißelte. Darauf reagierten Nationalisten des rechten Flügels mit einem Sturm von Protesten. Das Werk des sozialistischen Dichters Attila József (1905–1937) verlieh der Entfremdung des Einzelnen in der Moderne eine Stimme. Sein Gedicht *An der Donau* ist auch in der Übersetzung brillant. József kam in den 1930er-Jahren sowohl mit der kommunistischen Untergrundbewegung als auch dem Horthy-Regime in Konflikt. Tragischerweise warf er sich mit 32 Jahren beim Plattensee vor einen Zug. Der frische Stil von Sándor Márai (1900-1989) weckte weltweit Interesse an der ungarischen Literatur.

Zu Ungarns wichtigsten Autoren der Gegenwart zählen György Konrád (geb. 1933) und Péter Nádas (geb. 1942); zwei Große – Imre Kertész (1929–2016) und Péter Esterházy (1950–2016) – starben 2016 im Abstand von wenigen Monaten. Konráds *Das Gartenfest* (1985) ist ein fast autobiografischer Bericht über das Leben der jüdischen Gemeinde in einer kleinen ostungarischen Stadt. *Buch der Erinnerung* (1986) von Nádas beschreibt den Niedergang des Kommunismus in einem an Thomas Mann erinnernden Stil. In *Ende eines Familienromans* (1977) dient ein Kind als Erzähler Nádas als Filter für die Erfahrungen von Erwachsenen im kommunistischen Ungarn der 1950er-Jahre. Esterházys teilweise autobiografisches Werk *Harmonia Caelestis* (2000) zeichnet ein vorteilhaftes Porträt des Vaters des Protagonisten. Seine spätere *Verbesserte Ausgabe* (2002) fußt auf Dokumenten, die enthüllen, dass sein Vater während des kommunistischen Regimes ein Regierungsinformant war.

> *Hungarian Literature Online* (www.hlo.hu) lässt nichts aus, was ungarische Bücher betrifft; die Website wendet sich an Autoren, Redakteure, Übersetzer und Verleger. Sie bietet auch eine nützliche Liste von Links.

Der Romanautor und Auschwitzüberlebende Imre Kertész erhielt im Jahr 2002 den Literaturnobelpreis – das erste Mal, dass einem Ungarn diese Ehre widerfuhr. Zu seinen auf Deutsch erschienen Werken zählen *Roman eines Schicksallosen* (1975), *Fiasko* (1988), *Kaddisch für ein nicht geborenes Kind* (1990), *Liquidation* (2003) und *Dossier K.* (2006).

Arbeiten von Ungarns wohl bekanntester Autorin, der verstorbenen Magda Szabó (1917–2007) sind u. a. *Katharinenstraße* (1969), *Abigail* (1970) und *Hinter der Tür* (1975), die überaus fesselnde Geschichte einer Autorin und ihrer symbiotischen Beziehung zu ihrer bäuerlichen Haushälterin.

Großes Aufsehen in literarischen Kreisen sowohl zu Hause als auch im Ausland erregt heute der Roman- und Drehbuchautor László Krasznahorkai, der anspruchsvolle postmoderne Romane schreibt (*Satanstango*, 1985; *Melancholie des Widerstands*, 1988; *Krieg und Krieg*, 1999; *Seiobo auf Erden*, 2008). 2015 erhielt er als erster ungarischer Autor den Man Booker International Prize.

Film

Klassische ungarische Filme sind die Werke des Oscargewinners István Szabó *(Süße Emma, liebe Böbe, Ein Hauch von Sonnenschein)*, von Miklós Jancsó *(Die Hoffnungslosen)* und Péter Bacsó *(Der Zeuge)*. Sehr beliebt sind auch *Simon Mágus,* die surrealistische Geschichte zweier Magier und einer jungen Frau in Paris, von Ildikó Enyedi und ihr *Tender Interface,* über den intellektuellen Aderlass Ungarns nach dem Zweiten Weltkrieg.

> In Anthony Minghellas Film *Der Englische Patient* (1996), in dem László Almásy (Ralph Fiennes) für Katharine Clifton (Kristin Scott Thomas) eine Schallplatte mit einem ungarischen Volkslied spielt, hört man die Stimme von Marta Sebestyén, die *Szerelem, Szerelem* (Liebe, Liebe) singt.

Péter Timár's *Dollybirds* ist ein satirischer Blick auf das Leben – und die Qualität der Filmproduktion – zur Zeit des Kommunismus. *Zimmer Feri,* am Plattensee angesiedelt, erzählt die Geschichte eines Jungen, der einer Gruppe unangenehm lauter deutscher Touristen Streiche spielt; der Tippfehler im Titel ist Absicht. Timárs *6:3* entführt die Zuschauer zu dem glorreichen Augenblick, als Ungarn England im Fußball besiegte. Gábor Herendis *Kind of America* ist die komische Geschichte eines Filmteams, das versucht, einen ausgewanderten Ungarn auszunützen, der vorgibt ein reicher Produzent zu sein.

Zur neueren Produktion zählt *Kontroll* des ungarisch-amerikanischen Regisseurs Nimród Antal, ein schneller, romantischer Thriller, der fast vollständig in der Budapester Metro spielt, wo sich Außenseiter, Liebende und Träumer finden. Kornél Mundruczós preisgekrönter Film *Delta* ist die nachdenkliche Geschichte der Rückkehr eines Mannes in seine

Heimat im rumänischen Donau-Delta und die komplexe Beziehung zu seiner Halbschwester.

Zu den Filmen, die vor dem Hintergrund entscheidender Ereignisse der ungarischen Geschichte spielen, gehören *Children of Glory* von Krisztina Goda, in dem die Geschichte des Aufstands von 1956 aus der Sicht eines Mitglieds des ungarischen Wasserballteams erzählt wird; Ferenc Töröks *Moscow Square,* eine komische Erzählung über Gymnasiasten im Jahr 1989, die überhaupt nicht wahrnehmen, welch bedeutende Ereignisse um sie herum stattfinden; und *Sauls Sohn*, der ergreifende Debütfilm von László Nemes, in dem ein Gefangener in Auschwitz versucht, einem toten Kind, das er für seinen Sohn hält, ein würdiges Begräbnis zu geben. Dieser Film erhielt den Oscar als bester fremdsprachiger Film im Jahr 2016.

Jugendstil-Architektur

Der Jugendstil (und seine Wiener Variante, die Sezession) ist der bekannteste Architekturstil in Budapest. Zahlreiche Beispiele finden sich in der ganzen Stadt. Seine Wellenlinien, fließenden, asymmetrischen Formen, bunten Fließen und anderen dekorativen Elemente ragen aus der Masse der eleganten Barock- und zurückhaltenden, geometrischen klassizistischen Gebäuden heraus. Manchmal bleibt einem vor Begeisterung der Mund offen stehen.

Oben Elefantenhaus im Budapester Zoo (S. 100)

Anfang & Ende

Der Jugendstil (Sezession) als Kunstform und Architekturstil blühte in Europa und den USA im Zeitraum von 1890 bis 1910. Er hatte seinen Ursprung in Großbritannien mit dem von William Morris (1834–1896) begründeten Arts and Crafts Movement, das die Bedeutung von Handarbeit betonte und versuchte, einen neuen organischen Stil als Gegenbewegung zu den eher banalen Stilnachahmungen der Industriellen Revolution zu schaffen.

Der Stil verbreitete sich rasch über Europa und nahm unterschiedliche lokale und nationale Züge an. In Wien gab die Künstlergruppe der Sezessionisten der stark geometrischen regionalen Variante der Jugendstilarchitektur den Namen: Sezessionsstil (Ungarisch: Szecesszió). In Budapest führte die Verzierung traditioneller Fassaden mit allegorischen und historischen Figuren und Szenen, volkstümlichen Motiven und Zsolnay-Keramik zu einem eklektischen Stil. Man arbeitete zwar mit Elementen des Jugendstils/Sezessionsstils, doch es entstand etwas einzigartig Ungarisches. Doch Moden und Stile wechselten Anfang des 20. Jhs. genauso rasch und mutwillig wie heute. So galten der Jugendstil und seine Varianten am Ende der 1910er-Jahre als überholt, sogar als geschmacklos. Zu unserem und dem Glück der Budapester führte die wirtschaftliche und politische Erstarrung der Zwischenkriegszeit und die 40 Jahre „großer Schlaf" nach dem Zweiten Weltkrieg dazu, dass viele Jugendstil-/Sezessionsstil-Gebäude zwar etwas heruntergekommen, aber noch vorhanden waren – tatsächlich viel mehr als in anderen Jugendstilzentren wie Paris, Brüssel, Nancy oder Wien.

> Es gibt viele Bezeichnungen für den Jugendstil: Sezessionsstil in Österreich und Szecesszió in Ungarn, Art Nouveau („neue Kunst") in Frankreich, Jugendstil in Deutschland, Modern in Russland, Modernisme in Katalonien und Stile Liberty in Italien.

Budapest macht sich einen Namen

Der erste ungarische Architekt, der beim Jugendstil Anregungen suchte, war Frigyes Spiegel, der traditionelle Fassaden mit allegorischen Figuren

AUF DEN SPUREN DER SCHÖNSTEN

Ein Hauptvergnügen in der sogenannten „Königin der Donau" ist die Suche nach Jugendstil- und Sezessionsstilbauten, die man an den seltsamsten Plätzen findet. Eine Straße mit einem einheitlichen Aussehen ist in Budapest eine Seltenheit; wer die Augen offen hält, wird überall und jederzeit das ein oder andere architektonische Juwel entdecken. Dies sind unsere liebsten verborgenen Schätze:

Apartmenthaus in der Berzenczey utca (Karte S. 94; IX Berzenczey utca 18; M M3 Klinikák, 4, 6) Ödön Lechner, 1882

Bedő-Haus (S. 84) Emil Vidor, 1903

Egger-Villa (Karte S. 98; VII Városligeti fasor 24; M M1 Bajza utca) Emil Vidor, 1902

Elefantenhaus, Budapester Zoo (S. 100) Kornél Neuschloss-Knüsli, 1912

Grundschule an der Dob utca (Karte S. 90; VII Dob utca 85; 4, 6) Ármin Hegedűs, 1906

Institut für Geologie (S. 308) Ödön Lechner, 1899

Léderer-Villa (Karte S. 90; VI Bajza utca 42; M M1 Bajza utca) Zoltán Bálint & Lajos Jámbor, 1902

Nationales Blindeninstitut (Karte S. 98; XIV Ajtósi Dürer sor 39; M M1 Bajza utca) Sándor Baumgarten, 1904

Philanthia (S. 58) Kálmán Albert Körössy, 1906

Reformierte Kirche am Stadtpark (Karte S. 90; VII Városligeti fasor 7; M M1 Kodály köröndö) Aladár Arkay, 1913

Sonnenberg-Villa (Karte S. 90; VI Munkácsy Mihály utca 23; M M1 Bajza utca) Albert Körössy, 1904

Thonet-Haus (S. 58) Ödön Lechner, 1890

Török Bank House (Karte S. 76; V Szervita tér 3; M M1/2/3 Deák Ferenc tér) Henrik Böhm & Ármin Hegedűs, 1906

Vidor-Villa (Karte S. 98; VII Városligeti fasor 33; M M1 Bajza utca) Emil Vidor, 1905

ÖDÖN LECHNER, HERAUSRAGENDER ARCHITEKT

Ödön Lechner (1845–1914) bekam den Spitznamen „ungarischer Gaudí", weil er, wie der katalanische Meister, einen bestehenden Stil mit seinem eigenen Touch versah und so etwas Neues und Einzigartiges für seine Zeit und seinen Ort schuf. Ungarn hat fünf seiner Meisterwerke der Kommission für das Unesco-Welterbe vorgelegt, darunter das **Kunstgewerbemuseum** (S. 92), die **Königliche Postsparkasse** (S. 79) und das **Institut für Geologie** (Karte S. 98; XIV Stefánia út 14; 🚍1).

Lechner Studierte an der Budapester József-Handelsschule, dem Vorläufer der Universität für Technik und Wirtschaft (BME), in Buda Architektur, später dann an der Schinkel'schen Bauakademie in Berlin. Zu Beginn seiner Karriere arbeitete Lechner in den gängigen Stilen und nichts wies darauf hin, dass er in seiner Stadt und seiner Zeit einen so unauslöschlichen Eindruck hinterlassen würde. Die Firma, die er 1869 gründete, erhielt in den Boomjahren der 1870er-Jahre eine ganze Reihe von Aufträgen für Pest. Wie alle Architekten arbeitete er in den beliebten und allzu gängigen Stilen des Historismus und des Neoklassizismus.

Lechner verbrachte die Jahre von 1875 bis 1878 in Frankreich, wo er unter dem Architekten Clément Parent an der Renovierung und Umgestaltung von Schlössern arbeitete. In dieser Zeit wurde er auch vom neu aufkommenden Jugendstil beeinflusst.

Nach seiner Rückkehr nach Budapest wandte sich Lechner vom Historismus ab und moderneren Ideen und Trends zu. Ein Wendepunkt in seiner Karriere war der Auftrag für das **Thonet-Haus** (S. 58) an der Váci utca, seine innovative Stahlstruktur, die er mit glasierter Keramik aus der Fabrik von Zsolnay in Pécs bedeckte. Anspruchsvollere Aufträge folgten, darunter das Museum für Angewandte Kunst und das Institut für Geologie. Doch nicht alles war in der Welt des ungarischen Jugendstils in Ordnung. Lechners Königliche Postsparkasse, die heute oft als Höhepunkt seines Schaffens betrachtet wird, kam nicht gut an, als sie 1901 fertiggestellt wurde. Lechner arbeitete nie wieder unabhängig an einem Auftrag dieser Größe.

und Szenen bedeckte. Am Nordende der VI Izabella utca auf Nr. 94 steht das restaurierte **Lindenbaum-Apartmenthaus** (Karte S. 90; VI Izabella utca 94; 🚍Trolleybus 72, 73), der erste Bau der Stadt mit Jugendstil-Ornamenten, darunter Sonnen, Sterne, Pfauen, Blumen, Schlangen, Füchse und Nackte mit langen Haaren.

Hauptvertreter des Stils war jedoch Ödön Lechner: Sein ehrgeizigstes Werk in Budapest ist das Kunstgewerbemuseum für Angewandte Kunst (S. 92). Das Museum wurde als Galerie gebaut und war rechtzeitig zur Milleniumsausstellung im Jahr 1896 fertig. Das Museum trägt an der Fassade und auf dem Dach bunte Keramikfliesen von Zsolnay; seine Türmchen, Kuppeln und Ornamente geben ihm eine östliche oder indische Anmutung. Das grandioseste Werk Lechners (obwohl es zur Entstehungszeit nicht so gesehen wurde) ist jedoch die luxuriöse Königliche Postsparkasse (S. 79) von 1901 beim Szabadság tér in Lipótváros, eine fantastische Sinfonie des Sezessionsstils mit Blumenmosaiken, volkstümlichen Motiven und Keramik-Figuren.

Die Franz-Lisz-Musikakademie (S. 88), 1907 fertiggestellt, ist weniger wegen der dekorativen Elemente an der Fassade als durch die Ornamente im Inneren interessant. Es gibt auf dem Treppenabsatz im ersten Stock ein faszinierendes Jugendstilmosaik mit dem Titel *Kunst ist die Quelle des Lebens* von Aladár Kőrösfői Kriesch, einem Hauptvertreter der wegweisenden Künstlerkolonie Gödöllő, und einige wunderbare Buntglasfenster des Meisterhandwerkers Miksa Róth, dessen Haus und Werkstatt im Zentrum von Pest heute Museum ist (Miksa-Róth-Gedenkhaus; S. 100). In der Musikakademie sollte man auch einen Blick auf das Gitter aus Lorbeerblättern unter der Decke der großen Konzerthalle werfen, das die Metallarbeiten an der Kuppel des Wiener Sezessionsgebäudes

(1897–1908) nachahmt, sowie auf die großen reflektierenden Zsolnay-Kugeln in Saphirblau auf den Endpunkten der Treppengeländer.

Das Danubius Hotel Gellért (S. 112), von Ármin Hegedűs, Artúr Sebestyén und Izidor Sterk 1909 entworfen, aber erst 1918 fertiggestellt, präsentiert Beispiele des späten Jugendstils, vor allem das Thermalbad mit seiner großen, von einer Glaskuppel bekrönten Eingangshalle und den Brunnen mit Zsolnay-Keramik an den Schwimmbecken. Die Architekten waren eindeutig von Lechner beeinflusst, fügten aber auch andere Elemente, etwa barocke, hinzu.

Unbedingt beachtenswert ist die Arkade beim V Ferenciek tere, die Pariser Hof (Párisi Udvar, S. 58) heißt und 1909 von Henrik Schmahl gebaut wurde. Der Entwurf wurde durch tausend Dinge inspiriert – von maurischer und venezianischer gotischer Architektur bis hin zu Lechners eklektischem Stil. Zur Zeit unserer Recherche wurde sie gerade in ein Luxushotel umgewandelt.

> Die Website der Art Nouveau European Route (www.artnouveau.eu) zählt zu den umfassendsten Beiträgen über das Jugendstilerbe in Europa.

Die Weine Ungarns

Spätestens seit der Zeit der Römer wird in Ungarn Wein angebaut. Wein ist Teil der ungarischen Kultur, aber hat sich erst in den letzten Jahren zu dem entwickelt, was er heute ist: nicht mehr nur das kleine Schlückchen zum sonntäglichen Mittagessen mit der Familie oder der überteuerte, erlesene Rotwein in einer Budapester Weinstube, sondern eine Art alles umfassende Besessenheit, oft verbunden mit fröhlichem Gesang und Tanz.

Welcher Wein ist der richtige?

Oben Weingut in Badacsony (S. 314)

Wein wird überall entweder im Glas oder flaschenweise ausgeschenkt – an Essenständen, in Weinbars, Restaurants, Supermärkten und Lebensmittelläden (die rund um die Uhr geöffnet sind – normalerweise auch zu ganz akzeptablen Preisen). In altmodischen Weinstuben wird billiger Wein im *deci* (Deziliter, gleich 0,1 l), mit einer Kelle ausgeschöpft. Wer also auf bessere Weine aus ist, sollte in eine der exzellenten Weinstuben Budapests gehen, wie zum Beispiel in die DiVino Borbár (S. 150), ins Doblo (S. 153), Kadarka (S. 155) oder in die Palack Borbár (S. 147). Zu den guten Weinrestaurants gehören das Klassz (S. 141), Borkonyha (S. 135) und Fióka (S. 119). Gute Weinhandlungen sind etwa die Handelskette Bortársaság (S. 163) und Malatinszky (S. 166).

Bei der Auswahl eines ungarischen Weines sollte man auf die Bezeichnungen *minőségi bor* (Qualitätswein) oder *különleges minőségi bor* (Prädikatswein), die ungarische Version der französischen Qualitätsbezeichnung *appellation d'origine contrôlée*, achten. Das erste Wort auf einem Flaschenetikett deutet auf die Anbauregion hin, das zweite auf die Rebsorte (z. B. Villányi *kékfrankos*) oder die Weinsorte (z. B. Tokaji Aszú, Szekszárdi Bikavér). Andere wichtige Beschreibungen für den Wein sind *édes* (süß), *fehér* (weiß), *félédes* (halbtrocken), *félszáraz* (halbtrocken oder medium), *pezsgő* (Perlwein), *száraz* (trocken) und *vörös* (rot).

Ganz grob gilt, alles was in den Geschäften mehr als 2000 Ft kostet, ist eine gute Flasche ungarischen Weins. Für über 3000 Ft bekommt man schon etwas sehr Gutes.

Weinregionen

Ungarn besteht aus sieben wichtigen Weinanbaugebieten. Im Westen liegen Észak Dunántúl (Nördliches Transdanubien), Balaton, Sopron und Dél-Pannonia (Südliches Transdanubien). Im Osten befinden sich Felső-Magyarország, Tokaj und Duna („Donau"), das auch Teile der Ungarischen Tiefebene umfasst. Kleinere Unterregionen reichen von der Größe her vom winzigen Somló in Transdanubien im Westen bis hin zu den riesigen Weinbergen von Kunság in der südlichen Tiefebene. Hier auf dem sandigen Boden wird mehr als ein Drittel des gesamten Weins des Landes angebaut.

Es ist zwar eine Geschmackssache, aber die auffälligsten und interessantesten ungarischen Rotweine kommen aus Eger im Nördlichen Ungarischen Mittelgebirge; das kühlere Wetter und der Kalksteinuntergrund bringen elegante, komplexe Rotweine hervor, die eher an einen Burgunder als einen Bordeaux erinnern. Im Südlichen Transdanubien sind die Rotweine aus Villány derber, ähnlich wie die italienischen Rotweine, während das aus Szekszárd weicher und unaufdringlicher sind. Die besten Weißweine werden am Nordufer des Plattensees und in Somló hergestellt, allerdings kommt der neueste Trend, nämlich der knochentrockene, leicht grüne Furmint, aus Tokaj, wo auch die weltberühmten süßen Weine produziert werden. Wer eher Perlwein *(pezsgő)* mag, entscheidet sich am besten für den Hungaria Extra Dry. Andere hervorragende Perlweine sind Kreinbacher aus Somló und Szent Tamás Furmint Pezsgő aus Tokaj.

Eine gute Website für ungarischen Wein ist www.bortarsasag.hu. Hier werden Winzer und ihre Weinberge bewertet und Preise der Bortársaság (Budapester Weinhandelskette), Ungarns wichtigste ihrer Art, genannt. Weitere gute Seiten sind www.winesofa.eu, https://budapestwinesnob.wordpress.com und http://tokajwineregion.com.

Tokaj

Die vulkanische Erde, das warme Klima und die schützende Bergkette des Tokaj-Hegyalja (Tokajer Bergland) im Norden Ungarns machen diese Region zu einem idealen Weinanbaugebiet. Tokajer Weine wurden im Mittelalter nach Polen und Russland exportiert und erreichten in ganz Europa den Höhepunkt ihrer Beliebtheit im 17. und 18. Jh.

Tokajer Dessert-Weine werden nach der Anzahl der zugefügten süßen Aszútrauben eingeteilt – heutzutage von vier bis sechs *puttony* (Pflückbütten oder -körbe). Diese Trauben sind mit Edelfäule behaftet. Der Schimmelpilz *Botrytis cinera* wandelt sie fast in Rosinen um.

Beim Tokajer Ausbruch (Tokaji Aszú) ist als wichtigster Name István Szepsy zu erwähnen; er hat sich sowohl auf den gehobenen Sechs-*puttony* als auch den Esszencia – so süß und alkoholarm, dass er kaum als Wein gilt – spezialisiert. Sein Szepsy Cuvée, der ein oder zwei Jahre in rostfreien Stahlfässer gereift ist (nicht die sonst für einen Tokajer Aus-

Ungarns Weinregionen

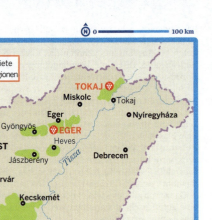

bruch üblichen fünf Jahre), ist ein komplexer, eleganter Verschnitt, der dem Sauternes ganz ähnlich ist. Zoltán Demeters Version hat Szepsy in der Qualität schon fast verdrängt. Andere große Namen sind Hétszőlő, Gróf Degenfeld, Erzsébet Pince, Disznókő und Pendits.

In den Tokajer Weinbergen werden auch weniger süße Weine angebaut und hergestellt, darunter der trockene Szamorodni (ein exzellenter Aperitif) und der süße Szamorodni, der dem italienischen *vin santo* recht nahe kommt; der Letztere ist besonders von Disznókős empfehlenswert. Von den fünf hier angebauten Rebsorten sind Furmint und Hárslevelű (lindenblättrig) die trockensten Varianten. Einige ungarische Weinexperten sehen die Zukunft der Tokajer Weine im Bereich des trockenen Weißweins und die süßen Weine nur als letztes i-Tüpfelchen. Sie attestieren dem trockenen Furmint mit seiner apfeligen Geschmacksnote das Potenzial, zum besten Weißwein des Landes zu avancieren. Besonders empfehlenswert ist er aus den folgenden Weinkellern: Oremus, Tinon, Szent Tamás and Béres.

Die Weinlese in Tokaji war immer die wichtigste ganz Ungarns. Obwohl immer nur ein Jahrgang innerhalb eines Jahrzehnts als wirklich hervorragend gilt, sind die Weine aus den Jahren 1972, 1988, 1999, 2000, 2003, 2006, 2009 und 2013 alle superb.

Erlau (Eger)

Erlau wird von zwei der schönsten nordungarischen Bergketten flankiert und ist die Heimatregion des viel gerühmten Erlauer Stierbluts (Egri Bikavér). Es liegt auf dem gleichen Breitengrad wie Burgund in Frankreich. Per Gesetz sind ungarische Winzer dazu verpflichtet, die Mischung ihrer Weine auf dem Etikett anzugeben; die einzige Ausnahme bildet der Bikavér, obwohl er in der Regel ein Verschnitt aus Blaufränkischem (Kékfrankos) und anderen Rotweinen, manchmal auch Kadarka, ist. Empfehlenswerte Produzenten von Bikavér sind Tibor Gál, Nimród Kovács und István Toth; der Bikavér des Winzers Toth lässt sich leicht mit einem der „großen" Rotweine aus der Region Villány vergleichen und soll den Maßstab für das Erlauer Stierblut in Ungarn gesetzt haben. Gut sind Blaufränkischer (Kékfrankos) und Merlot von János Bolyki.

Die typische Rebsorte in Erlau ist Pinot Noir; hier sollte man Tibor Gáls und Vilmos Thummerers Varianten probieren, die vergleichbar sind mit den *premiers crus* aus Burgund. Thummerers Vili Papa Cuvée, eine Mischung aus Cabernet Franc, Cabernet Sauvignon und Merlot, ist ein gewaltiger Wein mit fleischigen Fruchtnoten, der in neuen Holzfässern gereift ist.

Es gibt auch einige gute Weißweine in Erlau, darunter Erlauer Mädchen (Leányka), Italienischer Riesling (Olaszrizling) und Lindenblättriger (Hárslevelű) aus Debrő. Vor nicht langer Zeit haben die Winzer einen neuen weißen Verschnitt kreiert, nämlich den Stern von Eger (Egri Csillag), um damit eine Marke zu haben, die ähnlich wie der rote Egri Bikavér ist. Er ist leicht, mit mittlerem Körper, frisch und süffig, aber komplex. Besonders gut ist er von Thummerer, Böjt oder Szent Andrea.

Villány

Villány liegt im sonnigen Süden Ungarns auf der gleichen Breite wie Bordeaux in Frankreich und ist besonders für Rotwein bekannt: Blauer Portugieser (früher Kékoportó genannt), Cabernet Sauvignon, Cabernet Franc und Merlot. In diesem Anbaugebiet wurde in den letzten Jahren auch mit Pinot Noir experimentiert. Die Rotweine haben hier fast alle einen vollen Körper, in der Art des Bordeaux mit einem hohen Tanningehalt.

Zu den besten Winzern in Villány gehört József Bock, dessen Royal Cuvée eine besondere Mischung aus Cabernet Franc, Pinot Noir und Merlot ist. Andere wichtige und bekannte Winzernamen sind Heumann (Evelyne und Erhard), Bence Bodor, Márton Mayer und Alajos Wunderlich. Weitere empfehlenswerte Weine aus dieser Region sind unter anderen Attila Geres eleganter und komplexer Cabernet Sauvignon oder sein Solus Merlot sowie Ede und Zsolt Tiffáns eleganter und komplexer Blauer Portugieser und Cabernet Franc.

Szekszárd

Die milden Winter und warmen Sommermonate, verbunden mit dem guten Lössboden in der Region Szekszárd im südlichen Transdanubien, begünstigen die Produktion eines der preislich günstigsten Rotweine Ungarns. Sie werden im ganzen Lande immer beliebter und sind zwar nicht wie die vollmundigen Rotweine aus Villány, dafür aber weicher

---

HIMMLISCHES ZUSAMMENSPIEL

In Ungarn trinkt man genauso gerne wie in Frankreich Wein zum Essen. Zu einem Strudel gehört ein Glas Tokaji Aszú, so die landläufige Meinung, aber weniger üblich ist der Wein zu herzhaften Speisen wie Foie gras und Käsesorten wie Roquefort, Stilton und Gorgonzola. Ein knochentrockner Italienischer Riesling (Olaszrizling) aus der Region Badacsony passt hervorragend zu jeglicher Art von Fischgerichten, aber besonders zum *fogas* (Zander), der im Plattensee heimisch ist. Trockener Tokajer mundet gut zu Süßwasserfischen wie *harcsa* (Katfisch). Ein Sauvignon Blanc aus Villány passt hervorragend zu cremigem, salzigem Ziegenkäse.

Es wäre fast eine Schande, einen guten Wein wie den Vili Papa Cuvée aus Erlau zu ungarischen Speisen wie *pörkölt* zu reichen; stattdessen sollte man dazu einen Kékfrankos oder Kadarka aus Szekszárd probieren. Sahnehaltige Speisen gehen gut mit der Spätlese des Furmint und Schweinefleischgerichte sind gut mit jungem Furmint oder jeder Art Rotwein, besonders aber mit Kékfrankos. Zu Geflügel passt gut Hárslevelű.

Zwei hervorragende Wälzer über ungarischen Wein sind Robert Smyths *Hungarian Wine: A Tasting Trip to the New Old World* und Miles Lambert-Gócs *Tokaj Wine: Fame, Fate, Tradition*. Andere Bücher sind die recht nüchterne Abhandlung *The Wines of Hungary* (Alex Liddell) und das lebendigere, anschauliche Buch *Hungary: Its Fine Wines & Winemakers* (David Copp).

und weniger komplex mit einer ausgeprägten Würze. Man kann sie gut trinken, und sie sind in der Regel qualitativ besser.

Die wichtigste Rebsorte hier ist Kadarka, eine Spätlese, die nur in kleinen Mengen produziert wird. Die besten Kardarka-Weine werden von Ferenc Takler und Pál Mészáros gekeltert. Kadarka kommt vom Balkan (die bulgarische Gamza-Traube ist eine Unterart davon) und wird traditionell für die Herstellung des „Stierbluts" (Bikavér) verwendet, eines Weins, den man normalerweise mit Erlau (Eger) in Verbindung bringt. Tatsächlich bevorzugen viele Weinliebhaber Ungarns das „Stierblut" aus Szekszárd; empfehlenswert ist die Variante von Zoltán Heimann.

Ferenc Vesztergombi produziert einen exzellenten Merlot und Kékfrankos aus Szekszárd; La Vidas Merlot ist auch sehr gut. Syrah von Takler macht auch viel Furore in Szekszárd. Tamás Dúzsi ist einer der besten Hersteller von Roséwein; besonders gut ist sein Kékfrankos-Rosé.

Badacsony

Die Region Badacsony ist nach dem 400 m hohen Basaltmassiv benannt, das sich wie ein Brotlaib vom Tapolca-Becken am nordwestlichen Ufer des Plattensees entlang erhebt. Hier wird schon seit Jahrhunderten Wein hergestellt, und der typische Wein der Region ist der Italienische Riesling (Olaszrizling), der besonders von Huba Szeremley und Ambrus Bakó gekeltert wird und zu den besten trockenen Weißweinen für den täglichen Genuss zählt. Es ist ein strohgelber Welschriesling mit hohem Säuregehalt, der nur wegen seines Namens an die berühmten Winzer vom Rhein erinnert. Am besten trinkt man ihn jung – je jünger desto besser. Der beste Chardonnay kommt von Ottó Légli am Südufer des Plattensees.

Der vulkanische Boden der Region verleiht dem einzigartigen, einst vom Aussterben bedrohten Blaustengler (Kéknyelű) die typische mine-

WAS GIBT'S NEUES?

Ungarn hat sich seit einigen Jahren von der rein technisch-orientierten Weinproduktion entfernt hin zu einer *terroir*-basierten Kultivierung mit Erzeugerabfüllungen. Im Prinzip kann jeder, der Geld und Know-how hat einen vernünftigen Cabernet oder Chardonny produzieren. Wonach die Menschen heute suchen, ist ein Wein, der für die Region und die Erde – das *terroir* – steht. Man spricht sogar schon über die Einführung von Dörfernamen auf den Etiketten. Bis vor Kurzem wurden diese Überlegungen nur in Tokaj und Villány angestellt; mittlerweile gibt es sie auch in Badacsony am Nordufer des Plattensees. Die meisten Winzer stellen nun ihren eigenen Premium-Cuvée (Verschnitt) her, wie etwa der Attila von Attila Gere. Einige Winzer haben sich auch den biologischen Anbaumethoden verschrieben wie beispielsweise Pendits in Tokaj.

ralische Note; er ist ein komplexer Wein, der zwar nur sehr wenig Ertrag bringt, aber gut reift. Die Variante der Winzer Szeremley und Endre Szászi ist die einzig echte. Jásdi ist ein weiterer großer Herstellername im Bereich der Qualitätsweißweine aus Badacsony (z. B. Nagykúti Chardonnay und Csopaki Riesling).

Somló

Somló besteht aus einer einzigen vulkanischen Kuppel, und die Erde (Basaltgeröll und vulkanisches Tuffgestein) begünstigt Weine mit mineralischer Note, fast feuersteinhaltig. Die Region kann sich mit zwei indigenen Rebsorten brüsten: Hárslevelű und Juhfark (Schafschwanz). Beständige Säure gibt diesem Wein eine besondere Note, und nach fünf Jahren Reifungszeit ist er am besten. Hervorragende Hersteller des Juhfark aus Somlói sind Kreinbacher und Károly Kolonics. Imre Györgykovács Olaszrizling ist ein guter Wein mit einem Geschmack, der an gebrannte Mandeln erinnert. Sein Hárslevelű ist ein goldener Wein mit einem tanninhaltigen und mineralischen Abgang.

Ludwig XIV. ist für seinen Ausspruch berühmt, das der Tokajer „der Wein der Könige und der König der Weine" sei, und Voltaire schrieb, dass „dieser Wein uns nur aus der grenzenlosen Güte Gottes geschenkt worden sein könnte"!

Die Menschen in Ungarn

Die meisten der zehn Millionen Menschen in Ungarn sind Magyaren, Angehörige eines asiatischen Volkes unklarer Herkunft, die keine indoeuropäische Sprache sprechen und im 9. Jh. ihren Weg in die Pannonische Tiefebene gefunden haben. Ihre einzigen Verwandten sind die weitab lebenden Finnen und Esten. Ein Großteil der ungarischen Kultur und des Nationalismus entstand aus einer geradezu paranoiden Furcht von benachbarten Ländern geschluckt zu werden.

Formelle Höflichkeit

Ungarn sind nicht so ungehemmt wie die extrovertierten Rumänen oder die sentimentalen Slawen. Man sollte auch das Stereotyp des leidenschaftlichen Teufelskerls, der die Zigeunergeige spielt, vergessen – es ist nur ein Klischee. Sie sind meist im gesellschaftlichen Umgang sehr höflich und die Sprache kann sehr vornehm sein. Doch während diese Höflichkeit sicher die Räder ölt, die fürs Funktionieren der mitunter schwierigen Gesellschaft sorgen, kann sie auch dazu dienen, Fremde (sowohl Ausländer als auch Ungarn) auf Distanz zu halten.

Ein Hang zur Traurigkeit

Himnusz, die Nationalhymne Ungarns, beschreibt die Ungarn als ein Volk, das „lang vom Schicksal gebeutelt" wurde, und die allgemeine Stimmung ist die von *honfibú*, wörtlich „patriotische Sorge", mit einem Hang zur Traurigkeit gepaart mit gerade so viel Hoffnung, dass die Menschen weitermachen. Diese Stimmung gab es schon vor dem Kommunismus. In den frühen 1930er-Jahren gab es das Lied *Szomorú Vasárnap* (Düsterer Sonntag), das nach Berichten ganz normale Budapester so deprimierte, dass sie zur nächsten Brücke eilten, um zu springen. Auch als „Selbstmord-Song" bezeichnet, gab es viele englische Coverversionen, u. a. von Billie Holiday, Sinéad O'Connor, Marianne Faithful und Björk. Es ist wirklich ein trübsinniger Song.

Kluge Köpfe

Die ungarische Gesellschaft ist hochzivilisiert und gebildet; die Alphabetisierungsrate liegt ab dem Alter von 15 Jahren bei mehr als 99 %. Die Beiträge des Landes zu Bildung und Wissenschaft sind bedeutender als die gegenwärtige Größe des Landes und der Bevölkerung vermuten lassen würden.

Die einzigartige Methode des Komponisten Zoltán Kodály (1882–1967) zur musikalischen Erziehung ist weit verbreitet und das Pető-Institut in Budapest, 1945 gegründet von András Pető (1893–1967), bringt sehr erfolgreich Kindern mit einer zerebralen Lähmung das Laufen bei. Albert Szent-Györgyi (1893–1986) erhielt 1937 den Nobelpreis für die Entdeckung des Vitamin C. Georg von Békésy wurde 1961 der Nobelpreis für seine Forschungen zum Innenohr und zwei Jahre später Eugene Paul

---

Als der italo-amerikanische Träger des Physiknobelpreises Enrico Fermi (1901–1954) gefragt wurde, ob es außerirdische Wesen gibt, antwortete er: „Natürlich – und sie sind bereits hier unter uns. Sie werden Ungarn genannt." Er hatte gemeinsam mit Ungarn am sogenannten Manhattan-Projekt gearbeitet, das zur Entwicklung der Atombombe führte.

Wigner für seine Forschungen im Bereich der Kernphysik verliehen. Sowohl Edward Teller als auch Leo Szilard arbeiteten beim sogenannten Manhattan-Projekt, das zur Entwicklung der Atombombe führte.

Lebensstil

Wer von Kovács János und seiner Frau, Kovácsné Szabó Erzsébet, zu einem Essen nach Hause eingeladen wird, kann sich geschmeichelt fühlen. In der Regel treffen Ungarn ihre Freunde in Cafés und Restaurants. Wer nach Hause eingeladen wird, sollte einen Blumenstrauß oder eine gute Flasche Wein mitbringen.

Im Kovács *háztartási* (dem Haushalt der Kovács) können Gäste über alles sprechen – von Religion und Politik bis hin zum Thema, ob die ungarische Sprache schwieriger ist als das Japanische oder Arabische –, doch Geld kann ein heikles Thema sein. Traditionell wurde die Diskussion von Reichtum – oder auch zu auffälliger Schmuck oder superschicke Kleidung – als unangebracht betrachtet. Das nur schwer zu schätzende (Schwarzarbeit ist weit verbreitet und von großer Bedeutung) Durchschnittseinkommen lag zur Zeit der Recherche bei etwa 900 Euro – doch nach Abzug von Steuern und Sozialversicherung bleibt nur etwa die Hälfte übrig.

> Wer an einer Liste von Personen interessiert ist, die als Ungarn bekannt sind – oder auch nicht –, sollte zum Buch *Eminent Hungarians* von Ray Keenoy greifen.

Wie mehr als zwei Drittel aller Ungarn leben die Kovács in einer Stadt, haben aber noch engen Kontakt zum Land; sie haben Zugang zu einer Hütte in einer Weinbauregion. Freunde besitzen eines der begehrteren *nyaralóház* (Sommerhäuser) am See. Während der *szüret* (Weinlese), fahren sie in die Hügel und besuchen vermutlich auch ein *disznótor*, ein Fest, bei dem der Schlachtung eines Schweins eine Party folgt.

Die Schwulen- und Lesbenszene ist auf dem flachen Land kaum entwickelt; außerhalb von Budapest versuchen beide Gruppen sich unauffällig zu verhalten. Seit 2009 sind in Ungarn eingetragene Lebenspartnerschaften *(bejegyzett élettársi kapcsolat)* zugelassen, die gleichgeschlechtlichen Paaren außer der Adoption von Kindern die gleichen Möglichkeiten eröffnen wie verheirateten Paaren. Eine gleichgeschlechtliche Heirat ist jedoch laut der ungarischen Verfassung verboten, die 2011 unter Premierminister Viktor Orbán umgeschrieben wurde.

Die Lebenserwartung liegt in Ungarn im europäischen Vergleich sehr niedrig: 72 Jahre für Männer und 79 für Frauen. Kovács Jánosné kann damit rechnen, Kovács János um rund sieben Jahre zu überleben (aber das kann natürlich auch mit den Alkoholmengen zu tun haben, die János konsumiert).

Trinken ist in einem Land, das wenigstens seit der Zeit der Römer Wein und Fruchtbrände produziert, ein wichtiger Teil des gesellschaftlichen Lebens. Der jährliche Pro-Kopf-Verbrauch liegt mit 13,3 l Alkohol sehr hoch; Ungarn zählt damit zu den Top-Sechs der Länder weltweit, was den Alkoholkonsum angeht. Die Auswirkungen des Alkohols sind nicht so offensichtlich, wie beispielsweise in Russland, aber offizielle Zahlen besagen, dass 20 % der Bevölkerung ein Alkoholproblem haben.

WO DER VORNAME ZULETZT KOMMT

Wie sonst nur Asiaten stellen die Ungarn bei jedem Gebrauch die Namen um: Der Familienname kommt zuerst. Johann Schmidt heißt nie János Kovács, sondern Kovács János, während Elisabeth Schneider Szabó Erzsébet ist.

Auch die meisten Titel folgen dieser Form: Herr Johann Schmidt ist Kovács János úr. Viele Frauen nehmen den vollen Namen ihres Ehemannes an. Wenn Elisabeth mit Johann verheiratet ist, könnte sie Kovács Jánosné (Frau Johann Schmidt) oder, und das ist unter berufstätigen Frauen immer beliebter, Kovácsné Szabó Erzsébet heißen.

Und man muss auch sagen, dass selbst geselliges Trinken nicht immer glücklich verläuft, sondern oft (absichtlich) mit Tränen endet. Und wirklich gibt es im Ungarischen einen Ausdruck für dieses bizarre Arrangement: *sírva vigadni*, „sein Vergnügen traurig genießen".

Multikulturalismus

Bei der Volkszählung 2011 bezeichneten sich nur knapp 84 % als Ungarn (Magyaren), gefolgt von Roma (3,1%), Deutschen (1,3 %), Slowaken (0,3 %), Rumänen (0,3 %) und Kroaten (0,2 %). Der Rest gab keine Volkszugehörigkeit an. Die Zahl der Roma wird offiziell mit etwa 310.000 Menschen angegeben, doch manche glauben, dass sie doppelt so hoch liegt. Angehörige der Gruppe der Roma schätzen, dass es knapp 800.000 von ihnen gibt.

In der Regel werden die ethnischen Minderheiten in Ungarn nicht diskriminiert und ihre Rechte sind in der Verfassung festgeschrieben. Doch das verhindert nicht gelegentliche Angriffe auf farbige Ausländer, ein Anwachsen des Antisemitismus und die weit verbreitete Diskriminierung der Roma.

Im Sommer 2015, am Höhepunkt der europäischen Flüchtlingskrise war Ungarn das erste osteuropäische Land, das seine Grenzen schloss, um den Strom der hier Migranten genannten Menschen zu stoppen. Im Oktober 2016 stimmten bei einem Volksentscheid 98 % derjenigen, die ihre Stimme abgaben, gegen die EU-Inititiative, die 1300 Flüchtlinge in Ungarn unterbringen wollte. Das scheint auf den ersten Blick nahezulegen, dass Ungarn – zumindest diejenigen, die abgestimmt haben – ausländerfeindlich sind. Doch die Wahlbeteiligung war sehr niedrig (gerade mal 40 %), sodass der Volksentscheid ungültig war. Und viele der abgegebenen Wahlzettel waren ungültig. Und in der Zeit vor dem Bau des Grenzzauns, halfen Tausende Freiwillige den Flüchtlingen sowohl an den Autobahnen Richtung Österreich als auch am Keleti-Bahnhof (dem Haupttreffpunkt in Budapest) mit Essen, Wasser und Unterkünften.

Die Roma

Der Ursprung der Zigeuner (Ungarisch: *cigány*), die sich selbst Roma (Einzahl Rom) nennen und Romani sprechen, eine Sprache, die eng mit einigen Sprachen Nordindiens verwandt ist, liegt im Dunkeln. Allgemein geht man davon aus, dass sie im 10. Jh. begannen, von Indien nach Persien zu ziehen und dass sie im 14. Jh. den Balkan erreichten. In Ungarn leben sie seit wenigstens 500 Jahren; offiziell sollen sie etwa 310.000 Menschen zählen, obwohl die Zahl auch höher liegen kann.

Obwohl die Roma eigentlich ein nomadisches Volk sind, siedelten sie sich in der Neuzeit in Ungarn an und arbeiteten als Schmiede und Kesselflicker, Vieh- und Pferdehändler und als Musiker. Als ganze Gruppe haben sie jedoch chronisch nicht genug Arbeit und wurden von der wirtschaftlichen Rezession am härtesten getroffen (statistisch betrachtet sind Roma-Familien doppelt so groß als *gadje* oder „nicht-Roma"-Familien).

Nichtsesshafte werden oft in irgendeiner Weise von Sesshaften verfolgt. Die ungarischen Roma sind da keine Ausnahme. Sie werden von vielen verachtet und sind in manchen Teilen des Landes die Sündenböcke für alles, was schiefgeht, vom Anstieg der Kleinkriminalität und der Prostitution bis zum Verlust von Arbeitsplätzen. Obwohl ihre Rechte, wie auch die anderer ethnischer Minderheiten, von der Verfassung garantiert werden, gehören ihre Wohnungen zu den schlechtesten des Landes, die Polizei wird regelmäßig verdächtigt, sie zu schikanieren, und mehr als andere Gruppen fürchten sie eine Renaissance des extremen Nationalismus, wie die rechte Jobbik-Partei mit ihren 24 Parlamentssitzen ihn propagiert.

Culture Shock! Hungary: A Guide to Customs & Etiquette von Zsuzsanna Ardó geht über die punktuellen Infomationen und Beobachtungen in diesem Buch hinaus und ist eine gute anthropologische und soziologische Studie über die Ungarn.

Ausländische Besucher sind oft schockiert, was selbst gebildete, kosmopolitische Ungarn über die Roma und ihre Lebensweise sagen. Die Wahrheit lässt sich über die in Budapest ansässige Romedia Foundation (http://romediafoundation.org) herausfinden, deren Ziel es ist die Medien als Mittel zum gesellschaftlichen Wandel zu nutzen.

Religion

Ungarn haben in der Regel eine weitaus pragmatischere Haltung zur Religion als die meisten ihrer Nachbarn; man hat sogar schon vermutet, dass die allgemein skeptische Haltung dem Glauben gegenüber zu den großen Erfolgen Ungarns in den Naturwissenschaften und der Mathematik geführt hätte. Außer in Dörfern und an den höchsten Feiertagen (Ostern, Mariä Himmelfahrt und Weihnachten) sind die Kirchen nie voll. Andererseits hat die jüdische Gemeinde in Budapest in den letzten Jahren eine Renaissance erlebt, vor allem durch den Einfluss chassidischer Juden aus den USA und Israel.

Von den Ungarn, die sich bei der letzten Volkszählung zur Religion bekannten, bezeichneten sich rund 53 % als Christen, 37 % römisch-katholisch, 11 % reformiert (calvinistisch) und 2,2 % als Lutheraner. Es gibt auch kleine griechisch- und russisch-orthodoxe Gemeinden (2,7 %) sowie andere christliche Gruppierungen (1 %). Ungarns Juden (nicht alle üben ihre Religion aus) zählen etwa 100 000, gegenüber fast 750 000 vor dem Zweiten Weltkrieg.

Outdoor-Aktivitäten

Ungarn hat für Outdoor-Fans einiges zu bieten. Das fängt beim Wandern, Kanu- und Kajakfahren an, geht übers Reiten, über Angelwandertouren und endet bei beschaulicheren Aktivitäten. Die verschiedenartigen Ökosysteme des Landes machen es zu einem guten Ziel für Vogelfreunde, und die Spas und Thermalquellen sind ideal zur Entspannung nach einem Tag voller Aktivitäten.

Reiten

Es gibt ein ungarisches Sprichwort, das besagt, dass die Ungarn „von Gott geschaffen seien, um auf dem Rücken der Pferde zu sitzen" – wenn man sich mal das Standbild von Árpád anschaut, stimmt das auch. Die meisten Reitställe veranstalten Trekkingtouren, bei denen man von einem Führer zu malerischen Orten geführt wird, aber der Schwerpunkt liegt in der Regel auf Reitunterricht. Dabei wird die englische Reit- und Sattelart meist bevorzugt. Man sollte im Voraus buchen.

Der gemeinnützige **Ungarische Touristikverband für Reiterferien** (Magyar Lovas Turisztikai Szövetség, MLTSZ; Karte S. 94; ☑06 20 578 7600; www.mltsz.hu; I., Aranyhal utca 4, Budapest; Ⓜ M3/4 Kálvin tér) klassifiziert die Ställe landesweit und gibt umfassende Informationen zu Reit- und Ausflugsmöglichkeiten. Ebenfalls informativ ist die Website des staatlichen ungarischen Touristikverbandes, der auch die praktische Broschüre *Hungary on Horseback* herausgibt.

Rund um den Plattensee gibt es gute Reitschulen, darunter Kál Basin, Tihany und Siófork. Wohl ein jeder Pferdefreund träumt davon, auf dem Rücken eines weißen Lipizzaners durch die bewaldeten Hügel von Szilvásvárad zu reiten.

> Nonius-Pferde, die in Máta bei Hortobágy gezüchtet werden, sind seit 1671 in Ungarn heimisch.

Vogelbeobachtung

Etwa 398 der ungefähr 530 europäischen Vogelarten sind schon in Ungarn gesichtet worden. Frühling und Herbst sind ideal zur Vogelbeobachtung (besonders Mai and Oktober). Riesige Weißstörche, die auf den Schornsteinen nisten, sind von Mai bis Oktober ein imposanter Anblick im Osten Ungarns.

Es gibt in Ungarn Dutzende hervorragende Stellen zur Vogelbeobachtung, aber die Gras bewachsene Salzsteppe, die großen Fischteiche und Sumpfgebiete in den Nationalparks Hortobágy (S. 241) und Kiskunság (S. 251) sind mit die besten. Hier warten besonders Greifvögel, Reiher, Störche, Bienenfresser und Mandelkrähen. Im Oktober versammeln sich in den Ebenen bis zu 100 000 Kraniche und Gänse zum Zwischenstopp auf ihrer Reise gen Süden.

Die bewaldeten Berge im Nationalpark Bükk bei Eger beheimaten ganzjährig Spechte und andere Waldvögel; von April bis Juni tummelt sich viel Leben im Schilf des seichten, salzhaltigen Neusiedlersees (Fertőtó), während der Herbst Bläss- und Rietgänse bringt. Der Theiß-See (Tisza-tó) und der Öreg-tó sind Süßwasserseen und die wichtigsten Habitate für Wat- und Wasservögel.

> Auf www.imperialeagle.hu findet sich alles über den Schutz des seltenen Kaiseradlers *(Aquila heliaca)*, einer überall gefährdeten eurasischen Vogelart mit einer weltweiten Population von nur einigen Tausend Brutpaaren.

Für Führungen durchs Gelände empfehlen sich folgende Experten: Gerard Gorman, Autor von *The Birds of Hungary* und *Birding in Eastern Europe*. Er besitzt die informative Website und den gleichnamigen Guide-Dienst **Probirder** (www.probirder.com) in Budapest. Geführte Touren gehen zu den Waldvögeln des Bükk sowie zu verschiedenen Stellen in der Ungarischen Tiefebene und dauern meist eine Woche. **Hungarian Bird Tours** (+44 7774 574 204; www.hungarianbirdtours.com) bieten von ihrem Standort bei Eger ähnliche Wald- und Tieflandtouren an. Bei den Veranstaltern kostet eine dreitägige Tour zwischen 380 und 470 € und für siebentägige Touren sind 870 bis 1050 € fällig.

Fahrradfahren

In Ungarn gibt es etwa 2200 km Radwege mit tausenden mehr Kilometern auf relativ ruhigen Landstraßen. Drei Routen der **EuroVelo** (www.eurovelo.org) durchqueren Ungarn, darunter der neue sogenannte Iron Curtain Trail (Europa-Radweg Eiserner Vorhang, Route 13). Sie wurden von der **European Cycling Federation** (www.ecf.com) gefördert.

Viele Städte, wie etwa Budapest, Szeged, Kecskemét und Esztergom, haben ausgewiesene Radwege in der Stadt. Die Donauschleife ist unter anderen am besten geeignet, um die Gegend auf zwei Rädern zu erkunden. Am Plattensee gibt es einen 200 km langen Radweg, der rund um den See führt.

Auf Autobahnen und den Schnellstraßen 0-9 dürfen keine Fahrräder fahren. Auf bestimmten Zugstrecken können Räder in dafür vorgesehenen Wagons mitgenommen werden. Das kostet 235 Ft pro 50 km Fahrstrecke.

Die Touristeninformationen vor Ort geben gute Auskunft zu möglichen Routen; einige sind sogar auf der Website des Staatlichen Ungarischen Touristikverbands verzeichnet. Frigoria hat den praktischen, mehrsprachigen Radwanderführer *Hungary Cycling Atlas* herausgegeben, der 100 Touren plus interessante Orte und Service Center beschreibt. **Happy Bike** (www.happybike.hu) organisiert anspruchsvolle einwöchige Radtouren am Plattensee und an der Donauschleife. **Velo-Touring** (www.velo-touring.hu) bietet eine große Auswahl an mehrtägigen Ausflügen in alle Regionen, angefangen von einer seniorengerechten neuntägigen Weintour durch das Südliche Transdanubien (1559 €) bis zu einer achttägigen Spa-und-Weintour in die Region Tokaj (659 €). **Eco-tours** (www.ecotours.hu) bietet Radtouren mit Camping durch Transdanubien (6 Tage, 580 €), das Sempliner Gebirge (5 Tage, 480 €) und rund um den Plattensee (3 Tage, 250 €).

The Danube Cycleway von John Higginson zeichnet den 2875 km langen Donauradweg von Donaueschingen (Deutschland) durch die Slowakei und Ungarn bis zur Mündung im Schwarzen Meer nach.

Kanu- & Kajakfahren

Viele der mehr als 4000 km langen Wasserwege Ungarns sind von April bis September per *kajak* (Kajak) oder *kenu* (Kanu) schiffbar. Die berühmteste Langstreckentour führt auf der Donau von Rajka nach Mohács (386 km) und auf der Theiß (Tisza) von Tiszabecs nach Szeged (570 km). Boote kann man gut in Touristenzentren wie Tiszafüred und Tokaj leihen.

Ecotours (s. oben) veranstaltet einwöchige Kanu- und Campingausflüge auf der Donau für etwa 600 € (Zeltverleih und Verpflegung extra), aber auch kürzere Trips an der Donauschleife und auf der Theiß. Der in Tokaj ansässige Veranstalter Kékcápák (S. 276) organisiert viertägige Ausflüge auf den kleineren Flüssen im Norden und Osten des Landes.

Wandern

Die Wälder des Bükk-Gebirges bei Eger eignen sich am besten für ernsthaftes Trekking; ein Großteil des Nationalparks ist für den Autoverkehr gesperrt. Das Mátra- und das Sempliner Gebirge, jeweils Richtung Osten und Westen, bieten ebenfalls Möglichkeiten zum Wandern. In den Wäldern rund um Visegrád, Esztergom und Budapest gibt es ebenfalls gute Kurzwanderwege.

Cartographia (www.cartographia.hu) hat zwei Dutzend Wanderkarten für die Berge, die Ebenen und die Wälder Ungarns herausgegeben. Auf allen Wanderkarten erscheinen die Wege als rote Linie mit einem Buchstaben, der die Farb-Zahl-Kodierung des Trails angibt. Die Farben finden sich an Bäumen wieder, oder der Anfangsbuchstabe des ungarischen Wortes für die Farbe steht auf einem Schild: „K" für *kék* (blau), „P" für *piros* (rot), „S" für *sárga* (gelb) und „Z" für *zöld* (grün).

Angeln

In Ungarns Seen und träge fließenden Flüssen sind Hecht, Barsch, Karpfen und andere gewöhnliche Fische beheimatet. Die Einheimischen angeln eigentlich überall, aber der Plattensee und der Theiß-See (Tiszafüred) sind besonders beliebt.

Man benötigt eine ein Jahr gültige staatliche Angelerlaubnis, aber auch eine vor Ort ausgestellte, die dann einen Tag, eine Woche oder ein Jahr für ein spezielles Gebiet gültig ist. Diese regional gültige Erlaubnis bekommt man normalerweise in Geschäften mit Anglerbedarf, Angelclubs und bei Fischereigesellschaften. Der **Nationale Ungarische Anglerverband** (MOHOSZ; ☎1-248 2590; www.mohosz.hu; XII., Korompai utca 17, Budapest) verkauft die staatlichen Angelscheine.

Praktische Informationen

ALLGEMEINE INFORMATIONEN...324
- Arbeiten in Ungarn...... 324
- Botschaften & Konsulate............ 324
- Ermäßigungen 324
- Essen & Trinken 324
- Feiertage 325
- Frauen unterwegs 325
- Freiwilligendienst 325
- Geld 325
- Gesundheit 326
- Internetzugang..........327
- Karten & Stadtpläne 327
- Öffnungszeiten..........327
- Post................... 328
- Rechtsfragen........... 328
- Reisen mit Behinderung............ 328
- Schwule & Lesben 328
- Sicher reisen........... 329
- Strom................. 329
- Telefon 329
- Toiletten............... 330
- Touristeninformation.... 330
- Unterkunft............. 330
- Versicherung........... 332
- Visa................... 332
- Zeit 332
- Zoll 332

VERKEHRSMITTEL & -WEGE............333
- AN- WEITERREISE 333
- Einreise 333
- Mit dem Flugzeug 333
- Auf dem Landweg 333
- UNTERWEGS VOR ORT...335
- Auto & Motorrad 335
- Bus 336
- Fahrrad................ 338
- Fähre/Schiff 338
- Flugzeug 338
- Nahverkehr 338
- Zug 339

SPRACHE..........341
- GLOSSAR 346

Allgemeine Informationen

Arbeiten in Ungarn

Ungarn braucht dringend ausländische Arbeitnehmer in der IT- und Telekommunikationsbranche, aber auch Englischlehrer. Es ist als EU-Bürger recht einfach, sich in diesen Bereichen zu bewerben; Bürger anderer Nationalitäten werden jedoch nur dann eingestellt, wenn die entsprechende Firma nachweisen kann, dass sie keinen geeigneten ungarischen Bewerber für eine angebotene Stelle bekommen konnte. Nützliche Websites sind www.jobsinbudapest.eu und www.budapestjobs.net, wenn man nach einer professionellen Stelle in der Hauptstadt sucht.

Botschaften & Konsulate

Hier sind nur einige ausgewählte Länder mit diplomatischen Vertretungen in Budapest (die Vorwahl ist 1) aufgeführt. Die Öffnungszeiten geben an, zu welchen Zeiten konsularische Dienste in Anspruch genommen werden können, allerdings sollte man sich immer noch einmal vergewissern, da die Zeiten sich häufig ändern.

Amerikanische Botschaft (1-475 4400; https://hungary.usembassy.gov; V., Szabadság tér 12; Mo–Fr 8–17 Uhr; M3 Arany János utca)

Deutsche Botschaft (1-488 3567; www.budapest.diplo.de; I., Úri utca 64–66; Mo–Fr 9–12, Sa 13–15.30 Uhr; 16, 16A, 116)

Österreichische Botschaft (1-479 7010; www.bmeia.gv.at/botschaft/budapest.html; VI., Benczúr utca 16; Mo–Fr 9–11 Uhr; M1 Bajza utca)

Schweizerische Botschaft (1-460 7040; www.eda.admin.ch/budapest; XIV., Stéfanià út 107). Sie ist jedoch nur für die diplomatischen Beziehungen der Schweiz zu Ungarn zuständig. Konsularische Angelegenheiten laufen über die Botschaft in Wien: Schweizerische Botschaft (+43-1-795 05; Prinz-Eugen-Straße 9a, 1030 Wien)

Ermäßigungen

Hungary Card

Wer viel in Ungarn umherreisen möchte, sollte sich vielleicht eine **Hungary Card** (www.hungarycard.hu) besorgen, die es in drei verschiedenen Preislagen gibt (Basic/Standard/Plus 5000/8000/12 000 Ft). Je nach Preislage hat man dann u. a. landesweit freien Eintritt in viele Museen, 50 % Ermäßigung auf einige Bahn-, Bus- und Fährtickets sowie weitere Museen und Sehenswürdigkeiten. Bis zu 20 % Nachlass gibt es auch in Unterkünften sowie 25 % auf die Budapest-Karte. Die Hungary Card gibt es in allen Tourinform-Büros.

Regionale Ermäßigungskarten

Einige Regionen Ungarns bieten regional geltende Ermäßigungskarten an. Dazu gehören die Budapest-Karte, die Balaton Card und die Badacsony Card.

Studenten- & Jugendausweise

Der **Internationale Studentenausweis** (**International Student Identity Card**) (ISIC; www.isic.org; 2610 Ft) ermöglicht Studenten Nachlässe in manchen Verkehrsmitteln und verbilligten Eintritt in Museen und andere Sehenswürdigkeiten. Wer unter 26 Jahre alt, aber nicht Student ist, kann die **International Youth Travel Card** (IYTC; 2050 Ft) von ISIC oder die **Euro<26 card** (2500 Ft) von der **European Youth Card Association** (EYCA; www.eyca.org) beantragen. Beide gewähren dieselben Rabatte wie der Studentenausweis.

Essen & Trinken

In Ungarn, aber besonders in Budapest, wächst das Angebot an Restaurants stetig. In den meisten Esslokalen genügt es, einen Tag im Voraus oder auch gar nicht zu reservieren. In vornehmeren Häusern in Budapest sollte man seinen Tisch in jedem Fall ein bis zwei Wochen vorher buchen.

→ **Restaurants** Reichen von preiswerten ungarischen bis zu feinen Sushi-Restaurants und Michelin-gekürten Etablissements.

→ **Vendéglő** Lokale Küche, die typischerweise preiswerte Hausmacherkost serviert.

→ **Cafés** Sind tagsüber geöffnet und ideal für einen Kaffee, ein Stück Kuchen und leichte (manchmal auch nahrhaftere) Speisen.

→ **Csárda** Typischerweise eher rustikale Lokale, die große Portionen typisch ungarischer Kost servieren und oft dazu Zigeunermusik bieten.

Feiertage

In Ungarn werden im Jahr zehn Feiertage (*ünnep*) begangen.

Neujahr 1. Januar

Gedenktag Märzrevolution 1848 15. März

Ostermontag März/April

Tag der Arbeit 1. Mai

Pfingstmontag Mai/Juni

Nationalfeiertag 20. August

Gedenktag Volksaufstand 1956/ Tag der Republik 23. Oktober

Allerheiligen 1. November

Weihnachten 25. & 26. Dezember

Frauen unterwegs

Frauen werden in der Regel außer auf ein leichtes Machoverhalten auf keine besonderen Probleme stoßen, wenn sie durch Ungarn reisen. Wer doch Hilfe und/oder Informationen braucht, wendet sich an die **Frauenrechtsorganisation NANE** (06 40 630 006; www.nane.hu; Mo & Mi 10–18, Fr bis 14 Uhr).

Freiwilligendienst

→ AIESEC (www.aiesec.org) betreibt in Ungarn Freiwilligenprogramme von verschiedener Länge im Bereich Bildung, Unterricht und nachhaltiges Leben.

→ United Way Hungary (www.unitedway.hu) nimmt Freiwillige, die mit Kindern arbeiten möchten, für drei Monate oder länger.

→ Alternativ können Backpacker aus europäischen Ländern oft in Budapester Hostels freiwillig arbeiten und dafür dann umsonst dort wohnen.

Geld

Geldautomaten

→ Alle größeren Banken sind mit Geldautomaten ausgerüstet, wovon die meisten auch ausländische Karten akzeptieren. Sie sind weit verbreitet, besonders in Budapest und in den größeren Städten.

→ Einige Geldautomaten an den Zweigstellen der Országos Takarékpénztár (OTP), der Landessparkasse, geben 20 000-Ft-Scheine heraus, die häufig nicht ohne Schwierigkeiten zu wechseln sind.

→ Es gibt immer mehr Euronet-Geldautomaten, die sowohl Forint als auch Euros herausgeben. Sie finden sich vor allem in den Touristenhochburgen und bieten jedoch einen vergleichsweise schlechten Kurs, sodass es für die Besucher sinnvoller ist, an den Geldautomaten der größeren Banken Geld zu ziehen.

Geldwechsel

Die besten Wechselkurse bekommt man eher in Banken als in Wechselstuben.

Kredit- & Debitkarten

Kreditkarten, besonders Visa, MasterCard und American Express, werden in Ungarn weitgehend akzeptiert. Sie sind in vielen Restaurants, Geschäften, Hotels, Autoverleihfirmen, Reisebüros und Tankstellen einsetzbar. An Bahnhöfen und Busbahnhöfen kann man sie an Fahrkartenautomaten nutzen, aber selten am Schalter. Viele Banken geben auch Bargeld auf Kreditkarten heraus, aber dafür berechnen sie sowohl Gebühren als auch Vorschusszinsen.

Eine weitere gute Alternative zu Kreditkarten ist der **Travelex Cash Passport** (www.travelex.com): eine Prepaid-Reisekarte, die man vor Reisebeginn mit einem bestimmten Betrag auflädt und von der dann vor Ort Bargeld in der Landeswährung abgebucht werden kann.

Steuern & Erstattungen

Die ÁFA, eine Mehrwertsteuer von bis zu 27 %, wird auf alle neuen Dinge, die man in Ungarn kauft, aufgeschlagen.

PREISKATEGORIEN: RESTAURANTS

Die folgenden Preise beziehen sich auf ein Hauptgericht in den Regionen und ein 2-Gänge-Menü mit Getränk in Budapest.

Budapest

€ unter 3500 Ft

€€ 3500–7500 Ft

€€€ über 7500 Ft

Regionen

€ unter 2000 Ft

€€ 2000–3500 Ft

€€€ über 3500 Ft

Meist ist sie im ausgewiesenen Preis inbegriffen, aber nicht immer. Besucher sind hiervon nicht ausgenommen, aber Bürger aus Ländern außerhalb der EU können Rückerstattungen bei Beträgen von mindestens 52 000 Ft pro Rechnung zurückfordern, solange sie die gekauften Artikel innerhalb von 90 Tagen außer Landes (bzw. auch aus der EU) bringen.

Die ÁFA-Belege (beim Kauf erhältlich) sollten an der Grenze vom Zoll gestempelt werden, und der Erstattungsantrag sollte dann innerhalb der nächsten 183 Tage nach Verlassen des Landes gestellt werden. Der Erstattungsbetrag – abzüglich einer Bearbeitungsgebühr – kann am Schalter für Mehrwertsteuererstattung in den Terminals 2A und B am Flughafen in Budapest abgeholt werden. Alternativ kann die Erstattung auch bei Niederlassungen der Reisebürokette IBUSZ an den Grenzübergängen ausbezahlt werden.

Währung

➜ Die ungarische Währung ist der Forint (Ft). Münzen gibt es zu 5, 10, 20, 50, 100 und 200 Ft. Scheine sind in sieben Größen im Umlauf: 500, 1000, 2000, 5000, 10 000 und 20 000 Ft.

➜ Die Preise in Läden und Restaurants sind immer in Forint angegeben. Viele Hotels und Gästehäuser weisen ihre Preise in Euro aus. In solchen Fällen kann man dann meist entweder in Euro oder auch in Forint zahlen. Es ist jedoch empfehlenswert, in Forint zu bezahlen, weil der Wechselkurs eher ungünstig sein wird.

➜ Es ist immer klug, etwas eigene Währung in bar dabei zu haben – am besten Euro oder US-Dollar – falls kein Geldautomat in der Nähe ist.

TRINKGELD

Trinkgeld ist in Ungarn sehr verbreitet.

➜ **Bars** 30 bis 50 Ft pro Getränk an der Theke; mit Bedienung am Tisch gibt man 10 % der Gesamtsumme.

➜ **Friseure** 10 % des Preises für den Haarschnitt ist angemessen.

➜ **Hotels** 500 Ft für Gepäck, 200 bis 300 Ft pro Tag für das Zimmermädchen.

➜ **Restaurants** Für einen anständigen Service 10 %; bis zu 15 % in gehobeneren Lokalen; 12,5 % Bedienungsgeld ist oft schon in der Rechnung enthalten.

➜ **Tankstellen & Thermalbäder** Das Personal erwartet etwas Kleingeld.

➜ **Taxis** Einfach den Fahrpreis aufrunden!

In Budapest und anderen touristisch geprägten Orten schlagen viele Restaurants mittlerweile automatisch ein Trinkgeld von 10 % auf. Man sollte nachfragen, wenn man nicht sicher ist, ob der Service inbegriffen ist. Das Trinkgeld darf auf keinen Fall einfach auf dem Tisch liegenlassen – das gilt als ungehobelt –, sondern dem Kellner den Betrag nennen, den man zahlen möchte. Wenn die Rechnung sich beispielsweise auf 3600 Ft beläuft und man mit einem 5000-Ft-Schein zahlt und dem Kellner ein Trinkgeld von etwa 10 % zukommen lassen möchte, sagt man ihm einfach 4000 Ft oder, dass man 1000 Ft zurückhaben möchte.

Gesundheit

Eine gute Gesundheit während der Reise hängt von den Vorbereitungen vor Reiseantritt, der täglichen Gesundheitspflege unterwegs und der Art und Weise, wie man gesundheitliche Probleme vor Ort behandelt, ab. In Ungarn lässt sich gut reisen und Medikamente sind überall leicht zu bekommen (wer jedoch verschreibungspflichtige Medikamente braucht, bringt diese am besten von zu Hause mit) und Gefahren für die Gesundheit gibt es nur wenige.

Vor der Reise
IMPFUNGEN

Für ganz Ungarn benötigen Reisende aus anderen Ländern keine besonderen Impfungen, aber die Weltgesundheitsorganisation (WHO) empfiehlt den Impfschutz gegen Diphtherie, Tetanus, Masern, Mumps, Röteln und Kinderlähmung (Polio).

KRANKENVERSICHERUNG

➜ Als EU-Bürger genügt eine Europäische Krankenversicherungskarte (European Health Insurance Card; EHIC; in Gesundheitszentren erhältlich) für eine medizinische Versorgung. Sie deckt allerdings nur Notfallbehandlungen ab und schließt auch keinen notfallbedingten Rücktransport ins Heimatland mit ein. Bürger aus anderen Ländern sollten prüfen, ob ihr Land ein wechselseitiges Abkommen mit Ungarn hat, das eine kostenlose medizinische Versorgung in Ungarn regelt.

➜ Ausländer sind in Ungarn nur zu Erste-Hilfe-Maßnahmen und Krankentransport berechtigt, wenn sie einen Unfall erlitten haben und sofortige medizinische Hilfe benötigen; Folgebehandlungen und Medikamente müssen selbst bezahlt werden.

➜ Wer keine gesonderte Reisekrankenversicherung abschließt, sollte im Voraus mit der eigenen Krankenversicherung klären, ob diese direkt mit dem behandelnden Arzt oder dem Krankenhaus abrechnet oder die vor Ort geleisteten Zahlungen des Patienten später zurückerstattet. Die erste Variante ist natürlich besser. Sollte man doch eine Rückerstattungen beantragen müssen, empfiehlt es sich, alle Belege gut aufzubewahren.

In Ungarn
INSEKTENSTICHE

Die durch Zeckenbisse übertragene Enzephalitis, eine gefährliche Hirnhautentzündung, stellt in Teilen Ungarns eine verbreitete Gefahr dar. Impfungen empfehlen sich für Camper und Wanderer, besonders von Mai bis September in Transdanubien und im Nördlichen Mittelgebirge.

Borreliose ist eine weitere Infektionskrankheit, die durch Zecken übertragen wird und in Mittel- und Osteuropa durchaus verbreitet ist. Die Krankheit beginnt in der Regel mit einem Ausschlag rund um die Bissstelle und wird von Fieber, Kopfschmerzen, extremer Schwäche, Gelenk- und Muskelschmerzen und einer leichten Nackensteife begleitet. Unbehandelt, verschwinden diese Symptome meist nach einigen Wochen oder Monaten, aber danach können auch das Nervensystem, Herz und die Gelenke angegriffen werden. Schutz bieten lange Hosen und lange Ärmel, besonders bei Wanderungen durch die Wälder.

Stechmücken sind vor allem im Sommer an den ungarischen Seen und Flüssen eine regelrechte Plage. Daher ist es wichtig, immer mit auf DEET basierendem Insektenschutz bewaffnet zu sein und besonders in der Abenddämmerung lange Hosen und Hemden zu tragen.

LEITUNGSWASSER

Leitungswasser ist in Ungarn sicheres Trinkwasser.

MEDIZINISCHEN VERSORGUNG & KOSTEN

➡ Die medizinische Versorgung in Ungarn ist in der Regel genauso gut wie in den meisten westlichen Ländern, aber weniger bei komplizierten Fällen als vielmehr bei normalen Alltagskrankheiten. Die Behandlung in einer öffentlichen Ambulanzklinik (*rendelő intézet*) kostet nur wenig, aber private Arztbehandlungen sind weitaus teurer. Ganz grob gemessen, kostet eine Beratung in einer Arztpraxis (*orvosi rendelő*) ab 8000 Ft, während für einen Hausbesuch rund 12 000 Ft und mehr berechnet werden.

➡ In den meisten großen Städten und in allen 23 Bezirken von Budapest gibt es Apotheken mit abwechselndem 24-Stunden-Notdienst (*gyógyszertár* oder *patika*). An jeder Apotheke steht ein Schild, das auf die nächstgelegene diensthabende Apotheke verweist.

➡ Der zahnärztliche Notdienst ist leicht zu finden und kostet nur wenig, da es in vielen ungarischen Städten zahlreiche Zahnärzte gibt.

SICHERER SEX

Die Anzahl der Menschen in Ungarn, die mit AIDS registriert oder HIV-positiv getestet sind, ist relative klein (rund 1100), allerdings schätzen ungarische Epidemiologen die Dunkelziffer viel höher ein (rund 3000 oder gar mehr). Diese Zahl könnte sich recht schnell potenzieren, weil Budapest für sich den Titel „Hauptstadt der Sexindustrie Ost- und Mitteleuropas" reklamiert hat. Eine AIDS-Hotline in Budapest ist die **Anonyme AIDS-Gesellschaft** (☎ 1-466 9283; www.anonimaids.hu; XI., Karolina út 35/b; ⊙ Mo & Mi 17–20, Di & Fr 9–12 Uhr; ⓠ 61).

➡ Viele Bibliotheken haben kostenlose (oder fast kostenlose) Terminals.

➡ Internetcafés sind im Aussterben begriffen, weil heute fast jeder ein Smartphone besitzt, und es immer mehr freie Hot Spots gibt.

➡ Fast alle Hostels und Hotels bieten Internet und/oder WLAN, meist kostenlos oder gegen eine kleine Gebühr an.

➡ An den wichtigsten Flughafen und in den meisten Restaurants/Cafés (besonders in Budapest) gibt es WLAN.

Karten & Stadtpläne

Ungarns größter Kartenhersteller ist Cartographia, der eine praktische Landkarte im Maßstab 1:450 000 herausgibt, aber auch Stadtpläne aller wichtigen Städte. Die Karten sind meist an Kiosken erhältlich. Der Straßenatlas Ungarn (*Magyarország autó-atlasza*) im Maßstab von 1:250 000 ist unerlässlich, wenn man viel mit dem Auto durchs Land fahren möchte. Die ungarischen Buchläden haben in der Regel eine ganze Bandbreite an Kartenmaterial auf Lager, oder man geht direkt zum **Cartographia-Laden** (Karte S. 82; ☎ 1-312 6001; www.cartographia.hu; VI., Bajcsy-Zsilinszky út 37; ⊙ Mo–Fr 9–17 Uhr; Ⓜ M3 Arany János utca) in Budapest.

Cartographia stellt auch landesweit oder regional geltende Karten und Wanderkarten (durchschnittlich im Maßstab von 1:40 000 und 1:60 000) her, aber auch Stadtpläne (1:11 000 bis 1:20 000). Kleinere Firmen, wie **Topográf** (www.topograf.hu) und **Magyar Térképház** (www.terkephaz.hu), geben auch gute Stadtpläne und Spezialkarten heraus.

Öffnungszeiten

Infos zu den normalen Öffnungszeiten in Ungarn siehe S. 17.

Internetzugang

In Ungarn ist man generell gut vernetzt.

PRAKTISCH & KONKRET

➜ **Zeitungen** Die wichtigste deutschsprachige Zeitung in Budapest ist die *Budapester Zeitung*, deren Schwerpunkte Politik, Wirtschaft, Kultur und lokale Themen in Budapest bilden. Sie erscheint wöchentlich (www.budapester.hu). Darüber hinaus ist das Angebot an deutschsprachiger Presse recht vielfältig: Wochenzeitungen, Fachzeitschriften, Reise-, Wirtschafts- und Lifestylemagazine. Zwei englischsprachige Zeitungen bilden ein weiteres Angebot der internationalen Presse: die *Budapest Times* (nur online) mit guten Besprechungen und Kommentaren und das vierzehntägig herausgebrachte *Budapest Business Journal*.

➜ **Radio** Magyar Radio hat drei wichtige Sender: MR1-Kossuth (107.8 FM; Jazz, Kommentare und Nachrichten); MR2-Petőfi (94.8 FM; Popmusik) und MR3-Bartók (105.3 FM; klassische Musik). Sláger FM (103.9 FM) sendet eine gute Mischung aus regionaler und internationaler Popmusik und Rádió C (88.8 FM) behandelt Themen für die Roma.

➜ **TV & DVD** Wie Australien und die meisten Länder Europas nutzt Ungarn das Fernsehsystem PAL, das jedoch nicht kompatibel ist mit dem nordamerikanischen und japanischen NTCS-System.

➜ **Maße & Gewichte** In Ungarn wird das metrische System verwendet.

Post

Der **Ungarische Postdienst** (Magyar Posta; www.posta.hu) arbeitet recht verlässlich, aber in den Postämtern geht es meist nur sehr langsam voran, sodass man Briefmarken (*bélyeg*) besser an Zeitungsständen kauft.

Das Porto für Postkarten oder Briefe innerhalb Ungarns kostet 135/115 Ft, innerhalb/außerhalb Europas 305/355 Ft. In Postämtern stellt man sich dafür an Schaltern mit dem Briefumschlagschild an.

Um ein Paket aufzugeben sucht man im Postamt das Schild „Csomagfeladás" oder „Csomagfelvétel", aber besser nichts Wertvolles in die Post geben. Falls es unbedingt notwendig ist, ein Paket zu verschicken, sollte man den sicheren Postweg wählen, in dem man ein *ajánlott-levél*-Formular ausfüllt, das dann abgestempelt wird und das aufbewahrt werden sollte. Das Paket hat dann eine registrierte Nummer, anhand derer es identifiziert werden kann.

Ungarische Adressen beginnen mit dem Namen des Empfängers, gefolgt von der Postleitzahl mit der Stadt, und dann kommt der Straßenname mit der Hausnummer. Die Postleitzahl besteht aus vier Ziffern. Die erste davon weist auf den Ort oder die Region hin (so steht die „1" für Budapest und die „6" für Szeged), die zweite und dritte steht für den Bezirk und die letzte für das Wohnviertel.

Rechtsfragen

Wer das ungarische Gesetz, selbst wenn dies unwissentlich geschieht, bricht, kann ausgewiesen, verhaftet und/oder eingesperrt werden. Die Strafen für den Besitz oder den Handel mit illegalen Drogen sind in Ungarn hoch. Verurteilte Straftäter müssen mit recht langen Gefängnisstrafen und saftigen Bußgeldern rechnen.

Im Straßenverkehr gibt es keinerlei Pardon beim Fahren unter Alkoholeinfluss. Die Polizei führt Routinekontrollen am Straßenrand durch, und wenn das Blasröhrchen auch nur 0,5 Promille Alkohol im Blut anzeigt, droht eine Geldstrafe von bis zu 300 000 Ft, die sofort fällig wird. Also ist es besser, überhaupt nichts zu trinken. Bei einem Unfall gilt der alkoholisierte Beteiligte automatisch als schuldig.

Reisen mit Behinderung

Ungarn hat in den letzten Jahren große Anstrengungen unternommen, um öffentliche Bereiche und Einrichtungen für Menschen mit Behinderungen zugänglicher zu machen. Es gibt Rollstuhlrampen, Behindertentoiletten und Türen, die nach innen aufgehen, aber dies ist noch nicht so verbreitet wie in Westeuropa. Für stark Sehgeschädigte und Blinde werden die Ampeln in größeren Städten immer mehr auch mit akustischen Signalen versehen.

Weitere Infos beim **Ungarischen Behindertenverband** (MEOSZ; Karte S. 72; ☎1-388 2387; www.meoszinfo.hu; III., San Marco utca 76; ⓘMo–Fr 8–16 Uhr).

Von http://lptravel.to/AccessibleTravel kann man kostenlos den Lonely-Planet-Reiseführer Accessible Travel herunterladen.

Schwule & Lesben

In jüngerer Vergangenheit hat es einige gewaltsame, rechtsgerichtete Demonstrationen als Reaktion auf die Budapester Pride-Festivitäten gegeben. Die ungarische Gesellschaft hält weitgehend an konservativen Ansichten fest, aber so langsam ändern sich die Einstellungen. In Budapest (aber nirgendwo sonst) gibt es eine gute Schwulenszene mit lebendigem Nachtleben. Budapest war zudem im Jahre 2012 Austragungsort der Euro-Games – Europas größtem schwulenfreundlichen Sportereignis.

Der **Háttér-Verband für Schwule & Lesben** (⌕1-238 0046; www.hatter.hu) betreibt täglich eine Hotline für Tipps und Hilfestellungen.

Die **Lesbenvereinigung Labrisz** (⌕1-252 3566; www.labrisz.hu) gibt Infos zur ungarischen Lesbenszene.

Sicher reisen

➔ An beliebten Sehenswürdigkeiten, in ausländischen Fast-Food-Ketten, in der Nähe größerer Hotels und auf Flohmärkten sind Taschendiebstähle leider an der Tagesordnung. Manchmal arbeiten mehrere Diebe zusammen, indem einer das Opfer ablenkt, etwa durch Zusammenstoß und umständliche Entschuldigung, während sich der Komplize mit der Beute davonmacht.

➔ Diebstähle aus Leihwagen ereignen sich ebenfalls häufig. Deshalb auf keinen Fall Wertsachen, auch kein Gepäck, im Auto lassen.

➔ Heutzutage kommt es nur selten vor, dass Kellner absichtlich eine falsche Rechnung ausstellen oder den Service mit auf die Rechnung setzen und dann noch ein zusätzliches Trinkgeld erwarten. Wer einen Betrug vermutet, lässt sich am besten noch einmal die Speisekarte geben und prüft die Rechnung dann noch einmal sorgfältig.

➔ Vereinzelt kommt es auch vor, vor allem in Budapest, dass Taxifahrer es ausnutzen, dass ihre Fahrgäste sich mit der fremden Währung nicht gut genug auskennen. Sie geben bei Bezahlung mit großen Scheinen kleinere Scheine heraus, behaupten aber, sie hätten die Gesamtsumme lediglich gewechselt und fordern dann noch die Bezahlung. Also am besten immer nur ein Taxi eines renommierten Unternehmens nehmen und aufpassen, wie viel Bargeld man genau gegeben hat. Zu den guten Taxiunternehmen gehören etwa **Budapest Taxi** (⌕1-777 7777; www.budapesttaxi.hu) und **Fő Taxi** (⌕1-222 2222; www.fotaxi.hu).

Strom

**Type E
230V/50Hz**

Telefon

In Ungarn ist das Mobilfunknetz weitreichend ausgebaut. Öffentliche Telefone können für Inlands- und Auslandsgespräche benutzt werden, allerdings werden sie mittlerweile nach und nach überflüssig, weil das Anrufen mit dem Handy recht preiswert ist oder man per Skype, über VOIP oder auf anderen Wegen leicht Kontakt aufnehmen kann.

Inlands- & Auslandsgespräche

➔ Alle Orte in Ungarn haben eine zweistellige Vorwahlnummer, außer Budapest, das nur die „1" hat.

➔ Für ein Ortsgespräch wählt man einfach die Teilnehmernummer (in Budapest siebenstellig, andernorts sechsstellig).

➔ Wenn man innerhalb Ungarns übers Festnetz oder eine Handynummer anruft, wählt man ⌕06, plus Ortsvorwahl und dann die Teilnehmernummer.

➔ Preiswertere oder gebührenfreie Rufnummern beginnen jeweils mit ⌕06 40 und ⌕06 80.

➔ Wer ein internationales Gespräch führen möchte, wählt ⌕00, dann die Landesvorwahl, die Ortsvorwahl und dann die Anschlussnummer selbst.

➔ Die Landesvorwahl für Ungarn ist ⌕36.

Mobiltelefon

➔ Die drei wichtigsten Mobilanbieter sind: **Telenor**, **T-Mobile** und **Vodafone**.

➔ Anruf- und SMS-Gebühren sind ja mittlerweile flächendeckend standardisiert, und immer mehr Provider gleichen die Gebühren im Ausland an die im Inland an.

➔ Man kann sich auch von einem der drei Anbieter eine aufladbare Prepaid-SIM-Karte zulegen, aber es lohnt sich, vorher beim eigenen Anbieter zu prüfen, ob es dort nicht sogar noch preiswertere Tarife im eigenen Netz gibt.

Telefonkarten

Inlands- oder Auslandsgespräche können von öffentlichen Telefonen geführt werden; sie nehmen entweder Münzen oder Telefonkarten. Telefonkarten von **NeoPhone** (www.web.neophone.hu) gibt es zu 1000, 2000, 5000 und 10 000 Ft in Postämtern und an Zeitschriftenständen. Andere preiswerte Telefon-

NOTRUFNUMMERN	
Ländervorwahl Ungarn	+36
Europaweite Notrufnummer Für englisch-, deutsch- und französischsprachige Anrufer	112
Feuer	105
Krankenwagen	104
Polizei	107

karten, wie etwa von **No Limits** (www.nolimits.hu), bieten auch gute Gebühren für Auslandsgespräche an.

Toiletten

→ Öffentliche Toiletten sind in Ungarn relativ häufig zu finden, aber oft in einem erbärmlichen Zustand.

→ Meist wird eine Gebühr von 200 bis 300 Ft fällig.

Touristen-information

Der **Nationale ungarische Touristikverband** unterhält eine Kette mit etwa 130 Touristenbüros im ganzen Lande, die sich **Tourinform** (aus dem Ausland 36 1 438 80 80; www.tourinform.hu; Mo-Fr 8-20 Uhr) nennt. Das sind die idealen Orte, um allgemeine Infos und Broschüren zu bekommen – manchmal können sie auch umfassendere Hilfe bieten.

Budapest Tourism (www.budapestinfo.hu) liefert viele praktische Informationen über die Hauptstadt und ihre Angebote.

Unterkunft

In Ungarn gibt es ein großes Angebot an Unterkünften. Wer im Juli oder August nach Budapest, zum Plattensee oder zur Donauschleife reisen möchte, sollte einige Monate im Voraus buchen.

Camping Hier reicht die Palette von privaten Plätzen mit nur wenig Ausstattung bis hin zu großen Campinganlagen mit Swimming Pool.

Hostels Preiswert, besonders in Budapest angesiedelt und mit vielen Annehmlichkeiten für Backpacker.

Hotels Hier gibt es alles, von brutalistischer Architektur aus sozialistischer Zeit bis zu eleganten 5-Sterne-Hotels, skurrilen Boutiquehotels und umgebauten Burgen und Schlössern.

Pensionen, Gasthäuser und B&Bs Viele sind gemütlich, familiengeführt mit allen Annehmlichkeiten eines kleinen Hotels.

Privathäuser und Apartments Hier kann man ein Zimmer oder die ganze Unterkunft buchen, (in der Regel) mit englischsprachigem Gastgeber.

Buchungen

Camping Eine der besten Möglichkeiten, in einer bestimmten Region des Landes einen Campingplatz zu finden, ist en.camping.info; eine weitere gute Website ist www.camping.hu.

Bauernhöfe Infos bei **Tourinform** (aus dem Ausland 36 1 438 80 80; www.tourinform.hu; Mo-Fr 8-20 Uhr) oder der **Ungarischer Verband für ländlichen Tourismus & Agrartourismus** (FATOSZ; Karte S. 90; 1-352 9804; www.fatozs.eu; VII., Király utca 93; O-Bus 70, 78) oder beim **Zentrum für ländlichen Tourismus** (Karte S. 90; 1-788-9932; www.falutur.hu; VII., Dohány utca 86; 4, 6) in Budapest.

Hostels Das Ungarische Jugendherbergswerk (www.miszsz.hu) führt einige Hostels auf, die mit Hostelling International (HI) verbunden sind, aber nicht alle gewähren Ermäßigungen für HI-Mitglieder. Praktische Websites für Online-Buchungen sind unter anderem www.hostelworld.com und www.hihostels.hu.

Pensionen, Gasthäuser & B&Bs Eine gute Website ist www.panzio.lap.hu.

Camping

Campingplätze sind hierzulande die preiswerteste Übernachtungsoption. Es gibt kleine, private, aber auch große, voll ausgestattete Plätze für Wohnmobile. Bei den großen Plätzen gibt es oft auch ein Restaurant dabei. Im Durchschnitt bezahlt man um die 1100 Ft pro Zelt, plus weitere 1300 Ft pro Person, aber in der Hochsaison kann es z. B. am Plattensee erheblich mehr sein.

Die meisten Campingplätze haben in der Zeit von April oder Mai bis zum September oder Oktober geöffnet. Einige von ihnen bieten auch einfache Bungalows an (üdölőházak oder faházak), die preislich etwa zwischen 4000 und 21 500 Ft liegen; während der Hochsaison im Sommer empfiehlt es sich auf jeden Fall, rechtzeitig vorzubuchen. Ein Internationaler Campingausweis (Camping Card International; www.campingcardinternational.com) bringt manchmal eine Ermäßigung von bis zu 10 %. Wildes Campen ist in Ungarn grundsätzlich überall verboten.

UNTERKÜNFTE ONLINE BUCHEN

Weitere Informationen und Kommentare zu Unterkünften von Lonely Planet Autoren finden sich unter http://lonelyplanet.com/hotels/. Hier gibt es Insider-Auskünfte und Empfehlungen für die besten Übernachtungsplätze. Und das Allerbeste: Es besteht die Möglichkeit, gleich online zu buchen.

Ferien auf dem Bauernhof

Wer Dorftourismus liebt, wird bestens in das Leben auf dem Lande eingeführt, indem er auf einem Bauernhof Urlaub macht. Die meisten dieser Höfe liegen jedoch echt abgelegen, und man braucht auf jeden Fall ein eigenes Fahrzeug und einige Grundkenntnisse der ungarischen Sprache.

Hostels

In den letzten zehn Jahren ist die Jugendherbergsszene *(ifjúsági szállók)* in Budapest förmlich explodiert, sodass Backpacker nun eine riesige Auswahl haben. Im restlichen Lande sind gute Hostels jedoch immer noch eher selten.

In einem Budapester Hostel kostet ein Schlafsaalbett zwischen 3000 und 4000 Ft pro Person, Doppelzimmer 6000 bis 8000 Ft; auf dem Lande ist es erheblich günstiger. Mit der HI-Karte gibt es manchmal einen kleinen Preisnachlass. Viele Hostels, besonders die in der Hauptstadt, bieten eine Fülle an Serviceeinrichtungen – von einem Wäscheraum und Tourbuchungen bis zu freiem WLAN, Gästeküche und mehr.

Hotels

Hotels, auf Ungarisch *szállók* oder *szállodák*, gibt es in der gesamten Bandbreite von luxuriösen 5-Sterne-Hotels bis zu abgewirtschafteten Bruchbuden aus der alten sozialistischen Zeit, die in manchen Städten noch überlebt haben. Die Anzahl der Sterne gibt nicht immer ein korrektes Bild der Qualität des Hotels wieder.

Als Faustregel gilt, dass 2-Sterne-Hotels in der Regel Zimmer mit Bad haben, wohingegen Hotels mit nur einem Stern oft nur einfache Zimmer ohne Bad bieten; die Preise beginnen bei rund 9000 Ft. Drei und mehr Sterne (ab etwa 15 000 Ft) bedeutet meist TV und Telefon auf dem Zimmer. Manche haben auch eine Sauna und/oder einen Pool. 4- und 5-Sterne-Hotels (ca. 30 000–40 000Ft) verfügen oft über einen Fitnessraum und ein Spa, und die meisten Hotels, ausgenommen die billigsten, haben in der Regel auch ein eigenes Restaurant. In den preiswerteren Hotels ist ein Frühstücksbüfett meist im Preis inbegriffen, wohingegen in den gehobeneren oft ein Aufpreis dafür fällig wird. Außerdem gibt es Wellness-Hotels, die sich das Thermalwasser Ungarns zunutze machen und voll ausgestattete Spas mit einer ganzen Bandbreite von Wellnessbehandlungen bieten – von Verwöhnpaketen bis zu medizinischen Behandlungen gegen Rheuma, Asthma und mehr.

Wer ganz viel finanziellen Aufwand betreiben möchte oder es romantisch liebt, sucht sich ein Burg- oder Schlosshotel *(kastély szállók)* oder ein Hotel in einem umgewandelten Herrenhaus *(kúria szállók)* aus.

PENSIONEN, B&BS & GASTHÖFE

Privat geführte Pensionen *(panziók)*, B&Bs und Gasthöfe *(fogadók)* sind in den letzten zehn Jahren wie Pilze aus dem Boden geschossen. Manche ähneln in allem, außer dem Namen schon fast kleinen Hotels und nehmen 11 000 Ft und mehr für ein Doppelzimmer mit Bad. Sie sind in der Regel modern und sauber; oft sind ein Restaurant, eine Sauna und sogar ein Pool mit dabei. Dann gibt es noch gemütliche, familiengeführte B&Bs, die viel fürs Geld bieten, da sie oft alle Annehmlichkeiten eines Hotels zum selben Preis (TV, WLAN) bieten, dafür aber die persönliche Note eines Eigentümers haben, dem das Wohl seiner Gäste wirklich am Herzen liegt.

Privatzimmer

Ungarns „Paying-Guest Service" *(fizetővendég szolgálat)* bzw. Wohnen in einem Privathaus bedeutet ein einfaches Zimmer in eben so einem Privathaus, wo man die Ausstattung mit dem Eigentümer/der Familie teilen muss. Es ist recht preiswert – um die 4500 bis 8000 Ft pro Nacht (7000–10 000 Ft in Budapest) – aber die fehlenden Annehmlichkeiten und das Aufkommen von Pensionen, Airbnb und anderer leicht buchbarer Privatunterkünfte, die von den Nutzern (oft in Englisch) bewertet werden, führen dazu, dass sie nicht sehr verbreitet oder beliebt sind. Die meisten Büros von Tourinform haben kein Ver-

---

TOURISTENSTEUER

Die meisten Städte erheben eine Touristensteuer bei Übernachtungen in ihrem Ort von rund 350 Ft pro Erwachsenem pro Nacht. Die meisten Hotels und Pensionen haben diese Steuer bereits in ihren Endpreis eingerechnet, aber dennoch sollte man sich nicht wundern, wenn am Ende etwas mehr auf der Rechnung steht. Wo möglich, ist in diesem Reiseführer die Steuer schon im angegebenen Übernachtungspreis inbegriffen.

Einige Spitzenhotels in Budapest geben die 27 % Mehrwertsteuer in ihren Preisen nicht separat an, so dass es ratsam ist, auch das Kleingedruckte zu lesen. Als allgemeine Regel gilt, dass Hotels und Pensionen das Frühstück im Preis mit angegeben haben, aber nicht immer; wenn es nicht inbegriffen ist, kostet es in der Regel zwischen 1100 und 3000 Ft.

> **PREISKATEGORIEN: UNTERKUNFT**
>
> Die folgenden Preise beziehen sich auf ein Doppelzimmer mit Bad in der Hochsaison. Wenn nicht anders angegeben, ist das Frühstück inbegriffen.
>
> **Budapest**
>
> € unter 15 000 Ft
> €€ 15 000–30 000 Ft
> €€€ über 30 000 Ft
>
> **Regionen**
>
> € unter 9000 Ft
> €€ 9000–16 500 Ft
> €€€ über 16 500 Ft

zeichnis von Privatzimmern ihrer Region, aber dennoch lohnt es sich, dort nachzufragen, wenn man keine Unterkunft findet. In Urlaubsgegenden kann man nach Häusern mit dem Schild „*szoba kiadó*" oder „*Zimmer frei*" Ausschau halten.

Unterkunft in Universitäten

Vom 1. Juli bis zum 20. August (oder später) und manchmal auch während der Osterferien finden sich die preiswertesten Unterkünfte in freien Studentenwohnheimen, die als *kollégium* oder *diákszálló* bekannt sind. Hier sind Betten in Doppel-, Dreibett- und Vierbettzimmern ab 2700 Ft pro Person erhältlich. Dazu wird kein Studentenausweis oder Jugendherbergsausweis benötigt. Die Ausstattung in diesen Wohnheimen ist in der Regel sehr einfach mit Gemeinschaftswaschräumen.

Versicherung

➔ Eine Reiseversicherung gegen Diebstahl, Verlust und für medizinische Behandlungen ist immer eine gute Idee. Es gibt viele verschiedene Angebote, also immer das Kleingedruckte lesen!

➔ Wer wegen Verlust oder Diebstahl Ansprüche geltend machen muss, braucht einen Polizeibericht und einen Nachweis über den Wert der verlorenen oder gestohlenen Gegenstände erbringen.

➔ Weltweit geltende Reiseversicherungen gibt es unter www.lonelyplanet.com/travel-insurance. Hier kann man jederzeit eine Versicherung abschließen, erweitern oder Ansprüche geltend machen – selbst dann, wenn man schon unterwegs ist.

Visa

Informationen zu Visa siehe S. 16.

Zeit

Ungarn liegt in der Mitteleuropäischen Zeitzone und hat dieselbe Zeit wie Berlin, Wien oder Zürich. Am letzten Sonntag im März werden die Uhren eine Stunde vorgestellt und am letzten Sonntag im Oktober wieder zurück. Die Tageszeiten werden im 24-Stunden-System angegeben.

Zoll

Die üblichen Mengen, die als außerhalb der EU erworbene Waren zollfrei eingeführt werden dürfen, sind:

➔ 200 Zigaretten, 50 Zigarren oder 250 g loser Tabak

➔ 2 l Wein und 1 l Spirituosen

➔ 50 ml Parfüm

➔ 250 ml Eau de Toilette

Jegliche Devisen über 10 000 € müssen bei der Ein-/Ausreise angegeben werden.

Wertvolle Antiquitäten dürfen nur mit einer „Museumsbescheinigung" ausgeführt werden. Diese gibt es in der Regel im Geschäft des Einkaufs.

Verkehrsmittel & -wege

AN- & WEITERREISE

Einreise

Grenzkontrollen an den Grenzen zu Österreich, Slowenien und der Slowakei sind quasi nicht mehr vorhanden. Allerdings darf man die Grenze von/nach Kroatien, Rumänien, Serbien oder in die Ukraine nur während der Öffnungszeiten an bestimmten Grenzübergängen überqueren, insbesondere seit der umstrittene Grenzzaun entlang der Grenze zu Serbien und Kroatien die Flüchtlinge z. B. aus Syrien vom Grenzübertritt abhalten soll. Zu den jeweils neuesten Grenzformalitäten gibt es aktuelle Informationen auf der Website www.police.hu.

Pass & Personalausweis

Zur Einreise nach Ungarn benötigt jeder einen gültigen Pass oder – für EU-Bürger – einen Personalausweis.

Mit dem Flugzeug

Flughäfen & Fluglinien

INTERNATIONALE FLUGHÄFEN

Internationale Flüge landen am **Internationalen Flughafen Franz Liszt (Ferenc Liszt)** (BUD; ⌕1-296 7000; www.bud.hu) 20 km südöstlich von Budapest. Flüge in/aus Schengenländer/n nutzen Terminal 2A, während Terminal 2B für Flüge aus Ländern außerhalb des Schengenraums reserviert ist. Von April bis November werden am **Hévíz-Balaton Airport** (SOB; ⌕83-200 304; www.hevizairport.com; Repülőtér 1, Sármellék) Flüge aus Berlin, Düsseldorf, Frankfurt und anderen deutschen Städten, aber auch aus Moskau abgefertigt. Er liegt 15 km südwestlich von Keszthely am Plattensee.

Die ungarische Fluglinie Malév Hungarian Airlines ist seit 2012 bankrott.

Auf dem Landweg

Ungarn ist per Straße und Bahn gut mit all seinen sieben Nachbarn verbunden, und die meisten Fahrten beginnen oder enden in Budapest.

Auf den Fahrplänen für regionale und internationale Züge und Busse wird das 24-Stunden-System verwendet. Manchmal sind die Städte der benachbarten Länder auf den Fahrplänen mit ihrem ungarischen Namen aufgeführt.

Grenzübergänge

Wer aus Kroatien, Serbien, Rumänien oder der Ukraine nach Ungarn einreist, muss unter Umständen an der Grenze den Bus oder Zug verlassen. Als Autofahrer aus Kroatien, Rumänien, der Ukraine oder Serbien kann man nur über die dafür vorgesehenen Grenzübergänge zu deren Öffnungszeiten einreisen. Das gilt insbesondere, seit im Zuge der Flüchtlingskrise ein umstrittener

---

ANKUNFT IN BUDAPEST

Der Internationale Flughafen Franz Liszt (Ferenc Liszt) (BUD; ⌕1-296 7000; www.bud.hu) Rund um die Uhr fahren Busse vom Flughafen zur Metrostation Kőbánya-Kispest. Der Airport Shuttle fährt die Ankommenden von Tür zu Tür (rund 22 € zum Zentrum von Budapest), und ein Taxi kostet ab ca. 5650 Ft.

Bahnhof Keleti, Nyugati & Déli (Budapest) Alle drei Bahnhöfe liegen an den gleichnamigen Metrolinien; Trams und/oder Nachtbusse fahren, wenn die Metro nachts den Betrieb eingestellt hat.

Busbahnhof Népliget & Stadionok (Budapest) Beide liegen an der Metrolinie M3 und werden von der Straßenbahn 1 und 1 A angesteuert.

Zaun entlang der Grenze zu Serbien und Kroatien errichtet worden ist. Es gibt keine Grenzkontrollen, bei der Einreise von Österreich, Slowenien oder der Slowakei. Die neuesten Infos zur Situation an den Grenzen finden sich auf www.police.hu.

Auto & Motorrad

Auto- und Motorradfahrer benötigen die Zulassungspapiere für ihr Fahrzeug, Haftpflichtversicherung und zusätzlich zu dem nationalen einen internationalen Führerschein.

Bus

➡ Die Fahrt mit dem Bus ist am preiswertesten. Die meisten internationalen Busse fahren für **Eurolines** (www.eurolines.com) und seinen ungarischen Partner **Volánbusz** (1-382 0888; www.volanbusz.hu).

➡ Der **Eurolines Pass** (www.eurolines.com/en/eurolines-pass/) ermöglicht unbegrenztes Fahren zwischen 51 europäischen Städten, darunter Budapest. Ein Preisbeispiel für die Hochsaison beläuft sich auf 320/270 € für über/unter 26-Jährige (gültig für 15 Tage) und 425/350 € (für 30 Tage).

Fahrrad

➡ In ausgewählten Zügen, einige davon mit Fahrradabteil, kann man u. U. ein Fahrrad ins Land mitbringen; die Fahrradtickets sind in der Regel nicht teuer.

➡ Eurolines-Busse transportieren Fahrräder aus verschiedensten Städten, darunter Wien, Zagreb, Venedig und Florenz, nach Budapest. Das Fahrradticket kostet unabhängig von der Strecke 9 €; dazu sollte man aber auf jeden Fall vorreservieren.

Fluss

Mahart PassNave (Karte S. 76; 1-484 4013; www.mahartpassnave.hu; V., Belgrád rakpart; Mo–Fr 9–16 Uhr; 2) betreibt von Mitte Mai bis Ende September täglich einen Tragflügelbootsservice auf der Donau zwischen Budapest und Wien (5½ bis 6½ Std.). Erwachsene zahlen für eine einfache Fahrt/hin & zurück nach Wien 99/125 €. Für die Fahrt von Wien nach Budapest erkundigt man sich am besten bei **Mahart PassNave Wien** (01 72 92 161, 01 72 92 162; Handelskai 265, Pier an der Reichsbrücke, Wien) in Wien.

Zug

Ungarn ist per Zug gut an die Nachbarländer angebunden; mindestens ein Mal pro Tag kommen Züge aus dem Ausland an oder verlassen das Land.

Die **MÁV** (Magyar Államvasutak, Ungarische Eisenbahn; 1-349 4949; www.mavcsoport.hu) (Ungarische Eisenbahn) ist in alle Richtungen mit dem europäischen Bahnnetz verbunden. Ihre Züge fahren sogar bis London (über München und Paris), Stockholm (über Hamburg und

---

KLIMAWANDEL & REISEN

Der Klimawandel stellt eine ernste Bedrohung für unsere Ökosysteme dar. Zu diesem Problem tragen Flugreisen immer stärker bei. Lonely Planet sieht im Reisen grundsätzlich einen Gewinn, ist sich aber der Tatsache bewusst, dass jeder seinen Teil dazu beitragen muss, die globale Erwärmung zu verringern.

Fliegen & Klimawandel

Fast jede Art der motorisierten Fortbewegung erzeugt CO_2 (die Hauptursache für die globale Erwärmung), doch Flugzeuge sind mit Abstand die schlimmsten Klimakiller – nicht nur wegen der großen Entfernungen und der entsprechend großen CO_2-Mengen, sondern auch, weil sie diese Treibhausgase direkt in hohen Schichten der Atmosphäre freisetzen. Die Zahlen sind erschreckend: Zwei Personen, die von Europa in die USA und wieder zurück fliegen, erhöhen den Treibhauseffekt in demselben Maße wie ein durchschnittlicher Haushalt in einem ganzen Jahr.

Emissionsausgleich

Die englische Website www.climatecare.org und die deutsche Internetseite www.atmosfair.de bieten sogenannte CO_2-Rechner. Damit kann jeder ermitteln, wie viel Treibhausgase seine Reise produziert. Das Programm errechnet den zum Ausgleich erforderlichen Betrag, mit dem Reisende nachhaltige Projekte zur Reduzierung der globalen Erwärmung unterstützen können, beispielsweise Projekte in Indien, Honduras, Kasachstan und Uganda.

Lonely Planet unterstützt gemeinsam mit Rough Guides und anderen Partnern aus der Reisebranche das CO_2-Ausgleichsprogramm von climatecare.org.

Alle Reisen von Mitarbeitern und Autoren von Lonely Planet werden ausgeglichen. Auf www.lonelyplanet.com gibt es weitere Informationen zu diesem Thema.

Kopenhagen), Moskau, Rom und Istanbul (über Belgrad). Fast alle internationalen Züge, die nach Ungarn einfahren, kommen am Bahnhof Keleti in Budapest an oder starten von dort; der Bahnhof Déli fertigt Züge nach Kroatien, Slowenien, Bosnien und Herzegowina sowie Serbien ab.

Der monatlich aktualisierte **Thomas Cook European Timetable** (www.europeanrailtimetable.co.uk), den es in Thomas-Cook-Läden gibt, ist die Bibel der Zugfahrer, denn er bietet eine vollständige Liste aller Fahrpläne, Infos zu Zusatzzügen und Reservierungen. **The Man in Seat 61** (www.seat61.com) kann Reisenden ebenfalls dabei helfen, ihre Zugreise quer durch Europa detailliert zu planen.

KLASSEN, KOSTEN & RESERVIERUNGEN

➡ Für internationale Ziele sind Reservierungen erforderlich und sind im Fahrpreis enthalten.

➡ Fahrkarten gelten in der Regel 60 Tage ab Kauf; Zwischenstopps sind erlaubt.

➡ Auf langen Strecken sind fast immer Schlafwagen sowohl in der 1. als auch in der 2. Klasse verfügbar; in der 2. Klasse gibt es außerdem Liegesitze.

➡ Nicht alle Express-Züge haben einen Speise- oder gar Büfettwagen, daher ist es ratsamer, eigene Snacks und Getränke dabei zu haben: Es sind oft nur wenige Imbissverkäufer an Bord, und sie kommen nur in großen Abständen.

➡ Alle angegebenen Preise sind Komplettpreise für eine einfache Fahrt in der 2. Klasse; Sitzplätze in der 1. Klasse sind etwa 50 % teurer als in der 2. Klasse.

➡ Erhebliche Ermäßigungen auf Fahrten in einige europäische Hauptstädte sind möglich, wenn man die Bahnfahrkarte mehr als drei Tage im Voraus kauft. Wegen der begrenzten Sitzplätze sollte man früh buchen, damit man von den Einsparungen auch profitieren kann.

BAHNPÄSSE

Der Global Pass von **Inter Rail** (www.interrail.eu) für mehr als 30 europäische Länder kann von Personen erworben werden, die mindestens sechs Monate in Europa wohnen. Hier beispielhaft die Kosten für einen Erwachsenen/unter 26-Jährigen in der 2. Klasse:

➡ Fünf Tage innerhalb von 15 Tagen: 264/200 €

➡ Zehn Tage innerhalb eines Monats: 374/292 €

➡ 22 aufeinanderfolgende Tage: 484/374 €

Der Global Pass für die 1. Klasse kostet tendenziell mindestens 150 € mehr als der für die 2. Klasse.

Der Global Pass von **Eurail** (www.eurail.com) gewährt Nicht-EU-Bürgern unbegrenztes Reisen in 28 europäischen Ländern, darunter auch Ungarn. Hier als Beispiel die Kosten für einen Erwachsenen/unter 26-Jährigen in der 2. Klasse:

➡ Fünf Tage innerhalb eines Monats: 459/300 €

➡ 15 Tage innerhalb von zwei Monaten: 903/589 €

➡ Drei aufeinanderfolgende Monate: 1609/1048 €

Eurail Select Passes ermöglichen Fahrten in zwei, drei oder vier benachbarten Ländern; die Pässe sind fünf, sechs, acht oder zehn Tage innerhalb von zwei Monaten gültig.

UNTERWEGS VOR ORT

Ungarns Verkehrssystem ist effizient, umfassend und preiswert. In den Städten fahren in häufigen und regelmäßigen Abständen Linienbusse, Straßenbahnen und Oberleitungsbusse.

Die meisten ungarischen Städte sind gut zu Fuß zu erkunden. Es gibt keine Inlands-Linienflüge; man kommt innerhalb eines Tages überall per Zug oder Bus hin.

EU-Bürger über 65 fahren im gesamten öffentlichen Nahverkehr umsonst.

Menetred (www.menetrendek.hu) hat Links zu den Fahrplänen von Bussen, Zügen, öffentlichen Verkehrsmitteln und Fähren/Schiffen.

Zug Gute Preise; flächendeckendes Netz.

Auto Praktisch zur Erkundung der wilderen Ecken des Landes.

Bus Preiswerter und oft schneller als Züge. Gut für die entlegenen Ziele, die nicht von Zügen angefahren werden.

Auto & Motorrad

In Ungarn selbst ein Fahrzeug zu steuern, ist immer dann sinnvoll, wenn man auch in die entlegensten ländlichen Gebiete reisen möchte; Züge und Busse kümmern sich um den Rest.

Automobil- & Motorradclubs

Bei einer Panne ruft man die sogenannten **Gelben Engel** (Sárga Angyal; ☎188, 24 Std.) des **Ungarischen Automobilclubs** (Magyar Autóklub; ☎1-345 1800; www.autoklub.hu; IV., Berda József utca 15, Budapest; MM3 Újpest Városkapu). Diese Helfer führen kostenlos kleinere Reparaturen aus, wenn man Mitglied in einem angeschlossenen Club ist, wie beispielsweise dem ADAC, ist.

Verkehrsnachrichten für ganz Ungarn gibt es rund um die Uhr bei **Útinform** (☎1-336 2400; www.kozut.hu). In der Hauptstadt ruft man Főinform an.

Autoverleih

➡ Um ein Auto mieten zu können, muss man mindestens 21 Jahre alt und mindestens ein Jahr lang im Besitz des Führerscheins sein.

➡ Fahrer unter 25 müssen manchmal einen Aufpreis zahlen.

➡ Alle großen internationalen Mietwagenfirmen haben Niederlassungen in Budapest,

VERKEHRSREGELN

→ Man fährt, wie in fast ganz Europa, auf der rechten Seite der Straße.

→ Die Geschwindigkeitsbeschränkungen für Autos und Motorräder gelten durchweg im ganzen Lande gleich und werden scharf kontrolliert und Verstöße geahndet: 50 km/h in geschlossenen Ortschaften, 90 km/h auf Nebenstraßen, 110 km/h auf den meisten Schnellstraßen sowie vierspurig ausgebauten Straßen und 130 km/h auf Autobahnen. Geschwindigkeitsüberschreitungen kosten ein sofort fälliges Bußgeld von bis zu 300 000 Ft.

→ Es besteht Gurtpflicht, sowohl für den Fahrer als auch für alle Mitreisenden.

→ Die Nutzung eines Handys während der Fahrt ist verboten (Freisprechanlagen ausgenommen).

→ Autos müssen außerhalb geschlossener Ortschaften den ganzen Tag lang mit Abblendlicht fahren. Motorräder müssen das zu jeder Zeit überall tun. Helme sind Pflicht.

→ Es gilt ein generelles Alkoholverbot auf der Straße, das auch streng kontrolliert und geahndet wird.

→ Alle Autos brauchen auf ungarischen Autobahnen eine Vignette (*matrica*), die im Vorfeld bei Tankstellen und Postämtern erworben werden muss. Die Kosten richten sich nach der Autoklasse (mehr Infos auf www.autopalya.hu); die Preise gehen von 2975 Ft für zehn Tage bis zu 4780 Ft für einen Monat.

darunter **Avis** (☏1-318 4240; www.avis.hu; V., Arany János utca 26–28; ⊙Mo–Fr 7–18, Sa & So 8–14 Uhr; Ⓜ M3 Arany János utca) und **Europcar** (☏1-505 4400; www.europcar.hu; V., Erzsébet tér 7–8; ⊙Mo & Fr 8–18, Di–Do bis 16.30, Sa bis 12 Uhr; Ⓜ M1/2/3 Deák Ferenc tér). Im ganzen Lande gibt es zusätzlich noch weitere lokale Firmen.

Versicherung

→ Eine Haftpflichtversicherung ist in Ungarn Pflicht. Wenn das Auto in der EU zugelassen ist, nimmt jeder an, dass es zumindest diese Versicherung hat. Andere Fahrzeughalter benötigen eine grüne Versicherungskarte oder müssen an der Grenze eine Versicherung abschließen.

→ Alle Unfälle sollten sofort bei der Polizei gemeldet werden.

→ Ansprüche gegenüber in Ungarn abgeschlossenen Versicherungen gehen an die Allianz Hungária (☏06 40 421 421; www.allianz.hu) in Budapest. Sie ist eines der größten Versicherungsunternehmen Ungarns und kümmert sich auch ständig um Fahrzeughalter aus dem Ausland.

Straßenzustand

Die Straßen sind in Ungarn in der Regel gut – manchmal mittlerweile sogar hervorragend – und es gibt verschiedene Straßen-Kategorien.

Es gibt neun Autobahnen und acht Schnellstraßen, die mit einem „M" gekennzeichnet sind. Vierspurige Staatsstraßen tragen eine einzige Ziffer als Kennzeichnung (ohne einen Buchstaben) und führen meist aus Budapest heraus. Nebenstraßen sind mit zwei oder drei Ziffern gekennzeichnet.

In Ungarn, besonders aber in Budapest, kann das Fahren sehr anstrengend sein. Da wird in unübersichtlichen Kurven überholt, zu dicht aufgefahren, mitten auf der Straße gewendet, Straßenschilder und Ampeln werden missachtet und in Kreisverkehren wird ständig die Fahrbahn gewechselt.

In vielen Städten gibt es ein verwirrendes System von Einbahnstraßen, Fußgängerzonen und Fahrradspuren. Parken ist in Budapest ein Problem. Man muss einen Parkschein ziehen und sichtbar hinter die Scheibe legen, wenn man das Fahrzeug abstellt. Parkscheiben, -scheine und -sticker sind an Zeitungsständen, Tankstellen und mittlerweile immer mehr auch an Parkautomaten erhältlich. In kleineren Städten sammelt ein Wächter ungefähr 200 Ft für jede geplante Stunde ein. In Budapest kostet das Parken am Straßenrand je nach Viertel rund 200 bis 440 Ft pro Stunde.

Trampen

Trampen ist in keinem Land komplett sicher, und daher ist es auch nicht empfehlenswert. Reisende, die trampen wollen, gehen ein potenziell großes Risiko ein. Trampen ist außer auf Autobahnen überall im Land erlaubt. Obwohl es nicht mehr so beliebt ist, wie es einmal war (und mittlerweile auch schwierig ist), wird in der Urlaubszeit an der Straße zum Plattensee hin und wieder getrampt.

Bus

Die ungarische Busgesellschaft **Volánbusz** (☏1-382 0888; www.volanbusz.hu) deckt das ganze Land ab. Im südlichen Transdanubien und in vielen Teilen der Großen Tiefebene sind sie weitaus schneller und mit direkteren Verbindungen als Züge. Gleiches gilt für Kurzstrecken an der Donauschleife oder in den Regionen rund um den Plattensee.

In Budapest gibt es neben den Busbahnhöfen für den Regionalverkehr *(helyiautóbusz pályaudvar)* eigene Bahnhöfe für die Fernbusse *(távolságiautóbusz pályaudvar)*. Außerhalb der Hauptstadt sind die Busbahnhöfe für Regional- und Fernbusse oft direkt nebeneinander oder gar im selben Gebäude.

Man sollte früh dort sein, damit man auf jeden Fall die richtige Bushaltestelle *(kocsiállás)* findet. Außerdem ist es ratsam, noch einmal auf dem Fahrplan an der Haltestelle selbst die Abfahrtszeit zu überprüfen, denn sie kann von der auf der Hauptanzeigetafel *(tábla)* aufgeführten Zeit abweichen.

Einige größere Busbahnhöfe haben Gepäckschließfächer oder Gepäckaufbewahrungsräume, die aber in der Regel früh schließen (um ca. 18 Uhr). Die Gepäckaufbewahrung an den nahe gelegenen Bahnhöfen sind viel länger geöffnet.

→ Die Busfahrkarten werden direkt beim Fahrer gelöst. Bei

BUSVERBINDUNGEN

Osteuropa

Vom Budapester Bahnhof Népliget gibt es gute Busverbindungen u. a. nach Kroatien, Rumänien, in die Tschechische Republik und nach Polen. Die Busse nach Kroatien fahren von Mitte Juni bis Mitte September. Die Preise variieren je nach Tag und Abfahrtszeit.

Hier Beispielziele und deren Preise:

REISEZIEL	FAHRPREIS	FAHRZEIT (STD.)	HÄUFIGKEIT
Bratislava	3400 Ft	3	2-mal tgl.
Dubrovnik	10 000 Ft	14	Mitte Juni–Mitte Sept., Fr
Poreč	11 000 Ft	11½	Mitte Juni–Mitte Sept., Fr
Prag	6000 Ft	7¼	3-mal tgl.
Pula	11 000 Ft	9½	Mitte Juni–Mitte Sept., Fr
Rijeka	10 000 Ft	8	Mitte Juni–Mitte Sept., Fr
Krakau	5000 Ft	7	Di, Mi, Fr & So
Sofia	12 900 Ft	13½	bis zu 3-mal tgl.
Split	14 000 Ft	12¾	Mitte Juni–Mitte Sept., Fr
Subotica (Szabadka)	3900 Ft	4½	tgl.

Westeuropa

Vom Bahnhof Népliget fahren Busse in viele westeuropäische Städte. Die Preise variieren je nach Tag und Abfahrtszeit.

REISEZIEL	FAHRPREIS	FAHRZEIT (STD.)	HÄUFIGKEIT
Amsterdam	19 900 Ft	22¼	tgl.
Athen	24 000 Ft	23½	Mi, Fr & So
Berlin	18 900 Ft	4¾	Do & Sa
Düsseldorf	18 900 Ft	18½	Mo & Fr
Frankfurt	17 900 Ft	14¼	tgl.
London	20 900 Ft	28¼	Mi & Fr
Paris	20 900 Ft	21¾	Mo, Mi & Fr
Rotterdam	19 900 Ft	23½	Mo, Do, Fr & So
Venedig	11 900 Ft	9¾	Mi, Fr & So
Wien	5800 Ft	3	bis zu 6-mal tgl.
Zürich	26 900 Ft	15	Mi & Sa

Intercitybussen gibt es oft Warteschlangen, daher sollte man rund 30 Minuten vor Abfahrt da sein. Die Busse selbst sind recht bequem und haben ausreichend Beinfreiheit. Auf langen Fahrten werden alle zwei bis drei Stunden Zwischenstopps eingelegt.

Fahrpreise

Der Preis für eine Busfahrkarte hängt von der Entfernung des Zielortes ab:

FAHRPREIS	ENTFERNUNG
250 Ft	bis zu 10 km
370 Ft	15–20 km
1300 Ft	60–70 km
2200 Ft	100–120 km
3690 Ft	200–220 km
4660 Ft	280–300 km

Fahrrad

→ In Ungarn gibt es endlos viele Möglichkeiten zum Radfahren: anstrengende Berge im Norden, viel seichteres Gelände in Transdanubien und flaches, dafür aber windiges (und im Sommer heißes) Radeln in der Großen Tiefebene.

→ In Ungarns Städten wird das Netz an Fahrradwegen ständig erweitert; das gilt besonders für Budapest.

→ Fahrräder sind leicht zu leihen. Außerhalb der Touristenhochburgen sind die besten Möglichkeiten auf Campingplätzen, in Resorts und – sehr selten – in Fahrradläden.

→ Auf Autobahnen und vierspurigen Staatsstraßen mit einer einzelnen Kennnummer ist das Radfahren nicht erlaubt. Fahrräder müssen mit Lampen und Reflektoren ausgestattet sein.

→ In vielen Zügen können Fahrräder zu einem Aufpreis von 25 % mitgenommen werden (ein Fahrradsymbol auf dem Fahrplan zeigt diese Möglichkeit an). Das geht auch auf Fähren, aber nicht in Bussen.

Fähre/Schiff

Von April bis Ende Oktober betreibt die in Budapest ansässige Schifffahrtsgesellschaft **Mahart PassNave** (Karte S. 76; 1-484 4013; www.mahartpassnave.hu; V., Belgrád rakpart; Mo–Fr 9–16 Uhr; 2) Ausflugsschiffe auf der Donau von Budapest nach Szentendre, Vác, Visegrád und Esztergom. Von Mai bis September fahren Tragflügelboote von Budapest nach Visegrád, Nagymaros, Esztergom und Komárom.

Von Frühling bis Herbst werden 23 Häfen am Plattensee von Personenfähren der **Balaton Schifffahrtsgesellschaft** (www.balatonihajozas.hu) angesteuert.

Flugzeug

Es gibt keine innerungarischen Linienflüge. Man kommt innerhalb eines Tages überall per Zug oder Bus hin.

Nahverkehr

→ Das Netz öffentlicher Verkehrsmittel ist in den Städten Ungarns prima ausgebaut. Es gibt gute Busverbindungen (und in vielen Städten auch Oberleitungsbusse). In den Regionen fahren Busse in der Regel von etwa 5.30 bis 21 Uhr, in der Hauptstadt etwas länger.

→ In Budapest benutzen Touristen die öffentlichen Verkehrsmittel ausgiebig, aber in den Provinzstädten weniger (wenn überhaupt). Die meisten Ziele sind zu Fuß erreichbar und Busverbindungen sind nicht so häufig. In der Regel sind Stadtbusse auf ankommende Fernzüge abgestimmt; man kann also am Bahnhof in jeden Bus einsteigen, um möglichst nah ans Stadtzentrum zu kommen.

→ Fahrscheine (ca. 280 bis 320 Ft) gibt es an Zeitungsständen oder Fahrkartenschaltern, diese müssen im Bus entwertet werden. Schwarzfahren ist ein Delikt, das zu sofortigem Bußgeld führt. Zudem muss man das Verkehrsmittel verlassen.

FAHRPLÄNE ENTZIFFERN

Für Nicht-Ungarn sind die angeschlagenen Fahrpläne heillos kompliziert. Hier einige wichtigen Wörter und Symbole:

→ *Indulás*: Abfahrten

→ *Érkezés*: Ankunft

→ Die Zahlen von eins bis sieben stehen angefangen mit Montag für die Tage der Woche

→ D *naponta*: tgl. außer Sa

→ M *munkanapokon*: an Werktagen

→ O *szabadnapokon*: Sa

→ + *munkaszüneti napokon*: So und feiertags

→ I *iskolai napján*: an Schultagen

→ *hétköznap*: wochentags

→ *szabad és munkaszünetes napokon*: Sa, So und feiertags

→ *szabadnap kivételével naponta*: tgl. außer Sa

→ *munkaszünetes nap kivételével naponta*: tgl. außer feiertags

Bus
Busse sind in den meisten Dörfern und Städten Ungarns das Rückgrat des öffentlichen Nahverkehrs. Sie sind ein preiswertes und gutes Mittel, um zu entfernten Zielen zu gelangen.

Fähre
In Budapest und am Plattensee verkehren Fähren.

Metro
Budapest ist die einzige Stadt in Ungarn, die eine Metro besitzt; sie ist bequem und weitläufig ausgebaut.

Taxi
Auf den Straßen der meisten ungarischen Städte fahren genügend Taxis umher. Besonders in der Hauptstadt sind skrupellose Fahrer an der Tagesordnung. Man sollte daher nur Taxis renommierter Unternehmen anrufen und nicht einfach das erstbeste heranwinken. Wenn man doch eines heranwinkt, sollte der Firmenname auf der Seitentür stehen und ein Taxameter angeschaltet sein. Auch sollte man immer genau wissen, wie viel Bargeld man gegeben hat, denn es ist ein gelegentlich vorkommender Trick von Taxifahrern, dass sie große Scheine in kleine wechseln und dann noch extra Geld verlangen. Die Grundgebühren sind variabel, aber zwischen 6 und 22 Uhr muss man mit 320 Ft aufwärts (in Budapest ab 450 Ft) rechnen, und dann noch pro Kilometer 280 Ft in Budapest und etwas weniger andernorts.

Straßenbahn
In Ungarns größeren Städten wie Budapest, Szeged, Miskolc und Debrecen fahren zusätzlich auch Straßenbahnen. In der Hauptstadt gibt es noch eine Vorortbahn namens HÉV.

Zug
Die **MÁV** (📞1-444 4499; www.mavcsoport.hu) betreibt saubere, pünktliche und relative bequeme (wenn nicht gar ultramoderne) Züge mit freiem WLAN. Budapest ist der Verkehrsknotenpunkt aller wichtigen Eisenbahnlinien, und auch viele Nebenstrecken führen in verschiedenste Provinzstädte. Es gibt drei große Bahnhöfe in Budapest, wovon jeder schwerpunktmäßig (aber nicht ausschließlich) Zielorte in folgenden Regionen versorgt:

Bahnhof Keleti (Ostbahnhof) Nördliches Mittelgebirge und den Nordosten

Bahnhof Nyugati (Westbahnhof) Große Tiefebene und Donauschleife

Bahnhof Déli (Südbahnhof) Transdanubien und Plattensee

In allen Bahnhöfen gibt es eine Gepäckaufbewahrung, die teilweise 24 Stunden geöffnet ist. Manchmal muss man die Aufbewahrungsgebühr (rund 400/600 Ft/Tag für ein kleines/großes Schließfach) an einem anderen, nahe gelegenen Schalter zahlen, der gewöhnlich mit einem *pénztár* (Kassierer) gekennzeichnet ist.

Manche Züge haben ein extra Fahrradabteil; in anderen Zügen müssen Fahrräder entweder in den ersten oder letzten Wagon eingeladen werden. Die Mitnahme eines Rades kosten 25 % eines Fahrscheins der 2. Klasse.

Abfahrts- und Ankunftszeiten stehen immer auf einem gedruckten Fahrplan: der gelbe ist für Abfahrten (*indul*) und der weiße für die Ankunft (*érkezik*); Schnellzüge sind in rot gekennzeichnet, Regionalzüge in schwarz. Die Zahl (oder manchmal auch ein Buchstabe) neben dem Wort *vágány* verweist auf das Gleis, an dem der Zug abfährt oder ankommt.

Klassen
➡ InterCity (IC): die schnellsten und bequemsten Züge Ungarns; halten nur in größeren Städten. Reservierungen zwingend erforderlich.

➡ *Gyorsvonat* und *sebesvonat* (Schnellzüge, die auf dem Fahrplan fettgedruckt sind, eine dickere Linie bei der Streckenbeschreibung und/oder den Zusatz „S" haben): halten öfter. Rund 10 % billiger als IC-Züge.

➡ *Személyvonat* (Passagierzüge oder „Bummelzüge"): halten an jeder Milchkanne. Nur sinnvoll für kurze Strecken.

In den meisten Regionalzügen, die zwischen kleineren Orten verkehren, gibt es nur eine 2. Klasse.

Reservierungen
In ungarischen Zügen sind in ICEs Sitzplatzreservierungen entweder Pflicht (auf dem Fahrplan mit einem „R" in einem Kreis oder Viereck angezeigt) oder prinzipiell möglich, auch ohne dass man sie nutzt (dann nur ein einfaches „R" auf dem Fahrplan).

IC-Züge kosten normalerweise einen Zuschlag, der von der Länge der Fahrstrecke abhängt. Mittlerweile kann man die Fahrscheine (inkl. ICE-Zuschlag) ganz einfach online kaufen; man macht sich einen Account auf der Hauptinternetseite (http://elvira.mav-start.hu), bezahlt die Fahrkarte online und holt sie dann mit der ausgestellten Referenznummer an einem Kartenautomaten am Bahnhof ab. Man kann die Karte auch direkt am Automaten erwerben. Fahrgäste, die eine verkehrte Karte haben, müssen ein Bußgeld zahlen. Wenn es keinen Fahrkartenschalter oder -automaten am Bahnhof gibt, kann man den ICE-Zuschlag für die gesamte Reise auch im Zug selbst kaufen, ohne dafür bestraft zu werden.

Touristenzüge
24 Schmalspurbahnen (*keskenynyomközűvonat*; http://kisvasut.hu/) fahren durch die bewaldeten Berggegenden des Landes. In der Regel sind das Züge, die Touristen nur für Ausflugszwecke hin und zurück nutzen. Manchmal kann man mit ihnen allerdings auch gut einfach von A nach B gelan-

ZUGVERBINDUNGEN

Osteuropa

Vom Budapester Bahnhof Keleti fahren Züge in folgende Städte Rumäniens, Kroatiens, der Slowakei, der Tschechischen Republik, der Ukraine und Russlands. Die Verbindung nach Moskau geht über Kiew (25 Std.) und Lwiw (Lemberg) (15 Std.).

REISEZIEL	FAHRPREIS	FAHRZEIT (STD.)	HÄUFIGKEIT
Belgrad über Subotica	15 €	8	3-mal tgl.
Cluj-Napoca	35 €	7¼	2-mal tgl.
Košice über Miskolc	16 €	3½	2-mal tgl.
Ljubljana (Umsteigen in Kelenföld)	39 €	9	tgl.
Moskau via Lwiw (Lemberg) und Kiew	271 €	30	tgl.
Prag über Bratislava	19 €	6¼	bis zu 6-mal tgl.
Sofia	126 €	21½	tgl.
Timişoara	29 €	5	4-mal tgl.
Warsaw	29 €	10	2-mal tgl.
Zagreb	29 €	6	tgl.

Westeuropa

Von Budapest fahren Züge nach:

REISEZIEL	FAHRPREIS	FAHRZEIT (STD.)	HÄUFIGKEIT
Berlin (über Dresden, Prag und Bratislava)	39 €	11 ½	tgl.
Frankfurt (in Dresden, München oder Wien umsteigen)	60 €	10 ¼–11 ½	3-mal tgl.
München (über Salzburg)	49 €	9 ½	6-mal tgl.
Venedig (in Wien umsteigen)	67 €	19	tgl.
Wien	19 €	3	12-mal tgl.
Zürich	72 €	11–12	2-mal tgl.

gen (z. B. von Miskolc nach Lillafüred und ins Bükk-Gebirge).

Eine unabhängige Tochter von MÁV betreibt im Sommer auch Dampfeisenbahnen durch die Weinberge (nosztalgiavonat), in der Regel am Nordufer des Plattensees (z. B. von Keszthely über Badacsonytomaj nach Tapolca) und von Budapest aus entlang der Donauschleife nach Szob oder Esztergom. Weitere Informationen sind bei **MÁV Nostalgia** (☎1-238 0558; www.mavnosztal gia.hu) am Bahnhof Keleti erhältlich.

Zugpässe

Der One Country Pass von **Eurail** (www.eurail.com) kostet 171/244 US$ für fünf/acht Tage innerhalb eines Monats (1. Klasse) und 114/161 US$ für Jugendliche in der 2. Klasse. Er gilt nur für Bürger aus nicht-europäischen Ländern. Für Kinder bis 14 Jahre kostet er die Hälfte.

Der One Country Pass von **InterRail** (www.interrail.eu) bietet Reisen in der 1. und 2. Klasse für drei, vier, sechs oder acht Tage innerhalb eines Monats. Nur für nicht-ungarische Europäer.

MÁV (☎1-444 4499; www.mavcsoport.hu) gibt eine START Klub Card heraus, die 50 % auf alle Fahrkarten der 2. Klasse (nicht auf vorreservierte Karten) gewährt; sie kostet 14 900/24 900 Ft für unter 26-Jährige und ist sechs/zwölf Monate gültig. Für über 26-Jährige 19 900/34 900 Ft.

Sprache

Das Ungarische gehört zur finno-ugrischen Sprachfamilie; weltweit wird es von mehr als 14,5 Mio. Menschen gesprochen. Ungarisch ist zwar ganz entfernt mit dem Finnischen verwandt, hat aber ansonsten keine Ähnlichkeit mit irgendeiner anderen Sprache. Obwohl das Ungarische sich in Wortschatz und Grammatik sehr deutlich vom Deutschen und anderen indogermanischen Sprachen unterscheidet, ist die Aussprache zumindest teilweise auch für Ausländer zu bewältigen. Wer den farbigen Aussprachehinweisen folgt, sollte zumindest einigermaßen verstanden werden.

Ein Querbalken über einem Vokal zeigt an, dass es sich um einen Langvokal handelt. Doppelkonsonanten (z.B. *tt*) werden ein klein wenig länger gezogen als im Deutschen üblich.

Bei den Aussprachehilfen gibt es folgende Besonderheiten: zh steht für ein stimmhaftes „sch", vergleichbar dem „j" im deutschen Wort „Journalist". Das r wird im Ungarischen gerollt, und der Apostroph deutet einen kaum hörbaren „i"-Laut an.

In den Aussprachehinweisen in diesem Sprachführer werden die einzelnen Silben voneinander getrennt, sodass man die Laute gut unterscheiden kann. Akzente im Ungarischen haben keinen Einfluss auf die Betonung; die Betonung liegt immer auf der ersten Silbe eines Wortes. In der Aussprachehilfe sind betonte Silben kursiv gesetzt.

NOCH MEHR UNGARISCH?

Detaillierteres Wissen und nützliche Wendungen finden sich im *Hungarian Phrasebook* von Lonely Planet. Man kann das Buch im **shop.lonelyplanet.com** kaufen oder man besorgt sich **Lonely Planets iPhone Phrasebooks** im Apple App Store.

GRUNDLEGENDES

Das Ungarische kennt mehrere Formen der Anrede; sie betreffen das Anredepronomen ebenso wie die dazugehörige Verbform. Das höfliche *Ön* gebraucht man generell gegenüber Fremden, neuen Bekanntschaften, älteren Leuten, Beamten und Bediensteten. Das informelle *te* ist Verwandten, Freunden, Kollegen und Kindern vorbehalten und wird gelegentlich auch gegenüber Ausländern gebraucht. In diesem Kapitel wird die dem Anlass gemäße Form gewählt. Dort, wo beide Formen denkbar sind, werden auch beide angegeben – angezeigt durch die Abkürzungen „höfl." (höflich) und „inf." (informell).

Hallo/Guten Tag.	*Szervusz.* (Sg.)	*ser*·vus
	Szervusztok. (Pl.)	*ser*·vus·tohk
Auf Wiedersehen	*Viszlát.*	*vis*·lat
Entschuldigung.	*Elnézést kérek.*	*el*·ney·zeyscht *key*·rek
Tut mir leid.	*Sajnálom.*	*schoi*·na·lohm
Bitte.	*Kérem.* (höfl.)	*key*·rem
	Kérlek. (inf.)	*keyr*·lek
Danke.	*Köszönöm.*	*kö*·sö·nöm
Keine Ursache.	*Szívesen.*	*sih*·ve·schen
Ja.	*Igen.*	*i*·gen
Nein.	*Nem.*	nem

Wie geht es Ihnen?
Hogy van/vagy? (höfl./inf.)   hohj von/voj

Danke. Und Ihnen?
Jól. És Ön/te? (höfl./inf.)   yohl aisch ön/te

Wie heißen Sie?
Mi a neve/neved? (höfl./inf.)   mi o *ne*·ve/*ne*·ved

Ich heiße ...
A nevem ...   o *ne*·vem ...

Sprechen Sie Englisch?
Beszél/Beszélsz angolul? (höfl./inf.)   be·*seyl*/be·*seyls on*·goh·lul

Ich verstehe nicht.
Nem értem.   nem *eyr*·tem

ESSEN & TRINKEN

Ich möchte	Szeretnék	se·ret·naik
einen Tisch für	asztalt	os·tolt
... reservieren	foglalni ...	fohg·lol·ni ...
(acht)	(nyolc)	(nyohlts)
Uhr	órára	oh·raa·ro
(zwei) Personen	(két) főre	(kait) fö·re

Ich hätte gern die Speisekarte.
Az étlapot szeretném.   oz eyt·lo·poht se·ret·neym

Was würden Sie empfehlen?
Mit ajánlana?   mit o·yan·lo·no

Woraus besteht das Gericht?
Mit tartalmaz ez a   mit tor·tol·moz ez o
fogás?   foh·gaasch

Haben Sie vegetarische Gerichte?
Vannak Önöknél   von·nok ö·nök·neyl
vegetáriánus ételek?   ve·ge·ta·ri·a·nusch ey·te·lek

Ich esse kein ...	Én nem eszem ...	ain nem e·sem ...
Eier	tojást	toh·yaascht
Fisch	halat	ho·lot
Schwein	disznóhúst	dis·noh·hüscht
Geflügel	szárnyast	saar·nyoscht

Ich hätte gern ...
... kérek.   ... key·rek

Zahlen

1	egy	ej
2	kettő	ket·tö
3	három	ha·rohm
4	négy	neyj
5	öt	öt
6	hat	hot
7	hét	heyt
8	nyolc	nyohlts
9	kilenc	ki·lents
10	tíz	tihz
20	húsz	hüs
30	harminc	hor·mints
40	negyven	nej·ven
50	ötven	öt·ven
60	hatvan	hot·von
70	hetven	het·ven
80	nyolcvan	nyohlts·von
90	kilencven	ki·lents·ven
100	száz	saaz
1000	ezer	e·zer

Prost! (zu einer Person)
Egészségedre!   e·geys·schey·ged·re

Prost! (zu mehreren Personen)
Egészségetekre!   e·geys·schey·ge·tek·re

Das war köstlich.
Ez nagyon finom volt.   ez no·dyohn fi·nohm vohlt

Die Rechnung, bitte.
A számlát szeretném.   o sam·lat se·ret·neym

Wichtige Wörter

Abendessen	vacsora	vo·choh·ro
Café	kávézó	kaa·vai·zoh
Essen	ennivaló	en·ni·vo·loh
Flasche	üveg	ü·veg
Frühstück	reggeli	reg·ge·li
Gabel	villa	vil·lo
Gericht	edény	e·dain'
Getränk	ital	i·tol
Glas	pohár	poh·har
heiß	forró	fohr·roh
kalt	hideg	hi·deg
Löffel	kanál	ko·naal
Messer	kés	kaisch
mit	-val/-vel	·vol/·vel
Mittagessen	ebéd	e·beyd
ohne	nélkül	nail·kül
Restaurant	étterem	ait·te·rem
Schüssel	tál	taal
Serviette	szalvéta	sol·vai·to
Speisekarte	étlap	ait·lop
Tasse	csésze	chey·se
Teller	tányér	taa·nyair

Fleisch & Fisch

Auster	osztriga	ohst·ri·go
Ente	kacsa	ko·cho
Fisch	hal	hol
Fleisch	hús	hüsch
Garnelen	garnélarák	gor·nai·lo·raak
Huhn	csirkehús	chir·ke·hüsch
Kalbfleisch	borjúhús	bohr·yü·hüsch
Lachs	lazac	lo·zots
Lamm	bárány	baa·raan'
Rindfleisch	marhahús	mor·ho·hüsch
Schweinefleisch	disznóhús	dis·noh·hüsch
Thunfisch	tonhal	tohn·hol
Truthahn	pulyka	pu·y·ko

Obst & Gemüse

Ananas	ananász	o·no·naas
Apfel	alma	ol·mo
Birne	körte	kör·te
Blumenkohl	karfiol	kor·fi·ohl
Bohne	bab	bob
Erbse	borsó	bohr·schoh
Gemüse	zöldség	zöld·schaig
Gurke	uborka	u·bohr·ko
Kartoffel	krumpli	krump·li
Kohl	káposzta	kaa·pohs·to
Linsen	lencse	len·che
Möhre	répa	rai·po
Nuss	dió	di·oh
Obst	gyümölcs	dyü·mölch
Orange	narancs	no·ronch
Paprika	paprika	pop·ri·ko
Pfirsich	őszibarack	ö·si·bo·rotsk
Pflaume	szilva	sil·vo
Pilz	gomba	gohm·bo
Spinat	spenót	schpe·noht
Tomate	paradicsom	po·ro·di·chohm
Trauben	szőlő	sö·lö
Zitrone	citrom	tsit·rohm
Zwiebel	hagyma	hoj·mo

Andere Nahrungsmittel

Brot	kenyér	ke·nyair
Eier	tojás	toh·yaasch
Eiscreme	fagylalt	foj·lolt
Eis	jég	yaig
Essig	ecet	e·tset
Honig	méz	maiz
Käse	sajt	schoit
Nudeln	metélt	me·tailt
Öl	olaj	oh·lo·y
Pasta	tészta	tais·to
Reis	rizs	rizh
Salat	saláta	scho·laa·to
Salz	só	schoh
Suppe	leves	le·vesch
Zucker	cukor	tsu·kohr

Getränke

Bier	sör	schör
Kaffee	kávé	ka·vey
Milch	tej	te·y
Mineralwasser	ásványvíz	aasch·vaan'·vihz
Orangensaft	narancslé	no·ronch·lai
Rotwein	vörösbor	vö·rösch·bohr
Saft	gyümölcslé	dyü·mölch·lai
Sekt	habzóbor	hob·zoh·bohr
Tee	tea	te·o
Wasser	víz	vihz
Wein	bor	bohr
Weißwein	fehérbor	fe·hair·bohr

NOTFÄLLE

Hilfe!
Segítség! — sche·giht·scheyg

Verschwinden Sie!
Menjen innen! — men·yen in·nen

Rufen Sie einen Arzt!
Hívjon orvost! — hihv·yohn ohr·vohscht

Holen Sie die Polizei!
Hívja a rendőrséget! — hihv·yo o rend·ör·schey·get

Es gab einen Unfall.
Baleset történt. — bo·le·schet tör·taint

Ich habe mich verirrt.
Eltévedtem. — el·tey·ved·tem

Wo finde ich die Toiletten?
Hol a vécé? — hohl o vey·tsey

Kann ich Ihr Telefon benutzen?
Használhatom a telefonját? — hos·naal·ho·tohm o te·le·fohn·yaat

Ich bin krank
Rosszul vagyok. — rohs·sul vo·dyohk

Hier tut es weh.
Itt fáj. — itt faa·y

Ich bin allergisch gegen (Antibiotika).
Allergiás vagyok (az antibiotikumokra). — ol·ler·gi·aasch vo·dyohk (oz on·ti·bi·oh·ti·ku·mohk·ro)

SHOPPEN & SERVICE

Ich hätte gern (einen Steckdosenadapter).
Szeretnék venni (egy adapter dugót). — se·ret·naik ven·ni (ej o·dop·ter du·goht)

Ich schaue mich bloß um.
Csak nézegetek. — chok nai·ze·ge·tek

Kann ich mir das ansehen?
Megnézhetem? — meg·naiz·he·tem

Was kostet das?
Mennyibe kerül? — men'·nyi·be ke·rül

Das ist zu teuer.		
Ez túl drága.		ez túl *dra*·go
Haben Sie etwas Preiswerteres?		
Van valami olcsóbb?		von *vo*·lo·mi *ohl*·chohbb
Da ist ein Fehler in der Rechnung.		
Valami nem stimmel		*vo*·lo·mi nem *schtim*·mel
a számlával.		o *saam*·laa·vol

Bank	*bank*	bonk
Internetcafé	*Internet kávézó*	*in*·ter·net *kaa*·vai·zoh
Kreditkarte	*hitelkártya*	*hi*·tel·kaar·tyo
Markt	*piac*	*pi*·ots
Mobiltelefon	*mobil telefon*	*moh*·bil *te*·le·fohn
Post	*posta-hivatal*	*pohsch*·to·hi·vo·tol
Touristenbüro	*turista-iroda*	*tu*·risch·to·i·roh·do

UHRZEIT & DATUM

Wie spät ist es?		
Hány óra?		haan' *oh*·ra
Es ist (ein) Uhr.		
(Egy) óra van.		(ej) *oh*·ra von
Es ist (zehn) Uhr.		
(Tíz) óra van.		(tihz) *oh*·ra von
Halb (elf).		
Fél (tizenegy).		fail (*ti*·zen·ej)
Vormittag	*reggel*	*reg*·gel
Nachmittag	*délután*	*dail*·u·taan
Abend	*este*	*esch*·te
gestern	*tegnap*	*teg*·nop
heute	*ma*	mo
morgen	*holnap*	*hohl*·nop
Montag	*hétfő*	*hait*·fö
Dienstag	*kedd*	kedd
Mittwoch	*szerda*	*ser*·do
Donnerstag	*csütörtök*	*chü*·tör·tök
Freitag	*péntek*	*pain*·tek

Fragewörter
Wer?	*Ki?*	ki
Wo?	*Hol?*	hohl
Was?	*Mi?*	mi
Wann?	*Mikor?*	*mi*·kohr
Welches?	*Melyik?*	*me*·yik
Warum?	*Miért?*	*mi*·airt

Samstag	*szombat*	*sohm*·bot
Sonntag	*vasárnap*	*vo*·schaar·nop
Januar	*január*	*yo*·nu·aar
Februar	*február*	*feb*·ru·aar
März	*március*	*maar*·tsi·usch
April	*április*	*aap*·ri·lisch
Mai	*május*	*maa*·yusch
Juni	*június*	*yū*·ni·usch
Juli	*július*	*yū*·li·usch
August	*augusztus*	*o*·u·gus·tusch
September	*szeptember*	*sep*·tem·ber
Oktober	*október*	*ohk*·toh·ber
November	*november*	*noh*·vem·ber
Dezember	*december*	*de*·tsem·ber

UNTERKUNFT

Campingplatz	*kemping*	*kem*·ping
Pension	*panzió*	*pon*·zi·oh
Hotel	*szálloda*	*sal*·loh·do
Jugendherberge	*ifjúsági szálló*	*if*·yū·scha·gi *sal*·loh
Haben Sie ein ... Zimmer?	*Van Önnek kiadó egy ... szobája?*	von *ön*·nek *ki*·o·doh ed' ... *soh*·ba·yo
Einzelzimmer	*egyágyas*	*ej*·a·dyosch
Doppelzimmer	*duplaágyas*	*dup*·lo·a·dyosch
Wie viel kostet es pro ...?	*Mennyibe kerül egy ...?*	*men'*·nyi·be *ke*·rül ej ...
Nacht	*éjszakára*	*ey*·so·ka·ro
Person	*főre*	*fö*·re
Klimaanlage	*légkondicionálás*	*laig*·kohn·di·tsi·oh·naa·laasch
Bad	*fürdőszoba*	*für*·dö·soh·bo
Wäscherei	*mosoda*	*moh*·schoh·do
Fenster	*ablak*	*ob*·lok

VERKEHRSMITTEL & -WEGE

Öffentlicher Nahverkehr

Wann fährt der ... (Bus)?	*Mikor megy ... (busz)?*	*mi*·kohr mej ... (bus)
erste	*az első*	oz *el*·schö
letzte	*az utolsó*	oz *u*·tohl·schoh
nächste	*a következő*	o *kö*·vet·ke·zö

Welcher ... fährt zum (Parlament)?	Melyik ... megy (a Parlament)hez?	me·yik ... mej (o por·lo·ment)·hez
Bus	busz	bus
Metro-Linie	metró	met·roh
Straßenbahn	villamos	vil·lo·mohsch
Trolleybus	troli	troh·li

Eine ... Fahrkarte nach (Eger), bitte.	Egy ... jegy (Eger)be.	ej ... yej (e·ger)·be
einfach	csak oda	chok oh·do
hin & zurück	oda-vissza	oh·do·vis·so
Bushaltestelle	buszmegálló	bus·meg·aal·loh
Bahnsteig	peron	pe·rohn
Taxistand	taxiállomás	tok·si·aal·loh·maasch
Fahrkartenschalter	jegypénztár	yej·painz·taar
Fahrplan	menetrend	me·net·rend
Bahnhof	vasútállomás	vo·schüt·aal·loh·maasch

Welches ist die nächste Haltestelle?
Mi a következő megálló? mi o kö·vet·ke·zö meg·aal·loh

Sagen Sie mir bitte Bescheid, wenn wir in (...) sind.
Kérem, szóljon, amikor (...) be érünk. kai·rem sohl·yohn o·mi·kohr (...)·be ai·rünk

Ich möchte hier aussteigen.
Le szeretnék szállni itt. le se·ret·naik saall·ni itt

Auto & Fahrrad fahren

Ich möchte ein ... mieten.	Szeretnék egy ... bérelni.	se·ret·nayk ed' ... bay·rel·ni
Fahrrad	biciklit	bi·tsik·lit
Auto	autót	o·u·toht
Motorrad	motort	mo·tort
Autogas	folyékony autógáz	fo·yay·kon' o·u·toh·gaaz
bleifrei	ólommentes	oh·lom·men·tesch

Ist dies die Straße nach (Sopron)?
Ez az út vezet (Sopronba)? ez oz üt ve·zet (schop·ron·bo)

Wo ist die Tankstelle?
Hol van egy benzinkút? hol von ed' ben·zin·küt

Ich brauche einen Kfz-Mechaniker.
Szükségem van egy autószerelőre. sük·schay·gem von ed' o·u·toh·se·re·löh·re

Das Auto/Motorrad hat eine Panne.
Az autó/A motor elromlott. oz o·u·toh/o mo·tor el·rom·lott

Ich habe einen platten Reifen.
Defektem van. de·fek·tem von

Ich habe kein Benzin mehr.
Kifogyott a benzinem. ki·fo·dyott o ben·zi·nem

Ich möchte mein Fahrrad reparieren lassen.
Szeretném megjavíttatni a biciklimet. se·ret·naim meg·yo·viht·tot·ni o bi·tsik·li·met

Schilder

Bejárat	Eingang
Kijárat	Ausgang
Nyitva	Offen
Zárva	Geschlossen
Információ	Information
Tilos	Verboten
Mosdó	Toiletten
Férfiak	Herren
Nők	Damen

Radweg	bicikliút	bi·tsik·li·üt
Abbiegen ...	Forduljon ...	fohr·dul·yohn ...
an der Ecke	be a saroknál	be o scho·rohk·naal
bei der Ampel	be a közlekedési lámpánál	be o köz·le·ke·dai·schi laam·paa·naal
links	balra	bol·ro
rechts	jobbra	yohbb·ro
Es ist ...	... van.	... von
hinter ...	... mögött	... mö·gött
vor ...	... előtt	... e·lött
neben ...	... közelében	... kö·ze·lai·ben

WEGWEISER

Wo ist (der Markt)?
Hol van (a piac)? hohl von (o pi·ots)

Wie lautet die Adresse?
Mi a cím? mi o tsihm

Könnten Sie das bitte aufschreiben?
Leírná, kérem? le·ihr·naa kai·rem

Wie komme ich dort hin?
Hogyan jutok oda? hoh·dyon yu·tohk oh·do

Wie weit ist es?
Milyen messze van? mi·yen mes·se von

Können Sie es mir zeigen (auf der Karte)?
Meg tudja mutatni nekem (a térképen)? meg tud·yo mu·tot·ni ne·kem (o tair·kai·pen)

GLOSSAR

ÁFA – Mehrwertsteuer
alagút – Tunnel
ÁVO – die Geheimpolizei in den Anfangsjahren des Kommunismus
bélyeg – Briefmarken
BKV – Budapest Közlekedési Vallálat (Budapester Verkehrsbetriebe)
bolhapiac – Flohmarkt
borozó – Weinbar; jedes Lokal, das Wein ausschenkt
Bp – Abkürzung für Budapest
búcsú – Lebewohl; auch: kirchliches Patronatsfest
büfé – Snackbar
centrum – Stadtzentrum
cukrászda – Konditorei
eszpresszó – ein Café, das häufig auch alkoholische Getränke und Snacks serviert; gleichbedeutend mit: *presszó*
étkezde – Lokal, das einfache Gerichte bereithält
étterem – Restaurant
fapados – Holzbank; preiswerte Kategorie (bei Sitzplätzen im Flugzeug)
fasor – Boulevard, Avenue
főkapitányság – Zentrale Polizeiwache
forint (Ft) – die ungarische Währung
gyógyfürdő – Thermalbad, Spa
gyógyszertár – Apotheke
gyűjtemény – Sammlung
hajóállomás – Fähranleger
ház – Haus
hegy – Hügel, Berg
HÉV – Helyiérdekű Vasút (Zugverbindung in die Vorstädte)
híd – Brücke
HNTO – die staatliche Tourismusbehörde
ifjúsági szálló – Jugendherberge
kastély – Herrenhaus (siehe auch *vár*)
kávéház – Café, Kaffeehaus
képtár – Galerie, Bildersammlung

kertek – wörtlich „Gärten"; in Budapest jeder Ort im Freien, an dem Menschen unterhalten werden
kerület – Stadtviertel
kincstár – Schatzkammer
Kiskörút – „Kleine Ringstraße"
kocsma – Kneipe, Pub
könyvtár – Bibliothek
korsó – Glas mit 0,4 l
körút – Ringstraße
korzó – Ufer, Uferpromenade
köz – Allee
központ – Zentrum
krt – *körút* (Ringstraße)
labdarúgás – Fußball
lépcső – Treppe, Stufen
Mahart – Ungarische Reederei für Fähren
Malév – Ungarns Fluggesellschaft
MÁV – Magyar Államvasutak (Staatliche ungarische Eisenbahn)
megyék – Bezirk, Region
Nagykörút – „Große Ringstraße"
nyitva – offen
nyitvatartás – Öffnungszeiten
önkiszolgáló – Selbstbedienung
OTP – Országos Takarékpenztár (Staatliche Bank, Sparkasse)
pálinka – Obstler
palota – Palast
pályaudvar – Bahnhof, Straßenbahnhaltestelle
panzió – Pension
patyolat – Wäscherei
pénztár – Kasse
piac – Markt
pince – Weinkeller
pohár – Glas mit 0,3 l
presszó – auch *eszpresszó* (Café; starker schwarzer Kaffee)
pu – Abkürzung für *pályaudvar* (Bahnhof)
puttony – Menge des *aszú*, einer Essenz aus der edelfaulen Trockenbeere, die in einem süßen Tokajer enthalten ist
rakpart – Kai, Uferbefestigung
rendőrkapitányság – Polizeiwache
rendőrség – Polizei
romkocsma – „Ruinenkneipe"; Lokal, das zeitweilig in einem leerstehenden Gebäude eingerichtet wird
sedile (Pl. **sedilia**) – im Mittelalter eine steinerne Nische mit Sitzgelegenheit
sétány – Promenade
skanzen – Freilichtmuseum für dörfliche Architektur
söröző – Bierkneipe, Pub
szálló oder **szálloda** – Hotel
székesegyház – Kathedrale
sziget – Insel
színház – Theater
táncház – Folkmusik; Tanzveranstaltung
templom – Kirche
tér – Marktplatz, städtischer Platz
tere – Possessivform von *tér*, etwa in „Hősök tere" (Heldenplatz)
tó – See
turul – adlerähnlicher Vogel; beliebtes Nationalsymbol
u – Abkürzung für *utca* (Straße)
udvar – Hof
út – Straße
utca – Straße
utcája – Possessivform von *utca*, etwa in „Ferencesek utcája" (Straße der Franziskaner)
útja – Possessivform von *út*, etwa in „Mártíroká útja" (Straße der Märtyrer)
vár – Burg
város – Stadt, Innenstadt
városház oder **városháza** – Rathaus
vásárcsarnok – Markthalle
vendéglő – ein Restauranttyp
zárva – geschlossen

VARIANTEN FÜR ORTSNAMEN

Auf vielen Fahrplänen findet man für Orte im benachbarten Ausland ausschließlich ungarische Bezeichnungen. Daneben gibt es in Ungarn selbst viele Orte und Landschaften, die einst und teilweise bis heute in den Sprachen dort ansässiger Minderheiten einen anderen Namen trugen bzw. tragen. Zumindest einige der wichtigsten Namen sollte man kennen (z. B. Pozsony für Bratislava, Kolozsvár für Cluj-Napoca, Bécs für Wien).

ABKÜRZUNGEN
(K) Kroatisch, (E) Englisch, (D) Deutsch, (H) Ungarisch, (R) Rumänisch, (S) Serbisch, (Slk) Slowakisch, (Slo) Slowenisch, (U) Ukrainisch

Baia Mare (R) – Nagybánya (H)
Balaton (H) – Plattensee (D)
Belgrad (D) – Beograd (S), Nándorfehérvár (H)
Beregovo (U) – Beregszász (H)
Braşov (R) – Brassó (H), Kronstadt (D)
Bratislava (Slk) – Pozsony (H), Pressburg (D)

Carei (R) – Nagykároly (H)
Cluj-Napoca (R) – Kolozsvár (H), Klausenburg (D)
Debrecen (H) – Debrezin (D)
Donau (D) – Duna (H)
Donauknie (D) – Dunakanyar (H), Danube Bend (D)

Eger (H) – Erlau (D)
Eisenstadt (D) – Kismárton (H)
Esztergom (H) – Gran (D)

Große Tiefebene (D) – Nagyalföld, Alföld, Puszta (H)

Kisalföld (H) – Little Plain (E)
Komárom (H) – Komárno (Slk)
Košice (Slk) – Kassa (H), Kaschau (D)
Kőszeg (H) – Güns (D)

Lendava (Slo) – Lendva (H)
Lučenec (Slk) – Losonc (H)

Mattersburg (D) – Nagymárton (H)
Mukačevo (U) – Munkács (H)
Murska Sobota (Slo) – Muraszombat (H)

Nördliches Hochland (D) – Északi Felföld (H)

Oradea (R) – Nagyvárad (H), Grosswardein (D)
Osijek (K) – Eszék (H)
Pécs (H) – Fünfkirchen (D)
Rožnava (Slk) – Rozsnyó (H)

Satu Mare (R) – Szatmárnémeti (H)
Senta (S) – Zenta (H)
Sibiu (R) – Nagyszében (H), Hermannstadt (D)
Sighişoara (R) – Szegesvár (H), Schässburg (D)
Sopron (H) – Ödenburg (D)
Štúrovo (Slk) – Párkány (H)
Subotica (S) – Szabadka (H)
Szeged (H) – Segedin (D)
Székesfehérvár (H) – Stuhlweissenburg (D)
Szombathely (H) – Steinamanger (D)

Tata (H) – Totis (D)

Timişoara (R) – Temesvár (H)
Transdanubien (D) – Dunántúl (H)
Transylvania (R) – Erdély (H), Siebenbürgen (D)
Trnava (Slk) – Nagyszombat (H)

Ungarn (D) – Magyarország (H), Hungary (E)
Uzhhorod (U) – Ungvár (H)

Wien (D) – Vienna (E), Bécs (H)
Villánykövesd (H) – Growisch (D)

Wiener Neustadt (D) – Bécsújhely (H)

Hinter den Kulissen

WIR FREUEN UNS ÜBER EIN FEEDBACK

Post von Reisenden zu bekommen ist für uns ungemein hilfreich – Kritik und Anregungen halten uns auf dem Laufenden und helfen, unsere Bücher zu verbessern. Unser reiseerfahrenes Team liest alle Zuschriften genau durch, um zu erfahren, was an unseren Reiseführern gut und was schlecht ist. Wir können solche Post zwar nicht individuell beantworten, aber jedes Feedback wird garantiert schnurstracks an die jeweiligen Autoren weitergeleitet, rechtzeitig vor der nächsten Nachauflage.

Wer Ideen, Erfahrungen und Korrekturhinweise zum Reiseführer mitteilen möchte, hat die Möglichkeit dazu auf **www.lonelyplanet.com/contact/guidebook_feedback/new**. Unter **www.lonelyplanet.de/kontakt** erreichen uns Anmerkungen speziell zur deutschen Ausgabe.

Hinweis: Da wir Beiträge möglicherweise in Lonely-Planet-Produkten (Reiseführern, Websites, digitale Medien) veröffentlichen, ggf. auch in gekürzter Form, bitten wir um Mitteilung, falls ein Kommentar nicht veröffentlicht oder ein Name nicht genannt werden soll. Wer Näheres über unsere Datenschutzpolitik wissen will, erfährt das unter www.lonelyplanet.com/privacy

DANK VON LONELY PLANET

Wir danken den Reisenden, die mit der letzten Ausgabe unterwegs waren und uns nützliche Hinweise, gute Ratschläge und interessante Begebenheiten übermittelt haben:

Ann-Marie Vinde, Cem Hasanoglu, Cloud Downey, David Kozma, David Smallwood, Dora Szkuklik, Ellen de Jong, Emlyn Thomas, Gaybrielle Gordon, George & Linda Moss, John Baxter, John Prideaux, Kate Stenberg, Krisztina Bolla, Megan Tortorelli, Nadine Xi Chen, Neil Atkinson, Patrick Condren, Peter Lowthian, Peterjon Cresswell, Queenie Szeto, Rosemarie Folk, Sandra Carstens, Saul Robinson, Sophie Wenger-Cortellesi, Sue Pon, Tim & Evelyne Johns, Victoria Izz.

DANK DER AUTOREN

Steve Fallon

In Budapest danke ich Bea Szirti, Judit Maróthy und der verlässlichen Korrespondentin Virág Vántora für ihre nützlichen Vorschläge. Gábor und Carolyn Banfalvi sowie Péter Lengyel haben mir den Weg zu den Weinen gewiesen; Tony Láng und Balázs Váradi gaben mir politische Hinweise. Wie schon zuvor hat Michael Buurman mir seine Wohnung in der Nähe der Großen Synagoge zur Verfügung gestellt; meine Mitautorin Anna Kaminski war eine angenehme Begleitung bei gemeinsamen Mahlzeiten. Danke auch an Zsuzsi Fábián in Kecskemét für Hilfe und Gastfreundschaft. *Nagyon szépen köszönöm mindenkinek!* Wie immer widme ich meinen Anteil an diesem Buch mit Liebe und Dankbarkeit meinem Partner Michael Rothschild.

Anna Kaminski

Ein großes Dankeschön geht an Brana, die mir die Reise durch die schönsten Teile Ungarns ermöglicht hat, an meinen Mitautor Steve für Rat und Beistand unterwegs und an jeden, der mir vor Ort behilflich war. Besonders erwähnen möchte ich: András Török, Sándor, Virag, Gabor, Petra und Julia in Budapest, Kimo und Familie für die wiederholte freundliche Aufnahme in Sopron, die großartige Paddelbrett-Ausrüstertruppe am Balaton und Matthias in Pécs.

QUELLENNACHWEIS

Die Daten in den Klimatabellen stammen von Peel MC, Finlayson BL & McMahon TA (2007), Aktualisierte Weltkarte der Köppen-Geiger-Klimaklassifikation, *Hydrology and Earth System Sciences*, 11, 1633-44.

Abbildung auf dem Umschlag: Eine Frau trägt Blumen durch ein Reisfeld, Martin Puddy/Getty ©

ÜBER DIESES BUCH

Dies ist die 3. deutsche Auflage von *Budapest & Ungarn*, basierend auf der mittlerweile 8. englischen Auflage von *Budapest & Hungary*. Verfasst wurde der Band von Steve Fallon and Anna Kaminski. Steve und Anna waren schon für die beiden vorhergehenden Auflagen verantwortlich, damals gemeinsam mit Neil Bedford, Lisa Dunford, Sally Schafer und Caroline Sieg. Der Band wurde betreut von:

Redaktionelle Leitung Brana Vladisavljevic
Projektleitung Joel Cotterell, Anne Mason
Leitung der Kartografie David Kemp
Satz & Layout Gwen Cotter
Redaktionsassistenz Imogen Bannister, Michelle Bennett, Nigel Chin, Anne Mulvaney, Charlotte Orr, Alison Ridgway
Assistenz der Kartografie Hunor Csutoros
Bildredaktion für den Umschlag Naomi Parker
Dank an Bruce Evans, Kirsten Rawlings

Register

A
Abtei Pannonhalma 198
Aktivitäten
  Budapest-Marathon 25
Angeln 322
Anreise 17
Anstandsregeln 19
Antifaschistisches Mahnmal 81
Apostelturm (Budapest) 100
Apotheke Zum Goldenen Adler 66
Aquincum 55
Arbeiten in Ungarn 324
Archäologische Stätten
  Römisches Militär-Amphitheater 75
Architektur 20
Ausgehen
  Sprache 343
  Szimpla Kert **8**
Autofahren 197, 334, 335
  Autoverleih 335
  Clubs 335
  Nationalpark Őrség 197
  Verkehrsregeln 336
  Versicherung 336

B
Balaton 12, **12**; siehe Plattensee
Balatonfüred 204, 205, **205**
Bank-Palais 58
Batthyány tér 67
Bauernmarkt Szimpla **108**, 109
Bedő-Haus (Haus des Ungarischen Jugendstils) 84
Behinderungen 328
Béla-Bartók-Gedenkhaus 75
Belváros 46, **76-77**, 79, 113, 131, 148, 160, 163

Karten **000**
Abbildungen **000**

Bereg-Region 279
Bibliothek des Lyzeums (Eger) 267
Bildhauerei 301
Birdwatching 15, 320
  Nationalpark Hortobágy 243
Bootfahren 276, 338; siehe auch Fähre/Schiff, Schiffsausflüge
Borreliose 327
Botschaften 324
Bücher 303
Budaer Berge 46, **74**, 104, 112, 127, 148, 159
Budaer Burglabyrinth 63
Budapest 41, 44, **45**
  Aktivitäten 101
  Ausgehen & Nachtleben 145
  Budaer Berge 46, **74**, 104, 112, 127, 148, 159
  Burgviertel 46, 62
  Geführte Touren 104
  Gellértberg 67
  Geschichte 62
  Highlights 45
  Jüdisches Viertel 46
  Klima 44
  Kurse 104
  Medizinische Versorgung 169
  Norden von Pest 46
  Reisezeit 44
  Shoppen 163
  Stadtviertel **47**
  Tabán 67
  Thermalbäder **39**
  Touristeninformation 170
  Unterhaltung 159
  Unterkunft 110
  Unterwegs vor Ort 171
Budapester Frühlingsfest 23
Budapester Zoo 100, **306**
Burgberg (Budapest) 10, **11**, **27**, 62, **64**

Burgen & Schlösser siehe auch Festungen
  Burg Eger 266
  Burg Hollókő 264
  Dobó-Bastei 267
  Kasematten (Eger) 267
  Königliches Schloss Gödöllő 174
Burg Hollókő 264
Burgmuseum 50, **50**
Burgpalast 48, **48**
Burgviertel (Budapest) 46, **64-65**, 110, 122, 146, 159, 163
Busfahren 336, 337
Busójárás 23
Busreisen 334

C
Cafés **129**
Clark Ádám tér (Budapest) 67
Csaroda 281
Csontváry, Tivadar Kosztka 51

D
Debrecen 235, **236**
Demetriusturm (Szeged) 253
Denkmäler
  Nationale Gedenkhalle (Pantheon; Szeged) 253
  Pestsäule 188
Dobó István tér (Eger) 267
Dominikanerkonvent 87
Dóm tér (Szeged) 253
Donauknie 41, 175, 178
  Highlights 176
  Klima 175
  Reisezeit 175
Doppelmonarchie 293
Duna korzó (Budapest) 80

E
Eger 9, 266, **268**
Egyetem tér (Budapest) 80
Ehemaliges Jüdisches Gemeinschaftszentrum (Szeged) 255
Einreise 333
Elisabeth-Aussichtsturm 75
Elisabethbrücke 71
Elisabethstadt 88, **90**
Enzephalitis 327
Erlau (Eger) 312
Ervin-Szabó-Zentralbibliothek 93
Erzsébetváros 46, 88, 118, 139, 152, 161, 166
Escape Rooms 101
Essen 19, 20, 31, 324; siehe auch einzelne Orte
  Suppen 32
  vegetarisch 33
Esterházy, Péter 304
Esztergom 186, **188**
Ethnografisches Museum 81
Etikette 19

F
Fähre/Schiff 276, 338; siehe auch Bootfahren, Schiffsausflüge
Fahrrad fahren siehe Radfahren
Familiennamen 317
Feiertage 325
Felsenkapelle 71
Felsenkrankenhaus 63
Ferencesek utcája 226
Fernsehturm 226
Feste & Events 22, 23-25, 106
  Aprikosenbrand- & Wein-Festival von Kecskemét 248
  Art Capital 181
  Blumenfestival (Debrecen) 237
  Burgtage (Hollókő) 265

REGISTER F–K

Busójárás 232
CAFE Budapest 110
Egri Bikavér Festival (Eger) 271
Europäisches Weinlied-Festival 227
Frühlingsfest (Debrecen) 237
Frühlingsfest (Eger) 271
Frühlingsfestival von Pécs 227
Frühlingstage (Sopron) 195
Historisches Festival & Mittelalterspiele (Eger) 271
Hortobágy-Reitertage 244
Internationale Kulturwoche 227
Internationales Weinfestival Budapest 107
Internationales Tisza-Fisch-Festival (Szeged) 256
Jahrmarkt an der Hortobágy-Brücke 244
Keszthelyfest 218
Maskenkarneval (Debrecen) 237
Nationaler Gulyás-Wettkampf & Schäfertreffen 243
Neujahrsgalakonzert 106
Osterfest in Hollókő 265
Pécs-Tage 227
Rosenfest (Szeged) 256
Sopron-Festwochen 195
Szeged Open-Air Festival 256
Sziget-Festival 107
Tokaj-Hegyalja-Winzertage 276
Tokaj-Weinfestival 276
VOLT (Sopron) 195
Wein & Jazz-Festival (Debrecen) 237
Weinfest (Keszthely) 218
Weinfestival Szeged 256
Weinlese (Sopron) 195
Winzerfest (Hollókő) 265
Wochenende im Tal der schönen Frauen (Eger) 271
Festungen *siehe auch* Burgen & Schlösser
Zitadelle 67
Festungsberg (Szentendre) 179
Feuerturm (Sopron) 192
Filme 284, 304
Fischerbastei **5**, 63
Fischermädchen-Brunnen 58
Folklore 21, **21**
Formel 1 Der Große Preis von Ungarn 24
Fő tér (Sopron) 192
Franz-Liszt-Gedenkmuseum 89
Frauen unterwegs 325
Freiheitsbrücke 71
Freiheitsstatue 67
Freiwilligendienst 325

G

Gefahren *siehe* Sicher reisen
Geführte Touren 106
Geld 16, 19, 324, 325
Gellértberg 46, **68**, 111, 126, 147, 159, 163
Gellért-Thermalbad 102
Geschichte
    Arpaden 289
    Doppelmonarchie 293
    Europäische Union 298
    Große Tiefebene 239
    Habsburgerreich 291
    König Stephan 198
    Pfeilkreuzler 295
    Revolution 292
    Römerzeit 287
    Schlacht von Mohács 290
    Türkenzeit 291
    Ungarische Republik 297
    Ungarische Volksrepublik 296
    Ungarnaufstand von 1956 296
    Ungarn (Volk) 287
Gesundheit 326
Getränke 34
Glossar 346
Gödöllő 174
Goldberger-Textil-Museum 75
Grenzübergänge 333
Gresham-Palast 85
Gróf-Palast **11**
Große Synagoge (Budapest) 59
Große Tiefebene 42, 233, **234**
    Geschichte 239
    Highlights 234
Gül-Baba-Grabmal 75
gulyás **33**
Gyógy tér 204

H

Habsburger 291
Handeln 19
Haus der Ungarischen Fotografie 84
Haus der zwei Mohren 195
Heldenplatz 98
Heldentor (Szeged) 253
Hévíz **27**, 219
Historische Gedenkstätte Mohács 232
Höhlen
    Budaer Burglabyrinth 63
    Lóczy-Höhle 205
    Mátyáshegy-Höhle 79
    Pálvölgy-Höhle 75
    Szemlőhegy-Höhle 79
Höhlentrekking 102
Hollókő **12**, 264
Holocaust-Denkmal (Sopron) 193
Holocaust-Gedenkzentrum 96
Holocaust-Mahnmal „Baum des Lebens" 59
Horn, Gyula 298
Horthy, Miklós 294
Hortobágy (Nationalpark) 241, 243

I

Impfungen 326
Imre-Nagy-Statue 81
Imre-Varga-Sammlung 73
Innerstädtische Pfarrkirche 80
Internetzugang 327

J

Jüdische Kultur
    Alte Synagoge (Sopron) 193
    Alte Synagoge (Szeged) 255
    Große Synagoge (Tokaj) 275
    Haus für Wissenschaft & Technik (Kecskemét) 245
    Holocaust-Denkmal 193
    Holocaust-Gedenkzentrum 96
    Jüdischer Friedhof (Keszthely) 216
    Klassizistische Synagoge (Eger) 269
    Mittelalterliches Jüdisches Gebetshaus 63
    Neue Synagoge (Sopron) 193
    Neue Synagoge (Szeged) **21**, 253
    Óbudaer Synagoge 75
    Orthodoxe Synagoge 89
    Orthodoxe Synagoge in der Pászti-Straße 236
    Rumbach-Sebestyén-Straße-Synagoge 89
    Status Quo Ante-Synagoge 236
    Synagoge (Keszthely) 215
    Synagoge (Pécs) 225
    Synagoge (Sopron) 193
    Szanto-Gedenkstätte & Synagoge 179
Jüdisches Viertel 46, 88, 118, 139, 152, 161, 166
Jugendstil 79, 306
Jugendstil-Architektur 306

K

Kádár, János 296, 297
Kaffee 129
Kaffeehäuser 128, **128**
Kajak- & Kanufahren 102, 321
Károly-Garten 79, 80
Karten & Stadtpläne 327
Kecskemét **14**, 245, **245**
Kerepesi-Friedhof 92
kertek 146
Kertész, Imre 304
Keszthely 213, **216**
Kinder 29
    Höhlen 30
    Palast der Wunder 105
    Spielplätze 29
    Thermalbäder 30
Kino 304
Kirchen & Kathedralen
    Abtei Pannonhalma 198
    Allerheiligenkirche (Pécs) 225
    Basilika Esztergom 186
    Belgrad-Kathedrale (Szentendre) 179
    Benediktiner Abteikirche (Tihany) 209
    Blagoveštenska-Kirche 178
    Calvinistische Kirche (Kecskemét) 247
    Felsenkapelle (Budapest) 71
    Franziskanerkirche (Kecskemét) 248
    Frühchristliche Grabkapelle (Pécs) 226

REGISTER K–M

Große Kirche (Kecskemét) 245
Große Reformierte Kirche (Debrecen) 235
Herz-Jesu-Kirche (Tokaj) 275
Innerstädtische Pfarrkirche (Budapest) 80
Jáker Kapelle 100
Kapelle des Heiligen Jakob 193
Kathedrale von Eger 268
Kirche des Heiligen Geisters (Sopron) 194
Kirche Johannes des Täufers (Szentendre) 180
Kirche St. Anna 67
Matthiaskirche 63
Michaelskirche (Sopron) 194
Minoritenkirche des heiligen Antonius von Padua (Eger) **9**, 267
Požarevačka-Kirche 181
Prämonstratenserkirche 87
Rundkirche 204
Serbisch-Orthodoxe Kirche (Szeged) 253
St.-Peter-Basilika (Pécs) 223
St.-Stephans-Basilika 56
Universitätskirche (Budapest) 80
Votivkirche (Szeged) 252
Ziegenkirche 192
Kiskunság (Nationalpark) 251
Kiscell-Museum 73
Klangfestival Balaton 24
Kleidung 18
Klima *siehe auch* einzelne Regionen
Klimawandel 334
Klöster *siehe auch* Kirchen & Kathedralen
Abtei Pannonhalma 198
Komitatshaus (Eger) 269
Königin-Elisabeth-Statue (Budapest) 71
Königliche Postsparkasse (Budapest) 79
Königliches Schloss Gödöllő 174
Königspalast (Visegrád) 184

Karten **000**
Abbildungen **000**

König Stephan I. 289
Konsulate 324
Kossuth Lajos tér 81
Kossuth Lajos Utca (Eger) 268
Kosten 37
Krankenwagen 330
Kreditkarten 325
Kultur 284, 316
Kunstgewerbemuseum (Budapest) 92
Kunsthalle 100
Kunst & Kultur 301; *siehe auch* einzelne Künste
Kurse 104

L
Landschaft 22
Lebensstil 317
Lechner, Ödön 308
Lesben 328
Liszt, Franz 302
Liszt-Musikakademie 88
Literatur 303
Ludwig-Museum für Zeitgenössische Kunst 97
Lyzeum (Eger) 267

M
Magyaren 287
Malerei 301
Margaretenbrücke 85
Margareteninsel 46, 85, **86**, 137, 152, 166
Mária-Valéria-Brücke 188
Märkte 108, 109, **109**
  Ecseri 164
  Flohmärkte 109
  Gouba **108**, 109
  Lehel-Markt (Budapest) 88
  Markt (Kecskemét) 247
  Nagycsarnok **108**, 109, 167
  Szimpla-Bauernmarkt 166
Máta-Stud-Bauernhof 242
Matthiaskirche 63
Mátyáshegy-Höhle 79
Memento Park 54, **54**
Miksa-Róth-Gedenkhaus 101
Militärhistorisches Museum 63
Millenniumpark 67
Mittelalterliches Jüdisches Gebetshaus 63
Mobiltelefon 329
Mohács 231

Monumente
  Balaton-Pantheon 204
Moscheen **13**
  Hassan-Jakovali-Moschee 226
  Minarett (Eger) 270
  Moscheekirche (Pécs) 222
  Öziçeli-Hacci-Ibrahim-Moschee 187
Motorradfahren 334, 335
  Motorradclubs 335
  Verkehrsregeln 336
  Versicherung 336
Museen & Galerien
  Alte Synagoge (Sopron) 193
  Apotheken-Museum 193
  Apotheke Zum Goldenen Adler 66
  Astronomiemuseum (Eger) 267
  Ausstellungszentrum der Votivkirche 252
  Balassa-Bálint-Museum 188
  Balaton-Museum 215
  Bedő-Haus (Haus des Ungarischen Jugendstils) 84
  Bereg-Museum 280
  Bozsó-Sammlung 246
  Burgmuseum & Lapidarium 253
  Burgmuseum (Budapest) 50
  Burgmuseum (Esztergom) 187
  Busóház 232
  Béla-Bartók-Gedenkhaus 75
  Christliches Museum (Esztergom) 187
  Cifrapalota-Kunstgalerie 245
  Csontváry-Museum 223
  Czóbel-Museum 181
  Donau-Museum 189
  Dorottya-Kanizsai-Museum 232
  Déri-Museum 235
  Erotisches Panoptikum 214
  Ethnografisches Museum (Pécs) 227
  Ethnografisches Museum 81
  Ethnologisches Freilichtmuseum 211
  Fabricius-Haus (Sopron) 192
  Felsenkrankenhaus 63

Ferenc-Hopp-Museum für fernöstliche Kunst 101
Ferenc-Medgyessy-Gedenkmuseum 237
Ferenc-Martyn-Museum 227
Ferenc-Móra-Museum 253
Ferenczy-Károly-Museum 179
Foltermuseum 216
Franz-Liszt-Gedenkmuseum 89
Georgikon-Bauernmuseum 215
Goldberger-Textilmuseum 75
Guzsalyas 264
Haus der Ungarischen Fotografie 84
Haus des Terrors 88
Hirtenmuseum 242, 251
Historisches Museum (Pécs) 226
Historisches Wachsfigurenkabinett 217
Hortobágy-Csárda-Museum 242
Imre-Varga-Sammlung 73
Jókai-Gedenkmuseum 204
Kepes-Institut 270
Kiscell-Museum 73
Kmetty-Museum 181
Kunstgalerie von Eger 270
Kunstgewerbemuseum **3**, 92
Kunsthalle 100
Kunstmühle 178
Kutschenmuseum 217
Landhaus 264
Lavendel-Haus 210
Leskowsky-Musikinstrumentensammlung 247
Ludwig-Museum f 97
Magischer Turm (Eger) 267
Margit-Kovács-Keramikmuseum 179
Miksa-Róth-Gedenkhaus 100, 101
Militärhistorisches Museum 63
Modelleisenbahn-Museum 217
Moderne Ungarische Galerie 223
Museum der Benediktinerabtei 210

Museum der Bildenden Künste 61
Museum der Volkskunst (Kecskemét) 247
Museum für Ungarische Volkskunst 67
Museum serbischer Sakralkunst 179
Museum Ungarischer Naiver Künstler 246
Musikhistorisches Museum 63
Musikpädagogisches Institut Zoltán Kodály 248
Nationales Weinmuseum 180
Nostalgie-Museum 217
Petőfi-Literaturmuseum 79
Pferdewagenausstellung 242
Pick Salami & Szegediner Paprika-Museum 253
Postmuseum (Budapest) 101
Postmuseum 264
Puppenmuseum 215
Puppenmuseum Palóc 264
Robert-Capa-Zentrum für Zeitgenössische Fotografie 89
Rundtheater (Hortobágy) 243
Sammlung Sakraler Kunst (Eger) 270
Schlossmuseum Nagytétény 105
Schneckenparlament 215
Semmelweis-Museum für Medizingeschichte 71
Spielzeugmuseum & Workshop 246
Spielzeugmuseum 215
Storno-Haus (Sopron) 192
Szamos-Marzipan-Museum 180
Sándor-Ziffer-Galerie 269
Tokaj-Museum 275
Trapéz 79
Tímárház 236
U-Bahn-Museum 80
Ungarisches Eisenbahnhistorischer Park 88
Ungarisches Elektrotechnisches Museum 89
Ungarisches Ethnografisches Freilichtmuseum 179
Ungarisches Landwirtschaftsmuseum 100
Ungarisches Museum für Handel & Tourismus 73
Ungarisches Naturhistorisches Museum 97
Vasarely-Museum 71
Vaszary-Villa 205
Victor Vasarely-Museum 223
Village Museum (Hollókő) 264
Welt der Kraniche 242
Weltkulturerbe-Weinbaumuseum (Tokaj) 275
Zentrum für Moderne & Zeitgenössische Kunst (Debrecen) 236
Zsolnay-Porzellanmuseum 223
Zwack-Museum 93
Ámos-Anna-Museum 179
Museum der Bildenden Künste 61, **61**
Museum für Ungarische Volkskunst 67
Musik 302
Musikbrunnen 88
Musikhistorisches Museum 63

N
Nachtleben 9
Nagycsarnok 167
Nagy, Imre 296, 297
Nagy-Villám-Aussichtsturm (Visegrád) 185
Nahverkehr 338
Namen 317
Nationalparks & Schutzgebiete
Nationalpark Hortobágy **13**, 13, 241
Nationalpark Kiskunság 251
Nationalpark Őrség **197**, 200
Nationaltheater 97
Neuer Kommunalfriedhof 97
Neues Kollegium (Kecskemét) 247
Neue Synagoge (Szeged) **21**
Neunbögige Brücke (Hortobágyi) 242

Norden von Ungarn 42, 262, **263**
Highlights 263
Klima 262
Reisezeit 262
Nördliches Pest 46, 85, **86**, 117, 152, 166
Notfälle 330
Sprache 343

O
Óbuda 46, **72**, 112, 127, 148, 159
Óbudaer Synagoge 75
Öffnungszeiten 17
Orbán, Viktor 298
Őrseg (Nationalpark) **197**, **197**
Orthodoxe Synagoge 89
Osterfest in Hollókő 23
Otthon Cinema 247

P
Paläste
Bischofspalast 226
Cifra-Palast (Kecskemét) 245
Erzbischöfliches Palais von Eger 270
Gróf-Palast **11**, 253
Königspalast (Visegrád) 184
Kunsthalle 100
Propstpalast(Eger) 269
Reök-Palast 252
Palatinus-Strand 103
Pálinka 14, **14**
Pálvölgy-Höhle 75
Paprika 15, **15**, 32
Parks & Gärten
Japanischer Garten 87
Károly-Garten 79, 80
Millenniumpark 67
Stadtwäldchen 100
Szent-István-Park 88
Parlament 52, **52**, **82**
Parlamentsviertel (Budapest) 46, 80, **82-83**, 114, 133, 150, 160, 165
Pass & Personalausweis 333
Pécs 13, 221, **224**
Pester Innenstadt *siehe* Belváros
Pesti Vigadó 79
Pest
Nördliches Pest 46, 85, **86**, 117, 152, 166

Südliches Pest 47, 89, **94-95**, 120, 143, 157, 161, 167
Petőfi, Sándor 303
Philanthia 58
Plattensee **12**, 42, 201, **202**
Highlights 202-203
Klima 201
Politik 284, 297
Polizei 330
Post 328
Postdienste 328
Prämonstratenserkirche 87
puszta siehe Große Tiefebene
Puszta-Tierpark 243

R
Radfahren 102, 321, 324, 338
Balatonfüred 206
Eger 271
Nationalpark Őrseg 200
Radio 328
Rathaus (Kecskemét) 245
Rathaus (Szeged) 255
Rechtsfragen 328
Reformiertes Kollegium (Debrecen) 235
Region Plattensee *siehe* Plattensee
Reiseplanung 16-17
Festkalender 23-25
Infos im Internet 17
Reisezeit 16, 23-25
Reiserouten 26
Reiten 320
Nationalpark Hortobágy 243
Nationalpark Kiskunság 251
Nationalpark Őrseg 200
Religion 319
Robert-Capa-Zentrum für Zeitgenössische Fotografie 89
Roma 318
Römerzeit 287
Römisches Amphitheater 75
Rudas-Bad **10,** 102
Ruinen
Cella Septichora-Besucherzentrum 226
Dominikanerkonvent (Budapest) 87
Jug-Mausoleum 226

Römische Begräbnisstätten 226
Ruinengarten 226
Ruinenkneipen 146
Rumbach-Sebestyén-Straße-Synagogue 89

S
Salomonsturm (Visegrád) 184
Schiffsausflüge 105, 334; *siehe auch* Bootfahren, Färe/Schiff
Schlacht von Mohács 290
Schlösser & Paläste; *siehe auch* Paläste
   Königliches Schloss Gödöllő 174
   Schloss Festetics 214
Schokoladenfabrik Harrer 193
Schuhe an der Donau 85
Schwimmen 102
Schwule 328
Semmelweis-Museum für Medizingeschichte 71
Sezession *siehe* Jugendstil
Shoppen
   Sprache 343
Sicher reisen 328
Sopron 14, **14**, 192, **194**
Sport & Aktivitäten
   Gellért-Bad 38
   Lukács-Bad 40
   Rudas-Bad 38
   Széchenyi-Bad 38
   Veli-Bej-Bad 40
Sprache 16, 341, 19
Staatliches Krankenhaus für Kardiologie 205
Stadtspaziergänge 105
   Budapest 105
   Burgberg 70
   Elisabethstadt 115
Stadt unter der Stadt (Eger) 268
Stadtwäldchen (Budapest) 47, 97, **98-99**, 100, 121, 145, 158, 162, 168
Standseilbahn (Budapest) **27**
Statue von Ferenc Deák 85
Stephanskrone 53
Strom 329
St.-Stephans-Basilika 56, **56**

Karten **000**
Abbildungen **000**

Südliches Pest 47, 89, **94-95**, 120, 143, 157, 161, 167
Südliches Transdanubien 201, **202**, 221
   Highlights 202-203
   Klima 201
   Reisezeit 201
Suppen 32
Synagogen 193; *siehe auch* Jüdische Kultur
   Große Synagoge 59
   Neue Synagoge 193
   Óbudaer Synagoge 75
   Orthodoxe Synagoge 89
   Szanto-Gedenkstätte & Synagoge 179
Szabadság tér (Budapest) 81
Szatmárcseke 282
Széchenyi István tér 84
Széchenyi-Kettenbrücke 67
Széchenyi-Nationalbibliothek 51
Széchenyi tér 222
Széchenyi-Thermalbad 103
Szeged 10, 252, **254**
Szeged Open-Air Festival 23
Szemlőhegy-Höhle 79
Szentendre 178, **180**
Szent-István-Park 88
Sziget-Festival 23
Szimpla-Bauernmarkt 166

T
Tabán **68**, 111, 126, 147, 159, 163
Tagore Sétány 204
Tákos 281
táncház 303
Tanz 303
Tarpa 282
Taschendiebstahl 329
Taxis 339
Telefon 329
Telefondienste 329
Telefonnummern 17
Thermalbäder & Spas 10, 20, 36-39, **39**, 102, 270
   Danubius Health Spa Margitsziget 103
   Debrecen 237
   Gellért-Bad **38,** 102
   Kecskemét-Bäder 248
   Király-Bad 103
   Lukács-Bad 103
   Rudas-Bad **10**, 102
   Szeged 255

Széchenyi-Bad **36**, 103
Thermalsee Hévíz **27**
Veli-Bej-Bad 102
Vásárosnamény 280
Thermalsee Hévíz **27**, 219
Thonet-Haus 58
Tierwelt
   Vogelpark & Klinik 242
Tihany **12**, 209, **210**
Tokaj 275, **278**, 311
Tourismus 285
Touristeninformation 330
Touristensteuer 331
Trampen 336
Transdanubien 41, 42; *siehe auch* Westliches Transdanubien, Südliches Trandanubien
Trapéz 79
Trappe **15**
Treuetor 192
Trinken 34
Trinkgeld 19, 326
Tropicarium 105
Turul-Statue **51**

U
U-Bahn-Museum 80
Ungarisch 341
Ungarische Akademie der Wissenschaften 85
Ungarische Nationalbank 79
Ungarische Nationalgalerie 48
Ungarischer Eisenbahnhistorischer Park 88
Ungarisches Elektrotechnisches Museum 89
Ungarisches Jüdisches Museum & Archiv 59
Ungarisches Landwirtschaftsmuseum (Budapest) 100
Ungarisches Museum für Handel & Tourismus 73
Ungarisches Nationalmuseum 60, **60**
Ungarisches Naturhistorisches Museum 97
Ungarische Staatsoper 80
Ungarnaufstand 296
Unterkunft 330; *siehe auch* einzelne Orte
   Sprache 342-343
Unterwegs vor Ort 335
   Sprache 344

V
Váci 1 58
Váci utca 58, **58**
Vasarely-Museum 71
Vásárosnamény 280
Veli-Bej-Bad 102
Verkehrsregeln 336
Versicherung 332
   krankenversicherung 326
Visegrád 183
Visszhang-hegy 211
Vogelbeobachtung 15, 320
   Nationalpark Hortobágy 243
Vogelpark & Klinik 242
Volkskunst 13, **13**, 301
Volksmusik 302
Vörösmarty tér 58
Vorwahlnummern 329

W
Wachturm 226
Währung 16, 326
Wallenberg-Statue 88
Wandern 321
   Budaer Berge 104
   Nationalpark Kiskunság 251
   Nationalpark Őrseg 200
   Tihany 211
Wasserturm & Freilichtbühne 87
Websites 17
Wein 14, 310
   Eger 271
   Sopron 199
   Tal der schönen Frauen 270
   Tokaj 276
   Weingut Erzabtei 198
Weinfeste 25
Weinregionen 311, **312**
   Badacsony 314
   Erlau (Eger) 312
   Somló 315
   Szekszárd 313
   Tokaj 311
   Villány 313
Weinverkostung
   Tokaj 276
Westliches Transdanubien 175, **176**, 192
   Highlights 176
   Klima 175
   Reisezeit 175
Wetter 16; *siehe auch* einzelne Regionen
Wirtschaft 285

Z

Zeitungen 328
Zitadelle 67
Zitadelle (Visegrád) 184

Zoll 332
Zoos
 Budapester Zoo 100, **306**

Zsolnay-Fabrik 223
Zsolnay-Kulturviertel 223
Zugfahren 334, 339, 340
 Bahnpass 335

Zwack-Museum & Besucherzentrum 93

Kartenlegende

Sehenswertes
- Strand
- Vogelschutzgebiet
- Buddhistisch
- Burg/Schloss/Palast
- Christlich
- Konfuzianisch
- Hinduistisch
- Islamisch
- Jainistisch
- Jüdisch
- Denkmal
- Museum/Galerie/Hist. Gebäude
- Ruine
- Sento-Bad/Onsen
- Shintoistisch
- Sikhismus
- Taoistisch
- Weingut/Weinberg
- Zoo/Naturschutzgebiet
- andere Sehenswürdigkeit

Aktivitäten, Kurse & Touren
- Bodysurfing
- Tauchen
- Kanu/Kajak
- Kurse/Touren
- Ski fahren
- Schnorcheln
- Surfen
- Schwimmbad/Pool
- Wandern
- Windsurfen
- andere Aktivität

Schlafen
- Schlafen
- Camping

Essen
- Essen

Ausgehen & Nachtleben
- Ausgehen & Nachtleben
- Café

Unterhaltung
- Unterhaltung

Shopping
- Shoppen

Information
- Bank
- Botschaft/Konsulat
- Krankenhaus/Arzt
- Internet
- Polizei
- Post
- Telefon
- Toilette
- Touristeninformation
- andere Information

Landschaft
- Strand
- Hütte
- Leuchtturm
- Aussichtsturm
- Berg/Vulkan
- Oase
- Park
- Pass
- Picknickplatz
- Wasserfall

Bevölkerung
- Hauptstadt (National)
- Hauptstadt (Staat/Provinz)
- Stadt/Großstadt
- Ort/Dorf

Verkehrsmittel
- Flughafen
- Grenzübergang
- Bus
- Cable Car/Seilbahn
- Radfahren
- Fähre
- MRT-Station/Metro-St.
- Monorail
- Parkplatz
- Tankstelle
- Skytrain/S-Bahn-Station
- Taxi
- Bahnhof/Zugstrecke
- Tram/Straßenbahn
- U-Bahn-Station
- andere Verkehrsmittel

Hinweis: Nicht alle hier aufgeführten Symbole sind in den Karten zu finden.

Verkehrswege
- Mautstraße
- Autobahn/Freeway
- Hauptstraße
- Nebenstraße
- Landstraße
- Verbindungsstraße
- unbefestigte Straße
- Straße in Bau
- Platz/Mall/Fußgängerzone
- Treppe
- Tunnel
- Fußgängerübergang
- Spaziergang
- Wanderung mit Abstecher
- Pfad/Wanderweg

Grenzen
- Internationale Grenze
- Bundesstaat/Provinz
- umstrittene Grenze
- Regional/Vorort
- Seepark
- Klippen
- Mauer

Gewässer
- Fluss, Bach
- periodischer Fluss
- Kanal
- Wasser
- Trocken-/Salz-/period. See
- Riff

Flächen
- Flughafen/Flugpiste
- Strand/Wüste
- Friedhof (christlich)
- Friedhof (andere Religion)
- Gletscher
- Watt
- Park/Wald
- Sehenswertes (Gebäude)
- Sportanlage
- Sumpf/Mangrove

DIE AUTOREN

Steve Fallon
Stadtviertel von Budapest: Gellértberg & Tabán, Parlament & Umgebung, Erzsébetváros (Elisabethstadt) & das jüdische Viertel, südliches Pest; Rund um Budapest; Große Tiefebene; Norden von Ungarn; Reiseplanung; Budapest & Ungarn verstehen

Steve stammt aus Boston, Massachusetts, und hat an der Georgetown University Neuere Sprachen studiert. Anschließend arbeitete er bei einer amerikanischen Tageszeitung und absolvierte ein Journalistikstudium; dann führte ihn seine Begeisterung für das moderne Asien nach Hongkong, wo er über zwölf Jahre lang blieb, für verschiedene Medien schrieb und einen eigenen Reisebuchladen betrieb. Steve hat außerdem drei Jahre in Ungarn gelebt, bevor er 1994 nach London zog. Inzwischen hat er an über 100 Lonely Planet Titeln mitgearbeitet.

Anna Kaminski
Stadtviertel von Budapest: Burgviertel, Margareteninsel & nördliches Pest, Óbuda & die Budaer Berge, Pester Innenstadt, Stadtwäldchen & Umgebung; Donauknie & westliches Transdanubien; Plattensee & südliches Transdanubien; Praktische Informationen

Anna wurde noch in der Sowjetunion geboren, und sie liebt Ungarn, seit sie kurz nach der Jahrtausendwende wegen einer Zahnbehandlung erstmals dorthin gereist war. Sie kehrt immer wieder gern zurück – wegen des köstlichen Mohnstrudels, aber auch wegen der Relikte aus kommunistischer Zeit, die sie sich gelegentlich gern einmal anschaut. Auf ihrer letzten Recherchereise hat sie alle möglichen Orte besucht – von Kunstgalerien und Palästen entlang der Donau und am Plattensee bis zu den Friedhöfen von Budapest (die Friedhöfe aus ganz privatem Interesse – auf der Suche nach der Grabstätte eines Großonkels, der während der Belagerung von Budapest ums Leben kam).

DIE LONELY PLANET STORY

Ein uraltes Auto, ein paar Dollar in den Hosentaschen und Abenteuerlust, mehr brauchten Tony und Maureen Wheeler nicht, als sie 1972 zu der Reise ihres Lebens aufbrachen. Diese führte sie quer durch Europa und Asien bis nach Australien. Nach mehreren Monaten kehrten sie zurück – pleite, aber glücklich –, setzten sich an ihren Küchentisch und verfassten ihren ersten Reiseführer *Across Asia on the Cheap*. Binnen einer Woche verkauften sie 1500 Bücher und Lonely Planet war geboren. Heute unterhält der Verlag Büros in Melbourne (Australien), London und Oakland (USA) mit über 600 Mitarbeitern und Autoren. Sie alle teilen Tonys Überzeugung, dass ein guter Reiseführer drei Dinge tun sollte: informieren, bilden und unterhalten.

Lonely Planet Global Limited
Unit E, Digital Court,
The Digital Hub,
Rainsford Street,
Dublin 8,
Ireland

Obwohl die Autoren und Lonely Planet alle Anstrengungen bei der Recherche und bei der Produktion dieses Reiseführers unternommen haben, können wir keine Garantie für die Richtigkeit und Vollständigkeit dieses Inhalts geben. Deswegen können wir auch keine Haftung für eventuell enstandenen Schaden übernehmen.

Verlag der deutschen Ausgabe:
MAIRDUMONT, Marco-Polo-Str. 1, 73760 Ostfildern,
www.lonelyplanet.de, www.mairdumont.com,
lonelyplanet-online@mairdumont.com

Chefredakteurin deutsche Ausgabe: Birgit Borowski

Übersetzung: Matthias Eickhoff, Marion Gieseke, Dr. Martin Goch, Christiane Gsänger, Waltraud Horbas, Robert Kutschera, Dr. Annegret Pago, Dr. Thomas Pago, Jutta Ressel M.A., Manuela Schomann, Cristoforo Schweeger

Redaktion und technischer Support: CLP Carlo Lauer & Partner, Riemerling

Budapest & Ungarn
3. deutsche Auflage Oktober 2017, übersetzt von *Budapest & Hungary 8th edition*, Juli 2017, Lonely Planet Global Limited
Deutsche Ausgabe © Lonely Planet Global Limited, Oktober 2017
Fotos © wie angegeben 2017
Printed in Poland

MIX
Papier aus verantwortungsvollen Quellen
FSC® C018236

Die meisten Fotos in diesem Reiseführer können bei Lonely Planet Images, www.lonelyplanetimages.com, auch lizenziert werden.

Alle Rechte vorbehalten. Das Werk einschließlich all seiner Teile ist urheberrechtlich geschützt und darf weder kopiert, vervielfältigt, nachgeahmt oder in anderen Medien gespeichert werden, noch darf es in irgendeiner Form oder mit irgendwelchen Mitteln – elektronisch, mechanisch oder in irgendeiner anderen Weise – weiterverarbeitet werden. Es ist nicht gestattet, auch nur Teile dieser Publikation zu verkaufen oder zu vermitteln, ohne schriftliche Genehmigung des Herausgebers.

Lonely Planet und das Lonely Planet Logo sind eingetragene Marken von Lonely Planet und sind im US-Patentamt sowie in Markenbüros in anderen Ländern registriert.

Lonely Planet gestattet den Gebrauch seines Namens oder seines Logos durch kommerzielle Unternehmen wie Einzelhändler, Restaurants oder Hotels nicht. Bitte informieren Sie uns im Fall von Missbrauch: www.lonelyplanet.com/ip